平成時代における
借地・借家の
判例と実務

TRIAL EXAMPLE & BUSINESS OF LEASED LAND & RENTED HOUSE
THAT CAN BE PUT IN THE HEISEI ERA

弁護士 升田 純

平成の借地・借家
判例の総覧

大成出版社

はしがき

　本書は、平成年代に公表された借地、借家に関する判例、裁判例を、言渡しの年度別、事項別に分類して紹介したものである。
　借地・借家に関する基本的な法律である借地借家法は、平成3年に制定され（実質的には、従前の借地法、建物保護ニ関スル法律、借家法を改正したものである）、平成4年8月1日から施行され、現在に至っている。
　借地問題、借家問題は、日本の社会において日常生活上も、経済活動上も密接な問題であり、多くの個人、会社等の法人にとって重要な問題である。しかも、日本の社会において日々多数の問題が発生している。筆者は、借地借家法の施行前、同法の担当者である法務省民事局参事官となり、同法の施行事務を担当したが、それ以前の裁判官の時代から事件を通じて借地問題、借家問題に関心をもち、判例、裁判例の概要、動向に注目していた。筆者は、偶々借地借家法を担当することになり、同法の施行状況のみならず、判例、裁判例の状況により一層関心をもつことになった。
　借地借家法が施行され、その制定の背景事情も年々変化してきたが、同法の枠組みは基本的に変化せず、新たな借地問題、借家問題にも適用され、新たな法理、判断基準が提示されている。借地問題、借家問題は、訴訟等の裁判の場だけで解決されるわけではなく、ほとんどの問題が裁判以外の場において解決されているが、その場合にも、判例、裁判例のもつ役割は相当にある（最高裁の判例が判示事項につき重要な影響をもつことはいうまでもないが、下級審の裁判例であっても、内容にもよるものの、一定程度の役割をもつことは否定できない）。
　また、判例、裁判例は、その前提となる法律の規定はそのままであっても、事件の内容・態様、背景事情が変化していることから、新たな利害の調整のための法理、判断基準を提示することもあれば、従来と同様な法理、判断基準をそのまま維持することもある（従来の法理、判断基準を変えないままであっても、判断の仕方を変更することによって、従来と異なる結論を導き出すこともある）。特に借地借家法の施行後における日本の社会事情は大きく変化しているところであり、時代の大きな変わり目を経てきたが、判例、裁判例も、これ

らの変化を色濃く反映し、従来の類型の問題、新たな類型の問題につき興味深い判断を示している。

本書は、このような認識の下、バブル経済の崩壊と借地借家法の施行という借地問題、借家問題に重大な影響を与えた出来事が時代の初めに生じた平成時代を取り上げ、その時代における借地・借家に関する判例、裁判例を紹介し（必要に応じてそれ以前の判例、裁判例も紹介している）、新たな借地・借家の法理と判断基準の動向を明らかにしようとしたものである。平成時代も20年余を経て、判例、裁判例も相当の蓄積があり、多様な借地問題、借家問題について様々な判断を示しているものであり、その結論、論理の当否については議論があろうが、本書においては判例、裁判例を簡潔な解説とともに網羅的に紹介している。本書執筆の意図が借地・借家の実務に少しでも役立つことがあれば、これに過ぎる喜びはないであろう。

なお、本書の出版に当たっては、大成出版社の坂本長二郎氏、山口修平氏にご支援をいただいたものであり、最後にお礼を申し上げたい。

平成時代における
借地・借家の
判例と実務

目次

1章 平成時代の借地・借家をめぐる動向 ― 借地借家法の制定前 ―

1. はじめに　3
2. 借地借家法の制定　5
3. 借地・借家紛争の実情　8
4. 平成元年度の借地・借家関係の裁判例　11
5. 平成2年度の借地・借家関係の裁判例　92

2章 平成時代における借地・借家法制度の改正

1. はじめに　195
2. 平成3年制定の借地借家法の新旧対照表　195
3. 平成8年の改正　217
4. 平成11年の改正　218

3章 借地をめぐる裁判例

1. 借地法・借地借家法の適用　223
2. 借地契約の成否・効力　230
3. 借地権の対抗　238
4. 期間満了・更新拒絶　252

5. 借地契約の解除　267
6. 借地契約の消滅　308
7. 更 新 料　312
8. 賃料・地代　315
9. 借地条件の変更等　332
10. 一時使用の借地　339
11. 賃貸人の通知義務　344
12. その他の借地問題　351
13. 使用貸借　365
14. 借地に関係する売買　373
15. 借地をめぐる不法行為等の損害賠償責任　384
16. 短期賃貸借　391
17. 借地と地震　393
18. 借地以外の土地の賃貸借　394

4章　借家をめぐる裁判例

1. 借家法・借地借家法の適用　403
2. 借家契約の成否・効力　415
3. 建物の賃借権（借家権）の対抗　428
4. 借家契約の承継　430
5. 更新拒絶・解約申入れ　434
6. 合意解約　459
7. 借家契約の解除　464
8. マンションの借家の解除　496
9. 更 新 料　499
10. 賃 料　516
11. 敷 金　571
12. 公営住宅　613

13. 賃貸借保証　*616*
14. 一時使用の借家　*620*
15. その他の借家問題　*627*
16. 使用貸借　*650*
17. 借家と地震　*656*
18. 借家と質権　*659*
19. 借家と投資　*665*
20. 借家をめぐる不法行為　*669*
21. 賃貸建物と物上代位　*704*
22. 短期賃貸借と抵当権妨害　*731*
23. 借家と倒産　*742*
24. 定期借家　*752*

索引　*759*

平成時代の借地・借家をめぐる動向

― 借地借家法の制定前 ―

1章

はじめに

　本書は、明治42年に制定された建物保護ニ関スル法律（建物保護法と略称されることが多い）、大正10年に制定された借地法、借家法（この呼び方は、従来から「しゃくや」であるのか、「しゃっか」であるのか両方の呼び方がされている。筆者は、「しゃくや」と呼ぶのが通常である）の各法律による借地・借家法の体系について、平成時代の法律の制定・改正の動向と判例の動向を紹介するものである。

　借地・借家法の体系は、長年にわたる運用と多数の裁判例が存在すること、日常的に多数の紛争が発生していること等の事情によって、大審院、最高裁の判決を含む多数の判例、裁判例が公表されている（判例と裁判例は、論者によっては相違を認めない見解もあるが、本書では、大審院、最高裁の判決等を判例といい、下級裁判所の判決等を裁判例ということが多い）。これらの判例、裁判例は、次のような書籍に詳細かつ丁寧に紹介されており、従来の実務に参考になってきたものである。

　借地・借家に関する法律については、主要な文献として、星野英一・「借地・借家法」（有斐閣）、鈴木禄弥・「借地法上・下」（青林書院新社）、伊東秀郎他・「判例からみた借地借家の諸問題」（新日本法規出版）、稲本洋之助他・「コンメンタール借地借家法」（日本評論社）、遠藤浩他・「基本法コンメンタール〈14〉借地借家法」（日本評論社）がある。

　借地・借家をめぐる判例、裁判例は、多数のものが公表され、適用されるべき法理が相当程度明確になってきたということができるが、借地関係、借家関係が長期間にわたって継続する法律関係であり、個々の事案の特殊性が強いこと、法律上正当事由等の抽象的な要件が使用されており、裁判官の評価・裁量が広いこと、借地・借家をめぐる法律問題は借地等に対する需給関係、経済事情、社会事情の影響を受けることが多いこと、新たな類型の借地・借家をめぐる紛争が次々と発生していることによって、法律の規定という器・皮袋が同じ

第1章 平成時代の借地・借家をめぐる動向 ― 借地借家法の制定前 ―

であっても、内容が異なる判例、裁判例が見られるため、判例、裁判例の評価が必ずしも明確でない状況も生じている。第2次世界大戦後においても、大きく社会事情、経済事情が変化してきたものの、判例、裁判例の採用する法理は、賃借人保護の方向に比較的安定的に推移してきたものである。見方を変えれば、判例等よって採用された法理、その運用が硬直化してきたものである。

他方、借地・借家法の体系は、借地・借家をめぐる社会・経済事情が変化してきたにもかかわらず、目だった法律の改正が行われず、借地・借家をめぐる紛争は、判例、裁判例の法理、判断基準によって解決される度合いが強くなり、判例、裁判例が社会・経済事情の変化に適切に対応していないという強い批判を受けることになった。借地・借家に関する法律の改正による解決が期待されてきたわけである。

筆者は、偶々、平成4年4月、法務省民事局参事官として着任し（民法第1編ないし第3編の分野を担当するものであった）、前年に制定された借地借家法（平成3年法律第90号。平成3年10月4日に公布され、平成4年8月1日に施行されることが予定されていた）の施行事務を担当することになった。筆者は、借地借家法の制定を担当した前任の寺田逸郎民事局参事官（現在、最高裁判所判事）から引継ぎを受け、同法の施行事務の処理を行った。平成4年当時は、昭和60年代のバブル経済が平成元年に崩壊し、その崩壊が進行していた時期であり、借地・借家をめぐる裁判例もその波に飲み込まれていたところであった。

借地借家法が制定されたのは、平成3年10月であり、同法が施行されたのは、平成4年8月であり、同法は、基本的には施行以後適用されるものであったが、同法の制定が現実になるにつれ、同法の内容（建物保護法、借地法、借家法の改正内容）が事実上訴訟に影響を及ぼす可能性が生じていたところである。特に借地借家法の検討、審議が行われていたのは、各種の規制の緩和の進行、バブル経済の崩壊等が見られた時期であり、これらの事情の変化と借地借家法の制定内容の公表が相まって裁判官の判断に微妙な影響を与えつつあったと推測される。

借地・借家法の制度にとっては、平成時代は、バブル経済の崩壊と借地借家法の制定審議とともに幕を開けた時代である。本書は、このような時代を背景にして、借地・借家法の制度と判例、裁判例の概要、動向を紹介しようとする

ものである。平成時代は、借地・借家法の制度の新たな時代の幕開けであったということができるが、本書は、借地借家法の内容が建物保護法、借地法、借家法から改正された分野の運用、従来から引き継がれた分野の運用について、裁判例を通じてどのような変化が生じてきたかを分析し、紹介するものである。

　本書は、まず、借地借家法の制定前夜というべき平成元年、平成 2 年に言い渡された借地・借家をめぐる裁判例を「平成時代の借地・借家をめぐる動向─借地借家法の制定前」として紹介するが、この項は、基本的には判例時報誌に紹介した論文を掲載するものである。この項は、判例時報 1417 号から 1428 号までに掲載されたものであり、借地借家法の施行直後に筆者が法務省民事局参事官として勤務していた時期に公表したものであり、当時の時代の雰囲気が色濃く反映しているものであり、少しでも当時の時代の雰囲気を感じてもらいたいからである（若干の加筆修正をしていることは予めお断りしておきたい）。

No, 2

借地借家法の制定

　借地法、借家法の改正が長年にわたり検討されていたが、平成 3 年 2 月、法制審議会が「借地法等改正要綱」を法務大臣に答申した。政府は、この答申に基づき、同年 3 月、借地借家法案と民事調停法の一部を改正する法律案を国会に提出した。国会においては、まず衆議院で審議され、同年 9 月 11 日、政府案に借地権の更新後の存続期間等の 3 点の修正を加え、可決された。次に、参議院で審議され、同年 9 月 30 日、可決され、借地借家法と民事調停法の一部を改正する法律が成立した。借地借家法も民事調停法の一部を改正する法律も、同年 10 月 4 日に公布され、平成 4 年 8 月 1 日に施行されることになり、予定どおりに施行された。

新しい借地借家法は、形式的には新しい法律の制定としての形をとっているが、従前の借地・借家に関する法律であった建物保護ニ関スル法律（明治42年制定。建物保護法）、借地法、借家法（いずれも大正10年制定）を1つの法律としてまとめ、実質的にはこれを改正するものである。

借地・借家に関する法律（借地・借家法）は、土地・建物の賃借権等を保護するための法律である（建物の所有を目的として土地を使用するための権利としては、地上権と賃借権があるが、実務上問題となるのは、圧倒的に賃借権の場合が多い。ここでは、特に言及しない限り、賃借権を前提として問題を検討するものである）が、その保護の在り方は、それぞれの時代の要請に応じて検討され、立法化されてきた。

まず、建物保護法は、明治42年に制定されたが、建物所有を目的とする賃借権等が対抗力を容易に取得することができるように、本来賃借権等につき登記を要するところを、地上の建物について登記を経ることによって、対抗力を取得できることにした。

借地法、借家法は、大正10年に制定されたが、このうち借地法は、借地権の存続期間を保障したこと、期間満了の際に借地人が契約の更新の請求をすることができるようにしたこと、地主が更新を拒絶するときは、借地人が借地上の建物の買取を請求できるようにしたこと、借地権の譲渡を地主が承諾しないときは、同様に建物の買取を請求できるようにしたこと、地代の増減額の請求ができるようにしたことに特徴があった。また、借家法は、建物の引渡しに対抗力を認めたこと、賃貸期間が満了するときに、借家人の使用の継続につき賃貸人が遅滞なく異議を述べないと契約が更新されること、賃貸期間の定めがないときは、賃貸人の解約申入れは6か月が経過しないと賃貸借が終了しないこと、賃貸借が終了するときは、借家人が造作の買取を請求できるようにしたこと、家賃の増減額の請求ができるようにしたことに特徴があった。

その後、昭和16年に至り、借地法については、借地上に建物がある場合、地主に正当事由がなければ、契約が更新されることになり、実務においては、現在まで、この正当事由をめぐる紛争が続いている。他方、借家法については、賃貸期間の満了に際しては、その6か月前までに更新拒絶の通知をしないと更新され、賃貸人に正当事由がなければ、更新拒絶、解約申入れが効力を生じないものとされたが、この正当事由をめぐって、借地関係と同様に紛争が続い

ている。

　第2次世界大戦の戦争直後の住宅難の時代にあっては、借地・借家に関する紛争も、様々な工夫がなされながら、具体的に妥当な解決が図られてきた。その事態が一段落した昭和30年代には、借地・借家に関する法律の全体的な見直しも行われ、法制審議会の委員等によって構成された借地借家法改正準備会において、昭和35年、借地借家法改正要綱案が公表されたこともあった。

　昭和41年には、借地権の譲渡、借地条件の変更等について、裁判所の判断によりこれを認めることができるようになったこと、地代・家賃の増減額請求に関する紛争が生じたときに、相当額を供託等すれば、契約を解除されることがなくなったことなどの借地法、借家法の改正がなされた。

　今回の借地借家法の制定は、このような歴史的な経過の中でなされたものである（なお、その詳細については、寺田逸郎「借地・借家法の改正について」民事月報47. 1. 11参照）。

　今回の借地借家法の法制度の改正の重要な柱は、借地関係については、更新規定の適用を受けない定期借地権が認められたこと、借地権の存続期間を、原則として当初は30年とし、更新後は第1回目は20年、その後は10年としたこと、借地上の建物の朽廃による借地権の消滅の制度を廃止したこと、借地上の建物の滅失について権利関係を整備したこと、正当事由を従来の裁判例を踏まえて明確にしたこと、借地上の建物が滅失したときに、一定の期間対抗力が存続する手段を認めたこと、自己借地権を一定の範囲で認めたこと、地代に関する紛争につき調停前置等が認められたことなどである。借家関係については、更新規定の適用を受けない期限付建物賃貸借を認めたこと、正当事由を従来の裁判例を踏まえて明確にしたこと、造作の買取請求権を放棄できることにしたこと、借地上の建物の借家人が一定の場合に借地権の期間満了の際に明渡しの猶予を受けることができることにしたこと、家賃に関する紛争につき調停前置等が認められたことなどである。

No, 3

借地・借家紛争の実情

1. 借地借家法の制定によって、今後の借地・借家の紛争がどのようになってゆくのかといった点に、実務上の関心が集まっている。

　借地借家法が施行前の借地・借家関係に適用されるかどうかについては、同法附則に詳細に規定されているところであるが、最も関心を集めた借地権の更新については、施行前に設定された借地権は、なお従前の例による（同法附則6条）とされ、借地法が適用されることになっている。このような借地権の存続する限り、従前同様な紛争が続くことになる。また、借家関係においても、施行前に締結された建物の賃貸借契約に係る更新拒絶、解約申入れについては、なお従前の例による（同法附則12条）とされ、借家法が適用されることになっているから、従前同様な紛争が続くものである。

　ところで、借地・借家に関する紛争は、その法律関係を規律する民法、借地法、借家法、借地借家法等の詳細な条文を有する法律があり、その解決の基準も明確であるため、一見すると解決も容易であると考えられがちである。しかし、実務に身を置くと、借地・借家に関する紛争ほど神経を使い、訴訟の勝敗が予測できない訴訟も少なくないことに気付かされるのである。借地・借家の紛争を担当するに当たっては、細心の注意が必要であり、そのために、実務上様々な配慮、訴訟活動が不可欠である。この観点から、過去の裁判例の詳細な検討も必要である。もっとも、借地・借家関係は世相を反映するものであるから、最近の裁判例の検討が特に必要になる。そこで、法律雑誌において公表された平成元年度、2年度の裁判例について、その実務上の意義、制定された借地借家法の下における意義等を検討することにするが、その前に、他の紛争と異なる借地・借家に関する紛争とその解決の特徴を概観しておきたい。

2. 借地契約も、借家契約も、最も深刻な紛争は、土地あるいは建物の明渡しに関する紛争である。ところが、この明渡しを求める原因は、いずれも比較的抽象的な要件であるため、その判断が容易でないし、また当事者双方共争いやすいものである。例えば、更新請求、使用継続に対する異議等に必要な正当事由、債務不履行による解除の場合における信頼関係の破壊の有無、無催告解除の当否、特約違反による解除の場合における特約の有効性（特約の合理性、強行規定違反の有無）、特約違反の債務不履行への該当の有無等の判断が必要であり、これらはいずれも難問である。

　借地・借家に関する事件は、日常的な事件であるため、とかく慢心しやすいが、そこに落し穴がある。実務家としては、事実の主張、法的な構成、証拠の収集等に十二分な検討が必要であり、賃貸人側にとっても、賃借人側にとっても、判決が確定するまで、安心することは禁物である。判決という名の下駄を履くまで、勝敗は分からないのである。

3. また、借地・借家関係は、相当長期にわたる継続的な法律関係であるため、その間実に様々な法律関係が発生する。賃貸人・賃借人の関係が円滑であれば、些細な紛争も、場合によっては重大な紛争であっても、問題にはならない。しかし、一旦問題化すると、過去の些細な紛争であっても、忘れられていた紛争であっても、一挙に表面化することになる。借地・借家の紛争は、多様、多面的、継続的であるため、どの時点のどの紛争を取り上げて、どのような請求権として構成するかは、難しい問題である。実務家としては、これをどのような内容の訴訟として提起するのかを悩まざるを得ないし、紛争を抜本的に解決するために何が効果的な訴訟であるのかを判断することはさらに困難な問題である（後に紹介する平成元年度、平成2年度の裁判例は、いずれも要点を紹介しているだけであるが、実務上これらを先例として利用する場合には、判決全文をまず読んで、紛争の全貌を把握した上で、必要な要点を利用することが賢明である。事案によっては、紛争の広がりと深刻さが、判決文から漂ってくるような事件もあり、単に判示事項的な読み方だけでは、足りないことも多い。なお、本書は、裁判例の解説を目的としたものではなく、実務に役立つように裁判例を分析、検討しようとしたものである）。

　借地・借家に関する紛争は、一見単純で、日常的なものであっても、長い歴

第1章 平成時代の借地・借家をめぐる動向 ― 借地借家法の制定前 ―

史と多様な内容を持っているから、そこで発生している法的な問題も多い。このような様々な法的な問題が適切に解決されないまま放置され、訴訟になってすべての問題が提示されることがある。そうすると、それらの問題を整理し、どの問題を争点として提示するかは、実務家として非常に重要な役割である。その提示の仕方を誤ると、勝てる訴訟も負けることになるという危険があるわけである。

　このような借地・借家に関する紛争の実態を考慮すると、実務家にとっては、自分の知識と経験と良識が問われる紛争である、と言って過言ではない。正に実務家としての腕の見せ所である。賃貸人であれ、賃借人であれ、当事者の言い分をそのまま訴訟として構成するだけでは、紛争が拡大するだけであり、紛争の解決にならないし、実務家としての見識が問われることになる。常に明渡しの訴訟しか提起しないというのでは、相手方の反感だけでなく、自分の依頼者の不信感を招くだけにもなりかねない。円熟した実務家は、紛争の真の原因を把握し、適切な解決手段を選択し、勝てるための法的な構成を提示することを心得ているものである。

4. 借地人も、借家人も、問題になっている土地あるいは建物が現在の生活の基盤になっていることが多い。紛争の対象になっている賃貸の土地、建物を毎日目にしているわけであるが、目にする度に、紛争のことを思い出し、冷静さを日々失っていくのが通常である（日々闘志が高まってゆくというのが正確かもしれない）。また、借地・借家に関する紛争が、法的には、土地あるいは建物の明渡しの訴訟にすぎないとしても、借地人、借家人にとっては、生活の基盤そのものに対する攻撃として受け取られる。そうすると、借地・借家に関する紛争は、容易に借地人、借家人にとっては全人格を掛けた人格訴訟になってしまうのである。

　他方、賃貸人側にとっても、人格訴訟になる要素が多い。例えば、賃貸借の当初においては、相当の好意で貸したり、様々な便宜を図ったりして、蜜月時代が続いた後、明渡しを求めた途端、賃借人から断固拒否されて、ひどく裏切られた気持ちになることがある。そうすると、好意余って、憎さ百倍ではないが、賃貸人としては、過去の問題をすべて持ち出さざるを得ない気持ちを押さえ難く、全人格を掛けることになるのである。

最近は、土地の高騰、都市化の進行等に伴って、借地権については、その底地に対する割合が高まり、高額になっているし、借家権についても、借家権割合という言葉も流行し始めている。借地・借家に関する紛争は、人格的な紛争に加えて、高額な経済的な価値をめぐる紛争にもなっている。このことも、このような紛争を合理的に解決することを困難にしているのである。

　このような借地・借家の紛争は、その実態と当事者の気持ちを理解しないと、紛争解決の手段、方法、手順を誤り、紛争をかえって激化させることもある。実務家としては、まずよき聞き手となって、紛争の真の原因、紛争解決の障害、真の紛争解決の方向等を虚心に聞き取ることが必要である。

5. 借地・借家に関する紛争がこのような実態であり、しかもその解決の方向によっては、将来も継続的な関係が続くことがあることを考えると、その解決も全体的、抜本的な解決を図ることが望ましい。そして、その解決に当たっては、当事者の積極的な参加によって解決を図ることも望ましい。このような解決を図るためには、訴訟の場であれば、訴訟物の存否だけで一刀両断の解決をするよりも、和解による解決が望ましいことがはるかに多い。和解の積極的な活用が望まれる紛争である、と言うことができる。

　現在実務においては、和解の功罪をめぐって論議がなされているところであるが、借地・借家紛争が和解的な解決に適していることには疑問の余地がない。

　平成元年度、平成2年度における借地・借家をめぐる裁判例を紹介していきたい。

No, 4

平成元年度の借地・借家関係の裁判例

　平成元年度の判例、裁判例について概観してみたいが、まず、借地・借家関

係の判例、裁判例の概要をみてみたい（［　］内の数字は、後記の裁判例の番号を示す）。

（1）借地関係

① 対抗力
　［3］（債権担保に供された他人名義の建物の登記による対抗力が否定された事例）

② 一時使用賃貸借
　［8］（一時使用の賃貸借が認められた事例）
　［22］（即決和解によりなされた賃貸借が一時使用の賃貸借であると認められた事例）

③ 更新拒絶、正当事由
　［20］（土地の有効利用、4億円の立退料の提示による更新拒絶の正当事由が認められなかった事例）
　［25］（正当事由を補完する立退料の提示は異議時にすべきであるとされた事例）
　［35］（土地の有効利用、更新時の13年後になされた4億円の立退料の提示による更新拒絶の正当事由が認められた事例）

④ 解　除
　［4］（賃料不払いを理由とする解除が認められた事例）
　［17］（無断増築を理由とする解除が認められた事例）
　［33］（17か月分の賃料不払いを理由とする解除が認められなかった事例）
　［34］（特定の建物を建築する旨の特約違反を理由とする解除が認められた事例）

⑤ 賃料増額請求
　［17］（賃料を公租公課の3倍とする約定の効果が認められた事例）
　［32］（賃料を土地の路線価の増減に応じて増減する旨の約定の効果が認められた事例）

⑥ その他
　［9］（抵当権と併用された賃借権に基づく短期賃借権者に対する不動産の明渡請求が認められないとされた事例）
　［18］（複数の賃貸人の有する賃料債権が不可分債権であるとされた事例）
　［26］（借地条件の変更に当たって更新の成否を考慮して変更の申立てが棄却された事例）

（2）借家関係

① 借家法の適用の有無
［13］（店舗の経営委託が建物の賃貸借であると認められた事例）
［15］（明渡猶予を定める即決和解が無効であるとされた事例）
［30］（姉妹間の建物の使用が賃貸借であると認められた事例）

② 一時使用賃貸借
［16］（一時使用の賃貸借が認められなかった事例）

③ 更新拒絶、解約申入れ、正当事由
［5］（1億6000万円の立退料の提示による解約申入れの正当事由が認められた事例）
［10］（700万円の立退料であれば正当事由が認められるが、500万円の提供の意思しかないとして、解約申入れの正当事由が認められなかった事例）
［11］（ビル新築を理由とする解約申入れの正当事由が認められなかった事例）
［12］（賃貸人の申出額を超える700万円の立退料の支払いを条件として解約申入れの正当事由が認められた事例）
［14］（ビル新築を理由とする更新拒絶が申出額を超える6000万円の立退料の支払いを条件として正当事由が認められた事例）
［23］（ビル新築を理由とする解約申入れが4億円の立退料の支払いを条件として正当事由が認められた事例）
［24］（建物の老朽化等を理由とする解約申入れが300万円の立退料の支払いを条件として正当事由が認められた事例）
［28］（賃貸人の申出額を超える500万円の立退料の支払いを条件とする更新拒絶の正当事由が認められ、更新時の4日後に賃貸借が終了するとされた事例）

④ 解除
［2］（建物の改装工事を理由とする解除が認められた事例）
［19］（賃料増額をめぐる紛争に伴う賃料不払いによる解除が認められた事例）
［21］（賃料増額請求に伴う賃料不払いによる解除が認められた事例）

⑤ 賃料増額請求
［1］（更新時に賃料を6％増額する旨の約定の効果が認められた事例）
［7］（従前の賃料の約2.5倍の増額請求が認められた事例）

[19]（賃料を50％増額する旨の約定が有効とされた事例）
[27]（賃料増額請求に係る適正賃料の算定事例）
[29]（賃料増額請求に係る適正賃料の算定事例）
[31]（賃料の算定に当たって賃借人の行った修繕を考慮すべきではないとされた事例）
⑥ その他
[6]（共同住宅の賃貸人が迷惑行為をする賃借人を放置したとして、他の賃借人に対して損害賠償責任を負うとされた事例）

[1] 東京地判平成元. 1. 26 判時 1329. 170
《事案の概要》
　建物の賃貸借において、従前、賃貸人（原告）と賃借人（被告）の間で賃料の増額をめぐり紛争が生じ、賃貸借期間を3年間とし、更新時には賃料を6％ずつ増額するとの内容の訴訟上の和解が成立したが、その後、賃貸人が地価の暴騰等を理由に賃料を70％増額する旨の意思表示をしたところ、賃借人が増額率は和解により6％に制限されていると争ったため、賃貸人が賃料額の確認を請求した。本件では、賃料増額の合意の効果が問題になった。この判決は、前記の合意による6％の増額の範囲で請求を一部認容した。
〈判決〉は、前記の合意の趣旨について、
「……原告と被告の本件建物の賃料増額については昭和50年から繰り返して訴訟にまで至る紛争が継続していたことからすると、右条項は、原契約における更新の際の賃料増額幅を10％以内とする約定を前提に、以降の更新の都度、賃料改定についての紛争が惹起することを防ぐため、これを以後6％と確定する趣旨で合意されたものと認めるのが相当である。
　また右和解条項は、文言上も合意による更新の場合に限定されていないから、昭和62年12月1日からの更新にも適用されるものと解するべきである。」と判示したものである。

【実務の対応】
　賃料の額を一定の事由の発生した場合に定率又は定額で増減する旨の約定（実務上は、経済的な事情を反映して増額が問題になる事例が殆どである）が、賃貸借契約締結の際、あるいは更新の際になされることが少なくないが、これ

が借地法12条、借家法7条に違反するかどうか、さらに違反しないとしても、具体的な事件において約定どおりの増額を認めるべきかどうかが、実務上問題になる。特に物価等が高騰したり、逆に不景気になり、約定の増額幅と世間の相場とが著しく乖離したような場合には、この点が争われることになる。この約定が問題となる場面は、賃料増額請求による賃料確認の請求等がなされる訴訟であるのが通常であるが、増額に係る賃料不払いを原因とする解除による明渡しが請求される訴訟であることもないではない。

このような特約がなされた場合には、増額の要件である一定の事由の内容、増額の仕方、増額の幅は様々であるが、一般的には、これは有効な約定と解されている（最一判昭和44．9．25判時574．31、札幌地判昭和52．3．30判タ365．306、札幌高判昭和54．10．15判タ403．120、東京地判昭和56．7．22判時1030．60、東京高判昭和56．10．20判タ459．64、名古屋地判昭和58．3．14判時1084．107、京都地判昭和60．5．28金融・商事判例733．39、大阪地判昭和62．4．16判時1286．119。これに対して、無効としたものに、大阪地判昭和50．8．13判タ332．303がある。また、このような趣旨の約定を認めなかったものとして、東京地判昭和45．12．13判時613．77、大阪高判昭和57．6．9判タ500．152がある）。

なお、本件のように建物の賃料の増額に関する特約の有効性については、借地借家法32条においても、従前（借家法7条）と同様な規定がある（一定の期間建物の借賃を増額しない旨の特約がある場合には、その定めに従うとの規定である。建物の賃料の増額請求に関する規定は、借地借家法附則4条により、施行前になされた増額請求については、従前の規定による効力が妨げられないほかは、借地借家法が適用される）ほかは、特段の規定がなされていない。したがって、建物の賃料を定額又は定率に増額するとの約定も、借地借家法の施行日以後も、従前と同様に解されることになる。このような賃料増額に関する特約は、必要があれば、今後も、増額を円滑に行うために利用されるであろう。

[2] 東京地判平成元．1．27判タ709．211
《事案の概要》
　建物の賃貸借において、賃借人（被告）が20年間にわたりファッション関

係の店舗として建物を使用してきたところ、その改装について賃料を増額することなどの条件で合意が成立したが、その後さらにアイスクリームの販売店に改装工事をしようとして、賃貸人（原告）の了解を求めたものの、断られた（賃貸人と賃借人は、従前から転貸、賃料不払い等で3回調停、訴訟を行っていた）ことから、賃借人は、賃貸人に無断で改装工事を行って、アイスクリーム販売店を開店したため（当時、賃借人に対して和議が開始され、賃借人のスポンサーがアイスクリームの販売店を営業することを条件に融資を約束していた）、賃貸人は、アイスクリームの販売が使用目的違反であるなどとして、賃貸借契約を解除し、建物の明渡しを請求した。本件では、賃借人による信頼関係の破壊の有無が問題になった。この判決は、これを認めて、請求を認容した。
〈判決〉は、信頼関係の破壊の有無について、
「右認定の事実によれば、被告の為した改装の規模は、原告と被告が話し合ったその範囲を大幅に超えているものと認められる。確かに、前記改装に関する文書には、「正面ウインド、日除等部分」とか「内部の便所一部、ケース部分等」というように「等」なる文字が加えてあるが、これは前認定の改装の合意に至るまでの経緯に照らすと、あくまでも「正面ウインド、日除」に付随する部分及び「内部の便所一部、ケース部分」に付随する部分の小規模な改装を意味していたものと解せられるし、少なくとも被告の行った改装が右の「等」なる文字をよりどころとして正当化されるものとは社会通念上到底いえないであろう。

そうだとすると、被告における業種変更とその秘匿には会社の再建上やむを得ぬ面もあり、また右改装が本件建物の躯体部分に変更を加えず将来の修復可能なものであり、そして、被告代表者尋問の結果によれば、被告内部の経営実態や本件建物における営業状態等が従前とほとんど大差がないことが認められるけれども、しかし、原告に対する関係では、事前に業種変更を原告に告知せず、業種の変更が改装の場所、程度等に影響のあることは経験則上明らかであるのに、そのことを秘し、原告をして従前の業種のままで改装するものと誤信させ、お互いに話し合って文書まで作成し確定した改装の範囲を著しく超える工事を行った被告の行為は、やはり自己本位に過ぎ、原告に対する背信的行為といわざるをえないであろう。

したがって、被告の右行為によって、原被告間の本件賃貸借契約は、その基

礎となる信頼関係を失うに至ったものと解すべきであろう。」と判示して、信頼関係の破壊を認めたものである。

【実務の対応】
　建物の賃貸借、特に店舗の賃貸借においては、契約上賃貸人の承諾のない改装工事等が禁止されることは通常であるし、そのような約定がないとしても、賃借人の負う建物の保管義務からみて改装工事等を賃貸人に無断で行わない義務を負うことは当然である。
　賃借人としては、改装工事等を行う場合には、事前に賃貸人と話し合うことにより、その承諾を得る必要がある（店舗の場合には、承諾料を要求されることもあろう）。賃貸人がこれを承諾しない場合には、賃借人としては、改装工事を行うべきかどうか迷うことになるが、法的な助言としては、これを行わない旨の助言となるのは勿論である。
　しかし、事情によっては、緊急に改装工事を行うことが必要な場合もあり、改装工事を強行せざるを得ないこともないではない（賃貸人が承諾をしない理由が全く合理性を持たず、単に嫌がらせだけのために承諾をしない場合もないではない）。この場合には、賃借人としては、改装工事の禁止を求める保全処分、建物明渡しを請求する訴訟等が提起される危険を覚悟する必要がある。これらの問題は、最終的には、賃貸借契約の解除を理由とする建物明渡訴訟に至って問題になり、債務不履行の成否、信頼関係の破壊の有無が主な争点になる。これらは、改装工事の必要性、緊急性、内容、程度、事前の交渉の経緯等によって、判断されることになるが、本件のように明渡訴訟が認容される（これに付随して、建物の損害についての損害賠償請求も認容される）ことが多いことにも留意すべきである。
　賃借人による建物の無断改装工事を理由とする債務不履行の成否、信頼関係の破壊の有無という問題の取扱いについては、借家法の下と、借地借家法の下とで、異なるところはない。
　建物の改装工事等を理由とする建物の賃貸借契約の解除に関する裁判例は、最近のものとして、横浜地判昭和50.2.10判タ329.168（解除を肯定した事例）、大阪地判昭和50.9.26金融・商事判例494.40（解除を肯定した事例）、大阪高判昭和50.12.12判時815.59（解除を否定した事例）、名古屋地判昭和51.4.27判タ342.290（解除を否定した事例）、大阪高判昭和51.

11. 9 判時 843. 59（解除を否定した事例）、東京地判昭和 56. 3. 26 判タ 454. 123（解除を否定した事例）、東京地判昭和 57. 9. 30 判タ 486. 93（解除を肯定した事例）、東京地判昭和 60. 1. 30 判時 1169. 63（解除を肯定した事例）、東京地判昭和 60. 10. 9 判タ 611. 74（解除を肯定した事例）、東京地判昭和 61. 10. 31 判時 1248. 76（解除を否定した事例）、東京地判昭和 62. 2. 25 判タ 657. 134（解除を肯定した事例）等がある。

[3] 最三判平成元. 2. 7 判時 1319. 102、判タ 704. 175、金融法務事情 1232. 29、金融・商事判例 827. 3

《事案の概要》

　被告（被控訴人、被上告人）は、甲から土地を賃借し、建物を建築した上、保存登記を経たが、乙に債務を負担していたので、建物を担保に代物弁済を原因として所有権移転登記を経た後、原告（控訴人、上告人）は、土地を甲から買い受け、被告は、原告の売買の当時建物の登記を有していなかったものの、その後乙に債務を弁済して、抹消登記により登記を回復したため、原告が被告に対して、建物収去土地明渡しを請求したところ、被告は、乙名義の登記により対抗力がある、背信的悪意者、権利の濫用を抗弁として主張した。第一審判決は、この対抗力を認めて、請求を棄却した。控訴審判決は、同様の理由で控訴を棄却した。本件では、まず被告が債権担保に供された他人名義の建物の登記により借地権につき対抗力を有するかどうかが問題になった。この判決は、この対抗力を否定して、原判決を破棄した。

〈判決〉は、この対抗力の有無について、

「けだし、右事実関係によれば、上告人が本件土地につき所有権移転登記を経た当時、被上告人は、すでに岩井に対し本件建物につき代物弁済を原因とする所有権移転登記手続を了し、本件土地上に自己所有名義で登記した建物を有していなかったのであるから、建物保護に関する法律 1 条の趣旨にかんがみ、本件土地賃借権を第三者である上告人に対抗することができないものというべきであり（最高裁昭和 37 年（オ）第 18 号同昭和 41 年 4 月 27 日大法廷判決・民集 20 巻 4 号 870 頁参照）、この理は、岩井に対する右所有権移転登記が同人に対する債務を担保する趣旨のものであり、また、その債務の弁済によりその抹消登記手続がされたとしても、抹消登記手続のされた時期が、上告人

が本件土地につき所有権移転登記を経由した後である以上、同様であると解すべきである（昭和52年（オ）第680号同年9月27日第三小法廷判決・裁判集民事121号297頁参照）。」と判示して、これを否定したものである。

【実務の対応】
　賃借人が、土地賃借権についての建物保護法による対抗力を得るためには、建物について登記をすれば足りるものである。この登記は、賃借人が容易にできるものであるにもかかわらず、実務上問題になることが少なくない。建物保護法による対抗力が認められるためには、賃借人は、自己名義で建物の登記をすれば足りるのに、わざわざこれを放棄して、税金対策、相続対策等の様々な動機から他人名義の登記にしてしまうことがある。不動産の取引においては、現地を調査してなされるのが通常であることから、建物の存在と何らかの建物に関する登記があればよいとするとの見解もあるが、判例は同法所定の「登記シタル建物」の意義については厳格である（例えば、最大判昭和41．4．27民集20．4．870、判時443．16、判タ190．106、金融法務事情440．6、金融・商事判例4．6、最二判昭和41．10．21裁判集民事84．689、最二判昭和41．10．21裁判集民事84．697は長男名義の登記につき、最一判昭和47．6．22民集26．5．1051、判時677．51、金融法務事情659．26、金融・商事判例323．7、最一判昭和47．7．13裁判集民事106．433、判時682．23は妻名義の登記につき、最三判昭和50．11．28判時803．63、判タ330．253、金融法務事情777．25、金融・商事判例489．4は子名義の登記につき、最一判昭和58．4．14判時1077．62、判タ497．93、金融法務事情1047．42、金融・商事判例673．23は養母名義の登記につき、いずれも対抗力を否定している）。
　また、建物の所有名義の登記が債権担保のために賃借人以外の第三者に移転している場合にも、対抗力がないとするのが判例である（最三判昭和52．9．27裁判集民事121．297、金融・商事判例537．41）。
　なお、賃借人が土地賃借権の対抗力を得るためには、建物保護法により、賃借人が借地上の建物につき自己名義の登記を経ていれば足りるとされていたことは前記のとおりであるが、借地借家法10条1項、2項も、この対抗力を認めている。しかし、建物が滅失した場合には、この登記による対抗力も失われるため、その間を利用して借地の取引がなされ、紛争が生ずることもあった。

このような事態を避けるため、借地借家法は、明認方法により2年間に限り対抗力の存続することを認めている。従前においては、建物の滅失の間になされる借地所有権の譲渡等に伴う対抗問題については、背信的悪意者の理論、権利の濫用の理論等によって解決が図られる場面が少なくなかった。借地借家法のこのような規定により、対抗力をめぐる紛争に明確な解決の基準を提供するとともに、賃借人の保護が図られることになろう。この新しい明認方法による対抗力に関する規定は、借地借家法の施行前に設定された賃借権であっても、施行以後に建物が滅失した場合には、適用されるものである（同法附則8条。施行前に建物の滅失があった場合には、適用されない）。

今後も、賃借人が土地賃借権につき対抗力を有する要件である「土地の上に借地権者が登記されている建物を所有するとき」の解釈については、従前の判例が妥当することになる。そうすると、建物の登記名義等については、従前同様に、相当厳格な要請があるというべきである。

[4] 東京地判平成元.3.6判時1343.71
《事案の概要》
　土地の賃貸借において、賃料の増額をめぐって賃貸人（原告）と賃借人（被告）との間で紛争が生じ、従前の賃料が6万5624円であったのに対して、賃借人が減額の意思表示をしたとして、2万円を減額した金額を供託するに至ったことから、賃貸人が賃料不払いを理由に賃貸借契約を解除し、建物収去土地明渡しを請求した。本件では、賃料不払いによる債務不履行の成否が問題になったが、この判決は、これを認めて、請求を認容した。
〈判決〉は、債務不履行の成否について、
「しかし、賃料減額請求がされた場合、当事者間に協議が調わないときは、減額を正当とする裁判が確定するまでは賃貸人は相当と認める賃料を請求することができるのであるから（借地法12条3項）、賃借人は、自己の減額請求にかかる賃料額を相当であると考えても、その額を支払うことによって賃料債務を免れることはできず、反面、少なくとも従前の賃料額を支払っていれば債務不履行の責めを免れることができるのである。このことは、本件のように賃貸人である原告が賃料増額請求をし、これに対して賃借人である被告が減額の事由があるとして賃料減額の請求をした場合においても同様である。

……によると、本件土地の西側に隣接する原告所有の土地上に、同土地の賃借人が2階建建物を建替えて6階建建物を建築したため、本件建物内の3室の採光に悪影響を生じたことが認められるけれども、右認定の事実によっても、昭和58年5月当時被告が右3室の貸室契約の解約又は賃料引下げを余儀なくされて経済的損失を被り、引いてそれが原告に対する本件土地の賃料減額請求の正当な理由を構成するに至ったと認めるには足りない。したがって、原告が従前の賃料を維持してそれ以上の額の賃料を請求する限りにおいて、従前の賃料額が、賃貸人が相当と認める賃料の最下限をなすものであることは否定できない。

いずれにしても、被告は少なくとも従前の賃料額を支払わなければ債務不履行の責を負うべきものである。ところが、被告は一方的に減額した賃料の支払を続けたもので、しかもその額は4万5624円で、従前の賃料額6万5624円の約3分の1にも当たる2万円を減額したものであって、とうてい賃料債務の履行があったと認めることができないものである。

そうすると、被告は本件土地の賃料につき原告の催告にかかる期限である昭和60年5月25日（原告は昭和60年5月24日であると主張するが、採用できない。）までに債務の本旨に従った履行をしなかったというほかなく、原告のした解除は有効である。」と判示して、これを肯定したものである。

【実務の対応】

賃料の増額をめぐって紛争が生ずることは日常的な事態であるが、この場合、増額された賃料の支払請求、賃料額の確認請求だけでなく、支払われた賃料額（殆どの場合に供託される）の当否が問題になり、賃貸人がこれを債務の本旨に従ったものでないとして、賃貸借契約を解除し、土地、建物の明渡請求に至ることもある。

賃借人としては、借地法12条2項、借家法7条2項により相当額の賃料を支払うか、あるいは供託する限り、債務不履行の責を負わないとされている。しかし、世間では、賃貸人に対する対抗手段としてからか（あるいは、嫌がらせからか）従前以上の賃料額ではあっても、相当に低い賃料額を供託し続ける賃借人もいる。この場合、供託額の相当性、供託期間等によって債務不履行の成否が問題にされる（もっとも、仮に債務不履行であるとしても、最終的には、信頼関係を破壊したかどうか、あるいは場合によっては権利の濫用に当たるか

どうかによって、賃貸借契約の解除の成否が判断されることになる）。

同種の事件について賃貸借契約の解除を有効とした裁判例として、千葉地判昭和61．10．27判時1228．110、横浜地判昭和62．12．11判時1289．99がある。やり過ぎは常に危険であることにも、注意を払いたいものである。

また、権利の濫用等により解除の効力を否定した事例として、名古屋高判昭和59．2．28判時1114．56、神戸地判昭和59．10．19判時1150．218がある。

なお、賃貸借の地代・借賃の増額・減額請求がなされた場合、賃借人等の支払うべき額は、借地借家法においても（土地の賃貸借について11条2項、建物の賃貸借について32条2項、3項）、従前と同様な規定が設けられている。したがって、借地借家法の施行以後においても、賃借人としては、相当の賃料額を支払う必要があるわけであり、この点に関する実務に変化はない。

[5] 東京高判平成元．3．30判時1306．38
《事案の概要》
　都内豊島区池袋のビル建築が近年急速に進んでいる地域にある建物（長屋式の建物）の賃貸借において、賃借人（被告、被控訴人）ら（個人とその個人が代表者である会社）が酒屋を営んでいたところ、賃貸人が解約申入れをして、建物明渡請求の訴訟を提起していたところ、建物、その敷地を売却して原告（控訴人。不動産業）が訴訟を承継した（なお、長屋式の建物の他の賃借人らについてはいずれも訴訟上の和解が成立して、明渡義務が確定している）。原告の主張する正当事由は、建物の老朽化、本社ビルの建築、区の再開発計画の指定、1億5564万円余又は裁判所の決定する額の立退料の提供であり、本件では、この正当事由の有無が問題になったが、第一審判決は請求を一部認容したものの、原告が控訴した。この判決は、立退料の提供の6か月後に賃貸借が終了するとして、将来の給付の請求として認容し、1億6000万円の立退料の支払いと引換えに請求を認容した。
〈判決〉は、まず正当事由の有無について、
「以上の事実を前提に正当事由の有無について検討するに、控訴会社の本件建物の明渡の必要性は、市街地再開発の一環としての本件ビル建築を目的とするものであって、直接には営利を目的とするものではあるが、本件土地は、控訴

会社の取得前から再開発を要する土地としてそれへ向けての動きのあった土地であって、本件ビル建築は、豊島区及び地元住民の総意である本件土地周辺地域の活性化及び防災、不燃化等の公益目的に沿うものであり、被控訴人常盤は、長年にわたり本件建物で営業を継続し安定した営業地盤を培うに至ったものであって、その居住の必要性は低いものとはいえないが、本件建物は既に老朽化しており、遅くとも今後数年のうちに法律上朽廃と目すべき状態となって賃借権が消滅する運命にあること、その他前示認定の諸事情を考慮すると、控訴会社において被控訴人常盤に対し1億6000万円の立退料を提供する場合には、本件建物明渡の正当事由を具備するものと認めるのが相当である。」と判示して、これを認めた上、

賃貸借契約の終了時期、将来の給付の訴えの利益について、

「ところで、控訴会社は被控訴人らに対し、昭和63年11月15日の当審和解期日において、当裁判所を通じ被控訴人ら代理人に同日付準備書面を交付することにより、被控訴人らが本件建物を明け渡すのと引換えに、1億5564万4302円又は裁判所が決定する額の立退料を支払う旨表明したことが訴訟上明らかであり、これをもって右1億6000万円の立退料の提示があったものとみることができ、正当事由に関する右事情は6か月を経過した時点において変ることがないものと認められるから、本件賃貸借は同日から6か月後の平成元年5月15日の経過をもって終了するものというべきである。なお、控訴会社は右和解期日前の本訴追行の過程においても、立退料として6000万円又は裁判所が決定する額の立退料を支払う旨表明していたことが訴訟上認められるが、その際には、控訴会社は、被控訴人らが1億円もの多額の立退料の要求を行ったとして被控訴人らの態度を非難しているのであるから、右提示によって正当事由を具備したものと認めることはできない。

ところで、本件は将来の給付を求める訴となるが、本件訴訟の経過に徴すると、明渡請求権の発生する時点となる平成元年5月16日において被控訴人らが直ちに明渡しを履行するものとは認め難いから、将来の給付を求める訴の利益を具備するというべきである。」との判断を示し、その訴えの利益も認めたものである。

【実務の対応】

　近年における都内、郊外の変貌ぶりは目を見張るものがある。これが土地に

対する需要を高め、そのために建物、土地の明渡しを求める事件が増加していると指摘されている。この事案は、建物の明渡請求事件であるが、その請求の根拠として、土地の有効利用、再開発等の正当事由を理由とする賃貸借の解約申入れが主張されている。この事案のような正当事由を認める場合には、それを補完するために多額の立退料の支払いを認める事例も少なくない（もっとも、この事案のような訴訟の多くは和解によって立退料額が調整され、解決されているのが実情であり、公刊された裁判例が現在の傾向を正確に反映しているとは言い難い）。土地の有効利用等だけでは正当事由を認め難いとするのが従前の裁判例の傾向であり、実務上は他の諸事情とともに立退料の額を考慮して正当事由の有無が判断されている（もっとも、この立退料の額を判断する根拠が明確ではないことも少なくない。立退料の額について説示した例として、東京地判昭和 62. 7. 22 判時 1275. 81 等がある）。

　立退料の提供が正当事由の補完事由になることについては、最二判昭和 38. 3. 1 民集 17. 2. 290、判時 338. 23、判タ 146. 62、最一判昭和 46. 11. 25 民集 25. 8. 1343、判時 651. 68、判タ 271. 173、金融・商事判例 293. 6、最三判昭和 46. 12. 7 判時 657. 51 等の多くの判例、裁判例によって確立した実務になっている。

　最近において土地の有効利用等の正当事由による建物賃貸借の解約申入れを、立退料の提供を補完事由として認めたものとして、大阪地判昭和 57. 7. 19 判タ 479. 154、東京高判昭和 57. 10. 25 判タ 485. 107、大阪地判昭和 59. 7. 20 判タ 537. 169、東京地判昭和 62. 1. 26 判時 1263. 29、横浜地判昭和 63. 4. 21 判時 1293. 148、東京高判昭和 63. 4. 27 判時 1274. 87、東京地判昭和 63. 7. 19 判時 1291. 87、大阪地判昭和 63. 10. 31 判時 1308. 134 等がある。

　建物賃貸借の解約申入れについては、賃貸人の解約申入れには 6 か月の解約期間が必要であること、解約申入れ後の使用継続による更新があること、賃貸人の解約申入れには正当事由が必要であることの点は、借地借家法 27 条、28 条においても、従前（借家法 1 条ノ 2、3 条）と異なるところはない。ただ、借地借家法においては、建物の転貸借がなされている場合に、建物の転借人による建物の使用の継続を賃借人のする建物の使用の継続とみなすものとして、賃借人側の利益の保護を図る規定が新設された（27 条 2 項、26 条 3 項）。

正当事由については、法文上は、従前の「建物ノ賃貸人ハ自ラ使用スルコトヲ必要トスル場合其ノ他正当ノ事由アル場合」とされていたのが、借地借家法では、「建物の賃貸人及び賃借人（転借人を含む。）が建物の使用を必要とする事情のほか、建物の賃貸借に関する従前の経過、建物の利用状況及び建物の現況並びに建物の賃貸人が建物の明渡しの条件として又は建物の明渡しと引換えに建物の賃借人に対して財産上の給付をする旨の申出をした場合におけるその申出を考慮して、正当の事由が認められる場合」とされている。このように文言が変えられたのは、正当事由に関する従来の裁判例を踏まえて、正当事由を明確化したにすぎないものであり、建物の賃借人の立場を弱めようとするものでない。したがって、正当事由の解釈に当たっては、従前の裁判例の基準が今後も妥当することになる。
　建物賃貸借の解約申入れ、正当事由については、このように賃貸人・賃借人の関係が従前と異なるものではないことから、施行前の賃貸借についても借地借家法を適用すべきであるとの考え方もあったが、政策的な配慮から、施行前にされた建物の賃貸借契約の解約申入れに関しては従前の借家法が適用されることになった（借地借家法附則12条）。

[6] 大阪地判平成元. 4. 13 判時1322. 120
《事案の概要》
　建物（共同住宅の一室）の賃貸借において、貸室の階上に住む賃借人が音に異常に敏感であり、生活音をめぐって他の賃借人らに対して仕返しとして騒音を発生させたり、怒鳴り込んだり、暴行脅迫に及んだりしていた（そのために有罪判決を受け、服役したこともある）ところ、賃借人らの苦情の申し入れにもかかわらず、賃貸人（被告。地方公共団体）が適確な対策を何も講じなかったことから、被害を受けていた賃借人（原告）は転居し、賃借人が賃貸人に対して、住居として平穏、円満な状態で建物を引き渡すべき義務に違反したとして、建物を円満に使用できなかった損害、避難に要した損害、慰謝料の損害300万円を請求した。本件では、共同住宅の賃借人間の紛争に起因する損害について賃貸人が損害賠償義務を負うかどうかが問題になった。この判決は、請求を一部認容した（認容額147万円）。
〈判決〉は、賃貸人の賃借人に対する義務の有無、内容について、

「一般に人の住居に使用される建物の賃貸借契約においては、賃貸人は賃借人に対し、いわゆる使用収益させる義務として、賃貸借の目的物である建物を人の住居（ちなみに、これには、当事者がその契約において当然の前提としている一定の平穏さが要求される。）としての円満な使用収益ができる状態（以下「本件状態」という。）で引渡すべき義務があるというべきであり、そして、このことは本件賃貸借契約についても妥当するから、被告は本件賃貸借契約に基づいて原告に対し 201 号室を本件状態で引渡すべき義務があったというべきである。」として、賃貸人の義務を認めた上、

「……乙山のこのような生活妨害行為のため、殊に乙山の居住する 301 号室の真下に当る 201 号室は原告の入居前から、誰が入居したとしてもその物的設備を通常の用法に従って円満に使用できないのみならず人として通常の平穏な生活を営むことができず、このことによる不利益や精神的苦痛は通常人の受忍限度をはるかに越えていたものと認められるから、201 号室は原告の入居前から本件状態を欠いていたものというべきであり、また、前記二認定の事実によれば、被告は被告管理課職員が前居住者である丙川から乙山の生活妨害行為につき数回相談を受けていたことから右事実を知りないしは容易にこれを知ることができたものと認めるのが相当であるから、被告が本件状態を欠くまま 201 号室を引渡したことは、被告の原告に対する右義務についての不履行に当るというべきである。」として、賃貸人の債務不履行を認めた。

なお、賃貸人として取るべき手段が問題となるが、これについては、傍論として、「……乙山の原告その他の近隣居住者に対する前記生活妨害行為は右約定に違反しかつ被告との間の信頼関係を破壊するに足りるものであるから、被告は説得等の方法により右行為をやめようとしなかった乙山に対し右信頼関係の破壊を理由に右賃貸借契約を解除のうえ 301 号室の明渡を求めることができたものというべきである。」と判示したものである。

【実務の対応】

共同住宅の近隣居住者間においては、騒音、ペット等をめぐって最初は些細なことから始まり、最後には深刻な紛争に至ることが少なくない（その最終的な解決としては、どちらかが退去するしかない場合も珍しくない）。紛争の内容、態様は様々なものがあるが、近隣居住者間での妨害行為の禁止、損害賠償を求める紛争、賃貸人・賃借人間での建物の明渡しを求める紛争が典型的なも

のである。この事案では、賃借人である原告としては、迷惑行為を繰り返す近隣居住者に対して、自ら妨害行為の禁止、損害賠償等を請求できるわけであるが、敢えて賃貸人に対して損害賠償を求めたところに、実務上の意義がある（原告がこの事案のような請求をするに至ったのは、近隣居住者の資力等を考慮したのであろうかと推測される）。

　共同住宅における居住者間に紛争が生じた場合には、訴訟の場で解決を図るという事態に至ると、日々生活の場を共通にし、しかも他の人間関係にも影響を及ぼすものであるだけに、解決も容易ではない（事案の性質上、和解による解決が適当であることが多い）。和解による解決が失敗すると、どちらかが退去するまで紛争が顕在的、潜在的に続くことになる。この場合、居住者である賃借人としては、迷惑行為をした他の居住者を相手方として訴訟を提起できることは当然であるが、この判決は、賃貸人に対して損害賠償等を求める訴訟を提起できる途を認めたものであり、賃借人にとって意義のある判決である。賃借人は、他の賃借人から迷惑行為を受けた場合、賃貸人に対して本件のような訴訟を提起することによって、積極的な対策を取らせることもできるのである。

　他方、賃貸人としては、賃借人間の紛争について一定の場合には積極的に解決を図るべき義務を負うことがあるわけであるから、共同住宅の管理を相当に積極的に行う必要性が高まったというべきである（場合によっては、迷惑をかける賃借人に対して明渡しを求めるべき義務が認められることもあるのである）。心すべき点である。

　さらに、共同住宅の管理について本件のような賃貸人の義務が認められることがあるとすれば、事案によっては、共同住宅の管理者、管理組合についても、同様の義務が認められることもないではない（建物区分所有法57条、58条、60条）。

[7] 東京地判平成元. 4. 14 判タ717. 58
《事案の概要》
　50年を超える建物の賃貸借において、従前は賃料について地代家賃統制令が適用されていたが、統制令廃止後、従前の賃料月額2万8264円について賃貸人（原告、控訴人）が賃料の増額請求をし、賃貸人が適正賃料として20万437円の確認を請求した。本件では、賃料増額請求に係る適正賃料の額が問題

になった。第一審判決は、月額7万円の範囲（従前の賃料の約2.5倍）で請求を認容したため、賃貸人、賃借人共に控訴した。この判決は、各控訴を棄却した。

【実務の対応】
　地価が高騰している場合の賃料は、継続賃料であっても、各種の算定方式を総合しても、相当高額な賃料の計算になることが多い。この場合、諸般の事情を加味して妥当性のある賃料を算定しているのが実務であり、この判決もこのような実務に一例を加えるものである。
　最近の同様な裁判例としては、東京高判昭和61．8．27判時1207．58、東京高判昭和62．3．31判時1238．90がある。
　なお、建物の賃料の増額請求については、借地借家法32条も、従前（借家法7条）と同様な規定を設けており、異なるところはない（借地借家法附則4条により、同法施行前の建物の賃貸借についても、施行以後においては同法32条により増額請求をすることになる）。
　賃料増額・減額請求に関する事件は、これまでも調停を利用して解決されることが多かったが、借地借家法の制定に伴って民事調停法が改正され、調停前置主義が採用されている（24条の2）。また、調停の申立ての後に当事者の合意があれば、申立てにより、調停委員会は、当事者を拘束する調停条項を定めることができ、これを調書に記載したときは、調停が成立したものとみなし、この調書の記載が裁判上の和解と同一の効力を有するものとされている（24条の3）。賃料増額・減額請求に関する事件が訴訟により解決されると、訴訟経済の観点からは割に合わないことが多かった実情にあったから、これらの調停の活用が今後の紛争解決に期待されるところである。これらの調停に関する規定中、24条の3の規定は、施行時に係属している調停事件にも適用され（民事調停法の一部を改正する法律附則3項）、24条の2の規定は、施行前に提起された訴訟については適用されず（従前の例によるものとされている）、施行以後に提起される訴訟から適用されることになっている（同附則2項）。

［8］東京地判平成元．5．25判時1349．87
《事案の概要》
　都内渋谷区神宮前の竹下通りにある土地の賃貸借において、賃貸期間1年、

可動式の外一切の設備を設置しない約定があったところ、賃借人（被告）が簡易な店舗を設置して営業していたところ、賃貸人（原告）は、賃貸期間が満了したとして、土地の明渡しを請求した。本件では、賃貸借が一時使用の賃貸借であるかどうかが問題になった。この判決は、これを肯定して、請求を認容した。

〈判決〉は、一時使用の賃貸借の成否について、
「ア　本件の場合、営業の内容及び立地の状況から、本件土地での営業によって短期間に多額の収入が見込まれる一方、店舗の構造が簡易で面積が狭小なため、投下する資本の額が比較的少額であって、その資金の回収が短期間に可能な状況にあったこと。
イ　本件の営業は、若者の趣味と嗜好を追った今はやりの営業であるため、必ずしも永続的に繁盛するとは限らず、また、店舗の構造や外装についても、客の好みなどに応じ変更を加えることが考えられるので、投下した資金は短期間に回収する必要が存在すること。
ウ　借地法上の借地権の制度の下では、賃貸期間が長期であるほか、期間満了時においても土地が返還されない可能性が高いので、借地権を設定する場合には、一般に土地の時価を基準に高率の権利金を徴収するのを常とするが、本件のような地価の高い土地で、高額の権利金を支払って営業しようとすると、投下資金の大部分が権利金として長期間固定することとなり、資金の短期的な回収を前提とする営業は成り立たなくなり、本件のような業種の営業を阻害する結果となること。

右に指摘したところから考えると、本件の賃貸借契約で、原被告が、高額の権利金等を授受しないこととし、他面賃貸期間を短期間に限定する合意をしたことには、合理的な理由が存在するものと判断される。そうであれば、本件の賃貸借契約は、借地法の規定する一時使用を目的とするものと評価することができ、この判断を動かすべき証拠はない。」と判示して、これを肯定したものである。

【実務の対応】
　一時使用の賃貸借であるかどうかは、借地の場合（借地法9条）にも、借家の場合（借家法8条）にも問題になるが、特に借地においては更新の保護を受ける長期間の賃貸借（これが通常の賃貸借であるが、その利用が硬直化し

ているとの批判も強かった）と、一時使用の賃貸借の2類型しか認められていなかったため、従前は重大で、深刻な問題になっていた（一時使用の賃貸借であっても、数度の更新により相当の期間賃貸借が継続している場合もあり、問題をさらに複雑にすることもあった）。一時使用の賃貸借であるかどうかは、借地の利用目的、地上建物の種類、構造、賃貸期間等の諸般の事情を考慮して、短期間に限って賃貸借を存続させる合意が成立したものと認められる客観的合理的な理由があるかどうかによって決められてきたところであり（最一判昭和43．3．28民集22．3．692）、実務上はこれらの諸般の事情をめぐて攻防がなされている。

　一時使用の賃貸借を肯定した判例としては、最一判昭和32．2．7民集11．2．240、最三判昭和32．7．30民集11．7．1386、最二判昭和32．11．15民集11．12．1978、最一判昭和33．11．27民集12．15．3300、最一判昭和36．7．6民集15．7．1777、最三判昭和37．2．6民集16．2．233、最一判昭和43．3．28民集22．3．692等がある。最近の裁判例でこれを肯定した例としては、秋田地判昭和50．6．20判タ327．255、名古屋地判昭和50．9．19判時809．77、横浜地判昭和51．6．30判タ347．234、東京高判昭和52．7．6判時901．71、大阪高判昭和52．9．30判時889．50、東京地判昭和54．6．28判タ400．187、東京地八王子支部判昭和54．10．30判時951．78、東京地判昭和57．3．23判タ478．87、東京高判昭和57．9．30判時1057．65、東京地判昭和60．3．18判時1168．87、大阪地判昭和62．10．14判タ652．161、東京高判昭和63．5．24判タ695．194等がある。

　なお、借地借家法においては、土地の賃貸借について、通常の土地の賃貸借（3条以下）の外に、長期定期借地権（22条）、建物譲渡特約付借地権（23条）、事業用借地権（24条）の3つの類型の定期借地権が認められており、借地権の利用の活性化が図られようとしているところである。一時使用の借地権については、従前と同様の規定（25条）になっており、一時使用の基準の解釈等についても、従前と同様になるものと思われる（借地借家法の施行前に設定された一時使用の賃貸借についても、同法附則4条により同法25条の規定が適用されるが、これも条文の変化がないから、賃貸人・賃借人の関係に変化を及ぼすものではない）。これらの定期借地権の創設に伴い、一時使用の賃貸借の利用価値が減少したとの指摘もあるが、本件事例等をみると、必ずしもそ

のように言うことはできないであろう。むしろ、このような5つの類型の借地権を選択することができるわけであるから、賃貸人・賃借人双方の需要により柔軟に応えることができる借地権を設定することが可能になっているところである。

[9] 最二判平成元.6.5民集43.6.355、判時1324.33、判タ709.147、金融法務事情1236.11、金融・商事判例831.3

《事案の概要》
　債権者（原告）が債務者に対して、金銭を貸し付けるに際して、債務者所有の不動産（土地、建物）につき根抵当権を設定するとともに、債務不履行があった場合には、賃借権を設定する旨の予約をしたが、その後、他の債権者（被告）が短期賃借権の設定を受けて不動産を占有し、債務者が債務を履行しなかったため、原告は、予約完結権を行使して、賃借権の本登記を経た上、被告に対して、後順位の短期賃借権の解除請求をするとともに、この解除を命ずる判決が確定することを条件として不動産の明渡しを請求した。原告は、主位的に根抵当権に基づき、予備的に賃借権に基づき所有者である債務者を代位して、明渡請求をした。本件では、抵当権者がこのような明渡請求をすることができるかが問題になった。控訴審判決は、主位的請求を棄却したものの、予備的請求を認容したため、被告が上告した。この判決は、この認容部分につき破棄し、請求を棄却した。
〈判決〉は、抵当権と併用された賃借権による明渡請求の可否について、「抵当権と併用された賃借権設定予約契約とその仮登記は、抵当不動産の用益を目的とする真正な賃借権ということはできず、単に賃借権の仮登記という外形を具備することにより第三者の短期賃借権の出現を事実上防止しようとの意図のもとになされたものにすぎないというべきである（最高裁昭和51年（オ）第1028号同52年2月17日第一小法廷判決・民集31巻1号67頁参照）から、その予約完結権を行使して賃借権の本登記を経由しても、賃借権としての実体を有するものでない以上、対抗要件を具備した後順位の短期賃借権を排除する効力を認める余地はないものというべきである。
　したがって、以上と異なり、対抗要件を具備した第三者の後順位短期賃借権を排除する目的の限度で本登記をした併用賃借権の効力を認める原審の判断は、

法令の解釈、適用を誤った違法があるものといわざるを得ず、右違法が判決の結論に影響を及ぼすことは明らかである……」と判示して、これを否定したものである。

【実務の対応】

　債務者が債務の返済に窮すると、その所有不動産には賃借権の仮登記が設定されたり、得体の知れない者が不動産を占有し始める事態は、実務の世界では珍しいことではない。このような賃借権が短期賃借権の名の下に保護を受けるのは、正義に反するものと言わざるを得ないが、これを的確に排除できる方策がないのが実情である。そのため、借地借家法の改正に当たっても、このような賃借権の排除の方策についても検討されたが、借地借家の問題と直接に関係しないものであるため、立法化は見送られた。この問題が軽視されたわけではない。

　このような短期賃借権を排除するために、実務上取られてきた方策の1つとして、抵当権と併用して、債権者自らが賃借権を設定しておくことがあり、その効力が期待されてきた。しかし、この判決は、この期待が空しいものであることを明らかにした（この判決は、抵当権と併用される賃借権が第三者の短期賃借権の出現を事実上防止するものであるとしたが、本判決が法的な効力を明確に否定したことから、この事実上の期待も消滅してしまうであろう）。

　他の方策としては、抵当権自体によって、短期賃貸借の排除、不動産の明渡しを請求することができる途を認めるべきであるとの見解もあるが、これも、後日判例により否定された（最二判平成3. 3. 22民集45. 3. 268）。

　そうすると、債権者としては、短期賃貸借の解除請求（民法395条）や不動産引渡命令（民事執行法83条）を早期に、的確に行使していくほかないことになる。実務上の実感からすると、短期賃貸借（仮登記がなされたり、賃料全額前払いがなされたり、譲渡転貸の特約があったり、通常の賃貸借との違いは明白である）は、不動産執行の妨害、様々な形での債権の回収等の、本来の賃借権としての効果とは関係のない効果を期待して設定、行使されていると言っても過言ではない。この排除は、このような最高裁の判断が示された以上、適切な立法によって行うほかない時期に至ったとも言えよう（債権者、債務者、担保権者、賃借権者、不法な占有者、不法な賃借権者等の関係者の適切な利害、権利関係の調整が求められているのであり、現状のように不法な占有者等が不

当な利得を容易に得るという事態を排除すべきことは当然の要請であろう)。
　なお、その後、前記最二判平成 3. 3. 22 は最大判平成 11. 11. 24 民集 53 巻 8 号 1899 頁によって破棄され、短期賃貸借の解除制度（民法 395 条）は民法の改正によって廃止された。

[10] 福岡地判平成元. 6. 7 判タ 714. 193

《事案の概要》
　地方中核都市の土地利用の高度化の進行している地域にある建物の賃貸借において、賃貸人（原告）が長年賃貸借の存在を否定して賃料の増額をせず（賃料月額 1 万 5000 円）、賃貸人自身の居住の必要性はないが、その子供らと同居したいとの希望を持っていたところ、賃借人（被告）らも建物に居住する必要性がさほどなくなったし、建物も老朽化していたため、賃貸人が賃借人らに対して、主位的に賃料の不払いによる解除、予備的に正当事由による解約申入れ（立退料として 500 万円を提供）を理由として、建物明渡しを請求した。本件では、右の正当事由、特に立退料の補完による正当事由の有無が問題になった。この判決は、700 万円の立退料であれば正当事由が補完されるものの、賃貸人には 500 万円の提供の意思しかないとして、請求を棄却した。
〈判決〉は、正当事由の有無について、
「以上の事実を前提として本件建物賃貸借契約の解約の正当事由の有無を判断するに、原告側の事情と被告らの事情を衡量すれば、そのままでは明渡しの正当事由があるものとは認められないが、賃貸借期間が 29 年に及び建物の老朽化も進んでいること、当初の賃借人らは死亡し、被告らのうち本件建物に現在も居住しているのは双葉一人のみであり、適正な補償があれば移転が可能であること、本件建物周辺は土地利用の高度化の進んだ地域であり、本件建物の存在によって地価の高い敷地の有効利用が著しく妨げられていることなどに照らし、原告が十分な金銭による補償をすれば正当事由があると認めることができる。
　しかしながら、右の立退料の算定に当たっては、従前の賃料は原告が賃貸借自体を否定して値上げをしなかった結果であるからこれを算定の基礎とするのは妥当ではなく、正当事由がやや弱い本件にあっては、本件建物の明渡し（その後の取毀し）によって土地の最適利用が可能になるので、それによって得ら

れる原告の客観的な経済的利益を主たる算定の基準とすべきである。そして、これに前述の賃借期間、建物の状況等をも勘案することとし、前掲第一四号証その他公刊された地価資料等を参酌すると正当事由を補完するために借家人に分与すべき経済的利益（立退料）は金700万円が相当であると判断される。

しかるところ、弁論の全趣旨によれば原告は金500万円を上回る立退料を提供する意思を有しないので、右金額との引換給付判決をなすことはできず、結局、原告の請求は理由がないことに帰する。」との判断を示したものである。

【実務の対応】

建物賃貸借の解約申入れ、正当事由等については、前記［5］の裁判例の（実務の対応）参照。

この事案においては、立退料について、700万円であれば正当事由が認められるものの、賃貸人が500万円しか提供する意思がないとして、請求が棄却されている。審理の過程の詳細が分からないが、判文上、相当に和解が試みられたことが滲み出ているようである。一見すると、200万円の差であれば、もう少しの努力、説得により和解が成立できるようにも思われないではないが、実務上では、この事案のような事件では、10万円や50万円の差であっても、譲歩がなされるのが容易ではない。また、正当事由を補完する立退料の適正、相当な額を認定、提示することが容易でないことも、実務上心すべき点である。

従来、賃貸人が立退料の提示の意思を表示する場合、金額を明示したり、裁判所の裁量に委ねたり、その方法は一様ではなかった。裁判所が、賃貸人の申し出た立退料の額を超えて相当な立退料を認める場合、申出額に拘束されて請求を棄却するか、相当な立退料額により請求を認容するかは、審理の過程で表れる賃貸人の意向、真意もあって、実務上は悩ましい問題である。判例（最一判昭和46.11.25民集25.8.1343、判時651.68、判タ271.173、金融・商事判例293.6）は、賃貸人が明示した申出額を超える立退料の支払いと引換えに明渡請求を認容することを認めたが、実務は慎重である。

なお、賃貸人が提供を申し出た立退料の額を超える立退料の支払いと引換えに正当事由を認めた最近の裁判例としては、東京地判昭和58.5.30判時1092.71、東京高判昭和58.5.31判時1084.75、大阪地判昭和59.7.20判タ537.169、東京高判昭和60.4.19判時1165.105、横浜地判昭和63.2.12判時1291.108等がある。

[11] 東京地判平成元. 6. 19 判タ 713. 192
《事案の概要》
　都心の一等地にある建物の賃貸借において、賃貸人（不動産会社。建物とその敷地については、別の会社が購入してビルの建築を計画したが、実現できず、その後原告がこれを購入した）は付近の土地を順次取得し、賃貸ビルの建築を計画しているところ、賃借人（被告。出版社）は事務所として建物を使用していたが、賃貸人は、事前に賃借人に計画を示すこともなく、賃借人に、信頼関係の破壊による解除、立退料1659万円の提供を伴う正当事由による解約申入れを理由に、建物の明渡し等を請求した。本件では、右の正当事由が問題になった。この判決は、建物の一部は賃借権がないとして、その範囲の賃借権不存在の確認請求を認容したものの、その余の請求を棄却した。
〈判決〉は、正当事由の有無について、
「以上の事実に基づいて、先ず本件賃貸借の解約申入れの正当事由の存否について考えるに、①不動産業者である東京ハウジング及び原告は、本件ブロック内に原告のビルを建築すべく、本件ブロック内の土地建物を順次取得し、本件建物の取得もその一環としてなされたものであるが、自らの計画を本件ブロック内の土地建物の権利者に事前に開示して、全体の合意を取り付けつつ事を運んだと認めるに足りる証拠はなく、被告に対する関係では、右のとおり突然東京ハウジングが本件建物の取得を告げて明渡しを求めたものであるから、原告側の計画なるものは、被告の全く与り知らないところであり、しかもその計画によれば、原告は、その再開発事業の一環として本件ブロック内に賃貸ビルを建築しようというのであって、自己使用の必要性から本件建物を取得したものではないこと、②他方、被告は、十数年来本件建物を営業の本拠として出版業を営んでおり、引き続きこれを使用する必要性があること、等の事実が認められ、東京ハウジング又は原告が立退料を提供し、又は代替物件を紹介するなどした事実を考慮しても、正当事由が具備しているとは解されない。」と判示して、これを否定したものである。
【実務の対応】
　建物賃貸借の解約申入れ、正当事由の意義、再開発と正当事由の関係等については、前記［5］の裁判例の（実務の対応）参照。

第1章　平成時代の借地・借家をめぐる動向 ― 借地借家法の制定前 ―

　この事案は、典型的な地上げとしての建物の明渡しの紛争である。最近の類似の裁判例として、東京地判昭和62．6．16判時1269．101（正当事由を否定した事例）がある。

[12] 東京地判平成元．7．4判時1356．100
《事案の概要》

　借地上の建物の賃貸借において、賃貸人（原告）が、建物が朽廃すると借地権が消滅するため、地主との間で借地権と別の土地の所有権とを交換し、借地を明け渡すべき義務を負担するとの内容の調停をしたこと、立退料として468万円を提供すること等を理由として、賃貸借の解約申入れをし、建物の収去、土地の明渡しを請求した。賃借人（被告）は77歳の老齢であり、他に住居はなかった。本件では、正当事由の有無が問題になった。この判決は、立退料700万円の支払いを条件に正当事由を認め、請求を認容した。

　〈判決〉は、正当事由の有無について、
「右に認定した事実によれば、本件建物は著しく老朽化して朽廃に瀕し、既に建替えの必要な時期に至っているのは明らかであって、社会経済的観点からみればもはや修繕不能と評価すべきであるから、賃貸人たる原告になお通常の修繕義務があるということはできず、かかる場合、建物の賃貸人としては、建物が朽廃してその効用が完全に尽き果てるに先立ち、大修繕や改築等によりその効用期間の延長をはかることはもちろん、建物の敷地利用権が借地権であり、地上建物の朽廃によって借地権の消滅を招く虞がある場合には、借地権の保全をはかるために必要な手段を講ずることもまた、正当な権利の行使として許されるものといわねばならず、そのための建物賃貸借契約解約の必要性が、賃借人の建物使用の必要性に勝るならば、解約の正当事由を満たすこともあると解すべきである。」として、賃貸人・賃借人双方の事情を評価した後、
「これらの諸事情を比較すれば、原告の本件賃貸借契約解約の必要性は、いまだ無条件での被告に対する明渡し請求を正当とするほど、被告の本件建物部分居住の必要性に勝っていると認めることはできない。

　しかしながら、本件建物の現況から、被告が本件建物部分の明渡しを余儀なくされるのは時間の問題であり、明渡し問題の早期解決によって原告の得る利益を考慮すると、原告が被告に対し相当の立退料を支払うことにより、被告が

他所に住居を求め、あるいは子供と同居すべくその住居を増築するのに必要な資金の相当分の手当てがなされるならば、移転に伴うそれ以外の精神的苦痛等は被告において容認すべきものということができ、被告の本件建物部分居住の必要性が緩和される結果、原告の解約申入れは、立退料の支払を補強条件として正当事由を具備するものと考える。」と判示し、正当事由を補強するものとして、立退料は700万円が相当であるとした。

また、立退額が申出額を超えることについては、
「ところで、原告が、昭和60年から移転料の支払を条件に本件賃貸借契約解約を希望し、昭和62年3月3日の解約申入れと同時に、適正な立退料を支払う意思のあることを表明したほか、昭和62年3月2日に申し立てた調停においても立退料を提示したことは当事者間に争いがなく、平成元年2月28日の本訴口頭弁論期日において、原告が468万円（場合によっては裁判所の決定する金額の立退料）の支払を申し出たことは当裁判所に顕著であって、かかる原告の立退料提供の経緯に鑑みると、右に認定した700万円は、昭和62年3月3日の解約申入れと同時に原告が支払意思を表明した立退料と比べて著しい差異を生じない範囲にあり、同日において原告にはその支払の意思があったということができるから、右解約申入れは正当事由をそなえた有効なものであり、したがって、本件賃貸借契約は、同日から6か月を経過した同年9月3の満了により終了したと認められる。」と判示したものである。

【実務の対応】
建物賃貸借と解約申入れ、立退料と正当事由の関係等については、前記［5］の裁判例の（実務の対応）参照。

この判決は、立退料の補完によって正当事由が認められた裁判例に一例を加えるものである。また、賃貸人の申し出た立退料の額を超える立退料を認めて明渡請求を認容できるかどうかの点については、前記［10］の裁判例の（実務の対応）参照。

ところで、建物の賃貸借においては、建物が滅失すれば賃貸借は終了する。土地の賃貸借においては、法定の存続期間中に借地上の建物が朽廃すれば、借地権は消滅することになっていた（借地法2条1項、5条1項）が、借地借家法の下においては、消滅しないことになっている（同法附則5条によれば、この借地法の朽廃による消滅に関する規定は、施行前に設定された借地権につ

いてはなお適用されるものである)。
　この事案においては、借地上の建物が朽廃間際の状況であり、そのために地主との間で借地権と別の土地の所有権とを交換し、借地を明け渡すべき義務を負担しているところに特徴がある。借地借家法の制定により朽廃に関する規定が廃止されたものの、従前の借地権にはなお、朽廃に関する借地法の規定が適用されるわけであるから、この裁判例は今後も参考になろう。

[13] 東京高判平成元.7.6判時1319.104
《事案の概要》
　甲は旧国鉄から鉄道高架下の施設物(軽量鉄骨造平屋建店舗)の使用承認を受けて、飲食店を営んでいたが、被告(被控訴人)にその経営を委託し、他方、原告(控訴人)は、甲からその経営権の譲渡を受けたところ、原告が委託期間の満了、正当事由による更新拒絶又は解約申入れ等を理由に店舗の明渡しを請求したところ、被告はこれは借家法の適用のある建物の賃貸借であるとして争った。本件では、店舗の経営委託が建物の賃貸借に当たるかどうかが問題になった。第一審判決は、借家法の適用を認めた上、請求を棄却したため、原告が控訴した。この判決は、控訴を棄却した。
〈判決〉は、建物の賃貸借に当たるかどうかについて、
「以上の事実によれば、慶寿と被控訴人との間に締結された前記契約は、慶寿において、被控訴人から一定額の金員の支払を受ける対価として、飲食店経営のため本件店舗及び本件備品等を被控訴人に使用収益させることを目的とする契約であり、したがって、右契約は、その実体から見て、慶寿と被控訴人間の本件店舗及び本件備品等に関する賃貸借契約(東京高架との関係においては転貸借契約となる。)であると解するのが相当である。」として、これを肯定したものである。

【実務の対応】
　実務上、店舗について経営委託契約名義の契約がなされることがあるが、これが建物の賃貸借であり、借家法の適用があるかどうかが問題になることがある。この事項が問題になる場面は、店舗の経営委託契約が締結された後、期間満了等によって店舗の明渡しが請求され、借家法の適用が問題になる場合のほか、店舗の賃借人が第三者に対して店舗の経営を委託し、これが転貸に当た

として、店舗の賃貸借の解除が問題になる場合がある。前者の場合には、この問題については、契約の名義、形式よりも、その実質、経緯等によって判断されるものであるが、これを肯定した裁判例として、最三判昭和31．5．15民集10．5．496、東京高判昭和54．3．26判時933．61、東京地判昭和55．1．31判時966．77、東京地判昭和58．9．30判時1108．102等がある。なお、後者の場合については、東京地判昭和53．7．18判タ371．105、東京地判昭和60．4．17判時1174．85、東京地判昭和60．9．9判タ568．73、神戸地判昭和61．8．29判タ627．164、東京地判昭和61．10．31判時1248．76等がある。

　建物の賃貸借において、その目的が居住であるか、事業であるかによって保護の程度に差を設けるべきであるとの考え方も強く、借地借家法の制定に当たっても、事業用の建物の賃貸借については更新拒絶、解約申入れに正当事由を要しないとするようにすべきであるとの意見もあった。しかし、住居とか事業とかの区別ができないことも多いなどの理由で、このような立法化は見送られた。ただ、実務上では、このような建物使用の目的が正当事由の判断に当たって考慮すべき要素であることは言うまでもない。

　また、店舗について経営委託契約名義の契約が締結された場合にも、借地借家法が適用されることがあるが、その基準は従前の判例、裁判例により積み重ねられてきたところと異なるものではない。借地借家法の施行前に締結されたこのような名義の契約の更新の拒絶の通知又は解約申入れについては、建物の賃貸借に当たると判断される限り、借家法の適用を受けることになる（借地借家法附則12条）。

[14] 東京地判平成元．7．10判時1356．106
《事案の概要》
　都心新宿駅付近の建物（木造の建物）の賃貸借について、賃貸人（原告）が建物の老朽化、土地の有効利用上ビル建築の必要があること等の正当事由を理由として、予備的に2500万円又はこれと格段の相違のない範囲で立退料を提供して、更新を拒絶したうえ、建物の明渡しを請求した。賃借人（被告）はその建物で印刷業を営業していた。なお、事前の明渡しの交渉においては、当事者双方で再入居の話合いも行われたが、まとまらず、その後、賃貸人が1000

万円の立退料を提示し、賃借人は1億円を要求していた。本件では、右の正当事由の有無、立退料の額が問題になった。この判決は、立退料6000万円の支払いを補完事情として正当事由を認め、請求を認容した。
〈判決〉は、正当事由について、
「以上認定の各事実を前提に正当事由の存否について検討するに、建物の老朽化及び敷地の有効利用等の観点からは原告が計画する建替えの必要性が一応認められるけれども、被告が本件建物一及び二を印刷業の営業の唯一の拠点とし、地域に密着した営業を続けてきて、今後も同所での営業が順調に発展することが見込まれる反面、右建物と同等の条件を具備した代替物件の確保は困難で、移転に伴う顧客喪失のおそれも多分に存すること、したがって被告の右建物明渡しによる経済的損失は極めて大きいことなどからすれば被告の本件建物使用の必要性はより大きく認められ、立退交渉の経緯等を考慮したとしても未だ更新拒絶が正当事由を具備するとは到底認め難い。」と判断した上、
立退料による補完について、
「そこで、次に請求原因一の事実（正当事由の補完事由としての立退料の支払い）について判断するに、前記認定の事実を総合すると、被告の本件建物一及び二の明渡しによる不利益は経済的損失が主であるから、右損失が補填される程度の立退料の提示があれば更新拒絶も正当事由を備えるに至ると解されるところ、鑑定の結果によれば昭和61年11月21日時点における本件建物一及び二の借家権価格は2500万円であることに争いがないが、被告の不利益は単に賃借権の喪失にとどまらず、顧客の喪失等による営業上の損失が大きいことに鑑みると、原告の申出に係る2500万円の立退料の提示では未だ正当事由を具備するものとは認め難く、右借地権価格のほか、代替店舗確保に要する費用、移転費用、移転後再開までの休業補償、顧客の減少に伴う営業上の損失、営業不振ひいて営業廃止の危険性などの諸点を総合勘案すれば、立退料として6000万円を提示することにより正当事由を具備するに至るものと認めるのが相当である。」との判断を示し、
賃貸人の提示した金額を上回る立退料の支払いを条件としたことについて、
「なお、右立退料の金額は原告の提示額を大きく越えるものであるが、前記認定のとおりの建替計画の存在及び弁論の全趣旨に照らせば、原告には右金額程度の立退料を支払う意思を有するものと認められる。」と判示したものである。

【実務の対応】
　都心の再開発の進んでいる地域に所在する建物の賃貸借において、賃貸人が建物の老朽化、建物の建替えを理由として更新拒絶をすることが認められるかどうかの裁判例の最近の動向については、前記［5］の裁判例の（実務の対応）参照。
　この事案は、前記［10］、［12］の裁判例と同様に、賃貸人の提示した2500万円を大きく超えて、6000万円の立退料の支払いと引換えに正当事由を認めた点に特徴がある。この判決がこのように提示額を大きく超える金銭の支払いであっても、賃貸人には支払いの意思があると判断したのは、あるいは和解等の席上でそのような意思が窺える言動があったのであろうかとも推測される。

［15］千葉地判平成元.8.25判時1361.106
《事案の概要》
　建物の賃貸借において、賃貸人（被告）と賃借人（原告）は、当初から建物の明渡義務を認め、これを3年間猶予する、その間使用相当損害金を毎月支払うとの内容の即決和解調書を作成して賃貸借を始め、その後約13年間に4回にわたり即決和解が繰り返された（その間、使用相当損害金の増額もなされていた）が、賃借人がこれらの即決和解が借家法を潜脱するものであるなどの理由で無効であると主張して、即決和解調書の執行力の排除を求める請求異議の訴を提起した。本件では、前記の即決和解が借家法を潜脱するものであるかどうかが問題になった。この判決は、これを肯定し、請求を認容した。
〈判決〉は、即決和解の効力について、
「以上一、二によれば、56年調書、59年調書を含め5通の即決和解調書は、右調書作成当時、本件建物の明渡しを求める意図は別段具体化していたわけではないのに、原告の法律に不案内であることに乗じ、契約期間等についての借家法の拘束を免れるための便法として、簡易な起訴前の和解制度を、その制度の趣旨を逸脱して濫用して作成されたものと解するのが相当である。そうだとすると、56年調書及び59年調書は無効というべきであり、右各調書に基づく強制執行はこれを許さないとするのが相当である。」と判示し、即決和解の効力を否定したものである。

第1章　平成時代の借地・借家をめぐる動向 ― 借地借家法の制定前 ―

【実務の対応】

　建物の賃貸借において、賃貸人は、短期間だけ賃貸し、その明渡しを確保しようとする場合には、従前は、①一時使用の賃貸借（借家法8条）、②期限付合意解約、③明渡猶予の合意（②、③は一旦通常の賃貸借が開始した後に利用されるものである）を利用してきた。この事案は、③のうち即決和解（訴え提起前の和解）が問題になった事案である。

　即決和解は、比較的容易に利用でき、執行力も得ることができる制度である（旧民事訴訟法356条、現民事訴訟法275条、民事執行法22条）ため、合理的な必要もない場合にも利用されることがあり、借家法の潜脱のために濫用される危険も高いと指摘されている。特に、この事案のように賃貸借の開始時から利用され、しかも即決和解が何度も繰り返されることになると、その危険性が一層顕在化する（この場合には、即決和解の要件である「民事上ノ争」（旧民事訴訟法356条）が認められないことも多いであろう。なお、現民事訴訟法275条の下においても同様である）。しかし、事情によっては、一定期間の明渡猶予期間を定める合意が必要なこともあり、この場合には、即決和解も有効である。「民事上ノ争」の範囲に関する裁判例としては、名古屋高判昭和35．1．29高民集13．1．72、東京高判昭和35．3．3東高民時報11．3．81、東京高判昭和38．2．19東高民時報14．2．24等があり、いずれもこれを現在現実に法的な紛争がある場合に限定していない。

　②、③の特約については、借地借家法30条は、従前（借家法6条）と同様の規定を設けているから、造作買取請求権の点を除いて、今後も同様に判断される。借地借家法のこの規定は、施行前の特約についても適用されることが予定されている（同法附則4条）から、②の特約も、③の特約も、従前同様にこれをするについて客観的合理的な事情がある場合に、有効と判断されることになる。③の特約のうち即決和解を利用したものについて無効とした裁判例として、中野簡判昭和41．3．16判時451．49、東京地判昭和45．5．26判時608．147、東京地判昭和46．6．4判時644．71、大阪地判昭和53．1．25判時897．85、福岡地判昭和58．7．1判タ509．192等がある。

　①の特約については、借地借家法40条においても、従前（借家法8条）と同様な規定が設けられているが、これを肯定した最近の裁判例としては、東京地判昭和50．9．22判時812．82、東京高判昭和55．10．29判タ433．102、

大阪地判昭和59.9.26判タ540.220、東京地判昭和60.10.30判時1172.66（これは28年間も賃貸借が延長された事案である）があるので、参考になる。

借地借家法は、これらのほかに、更新されることなく短期間に終了する賃貸借として、期限付建物賃貸借の制度を設け、④賃貸人の不在期間の建物賃貸借（38条）、⑤取壊し予定の建物の賃貸借（39条）が利用できることになっている。しかし、これらの賃貸借は、それが認められる要件も、社会的な必要性を考慮すると、些か狭いとの批判もある。従前の一時使用賃貸借等の一部が④、⑤の賃貸借によりまかなわれることもあるとしても、一時使用賃貸借等の利用度が減少するとは言い難い。

今後は、通常の建物の賃貸借のほかに、賃貸人・賃借人の必要に応じて、右のような賃貸借も利用することができ、その意味では建物の利用の幅が広がったと言うことができる。

[16] 東京地判平成元.8.28判タ726.178
《事案の概要》

建物の賃貸借において、賃借人（被告。運送業を営む会社）が事業認可を得るまでの間建物を現状のまま使用させてほしいとの申出をして、賃貸期間5年間として賃貸人（原告）から賃借したが、その後2度賃貸期間を5年間として更新し、各更新時には、賃借人において、短期間だけとか、後1回だけとか申し述べた上、明渡しに関して念書を差し入れたり、賃借人の親会社を保証人としたりしたところ、賃貸人は勤務先を定年退職となり、老朽化した建物を取り壊して、貸ビルを建築して収入を得ようと考えていたが、賃借人が一向に明け渡さなかったので、賃貸人は、一時使用の賃貸借である、更新拒絶に正当事由があると主張して、建物の明渡しを請求した。本件では、一時使用の賃貸借の成否、正当事由の有無が問題になった。この判決は、一時使用の賃貸借の点は否定したが、正当事由を認めて、請求を認容した。
〈判決〉は、一時使用の賃貸借の成否について、
「……によると、被告は原告に対し、昭和50年7月25日第2回目の更新に当たって、被告西鉄運輸株式会社との連名で「今般、別紙の通り建物賃貸借契約を取交しましたが、この期間中又は期間終了時に於て貴殿より明渡しを申入

れられたときは、その主旨に従い両者協議の上受諾することを誓約し、保証人相添え念書を差入れます。」との文面の念書を差入れ、昭和55年7月25日の第3回目の更新（本件契約）に当たっても、同様に被告西鉄運輸株式会社との連名で同文の念書を差入れたことが認められる。しかし、右の念書による約定は、その文面からも明らかなように、原告から明渡しの申し出があったときは、両者が協議すること及び協議が整えば賃貸期間中であっても又は期間満了時において明渡しを約したものとみられるのであって、原告からの申し出に対し無条件に明渡すことを約したものとは解されない。したがって、右念書が差入れられていることをもって本件契約が一時使用の目的であることの根拠とすることはできない。

右のとおりであって、ほかに前記特段の事情を認めるに足りる証拠はないから、本件契約が一時使用の目的のものであるとの原告の主張は採用することができない。」と判示して、これを否定し、

正当事由の有無については、賃貸人・賃借人の双方の事情を比較した上、

「……このように本件建物ないし本件土地は、原、被告いずれにとってもこれを使用する必要性大であるということができ、甲乙つけ難いものがある。」とするが、前記の念書を差し入れた経緯を重視して、

「右念書の記載は前認定のようなものであって、それ自体が契約の性質ないし内容を決定し或は限定するものということはできないが、継続的な契約関係で当事者間の信頼関係を基礎とする賃貸借契約においては、このような念書を何らの意味ももたないものとみるのは相当でなく、少なくとも、一方当事者においてそこに記載された文言に従って相手方当事者が契約関係に対処するであろうと期待し信頼することは当然であり、このような期待ないし信頼は保護されて然るべきであると考えられる。したがって、原告としては、期間満了時において明渡しを求めれば被告が協議に応じ妥結のための努力をするであろうと期待することは、当然のことであったというべきである。……

したがって、被告としては、少なくとも、最初に念書を差入れた昭和50年以降は、原告からの明渡しの申入れを受けたときには実質的に協議して可能な限り明渡しの方向で妥結できる程度の準備ないし方策を講ずることが期待されていたというべきである。ところが、被告は昭和55年の更新時においても、また昭和60年の期間満了の際にも、原告からの明渡しの申入れに対して見る

べき内容のある提案をして明渡しのための協議をしようとの態度に出た事実はうかがわれず、単に漫然と被告の使用の必要性及び資力不足を強調して明渡しを拒むという態度に終始しているのである。このような被告の態度は前記のような念書を差し入れた契約当事者としては不誠実なものというべきであり、原告の期待ないし信頼を裏切るものといわなければならない。」との判断を示し、「そして、当初の契約締結時から満20年を経過し、貸主から賃貸建物の明渡しを求める時期としては、他の要因を抜きにしてもそれ自体で十分理由がある年月を経たものといい得ることに照らし、また建物は昭和26年ころ建築されたもので老朽化の程度がかなり進んでいるとみられること、そのほか契約継続中において被告が無断で前認定のような水道工事及び改築したことが原告の被告に対する信頼を裏切るものであったこと等をも考えると、原告の更新拒絶は正当事由のあるものということができる。」と判断して、正当事由を肯定したものである。

【実務の対応】

まず、一時使用の賃貸借については、前記［8］、［15］の裁判例の（実務の対応）参照。

賃貸借の更新拒絶と正当事由については、前記［5］の裁判例の（実務の対応）参照。

正当事由について、この判決は、賃貸人と賃借人の建物の使用を必要とする事情が甲乙つけ難いとしながら、本件では、賃借人は、大手会社の子会社であり、大手会社が前記の念書を差し入れた後においても、これに従わず、建物の使用を続けたものであり、このような賃借人の不誠実な態度を重視して、立退料の提示なしに正当事由を肯定したところに、特徴がある。実務上、賃借人の中には、様々な約束をしながら言を左右にしてこれを守らず、ズルズルと賃借を続ける者も見受けられる。このような約束が些細なことに関するものであっても、それを守らないことが積み重なることによって（塵も積もれば、山になるわけである）、正当事由が認められることもある（合わせ技と言うことができよう）。

なお、賃貸人が明渡請求をする場合には、主位的には様々な理由による契約解除、予備的には更新拒絶、解約申入れを主張することが多く、主位的な主張が認められなくても、そこで認定された事実関係が予備的な主張の正当事由の

判断に大きな影響を及ぼすことになる。このような事情は、借地借家法の下においても、「建物の賃貸借に関する従前の経過」(28条) として正当事由の判断に当たって考慮されるものである。

[17] 東京地判平成元. 8. 29 判時 1348. 96
《事案の概要》
　土地の賃貸借において、賃貸人(被告、反訴原告)から建物収去土地明渡請求訴訟が提起されたが、訴訟上の和解が成立し、従来の賃貸借を合意解約し、賃借人(原告、反訴被告)と第三者が賃借人5、第三者7の割合で区分所有する建物を建築し、屋上に増築しないとするほか、賃借人の地代は土地全部についての公租公課の3倍の12分の5とすることになり、賃借人らは建物を建築したが、建物が商業用のビルであったため、地方税法349条の3の2の規定による住宅用地に対する課税の特例の規定の適用を受けられなくなったとして、予想外の額の地代(従来の地代の約2.8倍)になったため、賃借人が地代の減額請求をし、その確認請求をしたところ、賃貸人も、反訴として、屋上に増築をして住居として使用したことを理由に、建物収去土地明渡しを請求した。本件では、地代増額特約の有効性、特約違反による解除の成否が問題になった。この判決は、賃借人の請求を棄却し、賃貸人の反訴請求を認容した。
〈判決〉は、地代増額特約の有効性について、
「本件の和解において合意された地代の増減に関する特約は、いわゆる地代改定特約の一種であり、借地契約を結ぶ際、地代に関する争いを避けるため将来にわたり一定の方式により地代を増額をする旨を合意したものである。このような特約は、地代算定の方式が相当である限り、借地法12条1項の規定にかかわらず、有効なものとして扱われるべきであるが、原告は、本件特約の算定方式を不相当であるとして、その効力を否定している。しかしながら、本件特約は、地代算定の際一般的に重要な要素とされている固定資産税等の額を基準とし、これに乗ずる倍率は3倍と、この種の倍率としては一般的なものを採用しているのであって、到底不相当な方式であるとはいえない。したがって、方式の不相当を理由とする無効の主張は、採用し難い。次に原告は、この方式により算出される額(年額)が、基準となる固定資産税額の増額により、当初(昭和59年)の25万円余りから73万円余りと一挙に2.87倍に増加したこ

とをとらえて、右特約の効力を争っている。しかし、昭和60年度の本件土地に対する公租公課が前年度のそれの3倍弱に上がったのは、主として、本件土地上の建物が和解による合意に従い、商業用のビルに建て替えられたことにより、地方税法349条の3の2の特例（住宅用地に対する課税標準の特例）が受けられなくなったことによるものである。本来右のような納税の特例は、特定の政策目的を実現するため、原則に対する例外として特定の国民に対し租税の減免を認めたものであるから、本件土地について前記の特例が受けられなくなったことは、単に課税標準の額について地方税法349条の原則に戻って租税を納付すべき状態に復帰したというにすぎない。そして、このような公租公課の額の変動をもたらした商業用ビルへの建て替えは、原被告間の和解による合意内容の中心的事項であったから、前記の公租公課の額の上昇は、和解の当事者である原告においても、当然予見可能な事項であったというべきである。そうであれば、前記の地代改定特約に基づいて算定される額が上昇したのは、地代の額が本来あるべき水準に戻ったことを意味するにすぎず、なんら予測をこえた異常状態が生じたわけではない。そうすると、右特約をした後にその基礎となる事情が変わり、その結果当事者間に衡平を欠くに至ったときなどに適用すべき事情変更の原則を適用する余地もないというべきである。」と判示し、特約違反による解除の点については、

「以上のとおり特約が認定できるとすると、原告はこの特約に違反したことは明らかであるが、原告は、信頼関係を破壊していないとして争うので、判断する。

　まず、屋上の増築についてみると、これは、さきに述べたとおり賃料が区分所有する建物の数を基準にして定められている以上、原告の支払うべき賃料の算定基礎を崩すものであり、また法令上も消防用設備に関する特例基準適用の条件に違反するものであって、防災上危険であると認められる。次に、6階の倉庫使用についてみると、これは、契約上用法違反となるばかりでなく、法令違反となるものである。そうだとすると、右のいずれの特約違反も、当事者間の信頼関係を破壊するものといわなければならない。この判断を動かすべき証拠はない。」と判示して、解除を有効と認めたものである。

【実務の対応】

　土地の賃料額の算定について、賃貸人・賃借人間で固定資産税、都市計画税

の2ないし4倍（住宅、事務所、店舗等その使用目的、場所等によって異なる）として、賃料増額の特約がなされることは珍しくはない。この場合、賃料増額の要件として、例えば、賃貸期間（2年毎とか、更新期毎とかの期間）とか、物価の上昇の一定の割合等が定められることが多いが、特別の不合理な事情がない限りは、その効力を認めても差支えはない。その状況については、前記［1］の裁判例の（実務の対応）参照。

　次に、増改築禁止の特約違反による解除の有効性については、通常特約違反の有無、信頼関係の破壊の有無が問題になるが、増改築禁止の特約が有効であることについては、従来から多くの裁判例があるところであり、争点は、むしろ増改築禁止の特約に違反した賃借人の行為が信頼関係を破壊するかどうかの点にある。このような特約がある場合には、賃借人としては、まず賃貸人との話合いによりその承諾を得て工事を行うべきであることは当然である（その場合、承諾料を要求されることもしばしばである）。賃貸人が承諾をしない場合には、賃借人としては、「えい。ままよ。」とばかりに、直ちに工事に着工できるかというと、危険が大きい。と言うのは、裁判所に対して、増改築につき賃借人の承諾に代わる許可を求める途（借地法8条ノ2。借地借家法17条）があるからである。この手続きを経るべきことが賃借人に要請されている。賃借人がこの手続きを経ることなく、増改築工事を行った場合には、賃貸人から土地の明渡しを請求されても自業自得と言うべきである。しかし、賃借人としては、信頼関係が未だ破壊されていないとの抗弁（正確には、信頼関係を破壊するに足りない特段の事情がある旨の抗弁である）を主張することができる。この点については、賃借人が法律上の手続きによることなく増改築をすれば、特段の事情のない限り、信頼関係は破壊されているとする考え方もある（この考え方は、法律上の手続きを重視する建前等から相当合理性を持つものである）が、多くの場合には、増改築の必要性、内容も様々であり、承諾の交渉の経過、法律上の手続きを経なかった事情も色々であることから、このような諸事情を総合して判断するという考え方が実務上取られているように思われる。

　類似の事件についての最近の裁判例をみると、最一判昭和41．4．21民集20．4．720（解除を否定した事例）、大阪地判昭和51．3．29金融・商事判例502．32（解除を肯定した事例）、東京地判昭和51．5．13判時843．79（解除を否定した事例）、最一判昭和51．6．3金融法務事情803．31（解除を

否定した事例)、東京高判昭和52．2．24判タ354．267（解除を否定した事例)、水戸地判昭和54．3．16判タ392．124（解除を否定した事例)、東京高判昭和54．7．30判タ400．163（解除を肯定した事例)、東京地判昭和55．10．9判時1000．103（解除を否定した事例)、東京地判昭和56．11．9判タ467．126（解除を否定した事例)、東京高判昭和57．1．28判時1038．293（解除を否定した事例)、福岡地判昭和59．7．4判タ537．191（解除を否定した事例)、東京地判昭和63．5．31判時1300．68（解除を否定した事例)、東京地判平成元．12．27判時1361．64（解除を肯定した事例）等がある。

ところで、借地借家法17条2項は、従前（借地法8条ノ2第2項）と同様に、増改築禁止の特約がなされており、賃借人が借地上の建物につき増改築をしようとする場合、賃貸人・賃借人間に承諾を得る交渉がまとまらなかったときは、賃借人が裁判所に対して賃貸人の承諾に代わる許可を求める申立てをすることができるとされるが、この規定は、その内容が従前の規定と異なるところがないから、施行前の申立てについては、借地法が、施行以後の申立てには借地借家法が適用される（同法附則10条、4条）。

[18] 大阪高判平成元．8．29判タ709．208
《事案の概要》
　土地の賃貸借において、もとの賃貸人が死亡し、原告（控訴人）らが3分の2、3分の1の割合で相続し、賃貸人らは、賃料の増額請求をするとともに、未払いの賃料の支払いを請求した。本件では、共同相続人である賃貸人らの有する賃料債権の不可分性が問題になった。第一審判決は、賃料の支払請求を相続分の割合に応じて認容したため、賃貸人らが控訴した。この判決は、前記の賃料債権は不可分債権であるとしたが、この点については不服の申立てがないとして、控訴を棄却した。
〈判決〉は、賃料債権の不可分性について、
「ところで、本件土地は被控訴人らの共有（前掲甲第二号証の一、二によると、持分は被控訴人高松博太郎が3分の2、同高松光子が3分の1）であって、これを控訴人に使用収益させる給付義務は不可分債務であり、したがって、右使用収益対価である賃料債権も特段の事情のない限り不可分債権と解するのが相当である。もし賃料債権が金銭債権であることから、これを可分債権である

第1章 平成時代の借地・借家をめぐる動向 ── 借地借家法の制定前 ──

するならば、賃貸人の1人に賃料全額を支払った場合でも、他の賃貸人に対する関係では債務不履行の責を問われるのであって、借地人にとり思いもかけない不利益な結果が生じる事態も起こりかねないのである。
　そうすると、控訴人は被控訴人ら各自に対し、右差額120万円を支払うべきことになるのであるが、この点については、被控訴人らから不服の申立てがないから、原判決はこれを変更することができず、原判決が認容した限度にとどめるほかはない。」と判示したものである。

【実務の対応】
　賃貸人が死亡し、相続人らが共同相続し、賃貸人らが複数になった場合、賃料債権が可分債権であるか、不可分債権であるかの問題が生ずるが、この事案はこの問題を取り扱ったものである。この判決と同様に、不可分債権であるとした裁判例として、東京地判昭和45.7.16判時613.69、東京地判昭和47.12.22判時708.59、神戸地判昭和53.11.29判タ394.59がある。

[19] 東京地判平成元.9.5判時1352.90
《事案の概要》
　建物の賃貸借において、賃貸借が継続中に、2年2か月後に賃料を20万円から30万円に増額（50％の増額）する旨の特約がなされたが、賃借人（被告）は、この期限後も従前の20万円の賃料を支払い続けたため、賃貸人（原告）は、不足分の支払いを催告したものの、支払わなかったため、賃貸借契約を解除した上、建物の明渡しを請求した。賃借人は、このような増額の約定は借家法7条に違反して無効である、信頼関係が破壊されていないなどの主張をしたため、本件の争点になった。この判決は、賃借人の主張を排斥して、請求を認容した。
〈判決〉は、賃料増額に関する特約の有効性について、一般的に、
「……建物の賃料の増額請求が認められるためには、当該建物の賃料が、土地、建物に対する租税その他の負担の増加により、土地、建物の価格の昂騰により又は比隣の建物の賃料に比較して不相当となるに至ったことを要件とするものであるが、同条〈7条〉は、賃貸人の一方的な意思表示による増額請求について規制したものであるのみならず、同法六条は、右7条の規定に反する特約を無効としていないから、少なくとも、本件特約のように単に将来の特定期間

における賃料を特定額に増額する旨を両当事者間の合意によってあらかじめ定めたにすぎない約定については、借家法 7 条に違反するものとはいえず、ただ約定の内容が借家法 7 条の法定要件を無視する著しく不合理なものであって、右約定を有効とすることが賃借人にとって著しく不利益なものと認められる特段の事情がある場合に限って無効となるにすぎないものというべきである。」として、その有効性を認めた上、
本件特約の有効性については、
「……本件の場合、……すでに当初から昭和 60 年 1 月 1 日以降の賃料は各店舗につき 15 万円、合計 30 万円とする旨の約定があったのであり、本件特約は、両当事者が折衝した結果、賃料を 30 万円に増額する時期を昭和 62 年 7 月 1 日以降に繰り延べることを内容とするものであって、賃借人である被告としては、約定賃料が著しく高額となり不相当であると認められるに至った場合には、借家法 7 条により賃料減額請求権を行使してその是正を求めることもできることも考慮すれば、前記二事例との比較をもって、直ちに本件特約の内容が借家法 7 条の法定要件を無視する著しく不合理なものであって、本件特約を有効とすることが賃借人である被告にとって著しく不利益なものということは困難であり、他に前記特段の事情の存在を認めるに足りる証拠はない。」として、その有効性も認め、
賃借人の賃料の一部不払いについては、
「しかしながら、他方……によれば、原告としては、右賃料受領の際、被告が本件店舗を本件賃貸借契約の期間満了と同時に明け渡してくれるものと期待し、かつその旨を述べて、あえて前記賃料一部不払にも異議を述べなかったにすぎず、およそ、被告が右明渡しに応じない場合にまでも、本件特約に基づく賃料増額の利益を一方的に放棄する意思を有していたわけではないことが認められる。のみならず、被告自らの同意によって本件特約が有効に成立したものである以上、被告としては、借家法 7 条に基づき賃料の減額請求をするならばともかく、後日一方的に本件特約の存在を無視して本件店舗の賃料として従来と同額の 1 か月金 20 万円のみの支払を続けることは許されないものというべきであり、それにもかかわらず、被告は、本件特約に違反して前記賃料一部不払を続け、原告から、昭和 63 年 1 月 18 日に被告に到達した書面をもって、5 日以内に本件店舗の賃料のうち未払の不足分（本件特約により増額された部

分）全額の支払の催告を受けたにもかかわらず、右催告期間を徒過したのであるから、賃料支払について誠意があるものということはできない。」と判示し、解除を認めたものである。

【実務の対応】
　賃料の増額をめぐってしばしば紛争が生じるが、その態様は一様ではない。
　賃料増額請求がなされ、その適正な賃料額が争われることもあれば、賃貸借契約中の賃料増額に関する特約の効果が争われることもある。また、賃料増額をめぐる紛争が生じ、これを解決するために増額の合意がなされても、この効果が争われることもある。しかし、このような紛争は賃料の増額の当否だけに留まってはいないのである。賃貸人が、最終的に明渡しを目的として高額な賃料増額請求をすることがある。賃借人としては、賃貸人に対する対抗手段、嫌がらせ等から、長年にわたり低額の賃料を支払ったり、供託し続けたりする事態が生じ、賃貸人が契約を解除することに至ることもある。特に問題になるのは、賃借人がどのような場合においても従前の賃料を支払うか、あるいは供託すれば、賃料の支払義務の不履行の責任を免れることができると、安易に考えている点である。賃借人が従前の賃料を支払い続けてよいというのは、借家法7条2項（借地の場合には、借地法12条2項）により認められる効果である（しかし、これは法律上は「相当ト認ムル借賃」と規定されているから、賃借人としては、常に従前の賃料額でよいというものではなく、従前の賃料額を支払い続けても、賃料不払いによる債務不履行の責任を追及されることがある）が、これは、少なくとも、賃料増額請求が賃借人からなされ当事者間に協議が調わなかった場合に初めて認められるものである。したがって、当事者間に賃料の増額について合意が成立した場合には、合意額に満たない賃料の支払いは、債務の本旨に従った履行（民法493条参照）に当たらず、その額の供託も要件を欠くものであり、無効であるとの判断がなされる。当事者間で賃料増額の合意がなされた場合には、従前の賃料を支払ったり、供託することだけでは、債務不履行の責任を問われても仕方がないということになる。事案によっては、賃借人が相当長期にわたって従前の賃料の供託を続けていることがあるが、これが賃借人として法的に非常に危険な行為であることを忘れてはならないのである。前記のように、賃借人が支払い、あるいは供託する賃料は法律上相当額でなければならないとされているから、いたずらに従前の賃料額を支払い、あ

るいは供託すれば足りるものではない(賃借人としては、従前の賃料額を上回る賃料額の支払いを考慮すべきである。従前の賃料額を下回る賃料額を支払うとか、供託するというのは、債務不履行という自殺行為をするようなものである)。

　賃料増額の特約の有効性については、前記の[1]、[7]、[17]の裁判例の(実務の対応)参照。

　次に、本件のような場合に従前の賃料の支払いを継続したことが、債務不履行に当たり、しかも信頼関係を破壊することがあるかどうかについては、土地の賃貸借契約の解除に関するものであるが、千葉地判昭和61. 10. 27判時1228. 110、横浜地判昭和62. 12. 11判時1289. 99が参考になる。

[20] 東京地判平成元. 9. 14判タ731. 171
《事案の概要》
　都内大森駅近くの高層ビル化が期待されている地域における土地の賃貸借について、賃貸人(原告)が、隣接土地を一体化したビルの建築、4億円の立退料の提示の正当事由で使用継続に対して異議を述べ、建物収去土地明渡しを請求した。本件では、正当事由の有無が問題になった。この判決は、これを否定して、請求を棄却した。
〈判決〉は、正当事由の有無について、
「……本件土地については、原告、被告とも、自己使用の必要性が認められる。ところで、本件土地はJR大森駅の東口から至近距離にあり、その有効利用すなわち高度利用による再開発は、原告はもとより地域社会の発展のためにも望ましいことではあるが、それが他人の利益と衝突する場合は、その再開発をどのような内容にしていくべきかは、関係者の利害の調整の観点から検討されるべきものである。

　そこで、まず、原告の自己使用の必要性の内容を吟味してみると、本件土地がなければ原告の商業ビルの建築計画が不可能になるというものではなく、ビルの形が多少いびつになり、反対に、本件土地を利用したほうが公道に広く面するようになり、エントランスが広く、使い勝手の良いより立派なビルの建築が可能であるというものである。いずれにしろ、この地域の再開発に寄与し得る大規模な商業ビルを建築すること自体は可能なのである。

他方、被告の自己使用の必要性の内容を吟味すると、被告は、少なくとも昭和58年頃から、本件土地にビルを建築することを意図して賃貸借関係を継続させてきており、本件土地を明け渡してしまえば、他に代替地が見当たらないため、ビルを建築して公認会計士事務所に使用することは不可能になるのである。そして、被告の計画しているビルは、それが地域再開発の観点から大いに歓迎されるものであるかは疑問もなくはないが、再開発の支障になったり、それにそぐわないようなものでないこともまた明らかである。
　被告の自己使用の必要性がこのようなものであるとすれば、原告が本件土地を利用できないことによって、地域の再開発が不可能になるとか、あるいは、それが、原告に多大の負担を生じさせ、そのような負担を負わせることが社会通念上適当でないと認められるような場合でない限り、本件土地賃貸借の更新拒絶に正当事由があると認めることはできないと言わざるを得ない。
　そして、原告は、本件土地を利用できないことにより、ビル建築の設計を一部変更することを余儀なくされ、その結果、商業ビルとしての価値が一部減殺されることになろうが、そのような不利益を負わせることが、被告の必要性との対比において、社会通念上適当でないとも言えない。
　そうであれば、原告の異議には、正当事由が認められないと言うべきである。」として、正当事由の存在を否定し、
立退料による補完については、
「なお、原告は、正当事由を補完するために、4億円ないし裁判所が相当と認める立退料を支払う旨主張している。しかしながら、被告は、高額な立退料をもらっても、他に適当な代替地を取得することは困難な状況にあるのである。そうすると、立退料の提供は、正当事由に代わるものではなく、それを補完するにすぎないものであるから、これにより原告の正当事由を補完することはできないと言わざるを得ない。」と判示し、これも否定したものである。

【実務の対応】
　土地の賃貸借における土地の有効利用と正当事由の関係、立退料と正当事由の関係については、基本的には建物の賃貸借におけるその問題と共通するものであるから、前記［5］の裁判例の（実務の対応）参照。
　最近の裁判例で、土地の有効利用による正当事由を肯定したものとしては、東京地判昭和61.1.28判時1208.95、東京地判昭和62.3.23判時1260.

24 等がある。他方、これを否定したものとしては、東京地判昭和 61. 12. 26 判時 1252. 73 等がある。

　ところで、借地借家法 5 条、6 条においては、賃貸人が通常の土地賃貸借を賃貸期間満了時に終了させるためには、賃借人が更新請求をしたり、使用を継続したりするのに対して、遅滞なく異議を述べる必要があるが、この異議を述べるについては正当事由がなければならないとされている。この制度は、従前（借地法 4 条、6 条）と同様である。ただ、正当事由の文言については、従前は「土地所有者カ自ラ土地ヲ使用スルコトヲ必要トスル場合其ノ他正当ノ事由アル場合」（借地法 4 条）であったのが、借地借家法（6 条）では、「借地権設定者及び借地権者（転借地権者を含む。……）が土地の使用を必要とする事情のほか、借地に関する従前の経過及び土地の利用状況並びに借地権設定者が土地の明渡しの条件として又は土地の明渡しと引換えに借地権者に対して財産上の給付をする旨の申出をした場合におけるその申出を考慮して、正当の事由があると認められる場合」となっている。この借地借家法の規定は、文言上の違いはあるが、従前の判例、裁判例を明確化しただけのものであり、正当事由の解釈については異なるところはないと解されている。

　もっとも、このような正当事由による土地賃貸借の更新については、施行前に設定された借地権に係る契約の更新に関しては、なお従前の例によるとされ（借地借家法附則 6 条）、借地法の更新に関する規定が適用されることになっている。したがって、借地借家法の土地賃貸借の更新に関する規定は、施行以後に締結された賃貸借契約だけに適用されることになる（実際に問題にされるのは、数十年先のことになるわけである）。

[21] 横浜地判平成元. 9. 25 判時 1343. 71
《事案の概要》
　建物の賃貸借において、賃貸人（原告）・賃借人（被告）間で賃料の増額をめぐって紛争を生じ、賃借人が増額請求がなされてから 20 年間以上も賃料を供託し、供託額を若干増額したものの、適正賃料額の 10 分の 1 程度の賃料を長年にわたり供託し続けたため、賃貸人は、賃料不払いを理由に賃貸借契約を解除して、建物の明渡しを請求した。本件では、前記の理由による解除の成否が問題になった。この判決は、解除を認めて、請求を認容した。

〈判決〉は、賃料増額請求をめぐって紛争が生じた場合における、賃借人において支払い、又は供託する賃料額について、一般論として、
「借家法7条2項本文は、賃料増額について当事者間に協議が調わない場合には、借家人は増額を正当とする裁判が確定するに至るまで「相当ト認ムル借賃」を支払えば足りる旨規定している。そして、右の「相当ト認ムル借賃」とは、同項但書の趣旨に照らし、原則として借家人が主観的に相当と認める額でよく、必ずしも客観的な適正賃料額に一致する必要はないと解されている。
　従って、原則としては、借家人が自ら相当と認める賃料額の供託を継続している以上、借家人に賃料不払の債務不履行はないということができるが、たとえ借家人が主観的に相当と認める額であっても、従前の賃料より低額であったり、適正賃料額に比して著しく低額である場合には、その供託を相当額の供託ということはできず、従って、債務の本旨に従った履行と評価することはできないものといわなければならない。」と判示した上、
「これを本件について見るに、被告のした供託は、適正賃料との差が著しく大きく極めて低額であるから、相当性がないものといわざるを得ず、これを債務の本旨に従った履行ということはできない。」との判断を示し、
債務不履行と信頼関係の破壊については、
「以上の事実を総合考慮すると、原告の増額請求を無視し、統制令の適用があると信じていたとしながら、同令による本件建物の具体的賃料額について検討することもなく（石井鑑定によれば、仮に統制令の適用があるとしても、昭和56年5月1日当時の本件建物の賃料は月額1万2116円である。）、前記のとおり長期間に亘り著しく低額の供託を継続した被告の態度は明らかに常軌を逸するものであり、賃貸借関係において要求される信頼関係を破壊するものというほかはない。」として、解除を有効としたものである。

【実務の対応】
　建物の賃貸借において、賃料増額請求をめぐって紛争が生ずると、賃借人がこれに対する対抗手段か、あるいは腹いせからか、場合によっては従前の賃料額を下回る賃料を供託したり、従前の賃料額ではあっても、長年にわたり（実際の事例では、20年間も同額の賃料を供託した事件もある）供託し続けることがある（土地の賃貸借においても、同様の紛争が生ずるが、建物の賃貸借の場合よりも紛争が長く続く）ことは、前記のとおりである。確かに、賃料増額

請求があると、賃借人としては、最終的には増額に関する裁判が確定するまでは、相当と認める賃料を支払うか、供託をすれば（もっとも、供託をするには、その前提として供託要件が必要であるが、この点についても、賃借人は、その要件もないのに、賃貸人に対する対抗手段として供託をする者もいないではない）足りる（借家法7条、借地借家法32条）が、この相当と認める賃料の判断は慎重に行う必要がある。

　この事案の場合もそうであるが、低額な賃料額を供託すると、その動機の如何を問わず、賃料不払を理由に賃貸借契約を解除される危険がある。少なくとも、賃借人としては、従前と同額か、それを上回る額の賃料を支払うか、あるいは供託をする必要があり、紛争が長期にわたると、適時にその額を見直して、増額した賃料額を支払うか、供託をするかの配慮も必要になる。

　なお、賃料増額をめぐる紛争については、前記［19］の裁判例の（実務の対応）参照。

[22] 東京地判平成元.9.26判時1354.120
《事案の概要》
　土地の賃貸借において、賃貸人（被告）と賃借人（原告）は、業務用資材置き場、貨物自動車の駐車場を目的とし、賃借人がプレハブ等の仮設構造物を建てることができる、賃借人が占有権原のないことを確認し、土地の明渡しを4年間猶予する、その間毎月使用相当損害金を支払うなどの内容の即決和解をし（賃借人は弁護士により代理されていた）、その後、賃貸人と賃借人は、猶予期限が到来したときに、再度ほぼ同様の内容で、即決和解をしたため、賃借人は、このような即決和解が民事上の争いのないのになされたこと、この和解が建物所有を目的とするものであることを主張し、和解調書に対する請求異議の訴を提起した。この判決は、賃借人の主張を排斥して、請求を棄却した。
〈判決〉は、即決和解が民事上の争いについてなされたかどうかについて、「しかしながら、民訴法356条所定の和解が将来における訴訟防止を一つの目的とするものであることは明らかであり、同条の規定における右目的に照らし、同条所定の「民事上の争い」とは権利関係の存否・内容及び範囲についての現在の紛争に限られるものでなく、権利関係についての不確実、将来における権利実行の不安全もこれに含まれると解すべきである。

本件和解申立の内容たる一時使用のための土地賃貸借の関係においては、殊にそれが一時使用のための賃貸借であるか否かについては、これが訴訟上の争点として争われる事例が少なからず見受けられる実情に鑑み、他に特段の事情を認めるべき資料のない本件においては将来の紛争発生の可能性を予測しうる権利関係の不確実または将来の権利関係実行の不安全の存する場合として、同条所定の「民事上の争い」ある場合と認めるのが相当である。」として、これを肯定し、
即決和解が借地法等の潜脱を目的としてなされたものであるかどうかについては、
「また、和解の申立が借地法等の強行規定を潜脱して債務名義を獲得するためにのみなされる場合は、前同条所定の「民事上の争い」の要件の存否とは別個の、申立権の濫用等の問題であって、この様な場合当該申立を却下すべきことは当然であるが、第一回目の即決和解及び本件和解の申立がこれに当たると認めるべき資料は全く存しない。」と判示し、
即決和解による賃貸借が一時使用を目的とするものであるかどうかについては、
「ところで、即決和解による賃貸借の場合には、それが裁判所の面前で成立するところから、単なる私法上の契約の場合に比し、双方の利害が尊重され当事者の真意にそう合意の成立をみる場合が多いであろうが、賃貸借契約が即決和解により成立した一事をもって、右契約に借地法 11 条の適用がないとするのは相当ではなく、即決和解により成立した賃貸借についても、その目的とされた土地の利用目的、地上建物の種類、設備、構造、賃貸期間等、諸般の事情を考慮し、賃貸借当事者間に短期間に限り賃貸借を存続させる合意が成立したと認められる客観的合理的な理由が存する場合にかぎり、右賃貸借が借地法 9 条にいう一時使用の賃貸借に該当するものと解すべく、かかる賃貸借については、同法 11 条の適用はないと解するのが相当である。
　これを本件についてみるに、……豊治としては、現に本件土地に隣接する自己所有の 94 番の土地を賃貸マンションの敷地として利用していたのであるし、また上述のような金竜学との過去の紛争の経過に鑑み、再び将来長期にわたり、本件土地を占有されることを危惧し、本建築にあらざる仮建築物の所有を目的とし存続期間も短期間に限定する意図を有していたものというべく（豊治がわざわざ原告に依頼して本件土地の周囲に鉄製フェンスを設置しているのもその

1つの証左であり、昭和52年3月24日成立した第1回目の即決和解において
も、和解条項第1項で豊治と原告とが本件土地に関する「使用貸借契約」
を「合意解除」する旨規定されており、第2項で賃貸借期間満了時の原告の
地上物件全部の収去土地明渡条項までことさら定めていることは、本件の実態
からすれば、一部措辞適切を欠くけれども、豊治が本件土地の明渡についてあ
れこれ配慮していたことを強く推測させるものというべきである。)、金の残置
した物件の解体撤去工事に当たり、また、駐車場等の移転を迫られ、暫定的に
してもこれらを別の場所に確保する必要があったとみられる原告としても豊治
の右意図を十分察知し得たものと推認するに難くない。

しかも、原告が本来本件土地上に建築を許容されていたのは「仮設」建物に
すぎないのであり、現実に建築されたものについてみても、いずれも建物とし
ての表示登記がなされておらず、固定資産税課税台帳にも登録されておらず、
また、その投下資本額は必ずしも明らかではないが、種類・構造・設備及び借
地全体に占める割合等から考えて、解体・移転・撤去は比較的容易であるとみ
られ、原告としても右投下資本額の相当部分を回収したのではないかともみ得
るのである。

しかして、前記認定事実と前記各即決和解調書の記載内容とからすれば、原
告と豊治との間の本件土地の賃貸借の主たる目的は当初より一貫して、これを
業務用貨物自動車の駐車場として使用するとともに、業務用の資材置場として
使用することにあったものであって、普通建物所有を目的とするものではない
と認めるのが相当であり、ただその目的をよりよく実現するための付随的施設
として前記のような仮設の建物・構造物の設置が許容されてきたものと認める
のが相当である。」との判断を示し、これを肯定したものである。

【実務の対応】

賃貸借に関する即決和解をめぐる問題については、前記［15］の裁判例の
（実務の対応）参照。

また、土地の賃貸借が一時使用のものであるかどうかの問題についても、前
記［8］の裁判例の（実務の対応）参照。

実務上、賃貸借について、即決和解を利用するかどうかは、相当慎重にすべ
きであり、特に即決和解を利用する必要性、内容、時期等について検討するこ
とが必要である。そして、一旦即決和解をした後においても、安易に即決和解

を繰り返すことにより、仮に当初は一時使用のものであるとの意図が明らかであったとしても、徐々に通常の賃貸借としか判断されなくなる事態も生ずることにも、留意する必要がある。

[23] 東京地判平成元．9．29判時1356．106
《事案の概要》
　都内港区六本木にある建物の賃貸借において、賃借人（被告）は建物でディスコを経営していたが、賃貸人（原告）が賃借権の無断譲渡、無断改装工事等による信頼関係の破壊を理由とする解除のほか、建物の老朽化、土地の高度利用等の正当事由を理由とする解約申入れを主張して、建物の明渡しを請求した。この判決は、信頼関係の破壊を認めず、正当事由については立退料4億円（鑑定による借家権価格を相当減額したものである）の支払いと引換えによりこれを認めて、請求を認容した。
〈判決〉は、信頼関係の破壊について、
「被告が本件賃貸借契約の約定どおり代表者の変更届を出すことや改装工事について事前の書面承諾を得ていないこと、並びに原告の了解のないことを承知で右倉庫の新設工事を強行したことは、原告との信頼関係を相当損なうものではある。しかしながら、前者の違約行為は結果として原告の利益を大きく害するまでには至っていないこと、後者の無断工事はその工事全体に占める規模からして当該部分を撤去させることでも足りることを考慮すると、今回は、これらのみの事由で契約解除を相当とする程の信頼関係の破壊があったとまではいえない。」として、これによる解除を認めなかったが、
正当事由、立退料については、
「以上の事由を総合すると、原告が本件建物を取り壊して新ビルを建築する必要性は極めて大きいものと認められる。一方、被告は本件建物部分の改修改造工事に金1700万円の費用を掛けて間もなく、未だ十分にその償却や投下資本の回収をしていない恐れもあり、これを明け渡すことによって、移転先の確保あるいは従業員の整理の苦労にも迫られ、営業上の損失も少なくないことが認められる。これら双方の事情を比較すると、無条件に本件建物部分の明け渡しを被告に強いるには、未だ正当事由が足りない。しかしながら、被告には前記一のような背信的事由もあり、本件借家権が解除により消滅する危機的状態に

あったことに鑑みれば、原告が提供する立ち退き料金4億円でもって、解約の正当事由は十分に充足されるというべきである。」と判示して、正当事由を認めたものである。

【実務の対応】
　建物の賃貸借における建物の有効利用等を理由とする正当事由と解約申入れについては、前記［5］の裁判例の（実務の対応）参照。
　この事案のように、賃貸人が賃借人に対して、建物の明渡しを請求する場合、通常は解除と解約の2つの方法があるが、実務上では、前記のように、主位的に解除、予備的に解約（さらに予備的に立退料の提示を伴って）が主張されるのが、典型的な場合である。これは、仮に主位的な主張が認められなかったとしても、予備的な主張の判断には大きな影響を与えるものであるから、賃貸人としては、主位的な主張において、従前の経過（特に賃借人の背信的行為）を主張しておくことが重要であり、賢明である。本件においても、このような賃貸借の従前の経過が正当事由の判断に大きな影響を与えているし、立退料の判断に当たっても減額の要素になっている。

［24］大阪高判平成元.9.29判タ714.177
《事案の概要》
　建物の賃貸借において、賃貸人（原告、控訴人）が、建物の老朽化（実際には朽廃とはいえないとしても、相当に老朽化している）、老齢による子供との同居のための建物の建替え等の正当事由を理由に解約を申し入れ（立退料100万円の提示もした。ほかにも、建物の朽廃、信頼関係の破壊を主位的に主張している）、建物の明渡しを請求した。第一審判決は請求を棄却した。本件では、前記の正当事由の有無が問題になったが、賃貸人が控訴し、提示した立退料も300万円に増額した。この判決は、300万円の支払いと引換えに請求を認容した。
〈判決〉は、正当事由の有無について、
「本件一の建物は、前記認定のとおり、築後60年近くの長年月を経過した木造瓦葺平家建の居宅であり、朽廃には至らないまでも、老朽化が著しく、破損、汚損の個所が多く、外観、機能とも劣悪な状態にあり、通常の修繕を施すことによってある程度の期間建物としての効用を保持し得ても、早晩、朽廃の時期

61

に到ることが予測される状況にあるので、地価の著しく騰貴した現在においては、その敷地の有効利用のためには、早急に本件一の建物を取り壊して、その跡に、新しい家屋を建てるのが望ましく、そのためには、控訴人において、被控訴人中村から、本件一の建物の明渡しを受ける必要がある。

…………

　以上認定した諸事実に、戦後 44 年を経過した現在においては、戦後間もなくとは異なり、一定額の経済負担をしさえすれば、他に借家を求めることも容易であることは公知の事実であること等に照らして考えると、控訴人自身は長男稔夫との共有名義の本件七の建物を現に自宅として使用し、また、二女美紗子の一家も勤務先の社宅に入居していて、ともに一応、現に住む住居があり、さらには、昭和 61 年 12 月に本件三の土地上に控訴人所有の鉄骨造スレート葺 3 階建共同住宅・店舗が建築されたこと等を考慮しても、控訴人において、相当額の立退料を提供すれば、本件一の建物の賃貸借契約解約申入れをする正当事由を具備するものというべきところ、右立退料は 100 万円では低きに失するが、300 万円の立退料を支払うことによって、本件賃貸借契約解約申入れをするについての正当事由を具備するものと認めるのが相当である。」と判示して、正当事由を肯定したものである。

【実務の対応】
　この事案も、前記［5］の裁判例と同様に、判決で支払いを命ぜられた立退料の提示の時期が控訴審の途中であり、その後 6 か月を経過したのが口頭弁論終結後であるため、将来の給付請求として認容されている。

　建物の賃貸借において、建物の老朽化、建替えの必要性と正当事由との関係については、正当事由を認めた裁判例として、最三判昭和 35. 4. 26 民集 14. 6. 1091、名古屋高判昭和 53. 9. 27 判時 929. 84、東京地判昭和 56. 10. 12 判タ 466. 143、大阪地判昭和 57. 7. 19 判タ 479. 154、東京地判昭和 59. 2. 28 判タ 527. 119、大阪地判昭和 59. 7. 20 判タ 537. 169、東京地判昭和 63. 10. 25 判時 1310. 116 等がある。

　正当事由の意義等については、前記［5］の裁判例の（実務の対応）参照。

[25] 横浜地判平成元. 10. 27 判タ721. 189
《事案の概要》
　賃貸人（原告）は、マンション内の店舗を、賃借人（被告）らが騒音、煤煙、悪臭等を防止する措置をとり、これにより第三者に重大な損害、迷惑を与えた場合には、賃貸借契約を解除することができる旨の約定で、賃借人らに賃貸したところ、賃借人らは、県の公害防止条例に定める騒音規制基準に違反して、午前3時ころ、時には明け方までカラオケを使用して飲食店を営業し、マンションの居住者の苦情、マンションの管理組合、市等の注意にもかかわらず、カラオケによる騒音を出し続けたため、賃貸人は、賃貸借契約を解除して、店舗の明渡しを請求した。本件では、信頼関係の破壊、解除の効力が問題になった。この判決は、これを肯定して、請求を認容した。
〈判決〉は、信頼関係の破壊について、
「原告は、被告らが本件店舗において騒音を発生させ、信頼関係を破壊するような使用方法をしてきた旨主張するので考察する。
　被告らは、神奈川県公害防止条例に反して、昭和61年10月1日以降午前3時過ぎまでカラオケ用の音響機器を使用して飲食店の営業を行い、本件マンションの管理組合や住民が苦情を申し立てても、改めることなく従前どおりの営業を継続し、さらに、警察官や横浜市公害対策局騒音課からの注意、指導があるにもかかわらず、これをも無視した営業を続けてきたのである。
　また、原告が被告らに対し、本件店舗の騒音防止を求め、その旨の誓約書及び詫び状まで作成させて騒音防止に努めるように求めたにもかかわらず、騒音機器の交換、防音設備の些細な改善等の僅かな騒音防止措置しかとらずに午前3時過ぎまで騒音を発生させ続けてきたのである。
　さらに、原告が本件店舗の賃貸人である花田喜代子から、本件店舗の騒音問題を解決しなければ賃貸借契約を解除する旨の通告を受けているにもかかわらず、被告らは本件店舗における営業時間、音響機器の使用等を改めて騒音防止に努力する姿勢さえ示さず、午前3時過ぎまでも音響機器を使用した営業を続けてきたのである。
　そうすると、被告らの本件店舗の使用方法は、賃貸人と賃借人との信頼関係を破壊するに足る義務違反行為であるというべきである。

なお、被告は、原告が本件店舗でカラオケ用の音響機器を使用することを承知し、かつ、右機器の影響についても知りながら賃貸したのであるから、右音響機器の使用をもって、本件店舗の使用方法に義務違反があるとはいえない旨主張する。
　しかし、建物の賃借人は、賃貸借契約において明確に約していなくとも、当該建物の存する環境、立地条件、使用目的等から予想される制約の範囲内で当該建物を使用すべき義務があるところ、被告は、本件店舗が集合住宅である本件マンションの1階部分にあることを知りながら賃借したのであるから、建物の区分所有等に関する法律6条1項をあげるまでもなく、被告は本件マンションの居住者に迷惑をかける使用をしてはならない義務があり、かつ、カラオケ騒音等を防止するための基準として定められた神奈川県公害防止条例を遵守する義務もあるにもかかわらず、午前3時過ぎまで音響機器を使用した営業を続けるなど、弁解の余地のない使用方法を行ってきたのであって、本件店舗の使用方法に義務違反があることは明らかである。」と判示し、これを肯定したものである。

【実務の対応】
　建物の賃貸借においては、様々な特約が付されるが、その中で賃貸人の関心のある特約の1つに、近隣迷惑行為の禁止に関する特約がある。特に集合住宅の建物の賃貸借については、賃貸人の最も関心をもつ特約である。実際にも、集合住宅の建物の賃貸借においては、近隣間の紛争の大部分が、ペットの飼育、騒音等の迷惑行為を巡る紛争である。そのために、このような賃貸借契約を締結する場合には、「小鳥、魚類を除き、犬、猫等の動物を飼育してはならない。テレビ、ラジオ、ステレオ、ピアノ等の音により近隣に迷惑を掛けてはならない。その他近隣に迷惑を掛けてはならない。」との特約が付され、この特約に違反した場合には、賃貸借契約を解除することができる旨の約定が付されることが通常である。市販の賃貸借契約書用紙にも予めこのような特約が記載されているようである。
　確かに、このような行為は、近隣に迷惑になることがある反面、これを行っている本人にとっては、生活の楽しみであることも多いのである。しかも、これらは、人の感受性によって、楽しみか苦しみかが大きく異なるものでもある。どの程度のペットであれば受け入れられるのか、どの程度の音であれば受忍限

度の範囲内であるのか、一般的な基準が立てにくい分野である。

　まず、ペットの飼育による近隣の迷惑行為が解除原因になるかどうかが問題になった裁判例としては、東京高判昭和55. 8. 4判夕426. 115（解除を肯定した事例）、東京地判昭和58. 1. 28判時1080. 78（解除を肯定した事例）、東京地判昭和59. 10. 4判時1153. 176（解除を肯定した事例）、新宿簡裁昭和61. 10. 7判時1221. 118（解除を肯定した事例）、東京地判昭和62. 3. 2判時1262. 117（解除を肯定した事例）、東京北簡判昭和62. 9. 22判夕669. 170（解除を否定した事例）がある。

　ペットの飼育以外にも、多くの態様の近隣迷惑行為があるが、代表的なものとしては、騒音、暴行・脅迫・嫌がらせ、風俗営業等がある（もっとも、このような場合、賃貸借契約の解除ではなく、解約申入れ等の正当事由としても主張することができる）。このような行為が解除原因になるかどうかが問題になった裁判例としては、東京高判昭和39. 5. 18下民集15. 5. 1108（騒音・振動につき正当事由を肯定した事例）、大阪地判昭和40. 2. 10判夕175. 172（騒音につき正当事由を否定した事例）、東京北簡判昭和43. 8. 26判時538. 72（マージャンによる騒音につき解除を肯定した事例）、東京地判昭和45. 1. 14判時595. 73（公害につき解除を肯定した事例）、京都地判昭和46. 5. 14判夕265. 167（悪臭・騒音につき正当事由を否定した事例）、東京地判昭和46. 10. 28判時657. 65（臭気・騒音につき正当事由を否定した事例）、前記最一判昭和47. 11. 16（通行妨害につき解除を否定した事例）、東京地判昭和47. 12. 5判時709. 56（騒音・水漏れにつき解除を否定した事例）、前記最一判昭和50. 2. 20（暴行等につき解除を肯定した事例）、東京高判昭和50. 8. 21判時794. 72（騒音等につき解除を肯定した事例）、東京地判昭和51. 5. 27判時844. 48（通行妨害につき解除を肯定した事例）、東京地判昭和54. 10. 3判時962. 89（騒音等につき解除を肯定した事例）、東京地判昭和54. 11. 27判時963. 66（騒音につき解除を肯定した事例）、東京高判昭和55. 7. 9判夕424. 95（騒音等につき解除を肯定した事例）、神戸地判昭和56. 8. 11判夕465. 165（騒音等につき正当事由を否定した事例）、大阪地判昭和58. 1. 20判時1081. 97（騒音等につき解除を肯定した事例）、東京高判昭和58. 7. 28判時1090. 129（暴行・監禁等につき解除を肯定した事例）、東京地判昭和59. 1. 30判時1129. 78（ノーパン喫茶につき解除

を否定した事例)、東京高判昭和59．3．7判時1115．97（ノーパン喫茶につき解除を肯定した事例)、東京高判昭和60．3．28判タ571．73（暴力団事務所につき解除を肯定した事例)、名古屋地判昭和60．12．20判タ588．81（約100羽の鳩の飼育につき解除を肯定した事例)、東京高判昭和61．10．28判タ641．136（通行妨害等につき解除を肯定した事例)、宇都宮地判昭和62．11．27判時1272．116（暴力団事務所につき解除を肯定した事例)、東京地判昭和63．12．5判時1322．115（テレホンクラブにつき解除を肯定した事例）がある。

次に、建物の用法違反が問題になった裁判例としては、最二判昭和47．2．18民集26．1．63（解除を肯定した事例)、大阪地判昭和55．2．14判タ416．168（解除を否定した事例)、東京地判昭和55．5．29判時964．55（解除を否定した事例)、東京地判昭和60．1．30判時1169．63（解除を肯定した事例)、前記東京高判昭和60．3．28（解除を肯定した事例)、東京地判昭和60．12．10判時1219．86（解除を肯定した事例)、前記宇都宮地判昭和62．11．27（解除を肯定した事例)、前記東京地判昭和63．12．5（解除を肯定した事例）等がある。

建物の増改築、改装等が問題になった裁判例としては、東京地判昭和46．5．25判時635．117（解除を肯定した事例)、大阪地判昭和47．9．25判タ288．333（解除を否定した事例)、東京地判昭和48．2．20判時713．87（解除を否定した事例)、東京高判昭和48．11．27判時733．53（解除を肯定した事例)、東京高判昭和49．10．30判時767．35（解除を肯定した事例)、東京地判昭和50．6．9判時814．131（解除を否定した事例)、横浜地判昭和50．2．10判タ329．168（解除を否定した事例)、大阪地判昭和50．9．26金融・商事判例494．40（解除を肯定した事例)、大阪高判昭和50．12．12判時815．59（解除を否定した事例)、名古屋地判昭和51．4．27判タ342．290（解除を否定した事例)、大阪高判昭和51．11．9判時843．59（解除を否定した事例)、東京地判昭和56．3．26判タ454．123（解除を否定した事例)、東京地判昭和57．9．30判タ486．93（解除を肯定した事例)、横浜地判昭和58．1．31判498．140（解除を肯定した事例)、神戸地判昭和58．4．20判時1149．143（解除を肯定した事例)、東京地判昭和60．10．9判タ610．105（解除を肯定した事例)、東京地判昭和62．2．25判タ657．134（解除を肯定した事

例）等がある。

[26] 東京高判平成元. 10. 30 判タ 752. 179
《事案の概要》
　土地の賃貸借において、賃貸人（原告、被控訴人）が更新に異議を述べ、その後正当事由の補完として立退料を提示したが（その提示の時期が更新時期より相当後になされたものであり、訴訟提起の後になされた）、賃貸人が建物収去土地明渡しを請求した。第一審判決は請求を認容したため、賃借人が控訴し、立退料の提示の時期が問題になった。この判決は、原判決を取り消し、請求を棄却した。
〈判決〉は、立退料の提示の時期について、
「このように、異議時より相当期間経過後に立退料の提供がなされた場合の効果について検討する。まず、形式的にいえば、前述のとおり、正当事由は異議時に存在するべきであるから、立退料の提供も右時点においてなされるべきであり、それ以後の時点でなされた立退料の提供をもって右時点における提供とみることはできない。次に、実質的に考えてみても、立退料の金額の算定の中心的要素は借地権価格であるが、その基準となる土地の価格は、当時、時の経過によって相当程度上昇することが経験則上容易にうかがわれるところ、異議を述べてから、相当期間経過後に立退料が提供された場合に、立退料の算定要素の土地価格の基準時を異議時とすると、一方において、賃借人としては、異議時に立退料が提供されていれば可能であった他の土地への移転が、立退料提供時では、その間の土地価格の上昇のため、異議時と同一の条件では困難になることが十分に推認し得るところであり、他方において、賃貸人としては、異議時における低額の土地価格を基準とする金額によって、提供時における高額の土地を入手できることになるわけであり、このような形で賃借人に不利益が生じる反面、賃貸人に利益が生じることは、公平でないというべきである。したがって、異議時以後になされた立退料の提供をもって、異議時になされた提供と同様の効果を生ずるものとすることはできない。
　次に、異議時の後に立退料の提供がなされた場合には、立退料の算定に当たっては提供時における土地価格を基準とすることを前提として、右提供を正当事由の補完事情として考慮してよいという考えがある。しかし、この考えに

よると、結局、正当事由の存否の時期が、異議時と提供時に分かれることになるわけであるが、そうすると、異議時から提供時までに消滅又は発生した立退料以外の正当事由を考慮すべきかどうかという問題を生ずることになるから、この考えは適当ではないというべきである。

　しかし、異議時の後になされた立退料の提供は全く無意味であるわけではない。異議は、期間満了後遅滞のない時点まで（これを仮に「異議申立期間」と呼ぶ。）になされることが必要であるが、もし、立退料の提供が右異議申立期間内になされたのであれば、右提供をもって当初の異議とは別個の、立退料の提供を伴う新たな異議として認めることができる。

　本件においては、立退料の提供は、期間満了時から1年10か月以上も経過した時点でなされており、異議の申立てが遅くなったことを許容すべき特段の事情が存しないかぎり、「遅滞なく」ということはできず、異議申立期間はすでに経過しているものというべきである。」との判断を示し、立退料の提示を正当事由として考慮できないとしたものである。

【実務の対応】

　建物所有を目的とする土地の賃貸借においては、賃貸人が賃貸期間の満了時に賃貸借を終了させようとすれば、賃借人の更新請求又は使用継続に対して、遅滞なく異議を述べることと、その異議に正当事由があることが必要である（借地法4条、6条）。土地の賃貸借が更新されると、次の更新時は、原則として20年後（非堅固な建物の場合である。堅固な建物の場合には、原則として30年後である。もっとも、別段の約定があれば、それよりも長くなる。借地法5条）であり、その時点において、賃貸人・賃借人の土地を利用する必要性等を考慮して正当事由の存否が判断されることになっている（以後の更新も同じである）。このような土地の賃貸借の更新制度をみると、更新時毎に、賃貸人・賃借人の土地を利用する必要性等を考慮して正当事由の存否を判断させ、賃貸人・賃借人間の利害を調整するようになっているわけである。

　ところが、実務をみると、賃貸人が異議を述べた後、暫くは当事者間において明渡しの話し合いがなされ、まとまらないと、賃貸人から土地の明渡しを求める訴訟が提起されることが通常である。そして、訴訟の提起が異議時よりも何年か後になることもないではない。ここで、問題となるのは、賃貸人から正当事由として主張される諸事情の中には、異議時には生じていなかった事情、

予測もできなかった事情、立退料の提示等が含まれていることが、実務上しばしばみられる点である（立退料の提示については、訴訟の提起時にはなされていなくて、相手方の出方をみながら徐々に主張されることが多いし、証拠調べがある程度進行し、立退料の提示をしなければ勝訴の見込が乏しくなって初めてなされることも少なくない）。賃貸人の異議は、遅滞なくなされる必要があるが、正当事由はその後の諸事情を全て考慮することができるとの解釈は、更新時毎に賃貸人・賃借人の土地使用の必要性等を考慮しようとする更新制度の趣旨に照らすと、相当ではない。正当事由として考慮すべき諸事情は、原則として異議時に存在するか、予測される事情に限定されるべきであろう。立退料の提示も正当事由を補完するものであるから、他の正当事由を基礎付ける事情と異なって考えるべき根拠はない。

　正当事由に関するこの点の実務は、土地の明渡請求訴訟が比較的長期化することもあって、さほど厳格に考えることもなく、口頭弁論終結時までに生じている事実は全て主張しておきたいとの気持ちからか、異議時の諸事情に限らず、相当幅広い事実が主張されている（立退料の提供もその典型である）。このような実務は、結果的には、更新期間中の諸事情を全て考慮することになり、更新制度の意義を失わせかねないであろう（更新制度には、異議時に正当事由が存在しなければ、次の更新時までは安定的に土地を使用することができるようにする趣旨があることは、疑問の余地がない）。このような実務に反省も必要である。賃貸人としては、異議時に立退料の話をすると、どれぐらいの金銭の要求がなされるかが不安であったりして、この提示を躊躇することが多いであろうが、その提示を全くしなければ、次の更新時まで金銭の提示による解決を待たざるを得ないとの負担を負ってもやむを得ないとすることも不合理ではない。

　立退料の提示については、特にこのような口頭弁論の終結時ころまでは主張できるとの実務が一般的に行われ、この実務を肯定した裁判例も、東京地判昭和 56. 4. 28 判時 1050. 90、東京高判昭和 58. 3. 10 判タ 497. 120、東京高判昭和 61. 10. 29 判時 1217. 67、神戸地判昭和 62. 5. 28 判時 1265. 138、横浜地判昭和 63. 4. 21 判時 1293. 148 等がある。

　なお、借地借家法（4 条ないし 6 条）においても、更新期間（原則として最初の更新は 20 年後であり、その後の更新は 10 年毎である）の点を除いて、

従前の更新制度と基本的に異なるものではない。施行以後に設定された賃借権の更新については、借地借家法が適用されるが、20年又は10年毎の更新時に従前同様に正当事由の有無が判断され、土地の賃貸借を終了させるかどうかが判断されることになっている。正当事由の判断時期が、2度目の更新時以降は、従来よりも早くなったわけであるが、正当事由の判断に当たって考慮すべき事情の範囲については従前と異なるものではないといえよう。

　また、最近、建物の賃貸借について、最二判平成3.3.22民集45.3.293が建物の賃貸人が賃貸借の解約申入れ後に立退料の提供を申し出たり、解約申入れ時に申し出ていた立退料の増額を申し出た場合においても、その提供、増額に係る金員を考慮して正当事由を判断することができる旨の判断を示したが、これは建物賃貸借の更新制度と土地賃貸借のそれとが異なっていることを考えれば、この判例が直ちに土地賃貸借にも妥当すると考えることには疑問がある（借地借家法の下においては、前記のように、更新期間が20年又は10年に短縮され、その分正当事由の有無を判断できる時期も早まり、その機会も多くなっているから、異議時以降の諸事情を広く考慮できるとするとの一部の実務には問題があろう）。

［27］東京高決平成元.11.10判タ752.231
《事案の概要》
　建物所有を目的とする土地の賃貸借において、20年間の賃貸期間が一度更新されたが、残り3年間になって、賃借人が堅固な建物所有を目的とする賃貸借に借地条件を変更する申立てをした。賃貸人は期間満了の際に更新に対して異議を述べる意向である。本件では、裁判所の借地条件の変更手続において、更新の成否を考慮することができるかが問題になった。原審決定は申立てを認容したため、賃貸人が抗告をした。この決定は、原決定を取り消し、申立を棄却した。
〈決定〉は、更新の成否を考慮できるかについて、
「ところで、借地契約の存続期間が近い将来に満了する借地契約につき、借地権者から堅固な建物所有を目的とするものへの借地条件変更の申立てがなされた場合において、土地所有者が、右存続期間満了の際には契約の更新を拒絶する意向を予め明らかにしているときに、その借地非訟事件手続において、更新

拒絶に正当の事由が認められないと判断した上、右借地条件変更の申立てを認容し、これに伴って借地権の存続期間を変更の効力発生時から30年に延長するとの形成的処分を行うときは、土地所有者は、対審公開の民事訴訟手続において借地権の存否（更新の成否）の確定を求める途を与えられないまま、実際上極めて長期間にわたり借地を回復し得ない結果となるから、現時点において、将来の更新の見込が確実であるといえる場合であるか、更新の成否について本案訴訟による確定を待つことなく、借地条件を堅固な建物所有を目的とするものに変更しなければならない特段の事情の存する場合でない限り、右借地条件変更の申立てを認容するのは相当でない、と解される。」と判示して、更新の成否を考慮できるとしたものである。

【実務の対応】

　土地の賃貸借において、地域の状況の変化等の事情の変更により、堅固な建物所有を目的とするのが相当になった場合には、賃借人は、まず賃貸人と協議をすべきであるが、協議がまとまらなければ、裁判所に対して、借地条件の変更の申立てをすることができる（借地法8条ノ2第1項）。この場合、裁判所は、借地権の残存期間、土地の状況、借地に関する従前の経過その他一切の事情を考慮して決定しなければならない（同条4項）とされている。これらの事情のうち、借地権の残存期間については、土地の使用が相当期間に及び（更新もなされていることもある）、非堅固な建物も老朽化している状況において、これを堅固な建物に借地条件を変更することになると、更新に対する賃貸人の異議を全く無視することにもなる（借地条件の変更が非訟事件手続でなされ、正当事由の判断が訴訟手続でなされることを考えると、更新時に間もない時点で、借地条件を変更すると、正当事由のある異議による賃貸借の終了を手軽に否定してしまう結果になり、賃借人の保護に傾きすぎることになる）。土地の賃貸借の残存期間が短いときは、借地条件の変更に慎重であるべきであることは当然である。

　更新の成否を考慮できるかを取り扱った裁判例としては、名古屋高決昭和51．9．30判タ345．237、東京地決昭和55．3．20判タ416．150、東京地決昭和56．3．20判タ444．161、高松高決昭和63．11．9判時1319．19等がある。

　なお、借地借家法においては、建物の堅固・非堅固の区別がなくなった（4

条参照）ため、堅固建物への借地条件の変更の制度もなくなった（17条参照）。しかし、堅固建物への借地条件の変更の申立ては、施行前になされた申立てについては、従前の例による（同法附則10条）とされているから、この限りでは借地法の手続により判断されることになる。借地借家法の施行以後は、従来の非堅固な建物を堅固な建物に変更したいときには、非堅固な建物を所有する目的も借地借家法17条1項所定の「建物の種類、構造、規模又は用途を制限する旨の借地条件」であるから、同条項の他の要件がある場合に、同条3項ないし6項の手続により決定されることになる。

[28] 東京地判平成元.11.10 判時1361.85

《事案の概要》

建物の賃貸借において、賃貸人からなされた賃料増額請求にかかる相当額の賃料を算定するについて、この判決は、当事者提出の鑑定書、裁判所の命じた鑑定をいずれも排斥して、裁判所が独自に算定をした。

【実務の対応】

従来賃料増額請求にかかる相当額の賃料を算定するに当たっては、スライド方式、比準方式、差額配分方式、積算方式を総合して行い、裁判所の命ずる鑑定ないしそれに準ずる鑑定書を資料として算定するのが通常であった。建物の賃料の算定に関する最近の裁判例としては、東京高判昭和55.6.9判時971.58、東京地判昭和57.3.2判タ475.121、横浜地判昭和57.3.30判タ482.115、横浜地判昭和57.11.10判タ496.135、大阪高判昭和59.8.17判タ539.336、東京高判昭和62.3.31判時1238.90、東京地八王子支部判昭和63.9.2判時1320.120等がある。

ところで、借地借家法の施行以後においては、建物の賃料の増額・減額請求をめぐる紛争については、訴訟を提起する前に、原則として調停の申立てをする必要があり（民事調停法24条の2）、当事者の一定の合意がある場合には、調停委員会の調停条項により当事者を拘束できる（同法24条の3）ことになっている。また、調停委員会を構成する調停委員のうち1人は土地建物の価格の算定に知識、経験を有する者（不動産鑑定士）であることが期待されている。

ただ、調停の場であっても、訴訟の場であっても、賃料の算定の方式につい

ては、従前と同様であるから、従前の裁判例が参考になることは、言うまでもない。

[29] 東京地判平成元. 11. 28 判時 1363. 101
《事案の概要》
　建物の賃貸借において、賃貸人（原告、控訴人）が主位的に正当事由による更新拒絶を、予備的に立退料の提供を伴う正当事由による更新拒絶を主張して、建物の明渡しを請求したが、立退料の提供の時期が賃貸期間満了に要する6か月に4日足らなかった。本件では、この6か月の要件が問題になった。この判決は、立退料の提供を伴う予備的主張を認め、第一審判決を変更した上、賃貸借の終了時期については、立退料の提示の時期から6か月を経過した期間満了の4日後の時点であるとして、立退料500万円の支払いと引換えに請求を認容した。
〈判決〉は、本件では、賃貸人は、立退料として300万円の提示しかしておらず、また、訴訟継続中に予備的請求を撤回した経緯があるが、
「そして、控訴人の右立退料申出は裁判所の決定する額の立退料を支払う趣旨をも包含するものと解されるところ、これと前記認定の控訴人らが本件建物に居住する必要性等を総合して比較検討すれば、控訴人申出に係る金300万円を上回り、かつその申出額と格段の相違のない範囲の額である金500万円の立退料を提供することにより、更新拒絶の正当事由を具備するに至るものと認めるのが相当である（なお、控訴人は平成元年7月25日の当審第3回口頭弁論期日において、立退料提供による予備的請求を撤回する旨主張しているが、被控訴人は右予備的請求の撤回に同意していないから、右撤回は有効なものとは認められない。）。」として、正当事由を認め、
賃貸借の終了時期について、
「右に認定したところによれば、控訴人の正当事由を具備した更新拒絶は右昭和62年12月27日においてなされていたということになるが、右は借家法（以下「法」という。）2条1項所定の期間を遵守しておらず適法な更新拒絶があったとは認められないから、本件賃貸借契約は昭和63年6月14日以降期間の定めのない契約として存続するものというべきである。
　このように、期間の残存する賃貸借契約において、その期間満了前に法2

条1項所定の期間は遵守していないが正当事由は具備する更新拒絶がなされた場合、どの時点において賃貸借が終了するかが問題となるが、法3条が期間の定めのない賃貸借契約の借家人に6か月間の立退準備期間を保証している趣旨に鑑みれば、右更新拒絶から法定の解約申入期間6か月を経過した時点に賃貸借契約は終了するものと解すべきである。これを本件についてみると、前認定のとおり本件賃貸借契約は、被控訴人の後記抗弁が認められない限り、控訴人が被控訴人に対し立退料を提供する旨申し出た昭和62年12月17日から6か月を経過した昭和63年6月17日に終了したものというべきである。」と判示し、賃貸期間の満了の4日後に終了するとしたものである。

【実務の対応】

　この事案は、まず、賃貸人の提供した立退料300万円を超えて、500万円の立退料を相当と判断したものであり、この点について当事者の申し立てない事項について判断したのではないかとの問題があるが、これを肯定する先例があるところである。なお、前記［10］の裁判例の（実務の対応）参照。

　次に、この立退料の提供の意思が撤回された後にも、これを正当事由として考慮してよいかどうかも問題となるが、この判決は、立退料の提供を伴う正当事由を予備的請求と構成して、賃借人である被告の同意がないとして、撤回が許されないとして解決している（この点については、正当事由の主張が、主位的には立退料を伴わないものとして、予備的には立退料を伴うものとしてなされることが実務上しばしばみられるが、これは別個の請求ではないと解する考え方も有力である）。

　最後に、賃貸借の終了時期については、立退料の提供時より6か月を経過した時点であるとしたが、これでは、賃貸期間の満了時を4日過ぎてしまうことになる。この判決は、例外的な判断であり、一般化すべきものではないであろう（更新拒絶が効果存持たなくても、更新後も訴訟は継続しているわけであるから、解約申入れがあったとして、賃貸人の立場を救済することも不可能ではないであろう）。

　なお、建物の賃貸借における賃貸期間満了時の更新拒絶、更新の制度については、借地借家法の制定によっても、従前と基本的に異なるものではない（26条、28条。この事案で問題となった期間満了の1年前から6か月前までの間に更新拒絶の通知をすることが必要であることも同様である）。ただ、借

地借家法では、賃貸期間のある賃貸借であっても、更新後は、特段の合意がない限り、期間の定めのない賃貸借になるものと規定された（26条1項但書）が、これも従前は、明文の規定はなかったものの、解釈上同様に解されていたものである。

［30］東京地判平成元．11．29 金融・商事判例852．27
《事案の概要》
　異常な地価高騰が続く都内中央区銀座に所在する建物の賃貸借において、この判決は、賃貸人（原告）からなされた賃料増額請求に係る適正額の賃料を算定するについて、比準方式による賃料額とスライド方式による賃料額の平均額を適正賃料であると判断した。
【実務の対応】
　前記［28］の裁判例の（実務の対応）参照。

［31］横浜地判平成元．11．30 判時1354．136
《事案の概要》
　建物の使用について、建物の所有者である姉（原告。もとはその夫の所有であった）が、建物を使用する妹（被告）に対して建物の明渡しを請求した。妹は賃貸借又は使用貸借を主張した。妹が建物に居住するに至ったのは、妹が姉妹の母の世話をするためであり、妹は、姉の夫らに対して低額ではあったが、毎月金員を支払っていた。この判決は、姉妹間（当初は姉の夫と妹の間）に賃貸借の成立を認め、姉の主張を排斥して、請求を棄却した。
〈判決〉は、賃貸借の成否について、
「右認定の各事実によれば、被告乙山と春夫の夫婦が本件建物に入居する際、春夫と太郎との間で支払が約束された月額5000円という金額は、当時においても本件建物の家賃としては低額のものと言わざるを得ないが、その支払が毎月のものであること、右5000円の支払に関しては太郎は判取り帳を用意し、支払があったときにはこれに受領印を押していること、少なくとも昭和58年ころの判取り帳には、明確に賃料と記載されていること、また、太郎は自ら確定申告に際しこの5000円を家賃収入に計上していること、低額でありしかもそれが十数年にわたって増額されていないことについては、原告の母冬子の世話をすべく本件建物に入った秋夫夫婦が本件建物を出てしまい、冬子の世話を

する人がいなくなったため、被告乙山夫婦が本件建物に入居することになり、しかも、冬子はもともと原告と太郎夫婦が面倒をみていたという事情から、家賃が低く押さえられ、その後冬子が死亡してからもその額が変わらなかったのは、冬子の死亡前に被告乙山の生活が大変になったことに太郎が同情したためと理解できることからすれば、月額5000円の支払は、原告が主張するような単なる謝礼と見るよりは、本件建物の賃料の支払としてみなされたとみるのが相当であって、昭和40年9月被告乙山夫婦が本件建物に入居する際、太郎と春夫との間で本件建物につき賃貸借契約が締結されたと認めるのが相当である。」と判示し、これを肯定したものである。

【実務の対応】

　最近、親子、兄弟姉妹、夫婦（勿論別居して、離婚の調停、裁判等が係属中であるが）等の親族間で、建物あるいは土地の明渡しを請求する訴訟が提起されることは、珍しくなくなった。このような訴訟は、通常、単に明渡しを求めることが本来の目的ではなく、他に別に本来の紛争が存在し、全体の紛争の一断面であることが少なくない。

　これらの親族間の建物、土地の使用関係は、その経過も様々であり、通常の賃貸借等の法律関係とは異なるものがあるが、善意で始まった使用関係も、最後には使用貸借か、賃貸借か、不法占有かといった問題に解消されるしかないのである。それだけに、判断が困難であることも、少なくない。この事案のような建物の使用関係を賃貸借とした例は、最近の裁判例としては珍しいものである。

　このような建物の使用関係は、賃貸借ではなく、使用貸借である場合が多いといえようが、この場合に、建物の明渡しを求めるについても、民法597条の制約があるだけでなく、場合によっては、権利の濫用によって請求が認められないことがある。最近の裁判例としては、大阪地判昭和55．1．25判時969．91、東京高判昭和55．9．25判時981．67、東京地判昭和61．6．27判時1227．69、東京地判昭和61．12．11判時1253．80が参考になる。

　なお、親族間の建物の使用関係については、借地借家法によって、何らの変更もなされていないから、従来の裁判例が今後も実務上参考になる。

[32] 大阪地判平成元. 12. 25 判タ748. 167
《事案の概要》
　建物の賃貸借において、賃貸人（原告）から賃料増額の請求がなされたが、賃借人（被告）らは、賃貸人が修繕をすべきであったにもかかわらず修繕をせず、自ら修繕したので、これを増額に当たって考慮すべきであると主張した。この判決は、賃借人らの主張を排斥して、賃貸人の請求を一部認容した。
〈判決〉は、
「なお、被告らは、原告が本件各建物の修繕を怠っていたので、被告らが自らの出捐で修繕をしてきたという事実を賃料額決定に際して考慮すべきである旨主張し、……には、本件各建物について修繕が必要な部分のあることや被告らが本件各建物を修繕してきた旨の記載があるほか、本件建物がいずれも戦前に築造されたことは、当事者間に争いがない。しかしながら、……により認められる本件各建物の現状並びに右の記載に照らすと、仮に被告らが自らの出捐で本件各建物にその主張に係る修繕をした事実が存在するとしても、そのことが適正賃料の相当性の判断に影響を及ぼすべき特殊な事情に当たらないことは明らかである。」と判示し、これを考慮すべきではないとしたものである。

【実務の対応】
　建物の賃料増額請求に係る紛争は、その経済的な規模等を考えると、さほど重大な事件であるとも思われない（賃料増額の要件や増額の程度だけが争点であり、これは比較的定型的に判断できる事柄である）が、実務上においては、賃借人から、賃料を減額すべき要素として、この事案のように修繕の問題が持ち出されることも少なくない。賃借人の行った修繕については、修繕に要した費用等を必要費あるいは有益費として、賃貸人に償還請求することがあるとしても、これを賃料の増額に当たって考慮することは、筋違いと言うべきであろう（もっとも、建物の老朽化の程度等は、賃料額を算定するに当たって考慮すべき要素である）。この判決は、この点を明らかにしたものである。

[33] 神戸地判平成元. 12. 26 判時1358. 125
《事案の概要》
　土地の賃貸借において、賃貸人（被告）と賃借人（原告）の間で、従前賃料

の増額をめぐって紛争が生じたが、賃料の増額をめぐり何度も裁判で争うことが不都合であると考え、裁判上の和解が成立し、付近の土地の毎年の路線価の増減率に応じて毎年10月1日に当然に増減する旨の合意が成立したところ、路線価が約29％も上昇したため、賃借人が賃料減額の請求し、賃料額の確認を請求した。この判決は、この特約の効力を認め、請求を棄却した。
〈判決〉は、賃料増額の特約の有効性について、
「原告は、この自動改定条項の適用が排斥されるべき根拠として、まず右借地法12条1項は賃料増減額の請求の要件を定めているところ、この規定は強行規定であり、本件自動改定条項のごとく一定の要件がある場合に当然に賃料を値上げするとの特約は、借地人の保護という借地法の趣旨に反して無効だと主張する。しかし、同法11条は12条1項の規定に反する特約を無効としていないから、本件のような自動改定の特約がそれだけでただちに借地人に不利な特約で無効となるものではなく、その内容が借地法12条1項の趣旨に反し、経済的事情の変更がなくとも賃料の増額が経済的事情の変更の程度と著しく掛け離れた不合理なものであるとき無効になるとするのを相当とする。」として、一般論を展開した上、
本件特約の有効性について、
「このように本件自動改定条項は、増額の方法、さらにこれを適用した賃料額についても、疑問が多いのであるが、そもそもこの特約は、賃料増額請求の訴訟における訴訟上の和解、それも控訴審で成立したのであり、その成立に当たっては被告の譲歩もあったであろうし、当事者双方は従前の賃料額の推移、賃貸の目的物たる土地の状況の変化、将来に対する思惑等諸般の事情を慎重に検討して合意したと認められる。さらに前記のとおり路線価は土地価格の昂低とまったく無関係でなく、本件和解が成立したのは昭和61年10月17日で、原告の主張からすると翌昭和62年5月頃にはその路線価も判明するというのであるから、この時点で路線価の上昇がまったく予期できなかったとは思われない。
　このような事情に加え、30％弱という上昇率は大きいとはいえ、本訴での鑑定人による継続賃料の鑑定結果とまったく懸隔した額ではないので、少なくとも昭和62年10月1日からの増額賃料は、借地法の趣旨と反した不合理な額であるとは断じ難く、無効とまでは認められない。」と判示し、特約を有効

と認めたものである。

【実務の対応】
　土地の賃貸借における賃料増額の特約の効力については、前記［1］、［17］の裁判例の（実務の対応）参照。
　賃料増額の特約については、建物の賃料増額の特約と同様に、一般的には有効であるが、増額の要件、増額の基準、程度によっては、特約が無効になったり、そうでないとしても、特約が一部無効と判断されることもないではない。そうすると、特約が無効とされる危険を避けるためには、賃貸人・賃借人としては、その点に配慮して合理的な特約をすることが賢明である（裁判上の和解においても、この点に配慮すべきことは、当然である）。

［34］東京地判平成元.12.27判時1359.78
《事案の概要》
　土地の賃貸借において、賃貸人（原告）は、賃借人（被告）が約17か月分の賃料（合計約255万円）の支払いを怠ったため、賃貸借契約を解除し、建物の収去、土地の明渡しを請求したところ、賃貸人・賃借人との間には、50年以上も賃貸借が継続しており、賃料の支払いも月払いの約定であったが、事実上年末払いの慣行があり、この支払いの遅滞も5か月あったにすぎないほか、賃借人が支払いを遅延したのは、子供が重病であったという事情があり、賃借人は、信頼関係が破壊されていないとして解除の効力を争った。本件では、信頼関係の破壊の有無が問題になった。この判決は、信頼関係が破壊されていないとして、請求を棄却した。
〈判決〉は、信頼関係の破壊について、
「以上の事実により信頼関係の破壊の有無を判断する。
　確かに、本件は、17か月以上の賃料の不払いであり、その額も255万350円と多額であるから、被告の債務不履行の程度は軽いものではなく、原告の被った不利益も大きかったものといえる。
　しかし、その遅滞期間をみると、支払い猶予の時点から計算すれば5か月程度にすぎない。さらに、本件契約では、事実上は、原告が取立てに赴いたり、年末まで支払いを猶予したりする長年の慣行が存したことに照らすならば、被告が支払い猶予を申し込んだ時点の状況をもって、通常の場合のように、昭和

60年分の不足額約1か月分に加えて、昭和61年の12か月分の賃料滞納が毎月積み重なっていた状況とみることは妥当でなく、例年より1、2か月分の遅滞があったとみるのが、むしろ両当事者の認識に即するはずである。

　また、支払猶予があったにもかかわらず、さらに5か月も支払わなかった点については、被告を強く非難すべきではあるが、しかし、寿一の病状に関する一家の事情や前記長年の慣行に照らすならば、この一事をもって、数10年も続いている本件契約の解除を直ちに相当ならしめるほど高度の背信性を有するということはできない。

　しかも、原告の催告に対し、洋三は、催告期間内及び期間後直ちに、原告宅及び事務所を訪ね、真摯な対応をしており、催告期間内に弁済の事実が認められない点も、催告金額と期間（3日間）及びその後の対応を考えると、やはり背信性が極めて高いとはいえない。

　以上のとおり、被告の背信性はさほど強いものではなく、加えてまた、原被告間の賃貸借関係が長期に及んでおり、しかもその間正常な関係が保たれてきたこと、被告及び洋三はその不注意と法律の無知から紛争を引き起こしたものの、その後供託もし、経済的問題もなく、信頼関係の復旧に努めていることに照らせば、催告期間中ないしその直後に、原告が被告に対し、賃料支払いについてしかるべき協議に応じてやっておれば、正常な賃貸借関係の継続が十分可能であったと考えられる。そうすると、結局本件の解除については原被告の信頼関係を破壊しない特段の事情があるということができる。」と判示し、解除の効力を否定したものである。

【実務の対応】

　土地の賃貸借であれ、建物の賃貸借であれ、賃借人にとっては、賃料を支払う義務は基本的な義務であり、その不履行は軽視できない重要なものである。しかし、賃借人が、資力不足以外の事情で、賃料の支払いを怠ることも少なくない。例えば、建物の賃貸借においては、建物の修繕が問題となったりして、賃借人が修繕がなされるまで賃料の支払いを拒否し、これに対抗して、賃貸人が賃料の不払いを理由に賃貸借を解除して紛争になることもある。土地の賃貸借においては、賃料の持参払いの約定が、長年の慣行により取立払いになり、気が付いたときは賃料の不払いとなったり、賃料の増額をめぐって賃借人が賃料の支払いを怠ることもある。

このような場合、賃借人は、賃料を支払っていない（あるいは、遅滞している）のであるから、債務不履行の責を問われることも当然である。しかし、ここでも、賃借人としては、賃料不払い、遅滞に至った経過等を信頼関係を破壊すると認められない特段の事情の存在を抗弁として主張することができ、実務上でも例外なく主張されている。問題は、どの程度の期間の賃料の不払い等が信頼関係を破壊するに至るのかとの点であるが、これは、賃貸借の目的物の種類（土地か、建物か）、不払いの期間、金額、不払いの経緯等によって異なるものである（これに関連して、無催告解除ができるのかとの問題もある）。

比較的最近の裁判例をみると、東京高判昭和50．11．18判時807．34（土地の賃貸借で、13年間の賃料不払い。無催告解除の効力を否定した事例）、東京地判昭和52．11．29判時894．92（土地の賃貸借で、5か月間の賃料の不払い。解除の効力を否定した事例）、名古屋高判昭和53．2．23判時903．57（土地の賃貸借で、4か月間の賃料の不払い。解除の効力を否定した事例）、東京高判昭和53．12．18判時919．65（土地の賃貸借で、5か月間の賃料不払い。解除の効力を否定した事例）、東京高判昭和54．12．18判時956．65（建物の賃貸借で、4か月間の賃料不払い。解除の効力を否定した事例）、東京高判昭和55．6．18判時971．51（土地の賃貸借で、16年間の賃料不払い。無催告解除の効力を肯定した事例）、東京地判昭和55．9．19判時997．128（建物の賃貸借で、4か月間の賃料不払い。無催告解除の特約に基づく解除の効力を肯定した事例）、東京地判昭和56．12．16判時1042．109（土地の賃貸借で、2か月間の賃料不払い。無催告解除の特約に基づく解除の効力を否定した事例）、東京地判昭和57．3．25判タ475．111（建物の賃貸借で、4か月間の賃料不払い。解除の効力を肯定した事例）、名古屋高判昭和58．10．27判タ521．140（土地の賃貸借で、4か月間の賃料の不払い。解除の効力を否定した事例）、名古屋高判昭和59．2．28判時1114．56（建物の賃貸借で、6か月間の賃料不払い。解除の効力を否定した事例）、東京高判昭和61．1．29判時1184．72（建物の賃貸借で、4か月間の賃料の不払い。解除の効力を否定した事例）、東京高判昭和61．9．17判時1210．54（土地の賃貸借で、2か月間の賃料不払い。無催告解除特約に基づく解除の効力を否定した事例）、東京高判昭和62．1．28判タ647．177（土地の賃貸借で、7年9か月間の賃料不払い。無催告解除特約に基づく解除の効力を否定した事例。ただし、他の

理由で、結果的には解除の効力を肯定したものである)、東京地判昭和62．4．10判タ653．116（建物の賃貸借で、4か月間の賃料不払い。解除の効力を否定した事例)、東京地判昭和63．6．28判タ687．184（建物の賃貸借で、11か月間の賃料の不払い。解除の効力を否定した事例）等がある。

　なお、借地借家法の下においても、賃貸借における賃料不払い等による解除と信頼関係の破壊との関係の問題は、従前と異なるところはないから、従前の裁判例がそのまま先例として生きることになる。

[35] 東京地判平成元．12．27判時1361．64
《事案の概要》

　土地の賃貸借において、賃貸人（原告）らと賃借人（被告）との間で、建築すべき建物として特定の会社の特定の建物（簡易なプレハブ建築の建物）と定め、これに違反したときは無催告で解除することができる旨の特約をし、その後、賃借人は、第三者（被告）に土地を無償で貸し、第三者が賃貸人らに無断で堅固な建物を建築したため、賃貸人らが信頼関係の破壊を理由に賃貸借契約を解除し、賃借人らに土地の明渡しを請求した。本件では、前記の特約違反による解除の当否が問題になった。この判決は、賃借人らの背信行為を認めて、請求を認容した。

〈判決〉は、まずこのような特約の有効性について、
「既に認定した事実に……を合わせ考えれば、原告らは、本件土地の賃借権の譲渡に当たって、新しい賃借人が建築する建物に強い関心を抱いて承諾の可否につきこれを重視し、弁護士を依頼して、譲渡の承諾と建物の特定についての交渉に当たらせ、被告側の申出によるHD型に限定されることを再三確認し、これを公正証書にまで明記したことが認められる。したがって、原告らとしては、本件特約を被告らに徹底させ、守らせるために通常採り得る全ての手段を尽くしたものということができ、他方、被告らは、これを確約したものと評価される。かつ、本件賃貸借契約が、借地権の価値が既に社会的に高まり、土地所有者側の収益のため採り得る行動が限られてきている現代において締結されたものであり、土地所有者としては、建物の朽廃・建替との関係での耐用年数、買取請求等との関係での建物の価格及び地代・承諾料等との関係での建物の種類に関心を持たざるを得ない状況を考えると、原告らの本件特約への関心は、

重大な利害関係のある事柄についてのものであって、不合理ではないというべきである。」として、その有効性を肯定し、

背信性の有無（解除の効力）については、

「以上の認定判断、殊にＨＤ型と本件建物の差異の大きさ、原告側が弁護士を関与させ、公正証書等を用いてまで本件特約の趣旨の徹底を図っていること、他方、被告側が何らの通知も協議もせずに本件建物の建築を強行したこと、そして、本件特約の違反が原・被告間に安定した信頼関係の生ずる前の契約関係の当初において行われたこと等に照らすと、原告らと被告らとの間の信頼関係は、被告らの背信行為により既に破壊されたものというべきである。」と判示し、信頼関係が破壊されたことを認め、解除の効力を肯定したものである。

【実務の対応】

　建物所有を目的とする土地の賃貸借においては、建物の増改築に関して特約（代表的なものとしては、増改築をするには、賃貸人の書面による事前の承諾が必要である旨の特約がある）の付されることは珍しくないが、場合によっては、建築する建物の種類、構造、規模等についても特約がなされることがある（もっとも、一般的にも借地法の下では、土地の賃貸借契約を締結するに当たって堅固な建物の所有を目的とするものか、その他の建物の所有を目的とするものかが契約上既に明確になっていることもあるから、その範囲では、特約がなされているといってもよい）。これらの特約は、建物の種類、構造、増改築等が建物の存続期間等に密接に関連した事柄であることから、一般的には、合理性を持ち、強行規定（借地法11条）に反せず、有効であると解されている。

　これらの特約が有効であるとしても、賃借人が特約に違反した場合には、どのような法的効果が生ずるかが問題になる。このような特約は、賃貸借契約の付随的な義務を定めたものではあるが、重要なものであるから、その不履行は債務不履行に当たると言えよう。しかし、その不履行についても、信頼関係を破壊するに足りない特段の事情がある場合には、解除の効力は認められないから、実務上はこの特段の事情の存否が争点になる。この事案は、賃借人らは、前記のような特約を締結しながら、当初から特約を全く無視した建築をしたものである点に特徴がある。

　最近の裁判例においてこのような特約違反による解除が問題になったものと

しては、東京地判昭和50. 6. 30判タ327. 233（建築特約の違反につき、解除の効力を肯定した事例）、大阪地判昭和51. 3. 29金融・商事判例502. 32（増改築禁止特約の違反につき、解除の効力を肯定した事例）、最一判昭和51. 6. 3金融法務事情803. 31（増改築禁止特約の違反につき、解除の効力を否定した事例）、東京高判昭和52. 2. 24判タ354. 267（増改築禁止特約の違反につき、解除の効力を否定した事例）、名古屋高判昭和54. 6. 27判時943. 68（大修繕禁止特約の違反につき、解除の効力を否定した事例）、東京地判昭和56. 9. 28判時1035. 82（増改築禁止特約の違反につき、解除の効力を否定した事例）、福岡地判昭和59. 7. 4判タ537. 191（増改築禁止特約の違反につき、解除の効力を否定した事例）、札幌高判昭和60. 6. 25判タ565. 116（増改築禁止特約の違反につき、解除の効力を否定した事例）等がある。

　もっとも、特約違反による解除が直ちに有効であるとは言えなくても、他の違反行為とともに、総合して信頼関係を破壊するといえる場合（賃貸人としても、このような主張をすることが多い）には、結局解除が認められることもあるから、賃借人としては、安心できないこともある。

　また、賃貸借の更新時においては、賃貸人の更新に対する異議に伴う正当事由の判断に当たっても、このような特約違反が問題になることも多い。

　なお、このような特約違反による解除の問題については、借地借家法の施行後も、基本的には、従前の実務と異なるところはない。ただ、本件で問題となった特約、増改築禁止の特約等については、借地借家法17条所定の「建物の種類、構造、規模又は用途を制限する旨の借地条件」に当たるものと考えられるから、その借地条件に反する増改築、建築等をする場合には、賃借人は、まず当事者間に協議が調うように努力すべきであり、それが調わない場合には、裁判所に借地条件の変更の申立てをすべきである。賃借人が、このような手続を経ることなく、増改築等を行えば、特段の事情がない限り、従前以上に解除の効力が認められるとの考えもある（17条は、施行前に設定された借地権にも適用される。同法附則4条）から、賃借人としては注意が必要である。

[36] 東京地判平成元. 12. 27判時1353. 87
《事案の概要》
　都内中央区京橋に所在する土地の賃貸借において、賃貸人（原告。底地を買

い受けた不動産会社）が、賃貸期間の更新時に、建物（木造の建物）の老朽化、ビルの建築による土地の有効利用等の正当事由を理由に賃借人の土地使用継続に対して異議を述べ、建物収去土地明渡しを請求した。賃借人（被告）は60年間にわたり土地上に建物を所有し、第三者に賃貸するなどして使用していた。賃貸人は、訴訟を提起した後、賃貸期間の満了時から13年後に4億円の立退料の提示をした。本件では、立退料の提示時期の当否、正当事由の有無が問題になった。この判決は、4億円の支払いと引換えに正当事由を認め、請求を認容した。

〈判決〉は、正当事由として考慮できる事情の範囲について、
「賃貸人が、借地契約の期間満了後、賃借人の当該土地使用継続に異議を述べた場合、借地法6条1項所定の正当事由を判断する基準時は、右異議時であるが、たとえ右基準時後の事情であっても、右基準時当時未だ予想ないし計画の段階であった事情がその後具体化された場合、これを斟酌して正当事由の有無を判断することができるものであり、仮に本件更新拒絶時に単なる高層ビル建設計画であったものが、昭和62年6月24日の原告本人尋問で初めて自社の使用するビルの建築との主張をしたものであるとしても、前記のとおり、原告は本件更新拒絶の理由として「高層ビル建設計画」としていたことから、本件更新拒絶及び異議の時に本社ビルの建築も予想することができないでもないから、このことを斟酌して正当事由の有無を判断することができるというべきである。」との一般論を示した上、

正当事由の有無については、
「以上認定したところからすれば、原告側の本件土地のより高度な利用を図りたいとの事情は、その地域性からしても社会経済上の利益に合致するものというべきで、原告の本社ビルを必要とする点も明らかであるが、他方被告杉山及び被告会社は本件土地において60年の長きにわたって家業皮革製造販売業を営んできたものであり、京橋界隈は被告杉山及び被告会社にとって精神的には存立基盤そのものといっても過言ではなく、被告杉山にとり本件建物を収去して本件土地を原告に明け渡すことは、生活の糧を失うことになり、本件土地に見合う土地を被告杉山の自己資金で購入することができるかは疑問であり、明渡し即家業の廃絶となることが認められ、これらの事情にかんがみると本件契約の更新拒絶は、立ち退き料提供などの経済的条件を加えることによってその

正当事由を具備するものと認めるのが相当である。」と判示し、立退料の額、その提示の時期については、

「……原告が被告杉山に対し、金4億円を正当事由の補強条件として提供することによって、原告が被告杉山に対し、本件土地の明渡しを求める正当事由は具備されるものと認めるのが相当である。なお原告が被告杉山に対して金4億円の提供を申し立てたのは本件契約期間満了からほぼ13年経過した時点であるが、原告が、右期間満了に先立つ昭和51年3月23日、被告杉山に対し、本件契約の更新拒絶をなして以後現在に至るまで、本件土地の明渡しを求めていることは、本件記録上明らかであり、これに加えて立ち退き料の提供を原告が申し立てることも予測できないものではなく、ほぼ13年経過した時点での金員の提供といえども本訴訟の経過に照らし、遅滞なくなされたものと認められるからこれを正当事由の判断に斟酌することに妨げはないものと解するのが相当である。」との判断を示したものである。

【実務の対応】

　この事案は、土地の賃貸借の更新に対する異議について、土地の有効利用を理由とする正当事由の有無が問題となり、更新時から13年後になされた4億円の立退料の提供を補完事由としてこれが肯定された事件であるが、土地の有効利用と正当事由の関係については、前記［5］、［20］の裁判例の（実務の対応）参照。

　また、立退料の提供時期が異議時（更新時）と異なる場合に、異議時に遅れてなされた提供を正当事由として考慮することができるかどうかの点については、前記［25］の裁判例の（実務の対応）参照。

　この判決は、4億円の立退料を認めたが、最近、億を超える立退料が認められた裁判例が散見されるようになった。このような裁判例を挙げると、東京地判昭和56. 4. 28判時1015. 90（土地の賃貸借で、8億円の立退料を認めた事例）、東京地判昭和61. 5. 28判時1233. 85（建物の賃貸借で、3億4000万円の立退料を認めた事例）、東京地判昭和62. 3. 23判時1260. 24（土地の賃貸借で、1億8000万円の立退料を認めた事例）、東京地判昭和63. 11. 14判時1324. 61（土地の賃貸借で、8億円の立退料を認めた事例）、東京高判平成元. 3. 30判時1306. 38（前記の裁判例。建物の賃貸借で、1億6000万円の立退料を認めた事例）、東京高判平成2. 5. 14判時1350. 63（建物の

賃貸借で、2億8000万円を認めた事例)、東京地判平成2．9．10判時1387．91（建物の賃貸借で、1億5000万円の立退料を認めた事例)、東京地判平成3．5．30判時1395．81（建物の賃貸借で、8億円の立退料を認めた事例）等がある。

その他の平成元年度の借地、借家に関する裁判例としては、次のようなものがあるが、まとめて紹介したい。

[37] 東京高判平成元．1．31 金融法務事情1237．25
《事案の概要》
　Aは、土地の所有者Bから建物所有を目的として本件土地を賃借し、建物（旧建物）を建築し、旧建物を使用していたところ、昭和31年5月、死亡し、妻Y2、Aの長男C、Aの子Y1、Y3、Y4、Y5が共同相続した後、Y1らの承諾を得て、Cが旧建物を取り壊し、ビルを建築し、所有権保存登記を経、ビルに抵当権を設定したが、抵当権が実行され、Xがビルを競落したものの、Bから借地権譲渡の承諾を得ず、また、借地法9条ノ3第3項所定の期間内に承諾に代わる裁判所の許可を得なかったところ、Xがビルを占有していたY1らに対して専有部分の明渡し等を請求したものである。第一審判決が請求を一部認容したため、X、Y1らが控訴したものである。この判決は、XとY1らは本件土地の借地権を準共有している状態にあり、Y1らは借地権の準共有持分権に基づきXに対してビルの収去を請求することができず、区分所有法10条によりビルの売渡しの請求をすることができない等とし、ビルの明渡請求を認容した原判決が相当であるとし、双方の控訴を棄却した。

【実務の対応】
　この判決は、借地権を準共有する者の一部が他の準共有者が所有する借地上の建物の収去を請求することができるかが問題になった事案について、これを否定した事例として参考になる。

[38] 東京地判平成元．9．29 判タ730．240
《事案の概要》
　Xは、昭和40年10月、Aに建物所有を目的として土地を賃借し、Aが本件土地上に建物を建築していたところ、死亡し、Yが相続したが、Xが昭和

60年11月に期間満了を理由にYに対して本件建物の収去、本件土地の明渡しを請求する訴訟を提起し、敗訴判決を受け、控訴し、控訴審で控訴棄却の判決を受け、確定したところ、平成元年4月、無断転貸を理由に借地契約を解除し、Yに対して本件建物の収去、本件土地の明渡しを請求し、Yが不当訴訟を理由に不法行為に基づき損害賠償を請求したものである。この判決は、前訴と後訴の訴訟物が同一であるとしたものの、口頭弁論終結時後の無断転貸を理由として契約を解除し、明渡請求訴訟を提起することは既判力に抵触しないとし、他方、既判力に抵触する後訴を提起しても不法行為に当たらないとし、Xの請求、Yの請求を棄却した。

【実務の対応】

この判決は、借地において賃貸人が期間満了を理由に賃借人に建物の収去、土地の明渡しを請求する訴訟を提起し、敗訴判決を受け、判決が確定した後、借地の無断転貸を理由に借地契約の解除を理由に再度建物の収去、土地の明渡しを請求した事案について、前訴と後訴の訴訟物が同一であるとしたこと（既判力に抵触するものである。民事訴訟法115条参照）、前訴の口頭弁論終結後の無断転貸を理由に土地の明渡請求訴訟を提起しても、既判力に抵触しないことを示したものであり、事例として参考になる。

[39] 東京地判平成元.8.31判時1346.109

《事案の概要》

Xは、昭和49年10月、Y1、Y2にそれぞれ建物を賃貸したが、昭和59年7月、調停手続において賃料を改定する等の調停が成立したところ、昭和60年11月、Y1らに対して賃料を増額する意思表示をしたものの、Y1らが拒否したため、Y1らに対して増額に係る賃料額の確認を請求したものである。この判決は、スライド方式、比準方式により、給排気設備の機能障害を考慮し、2%減額して相当賃料を算定し、請求を認容した。

【実務の対応】

この判決は、借家において賃料増額の意思表示がされ、相当賃料の算定が問題になった事案について、スライド方式、比準方式によって算定したこと、給排気設備の機能障害を考慮し、2%減額して相当賃料額を算定したことに事例的な意義がある。

また、抵当権妨害の短期賃貸借をめぐる裁判例として、［40］大阪高判平成元．3．29判タ703．164（抵当権者による短期賃貸借契約の解除に基づき、転借人に対する債権者代位による建物の所有者への明渡請求が認容された事例）がある。

　次に、平成年代に盛んに議論される抵当権者が賃貸借に供された抵当不動産の賃料債権に対する物上代位の可否等をめぐる諸問題の先駆けになった判例として［41］最二判平成元．10．27判時1336．96、判タ717．106、金融法務事情1247．24、金融・商事判例838．3があるが、この〈判決〉は、「抵当権の目的不動産が賃貸された場合においては、抵当権者は、民法372条、304条の規定の趣旨に従い、目的不動産の賃借人が供託した賃料の還付請求権についても抵当権を行使することができるものと解するのが相当である。けだし、民法372条によって先取特権に関する同法304条の規定が抵当権にも準用されているところ、抵当権は、目的物に対する占有を抵当権設定者の下にとどめ、設定者が目的物を自ら使用し又は第三者に使用させることを許す性質の担保権であるが、抵当権のこのような性質は先取特権と異なるものではないし、抵当権設定者が目的物を第三者に使用させることによって対価を取得した場合に、右対価について抵当権を行使することができるものと解したとしても、抵当権設定者の目的物に対する使用を妨げることにはならないから、前記規定に反してまで目的物の賃料について抵当権を行使することができないと解すべき理由はなく、また賃料が供託された場合には、賃料債権に準ずるものとして供託金還付請求権について抵当権を行使することができるものというべきだからである。

　そして、目的不動産について抵当権を実行しうる場合であっても、物上代位の目的となる金銭その他の物について抵当権を行使することができることは、当裁判所の判例の趣旨とするところであり（最高裁判所昭和42年（オ）第342号同45年7月16日第一小法廷判決・民集24巻7号964頁参照）、目的不動産に対して抵当権が実行されている場合でも、右実行の結果抵当権が消滅するまでは、賃料債権ないしこれに代わる供託金還付請求権に対しても抵当権を行使することができるものというべきである。」と判示し、抵当不動産の賃料債権に対する抵当権による物上代位を積極的に肯定したものである。この判例は、当時、民事執行の実務において必ずしも取扱いが統一されていなかった

第1章　平成時代の借地・借家をめぐる動向 ― 借地借家法の制定前 ―

問題につき明確な判断を示したものであり、実務上の重要な影響を与えただけでなく、抵当権者の債権回収に新たな手段を提供することを明らかにしたものである。この判決は、その後における抵当権者の賃貸不動産の賃料債権に対する物上代位をめぐる様々な法律問題を呼び起こすことにもなったものである。

　借地・借家に固有の法律問題ではないが、関連する法律問題として、不動産の賃借権の取得時効をめぐる問題があり、次のような裁判例が公刊されている。

[42] 浦和地判平成元.7.17判時1361.103
《事案の概要》
　Xは、土地を相続によって取得したが、当時3歳であったことから、叔父Bが本件土地を管理していたところ、Y1は、昭和34年5月、Bから建物所有を目的として本件土地を賃借し、Y1の子Y2が建物を建築することをBが承諾する等したところ（Y1が本件建物に居住していた）、XがY2に対して本件建物の収去、本件土地の明渡し、Y1に対して本件建物の退去、本件土地の明渡しを請求したものである。この判決は、建物所有を目的とする土地の賃借権の時効取得を認め、請求を棄却した。

【実務の対応】
　この判決は、借地権の時効取得の成否が問題になった事案について、これを肯定したものであり、事例として参考になる。不動産の賃借権が取得時効の対象になることについては、民法163条の規定によって除外されていないものであり、判例によっても認められている。最高裁において不動産の賃借権の時効取得の成否が問題になったものも多く、最三判昭和43.10.8民集22.10.2145、判時538.44、最三判昭和44.7.8民集23.8.1374、判時567.47、最三判昭和45.12.15民集24.13.2051、判時617.53、最一判昭和52.9.29判時866.127、最一判昭和53.12.14民集32.9.1658、判時915.54、最二判昭和62.6.5判時1260.7等の判例がある。このうち、最三判昭和43.10.8は、「所論土地賃借権の時効取得については、土地の継続的な用益という外形的事実が存在し、かつ、それが賃借の意思に基づくことが客観的に表現されているときは、民法163条に従い土地賃借権の時効取得が可能であると解するのが相当である。」と判示し、その旨を明確にしている。

[43] 東京地判平成元. 6. 30 判時 1343. 49
《事案の概要》
　Xは、土地を所有していたところ、昭和26年以降、Aが土地の一部を自己所有地であると考え、Bに賃貸し、Bは、子であるY名義で昭和46年建物を建築し、所有していたが、Bは建物の所有名義人と一致させるためYとの間で土地の賃貸借契約を締結したところ、XがYに対して土地の明渡しを請求したものである。この判決は、土地の賃借人が土地の所有権の取得時効を援用することができるとし、時効取得を肯定し、請求を棄却した。
【実務の対応】
　この判決は、土地の賃借権の時効取得が問題になったものではなく、土地の所有権の時効取得が問題になった場面で土地の賃借人が所有者の時効取得を援用することができるかが直接に問題になった事案（民法145条によって援用することができるかが問題になったものである）について、これを肯定したものであり、事例として参考になる。

[44] 大阪高判平成元. 11. 1 判タ 722. 255
《事案の概要》
　Yは、昭和40年頃、2戸ないし5戸が1棟の棟割長屋7棟を建築し、各戸を賃貸し、Xは、昭和49年3月、2戸1棟の1戸を賃借していたところ、Yは、本件土地を更地にし、マンションの建築を計画し、各賃借人に解約を申し入れ、明渡しの交渉を行ったが（明渡しの合意が成立した建物部分から取り壊した）、Xの賃借部分に隣接する建物部分の賃借人Aと明渡しの合意が成立したことから、Aの賃借部分の取壊しを計画する等したため、Xが建物部分の取壊しの禁止等の仮処分を申し立てたものである。原決定が申立てを認容したため、Yが異議を申し立てたものである。第一審判決が仮処分決定を認可したため、Yが控訴したものである。この判決は、建物部分の取壊しが権利の濫用に当たるとし、控訴を棄却した。
【実務の対応】
　この判決は、棟割長屋の1戸の賃借人が明渡しの合意をし、他の賃借人が明渡しを拒否している状況において、賃貸人が合意に係る建物部分の取壊しを

することが権利の濫用に当たるかが問題になった事案について、これを肯定したものであり、この事案の特殊な事情が考慮されたものであるが、権利の濫用を肯定した事例的な意義をもつものである。

[45] 東京地判平成元.3.2判時1340.110
《事案の概要》
　Xは、自己所有建物の一部をY1株式会社に賃貸し、Y1は、Y2有限会社、Y3に転貸し、Y2が椅子製作の作業場として使用していたところ、本件建物から火災が発生し、本件建物、近隣のX所有の他の建物等が焼失したため、XがY3の重過失による失火によって火災が発生した等と主張し、Y1らに対して損害賠償を請求したものである。この判決は、Y3らのたばこの火の不始末が火災原因である等とし、重過失を認め（Xの3か月間の営業損害等を認めた）、請求を認容した。
【実務の対応】
　この判決は、賃貸建物の転借部分から火災が発生し、賃貸人が火元の転借人、賃借人に対して損害賠償を請求した事案について、火災原因がたばこの火の不始末であるとし、重過失を認めたものであり、事例として参考になるものである。

No,5

平成2年度の借地・借家関係の裁判例

　平成2年度に公表された借地・借家関係の判例、裁判例を紹介するが、まず、借地をめぐる裁判例、続いて借家をめぐる判例、裁判例について、各分野ごとに分類して紹介したい。

（1）借地法の適用

　土地の賃貸借であっても、建物所有を目的とするものでなければ、借地法は適用されない（このことを正確に理解していない実務家を見かけることがある）。借地借家法においても、同法の保護が受けられる借地権として、「建物の所有を目的とする地上権又は土地の賃借権」と定義されている（2条）。建物所有を目的とする約定は、土地の賃貸借一般からみれば、特約に分類されるから、賃貸借契約を締結するに当たって、賃貸人・賃借人間で、その旨が明確に合意されている必要がある（借地法の下においては、建物所有を目的とするものであっても、建物が堅固な建物であるか、非堅固な建物であるかによって、同法の更新等の保護が異なるから、この点についての合意も重要であった。借地借家法の施行以後に設定される借地権については、建物が堅固・非堅固によって異なる取扱いを受けることはなくなったので、この点の合意は意味を持たなくなった。借地借家法3条、4条、17条参照）。

　建物所有の合意は、土地の賃貸借が借地法の適用を受けるための要件であり、賃貸人・賃借人共に賃貸借契約を締結するに当たって、慎重になされるのが通常であるが、契約当初は、単なる土地の賃貸借であっても、その後土地の使用中、賃貸人・賃借人の言動等によって、その内容が変化することもないではない。

　借地法の適用を受ける借地権は、建物所有を目的とするものに限られるが、隣接する数筆の土地の賃貸借において、一部の土地には建物が建築されたものの、他の土地が建物に関係する、他の用途に使用される場合には、その土地について、建物所有を目的とする賃貸借であるかどうかが問題になることがある。

[46] 東京地判平成2. 5. 31 判時1367. 59
《事案の概要》
　賃借人（被告）が建物所有を目的として土地を賃借し、その上に建物を建築して事務所等として使用していたところ、その後隣接した土地の返還を求めたときは直ちに明け渡すとの約定で賃借して資材置き場、駐車場として使用していたが、賃貸人（原告）が解約を申し入れ、この隣接の土地の明渡しを請求したところ、賃借人は、この土地の利用は建物の利用のために賃借されたもので

あるから、借地法の適用を受ける旨を主張した。この判決は、賃借人の主張を排斥して、請求を認容した。

〈判決〉は、借地法の適用の有無について、

「ところで、被告は、借地法1条にいわゆる建物の所有を目的とする賃借権は、必ずしも建物の全部又は一部が当該借地の上に基礎を置くことを予定したものであることを要せず、隣接地の建物を利用するために他の土地を賃借し、これを一体として使用するような場合における賃借権をも含むものであって、本件賃貸借契約は、被告が訴外安藤慶三郎から賃借しているＡ土地又はＣ土地上の建物の利用のために締結されたものであり、これらの土地は一体として使用されているのであるから、建物所有を目的とするものであると主張する。

しかしながら、借地法1条にいわゆる『建物所有ヲ目的トスル』賃借権とは、土地の賃借の主たる目的が当該土地上に建物を所有することにあるものをいうのであり、ある賃貸借契約が建物所有を目的とするものであるというためには、例えば、建物の敷地の用地とそれに至る通路用地について各別に締結された同一当事者間の2個以上の賃貸借契約のように、本来1個の賃貸借契約と解すべき場合又はそれに準じて取り扱うべき場合にあってはともかく、それが別個、独立の賃貸借契約である限りにおいては、当該賃貸借契約の主たる目的が当該賃貸借契約の目的たる土地上に建物を所有することにあるのでなければならないのであって、自己の所有地上又は他の賃貸借契約に基づく賃借地上に建築された建物の利用又はその便益のために締結された他の土地についての賃貸借契約までが建物所有を目的とする賃貸借契約であると解することは、著しく借地法の目的を逸脱するものであり、被告の右主張は、到底採用することができない。」と判示し、借地法の適用を否定したものである。

【実務の対応】

賃借された一筆又は数筆の土地のうち、その一部が建物の敷地として使用され、他の部分が他の目的のために使用されている場合、その他の部分の土地が借地法の適用を受けるかどうかは、その土地の範囲、使用状況、賃借の経緯等の事情によって異なると思われるが、この判決は、借地法の適用を否定した一事例を加えたものである。同様の事例で借地法の適用を否定した裁判例として、東京地判昭和56．10．30判時1040．78（駐車場用地として使用した事例）、東京高判昭和57．6．10訟務月報29．1．36（通路として使用した事例）、神

戸地判昭和 62．2．27 判時 1239．93（家庭菜園として使用した事例）等がある。

[47] 東京地判平成 2．6．27 判タ 751．139
《事案の概要》
　土地の賃貸借において、賃貸人（原告）らと賃借人との間で、賃貸期間を約 20 年 1 か月とし、普通建物所有を目的とする旨の記載のある契約書を取り交したところ（その後、賃貸期間は約 6 か月合意により延長された）、賃借人は、この土地に隣接する土地を所有していたが、これらの土地を合わせて自動車教習所を営業し、賃借した土地は、大部分が教習コースであり、その 5％の土地の上には車庫と教室の一部が建てられ（賃借人が所有する土地も大部分が教習コースであり、その 5％の土地の上に事務所、教室、車庫等の建物が建てられた）、その後、賃借人は、会社を設立してこの営業を継続し、死亡したため、相続人らが相続したところ、賃貸人らは、相続人らおよび会社に対して、無断転貸を理由とする解除、賃貸期間の満了を理由に土地の明渡しを請求したが、相続人らは、無断転貸を争うとともに、建物所有を目的とする賃貸借であり、借地法により更新される旨を主張した。この判決は、無断転貸を認めず、賃貸借も建物所有を目的とするものであるとして、請求を棄却した。
〈判決〉は、借地法の適用の有無について、
「建物所有を目的とするか否かは、建物所有を目的とする合意があったか否かという意思表示の有無の問題であり、その意思表示が明確になされなかった場合に、客観的な諸般の事情を考慮に入れるにすぎないと解すべきであって、本件土地（一）（二）の契約書には、第二において既に認定したように、建物所有を目的とする旨明記されているうえ、……によれば、被告ら主張のように、本件土地（一）（二）は、2013 番ないし 2015 番の土地とともに、教習所を開設することを目的とされて賃貸借され、したがって、それらの地上には、教習所の運営に通常不可欠な教室・事務所・車庫等の建物が、それらの土地のどの部分にどのように建築されるかはともかくとして、建築されることが当然に予定され、承諾されていたのであって、しかも、本件土地（一）（二）上にもわずかながら、原告らの右に述べた意味における承諾のもとに、車庫（同車庫は、……によれば、建物であるというべきである。）が建築されて、現に存在して

いることが認められる。そうすると、本件土地（一）（二）の土地については、契約書記載のように、契約当初において建物所有を目的とする合意がされたというべきである。

　借地権の期間満了時に当該借地上に建物があるといえるか否かは、建物所有の合意と異なり、意思表示の有無の問題ではないというべきであるが、当該借地と不可分の関係にある他の土地上にある建物を含めて、建物所有の合意がされた本件のような場合には、右の合意の趣旨を踏まえて、借地上に建物があるといえるか否かを判断すべきであり、そうすると、当該借地のみならず、これと不可分の関係にある他の土地上の建物の存在を含めて、建物があるといえるか否かの判断をするのが相当である。本件では、本件土地（一）（二）上にも一応建物があるうえ（仮に建物が全くないときであっても）、これと不可分の関係にある他の土地（2013番ないし2015番の土地）の上には教室・事務所等の十分建物といえる建物があるのであるから、借地権の期間満了時には建物がある場合に当たるというを妨げない。」と判示し、借地法の適用を肯定し、建物の存在、使用の継続による更新を認めたものである。

【実務の対応】

　土地の賃貸借であっても、それが建物所有を目的とするものであるかどうかによって、借地法（今後は借地借家法）の保護を受けることができるかどうかが決まるから、この合意は極めて重要である。しかも、土地の賃貸借においては、土地をそのまま更地として使用することは稀であり、何らかの工作物が土地上に建築され、土地が使用されるのがむしろ通常であろう。そうすると、建物所有を目的とするものであるかどうかの判断は、困難な場合のあることが予想される（建物所有を目的とする合意のない土地の賃貸借は、期間満了により土地を明け渡すことになるが、その合意がある場合には、一時使用賃貸借であるといえない限り、存続期間も、更新も保障されているため、賃貸人・賃借人の利害の違いは大きい）。

　これまで建物所有の目的の合意の有無の争われた裁判例は少なくないが、判例は、その基準として、「借地法1条にいう『建物ノ所有ヲ目的トスル』とは、借地人の借地使用の主たる目的がその地上に建物を築造し、これを所有することにある場合を指し、借地人がその地上に建物を築造し、所有しようとする場合であっても、それが借地使用の主たる目的でなく、その従たる目的にすぎな

いときは、右に該当しないと解するのが相当である。」（最三判昭和42．12．5民集21．10．2545等参照）との判断を示している。

　この基準を適用することも、事案によっては、容易でないことがあるが、この事案のように自動車教習所のための土地の賃貸借が建物所有を目的とするものであるかどうかが争われたものとして、最一判昭和35．6．9裁判集民事42．187（建物所有の賃貸借を否定した事例）、最二判昭和58．9．9判時1092．59（建物所有の賃貸借を肯定した事例）、東京高判昭和60．8．28判時1162．68（建物所有の賃貸借を否定した事例）があり、この判決と反対の結論になっている。この判決は、この問題につき肯定の一事例を提供するものであるが、この違いは単に事案の違い（自動車教習所の規模、構造、賃貸借契約の内容、土地の使用状況等）によるものであるかどうかは、必ずしも明らかではない。今後の実務においては、賃貸人も、賃借人も、自動車教習所の敷地として使用する土地の賃貸借については、借地法の適用の有無を十分に主張、立証する必要があることは、間違いないところである。

　このほかに、建物所有を目的とする土地の賃貸借であるかどうかが問題となった裁判例として、前記の最三判昭和42．12．5民集21．10．2545（ゴルフ練習場につき、否定した事例）、東京地判昭和43．10．23判時552．59（車庫につき、否定した事例）、東京地判昭和43．10．28判時554．54（中古車販売の展示場につき、否定した事例）、東京地判昭和44．3．29判時566．70（自動車修理工場等につき、肯定した事例）、東京地判昭和45．2．26判タ251．298（駐車場につき、否定した事例）、東京地判昭和47．7．25判時688．86（バスの待合所、切符売場、乗降場、発着場につき、肯定した事例）、千葉地判昭和48．3．29判タ304．229（ゴルフ場につき、否定した事例）、東京高判昭和48．8．31判時718．53（バッティング・センターにつき、否定した事例）、大阪高判昭和49．9．9判タ315．240（バッティング・センターにつき、否定した事例）、最二判昭和49．10．25裁判集民事113．83（バッティング・センターにつき、否定した事例）、東京高判昭和50．5．19判時792．42（中古車販売の展示場につき、否定した事例）、最一判昭和50．10．2判時797．103（バッティング・センターにつき、否定した事例）、宇都宮地判昭和54．6．20判時955．107（養鱒場につき、否定した事例）、大阪高判昭和54．7．19判時945．57（自動車修理工場等につき、否定した事例）、神

戸地判昭和 56．10．2 判タ 466．150（自動車置き場につき、否定した事例）、東京高判昭和 57．9．8 判タ 482．90（釣り堀につき、否定した事例）、京都地判昭和 60．10．11 金融・商事判例 745．41（露店につき、否定した事例）等がある。

（2）借地権の対抗

　わが国では、土地と建物が別個の不動産とされていることから、様々な問題が生じているが、ここで問題にしようとしている土地賃借権（借地権）対抗力の問題もその1つである。

　建物所有を目的として他人の土地を使用するためには、民法上、地上権（民法 265 条以下）と賃借権（同法 601 条以下）とが用意されている。民法制定当時は、地上権のほうが原則と考えられていた（明治 33 年に制定された地上権ニ関スル法律では、他人の土地において工作物を所有するためにその土地を使用する者を地上権者と推定した）が、その後の実情は、賃借権が多用されてきた。

　ところで、この土地の賃借権は、土地の所有者が交替すると、賃借人が新しい土地所有者に対してその賃借権を主張することができないものであった。勿論、賃借人として、この事態に備えて、賃借権の登記をすることができた（民法 605 条）ものの、この登記をするには、賃貸人との合意が必要であったため、実際上は利用できない手段であった。この賃借人が登記を得ることができないことによる弊害が、日露戦争後顕著になったため、賃借人が容易に対抗力を得る途を認めることになった。このために明治 42 年に制定されたのが、建物保護ニ関スル法律（建物保護法）である。

　建物保護法によって、土地の賃借人は、建物について登記を得ることによって容易に対抗力を得ることができるようになった。例えば、賃借人が土地を賃借し、建物を建築した後、建物について所有権保存登記を経ることによって対抗力を得ることができることになった。この登記は、賃借人が、賃貸人の承諾等の協力を得ないで行うことができるものであったから、賃借人にとって容易に対抗力を得ることができるようになったわけである。

　これによって、賃借人は容易に対抗力を得ることができるようになったものの、この対抗力をめぐる紛争が生じることも少なくなかった。その原因は、大

きく分けて2つあったように思われる。1つ目は、建物保護法によると、賃借人は賃借した土地上に所有する建物について、自己名義の登記を得る必要があったにもかかわらず、他人名義の登記を経ることも少なくなかったからである。また、賃借人が全く登記を経ないこともないではなかったからである。他人名義の建物の登記については、対抗力を認めないのが一貫した判例の態度であり、またそれは厳格である。2つ目は、登記が効力を有するのは、建物が存在することを前提とするが、建物が滅失した後に、建物が再築されるまでの間に土地の所有権が譲渡されたり、建物再築後も従前の登記がそのまま流用されたことがあったからである。

建物が滅失すると、登記の対抗力が失われるが、建物が再築されるまでの間に土地の所有権が譲渡された場合には、賃借人も取るべき手段がない。しかし、他の場合には、いずれも賃借人が怠慢であったと評価することもできるのである。従前の登記が流用された場合において、判例、裁判例の態度が賃借人に相当に厳しかったのは、そのためであろう。建物の再築中に土地の所有権が移転された場合には、賃借人としては、法律上取るべき手段がなかったため、新しい土地所有者から建物収去土地明渡し等を求める訴訟を提起されると、背信的悪意者、権利の濫用等の主張をすることが多かった。

しかし、このような賃借人の主張は、例外的な事柄の主張であり、常に認められるとは限らないため、賃借人のこの点に関する保護が不備であると痛感されていた。そこで、借地借家法は、従前の保護を前提とした上（同法10条1項）、建物が滅失した場合であってもその建物を特定するために必要な事項、その滅失があった日、建物を新たに築造する旨を土地の上の見やすい場所に掲示すること（明認方法と呼ばれる公示方法である）により、従前の登記によって得られていた対抗力が依然維持されることにした（同法10条2項）。この対抗力が維持されるのは、2年間以内に建物が新たに築造されることと、新しい建物について登記がなされることの2つの要件も必要である。この明認方法による対抗力の維持が認められるためには、同法10条2項所定の要件を満たす必要があることは言うまでもないが、注意すべきことは、建物の滅失前においても登記により有効な対抗力があったことが前提として必要であることである。

この対抗力の維持の制度は、借地借家法の施行以後に設定された借地権に適

用されることは勿論であるが、その他にも、施行前に設定された借地権であっても、施行以後に建物が滅失した場合にも適用されることになっている（同法附則8条）。そうすると、この制度を利用することができないのは、施行前に建物が滅失した場合（この場合には、当然のことではあるが、施行前に設定された借地権である）だけであることになる。

　建物所有を目的とする土地の賃貸借において、賃借人が建物を建築後、保存登記をすることを怠っていたときに、賃貸人が土地を第三者に譲渡した場合、賃借人が借地権を対抗することができるかどうかが問題となった事件が、［48］大阪地判平成2.7.2判時1411.96である。
《事案の概要》
　土地の賃借人が建物を建築して所有していたが、その所有権保存登記を怠っていたところ、賃貸人が第三者（原告）に土地を売却し、第三者は、その売買の際、賃借人ら（もとの賃借人が死亡し、相続人らが相続した）のいることを知っており、その売買価格も更地価格から借地権割合を引いた価格前後であり、第三者が、賃借人らに対して、建物収去土地明渡しを請求し、賃借人らが借地権を対抗できるかどうかが問題となった。この判決は、第三者が背信的悪意者であったとして、請求を棄却した。
〈判決〉は、背信性について、
「……一般的に不動産取引においては、不動産を譲り受けようとする者は現地調査をしてから取引に入るのが通常であるという現状に鑑みれば、被告らが地上の建物を有するのみで建物登記をしないまま安心していたとしても、そのことをもってただちに被告らに落ち度があったということはできないし、原告は本件売買契約当時、被告らが本件土地を賃借していたことを知っていたというのであるから、建物登記をしていなかったというだけで被告らを非難することはできないというべきである。

　以上の各事実に照らせば、原告は、被告らが本件土地を賃借していた事実を知りながらこれを買い受け、その建物登記の欠缺を奇貨として本件土地明渡請求に及んだものであり、いわゆる背信的悪意者であって、被告らの対抗要件欠缺を主張する正当な利益を有する者とはいえず、被告らは対抗要件なくして原告に対し本件土地賃借権を対抗できるというべきである。」と判示し、背信的

悪意者であることを認めたものである。

【実務の対応】

　土地の賃借人としては、借地権の対抗力を得るためには、借地上に建築した建物について直ちに所有権保存登記を経るべきであり、その登記を経ることについては何らの障害もないのである。他方、地主から土地の所有権を譲り受けた第三者も、自ら又は仲介業者を介して通常は土地の現場に赴いて現況を調査した上、不動産取引をしているわけであるから、建物の存在に関心を持つべきである。このような第三者と賃借人との利害をどのように調整するのかが、建物保護法の下において、問題となるわけであるが、その調整のために、背信的悪意者の理論、権利濫用の理論、場合によっては信義則違反の理論が、賃借人側から主張されることになる。この観点から背信的悪意者等が問題となった最近の裁判例として、東京地判昭和51．4．28判時837．55（権利の濫用を肯定した事例）、東京地判昭和52．5．26判時875．67（権利の濫用を肯定した事例）、東京地判昭和55．12．24判タ449．81（権利の濫用、背信的悪意者の主張を排斥した事例）、東京地判昭和58．5．31判タ503．81（信義則違反を肯定した事例）、東京高判昭和58．8．30判タ511．141（背信的悪意者を肯定した事例）、東京地判昭和63．1．25判タ676．126（権利の濫用を肯定した事例）等がある。

（3）一時使用の賃貸借

　建物所有を目的とする土地の賃貸借において、一時使用の賃貸借であるかどうかが問題となった平成2年度の裁判例は、見当らない。

　もっとも、若干この問題について触れておくと、建物所有を目的とする土地の賃貸借であっても、臨時の設備その他一時使用のために借地権を設定したことが明らかな場合には、借地権の存続期間、法定更新等の借地権の保障に関する規定を適用しない（借地法9条。借地借家法25条にも同様な規定がある）とされ、これが通常、一時使用賃貸借などと呼ばれている。一時使用賃貸借においては、借地上に簡易な建物、工作物が建てられるのが通常であるが、一見すると通常の建物が建てられることもないではない。

　一時使用の賃貸借においては、借地権の保障に関する強行規定の適用がないから、賃貸人・賃借人間で、自由に賃貸借の内容を定めることができ、賃借人

も、その必要に応じて土地を利用することができるが、短期間のうちに借地上の建物、工作物を撤去して土地を明け渡す義務を負うことになる。これと通常の建物所有を目的とする賃貸借を比較すると、その保護の程度は、雲泥の差があるから、特に借地上に建物を建築するような賃貸借の場合には、一時使用の賃貸借であるかどうかは、慎重に判断すべきである（法文上に、一時使用のために借地権を設定したことが「明ナル場合」とされているのは、その趣旨であろう）。

一時使用の賃貸借であるかどうかは、賃貸借契約書上の文言、建築予定の建物の種類、構造、土地使用の目的、土地使用の状況等の諸般の事情を総合して判断する必要があり、その判断の基準としては、賃貸借の目的である「土地の利用目的、地上建物の種類、設備、構造、賃貸期間等、諸般の事情を考慮し、賃貸借当事者間に短期間にかぎり賃貸借を存続させる合意が成立したと認められる客観的合理的な理由が存する場合にかぎり、右賃貸借が借地法9条にいう一時使用の賃貸借に該当する」（最一判昭和43．3．28民集22．3．691参照）ものとされている。この基準は、借地借家法の下においては、存続期間が10年以上20年以下の事業用借地権（25条）が認められることから、変更のきざしもないではないが、基本的には維持されると考えられる。

一時使用の賃貸借であるかどうかは、建物の賃貸借においても問題になるが、存続期間の差を考えると、特に土地の賃貸借においては更新の保護を受ける長期間の賃貸借（通常の賃貸借）と、一時使用の賃貸借の2類型しか認められていなかったため、従前は深刻な問題となっていた。一時使用の賃貸借であっても、数度の更新により相当の期間賃貸借が継続している場合もあり、問題をさらに複雑にすることもあった。

一時使用の賃貸借を肯定した判例としては、最一判昭和32．2．7民集11．2．240、最三判昭和32．7．30民集11．7．1386、最二判昭和32．11．15民集11．12．1978、最一判昭和33．11．27民集12．15．3300、最一判昭和36．7．6民集15．7．1777、最三判昭和37．2．6民集16．2．233、最一判昭和43．3．28民集22．3．692、最一判昭和47．2．10判時662．42等がある。

最近の裁判例でこれを肯定した例としては、秋田地判昭和50．6．20判タ327．255、名古屋地判昭和50．9．19判時809．77（調停により成立した賃

貸期間12年余の建物所有を目的とする賃貸借)、横浜地判昭和51. 6. 30 判タ347. 234、東京高判昭和52. 7. 6 判時901. 71、大阪高判昭和52. 9. 30 判時889. 50、東京地判昭和54. 6. 28 判タ400. 187、東京地八王子支部判昭和54. 10. 30 判時951. 78、東京地判昭和57. 3. 23 判タ478. 87、東京高判昭和57. 9. 30 判時1057. 65、東京地判昭和60. 3. 18 判時1168. 87 (約15年間にわたり12回更新された土地の賃貸借)、大阪地判昭和62. 10. 14 判タ652. 161 (9年間継続した土地の賃貸借)、東京高判昭和63. 5. 24 判タ695. 194、東京地判平成元. 5. 25 判時1349. 87、東京地判平成元. 9. 26 判時1354. 120 等がある。

　これに対して、否定した裁判例としては、東京地判昭和52. 11. 11 判時902. 79、東京地判昭和58. 2. 16 判タ498. 121、東京高判昭和61. 10. 30 判時1214. 70 等がある。

　なお、借地借家法の下においては、土地の賃貸借について、通常の土地の賃貸借 (3 条以下) の外に、一般定期借地権 (22 条)、建物譲渡特約付借地権 (23 条)、事業用借地権 (24 条) の3つの類型の定期借地権が認められており、借地権の利用の活性化が図られている。定期借地権の創設に伴い、一時使用の借地権の利用価値が減少したとの指摘もあるが、必ずしもそのように言うことはできない。今後は、賃貸人も、賃借人も、このような5つの類型の借地権を選択することができるわけであるから、賃貸人・賃借人双方の需要により応えることができる借地権を設定することが可能になったのである。

(4) 更新拒絶

　建物所有を目的とする土地の賃貸借においては、賃貸期間が満了しても、建物が存在する場合には、賃借人が更新の請求をすることができる (借地法4条) し、使用を継続する (同法6条) ことによって、賃貸借契約を更新させることができる。賃貸人としては、賃貸期間の満了により、賃貸借を終了させようとする場合には、更新を拒絶した上、更新の請求、使用の継続に対して遅滞なく異議を述べる必要がある (これは、通常「更新拒絶」と呼ばれている。また、実務上更新の請求がなされることは多くないが、これは、いずれ賃借人が使用を継続していることから、更新の請求をしなくても、法定更新による保護に変わりがないからである。賃借人にとっては、更新の請求をした上、使用

を継続しなければ、法定更新の保護が受けられないというものではない）が、この更新拒絶、異議が認められるには、正当事由が必要であることは、言うまでもない。

　土地の賃貸借における建物収去土地明渡請求事件では、実務上も、更新拒絶の当否が問題となることが多い。更新拒絶、異議の当否が問題になる中では、正当事由の存否、立退料による正当事由の補完の当否、異議の時間的近接性等が問題になる。最近は、市街地の再開発が活発になるにつれ（地上げ問題も派生的に発生している）、土地の明渡しを請求する事件が多くなり、土地の高度利用、有効利用が正当事由に該当するかどうかが問題となる事案が目立つようになっている。土地の有効利用だけでは正当事由とはいい難いというのが従前の裁判例の傾向である。

[49] 東京地判平成2. 4. 25 判時1367. 62
《事案の概要》

　建物所有を目的とする土地の賃貸借（この賃貸借は江戸時代にまで遡ることができる）において、賃借人（被告）は老朽化の著しい木造2階建の建物を所有し、1階を駄菓子タバコ販売店、2階を住居として使用していたが、賃貸人（原告）は、主位的に賃料不払い等を理由とする解除、予備的に隣接地とともにビルを建築して土地を有効利用すること、立退料30億円の提示等を理由とする更新に対する異議（期間の満了時は昭和61年である）を主張して、建物収去、土地明渡しを請求した。この判決は、解除も、正当事由も認めず、請求を棄却した。

〈判決〉は、正当事由の存否について、土地・建物の状況を詳細に認定した上、「以上によれば、原告が正当事由として強調するところは、いずれも本件の場合には重視するに足りるものではないといわざるをえないから、それだけでは、原告の述べた異議に正当事由があると認めることはできない。そして、このことは、被告が本件土地を有効利用する意思と能力を有する以上、これを阻止しようとする原告側の意向には、これを上回るだけの正当性を認め難いということが主な判断要素である。ところで、被告の有効利用計画は、従前の使用方法との継続性が相当希薄であり、いわば、本件土地賃借権を資本として最大限利用するところにその大きな意味があるということができるから、これができな

い場合の不利益は、金銭的な補償によって相当程度償うことが可能な性格のものであると評価することができないではない。従って、原告が被告に対し本件の異議を述べた当初から立退料支払いの意向を示し、その後金30億円ないしこれを大幅に超えない立退金の提供を申し出ていることは審理の経過から明らかであるところ、右のような意味で、立退金の支払いにより原告の正当事由が補完されるという趣旨の原告の主張は、検討に価するものということができる。そこで、この点をさらに検討するに、前記判示のところからすれば、本件の場合の金銭的補償はまず本件土地ないしその賃借権の価値を基礎とする方向で考えてみる必要があるところ（そして、本件の場合の立退金の性質上、本件口頭弁論終結時に接着する時点を基準として考える必要がある。）、前記のように、原告は、従前奥村組案を提示しほぼ合意に達する状況にあったが、このときは、被告には本件土地価額の68％に相当する価値を取得させるものとされていたのである。そして、前記横須賀鑑定の結果によれば、本件土地価額は、平成元年4月現在で合計金96億円から97億円程度にも達するものであることを認めることができ、右認定を覆えすに足りる証拠はないから、その68％は、金65億円から66億円程度にもなる。なお、右鑑定の結果によれば、本件土地賃借権の価額は、更地価額の88％程度（金85億円程度）とするのが相当であることを認めることができる。以上のことと前記正当事由の存否についてみたように、原告には正当事由として重視するに足りる事由がなく、結局のところ被告と同様に本件土地を資本として有効利用し利益をあげたいということに帰するところが大きいものと考えられることに照らすと、前記借地非訟事件で前記のように予想しうる裁判がなされる場合に財産的給付が必要であることを加味しても、金30億円程度の補償では本件の補償として十分なものとは認め難い。そして、原告は金30億円を大幅に超えない立退金の支払いをも申し出ているが、その上限を明らかにせず、例えば一割の増額としても金銭的には金3億円もの増額になり、それだけでも大幅な増額といえないではないのであるから、前記認定判示によれば、金30億円を大幅に超えない金額として考えられる範囲内の補償としては、本件の立退金として十分なものではないといわざるをえない。」と判示し、30億円の立退料を補完事由とする正当事由を否定したものである。

第1章　平成時代の借地・借家をめぐる動向 ― 借地借家法の制定前 ―

【実務の対応】

　土地の賃貸借において、土地の有効利用を正当事由とする更新拒絶が認められるかどうかを判断するに当たって、土地の有効利用・高度利用は、賃貸人・賃借人の土地の使用に関する諸事情の一つとして考慮されてきたものであり、有効利用の一事だけで、正当事由を肯定も否定もできないのが従来の裁判例であった。正当事由について、借地借家法の下において、従前（借地法4条）には「土地所有者カ自ラ土地ヲ使用スルコトヲ必要トスル場合其ノ他正当ノ事由アル場合」とあったのが、「借地権設定者及び借地権者（転借地権者を含む。……）が土地の使用を必要とする事情のほか、借地に関する従前の経過及び土地の利用状況並びに借地権設定者が土地の明渡しの条件として又は土地の明渡しと引換えに借地権者に対して財産上の給付をする旨の申出をした場合におけるその申出を考慮して、正当の事由があると認められる場合」（6条）に変更されているが、これは従前の規定の下における判例、裁判例を具体化、明確化したものであり、実質的には変わらない内容である（もっとも、借地借家法6条は、施行前に設定された借地権には適用されないことになっている。同法附則6条）。

　最近、土地の賃貸借において、土地の有効利用が正当事由として問題となった裁判例は、東京地判昭和59. 7. 10判時1159. 130（正当事由を肯定した事例）、東京地判昭和61. 1. 28判時1208. 95（正当事由を肯定した事例）、東京高判昭和61. 4. 28金融・商事判例748. 31（正当事由を肯定した事例）、東京地判昭和61. 12. 26判時1252. 73（正当事由を否定した事例）、東京地判昭和62. 3. 23判時1260. 24（正当事由を肯定した事例）、東京地判平成元. 9. 14判タ731. 171（正当事由を否定した事例）、東京地判平成元. 12. 27判時1353. 87（正当事由を肯定した事例）等がある。

　立退料の提供が正当事由の補完事由になることについては、最二判昭和38. 3. 1民集17. 2. 290、最一判昭和46. 11. 25民集25. 8. 1343等の多くの判例、裁判例によって確立した実務になっている。

　高額の立退料を認めた裁判例については、土地、建物を問わずみると、東京地判昭和56. 4. 28判時1050. 90（土地の賃貸借で、8億円の立退料を認めた事例）、東京地判昭和61. 5. 28判時1233. 85（建物の賃貸借で、3億4000万円の立退料を認めた事例）、東京地判昭和62. 3. 23判時1260. 24

(土地の賃貸借で、1億8000万円の立退料を認めた事例)、東京地判昭和63. 11. 14 判時 1324. 61 (土地の賃貸借で、8億円の立退料を認めた事例)、東京高判平成元. 3. 30 判時 1306. 38 (建物の賃貸借で、1億6000万円の立退料を認めた事例)、東京地判平成元. 9. 29 判時 1356. 106 (建物の賃貸借で、4億円の立退料を認めた事例)、東京地判平成元. 12. 27 判時 1353. 87 (土地の賃貸借で、4億円の立退料を認めた事例)、東京高判平成 2. 5. 14 判時 1350. 63 (建物の賃貸借で、2億8000万円の立退料を認めた事例)、東京地判平成 2. 9. 10 判時 1387. 91 (建物の賃貸借で、1億5000万円の立退料を認めた事例)、東京地判平成 3. 5. 30 判時 1395. 81 (建物の賃貸借で、8億円の立退料を認めた事例) 等がある。

(5) 解除

　賃借人が債務不履行をした場合には、賃貸人は賃貸借契約を解除することができるが、土地の賃貸借においては、不履行として問題になる債務(解除の原因)には様々なものがある。これは、土地の賃貸借が、長期に継続する契約であるため、その間に賃借人や借地を取り巻く状況が大きく変化することや、多面的で多様な法律関係が発生することから、不履行の種が多いからである。
　解除の原因としては、賃料の不払いが代表的なものであるが、これも、単に賃借人が支払能力がないから支払わないという事件は多くはない。例えば、賃貸人の賃料増額請求を切掛けにして、賃料の不払いが問題になることも目立つ事例である。賃借人が、これに対抗して、低額の賃料の供託等をするため、解除の事態に至るのである(賃貸人の中には、賃借人に不払いを起こさせるように、高額の増額請求をするものもいる)。これは、旧借地法12条2項、借地借家法11条2項の問題になる(もっとも、この条項は、増額請求をめぐる問題に適用されるものであって、そもそも賃貸人・賃借人間で増額の合意が成立している場合には、適用されるものではなく、合意された金額を下回る賃料の支払いは、直ちに債務不履行の問題になることに、注意をすべきである)。また、長年の間に賃料の支払いの方法が当初の契約の内容と異なり、慣行に甘えて契約どおりに賃料を支払わないことから、不払いの問題が生ずることもないではない。しかし、賃料の支払いは、賃借人としては、最も基本的な義務であるから、その不履行が解除原因として肯定されやすくなることを、留意する必

要がある。

　このほかにも、例えば、転貸、借地権の譲渡が無断でなされた場合、借地上の建物の増改築が無断でなされた場合、借地の使用が用法に違反した場合、特約違反があった場合等には、解除原因になることがある。
　これらの賃貸人による賃貸借契約の解除に対して、賃借人としては、抗弁として、信頼関係が破壊されていないこと（正確には、信頼関係の破壊を認めるに足りない特段の事情があること）、権利の濫用等を主張することが通常である。このうち、信頼関係の破壊は、土地の賃貸借の解除が問題になる事件では、例外なく主張されているから、その判断の基準等について分析を行っておくことは、実務の処理に当たって有意義である。

[50] 東京高判平成2.4.26判時1351.59
《事案の概要》
　建物所有を目的とする土地の賃貸借において、一度合意で更新された後、賃借人（被告、控訴人）らは、借地上の建物を取り壊して、借地をアスファルトで舗装し、有料駐車場として第三者に賃貸した。賃貸人（原告、被控訴人）は、無断転貸、用法違反等を理由に契約を解除し、土地の明渡しを請求した。本件では、この解除の当否が問題になったが、第一審判決は、解除を認めて、請求を認容したため、賃借人らが控訴をした。この判決は、信頼関係が破壊されていないとして、解除を否定し、原判決を取り消し、請求を棄却した。
〈判決〉は、賃借人らが建物を取り壊し、駐車場にした事情を認定した上、信頼関係の破壊の有無について、
「以上の事実によれば、控訴人らが右建物を取り壊したのはそれなりの合理的理由に基づいており、右有料駐車場としての利用は、利用者の利用関係の解消は困難ではなく、暫定的かつ小規模なものであってその原状への復元も容易であり、更に、右建物取り壊し後の被控訴人側の対応を考慮すると、控訴人らが裁判所に改築の許可を申し立てるなどして速やかに本来の用法に復するよう努めなかった点を一概に強く非難することはできない。そうすると、……により認められる、富美ないし控訴人らが被控訴人から賃借している本件隣地及び他の土地について、以前その地上建物の建替え又は修理について紛争があった事実を斟酌しても、なお控訴人らと被控訴人との間の本件賃貸借契約関係は、控

訴人らの前示行為によっては未だ解除を相当とするほど信頼関係が破壊されたものとはいえないというべきである。」と判示し、信頼関係の破壊を否定したものである。

【実務の対応】
　まず、この事案のように建物所有を目的として土地の賃貸借がなされたのに、他の用途に土地を使用した場合には、賃借人として、一応用法違反があったと言うべきである。賃借人の用法違反が認められる場合であっても、賃借人としては、信頼関係の破壊がないこと、権利の濫用の点を抗弁として主張できることは勿論である。この場合、解除が認められるかどうかは、使用目的、違反の程度、他の用途の必要性、従来の使用の経過等の事情によって判断されることになる。この事案と類似の裁判例としては、東京地判昭和50. 3. 31判時795. 58（駐車場にした事案であり、解除を肯定した事例）、東京地判昭和50. 6. 30判タ327. 233（駐車場にした事案であり、解除を肯定した事例）、東京地判昭和50. 7. 28判時807. 61（駐車場にした事案であり、解除を否定した事例）、東京地判昭和56. 6. 17判時1027. 88（駐車場にした事案であり、解除を否定した事例）等がある。

[51] 東京地判平成2. 12. 14判時1397. 40
《事案の概要》
　土地の賃貸借において、賃貸人（原告）と賃借人（被告）とが、地代家賃統制令の廃止に伴い地代を大幅に増額する旨の合意をしたが、賃借人が後にこれに不満を抱き、合意された地代額より低額の地代を供託するに至ったため、賃貸人は、約1年間の賃料の不払いを理由に賃貸借契約を解除し、建物収去土地明渡しを請求した。本件では、賃料の不払いによる債務不履行の成否、信頼関係の破壊の有無が問題になった。この判決は、供託がその要件を欠く無効なものであり、賃料の不払いがあるとしたものの、信頼関係が破壊されていないとして、請求を棄却した。
〈判決〉は、賃貸人に地代の受領拒絶などがなく、供託が要件を欠く無効なものであるとした上、信頼関係の破壊の点について、
「……被告の本件土地の地代の不払いの責任は決して軽くはないというべきであるものの、他方、被告は、その不払いの間も本件合意が成立する以前の地代

の二割増しに相当する月額金 12 万 7680 円を、無効ではあるものの、供託することによって支払う意思のあることを明らかにしているのみならず、現在は原告らの主張するように本件土地の地代として本件土地の固定資産税等の3．5倍に相当する金額を地代とすることを承諾し、その金額により過去に支払われた地代との差額を遡って支払ってもよいとの意向を有していること、被告が本件合意にもかかわらずその支払いを争った本件土地の地代は、本件合意が成立する以前の地代の 2 倍を越えたものであり、本件土地の地代は本件合意により大幅に増額されたものであること、被告は昭和 22 年以来長年にわたり本件土地上に本件建物を所有していること、本件建物は被告の子である鑓溝隆男が営業、居住に使用していることなど前認定の原告らと被告との間の本件賃貸借を巡る諸事情に照らすと、原告らの被告に対する本件賃貸借における信頼関係が賃借人としての基本的義務を怠った被告の右のような一連の行為により揺らいでいることは否定できないとしても、これが破壊されるに至っているものとはいい難いところである。」と判示し、信頼関係の破壊を否定したものである。

【実務の対応】

この事案のように賃料の増額をめぐって紛争が生じ、事態の進展によっては、賃料不払いにより契約の解除に至ることがある（賃貸人の中には、最初から、明渡しを目的にして、高額な賃料の増額請求をする者もいないではない）。

賃料の増額をめぐってしばしば紛争が生じるが、その態様は一様ではない。賃料増額請求がなされ、その適正な賃料額が争われることもあれば、賃貸借契約中の賃料増額の特約の効果が争われることもある。さらに、賃料増額をめぐる紛争が生じ、これを解決するために増額の合意がなされても、その効果が争われることもある。しかし、このような紛争が賃料額の当否に留まらず、紛争が激化すると、賃借人が対抗手段、嫌がらせとして、長年にわたり低額の賃料を支払ったり、供託する事態を生じ、賃貸人が賃料不払いを理由に契約を解除するに至ることもある。この場合、特に問題になるのは、賃借人がどのような場合においても従前の賃料を支払うか、あるいは供託すれば、賃料の支払義務の不履行の責任を免れることができると考えている点である。賃借人が従前の賃料あるいは相当の賃料を支払い続けてよいというのは、借地法 11 条 2 項、借地借家法 11 条 2 項により認められる効果である（法律上では、「相当ト認

ムル地代」、「相当と認める額の地代」とされている）が、これは、少なくとも、賃料増額請求が賃貸人からなされ当事者間に協議が調わなかった場合に初めて認められるものである。したがって、当事者間に賃料の増額について合意が成立した場合には、合意額に満たない賃料の支払いは、債務の本旨に従った履行（民法493条参照）に当たらず、その額の供託も要件を欠くものであり、無効であるとの判断がなされることもある。当事者間で賃料増額の合意がなされた場合には、従前の賃料を支払ったり、供託するだけでは、債務不履行の責任を問われても仕方がないということになる。事案によっては、賃借人が相当長期にわたって従前の賃料の供託を続けていることがあるが、これが賃借人として、法的に非常に危険な行為であることを忘れてはならないのである（賃借人としては、従前の賃料額を若干上回る賃料額の支払いを考慮すべきであり、従前の賃料額を下回る賃料額を支払うとか、供託するというのは、賃借人としては、債務不履行が認められる危険が現実のものになることを覚悟すべきである）。

　特に、賃借人としては、賃料額をめぐって賃貸人と食い違いが生ずると、直ちに供託所に飛び込む傾向があるが、このような行為をする前に、もう少し慎重さが必要である。というのは、弁済供託（民法494条）が認められるのは、賃貸人の賃料の受領拒否又は受領不能のあることが必要であり、供託する金額も債務の本旨に従ったものであることが必要である。ところが、賃貸人の受領拒否の点については、賃貸人が増額したとする賃料額に拘泥するときは、受領拒否と判断されることが多い（さらに、賃貸人が賃借人の支払う相当な賃料額を内金として受領することが、受領拒否に当たるかどうかが問題となるが、これを肯定した裁判例として、名古屋高判昭和58. 9. 28判タ513. 182、東京高判昭和61. 1. 29判時1183. 88等がある。もっとも、常にこのように受領拒否であると言うことができるかどうかには疑問がある）が、これは、賃料の増額請求をめぐって紛争が生じている場合のことである。賃料増額の合意が成立したときは、同様には考えられないのである（もっとも、実務上では、この合意が成立したかどうかが微妙な場合もある）し、賃借人の持参した賃料を一部の賃料として受領する旨を言明するときは、受領拒否と言えるかどうかが問題になる。この場合には、受領拒否にならなければ、供託の要件を欠くことになり、賃借人がせっかく供託しても、無効になる（賃借人が営々と長期間にわたり供託しても、その間賃料の不払いが続いただけのことにもなるのであ

る)。また、合意が成立したのに、それよりも低額の金額を供託しても、債務の本旨に従った供託であると言うことができないから、この観点からも、供託が無効になることになる。賃借人が低額の金額の支払い・供託で対抗しようとすると、極めて危険な事態に陥っていくだけのことになるわけである。

　この事案のような場合に、従前の賃料等の支払いを継続したことが、債務不履行に当たり、しかも信頼関係を破壊することがあるかどうかについては、東京地判昭和 51．3．15 判時 831．54（解除を否定した事例）、東京地判昭和 51．12．24 判時 869．77（解除を否定した事例）、東京地判昭和 56．12．16 判時 1042．109（解除を否定した事例）、東京地判昭和 60．3．22 判時 1185．121（解除を否定した事例）、千葉地判昭和 61．10．27 判時 1228．110（解除を肯定した事例）、横浜地判昭和 62．12．11 判時 1289．99（解除を肯定した事例）、東京地判平成元．3．6 判時 1343．71（解除を肯定した事例）、東京地判平成元．9．5 判時 1352．90（解除を否定した事例）、横浜地判平成元．9．25 判時 1343．71（解除を肯定した事例）が参考になる。

　なお、この事案のような賃料増額に関する紛争に付随して、逆に、対抗手段として、賃借人から賃料減額請求がなされ、従前の賃料額を下回る額を供託するに至ることがあるが、これも契約の解除が認められやすい危険な行為であることに注意が必要である。

(6) 賃料増額

　昨今の土地の高騰を反映して、賃料（地代）の増額を求める賃貸人の希望が強く、賃料増額請求をめぐる紛争も深刻になっている。例えば、土地を賃借して、建物を建築し、その建物で営業していても、土地の高騰の割合程には営業による利益が上がらないから、賃借人は、その分賃料の負担がかさみ、営業が苦しくなるのである。建物を住居として使用する場合には、土地の高騰程に使用の利益が上がらないことは明らかである。他方、賃貸人としても、土地に対する固定資産税等の税負担が増加するから、これに見合う程度の賃料の増額をしないと、こちらも負担に苦しむことになる。現在における賃料増額をめぐる紛争は、困った者同士の紛争である点に特徴がある。

　賃料の増額請求ができる要件は、借地法の下では（12 条）、「土地ニ対スル租税其ノ他ノ公課ノ増減若ハ土地ノ価格ノ昂低ニ因リ又ハ比隣ノ土地ノ地代若

ハ借賃ニ比較シテ不相当ニ至リタルトキ」というものであったが、借地借家法では（11条）、「土地に対する租税其の他の公課の増減により、土地の価格の上昇若しくは低下その他の経済事情の変動により、又は近傍類似の土地の地代等に比較して不相当となったとき」となっており、その要件となる事情が若干異なっているが、実質的には変更はないと言える。借地借家法の施行前に設定された賃借権についても、施行前になされた賃料増額請求は借地法の規定が適用されるが、施行以後になされた賃料増額請求には借地借家法が適用されることになっている（同法附則4条）。

　賃料の増額を円滑に行うために、様々な内容の賃料増額に関する特約が利用されているが、その有効性の問題の取扱いについても、借地借家法の制定前後を通じて異なるところはない。

　賃料の額を一定の事由の発生した場合に定率又は定額で増減する旨の約定（実務上は、経済的な事情が反映して増額が問題になる事例が殆どである）が、賃貸借契約締結の際、あるいは更新の際になされることが少なくない。このような特約は、長期にわたる賃貸借関係を円滑に維持するために、有効なものであり、その内容が合理的なものであれば、大いに活用できるものである。これが旧借地法12条、借地借家法11条に違反するかどうか、さらに違反しないとしても、具体的な事件において約定どおりの増額を認めるべきかどうかが、実務上問題になる。特に物価等が高騰したり、逆に不景気になり、約定の増額幅と世間の相場とが著しく乖離したような場合には、この点が争われることになる。この約定が問題となる場面は、賃料増額請求による賃料確認の請求等がなされる訴訟であるのが通常であるが、増額に係る賃料不払いを原因とする解除による明渡しが請求される訴訟であることもないではない。

　このような特約がなされた場合には、増額の要件である一定の事由の内容、増額の仕方、増額の幅は様々であるが、一般的には、これは有効な約定と解されている。借地、借家を問わず、このような特約を一応有効とした裁判例（特約の一部が制限されたものもある）としては、最一判昭和44. 9. 25判時574. 31、札幌地判昭和52. 3. 30判タ365. 306、大阪高判昭和53. 10. 5判タ375. 93、札幌高判昭和54. 10. 15判タ403. 120、東京地判昭和56. 7. 22判時1030. 60、東京高判昭和56. 10. 20判タ459. 64、名古屋地判昭和58. 3. 14判時1084. 107、京都地判昭和60. 5. 28金融・商事判例

733．39、大阪地判昭和62．4．16判時1286．119、東京地判平成元．1．26判時1329．170、東京地判平成元．8．29判時1348．96、東京地判平成元．9．5判時1352．90、神戸地判平成元．12．26判時1358．125がある。これに対して、無効としたものに、大阪地判昭和50．8．13判タ332．303、京都地判昭和56．10．23判タ466．148がある。また、このような趣旨の約定を認めなかったものとして、東京地判昭和45．2．13判時613．77、大阪高判昭和57．6．9判タ500．152がある。

　賃貸人から賃料増額請求がなされ、賃借人がこれを争う場合には、裁判所が適正な賃料額を決定することになるが、この適正賃料は、鑑定又はそれに準ずる鑑定書を資料として、スライド方式、積算方式、差額配分方式、比準方式を総合して決定しているのが実務である。特に最近のような土地の価格が高騰する時代においては、土地の高騰をそのまま賃料に反映させると増額率が極めて高くなることから、諸事情をも考慮して増額率を押さえて、妥当な賃料の算定がなされるように工夫がなされている。

　増額に係る適正な賃料額の算定に関する裁判例は多数あるが、最近まで問題になったのが地代家賃統制令に関係した増額賃料の算定である。地代家賃統制令は昭和61年12月31日に失効したが、それ以前に定められた賃料がこの廃止後にどの程度増額できるかは一つの問題である。特に従来の賃料が統制により低額に押さえられていたわけであるから、賃貸人としてはここで一気に世間並みに上げたいと考えるであろうし、逆に、賃借人としては、不測の事態であるなどと考えることになる。

[52] 大阪高判平成2．9．27判タ743．218
《事案の概要》
　土地の賃貸借において、賃貸人（原告、控訴人）らは、地代家賃統制令の適用を受けていた賃料を同令の廃止後に賃料増額の請求をしたが、賃貸人らの請求に係る賃料額は従前の5倍ないし10倍のものであったところ、賃貸人らは、賃料額の確認を請求した。本件では、増額請求に係る賃料額が問題になった。第一審判決は、従前の賃料の1.25倍ないし1.68倍の範囲で請求を認容したため、賃貸人らが控訴した。この判決は、原判決の判断を維持し、控訴を棄却した。

〈判決〉は、地代家賃統制令の廃止後の大幅な値上げの当否について、「賃料増額請求の制度の実質上の根拠は、講学上いわゆる『裁判官による契約内容の改定』の理論にあると解されるところ、その理論は借地契約時又は従前賃料決定時より契約の基礎に変更があるが、当事者間に協議が整わないときには、信義則上、裁判官が当事者の見地及び社会全体の見地の双方からみて合理性が認められる賃料を決定することを承認するものである。

地代家賃統制令については、借地契約は法律上その解約が制限されているのに、地代については一定の要件を充たす契約については同令によってその増額が抑制されて、貸地人と借地人との間の公平を失するに至っていることが指摘され、その趣旨から昭和61年12月31日に同令を失効させる改正がなされたところである。

しかしながら、もともと借地契約上の関係は継続的契約関係であり、貸地人と借地人との間の信頼関係に依存するところ大であって、合理的経済人の見地からみて、契約関係の急激な変更は相互に控えるべきであり、社会全体の見地からみても、同令が失効したからといって、直ちに大幅な値上げをすることは社会に混乱を招き相当でない。

将来、同令の適用があった土地についても同令の適用がなかった土地と並べて地代を決定すべきときが来ると考えられるが、当事者の信頼関係及び社会全体の動きに照らして、その増額については慎重に検討されるべきである。」と判示したものである。

【実務の対応】

賃貸人としては、年月をかけて通常の賃料額まで増額請求を繰り返すことになるが、当事者間の双方の公平を考慮するとやむを得ないであろう。最近の同様な裁判例としては、東京地判平成元.4.14判タ717.158がある。

(7) 借地をめぐるその他の問題

以上の類型のもののほかにも、借地関係においては、様々な紛争が生ずる。

まず、借地上の建物を譲渡しようとして、借地権を譲渡、転貸する場合には、賃借人としては、賃貸人に交渉してその承諾が得られるように努める必要があるが、承諾が得られない場合には、賃借人が賃貸人の承諾に代わる許可の申立てを裁判所にすることができる（借地法9条ノ2。借地借家法19条も同様な

規定であり、今後は、同法施行前に設定された借地権であっても、同法によって申立てをすることになっている。同法附則4条。なお、借地権の譲渡を受ける者又は転借を受ける者は、この申立てをすることができない)。この場合、転借人がさらに建物を譲渡し、転借権を譲渡、転貸しようとするときは、転借人が申し立てることになっている（借地法9条ノ4、借地借家法19条7項）。

[53] 大阪高決平成2．3．23 判時1356．93
《事案の概要》
　賃借人が賃貸人から土地を賃借したが、建物は、賃借人の経営する会社が建築し、所有していた。この会社が第三者に建物を売却しようとし、賃借人もその借地権をその第三者に譲渡しようとして、賃貸人の承諾を得ようとしたが、賃貸人が承諾しなかったため、賃借人とこの会社が譲渡の許可の申立てをした。原決定は、これを認容したため、賃貸人が抗告した。本件では、賃借人らの申立適格が問題になった。この決定は、これを肯定した。
〈決定〉は、この申立適格の有無について、
「まず、相手方朝田ら及び相手方会社の申立人としての適格性の有無についてみるに、甲・乙両事件の申立の要旨は、本件土地の転借人たる相手方会社が右土地上の本件建物を件外伊藤忠不動産株式会社（以下「伊藤忠不動産」という。）に譲渡するのに伴い、同社に対し、相手方朝田らが本件賃借権を譲渡し、相手方会社が本件転借権を譲渡する許可を求めるというものであるが、本件記録によれば、相手方会社は相手方朝田らの先代亡朝田幸一が設立して経営していた同族会社であって、相手方朝田らの一族が役員を占め現在も極めて密接な関係を有していること、相手方朝田ら及び相手方会社はそれぞれ本件賃借権又は本件建物をどちらかに譲渡することによって本件転貸借関係を終了させる用意がある旨陳述しており、本件転貸借関係の維持を望んでいないこと及び伊藤忠不動産は相手方朝田らから本件賃借権を譲受ける意向であることが認められるから、相手方朝田ら及び相手方会社は、賃借人たる相手方朝田らが本件賃借権を、転借人たる相手方会社が本件建物を、それぞれ伊藤忠不動産に譲渡する趣旨で本件各申立を行っているものと認められる。
　そして、このような申立も、相手方朝田らと相手方会社が共同して申立をしている以上、抗告人になんら不利益を与えるものではないから適法であり、相

手方朝田らと相手方会社は本件各申立の適格を有するというべきである。」と判示し、これを肯定したものである。

　次に、借地借家法においては、借地上の建物の朽廃により借地権が消滅する従前の制度（借地法2条1項、5条1項）が廃止された。借地法の下においては、借地権が法定の存続期間による場合、建物が朽廃したことにより、借地権が消滅するものとされていた（賃借人が建物の朽廃後再築をしようとした場合には、賃貸人は遅滞なく異議を述べる必要があった。同法7条。遅滞なく異議を述べなかった場合には、原則として建物の堅固・非堅固の区別に従って30年ないし20年の存続期間として存続することになる）。そのために、建物が朽廃したかどうかが問題にされ（朽廃したかどうかの判断は必ずしも容易ではない）、その関係で建物の増改築の約定、増改築の内容、程度が問題にされることが多く（建物に通常の修繕を超えた大修繕をした場合には、借地権が修繕前の建物が朽廃すべかりし時期に消滅して終了することがあるから、賃貸人、賃借人は、建物の増改築について重大な利害関係をもっていた。最一判昭和42. 9. 21民集21. 7. 1852参照）、重要な問題になっていた。最近建物の朽廃が問題になった裁判例としては、東京地判昭和49. 5. 30判時759. 54（朽廃を否定した事例）、最三判昭和50. 2. 28金融法務事情753. 30（朽廃を肯定した事例）、東京高判昭和52. 8. 29判時869. 50（朽廃を肯定した事例）、東京高判昭和54. 11. 22判時951. 53（朽廃を否定した事例）、東京地判昭和54. 12. 14判タ416. 161（朽廃を否定した事例）、名古屋地判昭和55. 9. 19判タ449. 112（朽廃を否定した事例）、東京高判昭和58. 2. 10判時1069. 82（朽廃を肯定した事例）、神戸地判昭和60. 5. 30判タ562. 134（朽廃を否定した事例）等がある。なお、それ以前の判例としては、最二判昭和33. 10. 17民集12. 14. 3124（朽廃を否定した事例）、最三判昭和35. 3. 22民集14. 4. 491（朽廃を肯定した事例）がある。

　借地借家法の下では、判断が容易でなかった朽廃が意味をもたなくなり、建物の滅失（取壊しとか、朽廃を含む）を当初の存続期間と更新期間のどちらで生じたかによって、賃貸人と賃借人の権利関係を調整している（7条、8条）。賃借人は、建物の滅失の後、建物を再築しなくてもよいが、そうすると、当初の存続期間中の場合には、賃貸借はそのまま残存する（賃料の支払義務があ

る)のに対し、更新期間中の場合には、解約の申入れをすることができる(解約の申入れがあった日から3か月後に賃借権が消滅し、賃料の支払義務を免れることになる。借地借家法8条)。賃借人が建物を再築する場合には、当初の存続期間中のときは、交渉により賃貸人の承諾を得るか、再築の通知をして異議なく2か月を経過する(承諾があったものとみなされる)と、再築により存続期間が原則として20年延長されることになる。賃貸人から異議が述べられた場合には、再築の後賃貸期間が満了したとき、更新の問題として取り扱われることになる(無断の再築の事情が更新拒絶の正当事由として考慮されることになる。もっとも、増改築禁止の特約がある場合には、特約違反の問題として取り扱われる)。更新期間中において、賃借人が建物を再築しようとする場合には、交渉により賃貸人の承諾を得ることが第一の選択肢である。承諾を得て再築した場合には、再築により原則として存続期間が20年延長されることは、当初の存続期間中の場合と同様である(7条)。賃貸人の承諾が得られなかった場合には、「やむを得ない事情がある」ときに限り、承諾に代わる許可を求める申立てを裁判所にすることができる(18条)。この許可がなされる場合には、存続期間についても定めることができることになっている(定めがなければ、原則として20年の存続期間になる)。承諾も得られず、承諾に代わる許可もなされなかった場合には、賃借人としては、再築をすることは再築資金を溝に捨てるようなものである。この場合、増改築禁止の特約があれば、特約違反による解除がなされることもあるが、今回の改正により賃貸人は、再築だけを理由(正確には、「残存期間を超えて存続すべき建物を築造したとき」である)に解約の申入れをすることができ、申入れをした日の3か月後に借地権が消滅することになる(8条)。

　なお、借地上の建物の朽廃、滅失、再築等の問題については、借地法と借地借家法との間に大きな相違点があるため、それぞれの法律の適用関係が問題になる。借地借家法の施行前に設定された借地上の建物の朽廃については、借地法が適用され(借地借家法附則5条)、同様に施行前に設定された借地上の建物の滅失後の再築による賃貸期間の延長についても、借地法が適用され(同法附則7条1項)、前記の借地借家法8条(借地契約の更新後の建物の滅失による解約等)と同法18条(借地契約の更新後の建物の再築の許可)の規定は、施行前に設定された借地権については適用されない(同法附則7条2項、11

条）ことになっている。

[54] 東京地判平成 2. 9. 27 判時 1391. 150
《事案の概要》

　非堅固建物の所有を目的とする賃貸借において、大正末に建物が建築されたが、その後昭和 45 年ころには、耐用年数が 3 年ないし 5 年と評価され、壁も床もなく、建物全体が傾き、人が居住できる状態になかったため（その後、賃貸人の異議を無視して、賃借人は建物を取り壊して、建物を新築した）、賃貸人（原告）は、建物の朽廃を理由に建物収去土地明渡しを請求した。本件では、朽廃の有無が問題になった。この判決は、これを肯定して、請求を認容した。
〈判決〉は、朽廃の有無について、

「2　借地法は、借地人保護の観点から建物所有を目的とする借地権の存続を強く保護しているが、法定存続期間満了前に建物が朽廃した場合には、借地権は消滅するものと規定している（借地法 6 条 1 項、5 条 1 項、2 条 1 項）。これは、当該賃貸借契約の目的となった建物が建物としての効用を失った場合には、借地人保護の要請が失われる、との考えによるものと解される。

　ところで、……によれば、賃借人であった亡乙山松夫は、旧建物建築後である昭和 4 年 10 月 12 日、賃貸人の甲野松太郎に対し、賃貸人の承諾なく借地上に他の建物を新築しないことを約したことが認められる。そして、この建物新築禁止特約は、右の状況下においては契約自由の原則の範囲内のものとして有効である。

　そこで、建物の朽廃による借地権の消滅の成否は、当該賃貸借において借地人が賃貸人に対し賃貸借の目的ないし基礎として主張することができる建物についてこれを判断すべきである。すなわち、建物の新築についての賃貸人の承諾、その他新築建物を借地人が賃貸人に対し賃貸借の目的として主張し得る特段の事情のない限り、借地権は、当事者間で賃貸借契約の目的として合意されていた建物が朽廃した場合には消滅するものと解すべきである。したがって、右特段の事情のない限り、新築禁止特約に違反して建築された建物は、借地法 6 条 2 項の『建物』にも含まれないと解すべきである。

3　これを本件についてみるに、……によれば、建物一の新築は、賃貸人である原告の明確な異議を無視して被告によってなされたものであり、同建物の新

築について、被告が原告に対しこれを賃貸借の目的として主張することができる事情は存在しない。
　次に、建物二及び三については、……その建築について、被告は賃貸人の承諾を受けていない。のみならず、昭和44年に原告の前賃貸人甲野太郎（原告の夫）が、被告に対し提起した本件土地の明渡訴訟において旧建物以外の建物の建築を解除原因として主張していることに照らして、賃貸人が新建物の建築を承諾しないことは明らかな状況であり、被告もこのことを十分承知の上で建物二及び三を建築したものと推認することができる。したがって、右各建物についても、借地人である被告が賃貸人に対しこれを賃貸借の目的として主張し得る特段の事情は認められない。
4　そして、原告は被告からの旧建物の建て替えの申し入れ後直ちに本件訴訟を提起しているから、原告は被告の土地使用の継続に対し遅滞なく異議を述べたと認められる。したがって、被告の本件土地に対する借地権は、その目的となっていた旧建物の朽廃により消滅したものというべきである。」と判示したものである。

　次は、やはり土地の明渡しに関係した紛争であるが、地上げが問題になった事案である。地上げは、土地の価格が高騰した近年、流行語になるほど問題が顕著になった紛争である。暴力的な威力を背景にして、土地の明渡しを実現しようとするのが、地上げの特徴であり、そこでは、暴行、脅迫、名誉毀損等の刑法上、不法行為法上の問題が生ずることも多い。
　地上げが流行る以前にも、土地の明渡しの紛争は、深刻化することが多く、場合によっては、嫌がらせ、名誉毀損等による損害賠償が請求されることもある（原告となるのは、賃貸人であることも、賃借人であることもある）。このような裁判例として、東京地判昭和47. 5. 30判時683. 102（責任を肯定した事例）、東京高判昭和51. 9. 28判タ346. 198（責任を肯定した事例）、福岡高判昭和58. 9. 13判タ520. 148（責任を肯定した事例）、東京地判昭和62. 3. 13判時1281. 107（責任を否定した事例）、東京地判昭和63. 11. 25判時1307. 118（責任を肯定した事例）等がある。

[55] 大阪地判平成 2. 9. 19 判時 1375. 111
《事案の概要》
　原告ら 15 名は、いずれも借地人であり、土地上に建物を所有して居住しているところ、被告甲は地上げ屋であり、地上げのためにこの土地を購入し、賃貸人となった者であり、被告乙は被告甲の息子であり、被告丙は被告甲の従業員であり、被告らはこの土地の明渡しを原告らに対して要求したが、その態様は、住居の近くで夜間まで騒音を出して騒いだり、右翼団体のスピーカーで演説して明渡しを要求したり、通路に鉄杭を立てて通行を妨害したりした。更に戸別訪問して脅迫したため、原告らはいずれも慰謝料、弁護士費用の損害賠償を請求した。この判決は、不法行為を肯定し、請求を一部認容した。
〈判決〉は、不法行為責任の有無について、
「前記認定事実によると、甲事件被告らは、原告らを畏怖ないし困惑させて原告ら所有建物を右被告らへ売却させ、もって原告らの本件土地明渡を実現することを企図し、共同して、自らあるいは被告福田貞義の使用人を使って前記二認定の行為に及んだものと認められるところ、右被告らの行為は、原告らの生活の平穏、自由、財産等を侵害し、あるいは右侵害行為を継続しかねない態度を示して原告らを脅迫するものというべきであり、その動機、態様、原告らの被侵害利益の内容・程度等に照らせば、それが土地所有者として借地権者に対する土地明渡交渉の一環としてなされたものであっても、社会的に是認される限度を著しく超え、違法性を有するものであることは明らかというべきである。
　したがって、右被告らの行為は共同不法行為を構成し、右被告らはこれによって原告らが被った精神的苦痛を慰謝すべき義務がある。」と判示し、不法行為を肯定したものである。
　最近は、このような強引な地上げの話を聞かなくなったが、表面化しなくなっただけのことであろうか。このような暴力的な行為に対しては、賃借人は、場合によっては、保全処分により生活妨害行為の禁止を求めることができるし、場合によっては、本件のように損害賠償を求める訴訟を提起しておくことが必要であろう。

　また、訴訟技術の問題ではあるが、建物収去土地明渡しを求める請求が認容

され、確定した後、賃借人が建物買取請求権を行使して、これを請求異議の訴えの異議事由にすることができるかどうかの問題がある。実務上は、これを積極的に解して運用しているように思われる（最二判昭和 52．6．20 金融法務事情 846．34 参照）。　この問題を取り扱ったのが［56］東京高判平成 2．10．30 判時 1379．83 である。

《事案の概要》

　土地の所有者（被告、被控訴人）が賃借権の譲渡につき承諾をしなかったとして土地の借地権の譲受人（原告、控訴人）に対して建物収去土地明渡請求訴訟を提起し、勝訴判決が確定した後、譲受人が建物買取請求権を行使して建物について留置権を行使する旨の請求異議の訴えを提起した。本件では、異議事由に当たるかどうかが問題となった。この判決は、これを肯定して、請求を一部認容した。

〈判決〉は、異議事由の該当性について、

「このように、土地の賃借権の無断譲渡が行われた場合における建物収去土地明渡請求訴訟において、建物所有者が建物買取請求権を行使しないままに請求認容の判決が確定した場合において、その後に建物買取請求権を行使することができるかどうかについては、紛争の一回的な解決を重視して消極に解する見解もありうるところであるけれども、当裁判所は、買取請求権が建物の社会的効用を保護する目的のもとに設けられたものであることからすると、明渡請求訴訟の判決が確定した後においてもなお、その行使を許容することが制度の趣旨に沿うものであり、したがってこれを積極に解するのが相当であると判断する。

　そうすると、控訴人の建物買取請求権の行使により本件建物の所有権は亡信吉に移転したものであるから、これによって控訴人の本件建物の収去義務は消滅したことが明らかである。しかし、控訴人が本件建物を占有することによって本件土地を占有していることは弁論の全趣旨によって明らかであるから、控訴人は、依然として本件建物から退去することによる本件土地の明渡しの義務を負っているものである。そして、別件訴訟の判決における本件建物の収去による本件土地の明渡しを命じた部分のうちには、本件建物から退去することによる本件土地の明渡しを命じる趣旨が包含されているものと解するのが相当である（収去明渡しの執行の過程において建物を占有する控訴人の退去が当然に

実現されるから、退去による明渡義務が顕在的に表現されていないだけである。）から、右判決主文第1項の執行力は、建物退去土地明渡の限度を超える部分についてのみ失われたものというべきである。」と判示し、これを肯定したものである。

この事案では、前記のように主文の記載も参考になるが、〈主文〉として、「被控訴人らの控訴人に対する東京地方裁判所昭和60年（ワ）第11708号建物収去土地明渡等請求事件の判決の主文第1項に基づく強制執行は、被控訴人らにおいて、控訴人をして原判決添付の別紙物件目録二記載の建物から退去させて同目録（一）記載の土地を明け渡させる限度を超えては、これを許さない。」と記載している。

最後に、借地に関連する裁判例をまとめて紹介したい。

[57] 東京地判平成2.7.18 判時1386.125

《事案の概要》

A、Xの先代Bが代表取締役をしていたC有限会社は、Y1から建物所有を目的として土地を賃借し、本件土地上に建物を建築し、所有していたところ、Cは、D株式会社から融資を受けるに際し、本件建物に抵当権を設定したが、その後、Cが手形不渡りを出したことから、Y1がCに対して借地契約の更新料の割賦支払の不履行を理由に借地契約を解除したと主張し、本件建物の収去、本件土地の明渡しを請求する訴訟を提起し、欠席判決として認容判決を得て、判決に基づき本件建物を収去する強制執行をしたところ（本件建物にはXが抵当権を設定し、Eが仮差押さえをする等していた）、Xが前訴の判決はY1、その子Y2、Aが通謀して詐取したものであると主張し、Y1、Y2に対して抵当権喪失につき不法行為に基づき損害賠償を請求したのに対し、Y1が反訴として詐害行為取消しを主張し、抵当権設定契約の取消し等を請求したものである。この判決は、Y1らの不法行為を認め、本訴請求を認容し（配当されるべき金額の損害額を認めた）、反訴請求を棄却した。

【実務の対応】

この判決は、借地上の建物に抵当権が設定されていたところ、土地の賃貸人と賃借人らが通謀し、建物の収去、土地の明渡請求訴訟が提起され、賃借人が敗訴判決を受け、建物が収去された事案について、賃貸人らの不法行為を認め

たものであり、借地上の建物の抵当権侵害の不法行為を肯定した事例として参考になるものである。

[58] 名古屋地判平成 2. 10. 31 判タ 759. 233
《事案の概要》
　Aは、昭和 25 年頃、Y1に建物所有を目的として土地を貸し、Y1が土地に関する税金額相当額を支払う約束をし、建物（第一建物）を建築するとともに、Y1は、本件土地の一部を昭和 28 年頃、Bに建物所有を目的として転貸し、Bが本件土地上に建物（第二建物）を建築したところ、Aが死亡し、Xが相続し、BがCに第二建物と賃借権を譲渡し、Cの死亡により、Y2らが共同相続したが、XがY1の地代増額の拒否等を理由として借地契約を解除し、Y1に対して借地契約の解除、使用貸借契約の解除、民法 597 条 2 項但書による解約を主張し、Y2らに対して本件土地の所有権に基づき建物の収去、本件土地の明渡しを請求したものである。この判決は、本件土地の使用貸借契約であると認めた上、解除を否定し、約 38 年を経ても使用収益をなすに足るべき期間が経過していないとして解約を否定し、本件土地の転借権の時効取得を認め、請求を棄却した。
【実務の対応】
　この判決は、建物所有を目的とする賃貸借契約の成否等が問題になった事案について、賃貸借契約の成立を否定し、使用貸借であるとしたものの、使用後、約 38 年を経ても使用収益をなすに足るべき期間が経過していないとして解約を否定したものであり（民法 597 条 2 項参照）、事例として参考になる。

（8）借家法の適用

　建物を使用する契約関係は、様々な内容、形態のものがあるが、このうち使用につき対抗力が得られたり、使用期間の満了に当たって正当事由による更新の保障を受けたりするのは、借家法の適用を受ける建物の賃貸借に限られる（借家法 1 条、1 条ノ 2 等）。従前、借家法の適用が問題になった紛争としては、「建物」の賃貸借であるかどうかが問題になったり、「賃貸借」であるかどうかが問題になったりしたことがあった。なお、この関係については、借地借家法においても同じ扱いである（同法 26 条、27 条、28 条、31 条等）。

前者の「建物」の賃貸借の点については、道路等の高架下のスペースの賃貸借や、ショッピング・センター内のスペースの賃貸借、立体駐車場等が問題になっている（大阪高判昭和53.5.30判時927.207、東京地判昭和61.1.30判時1222.102、東京高判昭和62.5.11東高時報38.4－6.22等参照）。

　後者の「賃貸借」の点については、親族等の間の建物の使用をめぐって使用貸借か、賃貸借かが問題になったり、公営住宅の使用関係に借家法が適用されるかどうかが問題になったりしている。また、営業用の店舗、事業所等を他人に使用させる契約においては、建物を使用させる面と営業を他人に委ねる面とがあるため、借家法の適用が問題になることがある。これは、通常、営業委託契約と借家法の適用の可否の問題として論じられてきている。

　実務上、店舗について経営委託契約名義の契約がなされることがあり、これが、建物の賃貸借であり、借家法の適用があるかどうかが問題になることがある。これが問題になる場面は、店舗の経営委託契約が締結された後、期間満了等による店舗の明渡しが請求され、借家法の適用が問題になる場合のほか、店舗の賃借人が第三者に対して店舗の経営委託をし、これが転貸に当たるとして、店舗の賃貸借契約の解除が問題になる場合とがある。前者の場合には、契約の名義、形式よりも、その実質、経緯等によって判断されるものであるが、これを肯定した裁判例として、最三判昭和31.5.15民集10.5.496、東京高判昭和54.3.26判時933.61、東京地判昭和55.1.31判時966.77、東京地判昭和58.9.30判時1108.102、東京高判昭和59.10.30判時1137.58、東京高判平成元.7.6判時1319.104等がある。他方、これを否定した裁判例としては、札幌高判昭和52.4.21訟務月報23.4.686、東京高判昭和53.1.25判時883.29、大阪地判昭和57.2.17判タ474.185等がある。

　後者の場合にこれを肯定した裁判例として、東京地判昭和47.6.30判時684.69、東京地判昭和53.7.18判タ371.105、東京地判昭和60.4.17判時1174.85、東京地判昭和60.9.9判タ568.73、神戸地判昭和61.8.29判タ627.164、東京地判昭和61.10.31判時1248.76等がある（なお、最三判昭和29.10.26民集8.10.1972参照）。

　建物の賃貸借においては、その目的が居住であるか、事業であるかによって

保護の程度に差を設けるべきであるとの考え方も強く、今回の借地借家法の制定に当たっても、事業用の建物の賃貸借については更新拒絶、解約申入れに正当事由を要しないとするようにすべきであるとの意見もあった。しかし、住居とか事業とかの区別ができないことも多いなどの理由で、このような立法化は見送られた。ただ、実務上では、建物使用の目的が正当事由の判断に当たって考慮すべき要素であることは言うまでもない。

　このように、店舗について経営委託契約名義の契約が締結された場合にも、借地借家法が適用されることがあるが、借地借家法の施行前に締結されたこのような名義の契約の更新の拒絶の通知又は解約申入れについては、建物の賃貸借に当たると判断される限り、借家法の適用を受けることになる（借地借家法附則12条）。

[59] 東京地判平成2.1.26判時1373.71
《事案の概要》
　ビルの3階部分を賃借し、麻雀荘を営業していた者（被告）が、この一部を改装してテレホンクラブを経営し、被告は、このテレホンクラブの経営を原告に委託するとの内容の契約を締結したが、その後、被告がこの契約を解除したと主張したため、原告は、賃借権の確認等を請求した。本件では、賃貸借契約の成否が問題になった。この判決は、これを肯定して、請求を認容した。
〈判決〉は、賃貸借契約の成否について、
「右事実によれば、本件契約は、本件建物自体、あるいは本件建物とその内部に設置されているテレホンクラブ用施設それ自体のみの利用を目的とした単なる賃貸借契約ではない。本件契約が締結された以前に既に本件建物及び施設でサービスの提供を受けた顧客、すなわち得意先等を含めたテレホンクラブという営業の利用を対象とした契約である。そして、前記念書によれば、被告が原告に対し右営業の運営を委託した形式になっているけれども、少なくともここで重要なことは、その営業が受託者たる原告の計算で営まれ、その損益が原告に帰属することであり、被告は主として施設利用料の名目で一定の金員の支払を受ける権利を有するに過ぎないことである。それ故、本件契約は、被告が主張するような、被告が原告に対し単にテレホンクラブの経営という事務処理を委任したもの、すなわち管理委託契約（純粋の委任契約）とも解することはで

きず、結局これは、狭義の営業委任契約であり、実質は営業の賃貸借と異なるところはないと解すべきである。したがって、本件契約の利用対象に含まれる本件建物の利用関係そのものについては、賃貸借の規定が適用されるというべきである。」と判示し、これを肯定した上、契約の解除も有効ではないとしたものである。

【実務の対応】

この事案のような契約が賃貸借の性質を有するかどうかは、契約の実質によって判断することになるが、その場合、経営の実態、対外的な営業名義、金銭の支払いの基準、支払額、契約の文言、契約の経緯等の諸事情を総合して判断することになろう。経営の委託者としては、経営に伴う危険の負担を避けながら、一定額の定期的な金銭を受け取るような契約を締結して、店舗の管理も含めて経営を委託した場合には、賃貸借と判断されても仕方がないと思われる。

[60] 名古屋地判平成2.7.31判夕748.180
《事案の概要》

店舗（天むすの販売店）を借り受けた者（原告）が、営業を被告甲に委託し、被告乙がこれを連帯保証したが、原告は、被告らに背信行為があったなどとして委託契約を解除し、店舗の明渡し等を請求した。本件では、この委託契約に借家法の適用があるかどうかが問題になった。この判決は、これを肯定した上、被告甲に背信行為があったとして、明渡しの点については請求を認容した。
〈判決〉は、賃貸借の成否について、
「右の事実によれば、本件各店舗における『天むす』等の製造販売業務については特に原告から指示を受けることもなく被告会社が独自の計算において行ってきたものであり、原告は、被告会社から一旦売上金全額の入金を受けたうえで、売上金の15％及び協力金の名目で本件各店舗の賃料・共益費・水道光熱費相当額を控除した残額を支払う方式により、売上金の15％及び協力金の名目で本件各店舗の賃料・共益費・水道光熱費相当額を取得するが、その主な負担としては、本件各店舗を賃借するにあたって保証金や敷金を負担したこと、本件各店舗における営業開始に際して内装工事費及び主要な什器備品の購入費用を支出したこと及びその賃借する本件各店舗を『天むす』等の製造販売業務のために被告会社に使用させること（但し、原告が本件各店舗の賃料・共益

費・水道光熱費相当額を被告会社から徴収していること右認定のとおりであり、本件各店舗の賃料等の支払は実質的には被告会社の負担においてなされてきたといえる。）にすぎず、これらの点に鑑みると、原告・被告会社間の契約は、物品販売業務委託契約との名目でなされているけれどもその実質は、本件各店舗及びこれに付随する什器備品を被告会社が『天むす』等の製造販売業務のために使用収益し、原告がその対価的性質を有する金員を取得することを中心的な内容とするものであり、その主たる目的は本件各店舗の賃貸借であると解するのが相当である。」と判示し、これを肯定した上、背信行為があったとして、賃貸借契約の解除を有効としたものである。

【実務の対応】
　前記［59］の裁判例の【実務の対応】参照。

［61］東京地判平成2.12.25判タ761.215

《事案の概要》
　原告が建物の一部について期間約9か月の約定で焼鳥店の経営を被告に委託したが、原告は建物を堅固な建物に改築する計画を有していたところ、被告は店舗で自己の計算により焼鳥店を営業していたため、原告は期間経過後、期間の満了等を理由に店舗への立入禁止を請求し、被告は、反訴として賃借権の確認を請求した。本件では、賃貸借の成否、一時使用の賃貸借の成否が問題になった。この判決は、賃貸借の成立を認めたが、一時使用の賃貸借を肯定し、本訴請求を認容し、反訴請求を棄却した。
〈判決〉は、賃貸借の成否について、
「……本件建物部分における焼鳥屋営業に関し、原告の有する営業の許可が利用され、原告において名目的かつ少しの権限を有していたものの、原告はその営業上の指示などの権限を有しておらず、現実にも右営業については被告が単独において行っており、営業上の損益もすべて被告に帰属していたものである。そして、被告は、本件建物部分とそこに備付けの什器・備品を焼鳥屋営業のために使用することができるが、その負うべき負担としては、原告に対し、本件建物部分利用の代償金名義の金員を支払い、敷金ないし保証金の性質を有する担保金名義の金員を預託することであり、他にはこれに付随して双方が若干の負担を負っているに過ぎない。

これらの点に徴すると、本件契約は、本件建物部分及び備付けの什器・備品を被告が焼鳥屋営業のために使用収益し、原告がその対価的性質を有する代償金名義の金員を取得することを中心的な内容とするものであり、その主たる目的が本件建物部分の賃貸借にあることは明らかである。」として、これを肯定し、
一時使用の賃貸借の成否については、
「借家法8条にいわゆる一時使用のための賃貸借とは、賃貸借契約締結の動機、目的建物の種類・構造、賃借人の賃借目的・契約後の使用状況、賃料その他の対価の多寡、期間その他の契約条件等の諸要素を総合的に考慮し、長期継続が予期される通常の借家契約をなしたものでないと認めるに足りる合理的な事情が客観的に認定される場合を指すものと解するのが相当である。
　これを本件についてみるに、前記一1に認定した事実によると、賃貸借期間が約9か月と短期であるうえ、原則として延長しない旨定められていること、契約の際、原告が本件建物部分を取壊し、ビルを建築する予定があり、右工事の着工を昭和62年3月とする計画があるため、右工事着工までの間の一時的・暫定的な利用契約であることを確認していること、本件建物部分は、居宅ではなく店舗であるところ、老朽化した木造2階建ての建物の一部であるから、契約当時、近い将来の立て替えが当然に予測されていたこと、銀座の一等地で、権利金の授受がなく、敷金ないし保証金の性質を有する担保金名義の金員も非常に低額であるなど借家法の適用を受ける通常の賃貸借とは異なる取扱がなされていること、被告の本件建物部分の使用目的は焼鳥屋営業であり、それ自体当然に長期にわたるものといえないのみならず、開業にあたり、内装に費用をかけず、什器・備品も一部持ち込んだほかは、備付けの原告のものを使用したにすぎないのであるから、賃貸借期間がある程度長期にわたることを予測していたとは考えがたいことなどが認められ、これらの諸事情を総合考慮すると、本件契約は、一時使用のための賃貸借であると認めるのが相当である。」と判示し、これを肯定したものである。
【実務の対応】
　この事案においては、まず、賃貸借の成否が問題であるが、店舗の経営委託では建物の賃貸借の要素を含むことが多く、このような場合に借家法、借地借家法を適用しないとすると、妥当性を欠くことになろう（実務上では、借家法

の適用を回避するために、様々な名目の契約がなされることが多い)。

　また、この事案においては、賃貸にかかる建物が取壊し予定であるため、取壊しまでの間一時的に契約をするに至っている。借地借家法の下においては、この事案のような場合に、39条所定の取壊し予定の建物の賃貸借を利用することができるかどうかが問題になるが、否定せざるを得ない。この期限付借家の要件としては、「法令又は契約により一定の期間を経過した後に建物を取り壊すべきことが明らかなこと」、「建物を取り壊すこととなるときに賃貸借が終了する旨を約すること」、「この特約を建物を取り壊すべき事情を記載した書面によって行うこと」が必要であり、その前段の要件を欠くからである。

　この期限付借家の利用価値について関心が集まっているところである。実務上問題になりそうな点としては、この特約をどのようにするかであるが、賃貸期間は「一定の年月」をもって定めてもよいであろうし、ずばり「建物を取り壊すこととなるとき」として定めてもよいであろう。そして、いずれの場合にあっても、「建物の取り壊しのときに賃貸借が終了する意思」を明示しておくことが必要であろう。また、その建物を取り壊すべき事情は、契約書上具体的に明示しておく必要がある。

[62] 東京地判平成2.3.29 金融・商事判例868.27

《事案の概要》

　原告は、ある会社に対して債権を有し、会社所有の競売手続中の建物について抵当権設定登記をするとともに、会社との間で建物の賃貸借契約書を作成し、被告が建物を取り壊したが、原告の債権額を超える、原告に優先する抵当権者がいたところ、原告は、賃借権、抵当権の侵害を理由として、損害賠償を請求した。本件では、賃借権の成否が問題になった。この判決は、賃借権が競売妨害等の目的のものであるとして、賃貸借契約の成立を否定し、請求を棄却した。〈判決〉は、賃借権の成否について、

「……本件建物について本件抵当権設定登記をした際に原告及び櫛田産業株式会社代表取締役被告櫛田達義が日付を遡らせてまで本件賃貸借契約の契約書を作成したのは、本件建物及びその敷地をめぐって債権者及びその配下等の思惑が錯綜する中で、右のような外形を作出することにより必要に応じて原告が本件賃借権を主張し、もって本件建物の競売手続において売却を困難ならしめ、

あるいは競売手続によらないで本件建物が処分される際には事実上その障害となることを利用して、右処分のときに売却代金の中から金銭の支払を受けることを狙ったものであり、実質的には原告の櫛田産業株式会社に対する債権の担保とする目的に基づくものであったというべきであること、また、原告及び山田秀臣が神奈川県秦野市に対し本件建物に転入した旨の届出をしているものの、右転入の届出は、右に述べたとおり実質上担保目的で外形を作出することとの関連でされたものであるほか、本富士産業の代表者の住所地を本件建物の所在地にする必要があったためであること、以上の事実が認められ、……本件賃貸借契約の成立の事実に副う部分があるものの、右認定事実に照らすときはたやすく採用することができず、他に本件賃貸借契約の成立の事実を認めるに足りる証拠はない。」と判示し、これを否定したものである。

【実務の対応】

この事案で問題になっているのは、執行妨害の賃貸借である。この事案は、賃借権の侵害による損害賠償が問題になっている事件であるが、賃借人と称する者の契約締結の意図は明らかである。この事案では、賃借人と称する者が占有を取得していないことから、面倒な問題が生じていないが、占有を取得して執行妨害をする者の排除を図ることは、なかなかやっかいなことがある。執行妨害を意図する賃貸借又は短期賃貸借については、これを容易に排除する手段を検討することは、執行制度等の信頼を維持し、不当な利益をむさぼらせないために必要なことである。

また、別の観点から借家法の適用を受ける建物賃貸借であるかどうかが問題になっている。借家法の適用を受けるのは、建物の賃貸借だけであるが、建物類似の物についての賃貸借とか、建物の付随する物の賃貸借について、借家法の規定の適用があるかどうかが問題になることがある。特に、その明渡しを求めるのに正当事由が必要であるかどうか、解除に信頼関係の破壊が必要であるかどうか、賃料増額請求ができるかどうか等が問題になる。

[63] 東京地判平成2.1.25判タ737.166
《事案の概要》
原告は事務所兼従業員宿舎として建物を被告に賃貸したが、その際、建物に隣接した土地（約100坪）を車両置場として賃貸した（賃料は別個に定めら

れていた）ところ、原告は、賃貸期間の満了 5 か月後に 1 年間の予告期間を置いて車両置場の土地（建物の敷地部分を除く）の賃貸借につき解約申入れをし、仮に借家法の適用があるとしても更新拒絶の正当事由があるとして、土地の明渡しを請求した。本件では、この車両置場の土地の賃貸借に借家法が適用されるかどうか、その解約申入れに正当事由が必要であるかどうかが問題になった。この判決は、借家法の適用を肯定し、正当事由が必要であるとして、請求を棄却した。

〈判決〉は、この車両置場としての土地の賃貸借について借家法の適用があるかどうかについて、

「右各認定事実に基づき考察すると、本件建物及び本件車両置場部分について昭和 60 年 5 月 30 日ころ成立した原、被告間の賃貸借契約は、本件車両置場部分付きの本件建物の賃貸借の契約、換言すれば、一個の借家契約であって、賃貸借の目的物件が本件車両置場部分が付加された本件建物であるものと認めるのが相当である。

……

しかして、右認定の原、被告間の本件賃貸借契約は、借家契約としてその全体について借家法の規定の適用を受けるものといわざるを得ず、その結果、従前の賃貸借期間が満了する昭和 62 年 5 月 31 日の経過をもって法定更新され、同年 6 月 1 日以降期間の定めのない賃貸借契約になったものと認められるところ、このような本件賃貸借契約において、本件車両置場部分という土地のみについて、貸主が一方的にその賃貸借契約の一部解約の申入れをすることができるかどうかについて更に検討する。

まず、借家法第 1 条ノ 2 所定の正当事由による解約の制限は、直接的には、いうまでもなく建物についての使用の正当性の存否に基づく解約の制限にとどまるから、土地である本件車両置場部分についての解約に関しては、直接的にはその制限が及ぶものではない。

次に、本件賃貸借契約では、前認定のとおり、原、被告は、『本件建物及び本件車両置場部分による営業運送業を中止したときは無催告解除をすることができる』旨の特約を合意しており、この特約は、その反対解釈として、『本件建物及び本件車両置場部分による営業運送業』を継続する（すなわち、被告が本件建物及び本件車両置場部分を使用して自動車運送業を行う）限りは本件車

両置場部分についてもその解約の要件に関する民法第617条第1項第1号の規定は適用しない旨の合意を含むものと解される。
　そして、それと同時に、被告が本件建物及び本件車両置場部分を使用している場合においても、本件賃貸借契約が一の借家契約であることに変わりがない以上、本件建物自体について借家法第1条ノ2所定の正当事由があるときはその解約申入れが許されるのであり、したがって、この正当事由があるときにも本件車両置場部分についてはなおその解約申入れが許されないということは本末転倒であるから、結局のところ、本件賃貸借契約においては、本件車両置場部分の全部又は一部についても、貸主及び借主の間でその各使用の必要性を比較考量し、同法第1条ノ2所定の正当事由に準じた『正当の事由』……が存すると認められるときは、貸主からその解約を申し入れることができることとする旨の合意が原、被告間で黙示でなされていると解するのが相当である。」と判示し、これを肯定したものである。

【実務の対応】
　この事案のように、建物以外の工作物等の賃貸借について借家法の適用が問題になった裁判例として、大阪高判昭和53.5.30判時927.207（広告塔の所有を目的とするビルの屋上の賃貸借につき、肯定した事例）、東京地判昭和61.1.30判時1222.83（ビルの一部にある立体式屋内駐車場の賃貸借につき、否定した事例）、東京高判昭和62.5.11東高民時報38.4-6.22（立体駐車場設備機材を格納する建物の賃貸借につき、肯定した事例）がある。

[64] 東京地判平成2.11.29判時1395.100
《事案の概要》
　原告が被告らに対してマンション内の建物を賃貸し、これに付随して駐車場を賃貸していたところ、土地価格の高騰等により賃料が不相当になったとして、建物と駐車場の賃料の増額請求をし、賃料額の確認請求をした。本件では、駐車場の賃料について賃料増額請求をすることができるかが問題になった。この判決は、これを肯定して、請求を一部認容した。
〈判決〉は、
「……によれば、本件被告らが原告となり、本件原告を被告として、本件駐車場について本件駐車場使用契約に基づく占有、使用権を有することの確認を求

めた当庁昭和61年（ワ）第7324号駐車場使用権確認等請求事件において、本件駐車場使用契約は、本件各建物の賃貸借が存続する間は存続するとの期間の定めがなされたものである旨認定して、昭和62年10月22日、右確認請求を認容する判決がなされ、同判決は、同年11月7日確定したことが認められ、この関係に変更事由が生じたことは認められない。

これによれば、本件各駐車場の賃貸借契約は、本件各建物の賃貸借契約と、右判決のとおりの関係に立つこととなり、建物の賃貸借と一体としての期間的拘束を受けることになるから、借家法7条1項の規定を準用し、同条所定の事情が存するときは、賃料増額請求ができるものと解するのが相当である。」と判示し、これを肯定したものである。

【実務の対応】

　駐車場の使用関係については、分かっているようで分かっていないところが多いのに驚かされる。例えば、駐車場の契約は6か月、1年程度で更新することになっているのが通常であるが、これも基本的には何を対象、目的とした契約なのかが明確でないことが意外と多い。土地の賃貸借なのか、自動車の保管なのか、保管場所の提供なのか、必ずしも明確ではないし、その内容の如何によっては、当事者間の法律関係も大きく異なってくる。

　駐車場をめぐる法律関係としては、基本的な法律関係が何かという問題のほかに、駐車場の明渡しの根拠、請求の趣旨、駐車場における盗難、事故等の責任関係、駐車場料金の増額請求の可否、マンションにおける駐車場の使用関係等の問題がある。これまでに公表された裁判例を簡単に紹介すると、大阪地判昭和42．9．26判タ214．228（駐車場経営者に受寄物の保管責任を認めた事例）、鳥取地判昭和48．12．21判時738．98（駐車場における自動車の盗難につき駐車場経営者の責任が否定された事例）、東京高判昭和53．5．31判タ368．237（マンション分譲の際の広告及び説明により駐車場付であると信じてマンションを購入した者の駐車場使用を目的とする賃貸借契約は、マンションの分譲を受けた居住者がその所有する自動車の使用を必要としなくなるまで存続するという期間の定めがあるものというべきであるとした事例）、東京地判昭和53．8．16判時906．46（駐車場がマンションの専用部分に当たるとされた事例）、大阪地判昭和53．11．17判タ378．122（駐車場における自動車の盗難につき経営者に寄託契約上の保管責任を認めた事例）、大阪地判昭和

53．11．29判タ375．105（土地付分譲マンションにおける駐車場専用使用権の分譲が、好ましいとは言えないが、公序良俗に違反するとまでは言えないとされた事例）、東京地判昭和53．12．7判時924．77（駐車場がマンションの専用部分に当たるとされた事例）、大阪高判昭和55．4．25判時979．66（土地付分譲マンションにおける駐車場専用使用権の分譲が適法とされた事例）、大阪高判昭和55．7．9判時987．53（次の最二判昭56．1．30の原審判決）、最二判昭和56．1．30判時996．56（土地付分譲マンションにおける駐車場専用使用権の分譲が公序良俗違反として無効とは言えないとされた事例）、大阪地判昭和56．4．27判タ454．126（土地付分譲マンション付属駐車場の使用関係が、賃貸借ではなく、駐車場専用使用権の設定・販売及び駐車場の管理委託契約であるとされた事例）、前記東京地判昭和61．1．30判時1222．83（ビルの一部にある立体式屋内駐車場の賃貸借が借家法所定の賃貸借ではないとされた事例）、大阪高決昭和62．1．9判タ644．133（団地入居者の専用青空駐車場についての占有が認められた事例）がある。

[65] 東京地判平成2．4．24判時1368．79
《事案の概要》
　賃借人（原告。当時年齢84歳の老人であった）が不動産業者（被告乙）の仲介により賃貸人（被告甲）との間でアパートの一室の賃貸借契約を締結したが、その際、被告甲の代理人は、原告が同行した年齢35歳位の男を原告と誤信して契約を締結し、原告は、この貸室を1年半ほど使用し、その後約1か月間不在にしたことから、被告らは、原告が不在の間に貸室から動産を搬出した上、その貸室を第三者に賃貸したため、原告は、被告らに対し、借家権の侵害を理由に不法行為による損害賠償を請求し、被告らは、原告の同一性、年齢の錯誤による賃貸借契約の無効などを主張した。本件では、この錯誤の無効が問題になった。この判決は、これを認めて、請求を棄却した。
〈判決〉は、錯誤の成否について、
「（二）　右（一）認定事実及び争いのない事実によれば、本件賃貸借契約締結について被告宮本を代理した鈴木は、堀田が同行した年齢35、6歳位の男性を借主と誤信して原告との間で本件賃貸借契約を締結したものであるから、契約締結前鈴木から報告を受けていた被告宮本も、84歳にもなる高齢者に賃貸

することになるとは全く思ってもいなかったものということができる。
2（一）　そこで、抗弁1（一）（3）の主張について判断するに、建物賃貸借のような継続的な契約関係においては、契約当事者間の個人的な信頼関係が重要性をもつものであり、ことに、……によれば、高齢者に対する住居の賃貸は管理上様々な問題があり、トラブルが発生するおそれが大きいこと等の理由から、弘信商事及び被告秀徳では仲介を差し控えており、被告宮本においても、その所有にかかる本件貸室を含む大堀荘を年齢60歳以上の高齢者に賃貸することは断わっており、仮に、原告が84歳の高齢者であったことを知っていたならば、原告への本件貸室の賃貸を承諾しなかったであろうこと、そして、一般的にも、原告のような高齢者が借主となってアパートを賃借するのは困難な状況にあることがそれぞれ認められ、この認定を左右するに足りる証拠はない。
（二）　右のような事情を踏まえて考えると、本件賃貸借契約において借主がどのような人か、ことに借主が高齢者かどうかは契約の要素であって、被告宮本の代理人鈴木の、前記1で認定した借主となるべき原告本人の同一性ないし年齢についての錯誤は、要素の錯誤に当たるものと解するのが相当である。そして、被告宮本が認識していたところと鈴木の認識には若干の食い違いがあるが、このことは右の結論に影響を及ぼすものではない。」と判示し、これを肯定した上、借家権の喪失を理由とする不法行為の成立を否定したものである。

【実務の対応】
　この事案は、事案として珍しいものであるが、錯誤の点はともかく、結論については先例とするには疑問の余地がある。原告は少なくとも1年半は貸室を使用していた（その使用の程度に問題はあろう）ものであるし、被告らは原告の不在の間に所有動産（その内容、量に問題はあろう）を無断で搬出したというのであるから、違法な自力救済に当たる可能性があるからである。もっとも、この判決は控訴されずに確定しているから、原告もこれを納得した事情があると想像されるところではある。

（9）一時使用の賃貸借

　建物の賃貸借において、短期間だけ賃貸し、その明渡しを確保するために、従前は、①一時使用の賃貸借（旧借家法8条）、②期限付合意解約、③明渡猶予の合意が利用されてきた。このうち②、③は即決和解によって利用されるこ

とがある。

　即決和解は、比較的容易に利用でき、執行力も得ることができる制度である（旧民事訴訟法356条、現民事訴訟法275条、民事執行法22条）ため、合理的な事情もない場合にも利用されることがあり、借家法の潜脱のために濫用される危険も高いと指摘されている。特に、この事案のように賃貸借の開始時から利用され、しかも即決和解が何度も繰り返されることになると、その危険性が一層顕在化する（この場合には、即決和解の要件である「民事上ノ争」（民事訴訟法356条）が認められないことも多いであろう）。しかし、事情によっては、一定期間の明渡猶予期間を定める合意を認めるべき場合もあり、この場合には、即決和解も有効である。「民事上ノ争」の範囲に関する裁判例としては、名古屋高判昭和35.1.29高民集13.1.72、東京高判昭和35.3.3東高民時報11.3.81、東京高判昭和38.2.19東高民時報14.2.24等があり、いずれも現在現実に法的な紛争がある場合に限定していないところである。

　①の特約については、借地借家法40条においても、従前（借家法8条）と同様な規定が設けられているが、これを肯定した最近の裁判例としては、東京地判昭和49.6.25判時760.70、東京地判昭和50.9.22判時812.82、東京高判昭和55.10.29判タ433.102、大阪地判昭和59.9.26判タ540.220、東京地判昭和60.10.30判時1172.66（28年間も賃貸借が延長された事案である）があるので、参考になる。一時使用の賃貸借が否定された裁判例としては、大阪地判昭和50.9.26金融・商事判例494.40、大阪地判昭和51.5.31金融・商事判例517.37、大阪地判昭和53.1.25判時898.85、東京地判昭和53.2.20判時904.78、神戸地判昭和54.4.10判タ392.158、東京地判昭和54.9.18判時955.99、東京地判昭和55.2.12判時965.85、東京地判昭和55.8.15判タ440.123、福岡地判昭和58.7.1判タ509.192、東京地判平成元.8.28判タ726.178がある。

　借地借家法は、これらのほかに、更新されることのない短期間に終了する賃貸借として、期限付建物賃貸借の制度を設け、④賃貸人の不在期間の建物賃貸借（38条）、⑤取壊し予定の建物の賃貸借（39条）が利用できることになっている。しかし、これらの賃貸借は、それが認められる要件も、社会的な必要性を考慮すると、些か狭いとの批判もある。従前の一時使用賃貸借等の一部がこれらの賃貸借によりまかなわれることもあるとしても、一時使用賃貸借等の

利用度が相当に減少するとは言い難い（前記の東京高判昭和55．10．29判タ433．102は、建物建替えまでの5年間に限って賃貸する旨の賃貸借契約を一時使用の賃貸借であるとしている）。

　ところで、建物の賃貸借が一時使用の賃貸借に当たるかどうかの基準は、賃貸借の目的、動機、経緯、賃貸期間、建物の種類、構造、規模、使用状況、賃料の多寡、契約書上の記載内容、その他の諸般の事情から、賃貸借契約を短期間内に限り存続させる趣旨のものであることが、客観的に判断されるものであることである（最三判昭和36．10．10民集15．9．2294参照）が、この基準を現実に適用することがなかなか難しいことも少なくない。

［66］東京地判平成2．7．30判時1389．102
《事案の概要》

　被告が第三者にパチンコ店経営を目的として、賃貸期間を5年間、賃料208万円などとして、建物を賃貸し、その旨の公正証書が作成され、その後、原告は、被告の承諾を得て、この賃借権を譲り受けたが、その際、従前と同様の内容の公正証書を作成するとともに、賃貸期間満了の際には建物を明け渡す旨の即決和解をしたところ、原告は、即決和解の執行力を排除するために、請求異議の訴えを提起した。本件では、一時使用の賃貸借の成否が問題になった。この判決は、これを否定し、明渡条項が賃借人に不利なものとして無効であるとして、請求を認容した。

〈判決〉は、一時使用の賃貸借の成否について、

「右（一）から（五）までの各事実によると、（1）本件賃貸借は被告と元島ないしトップ温水社との間の賃貸借（前賃貸借）をそのまま引き継いだもので、賃貸借期間は前賃貸借の存続期間とされたものの、殊更短期間に限定する趣旨に出たものではなく、賃料、保証金の定めも、前賃貸借と何ら異なるところがなかったこと、（2）本件建物の使用目的は、原告においてパチンコ店営業を引き継いで行うことにあり、被告もこの点を了知していたもので、右使用目的自体、期間を短期間に限定する趣旨のものとはいい難いし、むしろ、原告は、右営業用設備等資金として、3500万円に及ぶ多額の資本を投入しており、右資本回収のため、相当長期に亘り、パチンコ店を営業する予定であったと考えられること、（3）原、被告間において当初作成された店舗賃貸借契約書及び

公正証書には、いずれも本件賃貸借を一時使用目的とする旨の記載はなく、かえって右公正証書では、期間満了後には更に5年間更新することを予定していた条項さえ定められていたにもかかわらず、その後作成された本件和解調書において、はじめて一時使用目的という文言が使用されたものであって、本件和解調書作成までの間に、原、被告間において、本件賃貸借を特に短期間に限る格別の事情が生じたと認むべき事実及びこれについて話合いがなされた事実も見あたらないこと、(4)他方、被告においても、本件賃貸借当時、期間満了後に必ず本件建物を使用する具体的計画とその計画実現の見通しがあったとの事実を認めることはできないこと等を指摘することができる。

以上の諸点を総合勘案すると、本件和解調書中に一時使用という文言が記載されていたからといって、それだけでは本件賃貸借が一時使用目的であることが明らかであるとは到底いえず、他にこれを認めるに足りる証拠はない。」と判示し、これを否定したものである。

【実務の対応】

この判決は、前記の基準の諸点を具体的に検討して、即決和解調書上の文言にもかかわらず、一時使用の賃貸借であることを否定したところに特徴がある。

また、一時使用の賃貸借を肯定したものとして他に、前記の［61］東京地判平成2．12．25判タ761．215がある。

(10) 解約申入れ、更新拒絶

近年、土地に対する需要が著しく高まり、そのために建物、土地の明渡しを求める事件が増加していると指摘されているが、その請求の根拠として、土地の有効利用、再開発等の正当事由を理由とする賃貸借の解約申入れ、更新拒絶が主張されている。正当事由については、賃貸人・賃借人の双方の建物に対する必要性等の諸事情を考慮して判断するというのが、判例（最二判昭和25．6．16民集4．6．227、最一判昭和27．12．25民集6．12．1263、最二判昭和29．1．22民集8．1．207）、実務である。正当事由を認める場合には、それを補完するために、立退料の支払いを認める事例が少なくない（もっとも、訴訟の多くは和解によって、立退料額が調整され、解決されているのが実情である。一般的に言えば、立退料額は和解の場合のほうが、判決の場合よりも多額になると指摘されている）。土地の有効利用等だけでは正当事由を認め難いと

するのが従前の裁判例の傾向であり、実務上は他の諸事情とともに立退料の額を考慮して正当事由の有無が判断されている。

　立退料の提供が正当事由の補完事由になることについては、最二判昭和38. 3. 1民集17. 2. 290、最一判昭和46. 11. 25民集25. 8. 1343等の多くの判例、裁判例によって確立した実務になっている。

　正当事由については、法文上は、従前の「建物ノ賃貸人ハ自ラ使用スルコトヲ必要トスル場合其ノ他正当ノ事由アル場合」とされていたのが、借地借家法では、「建物の賃貸人及び賃借人（転借人を含む。……）が建物の使用を必要とする事情のほか、建物の賃貸借に関する従前の経過、建物の利用状況及び建物の現況並びに建物の賃貸人が建物の明渡しの条件として又は建物の明渡しと引換えに建物の賃借人に対して財産上の給付をする旨の申出をした場合におけるその申出を考慮して、正当の事由が認められる場合」とされている。このように文言が変えられたのは、正当事由に関する従来の裁判例を踏まえて、正当事由を明確化したにすぎないものであり、建物の賃借人の立場を弱めようとするものではない。正当事由の解釈に当たっては、従前の裁判例の基準が今後も妥当することになる。

　建物賃貸借の解約申入れ、更新拒絶、正当事由については、賃貸人・賃借人の関係が従前と異なるものではないことから、施行前の賃貸借についても借地借家法を適用すべきであるとの考え方もあったが、政策的な配慮から、施行前に締結された建物の賃貸借解約申入れに関しては従前の借家法が適用されることになった（借地借家法附則12条）。

　従来、賃貸人が立退料を提供する場合には、金額を明示したり、裁判所の裁量に委ねたり、その方法は一様ではなかった。裁判所が、賃貸人の申し出た立退料の額を超えて相当な立退料を認める場合、申出額に拘束されて請求を棄却するか、相当な立退料額により請求を認容するかは、審理の過程で表れる賃貸人の意向、真意もあって、実務上は悩ましい問題である。判例（最一判昭和46. 11. 25民集25. 8. 1343）は、賃貸人が明示した申出額を超える立退料の支払いと引換えに明渡請求を認容することを認めたが、実務は慎重であるのが実情である。

　賃貸人が提供を申し出た立退料の額を超える立退料の支払いと引換えに正当事由を認めた最近の裁判例としては、東京地判昭和58. 5. 30判時1092. 71、

東京高判昭和 58. 5. 31 判時 1084. 75、大阪地判昭和 59. 7. 20 判タ 537. 169、東京高判昭和 60. 4. 19 判時 1165. 105、横浜地判昭和 63. 2. 12 判時 1291. 108、東京地判平成元. 7. 4 判時 1356. 100、東京地判平成元. 9. 29 判時 1356. 106 等がある。

　建物の賃貸人が賃借人に対して、建物の明渡しを請求する場合、通常は解除と解約（更新拒絶を含む）の2つの方法があるが、実務上では、主位的に解除、予備的に解約（さらに予備的に立退料の提示を伴って請求し、主張することがある）が主張されるのが、典型的な場合である。これは、仮に主位的な主張が認められなかったとしても、予備的な主張の判断には大きな影響を与えるものであるから、賃貸人としては、主位的な主張において、従前の経過（特に賃借人の背信的行為）を主張しておくことが重要である。

　最近の裁判例で、土地の有効利用、建物の建替え等の正当事由による建物賃貸借の解約申入れ、更新拒絶を認めたものとしては、名古屋高判昭和 53. 9. 27 判時 929. 84、東京地判昭和 56. 10. 12 判タ 466. 143、大阪地判昭和 57. 7. 19 判タ 479. 154、東京高判昭和 57. 10. 25 判タ 485. 107、東京地判昭和 59. 2. 28 判タ 527. 119、大阪地判昭和 59. 7. 20 判タ 537. 169、東京地判昭和 61. 5. 28 判時 1233. 85、東京地判昭和 62. 1. 26 判時 1263. 29、東京高判昭和 63. 4. 27 判時 1274. 87、東京地判昭和 63. 7. 19 判時 1291. 87、東京地判昭和 63. 10. 25 判時 1310. 116、大阪地判昭和 63. 10. 31 判時 1308. 114、東京高判平成元. 3. 30 判時 1306. 38、東京地判平成元. 7. 10 判時 1356. 106、東京地判平成元. 9. 29 判時 1356. 112、大阪高判平成元. 9. 29 判タ 714. 177 等がある。これに対して、最近の裁判例でこれを否定したものとしては、東京地判昭和 54. 12. 14 判時 967. 88、東京地判昭和 62. 6. 16 判時 1296. 101、東京地判昭和 62. 7. 22 判時 1275. 81、東京地判昭和 62. 10. 29 判タ 668. 168、東京地判平成元. 6. 19 判タ 713. 192 等がある。

[67] 東京地判平成 2. 1. 19 判時 1371. 119
《事案の概要》

　賃貸人（原告。旧の所有者から転々譲渡を受けた者である）がアパートの一室を賃借人（被告）に賃貸していたが、建物の老朽化を理由に正当事由による

解約申入れをし、建物の明渡しを請求し、予備的に立退料（50万円又は358万2000円）も提供した。賃借人は他にマンションを所有しており、単身者であった。アパートは既に相当老朽化しており、賃貸人は、建物の建替えをするために、他の居住者からは立退きを受けていた。本件では、正当事由の有無、立退料の額が問題になった。この判決は、賃貸人の申出額の約2倍に相当する700万円の立退料の提供により正当事由を認めて、請求を認容した。

〈判決〉は、正当事由の有無、立退料の額について、

「（四）　鑑定の結果によれば、本件建物部分の借家権価格は、340万円であり、移転雑費18万2000円を含めると、358万2000円であることが認められる。
2　以上の事実によって検討するに、本件土地の場所的状況、本件建物の現状、固定資産税などの負担額、本件建物を賃貸した場合における収入額、本件建物の利用状況、旧家主である佐藤千江夫婦がその所有当時既に本件建物を建て替える意思・計画を有しており原告は右意思・計画を事実上引き継いだこと、被告は単身者で本件建物部分を居住用に利用しており移転に伴う大きな経済的・非経済的な損失はほとんど考えられないこと、被告が別に居住可能なマンションを所有していることなどから考えると、原告のした本件建物部分の賃貸借契約の解約の申入れは、原告が立退料として借家権価格を超える十分な金額の立退料の支払を提供してはじめて正当事由を具備するに至るものというべきであるから、原告の立退料支払なしの解約申入れ及び金50万円又はこれと著しく差のない立退料を提供したにすぎない解約の申入れは、いずれも法律上その効力を発生するに由ないが、金358万2000円又はこれを著しく超えない範囲内で裁判所が決定する金額の提供を伴った解約の申入れは、有効であるというべきである。

そこで、右解約の正当事由を具備する場合の相当な立退料の金額を検討するに、以上認定した事実に鑑定の結果を合わせ考えると、700万円が相当である。」と判示し、立退料の補完による正当事由を肯定したものである。

【実務の対応】

この判決は、解約申入れをした賃貸人は訴訟前の数年間に建物の転々譲渡を受けた者であること、正当事由の主たる事情が建物の老朽化、建替えの必要性にあったこと、正当事由を補完するものとして認められた立退料が賃貸人の申出額の約2倍の立退料であったこと、アパートの一室の立退料として700万

円を認めたことが特徴と言えよう。このうち、特に立退料の額については、鑑定の結果の約2倍の額を認めているが、これは、賃貸人の建物使用の必要性、建物取得の経過等を考慮したためであろう。しかし、この事案では、賃借人も他にマンションを所有しているのであるから、本来アパートを利用する必要性も乏しいことの事情もあったことを考えると、些か高額であるとの印象を与えるであろう。

また、この事案では、立退料の鑑定として、借家権価格を鑑定事項にしているが、この点の実務は一定していない。そもそも借家権については、借地権と同様に借家権価格なる価格があるかどうかは、実務上問題があるとする見解が強いのである。実務上では、借家の立退料の基準が明確でなく、地域によって大きく差があり、様々な考え方によって定められているため、判決において立退料を認定することは容易ではない。それだけでなく、和解においても、賃貸人・賃借人双方の納得が得られるような立退料の額を提示することは、借家についてはなかなか困難であることが少なくない。

[68] 東京地判平成2.3.8判時1372.110
《事案の概要》

賃貸人（原告。大企業）が建物を倉庫として賃借人（被告）に賃貸していたところ、建物の老朽化、土地の高度利用等を理由とする正当事由により更新を拒絶し、建物の明渡しを請求した。賃借人は古くなった建物を賃貸期間1年間で更新を5回繰り返していた。本件では、正当事由の有無が問題になった。この判決は、立退料の提供なしに正当事由を肯定し、請求を認容した。
〈判決〉は、正当事由の有無について、
「以上に認定した諸事実を総合すれば、原告においては、本件土地の周辺の客観的な状況の変化等に応じ、本件倉庫その他本件土地上に存する建物を取り壊し、その跡に近代的な建築物を建設し、もって本件土地を有効に活用する必要があるものと認められ、したがって、原告の被告に対する本件倉庫の賃貸借契約の更新拒絶については正当の事由があると認めるのが相当である。」と判示し、正当事由を肯定した上、
借家権価格について、
「被告は、本件倉庫の借家権の価額を評価すれば、2億円から4億円に相当す

ると主張する。そして、借家権が一定の財産的価値を有するものとして取引の対象となることがあり得ることは、裁判所に顕著な事実である。しかしながら、原告主張の本件倉庫の借家権の評価額は、それが何らの瑕疵のないものであることを前提とするものであることは、その主張自体から明らかであり、本件におけるように、その存否が争われている場合にも当てはまるものであるとは到底考え難いのみならず、その点を除外しても、その評価が適正であると認めるに足りる証拠はない。」と判示したものである。

【実務の対応】
　この判決は、建物の老朽化、土地の有効利用を理由とする正当事由を立退料の補完なしに認めたところに特徴がある。

[69] 東京高判平成2．5．14 判時1350．63
《事案の概要》
　賃貸人（原告、控訴人）は、都心に所在する建物を賃借人（被告、被控訴人）に賃貸していたところ、建物の老朽化、土地の有効利用等を理由とする正当事由、予備的に立退料として6300万円又は1億円を提供すると主張して賃貸借契約の更新を拒絶し、建物の明渡しを請求した。建物は建築後60年を経て老朽化しており、修繕が必要な状態である。賃借人は、建物でジーンズ等の衣料品の小売店を営業していた（他にも店舗を有している）。賃貸人の依頼による鑑定評価書では、借家権価格が6300万円とされ、賃借人依頼の鑑定評価書では、借家権価格が2億6000万円とされた。本件では、正当事由の有無が問題になった。第一審判決は、これを否定して、請求を棄却したため、賃貸人が控訴し、提供する立退料の額を1億5000万円、2億5000万円又は裁判所が決定する額に増額した。この判決は、2億8000万円の立退料により正当事由があるとして、原判決を取り消し、この立退料の支払いと引換えに請求を認容した。
〈判決〉は、正当事由の有無について、
「前述の正当事由ありとするに資する諸事情と正当事由を否定するのに資する諸事情を総合して考察すると、本件更新拒絶については、補完金として相当額の立退料を支払うことにより正当事由は具備されるというべきである。
　……

右（一）ないし（六）の諸事実を総合して考察すると、本件更新拒絶の正当事由を補完するための立退料は金2億8000万円を相当と認定、判断する。」と判示し、これを肯定したものである。

【実務の対応】
　この判決は、建物の老朽化、土地の有効利用を理由とする正当事由を認めるとともに、2億8000万円という高額の立退料を認めたことに特徴がある。
　土地の賃貸借の場合（事案にもよるが、借地権価格について鑑定がなされることが多い）と異なり、建物の賃貸借における妥当な立退料の額を判断することはなかなか困難である。この立退料を判断する場合、建物の種類、使用目的、代替建物の可能性、地域性、賃貸借の経緯等によって、大きく異なることが予想される。借家権価格は、東京都23区内や類似の地域では慣行化していると言ってもよいが、それ以外の地域では必ずしも慣行化しているとは言い難いのが実情であろう。このほかにも、賃貸人・賃借人の意向、賃貸人の資力も立退料の額に事実上影響を与える要因である。そうすると、立退料について鑑定を行う場合、何を鑑定事項とするかは、個々の事案毎に慎重に検討することが必要になる（鑑定の基準時も、正当事由の認められる時期によって変わるから、どの時点を取るかについては一考が必要である）。
　この事案では、前記のように億を超える立退料が認められたが、億を超える立退料が認められた最近の裁判例としては、東京地判昭和56．4．28判時1015．90（土地の賃貸借で、8億円の立退料を認めた事例）、東京地判昭和61．5．28判時1233．85（建物の賃貸借で、3億4000万円の立退料を認めた事例）、東京地判昭和62．3．23判時1260．24（土地の賃貸借で、1億8000万円の立退料を認めた事例）、東京地判昭和63．11．14判時1324．61（土地の賃貸借で、8億円の立退料を認めた事例）、東京高判平成元．3．30判時1306．38（建物の賃貸借で、1億6000万円の立退料を認めた事例）、東京地判平成元．12．27判時1353．87（土地の賃貸借で、2億8000万円の立退料を認めた事例）、東京地判平成2．9．10判時1387．91（建物の賃貸借で、1億5000万円の立退料を認めた事例。後記の裁判例）、東京地判平成3．5．30判時1395．81（建物の賃貸借で、8億円の立退料を認めた事例）等がある。

[70] 最二判平成 2. 6. 22 判時 1357. 75
《事案の概要》
　賃貸人（東京都。原告、被控訴人、被上告人）が都営住宅につき賃借人（被告、控訴人、上告人）に使用許可を与えていたが、賃借人が他に住宅を購入して転居し、長男を住まわせたことから、賃貸人は、東京都営住宅条例20条1項6号に基づき使用許可を取り消し、またこの取消しの意思表示の中には正当事由による借家法所定の解約申入れの意思表示が含まれるとして、建物の明渡しを請求した。本件では、都営住宅の明渡しに借家法1条ノ2が適用されるかどうかが問題になった。第一審判決は、正当事由を認めて、請求を認容し、第二審判決（東京高判昭和61. 9. 29 判タ 627. 152）は、賃借人の控訴を棄却したため、賃借人が上告した。この判決も、借家法1条ノ2の適用を肯定して、賃借人の上告を棄却した。
〈判決〉は、借家法の適用の有無について、
「原審は、公営住宅法に基づく公営住宅の使用許可による賃貸借についても、借家法が一般法として適用され、同法1条ノ2に規定する正当の事由がある場合には、同条により解約の申入をすることができ、東京都営住宅条例（昭和26年東京都条例第112号）20条1項6号は適用されないものとしたうえ、適法に確定した事実関係の下において、同号の使用許可の取消の意思表示をその主張事実から借家法1条ノ2による解約申入とし、その正当の事由を肯認し、権利の濫用に当たらないとして、被上告人の本件明渡請求についてこれを認容したものであって、右判断は正当として是認することができる。」と判示し、これを肯定したものである。
【実務の対応】
　この事案で問題になった東京都営住宅条例20条1項は、その6号において、知事が住宅の管理上必要があると認めたときは使用許可を取り消すことができる旨を規定しているところ、公営住宅法（22条）にもない規定であるため、その効力が争われている。この事案では、賃借人側は、その点のほか、公営住宅法、東京都営住宅条例には明渡請求事由が個別的に定められており、それ以外の明渡請求事由（借家法所定の正当事由による解約申入れ）は認める余地がないと主張し、この主張がこの判決で排斥されているものである。この判決に

より、都営住宅については、公営住宅法、東京都営住宅条例による明渡しのほか、借家法による明渡しも認められることになったわけである（後記のように、これまでの裁判例では、この点が必ずしも明らかではなく、条例の規定が借家法の規定と同一の趣旨を定めたものであるなどとされていた）。

ところで、公営住宅の明け渡しと借家法の適用の有無については、条例等による明渡しに正当事由が必要であるか、信頼関係の破壊の法理が適用されるかどうか、賃料増額請求に借家法が適用されるかどうかなどが問題になっているが、最近の裁判例で問題になったものとしては、前橋地判昭和50. 2. 4判時772. 28（前橋市営住宅の建替えのための明渡請求には、借家法1条ノ2は適用されないとして、請求を認容した事例）、東京高判昭和50. 8. 28判時791. 24、東京地判昭和57. 5. 19判時1062. 110（都営住宅の建替えのために、東京都営住宅条例に基づく明渡し請求を認容した事例で、条例の規定は借家法1条ノ2と同趣旨の規定であるとした事例）、東京地判昭和58. 3. 29判時1086. 120（東京都営住宅の居住者が他に住宅を所有していたことから、都営住宅条例に基づく明渡請求を認容した事例で、借家法1条ノ2の正当事由があるとした事例）、東京地判昭和58. 6. 29判時1113. 99（都営住宅の建替えのために、東京都営住宅条例に基づく明渡請求を認容した事例で、条例の規定は借家法1条ノ2と同趣旨の規定であるとしたもの）、横浜地判昭和59. 10. 18判時1148. 135（横浜市営住宅の建替えのために、公営住宅法に基づく明渡請求が認容された事例で、借家法1条ノ2の適用を否定したもの）、最一判昭和59. 12. 13民集38. 12. 1411、判時1141. 58（都営住宅の居住者が無断増築をしたため、東京都営住宅条例に基づく明渡請求が、信頼関係を破壊するに足りない特段の事情がないとして、請求が認容された事例で、信頼関係の理論の適用を認めたもの）、東京地判昭和59. 12. 24判時1177. 69（都営住宅の建替えに伴う児童遊園設置のために、東京都営住宅条例に基づく明渡請求を認容した事例で、条例の規定は借家法1条ノ2と同趣旨の規定であるとしたもの）、東京地判昭和59. 12. 26判時1177. 69、判タ553. 183（都営住宅の建替えのために、東京都営住宅条例に基づく明渡請求を認容した事例で、条例の規定は借家法1条ノ2と同趣旨の規定であるとしたもの）、東京地判昭和60. 6. 21判時1202. 92（都営住宅の建替えのために、公営住宅法に基づく明渡請求が認容された事例で、借家法1条ノ2の適用を否定した

事例)、東京地判昭和60. 6. 28 判時 1170. 105 (都営住宅の高額所得を有する居住者に対する、公営住宅法に基づく明渡請求が認容された事例で、借家法1条ノ2の適用を否定した事例)、東京高判昭和60. 7. 31 東高時報 36. 6 - 7. 135 (前記横浜地判昭和59. 10. 18 の控訴審判決であり、借家法1条ノ2の適用を否定した事例)、東京高判昭和61. 4. 30 判タ 611. 64 (前記東京地判昭和60. 6. 21 の控訴審判決であり、借家法1条ノ2の適用を否定した事例)、大阪地判昭和61. 9. 22 判時 1228. 102 (大阪市営住宅の建替えのために、大阪市営住宅条例 (実質的には借家法1条ノ2による解約申入れ) に基づく明渡し請求を認容した事例)、東京高判昭和61. 9. 29 判タ 627. 152 (都営住宅の居住者が他に建物を所有したため、借家法1条ノ2に基づく正当事由があるとして求めた明渡請求を認容した事例)、最二判昭和62. 2. 13 判時 1238. 76 (前記東京高判昭和61. 4. 30 の上告審判決であり、借家法1条ノ2の適用を否定した事例) がある。

[71] 東京地判平成2. 9. 10 判時 1387. 91
《事案の概要》
　賃貸人 (原告。隣地の所有者であり、提訴の約1年前に建物の所有権を取得し、賃貸人の地位を承継した) が都心に所在する建物を賃借人 (被告) らに賃貸していたところ、建物の老朽化、本社ビルの建築、土地の高度利用等を理由とする正当事由、予備的に1億5000万円又は裁判所が相当とする立退料の提供を主張して解約申入れをして、建物の明渡しを請求した。賃借人らは、建物で日本料理店を営業していた。建物は周囲から取り残されて老朽化したものであり、全体の建物のうち使用されているのは、賃借人らの使用部分だけであり、他の部分は空家であった。本件では、正当事由の有無が問題になった。この判決は、1億5000万円の立退料の提供によりこれを肯定し、この支払いと引換えに請求を認容した。
〈判決〉は、まず土地の高度利用の点について、
「原告が被告らに本件建物の明渡しを請求する意図は、全体建物の敷地の高度利用・再開発の一環として、本件建物を含む全体建物を取り壊して、右敷地に隣地を加え、その併せた土地上に原告の本社ビルを建築し自ら使用したいということにある。会社の規模に応じた事務スペースを一か所にまとめて持ち、効

率的な事務運営を行い、銀行の信用をも得て、六本木地区に本社があるということで多くの優秀な人材を獲得したいという原告の右意図は、企業の判断としては合理的であるというべきである。また、本件建物は少なくとも築後30年以上はたっており、原告が主張するような構造上危険な建物であり、かつ、朽廃建物であるとまで認めるに足りる証拠はないものの、本件建物の周辺では商業化・土地の高度利用が進んでおり、本件建物を含む全体建物だけが、その近代化から取り残された老朽建物であること、全体建物のうちの本件建物の部分のみが使用されているだけで、その残部は全て空き家となっている状態であること、全体建物の敷地の坪当たりの時価が8000万円以上であるのに比して本件建物の賃料が月17万円と格段に安いこと等を考えると、現在の建物のままでは、敷地価格に見合う賃料収入を全体建物から獲得することは不可能であり、本件建物の建て替え及び右敷地の高度利用・再開発の社会的な必要性も十分に認められる。」と判示し、これを肯定した上、

正当事由の有無については、

「以上の原告被告ら双方の必要性に関する事情に照らすと、原告の自己使用の必要性が被告らのそれを上回るとまでは認められないものの、原告の本件建物明渡請求を不当とするほどの確固たる差があるわけでもなく、また本件建物の明渡しによって被告らに生ずる不利益は経済的に補填ができるものということができる。そうであるとすると、当事者双方の必要性、本件建物の存在する地域の環境及び敷地の価格等その他前記認定事実を総合的に考慮すれば、相当額の立退料の申出（賃借人たる被告角谷への支払）により、原告の解約申入れは正当事由が補完され具備されるものというべきである。」と判示し、これを肯定し、

立退料の額については、

「ところで、前掲甲第14号証は、A借家権割合方式及び地域の特性等を総合的に勘案する方法、B対象不動産の正常実質賃料と現行実質賃料との差額を年金還元した価格に営業補償を加算する方法及びC借家人が実損なく現在の借家と同程度のところへ移転していくための費用に着目する方法でそれぞれ算出した金額（A1億5000万円、B1億500万円、C1億2800万円）のうち、立退きによって生ずる開発利益の一部を借家人に還元するという今日の情勢、特に本件建物の存在する六本木地区ではその立退きによって高い不動産収益が期

待されるという事情を総合的に考慮し、最も高いＡの価額を採用して、1億5000万円を立退料相当額としていることが認められる。そして、右甲第14号証による評価は、一応相当と認めることができる。

　右金額は、現在の賃料の年額204万円の73.5倍に相当すること、……によれば、被告会社の営業損益は、平成元年度利益1589万円、昭和63年度損失246万円、同62年度利益1187万円であり、少なくとも、その営業利益10年分位には相当すること、前掲甲第14号証によれば、右Ａの手法による算出額は最有効利用を想定した本件建物部分に帰属する土地価額の4割に相当すること、理論的には賃借人の損失はＣの手法によって補填されるというべきところ、その金額は右1億5000万円より低額であることが認められ、これらの事実に、なお前記認定4（三）の事実をも考慮して、当裁判所は、正当事由を補完するものとしての立退料の額は、これを1億5000万円とすることを相当とする。」と判示したものである。

【実務の対応】
　この判決は、建物の老朽化、土地の高度利用を理由とする正当事由を認めたこと、1億5000万円という高額の立退料を認めたことに特徴がある。
　また、この判決は、立退料の算定過程についても相当詳細に認定しており、実務上参考になる。
　この事案では、立退料の提示が訴訟が提起された後になされ、その額が後に増額されている（当初は5000万円であったが、後に1億5000万円に増額された）。この場合、正当事由が具備され、解約申入れが効力を認められるためには6か月を要することになるが、その始期はどの時点かが問題になる。一番最初の解約申入れの時点（立退料の提示はなされていない）か、5000万円の提示の時点か、1億5000万円の提示の時点のいずれから6か月を計算することになるのかは、実務上しばしば問題になる。この判決は5000万円を提示した時点から計算している（実務上、最初の解約申入れの時点とする見解は少数であろうが、1億5000万円の提示の時点であるとする見解は少なくないであろう）。

(11) 解除

　建物の賃貸借契約も賃借人の債務不履行があれば、解除され得るが、問題は

様々な場面で生ずる。賃料の支払義務等賃貸借における基本的な義務に違反するものであれば、債務不履行として賃貸借契約を解除することができるが、この場合であっても、賃借人としては、賃貸人との間の信頼関係を破壊するに足りない特段の事情が存することを主張、立証することにより、解除の効力を争うことができる。また、賃貸人が催告なしに賃貸借契約を解除することもあるが、この場合には、賃貸人において、賃借人との信頼関係が破壊されたことが必要であると解されている（賃貸人がこの点の立証責任を負うことになる）。

賃貸借契約においては、建物の使用方法とか、更新料の支払とか、同居人の制限とか、近隣との関係とか様々な事柄について約定がなされることが通常である。賃借人がこのような特約に違反した場合、賃貸人は賃貸借契約を解除することができるかどうかが問題になる。また、このような特約がない場合には、賃貸借契約を解除することができないのかも問題になる。賃貸借契約の解除については、解除原因になる行為の内容に従って、①賃料債務のような固有の義務違反、②特約違反、③特約がない場合の信義則違反に区分される（最一判昭和47. 11. 16民集26. 9. 1603、最一判昭和50. 2. 20民集29. 1. 99参照）。

このうち、①については、まず、何が固有の債務かが問題になるが、賃料支払義務、建物保管義務、用法遵守義務等がこれに当たると指摘されている。また、前記のように、賃借人が抗弁として、賃貸人・賃借人間の信頼関係を破壊するに足りない特段の事情の存在を主張、立証することにより、解除の効果を争うことができると解され、実務もそのように運用されている（裁判例において、しばしば信頼関係が破壊されたとか、破壊されていないとの表現が用いられることがあるが、それは立証責任の存否で解除の効力を判断したのではなく、そのような認定ができたとして、解除の効力を判断しているのである。この場合でも、無催告解除を主張する場合には、原則として賃貸人において、積極的に信頼関係の破壊を主張、立証する必要がある。なお、判例、裁判例上、信頼関係の破壊のほかに、信頼関係の継続を困難にさせる背信行為とか、不信行為があったなど、多様な表現が使用されているが、この背信行為、不信行為と信頼関係の破壊との内容、背信性の程度の違いは必ずしも明確ではない。具体的な事案において、どのような意味合いで使用されているのかを検討する必要があるが、一般的には、ほぼ同じ内容のものと考えてよいであろう。また、判例、

裁判例の中に、解除原因と無催告解除の要件として、同じ信頼関係の破壊を要するとするものがあるが、一般的には、各要件の性質上、後者の要件のほうがより重大な程度のものとして考えることになろう。解除原因として背信行為を使用する裁判例の中には、前者の要件を信頼関係の継続を困難にさせる背信行為とし、後者の要件を信頼関係の継続を著しく困難にさせる背信行為などとして使い分けるものがあるが、一般的には、このほうが分かりやすいといえよう）。

②については、その義務違反の性質上、賃貸人において、特約違反のほか、信頼関係の破壊を主張、立証しなければ、解除の効力が生じないとされている。③についても、特約はないが、賃借人の信義則に違反する行為があったこと、信頼関係が破壊されたことが主張、立証されれば、解除の効力が生ずるものとされる。

以上のような考え方に対して、②については、特約違反のほかに、信頼関係の破壊まで賃貸人が立証することを要求するのでは、その特約締結の趣旨が生きないことになるから、信頼関係の破壊の程度が③の場合よりもゆるやかで足りるのではないかとの反論もある（特約に違反すること自体、相当程度信頼関係を破壊すると考えることもできよう）。また、②、③の場合で、無催告の解除が問題になることが少なくないが、実際には、信頼関係の破壊、解除に至るまでに何度も義務の履行が催告されているのが通常である（催告がなされたにもかかわらず、信頼関係を維持するように義務を履行しないところに、信頼関係の破壊が認められることになるのであろう）。

賃貸借は長期間継続する法律関係であるし、賃貸借契約の解除については賃貸人・賃借人の信頼関係が基本になっているから、実に様々な言動が解除の問題として取り上げられることになる。

借地借家法の施行以後においても、信頼関係の破壊の理論を中心とする建物賃貸借契約の解除の取扱いについては、従前の判例、裁判例が妥当するから、これまでの裁判例が参考にされよう。

[72] 東京地判平成 2. 6. 29 判時 1377. 71
《事案の概要》
賃貸人（原告）が、建物をパチンコ店として使用するものとして賃借人（被

告）に賃貸したが、その際、パチンコ店の景品を賃借人が賃貸人から継続的に購入する、賃借人が他から購入したときは賃貸借契約を無催告で解除することができる旨の約定をしたところ、賃貸人は、もともと景品販売の権利を取得するために賃借人との合意の上でパチンコ店舗として建物を建築して、賃借人に賃貸したものであったが、賃借人が景品代金の支払いをしなくなったため、賃貸人が景品の納入を中止したところ、賃借人が他から景品の購入を始めたことから、賃貸人は、賃貸借契約を無催告で解除し、建物の明渡しを請求した。本件では、特約違反による賃貸借契約の解除の当否が問題になった。この判決は、解除の効力を肯定し、請求を認容した。

〈判決〉は、解除の効力について、
「以上のような本件契約解除に至る経緯によれば、被告は、本件商取引契約に定められた、原告以外の者から景品を購入してはならない義務及び右契約の内容として昭和61年2月23日成立した、毎日の納入代金を現金で支払わなければならない義務にそれぞれ違反したことは明らかであり、納入代金支払いについての被告のこれまでの遅滞の態度及び支払方法の変更を度々申し入れていること、昭和62年2月に至り未払代金等については分割して約束手形が振り出されたが、原被告間での商取引契約の再検討については双方意見が合わず、原告の景品納入者としての地位が失われ、被告は他より景品の購入を続けていることなどからみて、催告を要せず解除しうる背信性が被告に認められる。」
と判示し、解除の効力を肯定したものである。

【実務の対応】

この判決は、前記の分類の②の特約違反の場合に当たるが、その特約の内容が賃貸借契約の場合、例えば近隣迷惑行為禁止の特約とは異なって、一般的な賃借人の義務とはやや遠いとの感じがあるものの、賃貸借契約締結の経緯等に照らすと、やはり賃貸借に関連した特約違反であるとした点に特徴がある。この判決は、特約違反に背信性があったこと、無催告解除を認めたことにも、意義がある。

賃貸借契約締結の際になされる特約であるといっても、その特約が賃貸借と関連を有しないと思われるような場合にも、特約違反を理由に賃貸借契約を解除できるものではないであろう。その特約が賃貸人と賃借人との間の賃貸借をめぐる信頼関係に関連している内容であることが必要であるが、その必要性の

程度は、賃貸借に至る経緯、賃貸借の目的等個々の賃貸借の事案毎に異なっているから、その判断はなかなか困難である。この判決は、例えばフランチャイズ店等の店舗の賃貸借に関連して商取引の契約がなされることは通常見受けられるところであるから、商取引の違反により賃貸借契約の解除を認めた先例となるものである。

[73] 東京高判平成 2. 7. 16 判時 1358. 101

《事案の概要》

賃貸人(一審原告。その後、死亡して相続人が相続している)が老齢で共同住宅を所有して、その1戸に1人で居住していたが、近隣で青果販売業を営んでいた賃借人(一審被告)から世話を受けて親しくなっていたところ、賃貸人は、1日3度の食事を提供してくれるならば建物を無料で使用してもよいとして、賃借人に強く希望して、その内容の賃貸借契約が成立したものの、賃借人の食事の提供が遅れがちになり、食事の内容も賃貸人の期待に反するものであったため、賃貸人と賃借人との間も疎遠になり、食事の提供が行われなくなったことから、賃貸人は、信頼関係の破壊を理由に賃貸借契約を解除し、建物の明渡しを請求した。本件では、このような解除の効力が問題になった。第一審判決は、解除を肯定し、請求を認容したため、賃借人が控訴した。この判決も、解除の効力を認めて、請求を認容した(原判決を変更している)。

〈判決〉は、解除の効力について、

「以上の認定事実によれば、一審被告梅田卓雄は、本件賃貸借契約により本件建物部分を借りた対価として一審原告に食事を提供する債務を負い、一審被告梅田君子は一審被告梅田卓雄の履行補助者として、食事の提供をしたものであるが、その実行した食事の提供が、その内容、時間からみて、一審被告梅田卓雄の右債務の不履行となるとは断じがたく、昭和59年1月1日以降、食事の提供を行わなくなったことも、前記認定のような事情からすると一審被告梅田卓雄に責任があるとはいいがたい。しかし、その成立に至る事情からすると、本件賃貸借契約は、老齢で持病を持ちながら、頼るべき身寄りのない一審原告が一審被告らから食事の提供を受けて同じ本件建物に居住することにより、一審被告らとの間に家庭的で親密な関係を維持したいという気持ちから締結を希望し、一審被告らも一審原告のその気持ちを知って締結に応じたものと推認さ

れるのであり、したがって、本件賃貸借契約は、一般の建物賃貸借契約と比べ、その存続に関し、格段に人的信頼関係の維持が尊重されなければならない場合に当たるというべきであり、一審被告梅田卓雄の一審原告に対する食事を提供する義務も、両者の家庭的で親密な関係を背景としてのみ本旨に従った履行が可能である債務であったというべきである。したがって、このような契約関係において、その人的信頼関係が失われ、しかも、建物を貸す義務と対価関係に立つとみるべき食事の提供義務も履行不能に陥ったときは、その人的信頼関係喪失や食事提供義務の履行不能について、借主側に責任があるとはいえない場合であっても、貸主が故意に人的信頼関係を破壊し、食事提供義務の履行を不能にしたとはいえない以上は、貸主は、それを理由に賃貸借契約を解除しうるというべきである。

　そして、昭和59年5月25日到達の書面により、一審原告が一審被告梅田卓雄に対し、信頼関係破壊を理由として、本件賃貸借契約を解除する旨の意思表示をしたことは、当事者間に争いがないところ、前記認定のような経過で同年1月1日以降、食事の提供が途絶し、以後、同じ本件建物内に居住しながら一審原告と一審被告梅田卓雄とは疎遠な状態で推移したのであるから、その状態が5か月近く継続した同年5月25日には、既に両者の人的信頼関係は全く失われ、また、食事の提供義務も履行不能に至っていたものというべきであり、しかも、前記認定に照らし、一審原告が故意にこのような状態を作出したものとはいいがたいから、右解除の意思表示により、本件賃貸借契約は終了したといわざるをえない。」と判示し、解除の効力を肯定したものである。

【実務の対応】
　この事案は、実に時代を反映した事件であるということができよう。人口の老齢化、家族の核家族化、老人の独居化、家族間の絆の希薄化が現在急激に進行しているところであるが、この状況において、独居生活の老人が、家族よりも近隣の他人に生活の世話をみてもらうことが例外的ではなくなった。この場合、世話をみてもらう老人が建物を所有するときは、世話をみる他人に同居を求めることもないではない。その建物の使用関係が使用貸借であるのか、世話をみることを対価（その中には多様なサービス、金銭の提供が含まれる）とする賃貸借であるのかは、事案の内容によるところであるが、微妙な判断が必要とされる問題である。世話をみる者の立場をできるだけ保護するとの観点から

第1章 平成時代の借地・借家をめぐる動向 — 借地借家法の制定前 —

は、賃貸借とみるのが妥当であろう。

　親族であっても、老人の世話をすることは容易ではないが、他人であれば、さらに容易なことではない。老人特有の問題もあり、一旦は好意で始まった関係であっても、些細なことから信頼関係が破壊され、深刻化することは珍しいことではない。他人も、それなりの努力をしても、日常的な世話が対価であるため、老人の拒否に遭うと、世話をすることも障害が生じて実行することができなくなる。どちらに主たる責任があるといえないことが多い。世話をすることを賃料の支払いと同様に取り扱うことに些か躊躇を感じるが、法的には対価の提供の問題として取り扱うしかないであろう。

　また、このような関係には、賃料の支払いを主たる要因とする賃貸借の場合よりは、信頼関係の要請が強いであろう。この場合の信頼関係は、破壊されやすく、賃貸借契約が解除されやすいとの意味で機能することになる。

　本判決は、このような背景でなされたものであり、今後このような事件が増加することが予想される中、参考になる一事例である。

　なお、類似の問題は、老後の世話をみさせるためにした贈与について、世話を巡って紛争が生じた場合にも発生する。老人になると相当な財産の蓄積がある反面、財産の管理能力は低下していくし、老後の世話を安心して受けることができない状況が一般化しつつある今日、老人問題はこの面からも深刻化している。

[74] 東京地決平成2. 11. 13 金融法務事情1292. 30
《事案の概要》

　ある会社が賃貸人（債務者）から会社組織、名義変更、新しい営業承継者ができた場合には賃貸人の文書による承認を受ける旨の約定で旧建物を賃借していたところ、賃貸人が建物を取り壊して新築することになり、建物を明け渡す、新築される建物の一部を賃貸するとの内容の合意をしたが、賃貸人は、建物の新築に着手したところ、賃借人である会社が合併、解散し、債権者が賃借人の地位を承継したことから、賃貸人が賃借権の無断譲渡を理由に賃貸借契約を解除したため、債権者（賃借人）は、建物が新築されても、前記の合意により賃貸借がなされないおそれが生じ、賃借予定部分を債権者以外の者に賃借権その他の使用権を設定してはならない旨の仮処分を申し立てた。本件では、この合

併が前記の特約違反に該当するかどうかが問題になった。原決定は、この解除の効力を否定して申立てを認容したため、賃貸人が仮処分異議を申し立てた。この決定は、この理由による解除の効力を否定し、仮処分決定を認可した。
〈決定〉は、
「ところで、株式会社が合併した場合、合併により存続する会社は、これにより解散する会社の権利義務を承継するものとされている（商法416条1項、103条）。この権利義務の承継は包括的なものであり、解散する会社が有していた賃貸借契約上の権利義務も、原則として存続する会社に承継され、会社の合併が実質的に賃借権の無断譲渡（民法612条）に該当しそれが賃貸借関係の起訴となっている信頼関係を破壊するような場合には、例外的に承継が否定されることがあるものというべきである。

本件の場合、旧会社の合併、新会社の発足の経緯等は前記一①ないし⑧に、両会社の関連性等は同⑩⑪にそれぞれ認定したとおりであって、専ら債権者側の税務等の都合によるものである。これらのことからすれば、新旧会社は、合併によって権利義務を包括的に承継した同一性のある法主体というべきであり、これが賃借権の無断譲渡を目的としているとか、賃借権の譲渡につき債務者の承諾を得られる見込みがないからこれを脱法的に実現しようとしてなされたものということはできない。

したがって、これらの経緯を賃借権の無断譲渡とし、これを前提として本件契約の無効あるいは解除をいう債務者の主張は採用できず、債務者と債権者の間には、本件契約に基づく条件付賃借権が存在しているというべきである。

なお、債権者と債務者との間の旧建物についての賃貸借契約書（甲二）第15条では、債権者が『会社組織、名義変更、新しい営業承継者が出来た場合』は、債務者の『文書による承認』を受けて『新しく契約を結ぶ』こととされている。前記一⑦⑧は、形式的には同条の規定する場合に該当すると考えられ、しかも同条所定の文書による承認や新契約の締結はされていない。しかし、前記一⑦⑧は必ずしも賃貸借関係の基礎となっている当事者間の信頼関係に直接関係しない事柄というべきで、これが『文書による承認』、『新契約の締結』が必要な事項とする合理的な根拠はなく、かつ、前記一⑨のとおり債権者から債務者に口頭説明がされ、本件契約締結に至るまでの間債務者から全く異論等がなかったことからすれば、前記旧建物の賃貸借契約上のこのような形式的違反

は本件契約の効力に消長を来すことはないというべきである。」と判示し、解除の効力を否定したものである。

【実務の対応】
　この事案は、建物の賃借人である会社の合併、消滅について賃借権の無断譲渡が問題になったものであるが、これまで無断譲渡・転貸を取り扱った裁判例としては、大阪地判昭和46．10．10判タ278．314（解除を肯定した事例）、最一判昭和46．11．4判時654．57（個人の営業を会社組織に変更した事案について、解除を否定した事例）、東京地判昭和47．6．30判時684．69（解除を肯定した事例）、大阪地判昭和47．10．16判時703．62（解除を否定した事例）、東京地判昭和47．10．30判時697．66（解除を否定した事例）、東京地判昭和49．8．8判時770．66（解除を否定した事例）、広島地判昭和50．3．27判タ325．252（会社の経営者を変更した事案について、解除を肯定した事例）、大阪高判昭和50．12．12判時815．59（解除を否定した事例）、大阪地判昭和51．3．12判時838．71（解除を肯定した事例）、東京地判昭和51．8．23判時849．93（賃借人である会社の代表者、資本の構成、本店の所在地に変更があるときは賃貸人に届け出るべき旨の特約があり、この特約に違反したことを理由とする建物の賃貸借契約の解除について、解除を肯定した事例）、東京地判昭和52．10．4判時890．102（解除を肯定した事例）、東京地判昭和53．1．24判時902．77（解除を肯定した事例）、東京地判昭和53．7．18判タ371．105（解除を肯定した事例）、京都地判昭和54．3．27判タ387．94（解除を否定した事例）、東京高判昭和55．2．28東高時報31．2．43（解除を肯定した事例）、大阪高判昭和55．2．29判タ413．123（解除を肯定した事例）、東京高判昭和56．3．26判タ450．116（賃借人である会社の実質上の経営者が交替した事案について、解除を否定した事例）、東京地判昭和59．11．27判時1166．106（解除を肯定した事例）、浦和地判昭和59．12．10判タ552．191（解除を否定した事例）、東京地判昭和60．4．17判時1174．85（解除を肯定した事例）、東京地判昭和60．9．9判時568．73（解除を肯定した事例）、東京地判昭和61．6．27判タ641．158（解除を肯定した事例）、神戸地判昭和61．8．29判タ627．164（解除を肯定した事例）、東京地判昭和61．10．31判時1248．76（解除を否定した事例）等がある。
　建物の賃貸借における賃借権の無断譲渡、無断転貸借を理由とする賃貸借契

約の解除の当否については、実務上は、まず従前の賃借人と新たな賃借人との関係等から譲渡・転貸に当たるかどうか、賃貸人の言動等により承諾があるかどうかが問題になり、仮に無断譲渡・転貸に当たるとしても、当事者間の信頼関係を破壊するに足りない特段の事情があるかどうかが問題になる（これらの要件のうち、解除の効力を主張する賃貸人としては、第三者による建物の使用を主張、立証すれば足り、賃借人又は譲受人・転借人において、賃貸人の承諾、あるいはこの特段の事情を主張、立証する必要があろう。この特段の事情の主張・立証責任については、最三判昭和44．2．18民集23．2．379参照）。この理は、賃借権の譲渡、転貸については賃貸人の書面による承諾が必要である旨の特約があった場合にも、基本的には同様である（最一判昭和44．2．13民集23．2．316参照）。このようなハードルを乗り越えて解除の効力が認められるが、賃貸借においては、その目的である建物の種類、賃貸借の目的等によっても異なるが、賃借人が誰であるかは重要な要素であり、無断譲渡・転貸は比較的容易に解除の効力が肯定されるものである。

　この決定は、賃借人である会社の合併により、新会社が賃借権を承継した場合に解除の効力を否定したものである点に特徴がある（なお、この決定は、賃貸人において、信頼関係の破壊の事実を主張、立証すべきであるとするが、これは、賃借人の交替が会社の合併による場合を考慮したからであろう）。

(12) 賃料増額

　建物の賃貸人が賃料を増額しようとすると、①賃借人と交渉して合意により増額するか、②賃貸借契約の際になされた増額に関する特約に基づき増額するか、③借家法7条（借地借家法32条）に基づき賃料増額請求をして増額するかの方法によることになる（これは、土地の賃料の増額についても同じである）。このうち①は、②、③の場合の前提としてなされることがある。①の方法は、当事者間において柔軟、簡易に行うことができるが、賃借人の説得に苦労することがある。

　③の方法は、建物の賃料が、土地、建物に対する租税の負担の増加等の事情により不相当となったときに、はじめて認められる方法である。この賃料が不相当となったことと、賃料増額請求をしたこと、増額請求にかかる適正な賃料額は賃貸人において立証責任を負うものである。このうち、賃料が不相当に

なったかどうかが、従前の賃料の増額時期と近接した時期に再度賃料増額請求された場合等において、問題になることもないではない。昨今の経済事情の下においては、賃料の増額は通常は1年ないし3年毎程度でなされているが、賃料の増額をめぐって紛争が継続していると、短期間のうちに何度も増額請求がなされる。また、低成長の時代には、一年程度の期間の経過では賃料が不相当になっていないこともある。従前の裁判例でこの点について判示したものとして、京都地判昭和50. 5. 29判タ326. 261（土地の賃料につき、不相当であることの立証がないとした事例）、東京地判昭和50. 10. 20判時822. 75（建物の賃料の前回の賃料増額から4か月後の増額請求につき、不相当であることを否定した事例）がある。

増額請求にかかる適正な賃料額を算定するためには、通常不動産鑑定士による鑑定を参考にするが、従来賃料増額請求にかかる相当額の賃料を算定するに当たっては、スライド方式、比準方式、差額配分方式、積算方式を総合して行われている。建物の賃料の算定に関する最近の裁判例としては、東京地判昭和50. 6. 9判時814. 131、水戸地判昭和51. 4. 30判タ342. 260、東京地判昭和51. 8. 16判時849. 97、東京地判昭和53. 5. 31判タ377. 112、東京地判昭和54. 6. 19判タ397. 92、東京地判昭和54. 10. 23判時965. 88、東京地判昭和55. 2. 13判タ416. 153、東京高判昭和55. 6. 9判時971. 58、東京高判昭和55. 9. 18判タ429. 117、東京地判昭和55. 10. 31判タ449. 120、東京地判昭和57. 3. 2判タ475. 121、横浜地判昭和57. 3. 30判タ482. 115、横浜地判昭和57. 11. 10判タ496. 135、東京地判昭和58. 8. 25判時1110. 98、大阪高判昭和59. 8. 17判タ539. 336、東京高判昭和61. 8. 27判時1207. 58、東京高判昭和62. 3. 31判時1238. 90、東京地八王子支部判昭和63. 9. 20判時1320. 120、東京地判平成元. 4. 14判タ717. 158、東京地判平成元. 11. 10判時1361. 85、東京地判平成元. 11. 29金融・商事判例852. 27、大阪地判平成元. 12. 25判タ748. 167等がある。

ところで、借地借家法の施行以後においては、建物の賃料の増額・減額請求をめぐる紛争については、訴訟を提起する前に、原則として調停の申立てをする必要があり（民事調停法24条の2）、当事者の一定の合意がある場合には、調停委員会の調停条項により当事者を拘束できる（同法24条の3）ことに

なっている。また、調停委員会を構成する調停委員のうち1人は土地建物の価格の算定に知識、経験を有する者（不動産鑑定士）であることが期待されている。

ただ、調停の場であっても、訴訟の場であっても、賃料の算定の方式については、従前と同様であるから、従前の裁判例が参考になることは、言うまでもない。

②の方法については、賃料の額を一定の事由の発生した場合に定率又は定額で増減する旨の約定（実務上は、経済的な事情が反映して増額が問題になる事例が殆どである）が、賃貸借契約締結の際、あるいは更新の際になされることがある。この特約は、まず借家法7条、借地借家法32条に違反するかどうか、さらに違反しないとしても、具体的な事件において約定どおりの増額を認めるべきかどうかが、実務上問題になる。特に物価等が高騰したり、逆に不景気になり、約定の増額幅と世間の相場とが著しく乖離したような場合には、この点が争われることになる。しかし、このような賃料の自動増額に関する約定は、賃料の増額を円滑に行うためには、一般的には有意義である。この約定が問題となる場面は、賃料増額請求による賃料確認の請求等がなされる訴訟であるのが通常であるが、増額に係る賃料不払いを原因とする解除による明渡しが請求される訴訟であることもないではない。

このような特約を一応有効とした裁判例（特約の一部が制限されたものもある）を、借地、借家を問わずみると、最一判昭和44．9．25判時574．31、札幌地判昭和52．3．30判タ375．93、札幌高判昭和54．10．15判タ403．120、東京地判昭和56．7．22判時1030．60、東京高判昭和56．10．20判タ459．64、名古屋地判昭和58．3．14判時1084．107、京都地判昭和60．5．28金融・商事判例733．39、大阪地判昭和62．4．16判時1286．119、東京地判平成元．1．26判時1329．170、東京地判平成元．8．29判時1348．96、東京地判平成元．9．5判時1352．90、神戸地判平成元．12．26判時1358．125がある。これに対して、無効とした裁判例として、大阪地判昭和50．8．13判タ332．303、京都地判昭和56．10．23判タ466．148がある。また、このような趣旨の約定を認めなかった裁判例として、東京地判昭和45．2．13判時613．77、大阪高判昭和57．6．9判タ500．152がある。なお、賃料の増額に関する特約（例えば、賃料自動増額特約等）の効力については、

後日、サブリースの類型の建物賃貸借契約を中心にして訴訟実務において問題になり、いくつかの最高裁の判例も出されるに至っている。

[75] 東京地判平成2.7.6判時1387.96
《事案の概要》
　建物の賃貸借において、賃貸人（原告）が賃料増額請求をし、増額にかかる賃料の支払義務の確認を請求し、その増額請求から1年2か月後である訴訟の係属中にさらに増額請求をした。本件では、2度目の増額請求の当否が問題になった。この判決は、2度目の増額請求の効力を否定して、最初の増額請求について確認請求を一部認容した。
〈判決〉は、2度目の増額請求の当否について、
「平成2年7月分以降の賃料の増額請求については、従前の原告の賃料増額請求の経過をみると、そうなった事情はともかくとして、昭和56年から昭和61年5月まで10万円で据え置かれ、その後も同年6月分以降が11万円に増額されて以来、平成元年4月分まで増額請求がなされなかったというように、相当長期間にわたり、賃料が据え置かれてきているのであるから、平成元年4月に賃料を増額し、更に翌年これを増額するというのは、右経過に照らし、相当性を欠くものといわざるをえない。よって、右増額請求によって、賃料が増額されたものとすることはできない。」と判示し、増額請求の効力を否定したが、
土地の高騰時における賃料の増額幅についても、
「右鑑定の結果をみると、その事実認定に特段の誤りを指摘することはできず、その資料の選択は、その目的上妥当であり、その判断過程も合理的である（殊に、差額配分方式の適用につき、従来の積算賃料を基準とするのは、土地の価格が、その実際の新規賃貸市場とは乖離して高騰していることから、現実的でないとして、これを採用していないのは、相当というべきである。）から、その鑑定結果は相当としてこれを採用すべきものと考えられる。」と判示しているのも、参考になる。

【実務の対応】
　この判決は、賃貸人・賃借人間の賃料増額の経過から、賃料を増額してからさらに約1年後になされた賃料増額請求の効力を否定したところに特徴があ

る。賃料の増額を巡る紛争がもつれると、賃貸人が従前の経緯を無視して賃料増額請求を繰り返して行うことも珍しいことではない。この場合、土地の価格の高騰が加わると、どの時点であっても、計算上は賃料が増額していることもないではない。このような賃料増額請求の取扱いは、実務上悩ましい問題であるが、この判決のような取扱いも1つの見識である。

また、賃借人がこのような事態を避けるためには、賃貸人との間に一定の期間賃料の増額をしない旨の約定（借家法7条但書、借地借家法32条1項但書）をしておくことも一方法であるが、賃貸人がこのような約定をすることは実務上少ない（そのメリットがないからであろう）。

[76] 名古屋地判平成2. 7. 13 判時1378. 92
《事案の概要》
相当老朽化した建物の賃貸借において、賃貸人（原告）が敷地の価格の高騰等を理由に従前の賃料月額2万4000円について月額10万円に増額請求をし、その賃料額の確認を請求した。本件では、土地の高騰時における適正な賃料額の算定方法が問題になった。この判決は、鑑定の結果より低額の賃料を認定して、請求を一部認容した。
〈判決〉は、
「1　前記2項7の鑑定人近藤浩の本件鑑定結果は、その賃料算定の基礎資料、各試算賃料の算出経過には格別不適切な点は見当たらない。
2　そして、前記2項2ないし4で認定した本件賃貸借の経緯、原告側の増額要求に応じて逐次賃料が増額されてきたこと、前回の賃料増額から今回までさほど長期間が経過しているわけではないこと、本件建物の状況、被告において本件建物を修繕してきていること並びに2項6認定の各種指標の変動状況等の諸事情に鑑みると、本件鑑定結果がスライド法を中心に据えて賃料額を調整・算定する手法を採っている点も基本的には妥当なものと解される。
3　しかし、前記認定のところから明らかなとおり、本件鑑定結果にある差額配分法試算賃料及び平均利回り法試算賃料は、著しく高騰している本件敷地の価格を中心的な基礎に置いて算出されているのであるが、本件建物の状況や被告の利用態様・生活状況等に照らすと、被告にとっては右の地価高騰による効用の増大は全くといってよい程期待できないものであり、このことに、本件賃

第1章　平成時代の借地・借家をめぐる動向 ― 借地借家法の制定前 ―

貸借はさほど長期にわたって係属するものとは予測しがたいこと、前記スライド法においても地価の変動率を3割の比重で考慮することによって貸主の経済的立場・利害も斟酌していること及び地価高騰に対する前記のような現今の公的対応等の事情を合わせ考えると、本件の場合、適正試算賃料額の算定に当たって、右差額配分法試算賃料額及び平均利回り法試算賃料額を加味することは相当ではないというべきである。」と判示し、土地の価格高騰時における賃料算定の一方法を示したものである。

【実務の対応】
　この判決は、賃料の算定が総合方式により行われることが多い実務において、土地の価格が高騰したときにこれによることが問題であるとして、妥当な賃料を算定したものであって、実務上参考になろう。

[77] 大阪地判平成2.8.3判タ741.165
《事案の概要》
　建物の賃貸借において、賃借人（原告）が平成元年4月1日以降消費税3％が課せられることになったとして、その価額の確認を請求した。本件では、消費税の負担の当否、賃料増額の当否が問題になった。この判決は、消費税を賃借人に対して私法上の請求権として転嫁請求権を認めたものではないとしたが、賃貸人のその請求は、消費税の施行に伴う賃料増額の意思表示として取り扱うのが相当であるとした上、消費税の施行により物価が1.5％（消費税率3％の半分）上昇するものとし、その分の増額を認め、請求を一部認容した。

【実務の対応】
　この判決は、消費税の施行を理由とする賃料増額請求を認め、その場合の増額幅を1.5％と認定したところに特徴がある。賃料のうち、住宅の家賃に対する消費税は、消費税法の一部改正により平成3年10月1日以降非課税になったから、この範囲では今後この事案のような問題は生じないことになり、歴史的な一つの事例となるが、住宅以外の建物の家賃については、今後も同様な問題が生ずることになる。

[64] 東京地判平成 2. 11. 29 判時 1395. 100
《事案の概要》
　賃貸人（原告）が賃借人（被告）らに対してマンション内の建物を賃貸し、これに付随して駐車場を賃貸してしたところ、土地価格の高騰等により賃料が不相当になったとして、建物と駐車場の賃料の増額請求をし、賃料額の確認請求をした。本件では、駐車場の賃料について賃料増額請求をすることができるかが問題になった。この判決は、これを肯定して、請求を一部認容した。
〈判決〉は、駐車場の賃料の増額請求の可否について、
「これによれば、本件各駐車場の賃貸借契約は、本件各建物の賃貸借契約と、右判決のとおりの関係に立つこととなり、建物の賃貸借と一体としての期間的拘束を受けることになるから、借家法 7 条 1 項の規定を準用し、同条所定の事情が存するときは、賃料増額請求ができるものと解するのが相当である。」と判示し、これを肯定したものである。
【実務の対応】
　この判決は、駐車場の賃料について、駐車場の賃貸借が建物の賃貸借に付随する関係にあることを理由に、借家法の規定の準用により賃料増額請求権を認めたものであるる。しかし、この判決の論理には疑問があり、駐車場の賃料すべてについてこのような解決が図れるものではない。このような紛争を回避するためには、賃貸借に当たって適切な特約をしておくほかはない。

[78] 東京地判平成 2. 12. 17 判時 1398. 78
《事案の概要》
　クラブ経営を目的とする建物の賃貸借において、賃貸人（原告）が風俗営業の許可を取得する約定があったが、賃貸人が許可を得なかったため、賃借人（被告）は、賃料の一部（45％）を支払わなかったため、賃貸人は、未払いの賃料の支払いを請求した。本件では、賃借人の賃料の支払拒否の当否が問題になった。この判決は、70％の限度で賃料の支払いを拒否できるとして、請求を棄却した。
〈判決〉は、
「しかし、本件契約は、被告が本件店舗でクラブを営業する目的で締結された

ものである。そして、クラブ営業は『風俗営業等の規制及び業務の適正化等に関する法律』2条1項にいう『風俗営業』に該当するから、同法3条1項の許可を受けなければクラブ営業を営むことができず、許可なくクラブ営業を営んだ場合には犯罪として一年以下の懲役等の処罰の対象となるものである（同法3条1項、49条1項1号）。したがって、風俗営業許可は、被告がクラブ営業をするに当たっての必須の大前提であったといわなければならない。そして、……によれば、現実問題としても、当然のことながら、許可を受けないでクラブ営業をすることは、警察の取り締まりにより、特にホステスを雇用することが事実上困難であると認められる。したがって、風俗営業許可を得なければ、被告のクラブ営業は法律上は違法であり、かつ、事実上も困難で、被告において本件契約の目的をほとんど達することができないものであったと認められる。そして、被告は、従来ホステスをしていた時の経験からこのことを承知していたものと認められる……。

しかも、本件においては、許可申請に当たって家主である井上流通産業の協力が必要であったと認められ……、かつ、本件契約は家主の承諾を得ていない無断転貸借であるから、家主の協力は原告において求めるほかないものである。

このように、本件においては、風俗営業許可がなければ被告は契約の目的をほとんど達することができず、しかも右許可は原告が取得するほかないものであったから、原告が本件契約を成立させるためには、被告に対し原告において風俗営業の許可を取得する旨約束するに至るのが自然の成り行きである。そして、特約条項には、『風俗営業許可は貸主が取得』する旨明文で規定され、何の保留も付されていないのであるから、結局、明文どおり、原告は被告に対し原告が風俗営業許可を取得する旨確定的に約束したものと認めるのが相当である。原告の主張及び供述は採用できない。

2　このように、風俗営業の許可を取得することは本件店舗でのクラブ営業の必須の大前提であるから、その義務は本件契約において原告が負う『目的物を使用収益させる義務』の重要な一内容を構成するものというべきである。したがって、原告のこの義務は、賃借人である被告が負担する賃料支払義務と対価関係に立つものである。よって、被告は原告の右義務不履行により使用収益が不十分となった程度に応じて賃料の支払を拒絶することができる。
……

4　右3の事実によると、被告は、原告が風俗営業許可を取得する義務を履行しないことによって、本件店舗をクラブ営業のために使用することにつき大きな制約を受けたものと認められる。そして、被告が本件店舗を十分使用できなかった程度は7割を下回るものではないと評価するのが相当である。

したがって、被告は、原告が風俗営業許可を取得する義務を履行しない間は、本件店舗の賃料の7割の支払を拒絶することができるというべきである。」と判示し、一定の範囲の支払い拒絶を認めたものである。

【実務の対応】

賃貸人が義務を履行しないため、賃借人の建物の使用収益に支障を来すことがあるが、このような場合、賃借人が債務不履行による損害賠償請求権を取得できることがあるとしても、そのほかに、賃料の支払いを拒むことができるかどうかが問題になることがある。この場合、賃借人としては、損害賠償債権を自働債権として賃料債権を相殺するとか、民法611条の規定の準用により賃料減額請求権を取得する（名古屋地判昭和62．1．30判時1252．83）とか、この判決のように双務契約の性質から相当部分の履行拒絶を認める（東京地判昭和54．2．20判タ389．117。なお、最二判昭和34．12．4民集13．12．1588、最二判昭和36．7．21民集15．7．1952、最一判昭和38．11．28民集17．11．1477参照）とかの方法をとることができよう。この事案と類似の事例としては、最一判昭和43．11．28民集22．12．2833が不動産の賃貸人が特約に基づき賃借権設定登記をする義務を負っていても、この義務と賃借人の賃料支払義務とを同時履行の関係にたたせる旨の特約がなく、かつ、登記がないため契約の目的を達することができないという特段の事情もない場合には、賃借人は、登記義務の履行がないことを理由として賃料の支払を拒むことができない旨を判示しているのが参考になる。

(13) 権利金、敷金、保証金、更新料

建物の賃貸借に当たっては、賃貸借の目的等によって、賃借人が権利金、敷金、保証金等を賃貸人に支払うことが通常見受けられる。これらの金銭の性質が問題になるが、実務上では、まず金銭支払いの趣旨、区分が明確にされていないために、問題が複雑になっている。金銭の支払の際に、この点を明確にしておくことが今後賃貸借契約書の作成上で期待されるところである。このよう

に金銭の趣旨、区分が明らかになったとしても、支払われた金銭の返還、相殺、譲渡、承継等が問題になる。

　この問題は、権利金、敷金等の金銭毎に検討を要するところであるが、まず、権利金については、賃貸借期間が満了した場合には、若干の異論が出されているものの、賃借人が返還請求できないと解されているところであり、問題は、賃貸借が合意解約等により中途で終了した場合には権利金の返還請求をすることができるかどうかである。判例（最一判昭和29．3．11民集8．3．672、最一判昭和43．6．27民集22．6．1427等）は、一般的には返還請求を認めないが（同旨の裁判例として、東京地判昭和46．3．31判時637．47）、特段の事情がある場合には、これを認める余地もあり、これを認めた裁判例もある（京都地判昭和46．10．12判時657．76、東京地判昭和47．11．30判タ286．267、東京高判昭和48．7．31判時716．42、東京地判昭和49．1．28判タ308．239、東京高判昭和51．7．28判時834．64、東京地判昭和56．12．17判時1048．119、浦和地判昭和57．4．15判時1060．123）。

　敷金については、賃貸借終了後建物の明渡義務の履行までに生ずる賃料相当額の損害金支払義務等賃貸借契約により賃借人が賃貸人に対して負担する一切の債務を担保するものであり（最二判昭和48．2．2民集27．1．80等）、敷金返還請求権は、賃貸借終了後建物の明渡しの完了時において被担保債権を控除して残額がある場合に、その残額について具体的に発生するものである。敷金の返還義務と建物の明渡義務は同時履行の関係にはない（最一判昭和49．9．2民集28．6．1153）。また、敷金については、賃貸借終了時に一定の割合で償却する旨、返還しない旨の特約がなされ、その有効性が問題になることがある（有効とした裁判例として、東京高判昭和49．8．29判時759．37、東京地判昭和50．1．29判時785．89）。賃貸借終了後であっても、その明渡し前においては、敷金返還請求権を転付命令の対象にすることはできない（前記最二判昭和48．2．2、広島地判昭和51．3．4判タ342．300）。建物の所有権が譲渡され、賃貸人の地位が新所有者に承継された場合には、敷金の返還義務が誰との間で生ずるかが問題になるが、賃貸借の終了以前に譲渡がなされたときは、未払い賃料等があれば敷金に当然に充当され、残額があれば新所有者（新賃貸人）に承継される（最二判昭和39．6．19民集18．5．795、最一判昭和44．7．17民集23．8．1610、東京高判昭和50．11．18判時811．55）

ものの、賃貸借終了後に譲渡がなされたときは、新所有者に承継されないと解されている（前記最二判昭和 48. 2. 2）。賃借権の譲渡等により賃借人が交替した場合には、誰が敷金返還請求権を有するかが問題になるが、通常は賃貸人がその譲渡等に対して承諾をする際に従前の敷金の清算、新敷金の交付により処理されることになるから、一般的には新賃借人が承継しないと考えられる（最二判昭和 53. 12. 22 民集 32. 9. 1768、最一判昭和 54. 1. 25 民集 33. 1. 1 参照）。なお、敷金については、その後、原状回復義務の範囲、原状回復に関する特約とともに訴訟の実務を賑わせ、最高裁の判例も登場している。

　保証金については、その趣旨が権利金、敷金以上に不明確であり、実質的にはこれらの金銭が保証金名目で支払われることもないではない（東京地判昭和 45. 2. 10 判時 603. 62、東京高判昭和 48. 7. 31 判時 716. 42、大阪地判昭和 52. 3. 15 金融・商事判例 536. 39、大阪地判昭和 52. 11. 29 判時 884. 88、東京高判昭和 52. 12. 22 判タ 369. 198、東京地判昭和 53. 10. 26 判時 939. 65）。問題は、それ以外の趣旨の保証金であるが、賃貸借契約に際して支払われるものの、一般的にはこれと別個の貸金と考えられ、その返還時期、返還額が問題になるほか（名古屋地判昭和 49. 2. 12 金融・商事判例 415. 13、東京地判昭和 50. 6. 21 金融・商事判例 475. 17、東京地判昭和 50. 10. 28 判タ 334. 247、東京高判昭和 52. 12. 22 判タ 369. 198、東京高判昭和 56. 9. 30 判時 1021. 104、大阪高判昭和 58. 2. 25 金融・商事判例 675. 26、浦和地判昭和 59. 1. 31 判時 1124. 202、東京地判昭和 59. 4. 26 判タ 531. 173、東京地判昭和 60. 4. 25 判時 1176. 110、東京地判昭和 61. 7. 18 判時 1238. 103、大阪高判昭和 62. 3. 31 金融・商事判例 780. 30、東京地判昭和 63. 10. 26 判タ 703. 166）、賃貸借の対象である建物が譲渡された場合には、保証金返還義務は、旧所有者（旧賃貸人）が負い、新所有者が承継するものではない（東京高判昭和 47. 8. 30 判時 681. 41、最一判昭和 48. 3. 22 金融法務事情 685. 26、最一判昭和 51. 3. 4 民集 30. 2. 25、東京高判昭和 57. 11. 16 判タ 490. 99、東京高判昭和 58. 12. 19 判タ 523. 162。反対の裁判例として、東京地判昭和 46. 7. 29 判時 652. 49）。なお、約定の保証金の不払いによる賃貸借契約の解除が問題になり、これを肯定した裁判例がある（東京地判昭和 59. 12. 26 判タ 556. 163）。

　更新料については、その性質が明らかでないこともあって、問題になる点も

少なくない。

　まず、その支払義務の根拠が問題になる。賃貸借契約上の特約がある場合には、この特約が根拠になるが、それも強行規定に反するかどうかが問題になるが（有効とした裁判例として、東京地判昭和45.2.13判時613.77、東京高判昭和45.12.18判時616.72、東京地判昭和48.2.16判時714.196、東京地判昭和50.9.22判時810.48、東京高判昭和51.3.24判時813.46、東京地判昭和54.9.3判タ402.120、東京地判昭和56.11.24判タ467.122、東京地判昭和61.10.15判時1244.99がある）、このような特約がない場合には、全く支払義務がないのか、それとも慣習等に基づく支払義務が認められるのかが問題になる（事実たる慣習を否定した裁判例として、東京地判昭和48.1.27判時709.53、東京地判昭和50.9.23判時814.127、東京高判昭和51.3.24判時813.46、最二判昭和51.10.1判時835.63、東京地判昭和51.9.14判時835.85、東京高判昭和52.6.15判時860.115、東京地判昭和53.7.19判タ371.104、東京高判昭和54.6.29判時938.46、東京高判昭和58.12.12判時1105.53、東京高判昭和62.5.11金融・商事判例779.33がある。反対に肯定した裁判例として、東京地判昭和49.1.28判時740.66がある）。

　この関係で、法定更新の際には、更新料に関する特約が効力を有するかどうかが問題になる（法定更新のときにも支払義務を認めた裁判例として、東京高判昭和53.7.20判時904.68、東京地判昭和57.10.20判時1070.80、前記東京地判昭和61.10.15があり、これを否定した裁判例として東京高判昭和54.2.9判時927.200、東京地判昭和55.5.14判時983.100、東京高判昭和56.7.15東高時報32.7.166、東京地判昭和59.6.7判時1133.94がある）。

　また、支払義務があるとしても、更新料額を決定する基準が問題になる。賃貸借契約に特約があれば、それによることになるが（勿論、その有効性が問題になることもある。前記東京地判昭和54.9.3、前記東京地判昭和61.10.15）、特約がない場合には、何を基準に更新料額を決定することになるのかが問題になる。更新料の支払義務を負うとしても、その支払いを怠った場合には、債務不履行責任を負うかどうかも問題になる（勿論、この問題は、更新料の支払に関する約定が有効であるかどうか、法定更新にも適用されるかどうかに密

接に関連しており、いずれの問題についても肯定した後に、更新料の不払いを理由とする賃貸借契約の解除の当否が問題になる。債務不履行による賃貸借契約の解除原因であることを肯定した裁判例として、東京地判昭和45．2．13判時613．77、東京高判昭和45．12．18判時616．72、東京地判昭和50．9．22判時810．48、東京地判昭和51．7．20判時846．83、東京高判昭和54．1．24判タ383．106、前記東京地判昭和57．10．20、東京高判昭和58．7．19判時1089．49、最二判昭和59．4．20判時1116．41、東京地判昭和59．12．26判タ556．163がある。反対にこれを否定した裁判例として、東京高判昭和45．12．18判時616．72、東京地判昭和51．1．30判タ336．280がある）。

　最後に、賃貸人又は賃借人が交替した場合には、更新料に関する特約も承継されるかどうかが問題になる。なお、更新料をめぐる問題は、敷金、原状回復をめぐる問題が一応一段落した後に問題が提起され、現在、消費者契約法の制定等によって社会的な事情が変化したこと等もあり、最高裁の判例が待たれる状況になっている。

　今回の借地借家法の制定は、従前の借地権の制度が様々な面で硬直化したため、これを活性化することに、その目的の1つがあったものである。この制定の過程の中では、権利金等についても論議がなされたが、その実態が地域毎にまちまちであったため（これは、土地、借地の需給関係によって決まることが通常であることを考えれば、当然のことである）、その規制が著しく困難であったことから、見送られた。したがって、今後の権利金等に関する取扱いは、従前と同様になされることが予定されている。

　これらの金銭の支払については、特別の基準、規範があるわけではない。賃貸人・賃借人間の土地についての需給関係、経済的立場、交渉能力等によって決められるのが、原則である。ただ、借地借家法によって、更新を認めない三種類の定期借地権が認められたことから、今後は、従前以上に合理的な権利金等の授受に関する取扱いが確立されることが期待されている。

[79] 東京地判平成2．5．17判時1374．63
《事案の概要》
　建物の賃貸借において、賃借人（原告）は、賃貸人に対して保証金、敷金を

預託していたところ、第三者（被告）が賃貸人に対して貸金債権を有し、建物につき譲渡担保契約を締結していたが、その後、賃貸人が債務を弁済しなかったので、第三者が譲渡担保権を実行し、賃貸人の地位を承継したため、賃借人が第三者に対して、建物を明け渡したとし、原状回復費用は敷金と相殺したとして、保証金、敷金の返還を請求した。本件では、保証金の性質、返還義務者、敷金の相殺の可否が問題になった。この判決は、保証金が敷金と同様に新所有者に承継されるとし、敷金の相殺を認めて、請求を一部認容した。
〈判決〉は、保証金返還請求権の性質については、
「一般に、賃貸借契約の締結の際に保証金が授受されることがあるが、そのなかには、建物建設協力金等金銭消費貸借の性質を有し、賃貸借契約とは別個に一定期間据え置いた後に返還される等の処理がなされるものもある。しかし、本件においては、本件建物は、本件賃貸借契約が締結されるはるか以前の昭和35年6月に竣工したものであるから、本件保証金が建設協力金ではあり得ず、また、本件賃貸借契約によると、その返還時期は、賃貸借契約の終了に係らせており、賃借人の延滞賃料等に充当できるとされている等、その処理につき敷金と同一に扱われている……。

したがって、本件保証金は、敷金と同じく、本件賃貸借契約と一体のものであり、賃貸人の地位に伴って承継されると解すべきである。」と判示し、新所有者（新賃貸人）の保証金返還義務の承継を認めた上、
原状回復費用の支払義務と敷金の返還請求権の相殺について、
「なお、右相殺の効力については、自動債権である敷金返還請求権は、本件賃貸借契約上、明渡しと同時履行の関係にあり……、抗弁権が付着しているので、相殺が許されないのではないかという問題がある。

しかし、前示のとおり、当時の状況において、明渡債務の履行としては原状回復工事を残すのみであり、しかも、その工事に替えてその費用相当額を弁済することでたりるとされていたので、結局、右抗弁権の内容は、現実には、右費用の支払債務の履行に変容しているのである。そうすると、相殺を認めることにより、抗弁権の行使が阻害される関係にはなく、これを禁止する理由はないというべきである。したがって、右相殺は許されることになる。」と判示し、相殺を認めたものである。

【実務の対応】

　この判決は、保証金の趣旨と返還義務者、先履行あるいは同時履行の抗弁権の付着した敷金返還請求権の相殺の可否について、実務上参考になる裁判例である。前記のように保証金の返還については、その趣旨にもよるが、原則としては建物の譲渡があった場合には、新所有者（新賃貸人）がこれを承継しないものであるが、この判決は、その趣旨を具体的に検討して、新所有者が承継するとしている。

　また、敷金返還請求権を自動債権として相殺に供することは、建物の明渡し後でなければ（この事案では、契約上同時履行の関係にあるとされている）できないのが原則である（最二判昭和32.2.22民集11.2.350参照）。しかし、この事案のような場合には、同時履行の抗弁権を失わせる不利益を第三者に負担させても特別不都合はないから、敷金返還請求権を自働債権とすることを認めることができよう。この判決は、この意味でも参考になる（最一判昭和53.9.21判時907.54参照）。

[80] 東京地判平成2.10.3判タ757.197
《事案の概要》

　建物の賃貸借において、賃借人（原告）は、保証金を預託して賃借したところ、賃貸人（被告甲）がその後建物を第三者（被告乙）に譲渡担保の実行により所有権を移転し、第三者が賃貸人の地位を承継したが、賃借人は、建物を明け渡し、賃貸人から保証金の一部の返還を受けただけであったため、賃貸人と第三者に対して残額の保証金の返還を請求した。本件では、賃貸借の目的である建物の所有権が譲渡担保の実行により移転した場合の保証金の返還義務者が問題になった。この判決は、新所有者である第三者が返還の義務を負うとして、賃貸人に対する請求を棄却し、第三者に対する請求を認容した。
〈判決〉は、返還義務者の所在について、
「不動産の賃貸借契約の締結に際し、賃借人から賃貸人に交付される金銭で、賃貸借契約の終了後、滞納賃料等約定にしたがって控除すべきものを控除して残額は賃借人に返還される金銭は、一般に敷金あるいは保証金と称されるが、本件保証金もまたこれと同種のものと解されるところ、不動産の賃貸借契約の継続中に、賃貸人の地位が他に移転したときは、右の保証金返還義務もまた新

賃貸人に移転するものと解するのが相当である。
……
　一般に、不動産の賃貸人がその不動産の所有者で、賃借人が当該賃借権を第三者に対抗し得る場合に、賃貸人たる所有者が当該不動産の所有権を譲渡したときは、これに伴って賃貸人の地位も新所有者に移転するものと解されるが、これを譲渡担保による所有権移転の場合について考えてみると、譲渡担保の目的で不動産の所有権が移転されても、当然には譲渡人からその使用・収益権まで担保権者に移転するものと解することはできず、したがって賃貸人の地位が担保権者に移転すると解することもできない。
……
　しかし、譲渡担保の通常の形態と解されるいわゆる帰属清算型の場合、債務者が弁済期において弁済しないため、債権者が担保権を実行し、債務者に対し、被担保債権の弁済に代えて当該不動産の所有権を確定的に帰属させる旨及び清算すべき剰余金がない旨を通知し、実際その時点における当該不動産の適正評価額が債務額（借入金元本のほか、その利息、損害金、評価に要した相当費用等の額を含む。）を上回らない場合には、右通知のときに当該不動産の所有権は譲渡担保権者たる新所有者に確定的に移転し、これに伴って賃貸人の地位も新所有者に移転し、賃貸借契約上の保証金返還義務もまた新賃貸人に移転するものと解するのが相当である。」と判示し、新所有者が負担するとしたものである。

【実務の対応】

　保証金名義で賃借人から賃貸人に賃貸借契約に際して預託される金銭の性質については、事案によって一様でなく、その返還が問題になる場合には、まずその性質、趣旨を具体的に判断して解決するほかない。この保証金が貸金と解される場合には、建物の所有権が移転しても、保証金返還義務が新所有者に当然に移転すると解することはできないが、これが敷金等と解される場合には、その返還義務が新所有者に移転するのが原則となる。この判決は、譲渡担保権の実行により建物の所有権を取得した者が保証金の返還義務を負うものとし、また、その返還義務の移転の時期は譲渡担保権の実行により所有権が確定的に移転したときであるとしたところに特徴がある。

[81] 東京地判平成 2. 11. 5 金融法務事情 1288. 34
《事案の概要》
　建物の賃貸借において、賃借人（原告）は、保証金、敷金を預託して賃借したところ、賃貸人がその後建物を第三者（被告）に譲渡担保により所有権を移転した。賃借人は、建物を明け渡し、第三者に対して保証金、敷金の返還を請求した。第三者は、その後譲渡担保を実行した。本件では、賃貸借の目的である建物の所有権が譲渡担保により移転した場合の保証金、敷金の返還義務者が問題になった。この判決は、保証金が実質的に敷金の性質を有するものであるとした上、保証金についても、敷金についても、新所有者である第三者が返還の義務を負うとして、請求を認容した。
〈判決〉は、返還義務者の所在について、
「ところで、建物の賃貸借が存続中に建物所有権が譲渡された場合において、賃借人が旧所有者に差し入れていた敷金は、賃借人がその賃借権を新所有者に対抗できるときには、新所有者に当然に承継される（最判昭和 44 年 7 月 17 日民集 23 巻 8 号 1610 頁）が、この理は、譲渡担保に基づき建物所有権が移転し、譲渡担保権者がその所有権移転登記を受けた後に賃貸借が終了した場合にも妥当し、譲渡担保権者は、右登記を経た後は、譲渡担保についての清算が未了であり、担保設定者との間では確定的に所有権を取得していないことを理由として、敷金の返還義務を免れることができないと解すべきである。
　なぜなら、譲渡担保権者は、所有権移転登記を経ることによって、対外的にはその物件の所有者として扱われるべきであることのほか、譲渡担保の被担保権についての弁済期の定め、あるいはその他の債務者の履行遅滞の有無、譲渡担保権者と設定者との間の清算手続の有無及びその進行の程度について、当事者ではない建物賃借人においてこれを把握することは容易ではなく、しかも、右清算手続において清算の必要あるいは清算額をめぐって争いを生ずる場合（本件もその場合であるが、そのような場合が少なくないことは当裁判所に顕著である。）や、清算終了時までに設定者からいわゆる受戻権が行使されることもある（その要件をめぐって当事者間にしばしば紛争を生ずることもまた当裁判所に顕著である。）ことを考えると、建物の所有権が譲渡担保権者に確定的に移転する時期は、事後的に明らかになることは別として、その当時におい

ては必ずしも明確でないことが多く、被告主張のように、譲渡担保権者が、清算手続を経て確定的に建物所有権を取得するまでは賃貸人としての地位を承継せず、敷金の返還義務も負わないとすることは、賃借人が新所有者に敷金返還を求めることができるようになる時期及び要件が不明確となり、その地位を不安定にして、新所有者に敷金返還義務が当然承継されるとする前記法理を没却することになるからである。また、賃借人が敷金返還請求権の権利行使の実現を確保するための賃貸人の財産は、最終的にはその所有する一般財産ということになるが、そのうち現に賃貸借に供されている不動産である建物それ自体が、まず第一次的にはその引当になると解しているのが契約当事者の意思として一般的と解されるのであるが、譲渡担保権者に敷金返還義務が生ずる時期等について被告主張のように解することは、譲渡担保により建物の所有権移転登記がなされると、その清算手続がなされて担保権者が確定的に所有権を取得するまでの間に賃貸借が終了した場合における賃借人は、設定者が受戻権を行使して登記を戻した場合を除いては、賃借建物に対する強制執行をする手段を奪われることになって、妥当とはいえないからである。

　したがって、所有権移転登記を経た譲渡担保権者は、清算手続が未了であり、設定者との間では確定的に所有権を取得していないことを理由に、それまでに終了した建物賃貸借の賃借人に対する敷金返還義務を免れることができないのであって（なお、その場合における担保設定者（旧所有者）の敷金返還義務は、消滅するのではなく、譲渡担保権者と重畳的にこれを負担すると解するのが相当である。）、これを本件についてみると、原告の本件建物8階部分及び同2階部分について賃貸借が終了し、その明渡がなされたのは、いずれも本件建物の所有権が譲渡担保により被告に移転し、その旨の登記がなされた後のことであることは、前記認定事実から明らかであり、被告は、原告に対する敷金返還義務を免れることができないことになる。」と判示し、旧所有者とともに新所有者が負担するとしたものである。

【実務の対応】
　保証金名義で賃借人から賃貸人に賃貸借契約に際して預託される金銭の性質については、事案によって一様でないことは、この事案でも同様である。この判決は、実質的に敷金であるとしているところに特徴がある。また、この事案は、譲渡担保権の実行ではなく、譲渡担保に供された段階で、建物の所有権を

取得した者が保証金の返還義務を負うものとされ、その返還義務の移転の時期は譲渡担保のときであるとしたところに特徴がある。

[82] 東京地判平成 2．7．30 判時 1385．75
《事案の概要》
　建物の賃貸借において、更新料支払の特約がなされていたが、賃貸人（原告）が賃貸期間の満了に際して更新料の支払いを求めず、法定更新され、その後、賃貸人・賃借人（被告）の間で賃貸借をめぐり紛争が生じ、賃貸人が正当事由を理由に解約を申し入れ、建物の明渡しを請求したが、正当事由の一事情として、更新料の不払いを主張した。本件では、更新料の支払いの特約が法定更新の場合にも適用されるかどうかが問題になった。この判決は、特約の適用を否定し、明渡請求を棄却した。
〈判決〉は、
「……によると、本件賃貸借契約書には第 11 条第 1 項に特約条項として『更新料は新賃料の壱ヵ月分とする』旨記載されていることが認められ、右文言のみをもってすれば、法定更新の場合を含む趣旨とみられないではない。
　……右事実によると、本件賃貸借契約の当事者間においては、更新料の請求は契約を正常な形とすることすなわち更新契約の締結を前提とするものと認識していたことが推認される。
　また、前記のような更新料支払の特約を締結する場合の当事者の合理的意思を推測しても、合意更新の場合には少なくとも更新契約の定める期間満了時まで賃貸借契約の存続が確保されるのに対し、法定更新の場合には、事後期間の定めのないものとなり、正当事由の有無はともかく、いつでも賃貸人の側から解約の申し入れをすることができ、そのため賃借人としては常時明渡しをめぐる紛争状態に巻き込まれる危険にさらされることになるのであるから、この面をとらえると、更新料の支払は、合意更新された期間内は賃貸借契約を存続させることができるという利益の対価の趣旨を含むと解することができる。なお、契約期間を経過した後においても、当事者間の交渉次第では期間満了時から期間を定めて合意更新したものとすることも事実上可能であろう。このようにしてみると、更新料の支払は更新契約の締結を前提とするものと解するのが合理的である。

そもそも法定更新の際に更新料の支払義務を課する旨の特約は、借家法第1条の2、第2条に定める要件の認められない限り賃貸借契約は従前と同一の条件をもって当然に係属されるべきものとする借家法の趣旨になじみにくく、このような合意が有効に成立するためには、更新料の支払に合理的な根拠がなければならないと解されるところ、本件において法定更新の場合にも更新料の支払を認めるべき事情は特に認められないから、この点からしても本件賃貸借契約における更新料支払の特約は合意更新の場合に限定した趣旨と解するのが相当である。

したがって、本件更新料の請求は理由がない。」と判示し、更新料の支払に関する特約の適用を否定したものである。

【実務の対応】

更新料の支払いに関する特約があっても、賃借人が更新料を支払わないことがあるが、このような不払いは、実務上、更新料の支払請求の可否、これを理由とする賃貸借契約の解除の当否、これを理由とする正当事由の存否の場面で問題になる。更新料の特約にも様々な内容のものがあるから、必ずしも全ての特約を同様に考えることはできないが、合意更新の際には任意に支払われているのが通常であって、問題になるのは、法定更新の場合である。法定更新の際、賃貸人としては、更新料の支払いだけで納得するか、さらに建物の明渡しを求めるかによって紛争の形態が異なるものになる。この事案では、賃貸人は、正当事由による解約申入れを選択し、正当事由の一事情として主張したところに、その特徴がある。この判決は、これを否定したものである。

[83] 東京地判平成2.11.30判時1395.97

《事案の概要》

建物の賃貸借において、更新料の支払いに関する特約(「更新の場合の更新料は甲乙協議の上定めるものとする」旨の特約)がなされたが、賃貸借が法定更新された際、賃借人(被告)が更新料を支払わなかったため、賃貸人(原告)が更新料の支払いを請求した。本件では、法定更新の場合にもこの更新料支払いの約定が適用されるかどうかが問題になった。この判決は、特約の効力を肯定し、請求を一部認容した。

〈判決〉は、

「……以上の事実によれば、本条は、原告と被告が本件賃貸借契約更新時に更新料を支払うことを前提にしつつ、その金額を具体的に定めず、まず原被告間の協議に委ね、右協議が整わなかった場合には相当額の更新料を支払うべき旨合意したものと解するのが相当である。

なお、本条が本件のように法定更新された場合にも適用があるか問題となるが、本条の文言上『更新の場合』として、更新料の支払に関して更新の事由を限定していないこと、右更新料は実質的には賃料の一部の前払いとしての性質を有するものと推定されること、賃借人が更新契約をせずに法定更新された場合には更新料の支払義務を免れるとするとかえって賃貸人との公平を害する恐れがあることなどを考えると、本件賃貸借契約においては法定更新の場合にも本条の適用があり、被告は更新料の支払義務を負うものと解するのが相当である。」と判示し、これを肯定した上、

この特約による相当の更新料額について、

「そして、相当賃料額としては、佐野鑑定によれば、最近の建物賃貸借契約では新規並びに継続の契約においてほとんど新旧賃料の2か月分程度が更新料として授受されていることが認められるが、本件賃貸借契約においては、過去の更新時において旧賃料の2か月分の6分の5に相当する額の更新料が支払われてきた経緯にあること等を総合して判断すると、従前賃料の2か月分の6分の5に相当する金27万5000円をもって相当と判断する。」と判示したものである。

【実務の対応】

この事案は、更新料の支払いに関する特約が法定更新に適用されるかどうかが、更新料の支払いを請求する場面で問題になったところに特徴がある。この判決は、これを肯定したが、この事案の特約は協議事項だけを定めるものであって、このような特約にこのような効果を認めることに批判もあるから、更新料の支払いに関する特約を作成するに当たっては、不要な問題が生じないように、十分内容を検討することが必要である。

(14) 借家をめぐるその他の問題

以上の紹介した裁判例のほかにも、借家関係においては、様々な紛争が生じ得るところであるが、まず、建物の滅失による賃貸借の終了をめぐる裁判例を

第1章　平成時代の借地・借家をめぐる動向 ─ 借地借家法の制定前 ─

紹介する。当然のことであるが、建物の賃貸借においては、建物が滅失すれば、賃貸借の目的が消滅するために賃貸借も終了する関係にあると解されている（土地の賃貸借においては、賃貸期間が法定の期間である場合には、建物が朽廃したことにより、賃貸借が終了することがあるが、それ以外の場合には、建物の消滅により賃貸借が終了する関係にはないし、この朽廃による借地権の消滅の制度も、借地借家法の下においては、廃止されている）。ところが、建物が消滅したかどうかは、実際にはなかなか判断が困難な問題である。特に建物が火災に遭ったり、老朽化したりした場合には、大規模な修繕をしなければ建物としての効用が認められないこともあり、そのような建物が建物としての効用を失ったとして、賃貸借が終了することもあるが、その判断が困難なことは容易に想像できるのである。

　建物の消滅・効用喪失により建物の賃貸借が終了したかどうかが問題になった裁判例としては、最三判昭和32. 12. 3 民集11. 13. 2018（建物が朽廃し、効用を失った場合、建物の賃貸借が当然に終了するとしたもの）、最一判昭和42. 6. 22 民集21. 6. 1468（建物賃貸借の終了を肯定したが、その基準として、「賃借建物が、火災により、2階部分は屋根および北側土壁がほとんど全部焼け落ち、天井の梁、軒桁等は半焼ないし燻焼し、階下部分は北側土壁の大半が破焼した外はおおむね被害を免れているが、罹災のままの状態では風雨をしのぐべくもなく、倒壊の危険さえもあり、完全修復には多額の費用を要し、建物全部を取り壊して新築する方が経済的である等判示事実関係のもとにおいては、該建物は火災により全体として効用を失い、消滅し、建物賃貸借契約は終了したと解するのが相当である。」との要旨を明らかにしているもの）、最二判昭和43. 12. 20 民集22. 13. 3033（終了を否定した事例）、大阪地判昭和45. 9. 25 判時626. 72（終了を否定した事例）、広島地判昭和50. 2. 17 判タ327. 243（終了を肯定した事例）、名古屋地判昭和51. 2. 17 判時832. 87（終了を否定した事例）、札幌地判昭和53. 12. 11 判タ394. 132（終了を肯定した事例）、大阪地判昭和54. 3. 26 判時941. 72（終了を否定した事例）、大阪地判昭和56. 1. 26 判時996. 89（終了を肯定した事例）、東京地判昭和58. 9. 30 判タ512. 144（終了を肯定した事例）、静岡地判昭和59. 12. 20 判時1156. 113（終了を肯定した事例）、横浜地判昭和63. 2. 26 判時1292. 123（終了を肯定した事例）、東京地判昭和63. 6. 27 判時1287.

94（終了を肯定した事例）がある。
　建物の消滅・効用喪失の問題は、仮に賃貸借の終了といえなくても、これを理由とする正当事由があるとして、建物の賃貸借の更新拒絶、解約申入れとして主張されることもあるし、また、賃借人が建物を修繕したような場合には、それを理由に賃貸借契約が解除されることもある。

[84] 東京地判平成 2. 3. 26 判夕 742. 116
《事案の概要》
　地上 10 階建のビル（ホテル）のうち 8 階部分の建物の賃貸借において、ビルの 9 階、10 階部分が焼失し、その改修に約 350 億円を要する状態になったが、賃借人（原告）らが賃貸人（被告）に対して賃借権の確認を請求した。賃貸人は、目的物の効用喪失による契約の終了、合意解除、解約申入れを主張し、本件では、特に火災による目的物喪失の有無が問題になった。この判決は、目的物の喪失を肯定し、請求を棄却した。
〈判決〉は、目的物の効用喪失による賃貸借契約の終了について、
「1　ところで、賃貸借契約の目的となっている建物が消滅した場合には、賃貸借の趣旨は達成されなくなるのであるから、これによって賃貸借契約は当然に終了するが、賃借建物の一部が滅失した場合でも、その主要な部分が消失して全体として効用を失い、賃貸借契約の目的が達成されない程度に達したときは当該賃貸借も終了するものと解され、その判断に際しては、消失した部分の修復が物理的に可能であるか否かのみならず、賃貸人の通常負担すべき費用では右修復が不可能と認められるか否か等をも考慮すべきである。
2　これを本件についてみれば、まず、本件各部屋については、火災による焼失あるいは放水による損傷は殆んど認められず、本件各部屋自体が滅失ないしそれに近い状態にあったと認めることはできないが、前記認定のような大きな構造の建物のうちの一室を対象とした賃貸借契約については、単に賃貸借契約の目的となっている当該 1 室のみにつき滅失あるいは効用喪失を論じるだけでは足りず、賃貸借の目的となっている右 1 室を含む当該建物全体についての滅失あるいは効用喪失の有無を判断すべきであり、本件においてたとえ本件各部屋についてはなんらの被害がなくとも、本件ホテル全体が滅失あるいは効用喪失に至ったと認められる場合には、結局本件各部屋についても使用するこ

とができなくなるのであるから、全体の滅失あるいは効用喪失により当然に本件各賃貸借契約は終了するものと解すべきである。

3 そして、本件火災事故によって、本件ホテルは9階及び10階が焼失し、それ以来東京消防庁及び東京都知事による使用停止命令によって現在全く使用されていない状態であるばかりか、従来のホテルあるいは賃貸事務所として使用するために必要とされる改修費用は総額で350億円を超えるものであり、また、仮に右改修費用を本件ホテルを安全に使用するために最低限必要と思われる9階及び10階の解体撤去再建工事費用及び機械設備工事に限ったとしても約100億円以上を必要とし、さらに、電気配線、給排水、空調等のための機械設備工事だけに限ったとしても90億円以上を必要とするというのである。これらの金額は、原告らが本件各部屋を使用するために賃貸人である被告が通常負担すべき費用をはるかに超えたものといわざるを得ない莫大な額である。したがって、物理的にはともかく、経済的にはもはや通常の費用で修復するのは不可能であるから、本件ホテルの効用が喪失した結果本件各部屋の各賃貸借契約は、本件火災事故時に目的物の効用喪失に当たるものとして消滅したものと解するのが相当である。」と判示し、効用喪失を認めたものである。

【実務の対応】

この判決は、都心に所在するホテルの火災によりホテル内の部屋（部屋自体は焼失しているものではない）の賃貸借が終了したものであり、前記の裁判例の流れの中で効用喪失を認めたものとして意義のある裁判例である。

建物の賃貸借においては、土地の賃貸借と異なり、賃貸借の目的物（建物）の修繕が問題になることが多い。民法の原則としては、賃貸人が建物の使用・収益に必要な修繕をする義務を負っている（606条1項）。もっとも、この原則と異なる特約をすることは賃貸人・賃借人間で自由にできる事柄であり、現にそのような特約がなされることも多い（このような特約も一般的には有効であると解されるが、建物の構造的な部分についてまで賃借人に修繕させる旨の特約は特段の事情がない限り無効としてもよいであろう）。

修繕が問題になる場面は様々であり、例えば、賃借人による修繕請求、賃借人の無断修繕を理由とする賃貸借契約の解除、修繕費用償還請求権による賃料支払義務との相殺、未修繕による賃料支払拒絶等の問題がある。従来の裁判例をみると、最一判昭和38. 11. 28民集17. 11. 1477（賃貸建物の未修繕を

理由とする賃料支払いの拒絶を否定した事例）、東京地判昭和41．4．8判時460．59（賃貸建物の修繕に費用を支出し、その一部を賃料と相殺したとして、その残りの支払いを請求したが、請求が棄却された事例）、最一判昭和43．1．25判時513．33（賃貸借契約上の「大小修繕は賃借人がする」との約定の趣旨が問題となり、建物を賃借当初と同一状態で維持すべき義務があるとの趣旨ではないと解するのが相当であるとした事例）、東京地判昭和46．3．31判時638．47（建物（ビルの地下部分）を飲食店として賃借した賃借人が、賃貸人が換気、冷暖房、排水等の諸設備を十分にするとの約束であったのに、不完全で、修繕もしなかったとして、賃貸借契約を解除し、敷金の返還、造作の買取請求をし、請求が一部認容された事例）、東京高判昭和51．9．14判タ346．193（ビルの一部の建物の賃貸借において、共同設備の設備関係に要する修繕費用は賃借面積に応じて各賃借人の負担とするとの約定がある場合、地下の排水ポンプの瑕疵による取替え等の費用は賃貸人が負担するとした事例）、東京高判昭和56．2．12判時1003．98（建物の壁の欠陥により隣室の生活音が聞こえる場合、賃貸人の壁の修繕義務が否定された事例）、東京地判昭和56．3．26判時1013．47（地下店舗の漏水事故につき、賃貸人が修繕義務不履行による損害賠償責任を負うとされた事例）、東京高判昭和59．10．30判時1137．58（ゴルフ練習場の賃貸借契約について、「ゴルフ練習場の経営上必要な一切の費用は賃借人の負担とする」との特約がある場合、練習場のネット張り用のポール等に破損が生じたにもかかわらず、補修をしないからとして、賃借人が賃貸借契約を解除し、保証金の返還を請求したが、ポール（鉄柱）については、その維持、補修のための費用を賃貸人が負担することとしたものと解するのが自然であるとした事例）、名古屋地判昭和62．1．30判時1252．83（賃借人が、建物の雨漏りにより使用が一部不可能であったとして、賃料の支払いの一部拒否が認められた事例）がある。

[85] 名古屋地判平成2．10．19判時1375．117
《事案の概要》
　集合住宅の一室の賃貸借において、畳、フスマ、障子等の取替え、小修繕は賃借人の負担で行う、賃借人が故意過失を問わず建物に毀損、滅失等の損害を与えた場合には、損害賠償義務を負う旨の特約があったところ、賃貸人（原告、

被控訴人）が未払賃料、特約に基づく温水器の取替費用、畳等の修繕費用の支払いを請求した。本件では、この特約の趣旨が問題になった。第一審判決は、請求を一部認容したため、賃貸人が控訴した。この判決は、未払賃料の請求を一部認容したが、その余の請求を棄却した（原判決を変更した）。

〈判決〉は、まず修繕特約について、

「本件修理特約は、一定範囲の小修繕についてこれを賃借人の負担において行う旨を定めるものであるところ、建物賃貸借契約における右趣旨の特約は、一般に民法606条による賃貸人の修繕義務を免除することを定めたものと解すべきであり、積極的に賃借人に修繕義務を課したものと解するには、更に特別の事情が存在することを要すると解すべきである。そして、本件においては右特別の事情の存在を認めるに足りる資料はなく、先に認定したところの礼金の授受及び控訴人が昭和55年に本件建物に入居した際には前の居住者が退去したままの状態で入居している事実は、むしろ本件修理特約が賃貸人の修理義務を免除するに留まるものであることを推認させるものである。被控訴人は、本件賃貸借契約終了後に自らの出捐によって行った修繕につき、本件修理特約を根拠として控訴人に対してその費用償還を求めるものであるが、右に説示したところから本件修理特約は右償還請求の根拠となるものではないというべきである。なお、いわゆる原状回復義務から直ちに右費用償還義務を導くことはできないと解される。」と判示して、この特約が修繕に要した費用の償還請求の根拠にならないとした上、

損害賠償に関する特約については、

「本件賠償特約は、本件建物の毀損、汚損等についての損害賠償義務を定めるが、賃貸借契約の性質上、そこでいう損害には賃借物の通常の使用によって生ずる損耗、汚損は含まれないと解すべきである。

　この点についてみるに、前記1に認定したところ及び弁論の全趣旨によれば、請求原因六の（一）ないし（六）の修繕にかかる損耗、汚損は、建物の通常の使用によって生ずる範囲のものであったと認められるが、同（七）のドアー等については、通常の使用によっては生じない程度に汚損していたことが認められる。

　被控訴人は同（五）のクロス張替えに関連して、壁クロスの汚損が結露によるとしてもそれは控訴人の過失によるものである旨及びそもそも本件賠償特約

は過失の有無を問わず賠償責任があることを定めたものである旨主張するが、結露は一般に建物の構造によって発生の基本的条件が与えられるものであるから、特別の事情が存しない限り結露による汚損を賃借人の責に帰することはできず、本件賠償特約がそのような場合にも帰責事由の有無を問わず賠償責任を負うべき旨を定めたものであるとするならば、その限度で本件賠償特約の効力は否定されるべきである。」と判示し、この特約も制限的に解したものである。

【実務の対応】

賃貸借契約は、建物の賃貸借であっても、長期にわたって法律関係が継続するから、その間の賃貸人・賃借人の関係を円滑に維持するためには、できる限り特約によって法律関係を明確にしておくことが望ましい。この事案で問題になった修繕、損害賠償に関する特約も、重要な特約であり、その内容が実務を担当する者の知識と経験により、より合理的で妥当なものとして定められることが期待される。この判決は、問題になった各特約について相当に制限的に解している（特に、修繕特約については、特約の文言上この判決のように理解するのが一般的であるとはいい難いが、そのような結論を導くだけの必要性があったのであろうか）が、一般的にはそのように制限的に解すべき理由はないといえよう。ただ、この判決のような判断がなされると、特約を定めた当時の当事者にとって意外な判断がなされることもあるから、特約の内容についてはできるだけ明確な表現を用いることが必要である。

[86] 東京地判平成2.11.13判時1395.78
《事案の概要》

建物の賃貸借において、賃借人（原告）が30年以上果物店、事務所として使用していたところ、柱も腐食し、梁も沈下し、屋根は雨漏りがするなどかなり老朽化していたため、賃借人は賃貸人（被告）に対して、建物の修繕を請求した。本件では、賃貸人の修繕義務の存否が問題になった。この判決は、これを肯定し、請求を一部認容した。

〈判決〉は、

「1 以上の認定事実によれば、本件建物は老朽化が相当進んでおり、早晩大修繕ないし改築を免れないというべきであるが、賃貸人の修繕義務の存否及びその範囲・程度は、契約で定められた建物使用の目的、実際の使用方法・態様

第1章 平成時代の借地・借家をめぐる動向 ― 借地借家法の制定前 ―

との関係で相対的に決せられるべきであり、修繕が可能であって、修繕をしなければ契約の目的に即した使用収益に著しい支障が生ずる場合に限って修繕義務があるというべきであるが、当該建物の経済的価値、賃料の額、修繕に要する費用の額等をも考慮に入れて、契約当事者間の公平という見地からの検討も加える必要がある。
2　これを本件建物についてみるに、前記二（三）の点すなわち柱の腐食、敷居の摩耗、屋根のトタン板の腐食による雨漏り及び板壁の穴は、いずれも本件建物の使用に著しい支障を来す性質のものであるから、被告らは主文第1項掲記の範囲・方法による修繕義務を免れないというべきであるが、それ以外の点は、前記のような本件建物の使用状況を前提とする限り、必ずしもその使用に著しい支障が生ずるものとは認め難いし、本件建物が老朽化してもはやわずかな経済的価値しかないことを考慮に入れると、その修繕義務を被告らに課すのは、契約当事者間の公平の見地からみて、相当でないというべきである。」と判示し、修繕義務を認めたものである。

【実務の対応】
　この判決は、建物の修繕義務を負う賃貸人が修繕を行わない場合、賃借人のとることができる方法の一つを明確にした点に大きな意義がある。賃貸人が修繕を行わない場合には、賃借人は、損害賠償を請求するか、賃料の支払いを拒絶するか、自ら修繕を行って必要費として償還請求するとの方法が従前とられてきた。賃貸人に対して修繕義務の履行を求めることも当然に許されるということができるが、このような方法が従前さほど利用されなかったのは、修繕の範囲を具体的に特定することが困難であったり（請求の趣旨をどのように構成するのかについて工夫が必要である）、判決を確定させるまでに時間がかかり、当面の修繕に役立たないなどの事情があったものと推測される。訴訟の審理について工夫をすれば、この判決のような方法も利用できる方法である。今後の利用が期待されよう。
　なお、この判決の主文も、本件のような紛争の解決に当たって参考になる。参考になる部分を掲記すると、
「被告らは原告に対し、別紙物件目録記載の建物につき、左記の修繕をせよ。
（一）　入口両側の柱（別紙検証見取図表示の柱Ⅰ・Ⅱ）の土台に接する腐食部分を除いて根継ぎし、敷居を全部取り替えるとともに、梁の沈下を補正するこ

と。
(二)　屋根のトタン板を全部取り替えること。
(三)　右検証見取図ヘト間の板壁の穴を建物内部から板をもってふさぐこと。」
というものである。

　建物の明渡しをめぐる紛争は、深刻であり、相当の時間とストレスを伴うが、できれば訴訟に至らないうちに解決しようとするのは人情である。特に賃貸人の中には、明渡しを急ぐ余り、他の紛争を発生させることもないではない。建物の明渡しを自力により実現したりすることも、そのために損害賠償の事件になったりする。これまでのこのような紛争に関する裁判例としては、東京高判昭和46．9．30判時655．34（使用貸借の貸主が借主の所有物件を無断で建物から搬出した後、保管倉庫の火災により物件も焼失したことによる損害賠償が認められた事例）、東京地判昭和47．3．29判時679．36（建物の明渡しをめぐって賃貸人が店舗内の電灯線のヒューズを切り、無断で店舗内に立ち入り、棚を取り外し、設備、備品、商品を搬出するなどしたことにより損害賠償が認められた事例）、東京地判昭和47．5．30判時683．102（建物の明渡しをめぐって賃貸人が扉にベニヤ板を打ち付けたりして開閉を不能にし、階段にバリケードを設置して通行を妨害し、電気配線、ガス管を切断し、什器備品を原告の住居に搬送するなどしたことにより損害賠償が認められた事例）、東京高判昭和51．9．28判タ346．198（建物の明渡しをめぐり賃貸人が賃貸借契約を解除するとともに、休業中の店舗に立ち入ることを禁ずる告示書を掲示し、鍵を取り替えたことによる損害賠償が認められなかった事例）、福岡高判昭和58．9．13判タ520．148（建物の明渡しをめぐって賃貸人が店舗入り口の飾りテントを取り去ったり、その跡に修理を禁ずる掲示板を取り付けたりしたことにより損害賠償が認められた事例）、東京地判昭和62．3．13判時1281．107（賃貸建物内の物品を別の場所に搬出し、保管し、鍵を取り替え、そのことを賃借人に連絡をしていたことによる損害賠償が認められなかった事例）、大阪高判昭和62．10．22判時1267．39（賃借人が契約に違反して無断で転居したため、賃貸人が放置されていた家具、日用品、記念アルバム等の残置物を搬出したことなどにより損害賠償が認められた事例）、横浜地判昭和63．2．4判時1288．116（賃借人がアパートの廊下に置いた大量の荷物を、賃貸人が撤去したことにつき損害賠償が認められなかった事例）、東京地判昭和63．11．

25 判時1307．118（建物の明渡しを巡り賃貸人が電源を切ったり、水道、ガスの供給を停止したりなどしたことにより損害賠償が認められた事例）がある。

[87] 横浜地判平成2．5．29判時1367．131
《事案の概要》
　賃貸人（被告甲）と賃借人（原告）との間で賃貸借の更新時に建物の明渡しを巡って話し合いがこじれ、賃貸人が賃借人の勤務する会社の取引先の幹部であったため、賃借人の上司（被告乙）らに対して問題の解決を依頼し、上司らは、人事上の不利益をほのめかしながら前後8回位明渡しを執拗に説得したため、賃借人は、上司ら、賃貸人に対して損害賠償を請求した。本件では、このような説得が不法行為に当たるかどうかが問題になった。この判決は、上司の行為が説得の範囲を超えていたとして、請求を一部認容した。
〈判決〉は、
「ところで、企業内において上司ないし序列上上位にある者が部下ないしは下位にある者の私生活上の問題につき一定の助言、忠告、説得をすることも一概にこれを許されないものということはできない。例えば、部下が会社とは関係なく個人的に賃借している住宅につき、家主との間で賃貸借の終了及びその明渡を巡って紛争状態にある場合、賃貸借が終了していると考えるか否か、また、そのいずれの場合であっても、何らかの条件で明渡要求に応じるか否か等、総じてその紛争を当事者間の和解により解決するか否かは、本来賃借人たる部下が自らの判断と責任において決定すべき問題である。けれども、上司が部下から当該紛争につき助言・協力を求められた場合は勿論、そうでなく会社若しくは上司自身の都合から積極的に説得を試みる場合であっても、それが一定の節度をもってなされる限り、部下に多少の違和感、不快感をもたらしたからといって、直ちに違法と断ずることはできない。しかしながら、部下が既に諸々の事情を考慮したうえ、自らの責任において、家主との間で自主的解決に応じないことを確定的に決断している場合は、上司がなおも会社若しくは自らの都合から、会社における職制上の優越的地位を利用して、家主との和解ないしは明渡要求に応じるよう執拗に強要することは、許された説得の範囲を越え、部下の私的問題に関する自己決定の自由を侵害するものであって、不法行為を構成するものというべきである。

これを本件についてみるに、被告丙川は、原告に対し、原告が本件建物の明渡を頑強に拒んでいることを知ったうえで、人事上の不利益をほのめかしながら、少なくとも2か月間前後8回にわたり執拗に本件建物を被告乙山に明け渡すことを説得し続けたというのであるから、上司として許された説得の範囲を越えた違法な行為というべきであり、被告丙川は、このことにより原告が受けた精神的苦痛を慰謝すべきものというべく、これを慰謝するには金30万円の支払をもってするのが相当である。」と判示し、上司の不法行為を認めたものである。

【実務の対応】
　この事案のような事例は、建物の明渡しの紛争に限らず、職場内でしばしば生じがちな出来事である。職場の上司としては、部下の私的な問題、紛争であっても、部下等の依頼により解決のために一肌脱ぐというのが、未だ美風であるとの意識が強いことも確かである。しかし、これは、無制限に許されないことは当然であり、この判決は、その制限を具体的に認めた一事例として参考になる。

[88] 横浜地判平成2. 7. 19 判時1376. 98
《事案の概要》
　建物の賃貸借において、賃借人（原告）は建物の一階を賃借し、かき料理店を営業していたが、昭和50年頃から赤字が続き、昭和54年3月頃には休業し、そのまま営業が再開されることはなかったが（賃料は昭和53年7月分から昭和61年5月分まで供託された）、賃貸人から建物を買い受け、その旨の登記を経た者（被告）は昭和61年5月建物を買い受けた後建物を取り壊したため、賃借人は、賃借権侵害を理由に損害賠償を請求した。本件では、このような買受人の建物取壊行為が不法行為に該当するがどうかが問題になった。この判決は、これを否定して、請求を棄却した。
〈判決〉は、不法行為の成否について、
「……被告が本件建物を買い受けた当時、外形的ないし客観的にみて原告が本件建物1階部分の利用ないし事実上の支配を継続していたものとみるのは困難で、前記原告の賃料供託の事実をもってしても、原告が第三者に対し客観的に建物利用継続の意思を費用時したものと認めることはできず、他に以上の認

第1章 平成時代の借地・借家をめぐる動向 ― 借地借家法の制定前 ―

定を覆すに足りる証拠はない。
　……
　……被告が本件建物売買契約に基づき所有権移転登記を経由した昭和61年5月1日当時、原告は、本件建物一階部分の占有を失っていたとみることができ、被告に対する関係で建物賃借権の対抗要件たる『引渡』（借家法1条）を欠いていたことになるから、右所有権移転登記の具備の結果、特段の事情のない限り、原告は右建物1階部分の賃借権を確定的に喪失し、従って被告による本件建物取壊しは、賃借権の対抗を受けない建物所有権の行使として適法となり、本件建物の取壊しによって違法に原告の賃借権が消滅させられたという関係も認められないことになるのが原則と言わざるを得ない。
　しかし、賃借権の対抗を本来受けない第三者による建物譲受けないし取壊し行為であっても、その態様において刑罰法規または公序良俗に違反し、自由競争の範囲を逸脱したと認めるに足る特別の事情がある限り、違法な賃借権侵害にあたると解することができるところ、本件のように侵害の対象となった賃借権が、現実の占有・利用を伴わない建物賃借権である場合には、第三者にとって賃借権の存否を確認することが困難となる一方、賃借人保護の必要性がある程度後退することは否めないから、建物譲受人において、建物譲受けに際し、当該賃借人の存在を明確に認識したうえ、もっぱら賃借人の利益を害する目的から旧建物所有者と通謀したり、旧建物所有者に強く働きかけて同人の建物賃借人に対する債務不履行を教唆するなど、特に悪性の強い態様の譲受け行為がある場合にはこれを違法な賃借権侵害として不法行為の成立を認めるのが相当であり、そこで更にこの点を検討することとする。
　……
　結局、以上検討したところによれば、被告の本件建物・敷地購入及び本件建物の取壊しは、いまだ刑罰法規または公序良俗に違反して正当な自由競争の範囲を逸脱したものとは認めがたく、ほみゑないし日出子に債務不履行等の責任が認められるかどうかは別として、被告が違法に原告の賃借権を侵害したということはできない。」と判示し、これを否定したものである。
【実務の対応】
　この事案は、珍しい事案であるが、一般的には、自己使用、転売のために建物を買い受けるときは、賃借人の有無等については十分に実地に検分して買い

190

受けることが必要であり、第三者の占有が疑われるときは買い控えることが賢明である。この検討を十分に行わないと、この事案のような紛争に巻き込まれることを覚悟すべきであろう。

地上げの際、地上げ業者の担当者が賃貸建物の賃借人らの分断を図るために虚言を弄した事案についての裁判例として、［89］神戸地判平成2．2．28判時1357．105がある。

《事案の概要》

Xは、昭和23年、Aから建物（長屋）を賃借し、使用していたが、B株式会社は、平成元年2月、本件建物を敷地とともに購入し、建物の入居者を退去させることにし、Bの従業員Yが本件建物の居住者との明渡しの交渉を行っていたところ、Xとその妻Cが居住者らの中心になって結束を固め、立ち退かせる目処が立たなかったことから、Xが裏取引を行っている旨などの虚言を他の居住者に告げたため、XがYに対して不法行為に基づき損害賠償を請求したものである。この判決は、Yの名誉毀損行為を認め（慰謝料として20万円を認めた）、請求を認容した。

この判決のような事業者のやり方を見聞することは多々あるところであり、この判決は事例として参考になるものである。

最後に、短期賃貸借、解除請求に関連した一連の裁判例を紹介しておきたい（民法395条）。短期賃貸借は、執行妨害等に利用され、その弊害が指摘されて久しいが、その効果的な対策はなかなか見出し難い状況にある（なお、その後、短期賃貸借の解除制度は廃止された）。

［90］東京地判平成2．1．29判タ736．186は、根抵当権と併用された賃借権に基づき短期賃貸借の賃借人に対する土地建物の明渡請求ができないとされ、根抵当権者が土地建物の短期賃貸借の解除請求が認容されたものの、根抵当権を被保全権利として所有者に代位して賃借人に対して自己に土地建物の明渡請求をすることができないとされた例である。この事案のような代位による明渡請求を否定する裁判例は多いが、同様な代位により所有者に対して明渡請求をすることが認められた裁判例として、大阪高判昭和61．2．26判時1200．75、大阪高判平成元．3．29判タ703．164があり、抵当権者に対して明渡請求をすることが認められた裁判例として、東京高判昭和63．7．28判時1289．

56がある（なお、この事案の提起した問題は、その後、最高裁の判例によって否定されたが、さらに最高裁大法廷の判決によって肯定されたものである）。

［91］東京高決平成2.2.22金融法務事情1257.38は、土地建物の不動産引渡命令において、短期賃貸借が主張されたとき、敷金の額を高額とし、賃料を著しく低額とし、中途解約のときは前払賃料及び敷金に対する年3割の損害金を支払う旨の約定があるなどの事情がある場合には、濫用的な賃貸借であり、正当な短期賃貸借と認めることができないから、これを前提とする転借権も効力を認めることができないとした事例である。執行の実務においては、濫用的な短期賃貸借がどのようなものであるかを問題にする以前に、次から次に主張される短期賃貸借の殆どが濫用的であるとの印象を否定できない状況である。濫用的な短期賃貸借と認定された事例は、公刊された裁判例は正に氷山の一角である。また、濫用的な短期賃貸借権を前提とする転借権も保護されないことは、東京高決昭和60.4.16金融法務事情1101.36、東京高決昭和60.11.29金融法務事情1128.62、東京高決昭和62.2.10金融法務事情1184.47、東京高決昭和62.10.5金融法務事情1198.30等がある）。

［92］大分地判平成2.4.27判タ731.183は、根抵当権者が土地建物の短期賃貸借の解除請求の判決確定を条件として、根抵当権を被保全権利として所有者に代位して賃借人に対して自己に土地建物の明渡請求をすることが認められた例である。

［93］東京高判平成2.11.25金融法務事情1287.31は、抵当権者による短期賃貸借契約の解除の訴えは、賃貸人及び賃借人を共同被告とする必要的共同訴訟であるとし、賃借人による土地建物の占有使用により根抵当権者の被担保債権額を充たすに足りない根抵当土地建物の評価が一層低下するなどの事情がある場合には、通常の短期賃貸借であっても、根抵当権者に損害を及ぼすものとして、解除請求を認容した事例である。

［94］東京地判平成2.11.30金融法務事情1289.27は、抵当権の実行による差押えの効力が生じた後に短期賃貸借の期間が満了した場合には、借家法2条の適用がなく、短期賃貸借の法定更新をもって抵当権者及び売却による建物所有権を取得した買受人に対抗することができないとされた例である（関連する判例として、最三判昭和38.8.27民集17.6.871がある）。

平成時代における借地・借家法制度の改正

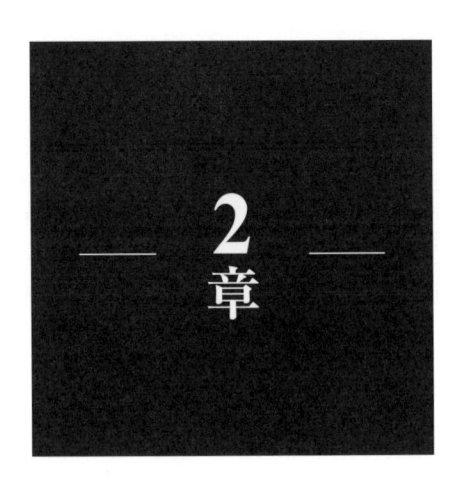

2章

No, 1

はじめに

　平成時代における借地・借家法制度の改正としては、3度を数える。まず、平成3年の借地借家法の制定が重要なものである。

　借地借家法は、平成元年前後のバブルの崩壊の時期に検討が開始され、バブルの崩壊が重大になりつつあった平成3年に制定されたものであるが、土地の有効利用を正当事由として認めないこと、正当事由が厳格すぎること、借地、借家に対する規制が不要であることといった批判が燻っていた。その後、不動産不況が深刻になるにつれ、借地借家法の規制を撤廃すべきであるなどといった見解が政府、経済界の一部で提唱され始め、後記のとおり、平成11年、定期建物賃貸借制度の導入として立法化されるに至った。

No, 2

平成3年制定の借地借家法の新旧対照表

出典：法務省民事局参事官室

借地借家法（平成三年法律第九十号）

借　地　借　家　法	現　　行　　法
第一章　総則 （趣旨） 第一条　この法律は、建物の所有を目的とする地上権及び土地の賃借権の存続期間、効力等並びに建物の賃貸借の契約の更新、効力等に関し特別の定めをするとともに、借地条件の変更等の裁判手続に関し必要な事項を定めるものとする。 （定義）	（新設）

第2章 平成時代における借地・借家法制度の改正

第二条　この法律において、次の各号に掲げる用語の意義は、当該各号に定めるところによる。 　一　借地権　建物の所有を目的とする地上権又は土地の賃借権をいう。 　二　借地権者　借地権を有する者をいう。 　三　借地権設定者　借地権者に対して借地権を設定している者をいう。 　四　転借地権　建物の所有を目的とする土地の賃借権で借地権者が設定しているものをいう。 　五　転借地権者　転借地権を有する者をいう。 第二章　借　地 　第一節　借地権の存続期間等 （借地権の存続期間） 第三条　借地権の存続期間は、三十年とする。ただし、契約でこれより長い期間を定めたときは、その期間とする。	借地法第一条　本法ニ於テ借地権ト称スルハ建物ノ所有ヲ目的トスル地上権及賃借権ヲ謂フ 借地法第二条　借地権ノ存続期間ハ石造、土造、煉瓦造又ハ之ニ類スル堅固ノ建物ノ所有ヲ目的トスルモノニ付テハ六十年、其ノ他ノ建物ノ所有ヲ目的トスルモノニ付テハ三十年トス但シ建物カ此ノ期間満了前朽廃シタルトキハ借地権ハ之ニ因リテ消滅ス 　②契約ヲ以テ堅固ノ建物ニ付三十年以上、其ノ他ノ建物ニ付二十年以上ノ存続期間ヲ定メタルトキハ借地権ハ前項ノ規定ニ拘ラス其ノ期間ノ満了ニ因リテ消滅ス 借地法第三条　契約ヲ以テ借地権ヲ設定スル場合ニ於テ建物ノ種類及構造ヲ定メサルトキハ借地権ハ堅固ノ建物以外ノ建物ノ所有ヲ目的トスルモノト看做ス
（借地権の更新後の期間） 第四条　当事者が借地契約を更新する場合においては、その期間は、更新の日から十年（借地権の設定後の最初の更新にあっては、二十年）とする。ただし、当事者がこれより長い期間を定めたときは、その期間とする。	借地法第五条　当事者カ契約ヲ更新スル場合ニ於テハ借地権ノ存続期間ハ更新ノ時ヨリ起算シ堅固ノ建物ニ付テハ三十年、其ノ他ノ建物ニ付テハ二十年トス此ノ場合ニ於テハ第二条第一項但書ノ規定ヲ準用ス 　②当事者カ前項ニ規定スル期間ヨリ長キ期間ヲ定メタルトキハ其ノ定ニ従フ
（借地契約の更新請求等） 第五条　借地権の存続期間が満了する場合において、借地権者が契約の更新を請求したときは、建物がある場合に限り、前条の規定によるもののほか、従前の契約と同一の条件で契約を更新したものとみなす。ただし、借地権設定者が遅滞なく異議を述べたときは、この限りでない。	借地法第四条　借地権消滅ノ場合ニ於テ借地権者カ契約ノ更新ヲ請求シタルトキハ建物アル場合ニ限リ前契約ト同一ノ条件ヲ以テ更ニ借地権ヲ設定シタルモノト看做ス但シ土地所有者カ自ラ土地ヲ使用スルコトヲ必要トスル場合其ノ他正当ノ事由アル場合ニ於テ遅滞ナク異

196

2 借地権の存続期間が満了した後、借地権者が土地の使用を継続するときも、建物がある場合に限り、前項と同様とする。	議ヲ述ヘタルトキハ此ノ限ニ在ラス ③第五条第一項ノ規定ハ第一項ノ場合ニ之ヲ準用ス 借地法第六条　借地権者借地権ノ消滅後土地ノ使用ヲ継続スル場合ニ於テ土地所有者カ遅滞ナク異議ヲ述ヘサリシトキハ前契約ト同一ノ条件ヲ以テ更ニ借地権ヲ設定シタルモノト看做ス此ノ場合ニ於テハ前条第一項ノ規定ヲ準用ス ②前項ノ場合ニ於テ建物アルトキハ土地所有者ハ第四条第一項但書ニ規定スル事由アルニ非サレハ異議ヲ述フルコトヲ得ス
3 転借地権が設定されている場合においては、転借地権者がする土地の使用の継続を借地権者がする土地の使用の継続とみなして、借地権者と借地権設定者との間について前項の規定を適用する。 （借地契約の更新拒絶の要件） 第六条　前条の異議は、借地権設定者及び借地権者（転借地権者を含む。以下この条において同じ。）が土地の使用を必要とする事情のほか、借地に関する従前の経過及び土地の利用状況並びに借地権設定者が土地の明渡しの条件として又は土地の明渡しと引換えに借地権者に対して財産上の給付をする旨の申出をした場合におけるその申出を考慮して、正当の事由があると認められる場合でなければ、述べることができない。	借地法第八条　前二条ノ規定ハ借地権者カ更ニ借地権ヲ設定シタル場合ニ之ヲ準用ス 借地法第四条　……………………但シ土地所有者カ自ラ土地ヲ使用スルコトヲ必要トスル場合其ノ他正当ノ事由アル場合ニ於テ遅滞ナク異議ヲ述ヘタルトキハ此ノ限ニ在ラス 借地法第六条 ②前項ノ場合ニ於テ建物アルトキハ土地所有者ハ第四条第一項但書ニ規定スル事由アルニ非サレハ異議ヲ述フルコトヲ得ス
（建物の再築による借地権の期間の延長） 第七条　借地権の存続期間が満了する前に建物の滅失（借地権者又は転借地権者による取壊しを含む。以下同じ。）があった場合において、借地権者が残存期間を超えて存続すべき建物を築造したときは、その建物を築造するにつき借地権設定者の承諾がある場合に限り、借地権は、承諾があった日又は建物が築造された日のいずれか早い日から二十年間存続する。ただし、残存期間がこれより長いとき、又は当事者がこれより長い期間を定めたときは、その期間による。 2 借地権者が借地権設定者に対し残存期間を超えて存続すべき建物を新たに築造する旨を通知した場合において、借地権設定者がその通知を受けた後二月以内に異議を述べなかったとき	借地法第七条　借地権ノ消滅前建物カ滅失シタル場合ニ於テ残存期間ヲ超エテ存続スヘキ建物ノ築造ニ対シ土地所有者カ遅滞ナク異議ヲ述ヘサリシトキハ借地権ハ建物滅失ノ日ヨリ起算シ堅固ノ建物ニ付テハ三十年間、其ノ他ノ建物ニ付テハ二十年間存続ス但シ残存期間之ヨリ長キトキハ其ノ期間ニ依ル

は、その建物を築造するにつき前項の借地権設定者の承諾があったものとみなす。ただし、契約の更新の後（同項の規定により借地権の存続期間が延長された場合にあっては、借地権の当初の存続期間が満了すべき日の後。次条及び第十八条において同じ。）に通知があった場合においては、この限りでない。	
3　転借地権が設定されている場合においては、転借地権者がする建物の築造を借地権者がする建物の築造とみなして、借地権者と借地権設定者との間について第一項の規定を適用する。	借地法第八条　前二条ノ規定ハ借地権者カ更ニ借地権ヲ設定シタル場合ニ之ヲ準用ス
（借地契約の更新後の建物の滅失による解約等） 第八条　契約の更新の後に建物の滅失があった場合においては、借地権者は、地上権の放棄又は土地の賃貸借の解約の申入れをすることができる。	（新設）
2　前項に規定する場合において、借地権者が借地権設定者の承諾を得ないで残存期間を超えて存続すべき建物を築造したときは、借地権設定者は、地上権の消滅の請求又は土地の賃貸借の解約の申入れをすることができる。	
3　前二項の場合においては、借地権は、地上権の放棄若しくは消滅の請求又は土地の賃貸借の解約の申入れがあった日から三月を経過することによって消滅する。	
4　第一項に規定する地上権の放棄又は土地の賃貸借の解約の申入れをする権利は、第二項に規定する地上権の消滅の請求又は土地の賃貸借の解約の申入れをする権利を制限する場合に限り、制限することができる。	
5　転借地権が設定されている場合においては、転借地権者がする建物の築造を借地権者がする建物の築造とみなして、借地権者と借地権設定者との間について第二項の規定を適用する。	
（強行規定） 第九条　この節の規定に反する特約で借地権者に不利なものは、無効とする。	借地法第十一条　第二条、第四条乃至第八条ノ二、第九条ノ二（第九条ノ四ニ於テ準用スル場合ヲ含ム）及前条ノ規定ニ反スル契約条件ニシテ借地権者ニ不利ナルモノハ之ヲ定メサルモノト看做ス
第二節　借地権の効力 （借地権の対抗力等） 第十条　借地権は、その登記がなくても、土地の上に借地権者が登記されている建物を所有する	建物保護ニ関スル法律第一条　建物ノ所有ヲ目的トスル地上権又ハ土地ノ賃借権ニ因リ地上権

ときは、これをもって第三者に対抗することができる。

2　前項の場合において、建物の滅失があっても、借地権者が、その建物を特定するために必要な事項、その滅失があった日及び建物を新たに築造する旨を土地の上の見やすい場所に掲示するときは、借地権は、なお同項の効力を有する。ただし、建物の滅失があった日から二年を経過した後にあっては、その前に建物を新たに築造し、かつ、その建物につき登記した場合に限る。

3　民法（明治二十九年法律第八十九号）第五百六十六条第一項及び第三項の規定は、前二項の規定により第三者に対抗することができる借地権の目的である土地が売買の目的物である場合に準用する。

4　民法第五百三十三条の規定は、前項の場合に準用する。

（地代等増減請求権）

第十一条　地代又は土地の借賃（以下この条及び次条において「地代等」という。）が、土地に対する租税その他の公課の増減により、土地の価格の上昇若しくは低下その他の経済事情の変動により、又は近傍類似の土地の地代等に比較して不相当となったときは、契約の条件にかかわらず、当事者は、将来に向かって地代等の額の増減を請求することができる。ただし、一定の期間地代等を増額しない旨の特約がある場合には、その定めに従う。

2　地代等の増額について当事者間に協議が調わないときは、その請求を受けた者は、増額を正当とする裁判が確定するまでは、相当と認める額の地代等を支払うことをもって足りる。ただし、その裁判が確定した場合において、既に支払った額に不足があるときは、その不足額に年一割の割合による支払期後の利息を付してこれを支払わなければならない。

3　地代等の減額について当事者間に協議が調わないときは、その請求を受けた者は、減額を正当とする裁判が確定するまでは、相当と認める額の地代等の支払を請求することができる。ただし、その裁判が確定した場合において、既に

者又ハ土地ノ賃借人カ其ノ土地ノ上ニ登記シタル建物ヲ有スルトキハ地上権又ハ土地ノ賃貸借ハ其ノ登記ナキモ之ヲ以テ第三者ニ対抗スルコトヲ得

（新設）

建物保護ニ関スル法律第二条　民法第五百六十六条第一項第三項及ビ第五百七十一条ノ規定ハ前条ノ場合ニ之ヲ準用ス但主カ契約ノ当時知ラサリシ地上権又は賃借権ノ効力ノ存スル場合亦同シ

借地法第十二条　地代又ハ借賃カ土地ニ対スル租税其ノ他ノ公課ノ増減若ハ土地ノ価格ノ昂低ニ因リ又ハ比隣ノ土地ノ地代若ハ借賃ニ比較シテ不相当ナルニ至リタルトキハ契約ノ条件ニ拘ラス当事者ハ将来ニ向テ地代又ハ借賃ノ増減ヲ請求スルコトヲ得但シ一定ノ期間地代又ハ借賃ヲ増加セサルヘキ特約アルトキハ其ノ定ニ従フ

②地代又ハ借賃ノ増額ニ付当事者間ニ協議調ハサルトキハ其ノ請求ヲ受ケタル者ハ増額ヲ正当トスル裁判ガ確定スルニ至ルマデハ相当ト認ムル地代又ハ借賃ヲ支払フヲ以テ足ル但其ノ裁判ガ確定シタル場合ニ於テ既ニ支払ヒタル額ニ不足アルトキハ不足額ニ年一割ノ割合ニ依ル支払期後ノ利息ヲ附シテ之ヲ支払フコトヲ要ス

③地代又ハ借賃ノ減額ニ付当事者間ニ協議調ハサルトキハ其ノ請求ヲ受ケタル者ハ減額ヲ正当トスル裁判ガ確定スルニ至ルマデハ相当ト認ムル地代又ハ借賃ヲ請求スルコトヲ得但シ其ノ裁判ガ確定シタル場合ニ於テ既ニ

支払を受けた額が正当とされた地代等の額を超えるときは、その超過額に年一割の割合による受領の時からの利息を付してこれを返還しなければならない。

（借地権設定者の先取特権）
第十二条　借地権設定者は、弁済期の到来した最後の二年分の地代等について、借地権者がその土地において所有する建物の上に先取特権を有する。
2　前項の先取特権は、地上権又は土地の賃貸借の登記をすることによって、その効力を保存する。
3　第一項の先取特権は、他の権利に対して優先する効力を有する。ただし、共益費用、不動産保存及び不動産工事の先取特権並びに地上権又は土地の賃貸借の登記より前に登記された質権及び抵当権には後れる。
4　前三項の規定は、転借地権者がその土地において所有する建物について準用する。

（建物買取請求権）
第十三条　借地権の存続期間が満了した場合において、契約の更新がないときは、借地権者は、借地権設定者に対し、建物その他借地権者が権原により土地に附属させた物を時価で買い取るべきことを請求することができる。
2　前項の場合において、建物が借地権の存続期間が満了する前に借地権設定者の承諾を得ないで残存期間を超えて存続すべきものとして新たに築造されたものであるときは、裁判所は、借地権設定者の請求により、代金の全部又は一部の支払につき相当の期限を許与することができる。
3　前二項の規定は、借地権の存続期間が満了した場合における転借地権者と借地権設定者との間について準用する。

（第三者の建物買取請求権）
第十四条　第三者が賃借権の目的である土地の上の建物その他借地権者が権原によって土地に附属させた物を取得した場合において、借地権設定者が賃借権の譲渡又は転貸を承諾しないときは、その第三者は、借地権設定者に対し、建物その他借地権者が権原によって土地に附属させた物を時価で買い取るべきことを請求することができる。

支払ヲ受ケタル額ガ正当トセラレタル地代又ハ借賃ヲ超ユルトキハ超過額ニ年一割ノ割合ニ依リ受領ノ時ヨリノ利息ヲ附シテ之ヲ返還スルコトヲ要ス

借地法第十三条　土地所有者又ハ賃貸人ハ弁済期ニ至リタル最後ノ二年分ノ地代又ハ借賃ニ付借地権者カ其ノ土地ニ於テ所有スル建物ノ上ニ先取特権ヲ有ス
②前項ノ先取特権ハ地上権又ハ賃貸借ノ登記ヲ為スニ因リテ其ノ効力ヲ保存ス

借地法第十四条　前条ノ先取特権ハ他ノ権利ニ対シテ優先ノ効力ヲ有ス但シ共益費用不動産保存不動産工事ノ先取特権及地上権又ハ賃貸借ノ登記前登記シタル質権抵当権ニ後ル

（新設）

借地法第四条
②借地権者ハ契約ノ更新ナキ場合ニ於テハ時価ヲ以テ建物其ノ他借地権者カ権原ニ因リテ土地ニ附属セシメタル物ヲ買取ルヘキコトヲ請求スルコトヲ得

（新設）

（新設）

借地法第十条　第三者カ賃借権ノ目的タル土地ノ上ニ存スル建物其ノ他借地権者カ権原ニ因リテ土地ニ附属セシメタル物ヲ取得シタル場合ニ於テ賃貸人カ賃借権ノ譲渡又ハ転貸ヲ承諾セサルトキハ賃貸人ニ対シ時価ヲ以テ建物其ノ他借地権者カ権原ニ因リテ土地ニ附属セシメタル物ヲ買取ルヘキコトヲ請求スルコトヲ得

（自己借地権） 第十五条　借地権を設定する場合においては、他の者と共に有することとなるときに限り、借地権設定者が自らその借地権を有することを妨げない。 2　借地権が借地権設定者に帰した場合であっても、他の者と共にその借地権を有するときは、その借地権は、消滅しない。 （強行規定） 第十六条　第十条、第十三条及び第十四条の規定に反する特約で借地権者又は転借地権者に不利なものは、無効とする。	（新設） 借地法第十一条　第二条、第四条乃至第八条ノ二、第九条ノ二（第九条ノ四ニ於テ準用スル場合ヲ含ム）及前条ノ規定ニ反スル契約条件ニシテ借地権者ニ不利ナルモノハ之ヲ定メサルモノト看做ス
第三節　借地条件の変更等 （借地条件の変更及び増改築の許可） 第十七条　建物の種類、構造、規模又は用途を制限する旨の借地条件がある場合において、法令による土地利用の規制の変更、付近の土地の利用状況の変化その他の事情の変更により現に借地権を設定するにおいてはその借地条件と異なる建物の所有を目的とすることが相当であるにもかかわらず、借地条件の変更につき当事者間に協議が調わないときは、裁判所は、当事者の申立てにより、その借地条件を変更することができる。 2　増改築を制限する旨の借地条件がある場合において、土地の通常の利用上相当とすべき増改築につき当事者間に協議が調わないときは、裁判所は、借地権者の申立てにより、その増改築についての借地権設定者の承諾に代わる許可を与えることができる。 3　裁判所は、前二項の裁判をする場合において、当事者間の利益の衡平を図るため必要があるときは、他の借地条件を変更し、財産上の給付を命じ、その他相当の処分をすることができる。 4　裁判所は、前三項の裁判をするには、借地権の残存期間、土地の状況、借地に関する従前の経過その他一切の事情を考慮しなければならない。 5　転借地権が設定されている場合において、必要があるときは、裁判所は、転借地権者の申立てにより、転借地権とともに借地権につき第一	借地法第八条ノ二　防火地域ノ指定、附近ノ土地ノ利用状況ノ変化其ノ他ノ事情ノ変更ニ因リ現ニ借地権ヲ設定スルニ於テハ堅固ノ建物ノ所有ヲ目的トスルコトヲ相当トスルニ至リタル場合ニ於テ堅固ノ建物以外ノ建物ヲ所有スル旨ノ借地条件ノ変更ニ付当事者間ニ協議調ハサルトキハ裁判所ハ当事者ノ申立ニ因リ其ノ借地条件ヲ変更スルコトヲ得 ②増改築ヲ制限スル旨ノ借地条件ガ存スル場合ニ於テ土地ノ通常ノ利用上相当トスベキ増改築ニ付当事者間ニ協議調ハザルトキハ裁判所ハ借地権者ノ申立ニ因リ其ノ増改築ニ付テノ土地所有者又ハ賃貸人ノ承諾ニ代ハル許可ヲ与フルコトヲ得 ③裁判所ハ前二項ノ裁判ヲ為ス場合ニ於テ当事者間ノ利益ノ衡平ヲ図ル為必要アルトキハ他ノ借地条件ヲ変更シ、財産上ノ給付ヲ命ジ其ノ他相当ノ処分ヲ為スコトヲ得 ④裁判所ハ前三項ノ裁判ヲ為スニハ借地権ノ残存期間、土地ノ状況、借地ニ関スル従前ノ経過其ノ他一切ノ事情ヲ考慮スルコトヲ要ス ⑤借地権者ガ更ニ借地権ヲ設定シタル場合ニ於テ必要アルトキハ裁判所ハ後ノ借地権者ノ申立ニ因リ其ノ後ノ借地権及前ノ借地権者ノ借

項から第三項までの裁判をすることができる。

6　裁判所は、特に必要がないと認める場合を除き、第一項から第三項まで又は前項の裁判をする前に鑑定委員会の意見を聴かなければならない。

（借地契約の更新後の建物の再築の許可）
第十八条　契約の更新の後において、借地権者が残存期間を超えて存続すべき建物を新たに築造することにつきやむを得ない事情があるにもかかわらず、借地権設定者がその建物の築造を承諾しないときは、借地権設定者が地上権の消滅の請求又は土地の賃貸借の解約の申入れをすることができない旨を定めた場合を除き、裁判所は、借地権者の申立てにより、借地権設定者の承諾に代わる許可を与えることができる。この場合において、当事者間の利益の衡平を図るため必要があるときは、延長すべき借地権の期間として第七条第一項の規定による期間と異なる期間を定め、他の借地条件を変更し、財産上の給付を命じ、その他相当の処分をすることができる。

2　裁判所は、前項の裁判をするには、建物の状況、建物の滅失があった場合には滅失に至った事情、借地に関する従前の経過、借地権設定者及び借地権者（転借地権者を含む。）が土地の使用を必要とする事情その他一切の事情を考慮しなければならない。

3　前条第五項及び第六項の規定は、第一項の裁判をする場合に準用する。

（土地の賃借権の譲渡又は転貸の許可）
第十九条　借地権者が賃借権の目的である土地の上の建物を第三者に譲渡しようとする場合において、その第三者が賃借権を取得し、又は転借をしても借地権設定者に不利となるおそれがないにもかかわらず、借地権設定者がその賃借権の譲渡又は転貸を承諾しないときは、裁判所は、借地権者の申立てにより、借地権設定者の承諾に代わる許可を与えることができる。この場合において、当事者間の利益の衡平を図るため必要があるときは、賃借権の譲渡若しくは転貸を条件とする借地条件の変更を命じ、又はその許可を財産上の給付に係らしめることができる。

地権ニ付第一項乃至第三項ノ裁判ヲ為スコトヲ得

⑥裁判所ハ特ニ必要ナシト認ムル場合ヲ除クノ外第一項乃至第三項又ハ前項ノ裁判ヲ為ス前鑑定委員会ノ意見ヲ聴クコトヲ要ス

（新設）

借地法第九条ノ二　借地権者ガ賃借権ノ目的タル土地ノ上ニ存スル建物ヲ第三者ニ譲渡セントスル場合ニ於テ其ノ第三者ガ賃借権ヲ取得シ又ハ転借スルモ賃貸人ニ不利トナル虞ナキニ拘ラズ賃貸人ガ其ノ賃借権ノ譲渡又ハ転貸ヲ承諾セザルトキハ裁判所ハ借地権者ノ申立ニ因リ賃貸人ノ承諾ニ代ハル許可ヲ与フルコトヲ得此ノ場合ニ於テ当事者間ノ利益ノ衡平ヲ図ル為必要アルトキハ賃借権ノ譲渡若ハ転貸ヲ条件トスル借地条件ノ変更ヲ命ジ又ハ其ノ許可ヲ財産上ノ給付ニ係ラシムルコトヲ得

2　裁判所は、前項の裁判をするには、賃借権の残存期間、借地に関する従前の経過、賃借権の譲渡又は転貸を必要とする事情その他一切の事情を考慮しなければならない。 3　第一項の申立てがあった場合において、裁判所が定める期間内に借地権設定者が自ら建物の譲渡及び賃借権の譲渡又は転貸を受ける旨の申立てをしたときは、裁判所は、同項の規定にかかわらず、相当の対価及び転貸の条件を定めて、これを命ずることができる。この裁判においては、当事者双方に対し、その義務を同時に履行すべきことを命ずることができる。 4　前項の申立ては、第一項の申立てが取り下げられたとき、又は不適法として却下されたときは、その効力を失う。 5　第三項の裁判があった後は、第一項又は第三項の申立ては、当事者の合意がある場合でなければ取り下げることができない。 6　裁判所は、特に必要がないと認める場合を除き、第一項又は第三項の裁判をする前に鑑定委員会の意見を聴かなければならない。 7　前各項の規定は、転借地権が設定されている場合における転借地権者と借地権設定者との間について準用する。ただし、借地権設定者が第三項の申立てをするには、借地権者の承諾を得なければならない。 （建物競売等の場合における土地の賃借権の譲渡の許可） 第二十条　第三者が賃借権の目的である土地の上の建物を競売又は公売により取得した場合において、その第三者が賃借権を取得しても借地権設定者に不利となるおそれがないにもかかわらず、借地権設定者がその賃借権の譲渡を承諾しないときは、裁判所は、その第三者の申立てにより、借地権設定者の承諾に代わる許可を与えることができる。この場合において、当事者間の利益の衡平を図るため必要があるときは、借地条件を変更し、又は財産上の給付を命ずることができる。 2　前条第二項から第六項までの規定は、前項の申立てがあった場合に準用する。 3　第一項の申立ては、建物の代金を支払った後	②裁判所ハ前項ノ裁判ヲ為スニハ賃借権ノ残存期間、借地ニ関スル従前ノ経過、賃借権ノ譲渡又ハ転貸ヲ必要トスル事情其ノ他一切ノ事情ヲ考慮スルコトヲ要ス ③第一項ノ申立アリタル場合ニ於テ裁判所ガ定ムル期間内ニ賃借人ガ自ラ建物ノ譲渡及賃借権ノ譲渡又ハ転貸ヲ受クベキ旨ノ申立ヲ為シタルトキハ裁判所ハ同項ノ規定ニ拘ラズ相当ノ対価及転貸ノ条件ヲ定メテ之ヲ命ズルコトヲ得此ノ裁判ニ於テハ当事者双方ニ対シ其ノ義務ヲ同時ニ履行スベキコトヲ命ズルコトヲ得 ④前項ノ申立ハ第一項ノ申立ノ取下アリタルトキ又ハ不適法トシテ同項ノ申立ノ却下アリタルトキハ其ノ効力ヲ失フ ⑤第三項ノ裁判アリタル後ハ第一項又ハ第三項ノ申立ハ当事者ノ合意アルニ非ザレバ之ヲ取下グルコトヲ得ズ ⑥裁判所ハ特ニ必要ナシト認ムル場合ヲ除クノ外第一項又ハ第三項ノ裁判ヲ為ス前鑑定委員会ノ意見ヲ聴クコトヲ要ス 借地法第九条ノ四　第九条ノ二ノ規定ハ土地ノ転借人ト賃貸人トノ間ニ、前条ノ規定ハ土地ノ転借人ヨリ競売又ハ公売ニ因リ建物ヲ取得シタル第三者ト賃貸人トノ間ニ之ヲ準用ス但シ賃貸人ガ第九条ノ二第三項（前条第二項ニ於テ準用スル場合ヲ含ム）ノ申立ヲ為スニハ転貸人ノ承諾ヲ得ルコトヲ要ス 借地法第九条ノ三　第三者ガ賃借権ノ目的タル土地ノ上ニ存スル建物ヲ競売又ハ公売ニ因リ取得シタル場合ニ於テ其ノ第三者ガ賃借権ヲ取得スルモ賃貸人ニ不利トナル虞ナキニ拘ラズ賃貸人ガ其ノ賃借権ノ譲渡ヲ承諾セザルトキハ裁判所ハ其ノ第三者ノ申立ニ因リ賃貸人ノ承諾ニ代ハル許可ヲ与フルコトヲ得此ノ場合ニ於テ当事者間ノ利益ノ衡平ヲ図ル為必要アルトキハ借地条件ヲ変更シ又ハ財産上ノ給付ヲ命ズルコトヲ得 ②前条第二項乃至第六項ノ規定ハ前項ノ申立アリタル場合ニ之ヲ準用ス ③第一項ノ申立ハ建物ノ代金ヲ支払ヒタル後ニ

二月以内に限り、することができる。 4　民事調停法（昭和二十六年法律第二百二十二号）第十九条の規定は、同条に規定する期間内に第一項の申立をした場合に準用する。 5　前各項の規定は、転借地権者から競売又は公売により建物を取得した第三者と借地権設定者との間について準用する。ただし、借地権設定者が第二項において準用する前条第三項の申立てをするには、借地権者の承諾を得なければならない。 （強行規定） 第二十一条　第十七条から第十九条までの規定に反する特約で借地権者又は転借地権者に不利なものは、無効とする。 　　　第四節　定期借地権等 （定期借地権） 第二十二条　存続期間を五十年以上として借地権を設定する場合においては、第九条及び第十六条の規定にかかわらず、契約の更新（更新の請求及び土地の使用の継続によるものを含む。）及び建物の築造による存続期間の延長がなく、並びに第十三条の規定による買取りの請求をしないこととする旨を定めることができる。この場合においては、その特約は、公正証書による等書面によってしなければならない。 （建物譲渡特約付借地権） 第二十三条　借地権を設定する場合においては、第九条の規定にかかわらず、借地権を消滅させるため、その設定後三十年以上を経過した日に借地権の目的である土地の上の建物を借地権設定者に相当の対価で譲渡する旨を定めることができる。 2　前項の特約により借地権が消滅した場合において、その借地権者又は建物の賃借人でその消滅後建物の使用を継続しているものが請求をしたときは、請求の時にその建物につきその借地権者又は建物の賃借人と借地権設定者との間で期間の定めのない賃借権（借地権者が請求をした場合において、借地権の残存期間があるときは、その残存期間を存続期間とする賃貸借）がされたものとみなす。この場合において、建物	月内ニ限リ之ヲ為スコトヲ得民事調停法（昭和二十六年法律第二百二十二号）第十九条ノ規定ハ同条ニ規定スル期間内ニ第一項ノ申立ヲ為シタル場合ニ之ヲ準用ス 借地法第九条ノ四　第九条ノ二ノ規定ハ土地ノ転借人ト賃貸人トノ間ニ、前条ノ規定ハ土地ノ転借人ヨリ競売又ハ公売ニ因リ建物ヲ取得シタル第三者ト賃貸人トノ間ニ之ヲ準用ス但シ賃貸人ガ第九条ノ二第三項（前条第二項ニ於テ準用スル場合ヲ含ム）ノ申立ヲ為スニハ転貸人ノ承諾ヲ得ルコトヲ要ス 借地法第十一条　第二条、第四条乃至第八条ノ二、第九条ノ二（第九条ノ四ニ於テ準用スル場合ヲ含ム）及前条ノ規定ニ反スル契約条件ニシテ借地権者ニ不利ナルモノハ之ヲ定メサルモノト看做ス （新設） （新設）

の借賃は、当事者の請求により、裁判所が定める。	
（事業用借地権）	
第二十四条　第三条から第八条まで、第十三条及び第十八条の規定は、専ら事業の用に供する建物（居住の用に供するものを除く。）の所有を目的とし、かつ、存続期間を十年以上二十年以下として借地権を設定する場合には、適用しない。	（新設）
2　前項に規定する借地権の設定を目的とする契約は、公正証書によってしなければならない。	
（一時使用目的の借地権）	
第二十五条　第三条から第八条まで、第十三条、第十七条、第十八条及び第二十二条から前条までの規定は、臨時設備の設置その他一時使用のために借地権を設定したことが明らかな場合には、適用しない。	借地法第九条　第二条乃至前条ノ規定ハ臨時設備其ノ他一時使用ノ為借地権ヲ設定シタルコト明ナル場合ニハ之ヲ適用セス
第三章　借　家	
第一節　建物賃貸借契約の更新等	
（建物賃貸借契約の更新等）	
第二十六条　建物の賃貸借について期間の定めがある場合において、当事者が期間の満了の一年前から六月前までの間に相手方に対して更新をしない旨の通知又は条件を変更しなければ更新をしない旨の通知をしなかったときは、従前の契約と同一の条件で契約を更新したものとみなす。ただし、その期間は、定めがないものとする。	借家法第二条　当事者カ賃貸借ノ期間ヲ定メタル場合ニ於テ当事者カ期間満了前六月乃至一年内ニ相手方ニ対シ更新拒絶ノ通知ハ条件ヲ変更スルニ非サレハ更新セサル旨ノ通知ヲ為ササルトキハ期間満了ノ際前賃貸借ト同一ノ条件ヲ以テ更ニ賃貸借ヲ為シタルモノト看做ス
2　前項の通知をした場合であっても、建物の賃貸借の期間が満了した後建物の賃借人が使用を継続する場合において、建物の賃貸人が遅滞なく異議を述べなかったときも、同項と同様とする。	②前項ノ通知ヲ為シタル場合ト雖モ期間満了ノ後賃借人カ建物ノ使用又ハ収益ヲ継続スル場合ニ於テ賃貸人カ遅滞ナク異議ヲ述ヘサリシトキ亦前項ニ同シ
3　建物の転貸借がされている場合においては、建物の転借人がする建物の使用の継続を建物の賃借人がする建物の使用の継続とみなして、建物の賃借人と賃貸人との間について前項の規定を適用する。	（新設）
（解約による建物賃貸借の終了）	
第二十七条　建物の賃貸人が賃貸借の解約の申入れをした場合においては、建物の賃貸借は、解約の申入れの日から六月を経過することによって終了する。	借家法第三条　賃貸人ノ解約申入ハ六月前ニ之ヲ為スコトヲ要ス

2　前条第二項及び第三項の規定は、建物の賃貸借が解約の申入れによって終了した場合に準用する。	②前条第二項ノ規定ハ賃貸借カ解約申入ニ因リテ終了シタル場合ニ之ヲ準用ス
（建物賃貸借契約の更新拒絶等の要件） 第二十八条　建物の賃貸人による第二十六条第一項の通知又は建物の賃貸借の解約の申入れは、建物の賃貸人及び賃借人（転借人を含む。以下この条において同じ。）が建物の使用を必要とする事情のほか、建物の賃貸借に関する従前の経過、建物の利用状況及び建物の現況並びに建物の賃貸人が建物の明渡しの条件として又は建物の明渡しと引換えに建物の賃借人に対して財産上の給付をする旨の申出をした場合におけるその申出を考慮して、正当の事由があると認められる場合でなければ、することができない。	借家法第一条ノ二　建物ノ賃貸人ハ自ラ使用スルコトヲ必要トスル場合其ノ他正当ノ事由アル場合ニ非サレハ賃貸借ノ更新ヲ拒ミ又ハ解約ノ申入ヲ為スコトヲ得ス
（建物賃貸借の期間） 第二十九条　期間を一年未満とする建物の賃貸借は、期間の定めがない建物の賃貸借とみなす。	借家法第三条ノ二　一年未満ノ期間ノ定アル賃貸借ハ之ヲ期間ノ定ナキモノト看做ス
（強行規定） 第三十条　この節の規定に反する特約で建物の賃借人に不利なものは、無効とする。	借家法第六条　前七条ノ規定ニ反スル特約ニシテ賃借人ニ不利ナルモノハ之ヲ為ササルモノト看做ス
第二節　建物賃貸借の効力 （建物賃貸借の対抗力等） 第三十一条　建物の賃貸借は、その登記がなくても、建物の引渡しがあったときは、その後その建物について物権を取得した者に対し、その効力を生ずる。	借家法第一条　建物ノ賃貸借ハ其ノ登記ナキモ建物ノ引渡アリタルトキハ爾後其ノ建物ニ付物権ヲ取得シタル者ニ対シ其ノ効力ヲ生ス
2　民法第五百六十六条第一項及び第三項の規定は、前項の規定により効力を有する賃貸借の目的である建物が売買の目的物である場合に準用する。	②民法第五百六十六条第一項及第三項ノ規定ハ登記セサル賃貸借ノ目的タル建物カ売買ノ目的物ナル場合ニ之ヲ準用ス
3　民法第五百三十三条の規定は、前項の場合に準用する。	③民法第五百三十三条ノ規定ハ前項ノ場合ニ之ヲ準用ス
（借賃増減請求権） 第三十二条　建物の借賃が、土地若しくは建物に対する租税その他の負担の増減により、土地若しくは建物の価格の上昇若しくは低下その他の経済事情の変動により、又は近傍同種の建物の借賃に比較して不相当となったときは、契約の条件にかかわらず、当事者は、将来に向かって建物の借賃の額の増減を請求することができる。ただし、一定の期間建物の借賃を増額しない旨の特約がある場合には、その定めに従う。	借家法第七条　建物ノ借賃カ土地若ハ建物ニ対スル租税其ノ他ノ負担ノ増減ニ因リ、土地若ハ建物ノ価格ノ昂低ニ因リ又ハ比隣ノ建物ノ借賃ニ比較シテ不相当ナルニ至リタルトキハ契約ノ条件ニ拘ラス当事者ハ将来ニ向テ借賃ノ増減ヲ請求スルコトヲ得但シ一定ノ期間借賃ヲ増加セサルヘキ特約アルトキハ其ノ定ニ従フ

2　建物の借賃の増額について当事者間に協議が調わないときは、その請求を受けた者は、増額を正当とする裁判が確定するまでは、相当と認める額の建物の借賃を支払うことをもって足りる。ただし、その裁判が確定した場合において、既に支払った額に不足があるときは、その不足額に年一割の割合による支払期後の利息を付してこれを支払わなければならない。 3　建物の借賃の減額について当事者間に協議が調わないときは、その請求を受けた者は、減額を正当とする裁判が確定するまでは、相当と認める額の建物の借賃の支払を請求することができる。ただし、その裁判が確定した場合において、既に支払を受けた額が正当とされた建物の借賃の額を超えるときは、その超過額に年一割の割合による受領の時からの利息を付してこれを返還しなければならない。 （造作買取請求権） 第三十三条　建物の賃貸人の同意を得て建物に付加した畳、建具その他の造作がある場合には、建物の賃借人は、建物の賃貸借が期間の満了又は解約の申入れによって終了するときに、建物の賃貸人に対し、その造作を時価で買い取るべきことを請求することができる。建物の賃貸人から買い受けた造作についても、同様とする。 2　前項の規定は、建物の賃貸借が期間の満了又は解約の申入れによって終了する場合における建物の転借人と賃貸人との間について準用する。 （建物賃貸借終了の場合における転借人の保護） 第三十四条　建物の転貸借がされている場合において、建物の賃貸借が期間の満了又は解約の申入れによって終了するときは、建物の賃貸人は、建物の転借人にその旨の通知をしなければ、その終了を建物の転借人に対抗することができない。 2　建物の賃貸人が前項の通知をしたときは、建物の転貸借は、その通知がされた日から六月を経過することによって終了する。 （借地上の建物の賃借人の保護） 第三十五条　借地権の目的である土地の上の建物につき賃貸借がされている場合において、借地権の存続期間の満了によって建物の賃貸人が土地を明け渡すべきときは、建物の賃借人が借地	②借賃ノ増額ニ付当事者間ニ協議調ハザルトキハ其ノ請求ヲ受ケタル者ハ増額ヲ正当トスル裁判ガ確定スルニ至ルマデハ相当ト認ムル借賃ヲ支払フヲ以テ足ル但シ其ノ裁判ガ確定シタル場合ニ於テ既ニ支払ヒタル額ニ不足アルトキハ不足額ニ年一割ノ割合ニ依ル支払期後ノ利息ヲ附シテ之ヲ支払フコトヲ要ス ③借賃ノ減額ニ付当事者間ニ協議調ハザルトキハ其ノ請求ヲ受ケタル者ハ減額ヲ正当トスル裁判ガ確定スルニ至ルマデハ相当ト認ムル借賃ノ支払ヲ請求スルコトヲ得但シ其ノ裁判ガ確定シタル場合ニ於テ既ニ支払ヲ受ケタル額ガ正当トセラレタル借賃ヲ超ユルトキハ超過額ニ年一割ノ割合ニ依リ受領ノ時ヨリノ利息ヲ附シテ之ヲ返還スルコトヲ要ス 借家法五条　賃貸人ノ同意ヲ得テ建物ニ附加シタル畳、建具其ノ他ノ造作アルトキハ賃貸人ハ賃貸借終了ノ場合ニ於テ其ノ際ニ於ケル賃貸人ニ対シ時価ヲ以テ其ノ造作ヲ買取ルヘキコトヲ請求スルコトヲ得賃貸人ヨリ買受ケタル造作ニ付亦同シ （新設） 借家法第四条　賃貸借ノ期間満了又ハ解約申入ニ因リテ終了スヘキ転貸借アル場合ニ於テ賃貸借カ終了スヘキトキハ賃貸人ハ転借人ニ対シ其ノ旨ノ通知ヲ為スニ非サレハ其ノ終了ヲ以テ転借人ニ対抗スルコトヲ得ス ②賃貸人カ前項ノ通知ヲ為シタルトキハ転貸借ハ其ノ通知ノ後六月ヲ経過スルニ因リテ終了ス （新設）

権の存続期間が満了することをその一年前までに知らなかった場合に限り、裁判所は、建物の賃借人の請求により、建物の賃借人がこれを知った日から一年を超えない範囲内において、土地の明渡しにつき相当の期限を許与することができる。

2　前項の規定により裁判所が期限の許与をしたときは、建物の賃貸借は、その期限が到来することによって終了する。

（居住用建物の賃貸借の承継）

第三十六条　居住の用に供する建物の賃借人が相続人なしに死亡した場合において、その当時婚姻又は縁組の届出をしていないが、建物の賃借人と事実上夫婦又は養親子と同様の関係にあった同居者があるときは、その同居者は、建物の賃借人の権利義務を承継する。ただし、相続人なしに死亡したことを知った後一月以内に建物の賃貸人に反対の意思を表示したときは、この限りでない。

2　前項本文の場合においては、建物の賃貸借関係に基づき生じた債権又は債務は、同項の規定により建物の賃借人の権利義務を承継した者に帰属する。

（強行規定）

第三十七条　第三十一条、第三十四条及び第三十五条の規定に反する特約で建物の賃借人又は転借人に不利なものは、無効とする。

　　　第三節　期限付建物賃貸借

（賃貸人の不在期間の建物賃貸借）

第三十八条　転勤、療養、親族の介護その他のやむを得ない事情により、建物を一定の期間自己の生活の本拠として使用することが困難であり、かつ、その期間の経過後はその本拠として使用することとなることが明らかな場合において、建物の賃貸借をするときは、その一定の期間を確定して建物の賃貸借の期間とする場合に限り、第三十条の規定にかかわらず、契約の更新がないこととする旨を定めることができる。この場合には、第二十九条の規定を適用しない。

2　前項の特約は、同項のやむを得ない事情を記載した書面によってしなければならない。

（取壊し予定の建物の賃貸借）

第三十九条　法令又は契約により一定の期間を経

借家法第七条ノ二　居住ノ用ニ供スル建物ノ賃借人ガ相続人ナクシテ死亡シタル場合ニ於テ其ノ当時婚姻又ハ縁組ノ届出ヲ為ササルモ賃借人ト事実上夫婦又ハ養親子ト同様ノ関係ニ在リタル同居者アルトキハ其ノ者ハ賃借人ノ権利義務ヲ承継ス但シ相続人ナクシテ死亡シタルコトヲ知リタル後一月内ニ賃貸人ニ対シ反対ノ意思ヲ表示シタルトキハ此ノ限ニ在ラズ

②前項本文ノ場合ニ於テハ建物ノ賃貸借関係ニ基キ生ジタル債権又ハ債務ハ同項ノ規定ニ依リ賃借人ノ権利義務ヲ承継シタル者ニ帰属ス

借家法第六条　前七条ノ規定ニ反スル特約ニシテ賃借人ニ不利ナルモノハ之ヲ為ササルモノト看做ス

（新設）

（新設）

過した後に建物を取り壊すべきことが明らかな場合において、建物の賃貸借をするときは、第三十条の規定にかかわらず、建物を取り壊すこととなる時に賃貸借が終了する旨を定めることができる。
2　前項の特約は、同項の建物を取り壊すべき事由を記載した書面によってしなければならない。
（一時使用目的の建物の賃貸借）
第四十条　この章の規定は、一時使用のために建物の賃貸借をしたことが明らかな場合には、適用しない。

借家法第八条　本法ハ一時使用ノ為建物ノ賃貸借ヲ為シタルコト明ナル場合ニハ之ヲ適用セス

第四章　借地条件の変更等の裁判手続
（管轄裁判所）
第四十一条　第十七条第一項、第二項若しくは第五項（第十八条第三項において準用する場合を含む。）、第十八条第一項、第十九条第一項（同条第七項において準用する場合を含む。）若しくは第三項（同条第七項並びに第二十条第二項及び第五項において準用する場合を含む。）又は第二十条第一項（同条第五項において準用する場合を含む。）に規定する事件は、借地権の目的である土地の所在地を管轄する地方裁判所が管轄する。ただし、当事者の合意があるときは、その所在地を管轄する簡易裁判所が管轄することを妨げない。

借地法第十四条ノ二　第八条ノ二第一項、第二項若ハ第五項、第九条ノ二第一項（第九条ノ四ニ於テ準用スル場合ヲ含ム）若ハ第三項（第九条ノ三第二項及第九条ノ四ニ於テ準用スル場合ヲ含ム）又ハ第九条ノ三第一項（第九条ノ四ニ於テ準用スル場合ヲ含ム）ニ定メタル事件ハ借地権ノ目的タル土地ノ所在地ノ地方裁判所ノ管轄トス但シ当事者ノ合意アリタルトキハ其ノ所在地ノ簡易裁判所之ヲ管轄スルコトヲ妨ゲズ

（非訟事件手続法の準用及び最高裁判所規則）
第四十二条　特別の定めがある場合を除き、前条の事件に関しては、非訟事件手続法（明治三十一年法律第十四号）第一編の規定を準用する。ただし、同法第六条、第七条、第十五条及び第三十二条の規定は、この限りでない。
2　この法律に定めるもののほか、前条の事件に関し必要な事項は、最高裁判所規則で定める。

借地法第十四条ノ三　特別ノ定アル場合ヲ除キ前条ノ事件ニ関シテハ非訟事件手続法（明治三十一年法律第十四号）第一編ノ規定ヲ準用ス但シ同法第六条、第七条、第十五条及第三十二条ノ規定ハ此ノ限ニ在ラズ
②本法ニ定ムルモノノ外前条ノ事件ニ関シ必要ナル事項ハ最高裁判所之ヲ定ム

（裁判所職員の除斥等）
第四十三条　裁判所職員の除斥、忌避及び回避に関する民事訴訟法（明治二十三年法律第二十九号）の規定は、第四十一条の事件について準用する。

借地法第十四条ノ四　裁判所職員ノ除斥、忌避及回避ニ関スル民事訴訟法（明治二十三年法律第二十九号）ノ規定ハ第十四条ノ二ノ事件ニ之ヲ準用ス

（鑑定委員会）
第四十四条　鑑定委員会は、三人以上の委員で組織する。
2　鑑定委員は、次に掲げる者の中から、事件ご

借地法第十四条ノ五　鑑定委員会ハ三人以上ノ委員ヲ以テ之ヲ組織ス
②鑑定委員ハ左ノ者ノ中ヨリ各事件ニ付裁判所

とに、裁判所が指定する。ただし、特に必要があるときは、それ以外の者の中から指定することを妨げない。
　一　地方裁判所が特別の知識経験を有する者その他適当な者の中から毎年あらかじめ選任した者
　二　当事者が合意によって選定した者
3　鑑定委員には、最高裁判所規則で定める旅費、日当及び宿泊料を支給する。
（審問期日）
第四十五条　裁判所は、審問期日を開き、当事者の陳述を聴かなければならない。
2　当事者は、他の当事者の審問に立ち会うことができる。
（事実の探知及び証拠調べ）
第四十六条　裁判所は、職権で事実の探知をし、かつ、職権で又は申出により必要と認める証拠調べをしなければならない。
2　証拠調べについては、民事訴訟の例による。
（審理の終結）
第四十七条　裁判所は、審理を終結するときは、審問期日においてその旨を宣言しなければならない。
（即時抗告）
第四十八条　第十七条第一項から第三項まで若しくは第五項（第十八条第三項において準用する場合を含む。）、第十八条第一項、第十九条第一項（同条第七項において準用する場合を含む。）若しくは第三項（同条第七項並びに第二十条第二項及び第五項において準用する場合を含む。）又は第二十条第一項（同条第五項において準用する場合を含む。）の規定による裁判に対しては、その告知を受けた日から二週間の不変期間内に、即時抗告をすることができる。
2　前項の裁判は、確定しなければその効力を生じない。
（裁判の効力が及ぶ者の範囲）
第四十九条　前条第一項の裁判は、当事者又は最終の審問期日の後裁判の確定前の承継人に対し、その効力を有する。
（給付を命ずる裁判の効力）
第五十条　第十七条第三項若しくは第五項（第十八条第三項において準用する場合を含む。）、第

之ヲ指定ス但シ特ニ必要アルトキハ其ノ他ノ者ニ就キ之ヲ指定スルコトヲ得
　一　地方裁判所ガ特別ノ知識経験アル者其ノ他適当ナル者ノ中ヨリ毎年予メ選任シタル者
　二　当事者ガ合意ニ依リ選定シタル者
③鑑定委員ニハ最高裁判所ノ定ムル旅費、日当及宿泊料ヲ支給ス

借地法第十四条ノ六　裁判所ハ審問期日ヲ開キ当事者ノ陳述ヲ聴クコトヲ要ス
②当事者ハ他ノ当事者ノ審問ニ立会フコトヲ得

借地法第十四条ノ七　裁判所ハ職権ヲ以テ事実ノ探知ヲ為シ及職権ヲ以テ又ハ申出ニ因リ必要ト認ムル証拠調ヲ為スベシ
②証拠調ハ民事訴訟ノ例ニ依リ之ヲ為ス

借地法第十四条ノ八　裁判所ハ審理ヲ終結スルトキハ審問期日ニ於テ其ノ旨ヲ宣言スベシ

借地法第十四条ノ九　第八条ノ二第一項乃至第三項若ハ第五項、第九条ノ二第一項（第九条ノ四ニ於テ準用スル場合ヲ含ム）若ハ第三項（第九条ノ三第二項及第九条ノ四ニ於テ準用スル場合ヲ含ム）又ハ第九条ノ三第一項（第九条ノ四ニ於テ準用スル場合ヲ含ム）ノ裁判ニ対シテ即時抗告ヲ為スコトヲ得其ノ期間ハ之ヲ二週間トス

②前項ノ裁判ハ確定スルニ非ザレバ其ノ効力ヲ生ゼズ

借地法第十四条ノ十　前条第一項ノ裁判ハ当事者又ハ最終ノ審問期日後裁判確定前ノ承継人ニ対シ其ノ効力ヲ有ス

借地法第十四条ノ十一　第八条ノ二第三項若ハ第五項、第九条ノ二第三項（第九条ノ三第二項

十八条第一項、第十九条第三項（同条第七項並びに第二十条第二項及び第五項において準用する場合を含む。）又は第二十条第一項（同条第五項において準用する場合を含む。）の規定による裁判で給付を命ずるものは、強制執行に関しては、裁判上の和解と同一の効力を有する。	及第九条ノ四ニ於テ準用スル場合ヲ含ム）又ハ第九条ノ三第一項（第九条ノ四ニ於テ準用スル場合ヲ含ム）ノ裁判ニシテ給付ヲ命ズルモノハ強制執行ニ関シテハ裁判上ノ和解ト同一ノ効力ヲ有ス
（譲渡又は転貸の許可の裁判の失効） 第五十一条　第十九条第一項（同条第七項において準用する場合を含む。）の規定による裁判は、その効力を生じた後六月以内に借地権者が建物の譲渡をしないときは、その効力を失う。ただし、この期間は、その裁判において伸長し、又は短縮することができる。	借地法第十四条ノ十二　第九条ノ二第一項（第九条ノ四ニ於テ準用スル場合ヲ含ム）ノ裁判ハ其ノ効力ヲ生ジタル後六月内ニ借地権者ガ建物ノ譲渡ヲ為サザルトキハ其ノ効力ヲ失フ但シ此ノ期間ハ其裁判ニ於テ之ヲ伸長シ又ハ短縮スルコトヲ得
（和解及び調停） 第五十二条　民事訴訟法第百三十六条及び第二百三条（和解に関する部分に限る。）並びに民事調停法第二十条の規定は、第四十一条の事件について準用する。	借地法第十四条ノ十三　民事訴訟法第百三十六条及第二百三条（和解ニ関スル部分ニ限ル）並ニ民事調停法第二十条ノ規定ハ第十四条ノ二ノ事件ニ之ヲ準用ス
（事件の記録の閲覧等） 第五十三条　当事者及び利害関係を疎明した第三者は、裁判所書記官に対し、第四十一条の事件の記録の閲覧若しくは謄写、その正本、謄本若しくは抄本の交付又は同条の事件に関する事項の証明書の交付を請求することができる。ただし、閲覧又は謄写については、記録の保存又は裁判所の執務に支障があるときは、この限りでない。	借地法第十四条ノ十四　当事者及利害関係ヲ疎明シタル第三者ハ第十四条ノ二ノ事件ノ記録ノ閲覧ヲ裁判所書記官ニ請求スルコトヲ得但シ記録ノ保存又ハ裁判所ノ執務ニ支障アルトキハ此ノ限ニ在ラズ
2　民事訴訟法第百五十一条第四項の規定は、前項の記録について準用する。	②民事訴訟法第百五十一条第三項及第四項ノ規定ハ前項ノ記録ニ之ヲ準用ス
（費用の裁判の特例） 第五十四条　民事訴訟法第百四条（第二項中同法第八十九条から第九十四条までの規定を準用する部分を除く。）の規定は、第十九条第四項（同条第七項並びに第二十条第二項及び第五項において準用する場合を含む。）の場合に準用する。	借地法第十四条ノ十五　民事訴訟法第百四条（第二項中同法第八十九条乃至第九十四条ノ規定ヲ準用スル部分ヲ除ク）ノ規定ハ第九条ノ二第四項（第九条ノ三第二項及第九条ノ四ニ於テ準用スル場合ヲ含ム）ノ場合ニ之ヲ準用ス

附　則（平成三年法律第九〇号附則）

（施行期日）
第一条　この法律は、公布の日から起算して一年を超えない範囲内において政令で定める日から施行する。

（建物保護に関する法律等の廃止）
第二条　次に掲げる法律は、廃止する。
　一　建物保護に関する法律（明治四十二年法律第四十号）
　二　借地法（大正十年法律第四十九号）
　三　借家法（大正十年法律第五十号）

（旧借地法の効力に関する経過措置）
第三条　接収不動産に関する借地借家臨時処理法（昭和三十一年法律第百三十八号）第九条第二項の規定の適用については、前条の規定による廃止前の借地法は、この法律の施行後も、なおその効力を有する。

（経過措置の原則）
第四条　この法律の規定は、この附則に特別の定めがある場合を除き、この法律の施行前に生じた事項にも適用する。ただし、附則第二条の規定による廃止前の建物保護に関する法律、借地法及び借家法の規定により生じた効力を妨げない。

（借地上の建物の朽廃に関する経過措置）
第五条　この法律の施行前に設置された借地権について、その借地権の目的である土地の上の建物の朽廃による消滅に関しては、なお従前の例による。

（借地契約の更新に関する経過措置）
第六条　この法律の施行前に設定された借地権に係る契約の更新に関しては、なお従前の例による。

（建物の再築による借地権の期間の延長に関する経過措置）
第七条　この法律の施行前に設定された借地権について、その借地権の目的である土地の上の建物の滅失後の建物の築造による借地権の期間の延長に関しては、なお従前の例による。
2　第八条の規定は、この法律の施行前に設定された借地権については、適用しない。

（借地権の対抗力に関する経過措置）

第八条　第十条第二項の規定は、この法律の施行前に借地権の目的である土地の上の建物の滅失があった場合には、適用しない。

（建物買取請求権に関する経過措置）

第九条　第十三条第二項の規定は、この法律の施行前に設定された借地権については、適用しない。

2　第十三条第三項の規定は、この法律の施行前に設定された転借地権については、適用しない。

（借地条件の変更の裁判に関する経過措置）

第十条　この法律の施行前にした申立てに係る借地条件の変更の事件については、なお従前の例による。

（借地契約の更新後の建物の再築の許可の裁判に関する経過措置）

第十一条　第十八条の規定は、この法律の施行前に設定された借地権については、適用しない。

（建物賃貸借契約の更新拒絶等に関する経過措置）

第十二条　この法律の施行前にされた建物の賃貸借契約の更新の拒絶の通知及び解約の申入れに関しては、なお従前の例による。

（造作買取請求権に関する経過措置）

第十三条　第三十三条第二項の規定は、この法律の施行前にされた建物の転貸借については、適用しない。

（借地上の建物の賃借人の保護に関する経過措置）

第十四条　第三十五条の規定は、この法律の施行前に又は施行後一年以内に借地権の存続期間が満了する場合には、適用しない。

（不動産登記法の一部改正）

第十五条　不動産登記法（明治三十二年法律第二十四号）の一部を次のように改正する。

　第百十一条第一項中「又ハ」を「若クハ」に、「定アルトキハ」を「定アルトキ又ハ借地借家法（平成三年法律第九十号）第二十二条ノ定アルトキハ」に改め、同項に後段として次のように加える。

　　尚地上権設定ノ目的ガ建物所有ノモノナル場合ニ於テ其建物ガ同法第二十四条第一項ニ規定スル事業ノ用ニ供スルモノトナルトキハ其旨ヲモ記載スル

第2章 平成時代における借地・借家法制度の改正

コトヲ要ス
　第百十一条に次の一項を加える。
　借地借家法第二十二条ノ定アル地上権ノ設定ノ登記ヲ申請スル場合ニ於テハ申請書ニ同条後段ノ書面ヲ、同法第二十四条第一項ノ地上権ノ設定ノ登記ヲ申請スル場合ニ於テハ申請書ニ同条第二項ノ公正証書ノ謄本ヲ添附スルコトヲ要ス但登記原因ヲ証スル書面ガ執行力アル判決ナルトキハ此限ニ在ラズ
　第百三十二条第一項中「登記原因ニ」の下に「建物所有ノ目的、」を加え、「トキ又ハ」を「トキ若クハ」に、「許シタルトキハ」を「許シタルトキ又ハ借地借家法第二十二条、第三十八条第一項若クハ第三十九条第一項ノ定アルトキハ」に改め、同項に後段として次のように加える。
　　尚登記原因ニ建物所有ノ目的ノ定アル場合ニ於テ其建物ガ同法第二十四条第一項ニ規定スル事業ノ用ニ供スルモノナルトキハ其旨ヲモ記載スルコトヲ要ス
　第百三十二条第一項の次に次の一項を加える。
　第百十一条第三項ノ規定ハ借地借家法第二十二条、第三十八条第一項若クハ第三十九条第一項ノ定アル賃借権又ハ同法第二十四条第一項ノ賃借権ノ設定ノ登記ノ申請ニ之ヲ準用ス
　（罹災都市借地借家臨時処理法の一部改正）
第十六条　罹災都市借地借家臨時処理法（昭和二十一年法律第十三号）の一部を次のように改正する。
　　第五条第一項中「借地法第二条」を「借地借家法（平成三年法律第九十号）第三条」に、「かかはらず、これを」を「かかわらず、」に改め、同項ただし書中「但し」を「ただし」に、「因つて」を「よつて」に改める。
　（地方自治法の一部改正）
第十七条　地方自治法（昭和二十二年法律第六十七号）の一部を次のように改正する。
　　第二百三十八条の四第五項中「借地法（大正十年法律第四十九号）及び借家法（大正十年法律第五十号）」を「借地借家法（平成三年法律第九十号）」に改める。
　（国有財産法の一部改正）
第十八条　国有財産法（昭和二十三年法律第七十三号）の一部を次のように改

正する。

　　第十八条第五項中「借地法（大正十年法律第四十九号）及び借家法（大正十年法律第五十号）」を「借地借家法（平成三年法律第九十号）」に改める。

（相続税法の一部改正）

第十九条　相続税法（昭和二十五年法律第七十三号）の一部を次のように改正する。

　　第二十三条中「借地法（大正十年法律第四十九号）」を「借地借家法（平成三年法律第九十号）」に、「左に」を「次に」に、「こえ」を「超え」に、「定」を「定め」に、「こえる」を「超える」に改める。

（地方税法の一部改正）

第二十条　地方税法（昭和二十五年法律第二百二十六号）の一部を次のように改正する。

　　第十四条の十四第一項中「次の各号に」を「次に」に改め、同項第三号中「借地法（大正十年法律第四十九号）第十三条」を「借地借家法（平成三年法律第九十号）第十二条」に改める。

（土地区画整理法の一部改正）

第二十一条　土地区画整理法（昭和二十九年法律第百十九号）の一部を次のように改正する。

　　第二条第七項中「借地法（大正十年法律第四十九号）」を「借地借家法（平成三年法律第九十号）」に改める。

（接収不動産に関する借地借家臨時処理法の一部改正）

第二十二条　接収不動産に関する借地借家臨時処理法の一部を次のように改正する。

　　第三条第六項中「借地法（大正十年法律第四十九号）第二条」を「借地借家法（平成三年法律第九十号）第三条」に改める。

（国税徴収法の一部改正）

第二十三条　国税徴収法（昭和三十四年法律第百四十七号）の一部を次のように改正する。

　　第二十条第一項第三号中（借地法（大正十年法律第四十九号）第十三条（土地所有者等の先取特権）」を「借地借家法（平成三年法律第九十号）第十二条（借地権設定者の先取特権）」に改める。

第2章　平成時代における借地・借家法制度の改正

（民事訴訟費用等に関する法律の一部改正）
第二十四条　民事訴訟費用等に関する法律（昭和四十六年法律第四十号）の一部を次のように改正する。

　　第五条第二項中「借地法（大正十年法律第四十九号）第八条ノ二第一項、第二項若しくは第五項、第九条ノ二第一項（第九条ノ四において準用する場合を含む。）又は第九条ノ三第一項（第九条ノ四において準用する場合を含む。）」を「借地借家法（平成三年法律第九十号）第十七条第一項、第二項若しくは第五項（第十八条第三項において準用する場合を含む。）、第十八条第一項、第十九条第一項（同条第七項において準用する場合を含む。）又は第二十条第一項（同条第五項において準用する場合を含む。）」に改める。

　　第九条第二項第四号中「借地法第十四条ノ二」を「借地借家法第四十一条」に改め、同項第五号中「借地法第十四条ノ三第一項」を「借地借家法第四十二条第一項」に改める。

　　別表第一の一三の項中「借地法第十四条ノ二」を「借地借家法第四十一条」に、「借地法第八条ノ二第二項」を「借地借家法第十七条第二項」に改める。

（特定市街化区域農地の固定資産税の課税の適正化に伴う宅地化促進臨時措置法の一部改正）
第二十五条　特定市街化区域農地の固定資産税の課税の適正化に伴う宅地化促進臨時措置法（昭和四十八年法律第百二号）の一部を次のように改正する。

　　第四条第一項中「借地法（大正十年法律第四十九号）第一条」を「借地借家法（平成三年法律第九十号）第二条第一号」に改める。

（大都市地域における住宅及び住宅地の供給の促進に関する特別措置法の一部改正）
第二十六条　大都市地域における住宅及び住宅地の供給の促進に関する特別措置法（昭和五十年法律第六十七号）の一部を次のように改正する。

　　第二条第七号中「借地法（大正十年法律第四十九号）第一条」を「借地借家法（平成三年法律第九十号）第二条第一号」に改める。

（農住組合法の一部改正）
第二十七条　農住組合法（昭和五十五年法律第八十六号）の一部を次のように改正する。

第十五条第一号中「借地法（大正十年法律第四十九号）」を「借地借家法（平成三年法律第九十号）」に改める。
（地価税法の一部改正）
第二十八条　地価税法（平成三年法律第六十九号）の一部を次のように改正する。
　第二条第三号中「借地法（大正十年法律第四十九号）第一条（借地権の定義）」を「借地借家法（平成三年法律第九十号）第二条第一号（定義）」に改める。

No, 3

平成8年の改正

　借地借家法は、平成8年、民事訴訟法の施行に伴って一部が改正されたが（民事訴訟法の施行に伴う関係法律の整備等に関する法律（平成8年法律第110号）によって一部が改正されている（施行日は、民事訴訟法が施行された平成10年1月1日と同じである）。
　この改正の内容は、次のとおりであるが、借地借家法の実体的な内容を変更するものではない。
（借地借家法の一部改正）
第52条
　借地借家法（平成3年法律第90号）の一部を次のように改正する。
　第43条中「、忌避及び回避」を「及び忌避」に、「民事訴訟法（明治23年法律第29号）」を「民事訴訟法（平成8年法律第109号）」に改める。
　第52条中「第136条及び第203条」を「第89条、第264条、第265条及び第267条」に改める。
　第53条第1項ただし書を削り、同条第2項中「第151条第4項」を「第

91条第4項及び第5項」に改める。
　第54条中「第104条」を「第73条」に、「第89条から第94条まで」を「第61条から第66条まで」に改め、「除く。)」の下に「、第74条及び第121条」を加える。
(借地借家法の一部改正に伴う経過措置)
第53条
　前条の規定の施行前に同条の規定による改正前の借地借家法第54条において準用する旧民訴法第104条第1項の申立てがあった場合には、当該申立てに係る費用の額を定める手続については、なお従前の例による。

No,4

平成11年の改正

　前記のとおり、借地借家法の施行後間もなく、同法が土地、建物の賃貸借に不要な規制を加えている、社会的な弱者を保護する必要はないなどとの批判が経済界の一部、政府の一部から行われ、原則として自由な賃貸借制度に改正するとの見解が提唱されてきた。
　平成11年、良質な賃貸住宅の供給を促進するとの観点から正当事由の制限を受けない建物の賃貸借制度(定期借家制度と呼ばれることが多かった)の導入を図るため、良質な賃貸住宅等の供給の促進に関する特別措置法(平成11年法律第153号)が制定され、平成12年3月1日から施行された。
　新たに認められた定期借家制度の内容は、次のとおりである。

(借地借家法の一部改正)
第5条　借地借家法(平成3年法律第90号)の一部を次のように改正する。
　目次中「期限付建物賃貸借」を「定期建物賃貸借等」に改める。

第23条に次の1項を加える。

3　第1項の特約がある場合において、借地権者又は建物の賃借人と借地権設定者との間でその建物につき第38条第1項の規定による賃貸借契約をしたときは、前項の規定にかかわらず、その定めに従う。

第29条に次の一項を加える。

2　民法第604条の規定は、建物の賃貸借については、適用しない。

「第3節　期限付建物賃貸借」を「第3節　定期建物賃貸借等」に改める。

第38条を次のように改める。

(定期建物賃貸借)

第38条　期間の定めがある建物の賃貸借をする場合においては、公正証書による等書面によって契約をするときに限り、第30条の規定にかかわらず、契約の更新がないこととする旨を定めることができる。この場合には、第29条第1項の規定を適用しない。

2　前項の規定による建物の賃貸借において、期間が一年以上である場合には、建物の賃貸人は、期間の満了の1年前から6月前までの間(以下この項において「通知期間」という。)に建物の賃借人に対し期間の満了により建物の賃貸借が終了する旨の通知をしなければ、その終了を建物の賃借人に対抗することができない。ただし、建物の賃貸人が通知期間の経過後建物の賃借人に対しその旨の通知をした場合においては、その通知の日から6月を経過した後は、この限りでない。

3　第1項の規定による居住の用に供する建物の賃貸借(床面積(建物の一部分を賃貸借の目的とする場合にあっては、当該一部分の床面積)が200平方メートル未満の建物に係るものに限る。)において、転勤、療養、親族の介護その他のやむを得ない事情により、建物の賃借人が建物を自己の生活の本拠として使用することが困難となったときは、建物の賃借人は、建物の賃貸借の解約の申入れをすることができる。この場合においては、建物の賃貸借は、解約の申入れの日から1月を経過することによって終了する。

4　前2項の規定に反する特約で建物の賃借人に不利なものは、無効とする。

5　第32条の規定は、第1項の規定による建物の賃貸借において、借賃の改定に係る特約がある場合には、適用しない。

附　則

第2章　平成時代における借地・借家法制度の改正

（施行期日）

第1条　この法律は、公布の日から施行する。ただし、第5条並びに附則第3条及び第4条の規定は、公布の日から起算して1年を超えない範囲内において政令で定める日から施行する。

（経過措置）

第2条　都市基盤整備公団法（平成11年法律第76号）附則第17条の規定の施行の日がこの法律の施行の日後となる場合には、同条の施行の日の前日までの間における第3条第1項の規定の適用については、同項中「都市基盤整備公団」とあるのは「住宅・都市整備公団」とする。

（借地借家法の一部改正に伴う経過措置）

第3条　第5条の規定の施行前にされた建物の賃貸借契約の更新に関しては、なお従前の例による。

2　第5条の規定の施行前にされた建物の賃貸借契約であって同条の規定による改正前の借地借家法（以下「旧法」という。）第38条第1項の定めがあるものについての賃借権の設定又は賃借物の転貸の登記に関しては、なお従前の例による。

第4条　第5条の規定の施行前にされた居住の用に供する建物の賃貸借（旧法第38条第1項の規定による賃貸借を除く。）の当事者が、その賃貸借を合意により終了させ、引き続き新たに同一の建物を目的とする賃貸借をする場合には、当分の間、第5条の規定による改正後の借地借家法第38条の規定は、適用しない。

（検討）

第5条　国は、この法律の施行後4年を目途として、居住の用に供する建物の賃貸借の在り方について見直しを行うとともに、この法律の施行の状況について検討を加え、その結果に基づいて必要な措置を講ずるものとする。

借地をめぐる裁判例

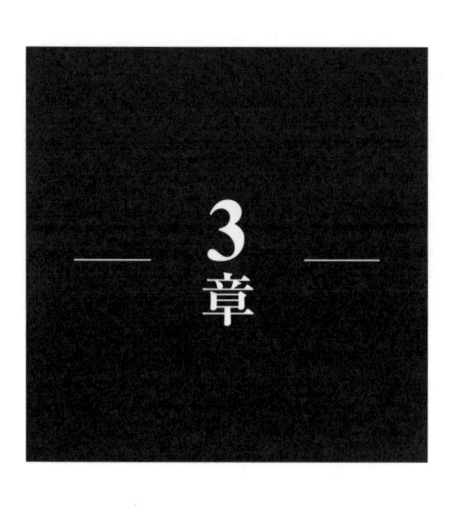

3章

No, 1

借地法・借地借家法の適用

　土地の賃貸借であっても、建物の所有を目的とする地上権又は賃借権を設定する場合でなければ、借地借家法は適用されない（借地借家法1条、2条1号。実務上、地上権である借地権を取り扱うことは稀であり、ほとんどの事例では賃借権である借地権が対象になっている。本書においては、特段の指摘をしない限り、賃借権である借地権を前提として説明する）。土地を使用、収益する契約が締結された場合であっても、「建物」の「所有」を目的としない契約には借地借家法は適用されないし、「賃借権」の設定でなければ、同様に同法が適用されない。土地を使用、収益する契約を締結した場合、借地借家法の適用が認められるかどうかによって、賃借人が受ける保護は極めて大きな差がある。実務上は、「建物」「所有」「賃借権」などといった要件が問題になることがある。また、土地の使用をめぐって紛争が生じたような場合には、土地の賃貸借契約が訴訟上の和解によって認められることがあるが、このような契約につき借地法、借地借家法が適用されるかが問題になることがあるが、最一判昭和43．3．28民集22．3．692、判時518．50、判タ221．125は、「原審（第一審判決引用。以下同じ。）は、本件賃貸借は裁判上の和解によつて成立したものであるから、それによつて定められた10年の賃借期間は、借地法11条の規定に違反するものでないと判断している。しかしながら、賃貸借契約が裁判上の和解により成立した一事をもつて、右契約に同条の適用がないとするのは相当ではなく、裁判上の和解により成立した賃貸借についても、その目的とされた土地の利用目的、地上建物の種類、設備、構造、賃貸期間等、諸般の事情を考慮し、賃貸借当事者間に短期間にかぎり賃貸借を存続させる合意が成立したと認められる客観的合理的な理由が存する場合にかぎり、右賃貸借が借地法9条にいう一時使用の賃貸借に該当するものと解すべく、かかる賃貸借については、同法11条の適用はないと解するのが相当である。けだし、裁判上の和解による賃貸借の場合には、それが裁判所の面前で成立するところから、単なる私法上の契約の場合に比し、双方の利害が尊重され当事者の真意にそう合意の成立をみる場合が多いであろうが、この場合同条の適用がないと解するなら

ば、契約当事者、特に一般に経済上優位にある賃貸人が、形式上、裁判上の和解の手続をふむことによつて、前記のような客観的条件の存否にかかわりなく借地法の規定する制約から開放されることになり、借地人の保護を主たる目的とする同法の趣旨にそわない結果を招来するにいたるからである。したがつて、右の見地に立つて考察するときは、原審が、前記理由のもとに、本件賃貸借に借地法11条の適用がないとしたことは、違法たるを免れない。」と判示し、訴訟上の和解により土地の賃貸借契約が成立したことの一事をもって借地法11条の適用を否定することはできないとしていることに注意が必要である（もっとも、この事案については借地法11条の適用を否定している）。

[95] 東京高判平成4．7．14判タ822．264、金融・商事判例978．25

《事案の概要》

Aは、幼稚園を経営していたところ、幼稚園の運動場として使用するため、幼稚園に隣接する土地をBから賃借し（賃貸借契約の締結日は明らかではないが、数年を経た昭和44年3月、土地賃貸借契約の公正証書が作成され、賃貸期間は2年間とされていた）、昭和48年、X学校法人を設立し（Aが代表者）、本件土地の賃借権を承継し、昭和51年、Bが死亡し、Yが賃貸人の地位を承継したが、その後、公正証書の作成、調停によって更新されていたところ、XがYに対して借地権の存在確認を請求したのに対し、Yが反訴として賃貸借の終了による本件土地の明渡し等を請求した。第一審判決は、本件賃貸借に借地法の適用があるとしたものの、Yの更新拒絶につき正当事由があるとし、平成元年3月末に終了したとし、Xの本訴請求を棄却し、Yの反訴請求を認容したため、Xが控訴した。この判決は、本件賃貸借に借地法の適用を認めた上、賃貸期間が借地借家法2条1項により30年間であるとし、期間満了を否定し、原判決を取り消し、Xの本訴請求を認容し、Yの反訴請求を棄却した。

【実務の対応】

この判決は、幼稚園を経営する者がその運動場として隣接する土地を賃借した事案について、運動場としての賃貸借に借地法の適用を肯定したものであるが、議論はあるものの、借地法の適用を認めることには疑問が残る判断である。

[96] 東京地判平成 4. 9. 28 判時 1467. 72
《事案の概要》
　Aは、昭和 32 年 4 月、普通建物所有を目的とし、賃貸期間を 20 年間とし、土地の現状を変更するとき等は、書面による承諾を受けなければならない旨の特約でYに土地を賃貸し、Yは、本件土地の一部に建物を建築し、その余の部分を賃貸駐車場として使用したため、Aの死亡後、Aの相続人Xが賃貸借契約を解除し、Yに対して賃貸借契約の解除、借地法の適用のない賃貸借への変更等を主張し、本件建物の収去、本件土地の明渡しを請求した。この判決は、本件土地中、駐車場部分には借地法の適用がないとしたものの、宅地部分の更新と同様に 20 年間の期間で更新されたとし、請求を棄却した。
【実務の対応】
　この判決は、普通建物所有を目的として土地を賃借し、土地の一部に建物を建築し、他の部分を駐車場として使用していた事案について、駐車場としての使用部分には借地法が適用されないとしたこと、建物の敷地としての使用部分の更新と同様に期間 20 年間で更新されたとしたことに特徴がある。この判決は、もともと建物所有を目的とする土地の賃貸借契約の締結を認めつつ、特段の理由もなく、その後の使用状況によって借地法の適用を否定したこと、借地法の適用を否定しつつ、隣接する建物の敷地につき借地法の適用を肯定することに伴う結局更新を認めたことは、借地法の解釈上疑問が残るものである。

[97] 広島高判平成 5. 5. 28 判タ 857. 180
《事案の概要》
　Yは、昭和 46 年 2 月、植木植込場、仮店舗用地を使用目的として土地を賃借し、土地上に植木の植え込み、仮店舗兼事務所を建築して使用していたところ、昭和 54 年 9 月、昭和 60 年 9 月には、更新されたが、XがYに対して建物等の収去、本件土地の明渡しを請求した。第一審判決は本件土地の賃貸借契約には借地法の適用がないとしたものの、植木の特定がないとし、建物の収去、本件土地の明渡し請求を認容したが、その余の請求を棄却したため、X、Yの双方が控訴した。この判決は、借地法の適用を否定し、植木の特定に欠けるところはないとし、Yの控訴を棄却し、Xの控訴に基づき原判決を変更し、請求

を認容した。
【実務の対応】
　この判決は、植木植込場等を目的とする土地の賃貸借がされた事案について、借地法の適用を否定したものであり、事例判断として参考になる。

[98] 東京地判平成 6. 2. 21 判タ 859. 244
《事案の概要》
　Aは、土地を所有し、昭和42年5月、Y1株式会社に本件土地の一部をガス管埋設工事等の現場詰め所、資材置き場の使用目的で使用期間を1年間として賃貸し、Bは、同年8月、本件土地の一部の上に付属建物を建築し、昭和46年12月、Bは、Y2株式会社を設立し、付属建物の所有権をY2に移転し、昭和55年4月、Aは、Y1、Y2との間で、本件土地の一部に加えた土地部分を賃借人をY1、転借人をY2とし、現場詰め所、資材置き場の使用目的で、転貸借期間を2年間等とする内容の賃貸借契約を締結し、Y1は、昭和57年9月頃、建物を建築する等したが、昭和59年10月、Aが死亡する等し、相続、遺産分割等を経て、Xが本件土地の所有権を取得し、昭和63年9月、賃貸借契約を解約し、Y1に対して本件土地の明渡し、Y2に対して本件建物等の収去、本件土地の明渡しを請求したのに対し、Y2が本件土地の建物所有の賃借権を有することの確認を請求した。この判決は、現場詰め所、資材置き場の使用目的の土地の賃貸借は建物所有を目的とするものではなく、借地法の適用がない等とし、本訴請求を認容し、反訴請求を棄却した。
【実務の対応】
　この判決は、ガス管埋設工事等の現場詰め所、資材置き場の使用目的で土地を賃借した事案について、借地法の適用を否定したものであり、事例判断として参考になる。

[99] 東京地判平成 6. 3. 9 判時 1516. 101
《事案の概要》
　Aは、昭和49年頃、Y有限会社に土地を賃貸し、Yは、自己所有地でフォークリフトの販売等の事業を行い、これに隣接する本件土地を洗車場、更衣室、部品倉庫として使用していたところ、AとYは、平成2年2月、本件

土地につき賃貸期間を1年間とし、自動車駐車場一時使用とし、附帯施設として既製品プレハブ建物の設置を認める内容の賃貸借契約書を作成したものの、Yが従前と同様に本件土地を使用していたところ、Aの死亡後、相続人Xは、Yに対して用法違反を理由とする賃貸借契約の解除を主張し、動産の撤去、建物の収去、本件土地の明渡しを請求した（Xは、訴状により賃貸借契約の解約の申入れをした）。この判決は、本件土地の賃貸借は建物所有の合意がなかったとし、一時使用の目的とはいえないものの、建物所有のものとは認めることができないとしたが、新しいプレハブ建物を設置して1年余で解約申入れをすることは信義則に反し、権利の濫用に当たるとし、請求を棄却した。

【実務の対応】
　この判決は、フォークリフトの販売等を行っていた者が洗車場、更衣室、部品倉庫のために隣接する土地を賃借した事案について、借地法の適用を否定したものであり、事例判断として参考になる。もっとも、この判決は信義則違反、権利の濫用を認めて土地の継続使用を肯定しているが、長期にわたる土地の使用を認める可能性があり、疑問が残る。

[100] 最一判平成7．6．29判時1541．92、判タ887．174、金融法務事情1440．38、金融・商事判例978．25

《事案の概要》
　前記の[95]東京高判平成4．7．14判タ822．264、金融・商事判例978．25の上告審判決であり、Yが上告した。この判決は、本件賃貸借は建物所有を目的とするものではないとし、原判決を破棄し、本件を原審に差し戻した。
〈判決〉は、
「原審の確定した事実関係によれば、本件賃貸借の目的は運動場用敷地と定められていて、上告人と被上告人との間には、被上告人は本件土地を幼稚園の運動場としてのみ使用する旨の合意が存在し、被上告人は現実にも、本件土地を右以外の目的に使用したことはなく、本件賃貸借は、当初その期間が2年と定められ、その後も、公正証書又は調停により、これを2年又は4年ないし5年と定めて更新されてきたというのであるから、右のような当事者間の合意等及び賃貸借の更新の経緯に照らすと、本件賃貸借は、借地法一条にいう建物の所有を目的とするものではないというべきである。なるほど、本件土地は、被

上告人の経営する幼稚園の運動場として使用され、幼稚園経営の観点からすれば隣接の園舎敷地と不可分一体の関係にあるということができるが、原審の確定した事実関係によれば、園舎の所有それ自体のために使用されているものとはいえず、また、上告人においてそのような使用を了承して賃貸していると認めるに足りる事情もうかがわれないから、本件賃貸借をもって園舎所有を目的とするものということはできない。」と判示している（判例評釈として、河内宏・判評464．24、岡本岳・判タ913．76、中川高男・ジュリスト1091．66がある）。

【実務の対応】
　この判決は、幼稚園を経営する者がその運動場として隣接する土地を賃借した事案について、運動場としての賃貸借に借地法の適用を否定したものであり（控訴審判決を破棄したものである）、常識的な判断を示したものである。

[101] 東京地判平成7．7．26判時1552．71、判タ910．147
《事案の概要》
　Ｙ１株式会社は、昭和60年9月、都内の鉄道高架下の空間、土地をＡ（日本国有鉄道）から期間を2年間とし、使用承認を受け、建物（事務所、倉庫等）、附属施設を建築し、Ｙ２株式会社、Ｙ３株式会社（いずれも代表者は、Ｙ１の代表者と同一である）とともに使用していたが、Ａから事業の引継ぎ等を受けたＸ事業団（国鉄清算事業団）がＡの債務償還の目的で売却するため、使用承認を取り消し、Ｙ１に対して物件の収去、明渡し、Ｙ２らに対して物件からの退去、明渡し等を請求した。この判決は、本件契約が無名契約であり、借地法の適用を否定し、使用承認の取消しにより終了したとし、請求を認容した（判例評釈として、岡本岳・判タ945．100がある）。

【実務の対応】
　この判決は、鉄道高架下の空間、土地の使用承認を受け、建物を建築した事案について、借地法の適用を否定したものであり、事例判断を提供するものである。

[102] 東京地判平成7.7.26判タ912.184
《事案の概要》
　Xは、昭和47年9月、期間を2年間とし、中古車販売業を営むY株式会社に中古車展示場として使用することを目的として土地を賃貸し、Yは、土地上にプレハブ構造の建物を建築する等して使用し、更新を繰り返していたが、平成6年8月末の期間満了による終了を主張し、Yに対して本件建物の収去、本件土地の明渡しを請求したものである。この判決は、建物所有を目的とする賃貸借ではなく、借地権の時効取得も認められないとし、請求を認容した。
【実務の対応】
　この判決は、中古車展示場として土地を賃借し、プレハブ構造の建物を建築した事案について、借地法の適用を否定したものであり、事例判断として参考になる。

[103] 東京地判平成9.10.15判時1643.159
《事案の概要》
　X株式会社は、昭和49年3月、Y1と契約期間を1年間とし、自動更新の特約で乗馬学校の経営を委託する名義の契約を締結し、Y1は、乗馬学校の土地の一部に建物を建築し、Y2株式会社が本件建物を使用していたところ、Xは、平成2年4月、平成5年3月31日限り本件契約を解約する旨を通知する等し、Y1に対して建物の収去、土地の明渡し、Y1、Y2に対して土地、建物の明渡しを請求したのに対し、Y1が反訴として借地権の確認を請求する等した。この判決は、XとY1の契約が土地の賃貸借契約であり、経営委託契約ではないとしたものの、建物所有を目的とするものではなく、Xの解約により終了したとし、Xの本訴請求を認容し、Yの反訴請求を棄却する等した。
【実務の対応】
　この判決は、乗馬学校の経営委託契約の事案について、土地の賃貸借契約であるとしたものの、建物所有を目的とするものではないとし、借地法の適用を否定したものであり、事例判断として参考になる。

No, 2

借地契約
の成否・効力

　土地の使用をめぐる紛争においては、前記のような借地法・借地借家法が適用される契約であるかが問題になるだけでなく、建物所有を目的とする土地の賃貸借契約の締結、成立が問題になることがある（この契約は、借地契約と呼ばれている。借地借家法4条参照。なお、本項で紹介する裁判例は、事柄の性質上、前項で紹介した裁判例と関連するところがある）。また、仮に借地契約の成立が認められたとしても、その効力が問題になり、錯誤等の無効原因、詐欺等の取消原因の有無が争われることがある。
　借地契約の締結、成立は、書面、口頭を問わず、認められ得るものであり、明示の合意、黙示の合意を問わないものである。最近ではあまり見かけないが、古い時代の借地をめぐる紛争を見ると、口頭、黙示の合意によって土地の使用が開始された事例も珍しいものではなかった。
　借地契約の締結に至るまでには土地の所有者らとの間で契約の交渉がされるが、交渉のどの段階で合意が成立したと認められるかは、当事者の意思表示の合致が認められるかどうかという事実認定にかかわるものである。借地契約の交渉当事者としては、借地契約を締結しなければ、何らの負担を負わないと考えがちであったが、最近は、契約締結上の過失責任が相当に広く認められているため、借地契約の成立が否定されたとしても、法的な責任を免れないことがある。

[104] 東京地判平成3．1．14判時1401．77
《事案の概要》
　Xは、昭和44年、Aに建物所有を目的として土地を賃貸し、昭和47年、さらにAに同様に土地を賃貸し、Aは、土地上に自動車修理工場を建築してい

たところ、昭和50年から昭和60年にかけて、XとA、B株式会社は、賃貸借契約を合意解除し、本件土地の使用権原のないことを確認し、本件建物を収去して本件土地を明け渡す旨の即決和解を繰り返したが、Yは、昭和62年4月、Aに対する貸金債権の担保として本件建物の譲渡担保を受け、昭和63年3月、本件建物につき所有権移転登記手続を経たため、XがYに対して本件建物の収去、本件土地の明渡しを請求した。この判決は、合意解除が借地法11条に違反せず、有効であるとし、請求を認容した。

【実務の対応】
　この判決は、借地契約が締結され、建物が建築されていたところ、賃貸借契約を合意解除し、土地の使用権原のないこと、土地を明け渡すなどの内容の即決和解をし、即決和解を繰り返した事案について、合意解除が借地法11条に違反せず、有効であるとしたものであり、事例判断として参考になる。
　契約の無効原因としては、公序良俗違反（民法90条）、強行規定違反（同法91条）、錯誤（同法95条）等があるほか、借地借家法9条違反等があるところ、この判決は、合意解除が借地法11条に違反しないことに特徴がある。借地契約の合意解除、和解契約の効力をめぐる判例、裁判例としては、最三判昭和31．10．9民集10．10．1252（借家の合意解約につき無効とはいえないとした事例）、最三判昭和44．5．20民集23．6．974（借地の期限付合意解約につき無効とはいえないとした事例）、東京地判昭和50．6．26判時798．61（借地の停止条件付合意解約につき無効とはいえないとした事例）、東京高判昭和53．9．21判時907．59、判タ373．67（借地の期限付合意解約につき無効とした事例）、東京高判昭和58．3．9判時1078．83、判タ497．120（借地の期限付合意解約につき無効とした事例）が参考になる。
　前記の最三判昭和44．5．20は、土地の賃貸借の期限付合意解約につき借地法11条の適用が問題になった事案について、「思うに、従来存続している土地賃貸借につき一定の期限を設定し、その到来により賃貸借契約を解約するという期限附合意解約は、借地法の適用がある土地賃貸借の場合においても、右合意に際し賃貸人が真実土地賃貸借を解約する意思を有していると認めるに足りる合理的客観的理由があり、しかも他に右合意を不当とする事情の認められないかぎり許されてないものではなく、借地法11条に該当するものではないと解すべきであるところ、原審確定の前記事実関係のもとでは、本件期限附

合意解約は右に説示する要件をそなえているものと解するのが相当であるから、本件期限附合意解約は有効であつて、本件土地賃貸借契約は、期限の到来によつて解約され、上告人は被上告人に対し本件土地を明け渡す義務があるものというべく、これと同旨の原判決の判断は正当である。」と判示し、期限付合意解約が借地法11条に違反する要件を明らかにしているものであり、参考になる。

[105] 東京高判平成3.1.29判タ766.193
《事案の概要》
　Aは、昭和23年、賃貸期間の定めなく、農作物の干し場、植木の植栽を目的として土地をYに賃貸していたところ、昭和41年頃、Yが本件土地の一部につき建物所有を目的とする賃貸借に変更して居住用の建物を建築し、残りの土地は物置を建築して農作業場等として使用していたが、Aが死亡後、Xが本件土地を相続し、建物の敷地以外の部分の賃貸借が解約されたと主張し、物置、植木の収去、本件土地の一部の明渡しを請求した（なお、この判決は控訴審判決であるが控訴審において交換的な訴えの変更があるところ、事案の詳細は明らかではない）。この判決は、賃貸借が変化し、物置が建築された部分は借地法の適用があるとしたものの、その余の部分は借地法の適用がない等とし、請求を一部認容した。
【実務の対応】
　この判決は、農作物の干し場、植木の植栽を目的として土地を賃借していたところ、土地の一部に居住用の建物を建築した事案について、賃貸借が変化したとしたこと、旧借地法の適用を肯定したこと（建物の敷地以外の土地については旧借地法の適用を否定した）に特徴がある。この判決は、土地の使用状況の変化等の事情によって土地の賃貸借契約の変更を認めた事例として評価することができよう。

[106] 静岡地沼津支部判平成3.6.27判タ772.200
《事案の概要》
　Xは、昭和42年12月、堅固建物の所有を目的として賃貸期間を20年間として土地をY株式会社に賃貸し、Yが旅館兼休憩所を建築して使用していたと

ころ、昭和62年3月、Xが更新を拒絶し、Yに対して本件建物の収去、本件土地の明渡しを請求した。この判決は、Yが本件土地上に非堅固の建物を建築したとしても、賃貸借の目的が非堅固の建物の所有を目的とするものに変更することが容認されたとは認められない等とし、請求を棄却した。

【実務の対応】
　この判決は、堅固建物の所有を目的として土地を賃借し、非堅固な旅館兼休憩所を建築していた事案について、賃貸借の目的が堅固建物の所有から非堅固建物の所有に変更されたとはいえないとしたものであり、事例判断を提供するものである。

[107] 東京地判平成3．7．31判タ774．195
《事案の概要》
　Aは、Bに建物所有を目的として土地を賃貸し、Bが本件土地上に建物を建築していたところ、Aの死亡後、その相続人XとBとの間で紛争が発生し、昭和37年5月、賃貸借契約は昭和16年から賃貸期間を20年間とすること、昭和36年6月に更新されたことを確認し、昭和56年5月末日に本件土地を返還する旨の訴訟上の和解が成立し、昭和39年3月、Bの死亡により、妻Cが本件建物等を相続し、その後、Cが死亡し、Yが本件建物を相続したため、Xが訴訟上の和解に従って、賃貸借契約の終了を主張し、Yに対して本件建物の収去、本件土地の明渡しを請求した。この判決は、本件訴訟上の和解が更新しない趣旨であったとしても、借地法11条によって無効であり、更新料を徴収していなくても正当事由は認められないとし、請求を棄却した。

【実務の対応】
　この判決は、借地契約が締結され、建物が建築されていたところ、賃貸人、賃借人との間で更新後20年を経過したときは土地を返還する旨の訴訟上の和解が成立した事案について、和解が旧借地法11条により無効としたものであり、疑問が残るものの、事例判断として参考になる。

[108] 東京地判平成3．8．30判タ783．142
《事案の概要》
　香港を中心に不動産業等を営む企業グループの日本法人であるX株式会社と

ホテル業等を営むY株式会社は、Yの所有に係る昭和57年2月に発生したホテルの土地、建物について、昭和61年頃からAを仲介として、YがXに本件土地を賃貸し、XがYに融資をする等の内容の交渉を行っていたところ、昭和63年11月頃、Yの代表者Bが賃貸借契約、金銭消費貸借契約に関する協定書に自署し、押印し、Aを介してXに交付し、Xが記名押印し、その後、平成元年12月、Yの取締役会における承認の問題がAから提起され、土地賃貸借契約書等の原案がXから提出されたものの、調印されず、結局、交渉が不調になったため、XがYに対して融資金の受領と引換えに本件土地の引渡し等を請求した。この判決は、合意の成立を否定し、請求を棄却した。

【実務の対応】
この判決は、土地の賃貸借契約の締結交渉が行われ、協定書が取り交わされた事案について、賃貸借契約の成立を否定したものであり、事例判断を提供するものである。

[109] 長野地松本支部決平成4. 1. 17判タ785. 163

《事案の概要》
Y2株式会社は、A株式会社の仲介により、Xから食品工場、事務所の所有を目的とし、関連法人への賃借権の譲渡、転貸は自由とする旨の特約で土地を賃借したが、実際に建物の建築工事を行ったのは、Y2を支配するY1宗教法人であったため、XがY1、Y2に対して錯誤無効、詐欺取消し等を主張し、建築禁止等の仮処分を申し立てた。この決定は、本件賃貸借契約の実質的な借主はY1であり、Aがこのことを秘して詐欺行為を行ったとし、賃貸借契約の取消しを認め、申立てを認容した。

【実務の対応】
この判決は、工場等の所有を目的とする土地の賃貸借契約が締結されたが、契約当事者の支配下にある宗教法人が建物の建築工事を施工した事案について、賃貸借契約の締結につき賃借人の詐欺を認め、取消しを肯定したものである。この判決は、借地契約の締結につき詐欺を認めた珍しい事例判断として参考になる。借地契約についても、契約一般に認められる錯誤等の無効原因、詐欺等の取消原因が認められる可能性があるが、この判決は、詐欺を認めた珍しい事例である。

[110] 東京地判平成 8. 8. 29 判時 1606. 53、判タ 933. 262
《事案の概要》
　Xは、昭和 22 年 10 月、Yに普通建物所有の目的で賃貸期間を 20 年として土地を賃貸し、Yは、借地上に木造建物を建築して所有していたところ、昭和 42 年 10 月、昭和 62 年 10 月、法定更新されたが、平成 4 年 1 月、XとYとの間でYが土地につき何らの占有権原のないことを確認し、平成 6 年 12 月末日までに本件建物を収去し、本件土地を明け渡す、その間Yが本件土地を無償で使用するなどの内容の和解契約を締結したため、XがYに対して和解契約に基づき本件建物の収去、土地の明渡しを請求した。この判決は、意思能力の欠如、錯誤、詐欺、強迫に関する主張を排斥したものの、和解契約の効力をそのまま肯認することは借地借家法 9 条の趣旨等に照らして苛酷であるとし、効力を否定し、請求を棄却した。

【実務の対応】
　この判決は、借地契約の無効等が問題になったものではなく、成立した借地関係について紛争が発生し、賃借人が占有権原のないことを確認する等の内容の和解契約が締結された事案について、借地借家法 9 条（強行規定。借地法 11 条）の趣旨等に照らして無効であるとしたものであり、事例判断として参考になる。この事案の和解契約は、借地契約の合意解除、合意解約と同様な意義、機能をもつものである。

[111] 東京地判平成 9. 1. 23 判タ 951. 220
《事案の概要》
　X 1 株式会社、X 2 株式会社、X 3 株式会社は、都内のＪＲ新橋駅前付近に一団の土地を所有し、X 1 が土地の一部に建物を建築していたが、Y株式会社は、X 1 から本件建物を賃借し、たこ焼き屋を営業していたところ、Yが本件建物に隣接する本件土地の一部でX 1、X 2 の承諾を得てビアガーデンを営業し、その後占有の範囲を拡大し、周囲をネットフェンスで取り囲み、テントを設置する等したため、X 1 らがYに対して本件土地の明渡しの断行を求める仮処分を申し立て、申立てが認容され（保全異議は棄却された）、仮処分を執行し、本案訴訟として本件土地の明渡し等を請求した。この判決は、本

件土地につき賃貸借契約が成立していない等とし、請求を認容した。
【実務の対応】
　この判決は、建物の賃借人が隣接する土地を営業のために使用していた事案について、土地の賃貸借契約の成立を否定したものであり、事例判断として参考になる。

[112] 福井地判平成 9. 3. 28 判タ 949. 238
《事案の概要》
　X1、X2らは、Yから土地を賃借し、建物を建築し、所有していたところ、Yから賃料不払いを理由に賃貸借契約を解除され、建物の収去、土地の明渡しを請求する訴訟を提起され、平成7年12月、X1らの代理人AとYは、平成8年8月末日限り、建物を収去して土地を受け渡す等の内容の訴訟上の和解を成立させたが、X1らは、和解の内容に不満をもち、新たに代理人を選任し、Yに対してAが和解の特別授権を受けていない等と主張し、請求異議の訴えを提起した。この判決は、Aは和解の特別授権を受けており、和解を無効とすべき事情は認められないとし、請求を棄却した。
【実務の対応】
　この判決は、借地契約を締結していたところ、賃貸人が借地契約を解除し、訴訟を提起し、訴訟上の和解が成立した事案について、和解を無効とすべき事情が認められないとし（和解につき賃借人の代理人に代理権の授権がないとの主張が排斥された）、和解が無効ではないとしたものであり、事例判断として参考になる。

[113] 名古屋高判平成 12. 2. 2 判時 1720. 153
《事案の概要》
　Aは、その所有土地をBに賃貸し、Bは、土地上に木造建造物を建築し、内装業の作業場等として使用し、その後、Y2がBの子であるY1の下請けとして作業場等として使用していたところ、Aが死亡し、Aの子であるX1、X2がBを相手方として調停を申し立て、B、Y2との間で本件土地につき期間の定めなく、目的を資材置き場兼作業場とし、建物等の建築を禁止するとの約定の賃貸借契約を確認し、Y2がY1の債務を連帯保証をすることを約する

調停が成立したが、その後、Bが死亡し、Y1が賃借人の地位を承継したところ、X1、X2が解約を申し入れ、本件建造物の収去、本件土地の明渡し等を請求した。第一審判決は、X1らの請求を認容したため、Y1らが控訴した。この判決は、本件調停による賃貸借契約は建物所有の目的でないことが明らかであり、Bが本件調停が建物所有の目的であると信じて意思表示をしたものであり、要素の錯誤があったとし、本件調停が無効であるとし、原判決を取り消し、請求を棄却した。

【実務の対応】
　この判決は、内装業の作業場としての土地の賃貸借をめぐる調停において目的を資材置き場兼作業場とし、建物等の建築を禁止するとの約定の賃貸借契約を確認する等の調停が成立した事案について、調停につき要素の錯誤を認め、無効であるとしたものであり、事例判断として参考になるものである。

[114] 東京地判平成19．2．16 金融・商事判例1299．27
《事案の概要》
　Yは、昭和43年、土地を取得し、昭和44年、土地上に6階建てのマンションを建築し、その一部を自宅として使用するとともに、賃貸していたところ、Yは、本件建物をAに譲渡し、その後さらに転々と譲渡され、いったんYが取得した後、昭和58年10月、X株式会社に本件建物、附帯する敷地に関する権利一切を譲渡するとともに、XとYとの間で敷地に関する権利について本件建物の存続期間中存続する、敷地の使用料は無償である、敷地を第三者に譲渡するときはこの合意内容を承継させるとの合意をしたが、前記土地は2筆に分筆され、Yがそのうち1筆を他に譲渡したことから、XがYに対して本件建物の敷地部分につき主位的、予備的に借地権を有することの確認を請求した。この判決は、XとYとの間の合意による敷地に関する権利は独立の対価を伴わないものであり、無償の権利にすぎないとし、主位的請求、予備的請求を棄却した。

【実務の対応】
　この判決は、建物、敷地に関する権利の譲渡関係が複雑であるが、建物の敷地部分につき借地権の有無が問題になった事案について、敷地の利用につき独立の対価を伴わないものであり、無償の権利であるとし、借地権の設定を否定

したものである。

[115] 東京高判平成20．7．10 金融・商事判例1299．16
《事案の概要》
　前記の［114］東京地判平成19．2．16 金融・商事判例1299．27の控訴審判決であり、Xが控訴し、訴えを追加した（Yが死亡し、Zが相続し、訴訟を承継した）。この判決は、売買代金中に敷地利用の対価が含まれていた可能性が高い等とし、合意による敷地に関する権利が借地権であるとし、借地権の設定を認め、控訴を棄却し、追加された予備的請求を認容した。
【実務の対応】
　この判決は、前記のとおり、第一審判決が借地権の設定を否定したのに対し、建物の敷地につき借地権の設定を肯定したものであり、事例判断を提供するものである。借地権の設定の有無は、明確に判断できる事柄のように考えられるが、この事案の第一審判決とこの判決の内容を比較対照すると、裁判官の認定、判断によって異なる判断がされる可能性が相当にあることは否定できない。この判決は、契約実務においては権利の内容を明確にすることが重要であることを改めて教えている。

No, 3

借地権の対抗

　借地権は、土地上に建物を建築する権利であり、土地の権利関係に大きく依存しているため、借地権の保護は、簡便な対抗力の付与から始まったという歴史がある（建物保護法の制定が借地権の保護の嚆矢である）。借地権の対抗力の付与は、民法上の賃借権の登記（民法605条）によることも可能であるが、実務上ほとんど利用されてこなかった（もっとも、執行妨害を動機とする賃借

権の登記は多用されてきたし、賃借権の登記があることが執行妨害の賃貸借であることの1つの間接事実として認められてきた)。

借地借家法は、建物保護法の歴史、内容を踏まえ、従来の対抗力に加え、新たな内容を含む借地権の対抗力等に関する規定を設けている（10条）。

借地権の対抗力は、その登記がなくても、土地の上に借地権者が登記されている建物を所有するときは、これによって第三者に対抗することができるとされている（借地借家法10条1項）。建物の登記は、所有権保存登記だけでなく、表示登記でも足りると解されている（最一判昭和50．2．13民集29．2．83）。

また、借地借家法上の借地権の対抗力は、借地上の建物の登記であるが、建物が滅失した場合には、登記は無効なものになるから、建物の滅失に備えた対抗力を認めることも重要である（建物の建替え等の場合に現実的な問題になる）。借地上の建物の登記がされている場合、建物の滅失があっても、借地権者が、建物を特定するために必要な事項、滅失があった日及び建物を築造する旨を借地上の見やすい場所に掲示するときは、建物の滅失のあった日から2年間、対抗力を有するものである（借地借家法10条2項本文、但書）。建物の滅失があった日から2年を経過した後には、その前に建物を新たに築造し、かつ、その建物につき登記をした場合に限って対抗力が認められるものである（借地借家法10条2項但書）。

借地上の建物の登記による借地権の対抗力をめぐる問題については、借地借家法の制定前から多数の判例、裁判例が公表されてきたところであるが、同法の制定後においても多数の判例、裁判例が公表されている。なお、仮に借地権の対抗力が認められない間において借地の取引等が行われた場合であっても、対抗問題に特有な正当な利益を有する第三者、背信的悪意者等の問題として議論がされている。

借地権の対抗力、対抗要件は、借地借家法の施行前は、建物保護法によって議論がされ、借地人、借地権者の保護が問題になってきたところであり、最高裁の時代においても多数の判例が公表されており、最二判昭和30．9．23民集9．10．1350（建物保護法により賃借権をもって第三者に対抗し得る土地の範囲につき判示した事例）、最二判昭和36．11．24民集15．10．2554（借地権をめぐる対抗問題において正当な利益を有する第三者に当たらないとした

事例)、最三判昭和39．10．13民集18．8．1559（登記簿上表示された建物の一部である現存建物が建物保護法1条所定の「登記シタル建物」に当たるとした事例)、最大判昭和40．3．17民集19．2．453（建物の登記が所在地番の表示において実際と相違する場合と「登記シタル建物」による対抗力の関係を明らかにしたもの)、最三判昭和40．6．29民集19．4．1027（隣接土地に存在する建物の庭として使用することを目的とする土地の賃借権につき対抗力を否定した事例)、最大判昭和41．4．27民集20．4．870（長男名義で保存登記をした建物につき対抗力を否定した事例)、最三判昭和43．9．3民集22．9．1817（対抗力を有しない土地の賃借権者に対する建物の収去、土地の明渡請求をすることが権利の濫用に当たるとした事例)、最三判昭和44．10．28民集23．10．1854（隣接する土地上に存在する保存登記を経由した建物の庭として使用することを目的とする土地の賃借権につき対抗力を否定した事例)、最三判昭和44．12．23民集23．12．2577（建物保護法1条の趣旨を明らかにしたもの)、最一判昭和47．6．22民集26．5．1051（妻名義の保存登記をした建物につき対抗力を否定した事例)、最一判昭和50．2．13民集29．2．83（表示の登記をした建物につき対抗力を肯定した事例）等がある。

[116] 東京高判平成3．2．28金融法務事情1296．26
《事案の概要》
　Aは、昭和35年4月、建物所有を目的としてBに土地を賃貸し、Bは、本件土地上に建物を建築していたところ、Aは、昭和41年7月、Y1に本件土地を売却したが、その頃までに本件建物につきBを所有者とする表示の登記がされ（表示の登記の日付の記載を欠いていた)、同年10月、Bの所有権保存登記がされていたところ、同年8月に本件土地土地につき根抵当権設定登記がされ、その後、根抵当権が実行され、昭和47年10月、Xが競売手続で競落し、本件建物に居住するY1、Y2らに対して本件建物の退去、本件土地の明渡しを請求した。第一審判決が請求を棄却したため、Xが控訴した。この判決は、表示の登記が対抗力を有し、登記の日付を欠いても対抗力を有するとし、Bが借地権を競落人に対抗することができるとし、控訴を棄却した。
【実務の対応】
　この判決は、登記の日付を欠く建物の表示の登記が建物の登記に当たるかが

問題になった事案について、このような表示の登記に対抗力を認めたものであり、事例判断として参考になるものである。

[117] 東京地判平成3.6.28判時1425.89
《事案の概要》
　Aは、都内に土地を所有し、分割して14名の者らに建物所有を目的として賃貸していたが、一部の土地は公道に面していなかったことから、一部の賃借人らが通路部分を通行していたところ、Aが本件土地を2筆に分筆した上、土地2をBらに贈与し、不動産業を営むX株式会社は、土地1につき賃借権を譲り受け、土地1、2の上にビルを建築する計画を立て、Aとの間で堅固建物の所有を目的とする賃貸借契約の予約をし、Bらとの間で土地2の上に堅固建物の所有を目的とする賃貸借契約の予約をし、土地上の建物を取り壊したところ、Y有限会社は、土地1、2を買い受け、Xの土地1に関する賃借権を否認する等したため、XがYに対して賃借権、通行権を有することの確認を請求した。この判決は、借地上の建物が取り壊された状態にある間に敷地を買い受けた者が借地権についての対抗要件の欠缺を主張することができない等とし、請求を認容した。

【実務の対応】
　この判決は、借地上の建物が取り壊された状態にある間において敷地の売買契約がされ、借地権との対抗問題が生じた事案について、敷地を買い受けた者が借地権の対抗要件の欠缺を主張することができないとしたものであり、借地上の建物が取り壊された場合における敷地の購入者との対抗関係について借地権者を保護した事例判断を提供するものである。

[118] 東京地判平成4.1.16判時1427.96、判タ794.128、金融・商事判例903.30
《事案の概要》
　X株式会社は、平成元年12月、近隣土地に建築予定のマンションの販売のためモデルルームを建築する目的で、賃貸期間を1年6か月としてYに土地を一時使用で賃貸し、Yは、保証金1200万円を交付したところ、平成2年5月、XがA株式会社に本件土地を譲渡し、所有権移転登記をするとともに、賃

貸人の地位を譲渡し、同年6月、その旨をYに通知したが（Yは、この地位の承継に異議を述べた）、Yが同年5月分以降の賃料を支払わなかったため、XがYに対して未払い賃料の支払を請求した。この判決は、賃貸不動産の所有権の移転があった場合には、特段の事情のある場合を除いて、賃借人の承諾を要せず、旧所有者と新所有者の間の契約をもって賃貸借契約上の賃貸人としての権利義務を新所有者が承継することができ、賃貸借契約が終了したとはいえない等とし、請求を認容した。

【実務の対応】

この判決は、マンション販売用のモデルルームの建築目的の土地の一時使用の賃貸借において土地が譲渡され、所有権移転登記がされた事案について、特段の事情がある場合を除き、賃貸人としての権利義務を新所有者が承継したとしたものであり、従来の判例に沿った事例判断を提供するものである（最三判昭和49．3．19民集28．2．325）。

[119] 東京地判平成4．3．31判時1487．67、金融・商事判例928．35

《事案の概要》

Aは、昭和24年、土地を購入し、兄弟Bらとガソリンスタンドを営業するY株式会社を設立し、土地を同スタンドのために使用させていたところ、昭和42年、Yが2筆の土地を賃借し、袋地部分には3階建ての建物を建築し、1、2階部分はYが所有権保存登記をし（3階部分はAが所有権保存登記をし、事務所として使用していた）、他の土地には給油設備を設置し、ガソリンスタンドとして営業用に使用したが、AとBらの兄弟仲が不仲になり、Aが土地の利用は使用貸借であるなどと説明し、本件土地と本件建物の3階部分を不動産業を営むX株式会社に売却したことから、XがYに対して所有権に基づき建物の収去、土地の明渡しを請求した。この判決は、両土地が一体として利用されていることから、地上に建物がない土地についても借地権の対抗力が及ぶとし、請求を棄却した。

【実務の対応】

この判決は、2筆のガソリンスタンド用のために利用されている土地のうち、建物が建築されていない土地の借地権の対抗力が問題になった事案（もっとも、

土地の使用権原の性質につき争いがある）について、借地権の対抗力を肯定したものである（後記の控訴審判決、上告審判決を参照）。

[120] 東京地判平成5．3．25判時1486．87
《事案の概要》
　Aは、昭和24年、建物を購入し、Bから敷地を建物所有を目的として賃借したが、昭和52年、Bの死亡により相続したCが賃貸人の地位を承継した後、Cとの間で鉄筋コンクリート造の建物の所有を目的とし、賃貸期間を32年として賃貸借契約を締結し、建物を建築し（未登記）、Aが死亡したことからYが相続したところ、X株式会社が平成元年に本件土地を買い受け、本件土地上の本件建物が未登記であったため（この売買の後間もなく、本件建物につき登記がされた）、XがYに対して本件建物の収去、本件土地の明渡しを請求した。この判決は、賃借権の対抗要件の欠如を奇貨として自己の利益を収めることを主な請求である等とし、権利の濫用を認め、請求を棄却した。
【実務の対応】
　この判決は、借地上の建物が未登記の状態で土地が売買された事案について、土地の買主の土地の明渡請求が賃借権の対抗要件の欠如を奇貨として自己の利益を収めることを主な請求である等とし、権利の濫用を認めたものであり、借地権の対抗力が認められない借地につき権利の濫用を認めた事例判断として参考になる。

[121] 東京高判平成5．11．29判時1495．96
《事案の概要》
　前記の［119］東京地判平成4．3．31判時1487．67、金融・商事判例928．35の控訴審判決であり、Xが控訴した。この判決は、地上に建物がない土地には借地権の対抗力がなく、権利の濫用も認められないとし、原判決の一部を取り消し、請求を一部認容した。
【実務の対応】
　この判決は、前記内容の事案について、借地上の建物がない部分の土地の借地権の対抗力を否定したものである（もっとも、上告審判決である後記の最高裁の判決によって破棄された）。

[122] 最三判平成9.7.1民集51.6.2251、判時1614.63、判タ950.107、金融法務事情1506.63

《事案の概要》
　前記の［121］東京高判平成5.11.29判時1495.96の上告審判決であり、Yが上告した。この判決は、地上に建物のない土地につき明渡請求をすることが権利の濫用に当たるとし、Yの敗訴部分を破棄し、Xの控訴を棄却した。
〈判決〉は、
「建物の所有を目的として数個の土地につき締結された賃貸借契約の借地権者が、ある土地の上には登記されている建物を所有していなくても、他の土地の上には登記されている建物を所有しており、これらの土地が社会通念上相互に密接に関連する一体として利用されている場合においては、借地権者名義で登記されている建物の存在しない土地の買主の借地権者に対する明渡請求の可否については、双方における土地の利用の必要性ないし土地を利用することができないことによる損失の程度、土地の利用状況に関する買主の認識の有無や買主が明渡請求をするに至った経緯、借地権者が借地権につき対抗要件を具備していなかったことがやむを得ないというべき事情の有無等を考慮すべきであり、これらの事情いかんによっては、これが権利の濫用に当たるとして許されないことがあるものというべきである。
　これを本件について見るに、53番5の土地は、上告会社の経営するガソリンスタンドの給油場所及びその主要な営業用施設の設置場所として、上告会社の本店である本件建物の存する53番7の土地と共に営業の用に供されていたのであり、これらの土地は社会通念上相互に密接に関連する一体として利用されていたものということができ、仮に上告会社において53番5の土地を利用することができないこととなれば、ガソリンスタンドの営業の継続が事実上不可能となることは明らかであり、上告会社には同土地を利用する強い必要性がある。その反面、買主である被上告会社には、これらの土地の将来の利用につき、格別に特定された目的が存するわけではない。そして、被上告会社は、53番5の土地の右のような利用状況は認識しつつも、補助参加人の説明により、上告会社は右各土地を補助参加人との間の使用貸借契約に基づいて占有しているにすぎないと信じ、本件の明渡請求に及んだものである。なるほど、補

助参加人は上告会社の監査役であり、弁護士でもある上、上告会社の代表者等と血縁関係にあったというのであるから、被上告会社において補助参加人の上告会社の経営事情に関する発言の内容を信ずることもあり得ないではなかったといえる。しかしながら、営利法人である上告会社が、右各土地上に堅固の建物である本件建物を建築し、既に長期にわたりガソリンスタンドの営業を継続してきていたとの事情に照らし、被上告会社において、補助参加人の説明のみから、上告会社の右各土地の占有権原が権利関係の不安定な使用貸借契約によるものにすぎないと信じ、上告会社がその営業の廃止につながる右各土地の明渡しにも直ちに応ずると考えたのであるとすると、そのことについては、なお、落ち度があったというべきである。他方、上告会社は、53番5の土地には、登記手続の対象にはならない地下の石油貯蔵槽や地上の給油施設のほか、ポンプ室を有していたにすぎず、右ポンプ室の規模等に照らし、上告会社が、これを独立の建物としての価値を有するものとは認めず、登記手続を執らなかったことについては、やむを得ないと見るべき事情があったものということができる。そうすると、上告会社において53番5の土地を53番7の土地と一体として利用する強度の必要性が存在し、右につき事情の変更が生ずべきことも特段認められない本件においては、被上告会社が右各土地を特に低廉な価格で買い受けたのではないことを考慮しても、なお、その上告会社に対する53番5の土地についての明渡請求は、権利の濫用に当たり許されないものというべきである。」と判示している（判例評釈として、竹屋芳昭・判評470．9、野村豊弘・判タ965．53がある）。

【実務の対応】
　この判決は、前記内容の事案について、所有者による土地の明渡請求が権利の濫用であるとしたものであり、借地権の対抗力が認められない借地に対する所有者の明渡請求権の行使につき権利の濫用を認めた重要な事例判断として参考になる（最三判昭和43．9．3民集22．9．1817）。

[123] 東京地判平成10．11．27判時1705．98
《事案の概要》
　Aは、昭和41年、所有土地をYに建物所有の目的で賃貸し、Yは土地上に建物を建築し、所有していたが、建物の所在地番が誤って登記されていたとこ

ろ（本来は、「470番地4」と記載すべきであったが、「469番地」と記載されていた）、本件土地につき不動産競売手続が開始され、物件明細書には賃借権が買い受け人に対抗することができない旨が記載されており（その後、「470番地4」に更正登記がされた）、X株式会社が本件土地を買い受けた後、Yに対して建物収去土地明渡しを請求した。この判決は、軽微な誤りであり、賃借権を対抗することができるとし、請求を棄却した。

【実務の対応】

　この判決は、借地上の建物の登記がされていたものの、所在地番に誤りがあった事案について、所在地番の誤りが軽微であるとし、借地権の対抗力を肯定したものであり、事例判断として参考になるものである。借地上の建物の登記が正確であることが必要であることは、登記簿において建物の登記がどの土地について借地権の負担があるかが明確に認識され、対抗力が認められるための基盤であるということができるが、従来の判例は、軽微な誤りがあったとしても、対抗力が認められるとしている（最大判昭和40. 3. 17民集19. 2. 453、判時403. 11、最一判昭和44. 11. 13判時579. 58、最一判昭和45. 3. 26判時591. 64、最一判昭和63. 1. 26裁判集民事153. 323等）。前記の最大判昭和40. 3. 17民集19. 2. 453は、「建物保護ニ関スル法律」は、建物の所有を目的とする土地の借地権者（地上権者および賃借人を含む。）がその土地の上に登記した建物を有するときは、当該借地権（地上権および賃借権を含む。）の登記なくして、その借地権を第三者に対抗することができるものとすることによつて、借地権者を保護しようとするものである。この立法趣旨に照らせば、借地権のある土地の上の建物についてなされた登記が、錯誤または遺漏により、建物所在の地番の表示において実際と多少相違していても、建物の種類、構造、床面積等の記載と相まち、その登記の表示全体において、当該建物の同一性を認識し得る程度の軽微な誤りであり、殊にたやすく更正登記ができるような場合には、同法1条1項にいう「登記シタル建物ヲ有スル」場合にあたるものというべく、当該借地権は対抗力を有するものと解するのが相当である。もともと土地を買い受けようとする第三者は現地を検分して建物の所在を知り、ひいて賃借権等の土地使用権原の存在を推知することができるのが通例であるから、右のように解しても、借地権者と敷地の第三取得者との利益の調整において、必ずしも後者の利益を不当に害するものとはいえず、ま

た、取引の安全を不当にそこなうものとも認められないからである。」と判示している。

[124] 東京地判平成 12. 4. 14 金融・商事判例 1107. 51
《事案の概要》

Aは、昭和24年6月、Bから建物所有を目的として土地を賃借し、建物を建築し、所有していたところ、昭和61年に死亡し、X1ないしX4が共同相続したが、平成10年12月、建物が火災により焼失し、平成11年3月、借地借家法10条2項所定の掲示をしたものの、何者かに取り外されたところ、Y株式会社が平成11年4月に本件土地を買い受け、所有権移転登記を経て、借地権を否定する等したため、X1らがYに対して本件土地につき賃借権を有することの確認を請求した。この判決は、掲示が撤去された場合には、特段の事情のない限り、借地権を対抗することができないとし、特段の事情がないとし、対抗力を否定し、請求を棄却した。

【実務の対応】

この判決は、借地上の建物が火災で焼失したため借地借家法10条2項所定の掲示がされたものの、掲示が取り外された事案について、特段の事情のない限り、借地権を対抗できないとした上、この事案で対抗力を否定したものであり、事例判断として参考になるものである。借地借家法10条2項所定の対抗力は同条項の掲示が継続的に行われていることが必要であるから、この判決は、適宜、掲示を見守っておくことが重要であることを示している。

[125] 東京高判平成 12. 5. 11 金融・商事判例 1098. 27
《事案の概要》

Yは、Aからその所有土地を建物所有の目的で賃借し、建物を建築して所有していたところ（所有権保存登記を経由した）、Aが本件土地にX株式会社のために抵当権を設定し、平成3年、Xが抵当権を実行した後、平成5年、Yは、建物を取り壊して新建物を建築したが（平成6年7月12日に新建物につき所有権保存登記を経由した）、Xが不動産競売手続で本件土地を買い受け（平成6年7月29日に売却許可決定がされた）、Yに対して買受時に旧建物が滅失し、旧建物の保存登記による対抗力が消滅したと主張し、建物の収去、本

件土地の明渡しを請求した。第一審判決は、旧建物の保存登記による対抗力が消滅したとし、請求を認容したため、Yが控訴した。この判決は、不動産競売は換価権の実現にすぎず、新たな物権変動ではないから、買受人の競落時には買受人と不動産上の権利者との間で対抗問題は生じない等とし、原判決を取り消し、請求を棄却した（判例評釈として、村上正敏・判タ1065. 258 がある）。
【実務の対応】
　この判決は、借地上の建物が取り壊され、新建物が建築されている間に土地の不動産競売手続が行われていたため、借地権の対抗力の要否が問題になった事案について、競落による買受人は不動産上の権利者との間で対抗問題が生じないとしたものであり（借地権の対抗力が問題にならないとした）、事例判断として参考になるものである。

[126] 東京高決平成13. 2. 8 判タ1058. 272、金融法務事情1607. 41、金融・商事判例1120. 30
《事案の概要》
　Aは、Bから土地を賃借し、借地上に建物を建築して所有していたところ（表示の登記を経由した）、Aが死亡し、Xが借地権を相続し、建物の一部を取り壊し、増築をしたが（表示の登記はそのままにされた）、Bの死亡、土地の売買がされ、土地の所有者Cが土地に抵当権を設定した後、Xが建物の新築を原因として建物の保存登記を経由し（旧建物の表示登記簿が閉鎖された）、土地につき抵当権に基づき不動産競売手続が開始され（Xの賃借権が買受人に対抗できないとして物件明細書が作成され、評価された）、Xが買い受け、売却許可がされたため、売却不許可事由があると主張し、執行抗告を申し立てた。この決定は、増改築によって床面積等に大きな変動が生じたが、旧表示の登記のままで対抗力を有するとし、原決定を取り消し、売却を不許可にした。
【実務の対応】
　この決定は、借地上に建物が建築され、表示の登記がされた後、増改築され、表示の登記がそのままにされていた間に土地に抵当権が設定され、抵当権に基づき不動産競売手続が開始した事案について、増改築によって床面積等に大きな変動が生じたものの、旧表示の登記のままで対抗力を有するとしたものであり（新旧建物の同一性を認めたものである）、増改築に係る建物の表示の登記

の対抗力の範囲に関する事例判断を提供するものである。

[127] 松山地判平成 16. 4. 22 金融・商事判例 1246. 31
《事案の概要》
　土地の東側部分に昭和 22 年頃に A 公団によって新築された建物が存在し、A を所有者とする保存登記がされ、A は、本件建物を B に売却し、所有権移転登記を経た後、B は、昭和 34 年、C に本件建物を売却し、その間、本件建物に増築がされる等し、平成 2 年、C が死亡し、Y の子である D、E が代襲相続して（Y は、C の子の妻であり、D らの母）、本件建物の所有権等を取得したところ（本件建物の床面積は、増築にもかかわらず、登記簿上、当初の面積のままであり、所在地番は、地番の変更等の際誤記されていた）、X 株式会社は、平成 15 年 10 月、競売により本件土地の所有権を取得し、所有権移転登記を経た後、Y に対して本件建物の収去、本件土地の明渡しを請求した（Y が借地権等を主張した）。この判決は、借地権が対抗力を備えていない等とし、請求を認容した。
【実務の対応】
　この判決は、借地権の有無が争われている土地上の建物の登記の所在地番が登記官の過誤によって誤記された事案について、借地権の対抗力を否定したものである（後記の上告審判決参照）。

[128] 高松高判平成 16. 10. 12 金融・商事判例 1246. 30
《事案の概要》
　前記の [127] 松山地判平成 16. 4. 22 金融・商事判例 1246. 31 の控訴審判決であり、Y が控訴した。この判決は、本件建物の登記は所在地番や床面積の相違が建物の同一性を認識するのに支障がない程度に軽微であるとはいえないとし、控訴を棄却した。
【実務の対応】
　この判決は、前記の第一審判決と同様に、借地権の対抗力を否定したものである（後記の上告審判決参照）。

[129] 最一判平成 18．1．19 判時 1925．96、判タ 1205．138、金融法務事情 1772．43、金融・商事判例 1246．22
《事案の概要》
　前記の［128］高松高判平成 16．10．12 金融・商事判例 1246．30 の上告審判決であり、Yが上告受理を申し立てた。この判決は、借地上の建物の登記に表示された所在地番、床面積が実際と異なる場合において、所在地番の相違が職権による表示の変更の登記に際し登記官の過誤により生じたものであること、床面積の相違は建物の同一性を否定するようなものではないこと等の事情の下では、本件建物は借地借家法10条にいう登記されている建物に該当するとし、原判決を破棄し、本件を高松高裁に差し戻した。
〈判決〉は、
「2．ところで、建物保護に関する法律1条は、借地権者が借地上に登記した建物を有するときに当該借地権の対抗力を認めていたが、借地借家法（平成3年法律第90号）10条1項に建物保護に関する法律1条と同内容の規定が設けられ、同法は借地借家法附則2条により廃止された。そして、同附則4条本文によれば、本件にも同法10条1項が適用されるところ、同項は、建物の所有を目的とする土地の借地権者が、その土地の上に登記した建物を有するときは、当該借地権の登記がなくともその借地権を第三者に対抗することができるものとすることによって、借地権者を保護しようとする規定である。この趣旨に照らせば、借地上の建物について、当初は所在地番が正しく登記されていたにもかかわらず、登記官が職権で表示の変更の登記をするに際し地番の表示を誤った結果、所在地番の表示が実際の地番と相違することとなった場合には、そのことゆえに借地人を不利益に取り扱うことは相当でないというべきである。また、当初から誤った所在地番で登記がなされた場合とは異なり、登記官が職権で所在地番を変更するに際し誤った表示をしたにすぎない場合には、上記変更の前後における建物の同一性は登記簿上明らかであって、上記の誤りは更正登記によって容易に是正し得るものと考えられる。そうすると、このような建物登記については、建物の構造上、床面積等他の記載とあいまって建物の同一性を認めることが困難な事情がない限り、更正がされる前であっても借地借家法10条1項の対抗力を否定すべき理由はないと考えられる。

3. これを本件についてみると、前記のとおり、①春代が本件建物を取得した当時の本件建物登記の所在地番は正しく表示されていたこと、②本件登記における所在地番の相違は、その後の職権による表示の変更の登記に際し登記官の過誤による生じた可能性が高いことがうかがわれるのであり、また、本件登記における建物の床面積の表示は、新築当時の26.44㎡のままであって、実際と相違していたが、前記事実関係に照らせば、この相違は本件登記に表示された建物と本件建物等との間の同一性を否定するようなものではないというべきである。そして、現に、本件登記については、その表示を現況に合致させるための表示変更及び表示更正登記がされたというのである。

そうすると、春代が、本件土地の競売の基礎となった担保権の設定時である昭和62年までに東側土地部分につき借地権を取得していたとすれば、本件建物等は、借地借家法10条1項にいう「登記されている建物」に該当する余地が十分にあるというべきである。

4. 以上の点に照らせば、本件登記における建物の所在地番の表示が実際と相違するに至った経緯等について十分に審理することなく、本件登記における建物の表示が実際と大きく異なるとして直ちに上告人の主張する借地権の対抗力を否定した原審の判断には、判決に影響を及ぼすことの明らかな法令の違反があるというべきである。」と判示している。

【実務の対応】

この判決は、前記のとおり、所在地番に誤記のある建物の登記による対抗力の有無が問題になった事案について、借地借家法10条1項にいう「登記されている建物」に該当する余地が十分にあるとしたものであり、重要な事例判断として参考になる。なお、借地上の建物の登記と建物の同一性の問題については、前記の最大判昭和40. 3. 17民集19. 2. 453、判時403. 11等が重要な先例になっているが、前記の各判例のほか、最三判昭和39. 10. 13民集18. 8. 1559、判時393. 32も参考になる。

No, 4

期間満了・更新拒絶

　借地権の保護は、存続期間の保障、更新拒絶の制限等によってその保護を図ることが重要な柱になっている（借地借家法3条ないし9条）。

　借地権の存続期間については、最低30年間であるが、これより長い年月の存続期間を定める特約のみが有効である（借地借家法3条本文、但書。30年間より短い存続期間を定める特約は無効であるが、借地契約全体が無効になるわけではなく、30年間の存続期間の借地契約であると取り扱われることになる）。

　更新後の借地権の存続期間については、最初の更新は20年間、2度目以降の更新は10年間であり、これより長い年月の存続期間を定める特約のみが有効である（借地借家法4条）。

　借地契約の更新については、借地権の存続期間が満了する場合には、借地権者は、建物がある限り、更新の請求をすることができ、この場合、存続期間は別として同一の条件で契約を更新したものとみなされるが（借地借家法5条1項本文）、借地権設定者が遅滞なく異議を述べたときは、更新が認められない（同条項但書。もっとも、異議が認められるためには、後記の正当事由が認められることが必要である）。

　また、借地権の存続期間が満了した場合には、借地権者は、建物がある限り、土地の使用を継続するときも同様に借地契約が更新されるが、借地権設定者が遅滞なく異議を述べたときは、更新が認められない（借地借家法5条2項）。

　借地権設定者の前記の異議の効力が認められるためには、正当事由があることが必要であるが、正当事由は、借地権設定者及び借地権者（転借地権者を含む）が土地を必要とする事情のほか、借地に関する従前の経過及び土地の利用状況並びに借地権設定者が土地の明渡しの条件として又は土地の明渡しと引換

えに借地権者に対して財産上の給付をする旨の申出をした場合におけるその申出を考慮して正当事由があると認められる場合であることが必要であるとされている（借地借家法6条）。

なお、借地借家法7条は、建物の再築による借地権の期間の延長に関する規定、同法8条は、借地契約の更新後の建物の滅失による解約等に関する規定である。

[130] 東京地判平成3. 1. 25 判タ807. 242
《事案の概要》
　Aは、昭和23年8月、Yに普通建物所有を目的として土地（東京都中央区の商業地域）を賃貸し、Yは、本件土地上に木造2階建て建物を建築して所有し、本件土地は、Aからその相続人Bに、Bからその相続人Cに、CからDらに譲渡された後、X株式会社が所有権を取得したところ、その間、昭和43年8月、BとYとの間で約定期間を20年間として更新の合意が成立し、その後20年が経過したため、XがYに対して更新拒絶を主張し、本件建物の収去、本件土地の明渡しを請求した。この判決は、建物の老朽化、ビルの建築計画、立退料の提供等の事情を考慮し、正当事由を認め、4億5000万円の支払いと引換えに請求を認容した。

【実務の対応】
　この判決は、都内の商業地域における借地契約の更新拒絶の事案について、建物の老朽化、ビルの建築計画、立退料4億5000万円の提供等の事情による正当事由を肯定したものであり、高額な立退料の提供を補完とする正当事由を肯定した事例判断を提供するものである（もっとも、後記の控訴審判決参照）。

[131] 東京高判平成3. 1. 28 判時1375. 71
《事案の概要》
　AがY1に都内中央区京橋に所在する土地を建物所有を目的として賃貸し、Y1が借地上に建物を建築し、Y2株式会社、Y3が本件建物を賃借していたところ、XがAから本件土地を買い受け、賃貸期間の満了に際して更新を拒絶し、使用継続に異議を述べ、Y1に対して建物（木造の建物）の老朽化、ビルの建築による土地の有効利用等を理由に本件建物の収去、本件土地の明渡

し、Y2らに本件建物の退去、本件土地の明渡しを請求した（Xは、訴訟を提起した後、賃貸期間の満了時から13年後に4億円の立退料の提示をした）。第一審判決（東京地判平成元.12.27判時1353.87）は、4億円の支払いと引換えに正当事由を認め、請求を認容したため、Y1らが控訴し、Xが附帯控訴した（Xは、主位的に5000万円と引換え、予備的に4億円と引換えに請求をした）。この判決は、異議時に立退料の支払を申し出たとは認められないとし、原判決を取り消し、主位的請求、予備的を棄却した。

【実務の対応】

この判決は、都内の商業地域における借地契約の使用継続に対する異議の事案について、異議時に立退料の提供がなく、正当事由の事情として考慮することができないとし、正当事由を否定したものであるが（第一審判決は正当事由を肯定している）、疑問がある。なお、後記の［139］最三判平成6.10.25民集48.7.1303参照。

[132] 東京地判平成3.6.20判タ772.208、金融・商事判例892.39

《事案の概要》

Aは、大正14年頃、Bに建物所有を目的として土地を賃貸し、Bは、本件土地上に建物2棟を建築していたところ、昭和34年、Aの子であるCの死亡により、Xが本件土地を相続し、昭和35年、Bの死亡によりY1が本件建物を相続したが、昭和41年10月頃、XとY1は、賃貸期間を20年間として借地契約を更新し、昭和61年10月、賃貸期間の満了の際、Y1が更新を請求したのに対し、Xがこれに異議を述べたため、XがY1に対して本件建物の収去、本件土地の明渡し、本件建物の賃借人であるY2ないしY6に対して建物の退去、本件土地の明渡しを請求した（Y1は、建物買取請求権を行使した）。この判決は、Xが借地上の店舗兼自宅を所有しているものの、子らと同居する建物を建てる必要性を認め、建物の賃借人の事情を考慮する必要はないとし、正当事由を肯定した上、建物の時価を算定し、建物の返還請求権のXへの譲渡、指図による占有移転を命じる判決をした。

【実務の対応】

この判決は、長年継続した借地の更新拒絶の事案について、賃貸人の子らと

の同居の必要性を認め、建物の賃借人の事情を考慮する必要がないとし、正当事由を肯定したものであり、事例判断として参考になる。借地契約の更新拒絶に当たって問題になる正当事由の有無の判断において建物の賃借人の事情を考慮することができるかについては、最一判昭和 58．1．20 民集 37．1．1、判時 1073．63、判タ 494．81 が原則としてこれを否定し、「建物所有を目的とする借地契約の更新拒絶につき借地法 4 条 1 項所定の正当の事由があるかどうかを判断するにあたつては、土地所有者側の事情と借地人側の事情を比較考量してこれを決すべきものであるが（最高裁昭和 34 年（オ）第 502 号同 37 年 6 月 6 日大法廷判決・民集 16 巻 7 号 1265 頁）、右判断に際し、借地人側の事情として借地上にある建物賃借人の事情をも斟酌することの許されることがあるのは、借地契約が当初から建物賃借人の存在を容認したものであるとか又は実質上建物賃借人を借地人と同一視することができるなどの特段の事情の存する場合であり、そのような事情の存しない場合には、借地人側の事情として建物賃借人の事情を斟酌することは許されないものと解するのが相当である（最高裁昭和 52 年（オ）第 336 号同 56 年 6 月 16 日第三小法廷判決・裁判集民事 133 号 47 頁参照）。」と判示している。

[133] 東京高判平成 3．8．26 金融・商事判例 953．12
《事案の概要》

　Aは、Bから土地を賃借し、建物を建築し、X1、X2に本件建物を賃貸していたところ、昭和 56 年 3 月、X1、X2 は、当時の本件土地の所有者であるC株式会社から更地価格の 2 割程度の価格で本件土地の各一部を買い受けたが、平成元年 6 月、Aの借地権が期間満了で終了することとなったことから、X1、X2 がそれぞれ更新拒絶をし、その後、Aの死亡により、Y1、Y2ら（5名）が相続し、Y1らが借地権を譲渡しようとし、裁判所に譲渡許可を申し立てたところ、X1らがY1らに対して本件建物の収去、本件土地の明渡しを請求した。第一審判決（東京地判平成 2．10．31 金融・商事判例 953．13）は更新拒絶の正当事由を否定し、請求を棄却したため、X1らが控訴した。この判決は、正当事由を否定し、控訴を棄却した。

【実務の対応】

　この判決は、事案の内容はやや複雑であるが、借地契約の更新拒絶の事案に

ついて、賃借人が借地権譲渡の意思があったにもかかわらず、正当事由を否定した事例判断を提供するものである。

[134] 東京地判平成4．1．27判時1459．140
《事案の概要》
　Aは、大正11年12月、普通建物所有を目的として土地をB住宅組合に賃貸し、Bは、本件土地上に建物を建築し、その後、Aの承諾を得て賃借権をCに譲渡し、Aの死亡後、相続を経て、X1、X2ら（5名）が賃貸人の地位を相続し、他方、Cの死亡後、Y1、Y2ら（6名）が賃借人の地位を相続していたところ、この間、昭和27年12月、昭和47年12月、本件土地の賃貸借契約が法定更新されたが、X1らは、平成4年12月の更新前である平成3年、本件建物の朽廃による終了、更新拒絶による終了を主張し、主位的に現在の本件建物の収去、本件土地の明渡し、予備的に将来の同様な請求をした。この判決は、建物の老朽化は認めたものの、朽廃を否定し、正当事由を否定し、請求を棄却した。

【実務の対応】
　この判決は、長年にわたって継続した借地契約の更新拒絶が問題になった事案について、建物の老朽化等による正当事由を否定したものであり、事例判断として参考になる。また、この判決は、建物の朽廃による借地契約の終了を否定したものであり、この判断も事例として参考になる。なお、借地上の建物の朽廃した場合、借地法2条1項但書は、建物が借地権の法定の存続期間の満了前に朽廃したときは、借地権はこれによって消滅すると定めていたものであり（借地借家法は、この規定を採用しなかった）、老朽化した建物につき朽廃による借地契約の消滅が主張されることがあったが、最一判昭和37．7．19民集16．8．1566が「契約をもつて堅固でない建物の所有を目的とする借地権の存続期間を20年と定めたときは、借地権は、借地法2条1項の規定にかかわらずその期間の満了により消滅することは同条2項の規定するところであるから、右期間の満了前に地上建物が朽廃した場合でも、借地権はそのことにより消滅するものではない。」と判示し、存続期間の定めがある場合には、朽廃による消滅を否定している（朽廃が問題になった判例として、最二判昭和33．10．17民集12．14．3124、最三判昭和35．3．22民集14．4．491、

最一判昭和37．7．19民集16．8．1566、最一判昭和42．9．21民集21．7．1852、最三判昭和47．2．22民集26．1．101参照）。

［135］東京高判平成4．6．24判タ807．239
《事案の概要》
　前記の［130］東京地判平成3．1．25判タ807．242の控訴審判決であり、Yが控訴した。この判決は、立退料が更地価格の約83％に当たるとしても正当事由を充足するものではないとし、原判決を取り消し、請求を棄却した（判例評釈として、大沼洋一・判タ1020．42がある）。
【実務の対応】
　この判決は、前記の事案について、第一審判決とは逆に、高額の立退料の提供にもかかわらず正当事由を否定したものであり、事例判断を提供するものであり、この判決の判断には議論があろう。

［136］大阪地判平成5．9．13判時1505．116
《事案の概要》
　Xは、昭和32年11月、大阪市北区内の土地を堅固建物の所有を目的とし、賃貸期間を30年間として、映画館等の事業を行う大手のY1株式会社に賃貸し、Y1は、映画館、店舗、事務所から構成されるビルを建築し、自ら映画館を経営し、本件建物の一部をY2株式会社、Y3株式会社、Y4、Y5に賃貸していたところ、昭和62年10月、更新に異議を述べ、Y1に対して本件建物の収去、本件建物の明渡し、Y2らに対して本件建物の一部の退去、本件土地の明渡しを請求した（Xは、立退料として50億円、又はそれ以上の金額提供を主張した）。この判決は、Y1が事業継続を希望していること等を認め、正当事由を否定し、請求を棄却した（判例評釈として、西口元・判タ1020．56がある）。
【実務の対応】
　この判決は、事業用の借地契約の更新拒絶の事案について、50億円の立退料の提供にかかわらず、事業継続の希望等を理由に正当事由を否定したものであり、事例判断として参考になる。

[137] 最三判平成6.6.7判時1503.72、判タ857.96、金融・商事判例953.3

《事案の概要》
　前記の[133]東京高判平成3.8.26金融・商事判例953.12の上告審判決であり、X1らが上告した。この判決は、正当事由を否定し、上告を棄却した。
〈判決〉は、
「2　ところで、借地法4条1項ただし書にいう正当の事由の有無は、土地所有者側の事情のみならず借地権者側の事情をも総合的にしんしゃくした上で、これを判断すべきものである（最高裁昭和34年（オ）第502号同37年6月6日大法廷判決・民集16巻7号1265頁参照）。
　これを本件についてみるのに、前示事実関係によれば、本件建物の賃借人である上告人らが、芳次の借地権が存在することを前提として本件各土地を安価で買い受け、芳次に対して借地契約の更新拒絶の意思表示をしたという事情の下で、財産的価値の高い借地権を相続したことにより多額の相続税の支払をしなければならない状況にある被上告人らが、その借地権を他に譲渡して得られる金銭を右相続税の支払に充てるために、右譲渡許可を求める借地非訟事件の申立てをしたというのであり、また、上告人らは、現に本件建物及びその敷地である本件各土地を自ら使用しているのであって、借地契約を終了させなくとも右の使用自体には支障がなく、本件各土地の借地権が譲渡されたとしても、その後の土地利用計画について譲受人らと協議することが可能であるなどの事情があることが明らかである。そうすると、右のような上告人らと被上告人ら双方の事情を総合的に考慮した上で上告人らの更新拒絶につき正当の事由があるということはできないとした原審の判断は、正当として是認することができ、その過程に所論の違法はない。」と判示している（判例評釈として、澤野順彦・民商114.2.124、塩崎勤・判タ882.78、田中敦・判タ1020.63がある）。

【実務の対応】
　この判決は、借地契約の更新拒絶の事案について、賃借人に借地権譲渡の意思があることを考慮しても正当事由を否定したものであり、最高裁の事例判断

として参考になるものである。

[138] 東京地判平成6.8.25判時1539.93
《事案の概要》
　Aは、昭和26年12月、建物所有を目的とし、賃貸期間を20年としてYに土地（都内副都心計画区域内にある）を賃貸し、Yは、土地上に建物を建築していたところ、Aが昭和39年2月に死亡し、X1、X2ら（合計6名）が相続し、昭和46年11月、平成3年11月まで合意更新したが、平成3年12月、Yの使用継続につき異議を述べ、X1らがYに対して正当事由を主張し、本件建物の収去、本件土地の明渡しを請求した。この判決は、Yが他に物件を所有していること、再開発の必要があること等のほか、立退料10億3800万円の提供により正当事由を肯定し、引換えによる請求を認容した（判例評釈として、奈良輝久・判タ1020.47がある）。

【実務の対応】
　この判決は、都内副都心計画区域内の借地契約の更新拒絶の事案について、再開発の必要性、10億3800万円の立退料の提供を考慮し、正当事由を肯定したものであり、重要な事例判断として参考になる。

[139] 最三判平成6.10.25民集48.7.1303
《事案の概要》
　Aは、昭和20年9月、建物所有を目的とし、賃貸期間を20年間としてBに土地を賃貸し、Bは、本件土地上に居宅、工場を建築し、Bの死亡によりCが相続し、Cは、Dに借地権、建物を譲渡し、Dは、Y株式会社に借地権、建物を譲渡したところ、Yは、昭和35年10月、前記建物を取り壊し、建物を建築し、Aが昭和45年5月に死亡し、Xが相続したが、賃貸期間が昭和60年8月に満了し、使用継続に異議を述べたため、XがYに対して期間満了による終了を主張し、本件建物の収去、本件土地の明渡しを請求した。第一審判決は正当事由を否定し、請求を棄却したため、Xが控訴し、立退料の提供による予備的な請求を追加した。控訴審判決は、控訴を棄却したが、立退料2500万円の提供による正当事由を認め、予備的請求を認容したため、Yが上告した。この判決は、正当事由を補完する立退料等の提供ないし増額の時期は、事実審

の口頭弁論の終結時までにされたものにつき原則として考慮することができるとし、上告を棄却した。
〈判決〉は、
「土地所有者が借地法6条2項所定の異議を述べた場合これに同法4条1項にいう正当の事由が有るか否かは、右異議が遅滞なく述べられたことは当然の前提として、その異議が申し出られた時を基準として判断すべきであるが、右正当の事由を補完する立退料等金員の提供ないしその増額の申出は、土地所有者が意図的にその申出の時期を遅らせるなど信義に反するような事情がない限り、事実審の口頭弁論終結時までにされたものについては、原則としてこれを考慮することができるものと解するのが相当である。けだし、右金員の提供等の申出は、異議申出時において他に正当の事由の内容を構成する事実が存在することを前提に、土地の明渡しに伴う事業者双方の利害を調整し、右事由を補完するものとして考慮されるのであつて、その申出がどの時点でされたかによって、右の点の判断が大きく左右されることはなく、土地の明渡しに当たり一定の金員が現実に支払われることによつて、双方の利害が調整されることに意味があるからである。このように解しないと、実務上の観点からも、種々の不合理が生ずる。すなわち、金員の提供等の申出により正当の事由が補完されるかどうか、その金額としてどの程度の額が相当であるかは、訴訟における審理を通じて客観的に明らかになるのが通常であり、当事者としても異議申出時においてこれを的確に判断するのは困難であることが少なくない。また、金員の提供の申出をするまでもなく正当事由が具備されているものと考えている土地所有者に対し、異議申出時までに一定の金員の提供等の申出を要求するのは、難きを強いることになるだけでなく、異議の申出より遅れてされた金員の提供等の申出を考慮しないこととすれば、借地契約の更新が容認される結果、土地所有者は、なお補完を要するとはいえ、他に正当の事由の内容を構成する事実がありながら、更新時から少なくとも20年間土地の明渡しを得られないこととなる。
本件において、原審は、被上告人が原審口頭弁論においていわゆる立退料として2350万円又はこれと格段の相違のない範囲内で裁判所の決定する金額を支払う旨を申し出たことを考慮し、2500万円の立退料を支払う場合には正当事由が補完されるものと認定判断しているが、その判断は、以上と同旨の見解に立つものであり、正当として是認することができ、原判決に所論の違法はな

い。」と判示している（判例評釈として、小宮山茂樹・判タ1020．69、山田誠一・ジュリスト1068．85がある）。

【実務の対応】
　この判決は、借地契約の使用継続に対する異議がされた後、訴訟の係属中に立退料の提供がされた事案について、正当事由の有無は異議が申し出られた時を基準として判断すべきであるところ、正当事由を補完する立退料等金員の提供ないしその増額の申出は、土地所有者が意図的にその申出の時期を遅らせるなど信義に反するような事情がない限り、事実審の口頭弁論終結時までにされたものについては、原則としてこれを考慮することができるものとしたこと、この事案では立退料2500万円の提供によって正当事由を肯定したことに特徴がある。この判決は、立退料の提供時期について実務上見解が対立していたところ、これを広く解したものであり、理論的に重要な先例となるものであるとともに、立退料の補完による正当事由を肯定した事例としても参考になるものである。

[140] 東京地判平成7．2．24判タ902．101
《事案の概要》
　Yの父Aは、B合資会社から土地を賃借し、建物を建築し、印刷業を行っていたが、関東大震災により建物が滅失し、新たに建物を建築し、昭和16年1月、本件建物の所有権保存登記を経ていたところ、本件土地の所有者はその後順次移転し、現在は、X1、X2であるが、X1らは、平成3年1月に賃貸期間が満了し、新聞販売店の従業員寮の建築のための使用の必要性があると主張し、Yに対して本件建物の収去、本件土地の明渡しを請求した。この判決は、平成元年3月20日に期間が満了したとし、その2か月後にされた更新拒絶の意思表示は遅滞なくされたものとし、立退料6450万円の提供により正当事由が認められるとし、請求を認容した（判例評釈として、塩谷國昭・判タ1020．101がある）。

【実務の対応】
　この判決は、長期にわたる借地契約の更新拒絶の事案について、期間満了の2か月後の更新拒絶が遅滞なくされたものであるとしたこと、立退料6450万円の提供による正当事由を肯定したことに特徴があり、事例判断として参考に

なるものである。

[141] 東京地判平成7.9.26判タ914.177
《事案の概要》
　Aは、昭和30年1月、Bに建物所有を目的とし、賃貸期間を20年間として土地を賃貸し、Bは、建物を建築した後、Aの死亡によりXが相続し、Bの賃借人の地位はBの弟Yに承継されたところ、昭和48年7月、賃貸借契約がさらに20年間合意更新されたが、平成5年6月、Xが建物の老朽化、使用の必要性等により更新を拒絶し、Yに対して主位的に立退料1000万円の支払いの引換えによる本件建物の収去、本件土地の明け渡し、予備的に更新料の支払いを請求した。この判決は、Yが他に土地建物を所有していること、本件建物を増改築したこと等の事情から、立退料を3000万円として正当事由を認め、主位的請求を認容した。
【実務の対応】
　この判決は、借地契約の更新拒絶の事案について、賃借人の他の不動産の所有、建物の増改築、立退料3000万円の提供の事情を考慮し、正当事由を肯定したものであり、事例判断を提供するものであるが、正当事由の判断はやや厳格にすぎると考えられる。

[142] 東京地判平成8.7.29判タ941.203
《事案の概要》
　Aは、Bに東京都千代田区の幹線道路沿いの土地を賃貸し、Bは、借地上に建物を所有していたところ、昭和31年10月、Cが本件建物、借地権を買い受け、Aとの間で賃貸期間を昭和51年1月までとする賃貸借契約を締結したが、YがCの死亡により本件建物、借地権を相続し、昭和51年1月、期間満了時に平成8年1月まで契約更新されたところ、本件土地の所有権は順次売買され、平成5年12月、X株式会社が所有権を取得し（従前の所有者の時代には根抵当権を設定していた）、期間満了の際、使用継続に異議を述べ、Yに対して建物の収去、土地の明渡しを請求した（Xは、立退料として3億円、裁判所の相当とする金額の提供を主張した）。この判決は、土地の有効利用も自己使用の一態様に当たるとしたが、本件土地をより高く売ろうとしている等

とし、正当事由を否定し、請求を棄却した（判例評釈として、太田晃詳・判タ1020．66がある）。
【実務の対応】
　この判決は、都内中心部の借地契約の使用継続に対する新たな土地の所有者による異議の事案について、土地の転売の動機を認め、正当事由を否定したものであり、事例判断として参考になる。

[143] 東京高判平成9．9．30判タ981．134
《事案の概要》
　X1、X2の先代Aは、昭和11年12月、Yの先代Bに建物所有を目的として土地を賃貸し、Bが建物を建築し、所有し、借地契約が更新されていたところ、本件建物が老朽化する等したため、X1らが更新を拒絶し、本件建物の収去、土地の明渡しを請求したのに対し、Yが下水道の設置のための承諾を請求した。第一審判決はX1らの請求を棄却し、Yの請求を認容したため、X1らが控訴した（Yは、請求の趣旨を訂正した）。この判決は、更新拒絶の正当事由を否定し、土地の賃貸人が下水道敷設の承諾義務を負うとし、X1らの控訴を棄却し、訂正に係るYの請求を認容した。
【実務の対応】
　この判決は、長期にわたる借地契約の更新拒絶の事案について、建物の老朽化等を理由とする正当事由を否定したものであり、事例判断を提供するものである。

[144] 東京地判平成10．5．8判タ1008．154
《事案の概要》
　Xの先代Aは、昭和26年、普通建物の所有を目的とし、Y1、Y2らの先代Bに土地を賃貸し（Aは、昭和39年に死亡し、Xが相続により賃貸人の地位を承継した）、Bが昭和60年に死亡し、Y1らが共同相続し、賃借権を承継したところ、平成2年、同年12月の期間満了の際に更新拒絶をするとの予告をし、その後、使用継続に異議を述べ、立退料として1億円を提供する旨の申入れをしたものの、Y1らが争ったため、建物収去土地明渡訴訟を提起し、平成4年7月、1億円の支払と引き換えに請求を認容する判決がされ、Y

1らが控訴したものの、平成5年6月、控訴棄却の判決がされ、Y1らが上告したものの、平成6年11月、上告棄却の判決がされたところ、バブル経済の崩壊が生じたこと（土地価格の下落が生じたこと）から、Xが立退料が1億円から3590万円に減額されたと主張し、予備的にY1らが理由のない上訴手続を繰り返して地価下落による損失を生じさせ、不法行為に基づく損害賠償請求権と相殺したと主張し、立退料が3590万円であることの確認等を請求した。この判決は、前訴の事実審の口頭弁論終結時である平成5年以前からバブルの崩壊が始まっており、正当事由を補完する立退料を定めるに当たっては、土地の価格のみならず、双方当事者の諸事情を総合的に考慮するものであり、事情変更が認められない等とし、Xの主張を排斥し、請求を棄却した。

【実務の対応】

この判決は、借地契約の更新拒絶を理由とした建物の収去、土地の明渡の請求訴訟が提起され、立退料1億円の提供等の事情を考慮して正当事由を肯定し、請求を認容する判決が確定したところ、賃貸人が事情変更により立退料が減額されたなどと主張し、減額に係る立退料額の確認等の請求をした珍しい事案について、事情変更等が認められないとしたものであり、事例判断として参考になる。この事案に限らず、訴訟において正当事由を補完する立退料の提供を考慮して正当事由が肯定され、建物の収去、土地の明渡請求が認容され、判決が確定した場合（立退料額は原則として最終の口頭弁論終結時の時点を基準として判断されることになるが、訴訟実務においてそのような配慮がされているかは疑わしい）、賃貸人、賃借人が認定された立退料額に不満を抱くことがあるし、経済事情の変化によって立退料額に不満を抱くこともある。賃貸人としては、立退料額が高額すぎると考えると、立退料を支払わず、土地の明渡しを求めない方法をとることがある。賃貸人が立退料額を認定に係る金額よりも低額のものを求め、かつ、土地の明渡しを強制する方法があり得るかがこの事案で模索されたということができるが、この事案の訴訟は従前の確定判決の変更を求めるに等しいものであり、請求の適法性が問題になる（次の更新時期に新たに更新を拒絶し、訴訟を提起する方法があることはいうまでもない）。他方、賃借人としては、立退料の提供については債務名義にはならないし、賃貸人にその支払義務を負わせるものではないので、立退料の支払いを強制させることはできない。賃借人が認定された立退料が低額すぎると考えたとしても、

賃貸人が確定判決に基づく土地の明渡しを強制することは拒むことができない。

[145] 東京地判平成10.8.21判タ1020.212
《事案の概要》
　Ｘ株式会社は、昭和51年、東京都港区所在の土地を建物所有の目的で期間20年間でＹ１に賃貸し、Ｙ１と妻Ｙ２は、土地上に木造２階建ての建物を建築し、共有していたところ、昭和61年頃、Ｘは、本件土地を含む付近の所有地に不動産業を営むＡ株式会社と共同して高層ビルを建築することを計画し、Ｙ１を含む借地人と立退き交渉を行ったが、Ｙ１のみが交渉に応じなかったことから、本件土地を除外して高層ビルの建築を開始し、期間満了に際して異議を述べ、Ｙ１らに対して建物収去、土地明渡しを請求した。この判決は、Ｙ１らが本件土地を使用する必要性はそれほど高度なものではなく、Ｘの必要性を下回るとし、正当事由を補完する立退料として6250万円の支払いと引換えに正当事由を認め、請求を一部認容した。

【実務の対応】
　この判決は、借地契約の更新拒絶の事案について、高層ビルの建築だけでは土地使用の必要性がそれほど高くないとし、立退料6250万円の提供を補完事情として正当事由を認めたものであり、事例判断として参考になる。

[146] 東京高判平成11.12.2判タ1035.250
《事案の概要》
　Ａは、昭和22年以前から、建物所有を目的としてＢに土地を賃貸し、Ｂが木造２階建建物を建築していたところ（昭和52年８月、賃貸期間を20年として合意更新された）、昭和57年、Ｘ１、Ｘ２が本件土地を買い受け、当時空家になっていた本件建物の一部の賃借を申し出たものの、これが拒否されたりしていたが、Ｂが死亡し、Ｙ１、Ｙ２が本件建物を所有したところ、平成６年からは空家になるなどしていたことから、平成９年８月、賃貸期間が満了した際、Ｘ１らが更新を拒絶し、Ｙ１らに対して本件建物の収去、本件土地の明渡しを請求した。第一審判決が正当事由を否定し、請求を棄却したため、Ｘ１らが控訴した。この判決は、Ｘ１らの本件土地の使用の必要性を認め、1000万円の立退料の支払いを補完事由として正当事由を認め、原判決を変更

し、請求を認容した（判例評釈として、原田純孝・判タ1054．67がある）。
【実務の対応】
　この判決は、長期にわたる借地契約であり、建物の老朽化、建物の空家化による更新拒絶が問題になった事案について、賃貸人の土地使用の必要性を認めたものの、立退料1000万円の提供を補完事由として正当事由を認めたものである。第一審判決は正当事由を否定したものであり、この判決も1000万円の立退料の提供によって正当事由を肯定したものであるが、いずれも疑問のある判断である。

[147] 東京地判平成13．5．30判タ1101．170
《事案の概要》
　Aは、昭和12年、Bに1ないし3の土地（本件土地）を含む一筆の土地を建物所有を目的として賃貸し、本件土地以外の土地は、その後譲渡され、AとBは、昭和35年、1ないし3の土地につき期間を20年とする更新契約を締結し、Bの相続人Yは、1、2の土地の使用を継続したが（2の土地は更地であった）、Aの相続人Xは、2の土地につき更新拒絶をし、Yに対して2の土地の明渡しを請求した。この判決は、2の土地は1の土地と明確に区分できる等とし、土地の一部の契約終了を認め、更地の状態であったことにつき賃貸人の責に帰すべき事由が認められないとし、請求を認容した。
【実務の対応】
　この判決は、複数の土地の借地契約において更新時に一部の土地が更地になっていた事案について、更地の土地の借地契約の終了を認めたものであり、事例判断として参考になる。
　借地契約の更新時の更新拒絶における正当事由についてみると、平成年代に問題になった事案は、いずれも借地借家法の施行前に締結された借地契約を巡るものであり、同法が適用されないものである（借地借家法附則6条参照）。平成年代に言い渡された正当事由に関する判例、裁判例は、従来の判例等の延長線にあるということができるが、従前の判例等における正当事由の判断は、借地契約をめぐる賃貸人、賃借人の双方の諸事情を考慮し、裁判官が相当に広い裁量によって判断していたものであり、経済事情、社会通念、取引通念を正当事由の判断に当たって考慮することが可能であるところ、平成年代の判例、

裁判例はいささか立退料の補完機能に依存しすぎているというべきであろう。正当事由の本来の意義、機能を適切に把握し、正当事由を判断する姿勢が望まれるところである。

No, 5

借地契約の解除

　借地契約については、解除に関する特約が締結されている場合には、特約に基づく解除をすることができるが（約定解除。もっとも、後記の法定解除の場合と同様に背信性の法理が適用される）、特約がない場合であっても、民法の解除に関する規定（540条以下）の適用によって借地契約を解除することができる（法定解除）。借地契約の解除は、賃貸人が解除する事例がほとんどであるが、理論的に賃借人が解除することも可能であるし、稀であるものの、賃借人が解除する事例を見かけることがある。賃貸人が借地契約を解除する場合、解除原因としては、賃料の不払い、無断譲渡・無断転貸、用法違反、無断増改築、信頼関係の破壊等がある。また、借地契約は、長期にわたる継続的契約であると解され、借地上の建物の保護の要請が強いため、賃貸人の解除には背信性の法理が適用され、解除原因が認められる場合であっても、信頼関係を破壊するに足りる特段の事情があるときは、解除権の行使が否定されるものであり、実務上も信頼関係を破壊するに足りる特段の事情の有無が争われることが多い。

[148] 山口地宇部支部判平成3. 3. 14金融・商事判例870. 36
《事案の概要》
　Aは、経営するB株式会社に建物所有を目的として土地を賃貸し、Bは、本件土地上に建物を建築していたところ、Bは、C株式会社に吸収合併されたが、Cは、本件土地、本件建物を本拠とする部門を分離し、新会社を設立すること

を企画し、Aの死後、Aの相続人であったＸ１ないしＸ３に借地権譲渡の承諾を求めたところ、Ｘ１らがこれを停止条件付で承諾し、Ｄ株式会社が設立されたものの（Ｃは、本件建物、借地権をＤに譲渡し、Ｃは、商号を変更し、Ｙ株式会社となった）、Ｘ１らがＤの役員から外されたことから、Ｘ１らが借地契約を解除し、Ｙに対して本件建物の収去、本件土地の明渡しを請求した。この判決は、本件土地の使用状況が従前と変わらない等とし、借地契約の解除の効力を否定し、請求を棄却した。

【実務の対応】

　この判決は、借地契約の賃借人（株式会社）が他の株式会社に吸収合併され、新会社に借地権の譲渡をし、賃貸人の相続人らの停止条件付の承諾を得たものの、相続人らが借地契約を解除した事案について、借地の使用状況が従前と変わらないこと等を理由とし、借地契約の解除を否定したものであり、事例判断として参考になるものである。

[149] 横浜地判平成3. 9. 13判タ781. 158

《事案の概要》

　Aは、大正年代、Bから土地１を賃借し、本件土地１上に建物を建築していたところ、昭和20年５月、本件土地１の所有者であるＣとの間で賃貸借の更新契約を締結し、Ａが昭和31年11月に死亡したことから、Ｙ１、Ｙ２らが共同相続し、昭和40年５月、Ｙ１との間で賃貸期間を20年間とする更新契約を締結し、Ｙ１は、Ｙ２に本件土地１の一部を転貸し、Ｙ１ないしＹ３は本件土地１上に建物を所有し、Ｙ４は、Ｃから土地２を建物所有を目的として賃借していたところ、昭和40年５月、賃貸期間を20年間とする更新契約を締結し、Ｙ５に本件土地２を転貸し、Ｙ４、Ｙ５は本件土地２上の建物を所有しているところ、Ｘ１、Ｘ２は、Ｃから本件土地１、２につき持分各２分の１の贈与を受け、Ｙ１らに対して無断転貸による契約解除、更新拒絶等を主張し、建物の収去、土地の明渡しを請求した。この判決は、賃借人の共同相続人の１人が他の共同相続人の転借人又は代理人として行動した場合、賃借権の準共有を主張できないものの、その土地の使用は信頼関係を破壊しない等とし、借地契約の終了を否定し、請求を棄却した。

【実務の対応】

　この判決は、事案の内容、経過は単純ではないが、長期にわたって継続していた借地契約の賃貸人の相続人らが賃借人の相続人らに対して無断転貸を理由に解除した事案について、信頼関係を破壊しないとして解除の効力を否定したものであり、事例判断を提供するものである。

[150] 最三判平成 3. 9. 17 判時 1402. 47、判タ 771. 66、金融・商事判例 882. 3

《事案の概要》

　X1、X2は、昭和35年、Yに建物所有を目的として土地を賃貸し、Yは、本件土地上に建物を建築して所有していたところ、昭和57年、経済的に破綻し、X1らから地代増額の申出を受けたにもかかわらず、本件建物をAに賃貸し、Aの妻Bのために抵当権を設定した後、所在不明となったが、X1らが地代の増額をめぐる訴訟を提起したのに対し、Yの訴訟代理人が応訴し、AがY名義で地代を送金する等したことから、X1らはYに対して本件建物の収去、本件土地の明渡しを請求する本訴を提起し、訴訟の係属中、無断転貸を理由に賃貸借契約を解除する等した。第一審判決は建物の賃貸借が債権回収の目的のものであり、土地の賃借権の無断譲渡、転貸に当たらないとし、請求を棄却したため、X1らが控訴した（控訴審において、所在不明が8年にも及んでいることは信頼関係の範囲に当たるとし、無催告で賃貸借契約を解除した）。控訴審判決は、信頼関係の破壊を認め、原判決を変更し、請求を認容したため、Yが上告した。この判決は、信頼関係の破壊を認め、上告を棄却した。

〈判決〉は、

「右事実関係によれば、上告人は、本件土地の賃貸人である被上告人らと面識のなかった訴外高木金吾郎に本件建物を賃貸して本件土地の地代の支払を委ね、その旨を被上告人らに通知することもなく本件建物から退去し、自ら本件土地の管理をすることなく、所在を明らかにしないまま原審の口頭弁論終結当時すでに8年を経過するというのであって、この間、上告人から被上告人らに対して、高木を管理者に指定したことについての通知あるいは本件土地の管理方法についての連絡をしたこともなく、被上告人らは、上告人に対して本件土地の管理又は管理者の権原に関する連絡ないし確認をする方途もない状態に置か

269

れ、上告人と地代の増額等の賃貸借関係に関する協議をすることもできず、地代の増額も訴えによらざるを得なかったものであり、また、本件土地の地代は高木の負担において支払われているというのであるから、上告人には本件土地の賃借人としての義務違反があったというべきであり、その所為は、土地賃借権の無断譲渡又は転貸におけると同様の不利益を被上告人らに与えており、賃貸借当事者間の信頼関係を著しく破壊するものといわなければならない。したがって、右と同様の見解に立って被上告人らの本件土地賃貸借契約の解除を是認した原審の判断は首肯することができ、その過程にも所論の違法はない。」と判示している（判例評釈として、塩崎勤・判タ821．54がある）。

【実務の対応】
　この判決は、借地契約の賃貸人が無断転貸を理由に解除し、その後、賃借人が所在不明であったことから、信頼関係の破壊を理由に解除した事案について、信頼関係の破壊を理由とする解除の効力を肯定した控訴審判決を是認したものであり、信頼関係の破壊を理由とする借地契約の解除を肯定した重要な事例判断として参考になる。

[151] 東京地判平成3．9．26判時1435．93

《事案の概要》
　Aは、Yから建物所有を目的として土地を賃借し、本件土地上に建物を建築し、X信用組合のために根抵当権を設定していたところ、Yが賃料不払い等を理由に賃貸借契約を解除し、Aらに対して建物の収去、土地の明渡しを請求する訴訟を提起し、勝訴判決を得たが、Xが解除の無効、虚偽表示等を主張し、Yに対して第三者異議の訴えを提起した。この判決は、根抵当権者に第三者異議の訴えの原告適格を認めたが、Xの主張を排斥し、請求を棄却した。

【実務の対応】
　この判決は、賃貸人が賃料不払いを理由として借地契約を解除した事案について（もっとも、借地契約の当事者間で解除の効力が争われたものではなく、前記のとおり、抵当権者が第三者異議の訴え提起したものである）、解除の効力を肯定したものであり、事例判断を提供するものである。

[152] 東京地判平成 3. 10. 30 金融法務事情 1322. 42
《事案の概要》
　Yは、昭和 23 年 11 月、Aを賃貸人とする借地上の建物を購入し、賃借人の地位を承継したが、昭和 54 年 4 月、子供の勉強部屋のために増築した後、昭和 55 年 12 月、Aに更新料を支払って賃貸借契約を更新し、Aは、昭和 58 年 12 月、X株式会社に本件土地を売却したところ、Xが無断増改築禁止特約違反により賃貸借契約を解除し、Yに対して本件建物の収去、本件土地の明渡しを請求した。この判決は、更新前の特約違反による解除は効力を生じないとし、請求を棄却した。
【実務の対応】
　この判決は、賃貸人が契約更新前の無断増改築特約違反を理由として更新後に借地契約を解除した事案について、更新前の特約違反による解除は効力を生じないとしたものであり、議論を呼ぶものであり、十分な検討が必要である。

[153] 東京地判平成 3. 12. 20 判タ 797. 228
《事案の概要》
　Aは、昭和 35 年 3 月、Bに非堅固建物の所有を目的とし、賃貸期間を 5 年間として土地を賃貸し、Bは、本件土地上に建物を建築していたところ、Aが死亡し、Xが相続し、昭和 55 年 3 月、Y1 が本件建物の遺贈を受け、昭和 62 年 4 月、Y1 がY2 有限会社に本件建物を賃貸したため（賃貸期間が 20 年間、全期間の賃料全額 3000 万円の支払いがされた）、Xが本件建物の賃貸借が本件土地の賃借権の譲渡に該当するとし、賃貸借契約を解除し、Y1 らに対して本件建物の収去、本件土地の明渡しを請求した。この判決は、借地上の建物自体を賃貸し、付随的範囲において土地の利用を許容することは土地の転貸借とはならないが、第三者に建物自体の所有権を法的ではなくても事実上譲渡したと評価しうるときは、民法 612 条所定の譲渡又は転貸に該当するとし、本件の諸事情の下では真正の賃貸借ではなく、売買契約類似の譲渡契約であるとし、解除の効力を認め、請求を認容した。
【実務の対応】
　この判決は、賃貸人が賃借権の無断譲渡（借地上の建物の賃貸借の名目であ

るが、賃貸期間が20年間、全期間の賃料全額3000万円が前払いされたもの）を理由に借地契約を解除した事案について、借地上の建物の賃貸借は土地の転貸借ではないこと、建物の所有権を法的に譲渡しなくても、事実上譲渡したと評価できるときは、民法612条所定の譲渡又は転貸に該当すること、本件の諸事情の下では真正の賃貸借ではなく、譲渡であるとしたこと、借地契約の解除の効力を肯定したことに特徴があり、事例判断として参考になる。この事案では、借地上の建物の賃貸借が通常のものから著しく逸脱したものであることに重要な特徴がある。

[154] 福井地判平成4.2.24判時1455.136
《事案の概要》
　Aは、昭和37年10月、Bに非堅固建物所有を目的とし、賃貸期間を30年間として土地を賃貸し、Bは、本件土地上に建物を建築して所有していたところ、Aが昭和54年1月に死亡し、X1ないしX3が遺贈により賃貸人たる地位を承継したが、その前後、A、X1らは本件土地の賃料の増額する旨の意思表示をしたものの、Bがこれを拒否し、昭和49年当時の賃料額を供託し続けたため（その間、平成元年6月にBが死亡し、Y1ないしY8が相続した）、X1らが賃料不払いを理由に賃貸借契約を解除し、本件建物の収去、本件土地の明渡しを請求したものである。本判決は、本件の供託額は昭和50年の時点で公租公課の約57％、適正賃料額の約37％という著しく低額である等とし、信頼関係が破壊されたことを認め、解除の効力を肯定し、請求を認容した（判例評釈として、池田恒男・判タ831.51がある）。
【実務の対応】
　この判決は、賃料の増額をめぐる紛争が生じ、賃借人が賃料を供託している状況において、賃貸人らが賃料不払いを理由に借地契約を解除した事案について、供託額が著しく低額である等とし、信頼関係の破壊を認め、解除の効力を肯定したものであり、事例判断として参考になるものである。

[155] 大阪地判平成4.4.22判タ809.175
《事案の概要》
　Xは、昭和49年3月頃、Aに土地を賃貸し、Aは、本件土地上に建物を建

築して所有していたところ、Aが昭和59年7月に死亡し、Y1、Y2ら（8名）が相続し、本件建物は協議によってY1とその家族が使用することになり、Y1が使用したが、Y1が賃料の支払いを怠ったことから、XがY1に賃貸借契約を解除する意思表示をし、Y1らに対して本件建物の収去、本件土地の明渡しを請求した。この判決は、Y2らがY1に代理権を与えていたとし、解除の効力を認め、請求を認容した。

【実務の対応】
　この判決は、賃貸人が賃料不払いを理由に借地契約の解除をしたが、賃借人の相続人の1人に対して解除の意思表示をした事案（民法544条1項の解除の不可分性が問題になったものである）について、他の相続人が解除の意思表示を受けた相続人に代理権（民法99条2項）を与えていたとし、解除の効力を肯定したものであり、事例判断として参考になるものである。

[156] 東京地判平成4. 7. 6 金融・商事判例943. 34
《事案の概要》
　Aは、昭和13年3月、建物所有を目的として土地の一部をBに賃貸し、昭和14年4月、残りの部分を同様に賃貸し、この間、Bは、Y1合資会社を設立し（Bが無限責任代表社員に就任した）、本件土地上に建物を建築し、電気溶接事業を営んでいたところ、Bが娘婿Cに借地権を譲渡し（Cは、Y1の無限責任社員に就任した）、Aの死亡により相続したXから周囲の土地を賃借していたが、昭和53年9月、Xが借地権のY1らへの無断譲渡を主張し、賃貸借契約を解除し、Y1らに対して建物の収去、土地の明渡しを請求する訴訟を提起した後、Cの死亡による相続人D、Eらとの間で本件各土地の賃借人がY1であることを確認するなどの内容の訴訟上の和解が成立し、契約が合意更新されたが、平成2年5月、Y2が無限責任社員に就任したため、Xが借地権の無断譲渡、賃貸借契約の解除を主張し、Y1らに対して建物の収去、本件各土地の明渡しを請求した。この判決は、借地権の無断譲渡を認め、解除の効力を肯定し、請求を一部認容した。

【実務の対応】
　この判決は、事案の内容、経過は単純ではないが、賃貸人の相続人が借地権の無断譲渡を理由に借地契約を解除した事案について、解除の効力を肯定した

ものであるが、借地権の譲渡について譲渡の当事者のが法人成りの事情を考慮すると、微妙な判断の事例であるということができる。

[157] 東京地判平成4.7.16判時1459.133
《事案の概要》
　Xは、昭和47年11月、堅固建物所有を目的とし、賃貸期間を60年としてY有限会社に土地を賃貸したが、Yは、本件土地上に建物を建築することなく、駐車場として使用し、約20年間を経過したため、Xが用法違反を理由に賃貸借契約を解除し、Yに対して主位的に契約解除、予備的に民法604条1項によって期間が満了すると主張し、本件土地の明渡しを請求した。この判決は、用法違反等を否定し、請求を棄却した。
【実務の対応】
　この判決は、賃貸人が用法違反を理由に借地契約を解除した事案について、契約締結の約20年間建物を建築しなかったことが用法違反に当たらない等とし、解除の効力を否定したものであり、議論があるものの、事例判断を提供するものである。

[158] 東京地判平成4.7.20判タ825.185、金融法務事情1370.38
《事案の概要》
　Xは、Aに賃貸期間を20年間とし、賃借権を譲渡し、又は転貸し、もしくは賃借権を担保に供し、借地上の建物を第三者に譲渡するときは、事前に賃貸人の書面による承諾を得る旨の特約で賃貸し、Aは、本件土地上に建物を建築して所有していたところ、死亡し、Y1が相続し、Y1は、その後、夫BのY2に対する債務を担保するために本件建物を譲渡担保に提供し、所有権移転登記を経由したことから、Xが賃貸借契約を解除し、Y1らに対して本件建物の収去、本件土地の明渡しを請求した。この判決は、本件の事情の下では譲渡禁止特約違反に当たり、信頼関係を破壊するものであるとし、解除の効力を肯定し、請求を認容した。
【実務の対応】
　この判決は、賃借人の相続人が借地上の建物を譲渡担保に供したため、賃貸

人が譲渡禁止特約違反を理由に借地契約を解除した事案について、特約違反を認めた上、信頼関係の破壊を認め、解除の効力を肯定したものであり、譲渡担保の法的な性質に議論があるものの、この事案の事情を考慮して借地上の建物の譲渡担保を解除原因として肯定した事例判断として参考になるものである。

[159] 東京地判平成4．10．29判タ833．228

《事案の概要》

　Aは、昭和41年当時、非堅固建物の所有を目的として、Bに土地を賃貸し、Y株式会社（Bのオーナー会社）は、昭和59年9月頃、Bから本件土地を転借し、非堅固建物を取り壊して堅固建物を建築したところ、X株式会社は、平成2年1月までに本件土地の所有権を取得し、賃貸借契約を解除し、Yに対して本件建物の収去、本件土地の明渡しを請求した。この判決は、YがBのオーナー会社であり、個人会社であり、本件土地の使用状況に変化がない等の事情から背信行為と認めるに足りる特段の事情があるとし、堅固建物の所有目的の黙示の合意が認められる等とし、解除の効力を否定し、請求を棄却した。

【実務の対応】

　この判決は、非堅固建物の所有を目的とする借地契約の賃借人が転貸し、賃借人のオーナー会社である転借人が非堅固建物を取り壊し、堅固建物を建築したため、賃貸人から土地の所有権を取得した者が借地契約を解除した事案について、背信行為と認めるに足りる特段の事情があるとしたこと（借地契約の解除の効力を否定したものである）、堅固建物の所有目的の黙示の合意が認められるとしたこと（借地契約の内容につき変更の合意が認められたものである）に特徴があるものである。

[160] 最一判平成5．2．18判時1456．96、判タ816．189、金融法務事情1361．124、金融・商事判例922．28

《事案の概要》

　Yは、昭和45年、X社団法人から建物所有目的として土地を賃借し、土地上に居宅を建築していたところ、Xは、昭和57年10月以降、昭和62年1月以降それぞれ賃料を増額する旨の意思表示をしたが、Yがこれを争い、賃料を供託したため、Xは、昭和62年、Yに対して増額に係る賃料額の確認を請

求した（訴訟の係属中、Xは、賃料の不払いを理由に賃貸借契約を解除し、建物の収去、土地の明渡しを請求した）。第一審判決（神戸地判昭和63．8．31金融・商事判例922．35）は、賃料の不払いによる解除を認め、請求を認容したため、Yが控訴した。控訴審判決（大阪高判平成2．7．20金融・商事判例922．34）は、解除の効力を認め、原判決を変更し、請求を認容したため、Yが上告した。この判決は、賃借人の供託した賃料額が後日裁判で確認された額の約5．3分の1ないし約3．6分の1であり、賃借人において隣地の賃料に比べはるかに低額であることを知っていた場合であっても、従前賃料額を下回らず、かつ、賃借人が主観的に相当と認める額であるときは、供託賃料額は、賃借人が賃借土地に係る公租公課の額を下回ることを知っていたなどの事情のない限り、借地法12条2項の相当賃料と認められるとし、原判決中Yの反訴部分を破棄し、第一審判決中この部分を取り消し、Xの請求を棄却した。
〈判決〉は、
「借地法12条2項は、賃貸人から賃料の増額請求があった場合において、当事者間に協議が調わないときには、賃借人は、増額を相当する裁判が確定するまでは、従前賃料額を下回らず、主観的に相当と認める額の賃料を支払っていれば足りるものとして、適正賃料額の争いが公権的に確定される以前に、賃借人が賃料債務の不履行を理由に契約を解除される危険を免れさせるとともに、増額を確認する裁判が確定したときには不足額に年1割の利息を付して支払うべきものとして、当事者間の利益の均衡を図った規定である。
　そして、本件において、上告人は、被上告人から支払の催告を受ける以前に、昭和57年10月1日から同62年6月30日までの賃料を供託しているが、その供託額は、上告人として被上告人の主張する適正賃料額を争いながらも、従前賃料額に固執することなく、昭和59年7月1日からは月額1万140円に増額しており、いずれも従前賃料額を下回るものではなく、かつ上告人が主観的に相当と認める額であったことは、原審の確定するところである。そうしてみれば、上告人には被上告人が本件賃貸借契約解除の理由とする賃料債務の不履行はなく、被上告人のした解除の意思表示は、その効力がないといわなければならない。
　もっとも、賃借人が固定資産税その他当該賃借土地に係る公租公課の額を知りながら、これを下回る額を支払い又は供託しているような場合には、その額

は著しく不相当であって、これをもって債務の本旨に従った履行ということはできないともいえようが、本件において、上告人の供託賃料額が後日賃料訴訟で確認された賃料額の約5.3分の1ないし約3.6分の1であるとしても、その額が本件土地の公租公課の額を下回るとの事実は原審の認定していないところであって、いまだ著しく不相当なものということはできない。また、上告人においてその供託賃料額が本件土地の隣地の賃料に比べはるかに低額であることを知っていたとしても、それが上告人において主観的に相当と認めた賃料額であったことは原審の確定するところであるから、これをもって被上告人のした解除の意思表示を有効であるとする余地もない。」と判示している（判例評釈として、竹屋芳昭・判評429.58、池田恒男・判タ831.51、塩崎勤・判タ852.74がある）。

【実務の対応】
　この判決は、賃料の増額をめぐる紛争が生じ、賃借人が賃料を供託し、賃貸人が訴訟を提起している状況において、賃貸人が賃料不払いを理由に借地契約を解除した事案について、賃借人の供託した賃料額が後日裁判で確認された額よりも低額であり、賃借人において隣地の賃料に比べはるかに低額であることを知っていた場合であっても、従前賃料額を下回らず、かつ、賃借人が主観的に相当と認める額であるときは、供託賃料額は、賃借人が賃借土地に係る公租公課の額を下回ることを知っていたなどの事情のない限り、借地法12条2項の相当賃料と認められるとし、解除の効力を否定したものである。この判決は、賃料の増額をめぐる紛争が発生し、賃借人が低額の賃料を供託等すると、賃貸人が借地契約を解除する事態に発展することがあるが、このような場合、賃借人がどの程度の金額の賃料を供託すると、借地契約の解除が認められるかの問題について、重要な先例となる判断を示したものであり（借地法12条2項、借地借家法11条2項参照）、参考になる。

[161] 東京地判平成5.3.29判タ871.252
《事案の概要》
　Y1、Y2、Y3は、X1、X2、X3から建物所有を目的として土地（約125平方メートル）を賃借し、木造2階建ての建物を建築していたところ、本件土地の一部（約15平方メートル）を駐車場（2台分）として他に賃貸した

ため、X1らが無断転貸等を理由に賃貸借契約を解除し、Y1らに対して建物の収去、本件土地の明渡しを請求した。この判決は、特定の賃借人を対象として賃貸期間を1年間とし、更新可能な賃貸借契約を締結したことは転貸に当たるとし、解除の効力を認め、請求を認容した。

【実務の対応】

この判決は、賃借人が借地の一部を有料の駐車場として使用したため、賃貸人が無断譲渡等を理由に借地契約を解除した事案について、借地の転貸に該当するとし、解除の効力を認めたものであり、事例判断として参考になる。なお、賃貸駐車場が用法違反に当たるかが問題になった裁判例としては、東京地判昭和48.3.30判時807.61（否定事例）、東京地判昭和50.3.31判時795.58（肯定事例）、東京地判昭和50.6.30判タ327.233（肯定事例）、東京地判昭和50.7.28判時807.61（否定事例）がある。

[162] 東京地判平成5.4.20判時1483.59

《事案の概要》

Aは、建物所有を目的としてY1株式会社に土地を賃貸し、建物を建築していたところ（本件建物の一部をY2、Y3株式会社に賃貸した）、平成元年7月、賃料を約6倍に増額する旨の意思表示をしたのに対し、Y1が従前の賃料額をAの銀行口座に振り込んで支払ったことから、Aは、これを賃料の一部として受領する旨を通知し、Y1が従前の賃料額を供託したため、Aの死亡後、Xが本件土地を相続し、賃料不払いを理由に賃貸借契約を解除し、Y1に対して本件建物の収去、本件土地の明渡し、Y2らに対して本件建物の退去、本件土地の明渡しを請求した。この判決は、増額賃料の内金とし受領する旨を通知したことが受領拒絶に当たるとし、供託が有効であるとし、Y1に対する賃料の差額支払いの請求を認容したが、その余の請求を棄却した。

【実務の対応】

この判決は、賃料の増額をめぐる紛争が生じ、賃借人が従前の額の賃料を供託している状況において、賃貸人の相続人が賃料不払いを理由に借地契約を解除した事案について、解除の効力を否定したものであり、事例判断を提供するものである。

[163] 東京高判平成5．7．22 金融・商事判例943．29
《事案の概要》
　前記の［156］東京地判平成4．7．6 金融・商事判例943．34の控訴審判決であり、Y1らが控訴し、Xが附帯控訴した。この判決は、有限責任社員の出資価額が名目的にすぎない合資会社の無限責任社員が交替した場合には、その交替が相続によるものなどの特段の事情のない限り、この交替により合資会社が有する賃借権が譲渡されたものと解すべきであるとし、解除の効力を肯定し、Y1らの控訴を棄却し、Xの附帯控訴等に基づきXの敗訴部分を取り消し、請求を認容した。

【実務の対応】
　この判決は、賃貸人の相続人が借地権の無断譲渡を理由に借地契約を解除した事案について、有限責任社員の出資価額が名目的にすぎない合資会社の無限責任社員が交替した場合には、その交替が相続によるものなどの特段の事情のない限り、この交替により合資会社が有する賃借権が譲渡されたものと解すべきであるとしたこと、この事案では特段の事情がないとし、賃借権の譲渡を認め、解除の効力を肯定したことに特徴があり、事例判断を提供するものである。

[164] 松山地判平成5．10．26 判時1524．113
《事案の概要》
　Aは、昭和21年7月、Bに建物所有を目的とし、賃貸期間を20年間として土地を賃貸し、Bは土地上に建物を建築していたところ、Aが昭和32年9月に死亡し、妻Cが本件土地を相続し、Bが昭和35年5月に死亡し、Yが本件建物を相続したが（Yは、東京在住であり、継母が本件建物に居住していた）、Cは、昭和41年7月、Yに期間満了に当たり更新を拒絶し、明渡しに応じなければ賃料を増額する旨の意思表示をしたのに対し、Yが昭和42年6月から賃料を供託し始めたため、CはYに対して主位的に賃貸期間の満了により、予備的に低額の賃料の供託が信頼関係を破壊するとし、賃貸借契約を解除したと主張し、本件建物の収去、本件土地の明渡しを請求した（訴訟の係属中にCが死亡し、X1、X2が相続し、訴訟を承継した）。この判決は、更新拒絶を認めなかったものの、25年間にわたり低廉な賃料を供託し続け、13年間

は固定資産税も下回る金額であったとし、債務の本旨に従ったものとはいえないとし、信頼関係の破壊を認め、賃貸借契約の解除の効力を肯定し、主位的請求を棄却したが、予備的請求を認容した。

【実務の対応】

この判決は、賃料の増額をめぐる紛争が生じ、賃借人が低額の賃料を長年にわたって供託している状況において、賃貸人の相続人らが賃料不払いを理由に借地契約を解除した事案について、長年にわたる低廉な賃料の供託が債務の本旨に従ったものとはいえないとしたこと、信頼関係の破壊を認めたこと、借地契約の解除の効力を肯定したことに特徴があり、事例判断として参考になる。

[165] 東京高判平成5．12．15判タ874．210

《事案の概要》

Aは、昭和45年4月頃、Y有限会社（代表者B。Aの妹の娘婿の実兄）に自動車運送事業経営施設として使用することを目的とし、賃貸期間を5年間として土地を賃貸し、その後数回にわたり賃料の増額をしていたところ、平成3年9月、BがYの持分、営業の一切をCに売却したため、本件土地の所有権を取得したX1有限会社、X2有限会社がYに対して無断譲渡、信頼関係の破壊を理由として賃貸借契約を解除し、本件建物の収去、本件土地の明渡しを請求した。第一審判決は有限会社の持分の譲渡は法人格に変更がないから、賃借権の譲渡に当たらないものの、Yの経営者の交替によって信頼関係が失われたとし、賃貸借契約の解除の効力を認め、請求を認容したため、Yが控訴した。この判決は、本件では賃借権の譲渡に当たるとし、賃貸借契約の解除の効力を認め、控訴を棄却した。

【実務の対応】

この判決は、営業用の建物の所有を目的とする借地契約において賃借人が営業の一切を他に譲渡したため、賃貸人から土地の譲渡を受けた者が無断譲渡、信頼関係の破壊を理由に借地契約を解除した事案について、賃借権の譲渡に当たるとし、解除の効力を認めたものであり、事例判断を提供するものである（特に第一審判決が賃借権の譲渡を否定し、信頼関係の破壊を肯定して解除の効力を認めたことと対比すると、裁判所の判断の不安定性を示すものとして参考になる）。なお、後記［179］最二判平成8．10．14民集50．9．2431参照。

［166］東京地判平成6.1.25 判時1517.78、判タ872.229
《事案の概要》
　Xは、昭和63年8月、Y1、Y2に賃貸期間を20年間、木造又は簡易鉄骨プレハブ住宅2階建ての建物所有を目的とし、Xの同意なくして土地の形状を変更してはならない旨の特約で土地を賃貸し、Y1らは、本件土地上に建物の新築工事を開始したが、地下室を作るため、Xの同意なくして本件土地を掘り下げたところ、地中から湧水が生じ、近隣の土地に亀裂が生じる等したため、Xが賃貸借契約を解除し、Y1らに対して本件土地の明渡しを請求した。この判決は、本件特約違反を認め、信頼関係を破壊するに足りない特段の事情がないとし、賃貸借契約の解除の効力を肯定し、請求を認容した。
【実務の対応】
　この判決は、土地の形状不変更の特約のある借地契約において賃貸人が特約違反を理由として借地契約を解除した事案について、特約違反を認めたこと、信頼関係を破壊するに足りる特段の事情がないとしたこと、解除の効力を認めたことに特徴があり、特約違反の解除を肯定した事例判断として参考になるものである。

［167］東京高判平成6.3.28 判時1505.65
《事案の概要》
　Aは、昭和14年頃、本件土地を含む土地をBから賃借し、土地上の数棟の建物を所有し、昭和29年4月、うち1棟の建物をCに賃貸していたが、AらとBとの間に紛争が発生し、BとAの相続人Yとの間で、昭和50年8月、10年以内に新築又は増改築することをBが承認する旨の裁判上の和解が成立し、Yは、昭和54年、Cに対して建物の老朽化等を理由に建物の明渡しを請求する訴訟を提起したものの、敗訴判決を受けたところ（この訴訟において、Cは、Bから本件土地を購入した旨を主張した）、これらの紛争が継続していたことから、A、その死亡後はYらが本件土地の地代を当初はB宛、後にC宛に供託し続けたり、CがYの承諾を受けることなく建物の増改築をしたりしたことから（その後、Cが死亡し、X1、X2らが相続した）、X1らがYに対して建物の新築の必要性等による更新拒絶、低廉な地代の供託による賃貸借契約の解

除等を主張し、建物の収去、土地の明渡しを請求したのに対し、YがX1らに対して無断増改築による賃貸借契約の解除を主張し、建物の明渡しを請求した。第一審判決が双方の請求を棄却したため、双方が控訴した。この判決は、地代の増額請求があったときは、賃借人は少なくとも従前の地代額より低いものであってはならないし、固定資産税等の公租公課の額を下回る額は相当ではないとし、公租公課の額を下回る地代額を供託したことが債務の本旨に従ったものではなく、長期間継続されたことが信頼関係を破壊するものであったとし、本件土地の賃貸借契約の解除を認め、無断増築が信頼関係を破壊するものであるとし、建物の賃貸借契約の解除を認め、原判決を変更し、X1ら、Yの各請求を認容した。

【実務の対応】

　この判決は、事案は複雑であるが、土地の賃料の増額をめぐる紛争が生じ、賃借人が低額の賃料を長年にわたって供託している状況において、賃貸人の相続人らが賃料不払いを理由に借地契約を解除した事案について、賃料（地代）の増額請求があったときは、賃借人は少なくとも従前の賃料額より低いものであってはならないとしたこと、固定資産税等の公租公課の額を下回る額は相当ではないとしたこと、公租公課の額を下回る賃料額を供託したことが債務の本旨に従ったものではないとしたこと、低廉な賃料の供託を長期間継続したことが信頼関係を破壊するものであったとしたこと、借地契約の解除の効力を認めたことに特徴があり、事例判断を提供するものである。

[168] 最二判平成6.7.18判時1540.38、判タ888.118、金融法務事情1435.44、金融・商事判例984.18

《事案の概要》

　Aは、Bに建物所有を目的として土地を賃貸し、Bは、土地の2分の1をY株式会社に転貸し、Aが黙示的に承諾し、Yが土地上に建物を建築していたところ、Bが賃料の支払いを怠ったため、Aの相続人X1、X2は、Bに賃料の支払いを催告し、賃貸借契約を解除し、Yに対して本件土地の所有権に基づき建物の収去、土地の明渡しを請求した。控訴審判決は請求を認容すべきものとしたため、Yが上告した。この判決は、特段の事情のない限り、転借人に賃料の代払いの機会を与えなければならないものではないとし、上告を棄却した。

〈判決〉は、
「土地の賃貸借契約において、適法な転貸借関係が存在する場合に、賃貸人が賃料の不払を理由に契約を解除するには、特段の事情のない限り、転借人に通知等をして賃料の代払の機会を与えなければならないものではない（最高裁昭和33年（オ）第963号同37年3月29日第一小法廷判決・民集16巻3号662頁、最高裁昭和49年（オ）第71号同49年5月30日第一小法廷判決・裁判集民事112号9頁参照）。原審の適法に確定した事実関係の下においては、賃貸人である府川聞一（被上告人らの先代）が、転借人である上告人に対して賃借人である増永正行の賃料不払の事実について通知等をすべき特段の事情があるとはいえないから、本件賃貸借契約の解除は有効であり、被上告人らの上告人に対する建物収去土地明渡請求を認容すべきものとした原審の判断は、正当として是認することができる。」と判示している（判例評釈として、甲斐道太郎・民商114. 3. 145、石外克喜・判評446. 44、塩崎勤・判タ913. 74がある）。

【実務の対応】
　この判決は、賃貸人が賃料不払いを理由に借地契約を解除した事案（適法な転貸借が行われているところ、賃借人に賃料支払いの催告がされた）について、特段の事情のない限り、転借人に通知等をして賃料の代払いの機会を与えなければならないものではないとしたこと、この事案では特段の事情はないとしたこと、借地契約の解除の効力を認めたことに特徴があり、重要な事例判断として参考になるものである。

[169] 東京地判平成6. 11. 28判時1544. 73、判タ886. 183
《事案の概要》
　Xは、昭和58年3月、Y1株式会社に堅固建物の所有を目的とし、賃貸期間を50年間とし、固定資産税の年間税額を3倍した金額の12分の1を月額賃料とする特約（賃料自動改定特約）で土地を賃貸し、Y1は、土地上に建物を建築し、Y2株式会社、Y3株式会社に建物を賃貸したが、Y1が昭和63年以降、賃料の増額に応じなかったため、Xが賃貸借契約を解除し、Y1に対して本件建物の収去、本件土地の明渡し、差額賃料の支払い、Y2、Y3に対して本件建物の退去を請求した。この判決は、賃料自動改定特約が有効で

あるとし、賃料の増額を認めたが、増額に係る賃料の不払いを理由とする賃貸借契約の解除の効力を否定し、Y1に対する請求を一部認容し、Y2らに対する請求を棄却した（判例評釈として、原田純孝・判タ901.51がある）。
【実務の対応】
　この判決は、賃料自動改定特約のある借地契約において土地の賃料の増額をめぐる紛争が生じ、賃借人が賃料を供託している状況において、賃貸人が賃料不払いを理由に借地契約を解除した事案について、解除の効力を否定したものであり（賃料自動改定特約の効力を認めたものであるが、このような特約の効力は、借地、借家において平成年代の一時期賑やかな議論を提供したものである）、事例判断として参考になる。

[170] 大阪高判平成7.5.25判時1549.63、金融・商事判例981.27
《事案の概要》
　Xは、Y1に建物所有を目的として土地を賃貸し、Y1は、建物を建築し、Y2に本件建物を譲渡担保に供したところ、Y1が賃料の支払を怠ったため、Xは、賃貸借契約を解除し、Y1に対して賃貸借契約の終了に基づき、Y2に対して所有権に基づき本件建物の収去、本件土地の明渡しを請求した。第一審判決は、請求を認容したため、Y2が控訴した。この判決は、譲渡担保権の実行前であっても、賃借人である譲渡担保権設定者が土地に対する占有権原を喪失した場合には、所有者に建物収去、土地明渡義務を負うとし、控訴を棄却した（判例評釈として、鳥谷部茂・判評449.28、松本恒雄・判タ908.38、井上哲男・判タ945.60、荒木新五・ジュリスト1100.102がある）。
【実務の対応】
　この判決は、賃貸人が賃料不払いを理由に借地契約を解除した事案について、解除の効力を認めた第一審判決を是認したものであり、事例判断を提供するものである（この判決の主な争点は、借地上の譲渡担保権者が建物の収去、土地の明け渡し義務を負うかであり、この判決は、これを肯定したものである）。

[171] 東京地判平成7.8.25 金融法務事情1455.53
《事案の概要》
　Xは、昭和52年6月、Y1に建物所有を目的とし、賃貸期間を20年として土地を賃貸し、Y1は、本件土地上に建物を所有していたが、取り壊し、長男Y2、その妻Y3が建物を建築し、Y2らは、A株式会社に本件建物につき抵当権を設定し、その際、Xは、賃料の延滞等により賃貸借契約を解除するときは、あらかじめ抵当権者に通知する旨の承諾書をAに交付していたところ、平成4年3月、Aが本件建物につき不動産競売の申立てをし、競売開始決定がされ、平成5年1月、Y1の賃料不払いを理由に賃貸借契約を解除し（Aに通知をしなかったが、Aは、賃料の代払許可を執行裁判所から受けた）、Y1に対して本件土地の明渡し、Y2らに対して本件建物の収去、本件土地の明渡しを請求した。この判決は、本件承諾書を交付していても、通知は法的な義務ではなく、賃貸人は通知なくして賃料の不払いを理由に賃貸借契約を解除することができるとし、請求を認容した。

【実務の対応】
　この判決は、賃貸人が借地上の建物に抵当権を設定した者に借地契約を解除するときはあらかじめ抵当権者に通知する旨の承諾書を交付していたところ、抵当権者に通知することなく賃料不払いを理由に借地契約を解除した事案について、承諾書に係る通知は法的義務ではないとし、解除の効力を認めたものであり、この事案のような承諾書の効力を否定した事例、承諾書に反する解除の効力を肯定した事例として参考になるものである。

[172] 大阪地判平成7.10.5 判夕922.232
《事案の概要》
　Xは、Y1株式会社に建物所有を目的として土地を賃貸し、Y1は、土地上に建物を建築し、銀行業を営むA株式会社のために本件建物に根抵当権を設定したが、その際、Xは、Y1と連名で地代を延滞したり、その他の理由によって賃貸借契約を解除するときは、あらかじめAに通知をする旨の承諾書をAに交付したところ（Xは、承諾の見返りとして300万円の支払いを受けた）、Y1が賃料の支払いを怠ったため、賃貸借契約を解除し、Y1と本件建物に

譲渡担保権を有しているＹ２株式会社に対して本件建物の収去、本件土地の明渡しを請求した。この判決は、本件承諾書に係る通知義務を負ったとしても、解除の要件が加重されるものではないとし、解除が有効であるとし、譲渡担保権者が本件建物の所有者であるとした上、Ｙ１に対して本件建物の退去、本件土地の明渡し請求を認容し、Ｙ２に対して本件建物の収去、本件土地の明渡し請求を認容した。

【実務の対応】

この判決は、賃貸人が借地上の建物に抵当権を設定した銀行に借地契約を解除するときはあらかじめ銀行に通知する旨の承諾書を交付していたところ、銀行に通知することなく賃料不払いを理由に借地契約を解除した事案について、承諾書によって解除の要件を加重するものではないとし、解除の効力を認めたものであり、この事案のような承諾書の効力を否定した事例、承諾書に反する解除の効力を肯定した事例として参考になるものである。

[173] 東京地判平成7．10．31 判タ916．153

《事案の概要》

Ａは、昭和32年11月頃、Ｂに建物所有を目的として土地を賃貸し、Ｂは、土地上に建物を建築しており、その後、Ｙは、Ｂの死亡により、賃借人の地位を承継し、Ｘは、Ａの死亡により、賃貸人の地位を承継したところ、Ｘは、賃貸期間の満了後、遅滞なく異議を述べ（昭和47年1月分から賃料が供託され続けていた）、Ｙに対して賃貸借の終了を理由に本件建物の収去、本件土地の明渡しを請求する訴訟を提起したが、昭和62年11月から引き続き賃貸借するも賃貸期間は25年間とする、更新料として200万円を支払う、Ｘの供託した賃料につき還付を受ける権利を認め、Ｙがこれに協力するなどの内容の訴訟上の和解をし、Ｙは、更新料200万円を支払ったものの、供託された賃料28か月分につき取り戻し、Ｘの還付請求に協力しなかったため、Ｘが賃貸借契約を解除し、本件建物の収去、本件建物の明渡しを請求した。この判決は、信頼関係が破壊されたとは認められないとし、解除の効力を否定し、請求を棄却した。

【実務の対応】

この判決は、賃貸人が土地の明渡請求訴訟を提起後、訴訟上の和解が成立し

たものの、賃借人が和解条項に反する行為をしたこと等から借地契約を解除した事案について、信頼関係の破壊を否定し、解除の効力を否定したものであるが、事案の内容に照らし、疑問の残る判断である。

[174] 東京地判平成8.3.25 判時1592.73
《事案の概要》

　Aは、大正10年頃、Bから非堅固建物の所有を目的として土地を賃借し、借地上に工場を建築して所有していたところ、Aが死亡し、妻Cが相続し、昭和57年、賃貸期間を20年間として借地契約を更新し、Cが死亡し、子Dが相続していたところ、Dが平成5年3月から6月分の賃料を支払わなかったため、Bが借地契約を解除し（本件建物にはZ信用金庫らが根抵当権を設定していたが、その際、Aは、債務不履行など借地契約の存続に影響を及ぼすような事実が発生した場合には、抵当権者に通知する旨の承諾書を差し入れた）、Dが破産宣告を受け、Y1が破産管財人に選任されたことから、Y1に対して本件建物の収去、土地の明渡し、本件土地上にY2（Dの二男）所有の建物もあったことから、Y2に対して建物の収去、土地の明渡しを請求した（Y2に対する訴訟は公示送達されて進行した。なお、訴訟の係属中、Aが死亡し、X1、X2らが相続し、訴訟を承継した）。この判決は、承諾書が通知を法的な義務として負担することを内容とする契約が成立したとはいえない等とし、請求を認容した。

【実務の対応】

　この判決は、賃貸人が借地上の建物に抵当権を設定した信用金庫に借地契約の存続に影響を及ぼすような事実が発生した場合には信用金庫に通知する旨の承諾書を交付していたところ、信用金庫に通知することなく賃料不払いを理由に借地契約を解除した事案について、承諾書が通知を法的な義務として負担することを内容とする契約が成立したとはいえないとし、解除の効力を認めたものであり、この事案のような承諾書による法的な義務を否定した事例、承諾書に反する解除の効力を肯定した事例として参考になるものである。

[175] 東京地判平成 8．6．28 判時 1600．115
《事案の概要》
　X１、X２は、土地をY１に賃貸し、Y１は、借地上に建物を建築して所有していたところ、Y１が借地権の譲渡をしたいとし、X１らの承諾を求めたが、X１らがこれを拒絶したところ（本件土地は、X１らの自宅に隣接していた）、Y１がY２と本件建物につき借地権付売買の予約をし、AがY２から本件建物を賃借して医院として使用し始めたため、X１らが土地の賃貸借契約を解除し、Y１らに対して本件建物の収去、土地の明渡し等を請求した。この判決は、X１らの承諾を得ないで、かつ警告を無視して借地権が譲渡されたものであるとし、賃貸借契約の解除を認め、請求を認容した。
【実務の対応】
　この判決は、賃貸人らが賃借権の無断譲渡を理由に借地契約を解除した事案について、解除の効力を認めたものであり、事例判断として参考になるものである。

[176] 大阪地判平成 8．6．28 判タ 920．203
《事案の概要》
　Xは、Aに土地を賃貸し、Aは、借地上に建物を建築して所有していたところ、死亡し、Y１、Y２、B、C、Dが共同相続し、Y２らが本件建物の共有持分をY１に譲渡し、その後、Y１がその子であるEら４名に本件建物を譲渡したため（Y１が経営する会社の債権者に対する資産隠しが動機であった）、Xが無断譲渡を理由に土地の賃貸借契約を解除し、Y１らに対して本件建物の収去、土地の明渡しを請求した。この判決は、背信行為と認めるに足りる特段の事情がないとし、解除の効力を認め、請求を認容した。
【実務の対応】
　この判決は、賃貸人が賃借権の無断譲渡を理由に借地契約を解除した事案について、賃借権の譲渡が賃借人の相続人らの間で行われたことにつき、背信行為と認めるに足りる特段の事情がないとし、解除の効力を肯定したものであるが、事例判断を提供するものである。

[177] 最二判平成8. 7. 12 民集50. 7. 1876、判時1579. 77、判タ922. 212、金融法務事情1490. 64、金融・商事判例1006. 3

《事案の概要》

　X寺は、自己の所有する土地をY1に賃貸し、Y1は、これらの土地上に建物を建築し、Y2、Y3に本件建物を賃貸し、Y2、Y3が本件建物に居住しているところ、公租公課の額が増額され、本件土地の賃料を上回ったことから、Xが賃料増額請求をしたものの、Y1との間の協議が調わず、Y1が従前額を下回らない額を供託したため、Xが本件土地の賃貸借契約を解除し、Y1に対して本件建物の収去、土地の明渡し、Y2らに対して本件建物の退去、土地の明渡しを請求する等した。控訴審判決は、従前額を下回らない額を供託し、主観的に相当と認める額であった等とし、信頼関係が破壊されていないこと等から解除の効力を否定し、賃料額確認請求の一部を認容した以外は、請求を棄却すべきものとしたため、Xが上告した。この判決は、賃借人が従前の賃料額を主観的に相当と認めていないときには、従前の賃料額と同額を支払ったとしても、借地法12条2項の相当賃料を支払ったことにはならないし、賃借人が自らの支払額が公租公課の額の合計額を下回ることを知っていたときは、賃借人が主観的に相当額であると認めていたとしても、特段の事情のない限り、借地法12条2項にいう相当賃料を支払ったことにはならないとし、原判決の一部を破棄し、本件を大阪高裁に差し戻した。

〈判決〉は、

「1（一）　賃料増額請求につき当事者間に協議が調わず、賃借人が請求額に満たない額を賃料として支払う場合において、賃借人が従前の賃料額を主観的に相当と認めていないときには、従前の賃料額と同額を支払っても、借地法12条2項にいう相当と認める地代又は借賃を支払ったことにはならないと解すべきである。

（二）　のみならず、右の場合において、賃借人が主観的に相当と認める額の支払をしたとしても、常に債務の本旨に従った履行をしたことになるわけではない。すなわち、賃借人の支払額が賃貸人の負担すべき目的物の公租公課の額を下回っていても、賃借人がこのことを知らなかったときには、公租公課の額を

下回る額を支払ったという一事をもって債務の本旨に従った履行でなかったということはできないが、賃借人が自らの支払額が公租公課の額を下回ることを知っていたときには、賃借人が右の額を主観的に相当と認めていたとしても、特段の事情のない限り、債務の本旨に従った履行をしたということはできない。けだし、借地法12条2項は、賃料増額の裁判の確定前には適正賃料の額が不分明であることから生じる危険から賃借人を免れさせるとともに、裁判確定後には不足額に年1割の利息を付して支払うべきものとして、当事者間の衡平を図った規定であるところ、有償の双務契約である賃貸借契約においては、特段の事情のない限り、公租公課の額を下回る額が賃料の額として相当でないことは明らかであるから、賃借人が自らの支払額が公租公課の額を下回ることを知っている場合にまで、その賃料の支払を債務の本旨に従った履行に当たるということはできないからである。

2　本件についてこれを見るに、上告人らは、原審において、被上告人はその支払額である月額6万円を主観的に相当とは認めていなかったと主張し、また、原審は、本件賃料増額請求に係る増額の始期である平成元年11月1日現在の本件土地の公租公課の額は年額74万1248円であり、被上告人はその額を下回る月額6万円（年額72万円）の支払を続けた旨の事実を認定したのであるから、原審が、被上告人が自らの支払額を主観的に相当と認めていたか否か及びこれが公租公課の額を下回ることを知っていたか否かについての事実を確定することなく、被上告人は従前の賃料額を支払う限り債務不履行責任を問われることはないと判断した点には、法令の解釈適用を誤った違法があり、右違法が判決に影響を及ぼすことは明らかである。この趣旨をいう論旨は理由があり、原判決中建物収去土地明渡請求及び平成2年3月2日以降月50万円の割合による金員の支払請求を棄却した部分は破棄を免れない。そして、右部分については、被上告人が自らの支払額を主観的に相当と認めていたか否か、また、これが公租公課の額を下回ることを知っていたか否かについての審理を尽くさせる必要があるので（仮に被上告人に賃料債務の不履行があったとされる場合においても、右不履行について信頼関係を破壊すると認めるに足りない特段の事情があるときには解除の意思表示は効力を生じないと解されるから、この場合においては、右信頼関係の破壊の点についても審理を尽くさせる必要がある。）、原審に差し戻すこととする。」と判示している（判例評釈として、新

堂明子・法協 116．5．160、池田恒男・判評 460．44、山野目章夫・判タ 933．66、塩崎勤・判タ 945．102、田山輝明・ジュリスト 1113．71、拙稿・NBL 636．63 がある）。

【実務の対応】
　この判決は、土地の賃料の増額をめぐる紛争が生じ、賃借人が従前の額を下回らない賃料を供託している状況において、賃貸人が賃料不払いを理由に借地契約を解除した事案について、賃借人が従前の賃料額を主観的に相当と認めていない場合には、従前の賃料額と同額を支払ったとしても、借地法 12 条 2 項（借地借家法 11 条 2 項）の相当賃料を支払ったことにはならないとしたこと、賃借人が自らの支払額が公租公課の額の合計額を下回ることを知っていた場合には、賃借人が主観的に相当額であると認めていたとしても、特段の事情のない限り、借地法 12 条 2 項にいう相当賃料を支払ったことにはならないとしたこと、解除の効力を否定した控訴審判決を破棄したことに特徴がある。この判決は、賃料の増額請求を受け、増額をめぐる紛争が生じている場合、従前の賃料と同額の賃料を供託しても、借地法 12 条 2 項（借地借家法 11 条 2 項）所定の相当賃料に当たらないおそれがあること（借地契約の解除がされると、解除の効力が認められる可能性が高いこと）、特に賃料額が借地に対する公租公課の額を下回っている場合には、主観的に相当賃料と考えていたとしても、原則として相当賃料を支払ったとはいえないとしたこと（同様に、解除の効力が認められる可能性が高いこと）を明らかにしたものであり、法律の解釈につき重要な判断を示したものである。この判決を前提とすると、賃借人が賃貸人による賃料増額請求を争っている場合には、従前の賃料額を支払い、あるいは供託するだけでは借地契約の解除がされ、その効力が認められる可能性が高まるものであって（特に借地の公租公課の額を下回っている場合には、原則として解除が認められることになる）、賃借人としては十分に注意をすることが必要である。

[178] 最二判平成 8．7．12 判時 1579．82、判タ 921．122、金融法務事情 1490．64
《事案の概要》
　X 寺は、自己の所有する土地、A（国）から賃借した土地を Y 1 に賃貸し、

Y1は、これらの土地上に建物を建築し、Y2、Y3に本件建物を賃貸し、Y2、Y3が本件建物に居住しているところ、Aへの賃料額、自己所有地の公租公課の額が増額され、本件土地の賃料を上回ったことから、Xが賃料増額請求をしたものの、Y1との間の協議が調わず、Y1が従前額を下回らない額を供託したため、Xが本件土地の賃貸借契約を解除し、Y1に対して本件建物の収去、土地の明渡し、Y2らに対して本件建物の退去、土地の明渡しを請求する等した。控訴審判決は、従前額を下回らない額を供託し、主観的に相当と認める額であった等とし、信頼関係が破壊されていないこと等から解除の効力を否定し、賃料額確認請求の一部を認容した以外は、請求を棄却すべきものとしたため、Xが上告した。この判決は、賃借人が自らの支払額が第三者所有地の賃料額及び自己所有地の公租公課の額の合計額を下回ることを知っていたときは、賃借人が主観的に相当額であると認めていたとしても、特段の事情のない限り、借地法12条2項にいう相当賃料を支払ったことにはならないとし、原判決の一部を破棄し、本件を大阪高裁に差し戻した。

〈判決〉は、

「1　賃料増額請求につき当事者間に協議が調わず、賃借人が請求額に満たない額を賃料として支払う場合には、賃借人の支払額が、賃貸人において負担すべき目的物の公租公課の額及び所有者に支払うべき目的物の賃料の額の合計額（以下「公租公課等の額」という。）を下回っていても、賃借人がこのことを知らなかったときには、公租公課等の額を下回る額を支払ったという一事をもって債務の本旨に従った履行をしなかったということはできない。しかし、賃借人が自らの支払額が公租公課等の額を下回ることを知っていたときには、賃借人が右の額を主観的に相当と認めていたとしても、特段の事情のない限り、債務の本旨に従った履行をしたということはできない。けだし、借地法12条2項は、賃料増額の裁判の確定前には適正賃料額が不分明であることから生じる危険から賃借人を免れさせるとともに、裁判確定後には不足額に年1割の利息を付して支払うべきものとして、当事者間の衡平を図った規定であるところ、有償の双務契約である賃貸借契約においては、特段の事情のない限り、公租公課等の額を下回る額が賃料の額として相当でないことは明らかであるから、賃借人が自らの支払額が公租公課等の額を下回ることを知っている場合にまで、その賃料の支払を債務の本旨に従った履行に当たるということはできないから

である。
2　本件についてこれを見るに、上告人が被上告人内田に対して賃料を月額15万円に増額する旨の請求をしたところ、同被上告人は、上告人所有の本件土地一ないし三の公租公課の額と本件土地四及び五について上告人が国に支払う賃料の額との合計額が月額2000円（年額2万4000円）を超えることを知りながら、月額2000円の供託を続けたものであり、借地非訟事件の裁判における賃料の改定と賃料増額請求とは趣旨を異にすることや、本件土地五の所有者である国が本件借地非訟事件の相手方とされていないことからみて、右借地非訟事件の経過を重視することは相当でないことなどを考慮すると、原審の認定した事実だけでは、同被上告人のした右供託が債務の本旨に従ったものに当たるというべき特段の事情があるということはできない。そうすると、同被上告人に賃料債務の不履行はないとした原審の判断及び債務不履行がないことを前提として同被上告人に信頼関係破壊行為があったとはいえないとした原審の判断には、法令の解釈適用を誤った違法があり、右違法が判決に影響を及ぼすことは明らかである。」と判示している（判例評釈として、池田恒男・判評460.44がある）。

【実務の対応】
　この判決は、前記の［177］最二判平成8．7．12民集50．7．1876、判時1579．77、判タ922．212、金融法務事情1490．64、金融・商事判例1006．3と同旨の判断を示したものであり、重要な先例になるものである。

[179] 最二判平成8．10．14民集50．9．2431、判時1586．73、判タ925．176、金融法務事情1477．42、金融・商事判例1009．3

《事案の概要》
　前記の［165］東京高判平成5．12．15判タ874．210の上告審判決であり、Yが上告した。この判決は、小規模で閉鎖的な有限会社において持分の譲渡、役員の交代によって実質的に経営者が交代しても、無断譲渡に当たらないとし、原判決を破棄し、本件を東京高裁に差し戻した。
〈判決〉は、
「1　民法612条は、賃借人は賃貸人の承諾がなければ賃借権を譲渡すること

ができず、賃借人がこれに反して賃借物を第三者に使用又は収益させたときは、賃貸人は賃貸借契約を解除することができる旨を定めている。右にいう賃借権の譲渡が賃借人から第三者への賃借権の譲渡を意味することは同条の文理からも明らかであるところ、賃借人が法人である場合において、右法人の構成員や機関に変動が生じても、法人格の同一性が失われるものではないから、賃借権の譲渡には当たらないと解すべきである。そして、右の理は、特定の個人が経営の実権を握り、社員や役員が右個人及びその家族、知人等によって占められているような小規模で閉鎖的な有限会社が賃借人である場合についても基本的に変わるところはないのであり、右のような小規模で閉鎖的な有限会社において、持分の譲渡及び役員の交代により実質的な経営者が交代しても、同条にいう賃借権の譲渡には当たらないと解するのが相当である。賃借人に有限会社としての活動の実体がなく、その法人格が全く形骸化しているような場合はともかくとして、そのような事情が認められないのに右のような経営者の交代の事実をとらえて賃借権の譲渡に当たるとすることは、賃借人の法人格を無視するものであり、正当ではない。賃借人である有限会社の経営者の交代の事実が、賃貸借契約における賃貸人・賃借人間の信頼関係を悪化させるものと評価され、その他の事情と相まって賃貸借契約解除の事由となり得るかどうかは、右事実が賃借権の譲渡に当たるかどうかとは別の問題である。賃貸人としては、有限会社の経営者である個人の資力、信用や同人との信頼関係を重視する場合には、右個人を相手方として賃貸借契約を締結し、あるいは、会社との間で賃貸借契約を締結する際に、賃借人が賃貸人の承諾を得ずに役員や資本構成を変動させたときは契約を解除することができる旨の特約をするなどの措置を講ずることができるのであり、賃借権の譲渡の有無につき右のように解しても、賃貸人の利益を不当に損なうものとはいえない。
2　前記事実関係によれば、上告人は、上告補助参加人が経営する小規模で閉鎖的な有限会社であったところ、持分の譲渡及び役員の交代により上告補助参加人から堀に実質的な経営者が交代したものと認められる。しかしながら、上告人は、資産及び従業員を保有して運送業を営み、有限会社としての活動の実体を有していたものであり、法人格が全く形骸化していたといえないことは明らかであるから、右のように経営者が交代しても、賃借権の譲渡には当たらないと解すべきである。右と異なり、実質的には上告補助参加人から堀に賃借権

が無断譲渡されたものとして被上告人らの契約解除の主張を認めた原審の判断には、民法 612 条の解釈適用を誤った違法があり、右違法が原判決の結論に影響を及ぼすことは明らかである。」と判示している（判例評釈として、金子敬明・法協 118.3.124、石外克喜・判評 461.23、菅野佳夫・判タ 941.72、和根崎直樹・判タ 978.80、拙稿・ＮＢＬ 630.67 がある）。

【実務の対応】

　この判決は、営業用建物の所有を目的とし、有限会社（同族会社）を賃借人とする借地契約において、賃借人の経営者らが出資持分を他に譲渡したことから（経営者が交代したわけである）、賃貸人から借地の所有権を取得した者が無断譲渡を理由に借地契約を解除した事案について、賃借人が法人である場合において、法人の構成員や機関に変動が生じても、法人格の同一性が失われるものではなく、賃借権の譲渡には当たらないと解すべきであるとしたこと、この理は、特定の個人が経営の実権を握り、社員や役員が右個人及びその家族、知人等によって占められているような小規模で閉鎖的な有限会社が賃借人である場合についても基本的に変わるところはないとしたこと、小規模で閉鎖的な有限会社において、持分の譲渡及び役員の交代により実質的な経営者が交代しても、民法 612 条にいう賃借権の譲渡には当たらないと解するのが相当であるとしたことに特徴がある。賃借人が会社である場合、支配株主（出資者）の変更、経営者の交代が民法 612 条の賃借権の譲渡に当たるかどうかが借地の実務において問題になることがあるが（借地契約上、このような事態が生じたことを解除原因とする特約を締結することは少なくない）、この判決は、法人の構成員や機関に変動が生じても、法人格の同一性が失われるものではなく、賃借権の譲渡には当たらないこと、小規模で閉鎖的な有限会社において、持分の譲渡及び役員の交代により実質的な経営者が交代しても、民法 612 条にいう賃借権の譲渡には当たらないことを示したものであるが、事案の内容を考慮することが必要であり、一般的な法理とすることは賛成し難いものであって、仮にこの判決を是認するとしても、その射程距離を狭く解するのが相当である（同様な問題は借家の場合にも生じ得るが、この判決の法理が借家の場合に妥当するとしても、借家の場合には狭く解することが重要である）。

　借地において無断譲渡・転貸を理由とする借地契約の解除が問題になった事案は、最高裁のものも多数を数えるものであり、例えば、最一判昭和 29.10.

7 民集 8. 10. 1816（解除を否定した事例）、最二判昭和 34. 7. 17 民集 13. 8. 1077（解除を肯定した事例）、最三判昭和 37. 11. 20 裁判集民事 63. 271（解除を肯定した事例）、最三判昭和 38. 10. 15 民集 17. 9. 1202、判時 357. 36（解除を否定した事例）、最一判昭和 39. 1. 16 民集 18. 1. 11、判時 368. 52（解除を否定した事例）、最三判昭和 39. 6. 30 民集 18. 5. 991、判時 380. 70（解除を否定した事例）、最二判昭和 40. 5. 21 裁判集民事 79. 135（解除を否定した事例）、最二判昭和 40. 6. 18 民集 19. 4. 976、判時 418. 39（解除を否定した事例）、最三判昭和 40. 9. 21 民集 19. 6. 1550、判時 426. 35（解除を否定した事例）、最二判昭和 41. 7. 15 判時 455. 38（解除を否定した事例）、最一判昭和 42. 1. 19 金融・商事判例 49. 14（解除を否定した事例）、最二判昭和 42. 3. 31 判時 480. 26（解除を肯定した事例）、最二判昭和 42. 10. 6 裁判集民事 88. 673（解除を肯定した事例）、最二判昭和 42. 12. 8 判時 506. 38（解除を肯定した事例）、最三判昭和 43. 5. 28 判時 522. 26（解除を否定した事例）、最三判昭和 43. 7. 16 判時 528. 38（解除を否定した事例）、最三判昭和 43. 9. 17 判時 536. 50（解除を否定した事例）、最二判昭和 44. 1. 31 判時 548. 67（解除を否定した事例）、最一判昭和 44. 4. 24 民集 23. 4. 855、判時 556. 45（解除を否定した事例）、最二判昭和 45. 12. 11 民集 24. 13. 2015、判時 617. 58（解除を否定した事例）、最三判昭和 46. 6. 22 判時 636. 47（解除を否定した事例）、最一判昭和 46. 11. 4 判時 654. 57（解除を否定した事例）、最三判昭和 47. 4. 25 判時 669. 64（解除を否定した事例）等がある。

[180] 東京高判平成 8. 11. 26 判時 1592. 71

《事案の概要》

前記の [174] 東京地判平成 8. 3. 25 判時 1592. 73 の控訴審判決であり、Yが控訴した。この判決は、賃料の遅滞が 4 か月分であること等の事情から信頼関係を破壊するに足りない特段の事情があるとし、解除の効力を否定し、原判決中Yの敗訴部分を取り消し、請求を棄却した。

【実務の対応】

この判決は、賃貸人が借地上の建物に抵当権を設定した信用金庫に借地契約の存続に影響を及ぼすような事実が発生した場合には信用金庫に通知する旨の

承諾書を交付していたところ、信用金庫に通知することなく賃料不払いを理由に借地契約を解除した事案について、賃料の遅滞が4か月であること等の事情を考慮し、信頼関係を破壊するに足りない特段の事情があるとし、解除の効力を否定したものであるが、信頼関係の破壊をめぐる特段の事情の評価については議論があろう。

[181] 最一判平成 9. 7. 17 民集 51. 6. 2882
《事案の概要》

　Xは、建物所有を目的として土地をAに賃貸し、Aは、建物を所有し、居住していたところ、建物をBに譲渡担保に供し、建物から退去したが（その後、行方不明になった）、Bは、Aから交付を受けた登記申請書類を利用し、自分の妻C名義で所有権移転登記をした後、Yに建物を賃貸し、Yが建物に居住していたことから、Xが賃借権の無断譲渡、転貸を理由に賃貸借契約を解除し、Yに対して本件建物の退去、本件土地の明渡しを請求した。第一審判決が請求を認容したため、Yが控訴したところ、控訴審判決が譲渡担保によって所有権を確定的に取得したものとはいえないとし、賃借権の譲渡を否定し、原判決を取り消し、請求を棄却したため、Xが上告した。この判決は、譲渡担保によって賃借権の譲渡又は転貸がされたものと認めるのが相当である等とし、原判決を破棄し、控訴を棄却した。

〈判決〉は、

「1. 借地人が借地上に所有する建物につき譲渡担保権を設定した場合には、建物所有権の移転は債権担保の趣旨でされたものであって、譲渡担保権者によって担保権が実行されるまでの間は、譲渡担保権設定者は受戻権を行使して建物所有権を回復することができるのであり、譲渡担保権設定者が引き続き建物を使用している限り、右建物の敷地について民法612条にいう賃借権の譲渡又は転貸がされたと解することはできない（最高裁昭和39年（オ）第422号同40年12月17日第二小法廷判決・民集19巻9号2159頁参照）。しかし、地上建物につき譲渡担保権が設定された場合であっても、譲渡担保権者が建物の引渡しを受けて使用又は収益をするときは、いまだ譲渡担保権が実行されておらず、譲渡担保権設定者による受戻権の行使が可能であるとしても、建物の敷地について民法612条にいう賃借権の譲渡又は転貸がされたものと解する

のが相当であり、他に賃貸人に対する信頼関係を破壊すると認めるに足りない特段の事情のない限り、賃貸人は同条2項により土地賃貸借契約を解除することができるものというべきである。けだし、(1) 民法612条は、賃貸借契約における当事者間の信頼関係を重視して、賃借人が第三者に賃借物の使用又は収益をさせるためには賃貸人の承諾を要するものとしているのであって、賃借人が賃借物を無断で第三者に現実に使用又は収益させることが、正に契約当事者間の信頼関係を破壊する行為となるものと解するのが相当であり、(2) 譲渡担保権設定者が従前どおり建物を使用している場合には、賃借物たる敷地の現実の使用方法、占有状態に変更はないから、当事者間の信頼関係が破壊されるということはできないが、(3) 譲渡担保権者が建物の使用収益をする場合には、敷地の使用主体が替わることによって、その使用方法、占有状態に変更を来し、当事者間の信頼関係が破壊されるものといわざるを得ないからである。

2. これを本件についてみるに、原審の前記認定事実によれば、光山は、竹内から譲渡担保として譲渡を受けた本件建物を被上告人に賃貸することによりこれの使用収益をしているものと解されるから、竹内の光山に対する同建物の譲渡に伴い、その敷地である本件土地について民法612条にいう賃借権の譲渡又は転貸がされたものと認めるのが相当である。本件において、仮に、光山がいまだ譲渡担保権を実行しておらず、竹内が本件建物につき受戻権を行使することが可能であるとしても、右の判断は左右されない。

3. そうすると、特段の事情の認められない本件においては、上告人の本件賃貸借契約解除の意思表示は効力を生じたものというべきであり、これと異なる見解に立って、本件土地の賃貸借について民法612条所定の解除原因があるとはいえないとして、上告人による契約解除の効力を否定した原審の判断には、法令の解釈適用を誤った違法があり、この違法は原判決の結論に影響を及ぼすことが明らかである。」と判示している（判例評釈として、道垣内弘人・ジュリスト1135. 77がある）。

【実務の対応】

　この判決は、借地上の建物につき譲渡担保権が設定され、譲渡担保権者が建物を賃貸したため、賃貸人が無断譲渡、無断転貸を理由に借地契約を解除した事案について、賃借人が借地上に所有する建物につき譲渡担保権を設定した場

合には、譲渡担保権設定者が引き続き建物を使用している限り、建物の敷地につき民法612条にいう賃借権の譲渡又は転貸がされたと解することはできないこと、譲渡担保権が設定された場合であっても、譲渡担保権者が建物の引渡しを受けて使用又は収益をするときは、譲渡担保権が実行されていなくても、敷地につき民法612条にいう賃借権の譲渡又は転貸がされたものと解するのが相当であることを明らかにしたものである。この判決は、重要な事例判断を示したものである。

　この判決が引用する最二判昭和40. 12. 17民集19. 9. 2159は、借地上の建物が買戻特約付で第三者に売り渡された場合において、建物の敷地について賃借権の譲渡又は転貸がなされたかどうかが問題になった事案について、「本件建物の譲渡は、前示のとおり、担保の目的でなされたものであり、上告人の本件土地賃貸借契約解除の意思表示が被上告人日本鉄工に到達した昭和35年3月11日当時においては、同被上告会社はなお本件建物の買戻権を有しており、被上告人日産興業に対して代金を提供して該権利を行使すれば、本件建物の所有権を回復できる地位にあつたところ、その後昭和36年6月1日、被上告人日本鉄工は同日産興業に対し債務の全額を支払い、これにより、両会社間では、本件建物の所有権は被上告人日本鉄工に復帰したものとされたことおよび被上告人日本鉄工は本件建物の譲渡後も引き続きその使用を許されていたものであつて、その敷地である本件土地の使用状況には変化がなかつたこと等原審の認定した諸事情を総合すれば、本件建物の譲渡は、債権担保の趣旨でなされたもので、いわば終局的確定的に権利を移転したものではなく、したがつて、右建物の譲渡に伴い、その敷地である本件土地について、民法612条2項所定の解除の原因たる賃借権の譲渡または転貸がなされたものとは解せられないから、上告人の契約解除の意思表示はその効力を生じないものといわなければならない。」と判示しているものである。

[182] 東京地判平成9. 9. 24判タ1011. 234
《事案の概要》

　Aは、昭和45年1月、賃貸期間を20年間とし、建物所有の目的で土地をYから賃借し、建物を所有していたところ、昭和55年、死亡したが、Aの遺言により、Aの子であるBが本件建物、借地権を承継したことから、Aの他の

子であるY、C、Dが遺留分減殺を請求したところ、Bが、平成元年、死亡し、Bの遺言により、Bの子であるEが本件建物、借地権を承継し、Bの他の子であるFらが遺留分減殺を請求したことから、平成6年、A、Bの各共同相続人が遺産分割を協議し、Yが本件建物、借地権を取得する協議が成立し、Yに本件建物の所有権移転登記がされたため、XがYに対して建物の収去、土地の明渡しを請求した。この判決は、遺産分割協議による借地権の承継につき信頼関係を破壊するに足りない特段の事情があるとし、請求を棄却した。

【実務の対応】

この事案は、借地契約の解除が主張されたものではないが、賃貸人が借地の所有権に基づき借地上の建物の所有者に対して建物の収去、土地の明渡しを請求したため、建物の所有者が占有権原として借地の賃借人からの遺言による承継、遺産分割による承継を主張し、その承継取得（賃借権の譲渡）につき賃貸人の承諾がないことから、信頼関係を破壊するに足りない特段の事情があるかどうかが問題になったものであり、珍しい事件である（賃借権の無断譲渡を理由とする借地契約の解除として構成し、解除の効力を争点として捉えることも可能である）。この判決は、信頼関係を破壊するに足りない特段の事情があることを認めたものであり、この意味の事例判断を提供するものである。

[183] 東京地判平成9.11.28判時1637.57

《事案の概要》

Xは、昭和59年5月、Aに建物所有を目的として土地を賃貸し、Aが土地上に建物を建築していたところ（A、Bの共有建物）、C株式会社は、Aに金銭を貸し付け、その担保として本件建物に抵当権を設定するとともに、Xに対して地代不払い等の借地権の消滅、変更を来たすようなおそれのある事態を生じたときは、Cに通知すること等を要請し、Xはその旨の承諾書をCに差し入れたところ、Aが地代を支払わなかったため、平成8年2月、借地契約を解除し、同年7月、本件建物の競売手続においてYが本件建物を買い受けたため、XがYに対して建物の収去、土地の明渡しを請求した。本件特約は解除権の行使が制限される趣旨を定めたものと解することができない等とし、解除の効力を肯定し、請求を認容した。

【実務の対応】
　この判決は、賃貸人が借地上の建物に抵当権を設定した者に賃料不払い等の借地権の消滅、変更を来たすようなおそれのある状態を生じたときはあらかじめ抵当権者に通知する旨の承諾書を交付していたところ、抵当権者に通知することなく賃料不払いを理由に借地契約を解除した事案について、承諾書は解除権の行使が制限される趣旨を定めたものと解することができないとし、解除の効力を肯定したものであり、事例判断として参考になるものである。

[184] 東京地判平成10．2．23 判夕1013．174
《事案の概要》
　証券業を営むY1株式会社は、X寺から建物所有の目的で土地を賃借していたところ、多数の店舗用建物、敷地を所有していたことから、管理会社を設立することになり、100％子会社であるY2株式会社を設立したが（本件賃借権、借地上の建物を含む不動産を現物出資した）、Xが賃料増額を請求したのに対し、Y1らが連名でこれを拒絶する等したため、賃借権の譲渡を知るに至り、Y1に賃貸借契約を解除し、Y1に対して建物の収去、土地明け渡し、Y1、Y2に対して賃料相当損害金の支払いを請求した。この判決は、賃借権等を現物出資したことが賃借権の譲渡に当たるものの、信頼関係を破壊しない特段の事情があるとし、解除の効力を否定し、請求を棄却した。

【実務の対応】
　この判決は、賃借人である株式会社が資産管理会社である子会社を設立し、賃借権、借地上の建物を現物出資したため、賃貸人が賃借権の無断譲渡を理由に借地契約を解除した事案について、現物出資が賃借権の譲渡に当たるとしたこと、信頼関係を破壊するに足りない特段の事情があるとしたこと、解除の効力を否定したことに特徴があり、事例判断として参考になるものである。

[185] 東京地判平成16．6．9 判夕1203．187
《事案の概要》
　Xは、土地を所有していたところ、昭和57年12月、堅固建物の所有を目的とし、賃貸期間を30年としてAに土地を賃貸し、Aが建物を建築し、建物に抵当権を設定したが、被担保債務の弁済を怠ったため、抵当権者Bが不動産

競売を申し立て、Yが不動産競売手続において建物を買い受けたものの、借地借家法20条所定の借地権譲受承諾に代わる許可の手続をしなかったため、XがYに対して建物の収去、土地の明渡しを請求した。この判決は、借地権の譲渡につき口頭又は黙示の承諾があったことを認めず、請求を認容した。

【実務の対応】
　この判決は、借地上の建物につき不動産競売手続が開始され、この手続で建物を買い受けた者が借地権譲受承諾に代わる許可の手続をしなかったため、借地権の譲渡につき口頭又は黙示の承諾があったかどうかが問題になった事案（借地契約の解除の効力が問題になったわけではなく、借地上の建物の所有者の占有権原の有無が問題になったものである）について、この承諾を否定したものであり、事例判断を提供するものである。

[186] 東京高判平成17.4.27判タ1210.173
《事案の概要》
　本件土地は、古くから借地に供されていたが、昭和41年、42年頃、本件土地上に建物が建築され、建物の所有者であるA株式会社は、本件土地の所有者であるB等と権利金等の授受なく賃貸借契約を締結していたところ、平成14年6月、建物につき強制競売開始決定がされ、平成15年10月、Y株式会社が本件土地を競売手続で買い受けたものの、借地借家法20条所定の賃借権譲渡許可の申立てをしなかったため、その間、本件土地の所有権を取得していたX株式会社（土地の競売手続で土地を買い受けて所有権を取得した）がYに対して建物の収去、土地の明渡しを請求した。第一審判決は請求を認容したため、Yが控訴した。この判決は、Yが賃借権譲渡許可の申立てをしなかったことを考慮し、信頼関係が破壊された等とし、権利の濫用を否定し、控訴を棄却した。

【実務の対応】
　この判決は、借地上の建物につき強制競売手続が開始され、この手続で建物を買い受けた者が借地権譲受承諾に代わる許可の手続をしなかったため、借地の所有者が建物の収去、土地の明渡しを請求することが権利の濫用に当たるかが問題になった事案（借地契約の解除の効力が問題になったわけではない）について、信頼関係の破壊を認め、権利の濫用を否定したものであり、事例判断を提供するものである。

借地契約の解除

［187］東京高判平成17．6．29判タ1203．182
《事案の概要》
　前記の［185］東京地判平成16．6．9判タ1203．187の控訴審判決であり、Yが控訴した。この判決は、譲渡の承諾を否定し、建物買取請求権の行使について建物の時価を678万円と認定し、原判決を変更し、678万円と引換えに建物収去、土地明渡請求を認容する等、請求を認容した。

【実務の対応】
　この判決も、第一審判決と同様に、賃貸人の承諾を否定した事例判断を提供するものである。

［188］名古屋高金沢支部判平成21．10．28判時2080．38
《事案の概要》
　Aは、Bに建物所有を目的として土地を賃貸し、Bは、本件土地上に建物を建築し、昭和56年10月、C信用金庫に本件建物につき抵当権を設定したところ、Bが死亡し、Y1ないしY3が共同相続し、Aもその後死亡し、Dが相続し、Dが死亡し、Xが相続したが、Y1らは、平成20年7月分以降の賃料の支払いを怠り、弁護士が債務整理を受任した旨の通知がされる等したことから、Xが同年10月に賃貸借契約を解除し（Cの代理人は、その直後、裁判所から地代代払いの許可決定を受けたとし、滞納額全額を代払いをする旨をXに郵送し、供託した）、Y1らに対して本件建物の収去、本件土地の明渡しを請求した。第一審判決は請求原因事実を認める旨の内容の答弁書を擬制陳述させ、請求を認容したのに対し、Cが補助参加し、控訴した。この判決は、信頼関係を破壊するに足りない特段の事情があるとし、解除の効力を否定し、原判決を取り消し、請求を棄却した。

【実務の対応】
　この判決は、借地において借地上の建物に抵当権が設定されていたところ、賃借人らが賃料の支払いを怠り、債務整理を弁護士に委任し、債務整理の通知がされた後、賃貸人が賃料不払いを理由に借地契約を解除した事案（その後間もなく、抵当権者が代払いの許可を受けて滞納賃料を供託した）について、供託が解除の意思表示の後にされたこと、第一審判決が賃借人らの答弁書の擬制

陳述により賃借人らの敗訴判決をしたことから、抵当権者が補助参加し、控訴したこと、信頼関係を破壊するに足りない特段の事情があるとし、解除の効力を否定したことに特徴がある。この判決の抵当権者の対応は、賃貸人による解除の意思表示の後のことであるが、迅速に的確な対応をしたものであり、この対応が前記の判断を導いたものであり、疑問の余地はあるが、参考になる事例判断であるということができる。

[189] 最二判平成 21．11．27 判時 2066．45、判タ 1315．79、金融法務事情 1895．93

《事案の概要》

　Y１の先代Aは、昭和 21 年頃、Xの先代Bから建物所有の目的で土地を賃借し、建物（旧建物）を建築していたところ、Y１が賃借人の地位、Xが賃貸人の地位をそれぞれ引き継ぎ、Y１は、旧建物で妻Y２、長男Cと同居し、CがY３と結婚した後はY３らも同居していたが、平成９年頃、旧建物が取り壊され、C、Y２と建物（本件建物）を建築し（持分は、Y１が 10 分の１、Y２が 10 分の２、Cが 10 分の７であり、これについてはXが承諾していたが、実際にはY３が 10 分の３、Cが 10 分の７の登記がされ、本件土地が転貸された。第１転貸）、CとY３は、平成 17 年、離婚し、Cのみが本件建物を退去し、その際、本件建物のCの持分を財産分与したことから（第２転貸）、Xが無断転貸を理由に賃貸借契約を解除し、Y１らに対して本件建物の収去、土地の明渡し等を請求した。第一審判決が第１転貸、第２転貸ともに背信行為と認めるに足りない特段の事情があるとし、解除の効力を否定し、請求を棄却したため、Xが控訴した。控訴審判決は、第１転貸、第２転貸ともに背信行為と認めるに足りない特段の事情があるとはいえないとし、解除を有効とし、原判決を変更し、請求を認容したため、Y１らが上告受理を申し立てた。この判決は、第１転貸、第２転貸ともに利用状況に変化が生じていない等とし、背信行為と認めるに足りない特段の事情があるとし、解除の効力を否定し、原判決を破棄し、控訴を棄却した。

〈判決〉は、

「1. 前記事実関係によれば、第一転貸は、本件土地の賃借人である上告人松夫が、賃貸人である被上告人の承諾を得て本件土地上の上告人松夫所有の旧建物

を建て替えるに当たり、新築された本件建物につき、春夫及び上告人花子の共有することを容認し、これに伴い本件土地を転貸したものであるところ、第一転貸による転借人らである春夫及び上告人花子は、上告人松夫の子及び妻であって、建て替えの前後を通じて借地上の建物において上告人松夫と同居しており、借地上の建物において上告人松夫と同居しており、第一転貸によって本件土地の利用状況に変化が生じたわけではない上、被上告人は、上告人松夫の持分を10分の1、春夫の持分を10分の7、上告人花子の持分を10分の2として、建物を建て替えることを承諾しており、上告人松夫の持分とされるはずであった本件建物の持分10分の1が上告人花子の持分とされたことに伴う限度で被上告人の承諾を得ることなく本件土地が転貸されることになったととどまるというのである。そして、被上告人は、上告人松夫と春夫が各2分の1の持分を取得することを前提として合意した承諾料につき、これを増額することなく、上告人松夫、春夫及び上告人花子の各持分を上記割合として建物を建て替えることを承諾し、上記の限度で無断転貸となる第一転貸がされた事実を知った後も当初はこれを本件解除の理由とはしなかったというのであって、被上告人において、上告人松夫が本件建物の持分10分の1を取得することにつき重大な関心を有していたとは解されない。

そうすると、上告人松夫は本件建物の持分を取得しない旨の説明を受けていた場合に被上告人において承諾料の増額を要求していたことが推認されるとしても、第一転貸が上記の限度で被上告人に無断で行われたことにつき、賃貸人である被上告人に対する背信行為と認めるに足りない特段の事情があるというべきである。

2. また、前記事実関係によれば、第二転貸は、本件土地の貸借人である上告人松夫が、本件土地上の本件建物の共有者である春夫においてその持分を上告人夏子に譲渡することを容認し、これに伴い上告人夏子に本件土地を転貸したものであるところ、上記の持分譲渡は、上告人松夫の子である春夫から、その妻である上告人夏子に対し、離婚に伴う財産分与として行われたものである上、上告人夏子は離婚前から本件土地に上告人松夫らとともに居住しており、離婚後に春夫が本件建物から退去したほかは、本件土地の利用状況には変化が生じていないというのであって、第二転貸により賃貸人である被告上告人がなんらの不利益を被ったということは全くうかがわれない。

そうすると、第二転貸が被上告人に無断で行われたことについても、上記の特段の事情があるというべきである。」と判示している。

【実務の対応】
　この判決は、賃貸人が賃借権の持分の無断譲渡を理由に借地契約を解除した事案について、家族間の譲渡であること、持分の譲渡であること等を考慮し、背信行為と認めるに足りない特段の事情があるとし、解除の効力を否定したものであり、事例判断として参考になるものである。

[190] 大阪地判平成 22. 4. 26 判時 2087. 106
《事案の概要》
　X市は、平成2年2月、Y1に所有土地を建物所有を目的として賃貸し、Y1は、平成3年4月、本件土地上に建物を建築していたところ、平成4年、本件建物を夫Y2（暴力団組長）に暴力団事務所として使用させたため、Xは、平成21年4月、用法違反を理由に賃貸借契約を解除し、Y1に対して本件建物の収去、本件土地の明渡し、Y2に対して本件建物の退去、本件土地の明渡しを請求した。この判決は、用法遵守義務違反を認め、解除を有効とし、請求を認容した。

【実務の対応】
　この判決は、借地において建物が建築され、建物が賃借人の夫によって暴力団事務所として使用され、用法違反を理由に借地契約が解除された事案について、用法遵守義務違反を認め、解除の効力を認めたものであり、事例判断として参考になるものである。

　以上のように、平成年代において多数の借地契約の解除をめぐる判例、裁判例が公表されているところであり、いくつかの裁判例は論理も、結論も疑問のあるものがあるが、多くは事例判断として参考になるものである。

　最後に、借地契約の解除の原因、効力が争われたものではなく、土地の賃貸借契約が解除された事案であるが、解除による土地の原状回復義務の範囲について興味のある争点を判断した判例があるので紹介する。土地の賃借人が第三者に産業廃棄物を投棄させたことから、契約の解除後、賃借人の保証人が産業廃棄物の撤去義務を負うかが問題になり、この判決は、これを肯定したものであるが、土壌汚染等の問題にも妥当する判決であり、注目される。

[191] 最一判平成 17. 3. 10 判時 1895. 60、金融法務事情 1746. 124
《事案の概要》
　X1、X2は、土地を所有し、X1の経営する会社の産業廃棄物最終処分場として使用していたところ、使用を中止し、平成9年10月、Aに使用目的を資材置き場、契約期間を1年間、賃料年額150万円として賃貸し、Yは、Aのために連帯保証をしたが、Aは、X1らの承諾を得ることなく、Bに使用目的を資材置き場、契約期間を1年間、賃料年額500万円として転貸し、Bは、C株式会社と契約し、Cに産業廃棄物を投棄させたことから、X1らは、無断転貸、用法違反を理由として賃貸借契約を解除し、Aは土地を明け渡したものの、産業廃棄物は投棄されたままであったため、X1らは、Yに対して原状回復義務の不履行による損害賠償を請求した。控訴審判決は、産業廃棄物の投棄がBによって行われた犯罪行為であり、原状回復義務として責任を負うものではない等とし、連帯保証人であるYが責任を負う余地はないとし、請求を棄却すべきであるとしたため、X1らが上告受理を申し立てた。この判決は、土地の原状回復義務として産業廃棄物を撤去すべき義務を免れることはできないとし、原判決を破棄し、本件を東京高裁に差し戻した。
〈判決〉は、
「3. 原審は、上記事実関係の下において、次のとおり判断して、上告人らの請求を棄却した。
　産業廃棄物の本件土地への投棄は、専らCが単独で行った犯罪行為であるから、Bは、Cへ無断転貸をしたものの、このような犯罪行為である産業廃棄物の投棄についてまで、賃貸借契約の解除に伴う原状回復義務として責任を負うものではないと解するのが相当である。そうすると、Bの連帯保証人である被上告人がこの点について責任を負う余地はない。
4. しかしながら、原審の上記判断は是認することができない。その理由は、次のとおりである。
　不動産の賃借人は、賃貸借契約上の義務に違反する行為により生じた賃借目的物の毀損について、賃貸借契約終了時に原状回復義務を負うことは明らかである。前記事実関係によれば、Bは、本件賃貸借契約上の義務に違反して、C

に対し本件土地を無断で転貸し、Cが本件土地に産業廃棄物を不法に投棄したというのであるから、Bは、本件土地の原状回復義務として、上記産業廃棄物を撤去すべき義務を免れることはできないというべきである。

以上と異なる見解に立って、賃借人であるBがCにより投棄された産業廃棄物を撤去すべき義務を負わないことを理由に、Bの連帯保証人である被上告人の責任を否定し、上告人らの被上告人に対する請求を棄却した原審の判断には、判決に影響を及ぼすことが明らかな法令の違反がある。」と判示している（判例評釈として、岩木宰・判タ1215．54がある）。

No, 6

借地契約の消滅

　借地契約の場合、賃貸借の目的は土地であり、土地が滅失したときは、借地契約は消滅することになるが、土地の消滅の事態は容易に生じるものではない。借地契約において借地上の建物が滅失したとしても、借地契約が消滅するわけではないが、借地法の時代、賃貸期間が法定のものである場合、建物がこの期間満了の前に朽廃したときは、借地権が消滅するものとされていたため（借地法2条1項但書。借地借家法上はこの規定は廃止されている）、朽廃したかどうか（借地権が消滅したかどうか）が問題になることがあった（この朽廃の規定は、借地借家法の施行前に締結された借地契約についてなお適用されている。借地借家法附則5条参照）。なお、借地契約に関連する土地の契約についても、契約の消滅が問題になることがあった。

[192] 東京地判平成3．11．28判時1430．97
《事案の概要》
　Xは、昭和47年1月、タクシー業を経営するY株式会社に会社事務所用の

土地、自動車駐車場用の土地を賃貸し、Yが事務所を建築する等して使用していたところ、Xが昭和62年に一時使用の賃貸借であった等と主張し、Yに対して土地全体の明渡しを請求する訴訟を提起し、平成元年11月、控訴審が事務所用の土地については一時使用のものではない賃貸借を認め、駐車場用の土地については建物所有のものではないとする判決が言い渡されたため（この判決は確定した）、駐車場部分の土地の賃貸期間が平成4年1月に満了したため、XがYに対して工作物の収去、土地の明渡しを請求した。この判決は、建物所有を目的とする隣接土地の賃貸借が存続する限り、駐車場部分の土地の賃貸借も存続する等とし、請求を棄却した。

【実務の対応】

この判決は、事務所用の土地と駐車場用土地（隣接する土地）の賃貸借契約が締結され、駐車場用土地の賃貸借契約の期間が満了した場合、契約が終了するかどうかが問題になった事案について、建物所有を目的とする隣接土地の賃貸借が存続する限り、駐車場部分の土地の賃貸借も存続するとしたものであるが、一般的にこの判断が合理的で、相当であるかには疑問が残る。

[193] 東京高判平成5．8．23判時1475．72

《事案の概要》

Aは、昭和43年12月、Bに建物所有を目的とし、賃貸期間を20年間として賃貸し、Bは、借地上に建物を建築し、その後死亡し、Y1、Y2ら（合計7名）が相続したところ、平成2年4月、Y8株式会社に本件建物の一部を売却する等し、Y8は、隣接の土地を買い受けた後、境界線上のブロック塀を取り壊す等したことから、Aが無断譲渡を理由にY1らに賃貸借契約を解除する意思表示をし、Aの死亡後、相続人X1、X2ら（合計3名）がY1らに対して本件建物の収去、本件土地の明渡し、Y8に対して工作物の収去、本件土地の明渡しを請求した。第一審判決は請求を一部認容したため、X1ら、Y8が控訴した。この判決は、建物の朽廃により借地権が消滅したとし、X1らの控訴に基づき原判決を変更し、X1らの請求を認容し、Y8の控訴を棄却した。

【実務の対応】

この判決は、借地上の建物の朽廃が問題になった事案について、朽廃を認め、

借地権の消滅を肯定したものであり、事例判断として参考になるものである。

[194] 東京地判平成 5. 11. 29 判タ 872. 237
《事案の概要》
　Aは、昭和60年5月、Bから建物所有を目的とし、賃貸期間を20年間として土地を賃借し、本件土地上に建物を建築したところ、本件土地の一部が建築基準法上のみなし道路として使用されていたが、Bが道路部分を含め本件土地の一部を分筆し、Yに売却し、Aが死亡してXが相続した後、Yが道路部分の賃借権が消滅したと主張したため、XがYに対して賃借権を有することの確認を請求した。この判決は、建物所有の目的の賃貸借契約の対象土地の一部が建築基準法42条2項のみなし道路部分が含まれていても、この部分につき履行不能になったとはいえないとし、請求を認容した。

【実務の対応】
　この判決は、借地契約が締結され、建物が建築された後、借地の一部が建築基準法上のみなし道路であったことから、その部分を含む土地につき分筆、売却され、賃借権（借地権）の消滅が問題になった事案について、賃借権の消滅を否定したものであり、特殊な内容の事案であるが、事例判断を提供するものである。

[195] 大阪地判平成 10. 12. 18 判タ 1001. 239
《事案の概要》
　Aは、昭和15年頃から昭和20年頃までの間に、建物所有の目的でBに土地を賃貸し、Bは、昭和20年頃から昭和25年頃までの間に建物を建築し、Y株式会社を設立し、賃借権、本件建物の所有権を取得し、その後、Aが死亡する等し、X1ないしX3が本件土地の所有権を承継したが、Yが本件建物の柱の内側に柱を新設して補強し、屋根組みを新設する等の修繕をしたため、X1らが本件建物が朽廃すべき時期に賃貸借契約が終了したと主張し、Yに対して建物の収去、土地の明渡しを請求した。この判決は、自然の推移により朽廃すべかりし時期に達したときは、修繕によって現実には未だ朽廃していなくても、借地権が終了する等とし、請求を認容した。

【実務の対応】

　この判決は、前記の朽廃の有無ではなく、借地上の建物につき修繕がされたため、朽廃すべき時期に達した場合に借地権が消滅するかどうかが問題になった事案について、自然の推移により朽廃すべかりし時期に達したときは、修繕によって現実には未だ朽廃していなくても、借地権が終了するとしたこと、この事案につき借地権の消滅を肯定したことに特徴があり、事例判断として参考になるものである。

　借地法2条1項但書所定の朽廃が問題になった判例、裁判例としては、東京地判昭和31．5．21判時83．14、東京地判昭和33．7．8判時159．57、最二判昭和33．10．17民集12．14．3124、判時165．25、最三判昭和35．3．22民集14．4．491、最一判昭和37．7．19民集16．8．1566、東京地判昭和39．4．22判タ163．188、東京地判昭和39．4．27判タ161．177、札幌高判昭和39．6．19判時390．36、札幌高判昭和40．10．29判時428．65、東京地判昭和42．3．27判時494．52、最一判昭和42．9．21民集21．7．1852、判時498．30、東京地判昭和42．12．22判時511．60、最三判昭和44．4．15判時556．47、東京高判昭和44．12．19判時587．32、東京地判昭和45．10．28判時624．50、大阪高判昭和46．2．24判タ261．205、東京地判昭和46．7．20判タ270．328、最三判昭和47．2．22民集26．1．101、判時662．36、東京高判昭和48．10．8判時727．46、東京地判昭和49．5．30判時759．54、東京地判昭和49．8．15判時768．56、最三判昭和50．2．28金融法務事情753．30、金融・商事判例471．7、東京高判昭和52．8．29判時869．50、東京高判昭和54．11．22判時951．53、東京地判昭和54．12．14判タ416．161、名古屋地判昭和55．9．19判タ449．112、大阪高判昭和55．10．15判タ436．163、東京高判昭和58．2．10判時1069．82、神戸地判昭和60．5．30判タ562．134、東京地判平成2．9．27判時1391．150等がある。

No.7

更新料

　更新料は、借地契約の期間満了時に、賃借人から賃貸人に支払われることがある金銭であるが、その意義、機能は必ずしも明確ではない（借地契約のすべて、あるいは多くの借地契約において更新料が支払われているということはできない）。更新料は、現実的には、更新を確実にし、合意更新を円滑に行うために支払われているということができる。更新料については、そのための合意（更新料特約又は更新料支払特約）が必要であるか、更新料特約が法定更新に適用されるか、支払済みの更新料の返還請求が認められるか、更新料の不払いが解除原因になるか等の問題が生じる。なお、近年は、建物の賃貸借契約（借家契約）において、更新料特約の効力そのものが争われ、これを無効とする裁判例が登場し、最高裁の判断が待たれているところであるが、借家契約における更新料が借地契約にどのような影響を及ぼすかが注目されている。

[196] 東京地判平成5．9．8判タ840．134
《事案の概要》
　Xは、昭和47年8月、建物所有を目的とし、賃貸期間を20年としてYに土地を賃貸し、Yは、借地上に建物を建築したところ、平成4年8月の更新の際、Xが更新料の支払いを求めたが、Yがこれを拒否したため、XはYに対して更新料の支払いに関する慣習法、事実たる慣習を主張し、更新料の支払いを請求した。この判決は、慣習法、事実たる慣習を否定し、請求を棄却した。
【実務の対応】
　この判決は、更新料特約がない借地契約の更新時に更新料の支払いが問題になった事案について、更新料の支払いに関する慣習法、事実たる慣習を否定したものであり、事例判断として参考になる。

[197] 東京地判平成 7．12．8 判タ918．142
《事案の概要》
　Xは、昭和31年7月、A株式会社に賃貸期間を30年間として土地を賃貸し、Aは、土地上に建物を建築していたところ、昭和59年8月、A、Y株式会社が会社更生手続開始決定の申立てをし、会社更生手続が開始され、昭和62年11月、AがYに吸収合併され（スーパーマーケットを経営するB株式会社のグループが支援することになった）、XとYとの間で借地権の譲渡に伴う更新料、承諾料に関する協議が行われたものの、まとまらなかったため、XがYに対して更新料、承諾料の支払いを請求した。この判決は、更新料の支払いに関する慣習、慣習法が存在しない等とし、請求を棄却した。
【実務の対応】
　この判決は、更新料特約がない借地契約の賃借人が吸収合併された際、更新料、承諾料の支払いが問題になった事案について、更新料の支払いに関する慣習、慣習法を否定したものであり、事例判断として参考になる。

[198] 東京地判平成 10．12．18 金融・商事判例 1077．49
《事案の概要》
　Aは、昭和50年6月、所有土地を建物所有を目的とし、賃貸期間を20年とし、期間満了の際、更新のときは賃貸地の時価の2割の範囲内の更新料を支払うとの特約で、Yに賃貸し、Yは、建物を建築していたところ、Aは、昭和60年8月、死亡し、Xが本件土地を相続し、平成7年5月、XとYは、更新の際、更新料の額の話し合いを継続するものの、Yが更新料の内金として20万円を支払ったが、Xは、Yに対して更新料特約に基づき更新料1202万8800円の支払いを請求したのに対し、Yが反訴として支払済みの20万円につき不当利得の返還を請求した。この判決は、更新の合意が成立せず、法定更新され、本件更新料特約が法定更新には適用されない等とし、本訴請求を棄却し、支払済みの更新料の返還を求めることは信義則に反するとし、反訴請求を棄却した。
【実務の対応】
　この判決は、更新料特約のある借地契約の更新時に更新料を支払う必要があ

るかが問題になった事案について、法定更新には更新料特約が適用されないとしたものであり、事例判断を提供するものである（なお、この判決は、更新料特約に基づく更新料の支払請求を認めなかっただけでなく、支払済みの更新料の返還請求を認めたものである）。

[199] 東京高判平成 11．6．28 金融・商事判例 1077．46
《事案の概要》

前記の［198］東京地判平成 10．12．18 金融・商事判例 1077．49 の控訴審判決であり、Yが控訴した。この判決は、支払済みの更新料の返還を求めることは信義則に反するとし、控訴を棄却した。

【実務の対応】

この判決は、前記内容の事案について、法定更新に更新料特約が適用されないとしたものの、信義則違反を根拠に支払済みの更新料の返還請求を認めなかったものであり、事例判断を提供するものである。

なお、更新料特約がある場合、賃借人が更新料の支払いを怠ったことが借地契約の解除原因に当たるかどうかが問題になるが、最二判昭和 59．4．20 民集 38．6．610、判時 1116．41、判タ 526．129、金融法務事情 1073．42、金融・商事判例 699．12 は、「土地の賃貸借契約の存続期間の満了にあたり賃借人が賃貸人に対し更新料を支払う例が少なくないが、その更新料がいかなる性格のものであるか及びその不払が当該賃貸借契約の解除原因となりうるかどうかは、単にその更新料の支払がなくても法定更新がされたかどうかという事情のみならず、当該賃貸借成立後の当事者双方の事情、当該更新料の支払の合意が成立するに至つた経緯その他諸般の事情を総合考量したうえ、具体的事実関係に即して判断されるべきものと解するのが相当であるところ、原審の確定した前記事実関係によれば、本件更新料の支払は、賃料の支払と同様、更新後の本件賃貸借契約の重要な要素として組み込まれ、その賃貸借契約の当事者の信頼関係を維持する基盤をなしているものというべきであるから、その不払は、右基盤を失わせる著しい背信行為として本件賃貸借契約それ自体の解除原因となりうるものと解するのが相当である。」と判示し、解除原因になり得ることを認めている（判例評釈として、広中俊雄・判評 310．24、内田勝一・判タ 536．140、宮崎俊行・ジュリスト 817．34、野村豊弘・ジュリスト 838．92

がある)。

No, 8

賃料・地代

　借地契約において、賃料（地代）は、土地の使用・収益の対価であり、賃料の支払義務は、賃借人にとって基本的で重要な義務である。賃料の支払義務は、賃借人の基本的で重要な義務であるが、見方を変えれば、賃貸人にとっては基本的で重要な権利であり、自己の重要な財産である土地を運用することによって得られる収益であることになり、賃料の額、賃借人の賃料支払能力につき極めて重大な関心を抱いている。賃料の不払い、支払遅延は、賃借人の基本的で重要な義務の不履行であり、解除原因に当たることはもちろんであるが、既に紹介したように、解除原因になったとしても、数か月の賃料不払いでは、信頼関係を破壊するに足りない特段の事情があるとして、解除の効果が否定されることがある（裁判例によるこのような評価、判断、傾向については、批判もあり得るし、議論をすべきである）。
　また、賃料の額は、前記のとおり、賃貸人にとっても、賃借人にとっても重大な関心事であり、増減額をいつ、どのような要件の下で、どのような手続が行うことができるかも重大な関心事である。借地借家法は、借地法の時代における増減額請求の制度を引き継ぎ、地代等増減請求権の制度を採用している（11条。なお、借地法12条参照）。賃料の増減額は、賃貸人と賃借人の当事者間で交渉をし、合意をまとめることができることはいうまでもないが、このような交渉は双方の認識、見解の対立が無視できない場合には、合意をまとめることは困難である（特に賃貸人にとっては、法律上賃借人が借地権の保護を受けながら、賃料の増額を図ることが困難であれば、不公平な取扱いを受けることになる）。賃料の増減額請求権は、借地借家法11条1項所定の要件が認め

られる場合、賃貸人又は賃借人が意思表示をすることによって適正な額に増減額されるという法的な効果が生じるものである。従来は、土地の価格が長期にわたって増額傾向にあったため、実際に増減額請求がされる場合としては増額請求の事例が多かったが、バブル経済の崩壊後には減額請求の事例を見かけるようになった。

賃料の増額請求がされると、賃貸人と賃借人との間で協議が行われ、協議が調わなければ、法的な手続がとられることになる（賃借人が賃料を供託することになる）。賃貸人等の協議は、借地借家法11条1項所定の増額の要件自体は比較的分かりやすいものの、適正な額を認定、算定することは容易ではなく、賃貸人等の間で認識、評価の対立が激化することもある。賃料の増額をめぐる紛争が激化すると、賃貸人が借地契約を解除する事態にも発展することがあり、深刻化することがある（借地契約の解除をめぐる裁判例は既に紹介したところである）。

賃料の増額をめぐる協議が調わないと、調停を利用することができるが、訴訟を提起する前に原則として調停を利用することが必要である（調停前置主義。民事調停法24条の2）。賃料をめぐる紛争は、最後には、訴訟によって解決をすることになる。賃料の増額をめぐる紛争について調停を利用することは、不動産鑑定士等の専門家の意見を基に解決を図ることもでき、費用、時間、手間を節約することもできるものであり、経済的、合理的である。

賃料の増額改定を図るには、賃貸人としては、費用等の相当の負担がかかるし、調停、訴訟による解決が不明確であるため、明確な基準で改定を図り、紛争の発生を予防するために賃料の増額特約、自動増額特約を利用することが行われている（賃料の増額に関する特約は、相当前から利用されているが、実際に多用されてきたのはバブル経済の膨張の時期であり、この特約をめぐる問題が現実化したのはバブル経済の崩壊の時期であった。なお、賃料の増額に関する特約は、借家の場合にも多用されており、借地の場合よりも遥かに多く利用されていたようである）。賃料の増額特約は、借地借家法11条1項但書との関係で効力が問題になるし、その特約の解釈、特約につき事情変更の原則の特約、信義則による制限等の問題も生じることがある。

本項では、賃料の改定をめぐる問題のうち、借地契約の解除に発展した裁判例は既に紹介したので、それ以外の問題に関する裁判例を紹介する。

[200] 東京地判平成 3. 3. 29 判時 1391. 152
《事案の概要》
　Ｘ１有限会社は、昭和43年4月、賃貸期間を20年間とし、路線価を基準としてこれが増減した場合には、その増減の割合と同一の割合をもって当然に増減する旨の特約でＹ有限会社から土地１を賃借し、Ｘ２は、昭和58年3月、賃貸期間を20年間とし、昭和57年度の固定資産税及び都市計画税、同評価額、路線価のうち最も増加率の高いものを基準とし、その額の増加率に応じ、当然に増加する旨の特約でＹから土地２を賃借していたところ、昭和61年以降の地価の増加により各特約による賃料額が著しく高額になったため、Ｘ１、Ｘ２が各特約が事情変更の原則により失効したなどと主張し、Ｙに対して昭和63年以降の賃料額の確認を請求した。この判決は、各特約は路線価が借地契約締結当時の上昇率と著しく異ならない程度に安定して推移するとの前提で設けたものであり、締結するに際して基礎となっていた事情が失われた場合には、賃料増額の基準として拘束力を認めることはできないとし、請求を一部認容した。

【実務の対応】
　この判決は、路線価を基準としてこれが増減した場合には、その増減の割合と同一の割合をもって当然に増減する旨の特約で締結された借地契約において、バブル経済の膨張の時期に地価が著しく増加し、特約による賃料が高額になったため、賃借人が事情変更の原則により特約が失効したと主張した事案について、特約締結の基礎であった事情が失われ、特約の拘束力を認めることができないとし、事情変更の原則の適用を認めたものである。事情変更の原則は、一般的にはその適用の要件は厳格であり、通常の経済情勢、経済の変動の時期には適用されるものではないが、賃料の増減額請求の制度が長期にわたって継続することが予定されている借地契約における事情の変更に対応するために認められたものであり、その範囲で事情変更の原則を取り入れたものであるということができるため、一般の事情変更の原則と比較して、緩和された要件の下でこの原則の適用が認められる余地がある。この判決には議論があるが、借地契約における特殊な事情変更の原則を適用した事例と解することもできる。

第3章　借地をめぐる裁判例

[201] 大阪高判平成3.4.25判タ768.153
《事案の概要》
　Aは、建物所有を目的としてBに土地を賃貸し、Bが本件土地上に建物を建築していたところ、Aの死亡によりX1ないしX4が相続し、Bの死亡によりY1ないしY4が相続していたが、X1らが賃料増額請求をし、訴訟を提起し、増額に係る請求が認められ、Y1らが差額分を任意に支払っていたところ、X1らが再度賃料増額請求をし、Y1らに対して増額に係る賃料額の確認、差額賃料の支払いを請求した。第一審判決が確認請求、支払請求を認容したため、Y1らが控訴した。この判決は、従前の賃料額による供託額との差額金の支払請求を求める必要性がないとし、原判決を変更し、確認請求を認容し、支払請求を棄却した。
【実務の対応】
　この判決は、賃貸人が賃料増額の意思表示をし、増額交渉が調わなかったため、増額に係る賃料額の確認、供託金との差額の支払いを請求した事案について、増額請求を認め、適正な賃料額を算定し、確認請求を認容したが、差額の支払請求を求める必要性がないとしたものである。この判決は、増額に係る賃料額の算定事例として参考になるが、供託金との差額の支払請求の必要性がないとした判断は珍しい事例である。

[202] 東京地判平成3.9.25判時1427.103、判タ785.174、
　　　金融・商事判例893.39
《事案の概要》
　Aは、昭和31年、Bに建物所有を目的として土地を賃貸し、Bは、本件土地上に建物を建築して所有していたところ、Aが死亡し、Xが相続し、Bが死亡し、Yが相続したが、Xが昭和62年6月分以降、平成元年6月以降の賃料の増額を請求したものの、Yがこれに応じなかったため、XがYに対して増額に係る賃料額の確認、差額の賃料の支払いを請求した。この判決は、土地の価格が著しく高騰している時点であるとし、諸事情を考慮し、適正な賃料額を算定し、請求を認容した。

【実務の対応】

　この判決は、賃貸人が賃料増額の意思表示をし、増額交渉が調わなかったため、増額に係る賃料額の確認、差額の支払いを請求した事案について、適正な賃料額を算定したものであり、事例判断として参考になるものである。

[203] 東京地判平成3．10．21判時1429．68、判タ801．186
《事案の概要》

　X1ないしX3は、昭和36年9月、Y株式会社に堅固建物の所有を目的として土地を賃貸し、Yは、本件土地上に5階建てビルを建築して所有していたところ、X1らが昭和61年4月、昭和62年4月、昭和63年5月、平成元年4月、平成2年4月の各時点の賃料増額の請求をしたが、Yがこれに応じなかったため、X1らがYに対して増額に係る賃料額の確認を請求した。この判決は、差額配分法、純賃料割合法、スライド法を2対1対2の割合で考慮し、適正な賃料額を算定し、請求を認容した。

【実務の対応】

　この判決は、賃貸人が賃料増額の意思表示をし、増額交渉が調わなかったため、増額に係る賃料額の確認を請求した事案について、差額配分法、純賃料割合法、スライド法を2対1対2の割合で考慮し、適正な賃料額を算定したものであり、事例判断として参考になる。賃料の算定は、新規賃料、継続賃料の算定があり得るところ、この事案では継続賃料の算定が問題になっているが、この場合には、この判決が考慮した方法のほかにも、比較事例法等の方法もある。継続賃料の算定について、どの方式をどの程度考慮して算定するかは、従来から土地の地域性、規模、使用・収益の目的、従前の賃料の決定経緯等の事情を考慮して算定されているものであり、明確な基準がないということができる。

[204] 京都地判平成6．7．21判時1536．100、判タ879．219
《事案の概要》

　Y1、Aは、Bに土地を賃貸し、Bは、土地上に建物を建築し、X株式会社のために抵当権を設定していたところ、Y1がBに土地の賃借人がBが代表者であるC株式会社であると主張し（Cは倒産した）、建物の収去、土地の明

渡しを請求する訴訟を提起したが、Bが自己が賃借人であると主張したものの、地代の支払いを遅滞しがちであったことから、Xが裁判所の許可を得て地代を代払いし、法務局に供託したところ、Y1が損害金名目で払渡しの手続をとったため、XがY1、Aの相続人Y2ら（合計5名）に対して供託金につき不当利得の返還を請求した。この判決は、Y1は本件土地の不法占有による損害賠償請求権を取得しているが、これをもって供託事由を代払い賃料としてされた供託である旨明示されている供託金を損害金名目で受領する権限はない等とし、不当利得を認め、Y1に対する請求を認容し、Y2に対する請求を棄却した。

【実務の対応】
　この事案は、借地上の建物の抵当権者が賃借人が支払うべき賃料の代払いの許可を受け、供託したところ、賃貸人が損害金名目で払渡しの手続をとったことから、供託をした抵当権者が不当利得の返還を請求した事件であり、賃貸人が土地の不法占有による損害賠償請求権を取得しているものの、賃料の代払いを理由とする供託金を受領することができるかどうかが問題になった珍しい類型の事案である。この判決は、代払い賃料としてされた供託金を損害金名目で受領する権限はないとしたこと、不当利得を認めたことに特徴がある。

［205］東京地判平成7．6．7判タ911．132
《事案の概要》
　X株式会社は、昭和58年10月、A株式会社に建物所有を目的として地上権を設定し、Aは、昭和61年12月、区分所有建物を建築し、地上権の持分とともに分譲販売し、地代はAが各地上権者から各持分割合の地代を徴収し、Xに支払っていたところ、Aが倒産し、地代の支払いがされなくなったため、Xが地上権持分を有するY1株式会社、Y2、Y3に対して本件土地全体の地代の支払いを請求した。この判決は、地上権設定者は、本件建物が建築された際、本件地上権を区分所有建物の敷地利用権として利用することにつき明示ないし黙示で承認していたものであるとし、地上権の持分的割合によって地代を支払えば足りるとし、請求を一部認容した（Y1との関係では、供託を認め、請求は全部棄却された）。

【実務の対応】
　この事案は、土地の賃借権ではなく、地上権の事件であり、借地権の事件である。この判決は、借地権（地上権）の各持分権者（借地上の区分所有建物の専有部分の区分所有者）が地代全部の支払義務を負うかが問題になった事案について、地上権の持分的割合によって地代を支払えば足りるとしたものであり、事例判断として参考になる。土地の借地権が準共有状態にある場合、持分権者は、土地の賃料（地代）全部につき不可分債務を負うと解するのが通常であるが、借地上に区分所有建物が建築され、分譲されたときは、各区分所有者がそれぞれ土地の賃料全部の支払義務を負うと解されることになる。このような事態が各区分所有者の負担を著しく超えるものであるため、各区分所有者が有する賃借権（敷地利用権）の持分割合の範囲に賃料の支払義務を限定すべきであるとの見解が提唱され始めている。この判決は、新たに提唱されたこの見解をとるものであるが、今後の動向が注目される。

[206] 東京地判平成9.2.4判時1623.96
《事案の概要》
　Xは、昭和34年8月、堅固建物の所有を目的とし、賃貸期間を30年とし、YにJR池袋駅の近辺の土地を賃貸し、店舗ビルを建築し、賃料が順次増額されていたところ（賃貸期間は、裁判上の和解により、平成元年8月から30年間とする合意がされた）、平成3年5月、平成4年4月、平成5年3月、平成6年4月、平成7年4月、平成8年4月、それぞれ賃料を増額する意思表示をしたものの、Yがこれに応じず、従前の賃料の支払いを続けたため、XがYに対して増額に係る賃料額の確認、差額賃料の支払いを請求した。この判決は、差額配分法、利回り法を排斥し、スライド法によって算定することが合理的であるとし、適正な賃料額を算定し、請求を一部認容した。
【実務の対応】
　この判決は、賃貸人が複数回にわたり賃料増額の意思表示をしたものの、賃借人がこれに応じなかったため、増額に係る賃料額の確認、差額賃料の支払いを請求した事案について、差額配分法、利回り法を排斥し、スライド法によって算定することが合理的であるとし、適正な賃料額を算定したものであり、事例判断として参考になる。

[207] 東京地判平成 10．2．26 判時 1653．124
《事案の概要》
　Y株式会社は、昭和 62 年 4 月、建物所有を目的として、賃貸期間を 20 年、地代月額 50 万円とし、地代を 3 年ごとに固定資産税評価額の増加割合に応じて増額させるとの特約で土地をX株式会社に賃貸し、平成 2 年 7 月、地代が月額 63 万 5000 円、平成 5 年 7 月、地代が月額 80 万 1850 円に増額されたが、平成 6 年、固定資産評価額が大幅に上昇し、Yは、平成 8 年 7 月以降、地代を月額 635 万 6190 円になるものの、60％余減額し、240 万 5500 円とする旨を申し入れたのに対し、Xがこれを拒絶し、減額請求をし、地代が月額 50 万円であることの確認等を請求したのに対し、Yが反訴として地代が月額 240 万 5500 円であることの確認等を請求した。この判決は、賃貸借契約当時、固定資産評価額が 692.738％も上昇することを予見せず、予見し得なかったとし、事情変更の原則により増額特約の適用を否定し、適正な地代を月額 69 万 5120 円とし、本訴請求、反訴請求を一部認容した。
【実務の対応】
　この判決は、賃料（地代）を 3 年ごとに固定資産税評価額の増加割合に応じて増額させるとの特約による借地契約において賃借人が賃料減額の意思表示をし、減額に係る賃料額の確認を請求したのに対し、賃貸人が反訴として特約を基にした賃料額の確認等を請求した事案について、特約に係る固定資産税額が急激な上昇をすることを予見し得なかったとし、事情変更の原則を適用し、特約の適用を否定したものであり、事情変更の原則を適用した事例判断を提供するものである。

[208] 東京地判平成 11．3．26 判タ 1020．216
《事案の概要》
　X宗教法人は、昭和 55 年 2 月、Yに堅固建物所有を目的とし、賃貸期間を 30 年として賃貸借契約を締結し、昭和 56 年 9 月、非堅固建物所有を目的とし、賃貸期間を 20 年間として賃貸借契約を締結していたところ、Xは、平成 6 年 11 月、平成 7 年 7 月、それぞれ賃料増額の意思表示をしたものの、Yがこれに応じなかったため、XがYに対して各土地につき賃料の確認を請求した

のに対し（平成9年に訴訟提起）、平成10年、Yが賃料減額の意思表示をし、反訴として減額に係る賃料の確認を請求した。この判決は、賃料確認請求の訴訟物は増額請求の増額効果が発生した時点における賃料相当額の確認であり、その後の事実審の口頭弁論終結時までの賃料額が訴訟物になるものではない等とし、Xの本訴請求を認容し、Yの反訴請求は、口頭弁論の終結間際にされたものであり、訴訟手続を著しく遅延させるものであるとし、民事訴訟法146条1項但書に従い訴えを却下した。

【実務の対応】
　この判決は、賃貸人が賃料増額の意思表示をしたものの、賃借人がこれに応じなかったため、増額に係る賃料額の確認を請求する訴訟を提起したところ、訴訟の係属中、賃借人が賃料減額の意思表示をし、減額に係る賃料額の確認を請求する反訴を提起した事案について、賃料確認請求の訴訟物は増額請求の増額効果が発生した時点における賃料相当額の確認であるとしたこと、増額に係る適正な賃料額を算定したこと、減額請求に係る反訴は訴訟手続を著しく遅延させるものであるとして訴えを却下したことに特徴があり、いずれの判断も事例として参考になる。

[209] 水戸地判平成11.10.28判タ1059.231
《事案の概要》
　Xは、昭和52年、バッティングセンター営業用建物所有の目的で地方都市の国道沿いの土地をYに賃貸し、その後、飲食店用建物所有の目的になっているが、徐々に地代が増額されていたところ、Xが、平成9年、従来の地代が月額29万円であったのを（昭和63年8月に増額の合意がされた）、固定資産税の増額を理由に月額56万円に増額する旨の意思表示をし（固定資産税は、昭和63年に34万円であったのが、平成9年には60万4373円に増額された）、Yに対して賃料の確認を請求した。この判決は、不動産鑑定士の鑑定に基づき、月額51万5625円への増額を認め、請求を認容した。

【実務の対応】
　この判決は、賃貸人が賃料増額の意思表示をしたものの、賃借人がこれに応じなかったため、増額に係る賃料額の確認を請求した事案について、適正な賃料額を算定したものであり、事例判断を提供するものである。

[210] 東京高判平成12．7．18 金融・商事判例1097．3
《事案の概要》
　Aは、所有土地の一部にAの保有するＹ１有限会社所有の建物、Aの妻Bの所有建物、Aの所有建物が存在していたところ、A、Bが死亡し、遺産分割等を経て、本件土地部分は長男Ｘが相続し、Ｙ１の経営は次女Ｙ２が保有し、A、Bの各所有建物はＹ２が相続したが、従来は約定の地代が低廉であり、その地代の支払いも滞っていたところ、Ｘが更地としての評価で相続税を支払った等と主張し、路線価を基準にした地代相当額につき不当利得の返還を請求した。第一審判決は、継続地代として算定すべきであるとし、請求を一部認容したため、Ｘが控訴した。この判決は、本件では特別の関係が終了し、他人間の通常の賃貸借と同様な賃貸条件になるまで地代額を調整することが必要であるとし、原判決を変更し、請求を一部認容した（判例評釈として、永井崇志・判タ1065．82がある）。

【実務の対応】
　この事案は、借地借家法11条1項所定の賃料増額の意思表示が問題になった事件ではなく、借地契約の賃貸人の相続人が賃借人の相続人に対して賃料（地代）相当額につき不当利得の返還を請求したことから、従来低廉な賃料であった賃貸借当事者の意思の解釈が問題になった事件である。この判決は、他人間の通常の賃貸借と同様な賃貸条件になるまで賃料額（地代額）を調整することが必要であるとし、賃料相当額の不当利得の成立を認めたものであり、事例判断を提供するものである。

[211] 東京高判平成13．1．30 判タ1059．227
《事案の概要》
　前記の[209]水戸地判平成11．10．28判タ1059．231の控訴審判決であり、Ｙが控訴した。この判決は、地代の額は、土地上に収益を目的とする建物が建築されているときは、建物の賃料収入から経費を差し引いて得られる収益を建物に対する投下資本に対する報酬、建物賃貸営業に対する報酬、土地に建てする資本投下に対する報酬のそれぞれを基本に分配し、前二者を賃借人に与え、残りを地代として賃貸人に与えるものとして算定することができるとし、

本件では、既に建物賃料からみて十分な地代が合意されているとし、固定資産税の大幅な増額にもかかわらず、地代の増額を認めるのが相当でないとし、原判決を取り消し、請求を棄却した。
【実務の対応】
　この判決は、賃貸人が賃料増額の意思表示をしたものの、賃借人がこれに応じなかったため、増額に係る賃料額の確認を請求した事案について、固定資産税の大幅な増額にもかかわらず、地代の増額を認めるのが相当でないとし、賃料増額の意思表示の効力を認めなかったものであるが、疑問の残るものである。

[212] 横浜地判平成13．11．27金融・商事判例1157．36
《事案の概要》
　X株式会社は、昭和32年、Y宗教法人から建物所有を目的とし、土地を賃借し、土地上に木造の建物を建築していたところ、昭和52年、賃貸期間を50年間とし、堅固建物の所有を目的とするものに変更し、平成2年、平成5年、それぞれ木造建物を取り壊し、10階建て、6階建てのビルを建築したところ、固定資産税の負担が地代を上回るようになり、当事者間の交渉、調停により地代を増額したが、土地の価格が下落したため、Xが地代減額の意思表示をし、Yに対して減額に係る地代額の確認を請求した。この判決は、地代が減額されたことを認め、鑑定の結果により、地代額を算定し、請求を一部認容した。
【実務の対応】
　この判決は、賃借人が土地の価格の下落を背景として賃料（地代）減額の意思表示をしたものの、賃貸人がこれに応じなかったため、減額に係る賃料額の確認を請求した事案について、減額の意思表示の効力を認め、適正な賃料額を算定したものであり、事例判断を提供するものである。

[213] 大阪地判平成14．3．19金融・商事判例1201．30
《事案の概要》
　X1株式会社は、昭和59年、Y株式会社から、3年ごとに賃料の改定を行い、改定後の賃料は消費者物価指数の変動率を乗じ、公租公課の増減額を加除した額とするが、消費者物価指数が下降しても賃料を減額することはない旨の特約で、建物所有を目的として土地を賃借し、昭和63年、Yから同様な特約

で建物所有を目的として土地を賃借し、X2は、昭和62年、Yから同様な特約で建物所有を目的として土地を賃借し、3年ごとに賃料を改定していたところ、土地の価格が4分の1程度に下落したことから、X1らが、平成13年4月、Yに対して賃料減額の意思表示をし、減額に係る賃料額の確認を請求した。この判決は、賃料減額請求権の行使を肯定し、その効力を認め、請求を一部認容した。

【実務の対応】
　この判決は、3年ごとに賃料の改定を行い、改定後の賃料は消費者物価指数の変動率を乗じ、公租公課の増減額を加除した額とするが、消費者物価指数が下降しても賃料を減額することはない旨の特約の借地契約において、土地の価格が4分の1程度に下落したことから、賃借人らが賃料減額の意思表示をしたものの、賃貸人がこれに応じなかったため、賃借人らが減額に係る賃料額の確認を請求した事案について、減額の意思表示の効力を認め、適正な賃料額を算定したものであり、事例判断を提供するものであるが、前記の特約の内容、効果との関係で疑問が残る（もっとも、後記の控訴審判決、上告審判決参照）。

[214] 東京高判平成14．10．22金融・商事判例1157．25
《事案の概要》
　前記の［212］横浜地判平成13．11．27金融・商事判例1157．36の控訴審判決であり、Yが控訴した。この判決は、地価の低下、公租公課の減少だけで地代が直ちに減額されるべきではないとし、現在の適正な地代の額は現在の地代の額を上回っている可能性がある等とし、原判決を取り消し、請求を棄却した。

【実務の対応】
　この判決は、賃借人が土地の価格の下落を背景として賃料（地代）減額の意思表示をしたものの、賃貸人がこれに応じなかったため、減額に係る賃料額の確認を請求した事案について、地価の低下、公租公課の減少だけで賃料（地代）が直ちに減額されるべきではないとしたこと、現在の適正な賃料額は現在の賃料額を上回っている可能性があるとしたこと、賃料減額の意思表示の効力を否定したことに特徴があり、事例判断として参考になる（第一審判決と異なる賃料額の算定、評価をしていることも参考になる）。

賃料・地代

[215] 大阪高判平成 15．2．5 金融・商事判例 1201．25
《事案の概要》
　前記の［213］大阪地判平成 14．3．19 金融・商事判例 1201．30 の控訴審判決であり、X 1 ら、Y の双方が控訴した。この判決は、賃料改定の特約は紛争を事前に回避するために改定基準が客観的で、賃料に比較的影響を与えやすい要素によるものであるときは、契約自由の原則に則り効力を肯定すべきであり、本件特約の効力を認めることができ、事情変更の原則が適用される事態ではない等とし、第一審判決を取り消し、請求を棄却した。

【実務の対応】
　この判決は、賃料改定の特約は紛争を事前に回避するために改定基準が客観的で、賃料に比較的影響を与えやすい要素によるものであるときは、契約自由の原則に則り効力を肯定すべきであるとしたこと、この事案の特約の効力を肯定したこと、この事案につき事情変更の原則が適用される事態ではないとしたことに特徴があり、賃料改定の特約の効力を肯定し、事情変更の原則の適用を否定した事例判断として参考になるものである（なお、この判決は上告審である後記の最高裁の判決によって破棄されるが、理論的にはこの判決の見解のほうが合理的であり、最高裁の判決が解釈上の障害となっているというのであれば、少なくとも立法的な解決を図るべきであろう）。

[216] 最一判平成 15．6．12 民集 57．6．595、判時 1826．47、
　　　判タ 1126．106、金融・商事判例 1173．25
《事案の概要》
　生命保険業を営む X 相互会社は、大規模小売店舗用建物を建築し、スーパーマーケットを営む A 株式会社の店舗を誘致しようと計画し、昭和 62 年 7 月、その敷地の一部として、私鉄の駅前の土地を Y 株式会社から賃貸期間を 35 年とし、賃料は 3 年ごとに見直すこととし、第 1 回目の見直し時は当初賃料の 15％増、次回以降は 3 年ごとに 10％増額する、ただし、物価の変動、土地、建物に対する公租公課の増減その他経済状態の変化により別途協議する旨の賃料自動増額特約を締結して賃借し、その後、特約に従って改定され、賃料が支払われたが、平成 9 年 7 月、X が賃料の増額に応じず、同年 12 月、賃料減額

の意思表示をし、XがYに対して減額に係る賃料の確認を請求したのに対し、YがXに対して増額に係る賃料額の確認を請求した。第一審判決は、Xの請求を一部認容し、Yの請求を棄却したため、Yが控訴し、Xが附帯控訴した。控訴審判決はYの控訴に基づき第一審判決を変更し、Xの請求を棄却し、Yの請求を認容し、Xの附帯控訴を棄却したため、Xが上告受理を申し立てた。この判決は、地代等自動改定特約において地代等の改定基準を定めるに当たって基礎とされていた事情が失われることにより、同特約によって地代等の額を定めることが借地借家法11条1項の規定の趣旨に照らして不相当なものとなった場合には、同特約の効力を争う当事者は、同特約に拘束されず、同項に基づく地代等増減請求権の行使を妨げられないとし、原判決を破棄し、Xの請求に関する控訴を棄却し、Yの請求に関する部分につき本件を東京高裁に差し戻した。
〈判決〉は、
「1. 建物の所有を目的とする土地の賃貸借契約の当事者は、従前の地代等が、土地に対する租税その他の公課の増減により、土地の価格の上昇若しくは低下その他の経済事情の変動により、又は近傍類似の土地の地代等に比較して不相当となったときは、借地借家法11条1項の定めるところにより、地代等の増減請求権を行使することができる。これは、長期的、継続的な借地関係では、一度約定された地代等が経済事情の変動等により不相当となることも予想されるので、公平の観点から、当事者がその変化に応じて地代等の増減を請求できるようにしたものと解するのが相当である。この規定は、地代等不増額の特約がある場合を除き、契約の条件にかかわらず、地代等増減請求権を行使できるとしているのであるから、強行法規としての実質を持つものである（最高裁昭和28年（オ）第861号同31年5月15日第三小法廷判決・民集10巻5号496頁、最高裁昭和54年（オ）第593号同56年4月20日第二小法廷判決・民集35巻3号656頁参照）。
2. 他方、地代等の額の決定は、本来当事者の自由な合意にゆだねられているのであるから、当事者は、将来の地代等の額をあらかじめ定める内容の特約を締結することもできるというべきである。そして、地代等改定をめぐる協議の煩わしさを避けて紛争の発生を未然に防止するため、一定の基準に基づいて将来の地代等を自動的に決定していくという地代等自動改定特約についても、基本的には同様に考えることができる。

3. そして、地代等自動改定特約は、その地代等改定基準が借地借家法11条1項の規定する経済事情の変動等を示す指標に基づく相当なものである場合には、その効力を認めることができる。

しかし、当初は効力が認められるべきであった地代等自動改定特約であっても、その地代等改定基準を定めるに当たって基礎となっていた事情が失われることにより、同特約によって地代等の額を定めることが借地借家法11条1項の規定の趣旨に照らして不相当なものとなった場合には、同特約の適用を争う当事者はもはや同特約に拘束されず、これを適用して地代等改定の効果が生ずるとすることはできない。また、このような事情の下においては、当事者は、同項に基づく地代等増減請求権の行使を同特約によって妨げられるものではない。

4. これを本件についてみると、本件各土地の地代がもともと本件各土地の価格の8％相当額の12分の1として定められたこと、また、本件賃貸借契約が締結された昭和62年7月当時は、いわゆるバブル経済の崩壊前であって、本件各土地を含む東京都23区内の土地の価格は急激な上昇を続けていたことを併せて考えると、土地の価格が将来的にも大幅な上昇を続けると見込まれるような経済情勢の下で、時の経過に従って地代の額が上昇していくことを前提として、3年ごとに地代を10％増額するなどの内容を定めた本件増額特約は、そのような経済情勢の下においては、相当な地代改定基準を定めたものとして、その効力を否定することはできない。しかし、土地の価格の動向が下落に転じた後の時点においては、上記の地代改定基準を定めるに当たって基礎となっていた事情が失われることにより、本件増額特約によって地代の額を定めることは、借地借家法11条1項の規定の趣旨に照らして不相当なものとなったというべきである。したがって、土地の価格の動向が既に下落に転じ、当初の半額以下になった平成9年7月1日の時点においては、本件増額特約の適用を争う上告人は、もはや同特約に拘束されず、これを適用して地代増額の効果が生じたということはできない。また、このような事情の下では、同年12月24日の時点において、上告人は、借地借家法11条1項に基づく地代減額請求権を行使することに妨げはないものというべきである。」と判示している（判例評釈として、和田安夫・民商130．1．114、平田健治・判評543．7、金山直樹・判タ1144．74、長久保尚善・判タ1154．64、原田純孝・ジュリスト

1269.78がある）。

【実務の対応】
　この事案は、生命保険会社が大規模小売店舗用建物を建築し、スーパーマーケットを営む会社の店舗を誘致しようと計画し、土地を所有する会社から賃貸期間を35年とし、賃料は3年ごとに見直すこととし、第1回目の見直し時は当初賃料の15%増、次回以降は3年ごとに10%増額する、ただし、物価の変動、土地、建物に対する公租公課の増減その他経済状態の変化により別途協議する旨の賃料自動増額特約を締結した借地契約において、その後は特約に従って改定されていたものの、賃借人が賃料減額の意思表示をし、減額に係る賃料の確認を請求したのに対し、賃貸人が増額に係る賃料額の確認を請求した事件であり、上告審の事件である。この事案では、事業者間の借地契約であること、生命保険会社である賃借人が不動産投資として借地契約を締結したこと、賃貸期間が35年間であり、賃借人が長期の借地によって投資を回収することが想定されていたこと、賃料増額特約が締結されたこと（もっとも、但書があるため、純粋の自動増額特約とはいい難い）、賃借人が数度は特約に従って賃料の増額に応じていたこと、賃借人がバブル経済の崩壊後の土地の価格の下落によって賃料減額の意思表示をしたことに特徴がある。この判決は、借地借家法11条但書が強行法規の実質を有するとしたこと、地代等自動改定特約は、その地代等改定基準が借地借家法11条1項の規定する経済事情の変動等を示す指標に基づく相当なものである場合には、その効力を認めることができるとしたこと、当初は効力が認められるべきであった地代等自動改定特約であっても、その基礎となっていた事情が失われることにより、同特約によって地代等の額を定めることが借地借家法11条1項の規定の趣旨に照らして不相当なものとなった場合には、これを適用して地代等改定の効果が生ずるとすることはできないとしたこと、この場合には、当事者は地代等増減請求権の行使を同特約によって妨げられるものではないとしたこと、特約の存在は、貸借契約の当事者が契約締結当初の賃料額を決定する際の重要な要素となった事情であるから、衡平の見地に照らし、借地借家法11条1項の規定に基づく賃料増減額請求の当否（同項所定の賃料増減額請求権行使の要件充足の有無）及び相当賃料額を判断する場合における重要な事情として十分に考慮されるべきであるとしたこと、この事案では賃借人が賃料減額請求権を行使することができるとしたこと

に特徴があり、その判断内容に照らし、賃料増額特約につき重要な見解を示したものということができよう（最高裁の判例としては賃料増額特約にも一定の配慮を示したものということができるものの、硬直的にすぎる見解であり、早晩、判例として、あるいは立法的に是正すべき見解である）。

[217] 最三判平成 16. 6. 29 判時 1868. 52、判タ 1159. 127、金融法務事情 1723. 38、金融・商事判例 1201. 19

《事案の概要》

前記の [215] 大阪高判平成 15. 2. 5 金融・商事判例 1201. 25 の上告審判決であり、X1 らが上告受理を申し立てた。この判決は、本件特約があっても、借地借家法 11 条 1 項に基づく賃料減額請求権の行使を妨げられないとし、原判決を破棄し、本件を大阪高裁に差し戻した。

〈判決〉は、

「本件各賃貸借契約には、3 年ごとに賃料を消費者物価指数の変動等に従って改定するが、消費者物価指数が下降したとしても賃料を減額しない旨の本件特約が存する。しかし、借地借家法 11 条 1 項の規定は、強行法規であって、本件特約によってその適用を排除することができないものである（最高裁昭和 28 年（オ）第 861 号同 31 年 5 月 15 日第三小法廷判決・民集 10 巻 5 号 496 頁、最高裁昭和 54 年（オ）第 593 号同 56 年 4 月 20 日第二小法廷判決・民集 35 巻 3 号 656 頁、最高裁平成 14 年（受）第 689 号同 15 年 6 月 12 日第一小法廷判決・民集 57 巻 6 号 595 頁、最高裁平成 12 年（受）第 573 号、第 574 号同 15 年 10 月 21 日第三小法廷判決・民集 57 巻 9 号 1213 頁参照）。したがって、本件各賃貸借契約の当事者は、本件特約が存することにより上記規定に基づく賃料増減額請求権の行使を妨げられるものではないと解すべきである（上記平成 15 年 10 月 21 日第三小法廷判決参照）。

なお、前記の事実関係によれば、本件特約の存在は、本件各賃貸借契約の当事者が、契約締結当初の賃料額を決定する際の重要な要素となった事情であると解されるから、衡平の見地に照らし、借地借家法 11 条 1 項の規定に基づく賃料増減額請求の当否（同項所定の賃料増減額請求権行使の要件充足の有無）及び相当賃料額を判断する場合における重要な事情として十分に考慮されるべきである（上記平成 15 年 10 月 21 日第三小法廷判決参照）。

2. したがって、上告人らは、借地借家法11条1項の規定により、本件各土地の賃料の減額を求めることができる。そして、この減額請求の当否及び相当賃料額を判断するに当たっては、賃貸借契約の当事者が賃料額決定の要素とした事情その他諸般の事情を総合的に考慮すべきであり、本件特約の存在はもとより、本件各賃貸借契約において賃料額が決定されるに至った経緯や本件特約が付されるに至った事情等をも十分に考慮すべきである。」と判示している（判例評釈として、中山知己・判評556. 23、吉田克己・判タ1173. 109、塩崎勤・判タ1184. 44 がある）。

【実務の対応】
　この判決は、3年ごとに賃料の改定を行い、改定後の賃料は消費者物価指数の変動率を乗じ、公租公課の増減額を加除した額とするが、消費者物価指数が下降しても賃料を減額することはない旨の特約の借地契約において、土地の価格が4分の1程度に下落したことから、賃借人らが賃料減額の意思表示をしたものの、賃貸人がこれに応じなかったため、賃借人らが減額に係る賃料額の確認を請求した事案について、第一審判決、控訴審判決と判断が分かれていたところ、借地借家法11条但書が強行法規の実質を有するとしたこと、特約が存することにより賃借人が借地借家法11条に基づく賃料増減額請求権の行使を妨げられるものではないとしたことに特徴があり、前記の[216]最一判平成15. 6. 12民集57. 6. 595、判時1826. 47、判タ1126. 106、金融・商事判例1173. 25と同様な見解を示したものであるが、同様な問題点を有するものである。

No, 9

借地条件の変更等

　借地契約は、日常的に利用される契約としては特に長期にわたって継続する

ことが予定されている契約であり、その期間中には様々な事情によって契約内容（契約条件と呼ばれることもある）を変更することが必要になったりすることがある（賃料の改定については前記のとおりである）。借地契約の内容を変更、改定しようとする場合、どのような手段、方法によることができるかが問題になることが少なくない。借地契約の内容を改定しようとする場合、当事者間の協議によることが通常であり、借地契約書にもその旨の条項を盛り込むことがある（誠実協議条項と呼ばれることもあるが、当事者としてどの程度協議に応じることが必要であるか等の問題が残る）。仮に協議が調わなかった場合、賃貸人等の当事者が一方的に希望する借地内容を実現してしまう事態も見られないではないが（相手方の黙認、黙示の承諾を主張することもある）、この場合には、借地契約が解除される可能性があり、リスクの多い方法である。借地借家法は、借地条件の変更等と題する節を設けており（借地借家法17条ないし21条。なお、借地法8条ノ2）、建物の種類、構造、規模又は用途を制限する旨の借地条件がある場合とか、増改築を制限する特約がある場合には、裁判所に借地条件の変更を求める申立てをすることができるようになっている（借地借家法17条1項、2項）。

[218] 大阪高決平成3.12.18判タ775.171
《事案の概要》

　X株式会社の代表者Aは、昭和23年頃、昭和11年頃建築の工場用建物を譲り受け、敷地を非堅固建物の所有を目的としてBから賃借し、昭和26年7月、BがXに賃貸期間を20年間として木造スレート葺工場用建物の敷地として賃貸し、昭和32年9月に死亡し、Y1、Y2らが共同相続していたところ、賃貸借契約が昭和46年7月、平成3年7月にそれぞれ更新されたが、Xが不況によって本件建物の一部をCに賃貸したり、隣接する土地と併せてマンションの建築を計画し、賃貸借契約の目的を非堅固建物所有から堅固建物所有にするため、借地条件の変更を申し立てた。原決定は、申立てを認容したため、Y1らが即時抗告を申し立てた。この決定は、借地権の残存期間、土地の状況、借地に関する従前の経過、その他一切の事情を考慮すべきであるとし、借地条件を変更することは相当ではないとし、原決定を取り消し、申立てを棄却した。

【実務の対応】
　この決定は、非堅固建物の所有を目的とする借地契約が長期にわたって継続していた場合において、賃借人が堅固建物の所有のために借地条件の変更を申し立てた事案について、借地権の残存期間等の事情を考慮し、借地条件の変更が相当でないとしたものであり、事例判断として参考になるものである。

[219] 東京地決平成5.1.25判時1456.108、判タ814.224
《事案の概要》
　Xは、Yから木造建物の敷地として使用する、賃貸人の承諾を得ずに賃借物の変更をしない旨の特約で土地を賃借し、木造建物を建築していたところ、昭和57年、Xの申立てにより、850万円の支払いを条件として、賃貸借の目的を堅固建物の所有とすることに借地条件を変更する旨の裁判所の決定がされ、Xが850万円を支払ったものの、当時計画していた3階建ての工場を建築しないまま経過し、新たにXが自己所有地に建築している建物を取り壊して自己所有地に跨って7階建ての建物を建築することを計画し、借地条件の変更を申し立てた。この決定は、跨り建物の建築は認められない等とし、申立てを却下した。

【実務の対応】
　この決定は、非堅固建物の所有を目的とする借地契約の賃借人がいったん堅固建物（3階建物）の所有を目的とする借地条件に変更が認められたものの、建築しないまま、後に隣接する自己所有地と借地にまたがって7階建て建物の建築のため借地条件の変更を申し立てた事案について、跨り建物の建築が認められないとし、借地条件の変更を認めなかったものであり、事例判断として参考になるものである。

[220] 東京高決平成5.5.14判時1520.94
《事案の概要》
　Aは、大正15年頃、Bに建物所有を目的として土地を賃貸し、Bは、借地上に建物を建築し、第三者に建物を賃貸していたところ（その後、Aが死亡し、Xが相続し、Bが死亡し、Yが相続した）、建物が老朽化し、地域が都内の土地再開発計画の区域に含まれる等したため、7階建ての建物を建築する計画を

立て、借地条件の変更を申し立てた。原決定は、申立てを認容したため、Yが抗告を申し立てた。この決定は、本件賃貸借契約は平成7年3月31日に期間が満了し、Xが更新拒絶をすることが明らかであり、このような場合に本件申立てを認容するには、契約更新の見込みが確実であること、緊急の必要性があることが必要であるとした上、本件ではこの要件が認められないとし、原決定を取り消し、申立てを棄却した。

【実務の対応】
　この決定は、長期にわたって継続していた借地契約の賃借人が7階建て建物の建築のために借地条件の変更を申し立てた事案について、近い将来賃貸期間が満了し、賃貸人が更新拒絶をすることが明らかであり、この場合には、契約更新の見込みが確実であること等が認められることが必要であるとし、借地条件の変更を認めなかったものであるが、重要な事例判断として参考になるものである。

[221] 東京高決平成5.11.5判夕842.197
《事案の概要》
　Xは、大正年代に建築された借地上の建物の所有権を取得し、昭和47年、敷地の所有者であるYとの間で建物所有を目的とし、賃貸期間を20年間として賃貸借契約を締結したが、平成2年からは空き家になっていたところ、Xが本件建物とともに本件土地の賃借権を譲渡しようとし、Yに対して賃貸人の譲渡に代わる許可を申し立てた。原決定は、申立てを認容したため、Yが抗告を申し立てた。この決定は、本件建物が建築後57年を経て、その朽廃が近く、本件土地の賃借権もこれに伴って消滅する可能性が高く、許可を認めるべきではないとし、原決定を取り消し、申立てを棄却した。

【実務の対応】
　この決定は、長期にわたって継続していた借地契約の賃借人が賃借権の譲渡をしようとし、賃貸人の承諾に代わる許可を申し立てた事案（借地借家法20条1項）について、建物の朽廃が近く、賃借権の消滅の可能性が高いことから、許可を認めなかったものであり、重要な事例判断として参考になるものである。

[222] 東京高決平成 12. 10. 27 判時 1733. 35、判タ 1047. 287
《事案の概要》
　X1は、競売手続において、借地上の建物を買い受け、その持分をX2、X3に譲渡し、所有権一部移転登記を経由した後、X1ないしX3が土地の所有者であるY1、Y2に対して借地借家法20条1項所定の土地賃借権譲受許可の申立てをしたところ、Y1らがその申立ての却下を求めるとともに、同条2項、19条3項により建物、賃借権の譲受の申立てをした。原決定は、X2、X3は、買受人ではなく、申立てが不適法であるとして却下し、X1の申立てについては、Y1らの申立てを認容することとし、建物価格等の代金と引き換えに前記所有権一部移転登記の抹消登記手続をした上、Y1らへの所有権移転登記手続、引渡しを命じたため、X1らが抗告し、Y1らが附帯抗告した。この決定は、借地借家法20条1項所定の申立てをすることができるのは、買受人に限られ、建物を譲り受けた者は含まれないし、建物譲渡後の同法19条1項所定の申立ては許されないし、買受人又はその地位を取得した者が複数である場合には、その一部の者だけで同法20条1項所定の申立てをすることは許されないとし、X1らの申立てが不適法であるとし、X1らの抗告を棄却し、Y1らの附帯抗告に基づき原決定を変更し、X1らの申立てを却下した（判例評釈として、久保宏之・判評511. 25がある）。
【実務の対応】
　この決定は、競売手続において借地上の建物を買い受けた者、その持分の譲受人らが賃貸人の承諾に代わる許可を申し立てた事案（借地借家法20条1項）について、この許可の申立てをすることができるのは買受人に限られるとしたこと、買受人又はその地位を取得した者が複数である場合には、その一部の者だけでこの申立てをすることは許されないとしたことに特徴があり、借地借家法20条1項所定の申立人の意義を明らかにしたものである。

[223] 大阪高決平成 13. 4. 12 金融・商事判例 1133. 8
《事案の概要》
　Yは、Aの堅固建物の所有を目的として土地を賃貸し（敷金1000万円が交付された）、Aは、建物を建築して所有していたところ、建物につき競売が実

施され、Xが借地権付建物として競落したが、Yが賃借権の譲渡を承諾しなかったため、Xが借地借家法20条1項に基づき賃貸人の承諾に代わる許可を求める申立てをした。原決定は、敷金として1000万円の交付を命ずることはできないとし、譲渡承諾料の給付のみを命じ、許可をしたため、Yが抗告を申し立てた。この決定は、同様な判断をし、抗告を棄却した。

【実務の対応】

　この決定は、競売手続において借地上の建物を買い受けた者が賃貸人の承諾に代わる許可を申し立てた事案について、承諾料の給付を命じ、許可をしたが、敷金の交付を命ずることはできないとしたものである（後記の最高裁の決定参照）。

[224] 最二判平成13.11.21民集55.6.1014、判時1768.86、金融法務事情1635.42、金融・商事判例1133.3

《事案の概要》

　前記の［223］大阪高決平成13.4.12金融・商事判例1133.8の許可抗告審の決定であり、Yが抗告許可の申立てをした。この決定は、裁判所は、旧賃借人が交付していた敷金の額、第三者の経済的信用、敷金に関する地域的な相場等の一切の事情を考慮した上で、借地借家法20条1項後段の付随的裁判の1つとして、当該事案に応じた相当な額の敷金を定め、第三者に対してその交付を命ずることができるとし、原決定を破棄し、本件を大阪高裁に差し戻した。

〈決定〉は、

「土地の賃貸借における敷金は、賃料債務、賃貸借終了後土地明渡義務履行までに生ずる賃料額相当の損害金債務、その他賃貸借契約により賃借人が賃貸人に対して負担することとなる一切の債務を担保することを目的とするものである。しかし、土地の賃借人が賃貸人に敷金を交付していた場合に、賃借権が賃貸人の承諾を得て旧賃借人から新賃借人に移転しても、敷金に関する旧賃借人の権利義務関係は、特段の事情のない限り、新賃借人に承継されるものではない（最高裁昭和52年（オ）第844号同53年12月22日第二小法廷判決・民集32巻9号1768頁参照）。したがって、この場合に、賃借権の目的である土地の上の建物を競売によって取得した第三者が土地の賃借権を取得すると、特

段の事情のない限り、賃貸人は敷金による担保を失うことになる。
　そこで、裁判所は、上記第三者に対して法20条に基づく賃借権の譲受けの承諾に代わる許可の裁判をする場合には、賃貸人が上記の担保を失うことになることをも考慮して、法20条1項後段の付随的裁判の内容を検討する必要がある。その場合、付随的裁判が当事者間の利益の衡平を図るものであることや、紛争の防止という賃借権の譲渡の許可の制度の目的からすると、裁判所は、旧賃借人が交付していた敷金の額、第三者の経済的信用、敷金に関する地域的な相場等の一切の事情を考慮した上で、法20条1項後段の付随的裁判の一つとして、当該事案に応じた相当な額の敷金を差し入れるべき旨を定め、第三者に対してその交付を命ずることができるものと解するのが相当である。
　これを本件についてみるに、原審は、付随的裁判をするに当たり、法20条1項後段に定める付随的裁判として第三者に敷金の交付を命ずることは許されないとの誤った解釈の下に、付随的裁判の内容を判断したものであって、この判断には、裁判に影響を及ぼすことが明らかな法令の違反があるというべきである。」と判示している（判例評釈として、西希代子・法協123．3．186、平田健治・民商126．3．101、田中敦・判タ1125．60、原田純孝・ジュリスト1224．87がある）。

【実務の対応】
　この決定は、競売手続において借地上の建物を買い受けた者が賃貸人の承諾に代わる許可を申し立てた事案について、許可を認める場合、承諾料の給付のほか、付随的裁判として敷金の交付を命ずることができるとしたものであり、重要な判断を示したものである。

[225] 東京地決平成17．7．19判時1918．22
《事案の概要》
　Aは、区分所有建物に専有部分を区分所有し、Yから敷地につき賃借権の設定を受けていたところ、区分所有者の集会で建替え決議がされ、Aが決議に反対し、建替えに参加しない旨の回答をしたため、区分所有者XがAに対して区分所有法63条4項に基づき売渡しを請求したところ、Xが区分所有権、賃借権を取得し、Yに賃借権の譲渡につき承諾を求めたものの、Yがこれを拒否したことから、XはYに対して、借地借家法20条が類推適用されると主張し、

譲渡許可の申立てをしたのに対し、Yがこの申立てを争うとともに、同法20条の類推適用が認められることに備えて、同法20条2項、19条の類推適用による介入権の申立てをした。この決定は、区分所有法に基づく売渡請求権の行使の場合も譲渡人の意思に関わりなく賃借権が譲渡されることが競売、公売と同様であること等から、借地借家法20条の類推適用を肯定し、本件でもこの類推適用を認めた上、同法20条2項、19条3項の類推適用によるYの介入権の行使を認め、Xによる譲渡許可の申立てが失効したとし、XからYに対する区分所有権、賃借権の譲渡等を命じる決定をした。

【実務の対応】

この決定は、借地上の区分所有建物につき区分所有者の集会で建替え決議がされ、決議に反対した区分所有者に対して区分所有法63条4項に基づき売渡し請求がされたため（形成権が行使されたものである）、借地の所有者に対して借地借家法20条の類推適用により承諾に代わる許可が申し立てがされた事案について、借地借家法20条、19条の類推適用を肯定したものであり、議論があるものの、珍しい事例判断を提供するものである。

No, 10
一時使用の借地

借地契約には、借地借家法（借地法）が適用され、この規定は賃借人に不利なものは無効とされ、強行規定であるとされているが（借地借家法9条、21条、借地法11条）、3条から8条等の規定は、臨時の設備の設置その他一時使用のために借地権を設定したことが明らかな場合には、適用されないとされている（借地借家法25条、借地法9条）。これは、一時使用の借地（一時使用目的の借地）と呼ばれることがあり、借地ではあっても、一部の強行規定の適用が除外されているものである（特に借地借家法3条ないし8条の借地権

の存続に関する規定の適用が除外されている）。一時使用の借地の場合には、賃貸期間が満了した場合には、特段の特約があるときは別として、期間満了によって消滅するものであるため、一時使用の借地であるかどうかが問題になることがある。一時使用の借地であるためには、判例によると、借地の目的とされた土地の利用目的、地上建物の種類、設備、構造、賃貸期間等、諸般の事情を考慮し、賃貸借当事者間に短期間にかぎり賃貸借を存続させる合意が成立したと認められる客観的合理的な理由が存する場合に限り、この賃貸借が一時使用の賃貸借に該当するものと解するのが相当であると解されているところであり、重要な判断基準になっている（最一判昭和43．3．28民集22．3．691。なお、この判例は借地法9条の規定に関するものであるが、判断の枠組みとして借地借家法25条の規定の解釈にも妥当するものである）。借地法9条に関する最高裁の判例を取り上げても、前記の最一判昭和43．3．28民集22．3．691のほか、最一判昭和32．2．7民集11．2．240、最三判昭和32．7．30民集11．7．1386、最二判昭和32．11．15民集11．12．1987、最一判昭和33．11．27民集12．15．3300、最一判昭和36．7．6民集15．7．1777、最三判昭和37．2．6民集16．2．233等があり、重要な事例判断を明らかにしている。

　以下、一時使用の借地であるかが問題になった裁判例を順次列挙して紹介したい。

[226] 東京地判平成3．3．27判時1392．104
《事案の概要》
　A株式会社は、昭和37年、38年頃、Yから工事のための材料置き場、駐車場とし、賃貸期間を2年間として土地を賃借し、昭和40年頃、Yの承諾を得て下請業者の作業員宿舎として仮設建物を建築し、使用していたところ、X株式会社は、Aと転貸借契約を締結し、作業員宿舎、駐車場等として本件土地を使用し、AとXの本件土地の賃貸借契約は2年ごとに更新を繰り返し、約25年に及んでいたが、Yは、昭和63年8月、Aに期間満了の通知をしたところ、XがYに対して主位的に賃借権の確認、予備的に転借権の確認を請求したのに対し、Yが反訴として建物の収去、本件土地の明渡しを請求した。この判決は、AとYとの本件土地の賃貸借契約が一時使用のものであるとし、期間満了によ

る終了を認め、Xの主位的、予備的請求を棄却し、Yの反訴請求を認容した。
【実務の対応】
　この判決は、約25年間継続した借地につき一時使用の借地であるとしたものであり、事例判断として参考になるものである。

[227] 神戸地判平成4.4.24判時1448.151、判タ808.201
《事案の概要》
　A（日本国有鉄道）は、昭和59年9月、Y1有限会社に国鉄の駅貨物ヤードの一部を駐車場とし、期間を5か月として一時使用することを使用承認し、その後、一時使用承認が繰り返されたが、Aが国鉄改革に先立ち、資産の一部をX株式会社に移行させることになり、昭和62年3月、使用関係の終了をY1に通知したものの、Y1がこれに応じなかったため、Aから本件土地の所有権を取得したXがY1、本件土地を占有するY2株式会社に対して本件土地の明渡しを請求した。この判決は、貨物ヤードの使用関係は賃貸借であるが、一時使用終了の告知によって黙示の更新の効果が生じていないとし、請求を認容した。
【実務の対応】
　この判決は、特殊な土地の使用につき、一時使用承認の土地の使用関係であるとしたものであり、事例判断を提供するものである。

[228] 東京地判平成5.9.24判時1496.105
《事案の概要》
　Xは、昭和47年8月、「一時使用土地賃貸借契約書」と題する契約書を取り交わし、資材置き場である倉庫所有を目的とし、賃貸期間を2年間として土地をY株式会社に賃貸し（Yの代表者Aから2、3か月貸してほしいと頼まれたのがきっかけである）、Yは、土地上に倉庫を建築して使用し、その後使用を継続していたが、Xは、平成4年3月、解約を申し入れ、Yに対して本件建物の収去、本件土地の明渡しを請求した。この判決は、本件賃貸借が一時使用を目的とするものであるとし、解約申入れの効力を認め、請求を認容した。
【実務の対応】
　この判決は、長期にわたって継続していた借地につき一時使用の借地である

としたものであり、事例判断として参考になるものである。

[229] 東京高判平成 5．12．20 判タ 874．199
《事案の概要》

Aは、昭和48年4月、Y株式会社に臨時の宿舎等の仮設の建物、材料置き場等として使用することを目的とし、賃貸期間を1年間として土地を賃貸し（権利金、敷金等の授受はなかった）、Yが5回にわたり建築物の建増し等を行っていたところ、Aの死亡後、相続人Xは、賃貸期間の満了、無断増改築等を理由とする賃貸借契約の解除を主張し、Yに対して建物の収去、本件土地の明渡しを請求した。第一審判決は、本件土地を格別短期に限るような事情は見当たらないとし、一時使用の目的を否定し、増改築禁止特約の存在を否定し、請求を棄却したため、Xが控訴した。この判決は、賃貸借契約が15年間更新されたとしても、一時使用目的が維持されている等とし、平成3年4月、賃貸期間の満了により終了したとし、原判決を変更し、請求を認容した。

【実務の対応】

この判決は、15年にわたって更新を繰り返した借地につき一時使用の借地であるとしたものであり、事例判断として参考になるものである。

[230] 東京地判平成 6．7．6 判時 1534．65、判タ 880．227
《事案の概要》

X株式会社は、昭和47年4月、Aから倉庫・作業場等の建築用地として土地を賃借し、平屋建ての倉庫、作業場等を建築して使用していたところ、昭和59年3月、YがAから本件土地の贈与を受け、賃貸人の地位を承継し、Xに対して本件土地の明渡しを求めたため、XがYに対して本件土地につき建物所有目的、賃貸期間30年間の借地権を有することの確認を請求したのに対し、Yが反訴として一時使用目的の借地であり、期間満了により終了したことを主張し、建物の収去、本件土地の明渡しを請求した。この判決は、本件賃貸借は当初から暫定的にXが倉庫、作業場として使用するためのものであり、一時使用の目的であることが明白であるとし、Xの本訴請求を棄却し、Yの反訴請求を認容した。

【実務の対応】
　この判決は、倉庫・作業場等の建築用地としての借地につき一時使用目的であることを認めたものであり、事例判断として参考になるものである。

[231] 横浜地判平成 8. 4. 11 判時 1589. 51、判タ 940. 202
《事案の概要》
　Xは、昭和62年12月、Y株式会社に仮設事務所用地を目的とし、賃貸期間を2年間として土地を賃貸し（契約書の表題は「土地一時使用賃貸借契約書」と記載された）、Yが本店事務所、倉庫を建築して利用し、その後、2度契約が更新されたが、平成5年11月、XとYとの間で本件土地を平成6年5月末までに明け渡す旨の合意がされたため、Xが平成5年11月期間満了によって契約が終了し、あるいは合意解約が締結されたと主張し、Yに対して建物の収去、土地の明渡しを請求したのに対し、Yが反訴として借地権を有することの確認を請求した。この判決は、Yが会社設立の際、本店事務所を建築する目的で土地を賃借したものであること等から一時使用の目的のものではなかったとし、本訴請求を棄却し、反訴請求を認容した。

【実務の対応】
　この判決は、「土地一時使用賃貸借契約書」と題する契約書が取り交わされた場合につき一時使用の借地であることを否定したものであり、事例判断を提供するものである。

[232] 東京高判平成 8. 11. 13 判時 1589. 50、判タ 940. 205
《事案の概要》
　前記の[231]横浜地判平成8. 4. 11判時1589. 51、判タ940. 202の控訴審判決であり、Xが控訴した。この判決は、合意解約が錯誤により無効であり、一時使用目的のものではない等とし、控訴を棄却した。

【実務の対応】
　この判決は、「土地一時使用賃貸借契約書」と題する契約書が取り交わされた場合につき一時使用の借地であることを否定したものであり、事例判断を提供するものである。

[233] 東京地判平成 9．6．26 判タ 980．212
《事案の概要》
　Yは、昭和 52 年までに、A（日本国有鉄道）から駅構内の土地を期限前 30 日までに通知しないときは 1 年間継続して有効とする特約で 1 年間の使用承認を受け、土地上に 2 棟の建物を建築し、飲食店等として使用し、使用承認が更新されてきたが、Aの民営化に伴い、X 1 株式会社、X 2 株式会社が昭和 62 年 2 月に使用承認を終了させる旨を通知し、Yに対して建物の収去、土地の明渡しを請求した。この判決は、本件賃貸借が一時使用目的のものであり、更新の繰り返しによって一時使用の合意が変更されたとはいえない等とし、請求を認容した。
【実務の対応】
　この判決は、長期にわたって更新を繰り返した借地につき一時使用の借地であるとしたものであり、事例判断として参考になるものである。

No, 11

賃貸人の通知義務

　従来、借地上の建物の担保権を設定する実務において、賃貸人が借地上の建物に抵当権等を設定した金融機関等に対して借地契約の存続に影響を及ぼすような事実が発生した場合には抵当権者等にその事実を通知する旨の承諾書を作成し、抵当権者等に交付するという取扱いがされることがあり（抵当権者等が賃貸人に金員を支払うこともあった）、賃借人の賃料不払い等の事態が生じたときに、賃貸人が抵当権者等に通知をすることなく借地契約を解除し、その解除の効力が争われることがあった。本書においては、既に借地契約の解除をめぐる裁判例としてこのような賃貸人の通知義務をめぐる裁判例を併せて紹介し

ているが、ここでまとめて紹介しておきたい。紹介する裁判例は、承諾書に記載された賃貸人の通知義務の効力につきいくつかの見解を明らかにしているが、通知をしないままにされた借地契約の効力を有効としているものであって、合理的な判断を示している。

[234] 東京地判平成5.8.27判時1492.101
《事案の概要》
　Aは、Y1、Y2らから建物所有を目的として土地を賃貸し、本件土地上に建物を所有し、X信用金庫が本件建物に根抵当権を設定していたが、Y1らは、Aと連名で賃借人の地代不払い、無断転貸など借地権の消滅もしくは変更をきたすようなおそれがある事態が生じた場合などは、地主及び賃借人はXに通知するとともに借地権の保全に努めるむるの念書を差し入れたところ、Aがその後地代の支払いを怠ったことから、Y1らは、賃貸借契約を解除し、本件土地をBに売却し、本件建物が取り壊されたが、その間、Xは、Y1らからの解除の通知を受け、延滞賃料を持参し、受領を促したものの、この受領が拒否され、供託したり、本件建物の競売を申し立て、Cが競落したものの、賃貸借契約の解除が判明し、執行抗告によって売却許可が取り消されるなどしたため、XがY1、Y2に対して根抵当権の消滅による債権回収の不能につき債務不履行に基づき損害賠償を請求したものである。この判決は、通知義務に関する契約が錯誤により無効であるとし、請求を棄却した（判例評釈として、竹屋芳昭・判評433.32がある）。

[235] 東京高判平成6.8.30判時1525.67
《事案の概要》
　前記の[234]東京地判平成5.8.27判時1492.101の控訴審判決であり、Xが控訴し、不法行為に基づく損害賠償請求を追加した（Y2が死亡し、Y3、Y4が相続した）。この判決は、錯誤無効を否定したものの、債務不履行に基づき損害賠償請求権、不法行為に基づく損害賠償請求権がいずれも消滅時効により消滅したとし、控訴を棄却し、控訴審の追加請求を棄却した（判例評釈として、竹屋芳昭・判評442.30がある）。

[236] 東京地判平成 7. 5. 2 金融・商事判例 997. 17
《事案の概要》
　X信用金庫は、A有限会社との間で信用金庫取引約定書を取り交わし、AがBから賃借した土地上に建築した建物に根抵当権の設定を受けるとともに、Bから根抵当権設定を承諾する旨の承諾書の交付を受けていたところ、Bが死亡し、Y１、Y２ら（6名）が共同相続し、Aが賃料の支払いを遅滞したことから、賃貸借契約を解除し、本件建物の収去、本件土地の明渡しを請求する訴訟を提起した後、引き続き賃貸借する旨の訴訟上の和解が成立したが、Aが賃料の支払いを遅滞したことから、和解条項に基づく執行文付与の訴えを提起し、執行文の付与を受け、Aが請求異議の訴えを提起したものの、請求が棄却され、Y１らが本件建物の収去等を執行したため、XがY１らに対して通知義務違反等を主張し、不法行為に基づき損害賠償を請求したのに対し、Y１らが反訴として不当訴訟を理由に損害賠償を請求した。この判決は、本件の事情の下では、抵当権者に対して賃料不払いにより賃貸借契約を解除し、これに基づき借地上の建物の取壊しを賃借人に求めることを通知する信義則上の義務はないとし、Xの本訴請求を棄却し、悪意をもって本訴請求訴訟を提起したものではないとし、Y１らの反訴請求を棄却した（判例評釈として、石黒清子・判タ945. 90 がある）。

[171] 東京地判平成 7. 8. 25 金融法務事情 1455. 53
《事案の概要》
　Xは、昭和52年6月、Y１に建物所有を目的とし、賃貸期間を20年として土地を賃貸し、Y１は、本件土地上に建物を所有していたが、取り壊し、長男Y２、その妻Y３が建物を建築し、Y２らは、A株式会社に本件建物につき抵当権を設定し、その際、Xは、賃料の延滞等により賃貸借契約を解除するときは、あらかじめ抵当権者に通知する旨の承諾書をAに交付していたところ、平成4年3月、Aが本件建物につき不動産競売の申立てをし、競売開始決定がされ、平成5年1月、Y１の賃料不払いを理由に賃貸借契約を解除し（Aに通知をしなかったが、Aは、賃料の代払許可を執行裁判所から受けた）、Y１に対して本件土地の明渡し、Y２らに対して本件建物の収去、本件土地の明

渡しを請求した。この判決は、本件承諾書を交付していても、通知は法的な義務ではなく、賃貸人は通知なくして賃料の不払いを理由に賃貸借契約を解除することができるとし、請求を認容した。

[174] 東京地判平成8．3．25判時1592．73
《事案の概要》
　Aは、大正10年頃、Bから非堅固建物の所有を目的として土地を賃借し、借地上に工場を建築して所有していたところ、Aが死亡し、妻Cが相続し、昭和57年、賃貸期間を20年間として借地契約を更新し、Cが死亡し、子Dが相続していたところ、Dが平成5年3月から6月分の賃料を支払わなかったため、Bが借地契約を解除し（本件建物にはZ信用金庫らが根抵当権を設定していたが、その際、Aは、債務不履行など借地契約の存続に影響を及ぼすような事実が発生した場合には、抵当権者に通知する旨の承諾書を差し入れた）、Dが破産宣告を受け、Y1が破産管財人に選任されたことから、Y1に対して本件建物の収去、土地の明渡し、本件土地上にY2（Dの二男）所有の建物もあったことから、Y2に対して建物の収去、土地の明渡しを請求した（Y2に対する訴訟は公示送達されて進行した。なお、訴訟の係属中、Aが死亡し、X1、X2らが相続し、訴訟を承継した）。この判決は、承諾書が通知を法的な義務として負担することを内容とする契約が成立したとはいえない等とし、請求を認容した。

[237] 東京地判平成10．8．26判タ1018．225、金融法務事情1547．56
《事案の概要》
　A有限会社は、Bから建物所有の目的で土地を賃借し、建物を建築したところ、X株式会社の貸金債権を担保するために建物に抵当権を設定し、その際、Bから建物を担保に差し入れることを承諾し、地代の延滞等を理由に契約を解除しようとする場合には予めXに通知する旨の承諾書を受領したが、その後、Xが不動産競売を申し立て、Aが支払いを怠っていた地代代払いの許可を得ていたものの、支払いをしないでいたところ、Bの死亡後、不動産業を営むY株式会社がXと交渉し、Bの相続人Cらに地代が支払われ、YがCらから本件土

地を買い受け、Yが3か月分の地代の不払いを理由に賃貸借契約を解除したため、XがAに代位し、Yに対して解除の無効を主張し、借地権の確認を請求した。この判決は、事前通知の合意に違反したからといって賃貸借契約の解除が無効とはならないとしたものの、遅滞分の地代が供託されたこと、延滞分は3か月にすぎないこと等から解除が権利の濫用に当たるとし、請求を認容した。

[238] 東京地判平成 11. 6. 29 判タ 1020. 183、金融法務事情 1573. 39
《事案の概要》
　Y宗教法人は、昭和63年12月、堅固建物所有の目的で、賃貸期間を60年としてZ株式会社に賃貸し、Zは建物を建築していたところ、銀行業を営むX株式会社はZに融資をし、本件建物に根抵当権を設定し、その際、Yから地代の延滞等の理由により賃貸借契約を解除しようとする場合にはあらかじめXに通知する旨の承諾書を徴求したが、その後、Zが地代の支払を3か月分怠ったため、YがXに通知することなく賃貸借契約を解除したことから、XがYに対して、Zに代位し、本件土地についてのZが賃借権を有することの確認を請求したのに対し、XがZに対して本件建物の収去、本件土地の明け渡しを請求した。この判決は、本件承諾書によりYが積極的に賃借権の保存に協力すべき法的義務が生じたとはいえない等とし、Yによる賃貸借契約の解除が有効であるとし、Xの請求を棄却し、Yの請求を認容した。

[239] 岡山地判平成 20. 9. 18 金融・商事判例 1355. 35
《事案の概要》
　Y1有限会社（代表者はY2）は、土地の所有者であるY2、Y3から建物所有を目的として賃借し、スーパーマーケット事業の用に供するため本件各土地をA株式会社に転貸し、Aは、本件各土地上に建物を建築し、平成14年7月、銀行業を営むX株式会社のために極度額5000万円の根抵当権を設定したが、その設定に先立ち、Xの求めにより、Y1、Y2、Y3においてAがXに根抵当権を設定することを承諾する、Aの地代不払い、無断転貸など借地権の消滅若しくは変更を来すようなおそれのある事実が生じた場合又は生じるおそれのある場合には、Y1らはXに通知するとともに、借地権の保全に努める

旨の念書を作成し（Ｙ１らは念書の作成につき対価を受領したことはなかった）、Ｘに交付したところ、Ａが平成17年12月に民事再生手続開始決定を受け、平成18年1月以降の地代の支払いを怠ったため、Ｙ１はＡに対して転貸借契約を解除し、建物の収去、土地の明渡しを請求する訴訟を提起し、Ｘは別件訴訟を知ったものの、補助参加をすることなく、Ｙ１の勝訴判決が出され、確定し、同判決に基づき本件建物が収去されたため、ＸがＹ１らに対して本件念書所定の借地権の保全に努める義務違反を主張し、債務不履行等に基づき損害賠償を請求したのに対し、Ｙ１らが反訴として不当訴訟を主張し、不法行為に基づき損害賠償を請求した。この判決は、本件念書による通知義務違反を認め、本件建物の担保価値侵害の損害を認め（過失相殺を5割認めた）、本訴請求を一部認容し、反訴請求を棄却した。

【実務の対応】
　この判決は、従来の裁判例と比較して、同種の事案につき新たな展開を示したものであるが、借地上の建物に根抵当権を設定した銀行が土地の所有者（土地の賃貸人）らに対して念書所定の通知義務違反による損害賠償を請求した事案について、通知義務違反を認めたものである（過失相殺を5割認めた）。

[240] 広島高岡山支部判平成21．6．18 金融・商事判例1355．31
《事案の概要》
　前記の［239］岡山地判平成20．9．18 金融・商事判例1355．35の控訴審判決であり、Ｙ１らが控訴した。この判決は、反訴請求に関する控訴を棄却したが、Ｙ１らの通知義務を認め、通知義務違反による損害賠償責任を認めることは特段不当であるとはいえない等とし（過失相殺を8割認めた）、原判決を変更し、Ｘの請求を一部認容した。

【実務の対応】
　この判決は、前記の第一審判決と同様に、通知義務違反を認めたものの、過失相殺を8割に増加させたものである。

[241] 最一判平成22．9．9 金融・商事判例1355．26
《事案の概要》
　前記の［240］広島高岡山支部判平成21．6．18 金融・商事判例1355．31

の上告審判決であり、Ｙ１らが上告受理を申し立てた。この判決は、Ｙ１らが本件念書が解除前に通知する義務を負うとの趣旨の条項であることを理解していたとした上、本件の事情の下では、通知義務違反による損害賠償を請求することが信義則に反するとはいえないとし、上告を棄却した。
〈判決〉は、
「４　所論は、上告人らが地代の不払が生じていることを被上告人に通知すべき義務を負い、その不履行を理由に上告人らが被上告人に対し損害賠償責任を負うとした原審の判断には、法令の解釈を誤った違法があるというのである。
５　そこで検討すると、前記事実関係によれば、本件念書は、数個の条項で構成され、そのうちの本件事前通知条項には、本件各土地に係るシュフレの借地権の消滅を来すおそれのある事実が生じた場合は、上告人らは、被上告人にこれを通知し、借地権の保全に努める旨が明記されている上、上告人らは、事前に本件念書の内容を十分に検討する機会を与えられてこれに署名押印又は記名押印をしたというのであるから、上告人らは、本件念書を差し入れるに当たり、本件事前通知条項が、上告会社においてシュフレの地代不払を理由に本件転貸借契約を解除する場合には、上記の地代不払が生じている事実を遅くとも解除の前までに被上告人に通知する義務を負うとの趣旨の条項であることを理解していたものといわざるを得ない。

そうすると、上告人らは、本件念書を差し入れることによって、上記の義務を負う旨を合意したものであり、その不履行により被上告人に損害が生じたときは、損害賠償を請求することが信義則に反すると認められる場合は別として、これを賠償する責任を負うというべきである。このことは、上告人らが、本件念書の内容、効力等につき被上告人から直接説明を受けておらず、本件念書を差し入れるに当たり被上告人から対価の支払を受けていなかったなどの事情があっても、異ならない。

そして、上告人らが不動産の賃貸借を目的とする会社等であること、上告人らが本件念書を差し入れるに至った経緯、上告会社が本件転貸借契約を解除するに至った経緯等諸般の事情にかんがみると、被上告人が上告人らに対して上記の義務違反を理由として損害賠償を請求することが信義則に反し、許されないとまでいうことはできず、被上告人の過失をしん酌し、上告人らが上記の義務を履行しなかったことにより被上告人に生じた損害の額から、８割を減額す

るにとどめた原審の判断は相当というべきである。」と判示している。
【実務の対応】
　この判決は、第一審判決、控訴審判決と同様に、通知義務違反を認め、銀行が通知義務違反による損害賠償請求権を行使したことが信義則に反するものではないとしたものであり、賃貸人の借地上の建物の抵当権者に対する通知義務を認め、実際に通知義務違反を肯定した事例判断として参考になるものである。もっとも、本来、抵当権の対象物件の担保価値の維持、管理は、抵当権設定契約の当事者が責任を負うべき事柄であり、特に担保取引の専門業者である金融機関は自己の責任によって担保価値の維持、管理を行うべきである。この判決は、借地上の建物の抵当権について、借地契約上の当事者ではあるものの、抵当権設定契約の当事者ではない賃貸人の重大な負担を負わせるものであり、経済社会の通念・常識、基本的な考え方に照らして賛成し難いものである。

No, 12

その他の借地問題

　借地契約をめぐる典型的な法律問題は以上紹介したところであるが、その余の借地をめぐる事件も生じ、裁判例も公表されているので、紹介したい。典型的な借地問題のほかにも、多様な借地問題が生じているところである。

[242] 東京地判平成 4. 7. 6 判タ 825. 199
《事案の概要》
　X（女性）は、Aに建物所有を目的として所有土地を賃貸していたところ、Aから借地権譲渡の承諾を求める調停を申し立てられ、XがAから代金6300万円で借地権、土地上の建物を買い受ける旨の調停が成立したが、Xは、Yらに建物を売却し、土地の一部に地上権を設定してその代金1億円から代金を

調達しようとしていたところ、Yらが6300万円等を支払っただけで、残金の支払いをしなかったため、XがYらに対して売買契約、地上権設定契約が錯誤であると主張し、所有権移転登記等の抹消登記手続を請求したのに対し、Yらが反訴としてXの訴状、陳述書の記載（荒々しく乱暴であったとか、弁護士を含む男性4人で女性1人を取り囲んで威圧した等の記載）が名誉毀損であると主張し、損害賠償を請求した。この判決は、錯誤を認め、本訴請求を認容し、訴状等の記載は正当な弁論活動の範囲内であるとし、名誉毀損を否定し、反訴請求を棄却した。

【実務の対応】
　この判決は、借地契約の当事者間で借地権譲渡の承諾をめぐる調停手続中、借地権、借地上の建物の売買契約の締結等を内容とする調停が成立し、賃貸人が他に借地上の建物を売却し、地上権を設定したが、代金の一部しか支払われなかったため、賃貸人（売主・地上権設定者）が錯誤無効を主張した事案について、錯誤無効を認めたものであり、借地上の建物等の取引につき錯誤無効を肯定した事例判断を提供するものである。なお、この事案では、弁護士が関与した名誉毀損、訴状等の記載による不法行為の成否が問題になり、借地紛争の派生的な事件であり、この判決はこれを否定しているが、これも事例判断を提供するものである。

[243] 東京地判平成6.1.20判タ870.186

《事案の概要》
　Yの所有する1筆の土地上には2棟の建物が建築されていたところ、Xは、うち1棟の建物を買い受け、その敷地（甲土地）につき建物所有の目的でYから賃借し、残地（乙土地）の一部を通行して公道に出入りしていたが、Xは、昭和31年7月頃、自己所有の建物を建て替え、Yは、平成元年春、自己所有の建物を建て替えたところ、その後、通路部分の通行をめぐる紛争が発生したため、XがYに対して本件通路部分の通行権の確認等を請求した。この判決は、Xが本件通路部分につき賃借権に基づく幅員2メートルの通行権を有するとし、請求を認容した。

【実務の対応】
　この判決は、借地に隣接する土地（所有者は同一）が賃借人の通行の用に供

されていたところ、借地上の建物が建て替えられる等したことから、通行権の有無が問題になった事案について、賃借権に基づく通行権を認めたものであり、事例判断として参考になる。

[244] 東京高判平成6.2.22判タ858.210
《事案の概要》
　Aは、面積634平方メートルの土地をBから賃借し、本件土地をほぼ2分し、それぞれの上に建物を建築し、本件土地、建物2棟を一括して長男Y1に相続させる旨の遺言をし、死亡したため、Aの次男Y2、三女X1、四女X2、次女の子X3、X4が遺留分減殺請求権を行使したため、本件土地、建物2棟は、Y1が10分の6、Y2、X1、X2が各10分の1、X3、X4が各20分の1の共有となったため（1棟の建物は空き家であったが、残る1棟は、Y1が家族とともに居住している）、X1らがY1らに対して共有物の分割（競売による売却代金の分配）を請求した。第一審判決は現物分割ができないとし、競売による分割を命じたため、Y1が控訴した。この判決は、建物の敷地ごとに分割し、1棟の建物をY1に、他の1棟を競売することを命じた。
【実務の対応】
　この判決は、広い借地上の建物と借地権が遺言され、遺留分分割請求されたことから、共有者間で分割（現物分割。民法258条参照）が問題になった事案について、一部の借地、借地上の建物につき現物分割を認めたものであり、事例判断として参考になるものである（最大判昭和62.4.22民集41.3.408、最一判平成8.10.31民集50.9.2563等参照）。

[245] 福岡地決平成6.2.22判時1518.102
《事案の概要》
　借地上に建築された区分所有建物の区分所有者Xらが、土地の所有者Yに対して借地権の確認を請求する訴訟を提起したところ、他の区分所有者Zが補助参加を申し立てたが、Yが異議を述べた。この決定は、補助参加を許可した。
【実務の対応】
　この決定は、借地上の区分所有建物の区分所有者が賃貸人に借地権の確認を請求する訴訟を提起した事案について、他の区分所有者の補助参加（民事訴訟

法42条ないし44条）を認めたものであり、事例判断を提供するものである。

［246］東京地判平成6．8．29判時1534．74
《事案の概要》
　X株式会社は、昭和51年9月、建物所有を目的とし、賃貸期間を20年間としてY1に土地を賃貸し、Y1と妻Y2は、土地上に建物を建築していたところ、Xは、平成4年7月、期間満了に先立ち、あらかじめ更新拒絶し、本件建物の収去、本件土地の明渡しを請求した。この判決は、将来給付の訴えとしての適格を欠くものとし、訴えを却下した。
【実務の対応】
　この判決は、借地契約の賃貸人が期間満了に先立ち、更新拒絶をするとともに、建物の収去、土地の明渡しを請求する訴訟を提起したことから、将来給付の訴え（民事訴訟法135条）の適格性が問題になった事案について、これを否定したものであり、事例判断として参考になるものである（最大判昭和56．12．16民集35．10．1369参照）。
　なお、短期賃貸借について将来の明渡請求訴訟の適格性が問題になった判例として、［247］最二判平成3．9．13判時1405．51、判タ773．93、金融法務事情1312．24、金融・商事判例887．11があり、この事案は、Xが不動産競売手続において土地、建物を買い受けたところ、Y1は、抵当権設定登記に本件土地を賃貸期間を5年間として賃借し、本件土地上の建物を所有し、Y2は、Y1から本件建物を賃借していたため、昭和63年、XがY1に対して本件建物の収去、本件土地の明渡し、Y2に対して本件建物の退去、本件土地の明渡しを請求したものである。第一審判決は予め明渡請求する必要があるとし、将来給付の訴えを適法とし、請求を認容したため、Y1らが控訴した。控訴審判決も同様の判断を示し、控訴を棄却したため、Y1らが上告した。この判決は、将来給付の訴えとして適法であるとし、上告を棄却し、「原審は、右事実関係の下において、本件短期賃貸借は、その契約締結前後の事情などからして、執行障害の意図を含むものであったと認められるとし、さらに、本件短期賃貸借は平成4年6月29日（原審の口頭弁論終結の後）に期間が満了するが、その期間満了に当たって、右上告人らが被上告人に対して種々の妨害工作をしないとの保障もなく、契約更新も予測できないとして、被上告人が

本件短期賃貸借の将来の期間満了を原因としてあらかじめ上告人内藤に対し本件建物を収去して本件土地の明渡し及び上告人林に対し本件建物から退去して本件土地の明渡しを求める将来給付の訴えを適法と判断して、右請求を認容している。

　原審の右認定判断は、原判決挙示の証拠関係に照らして、正当として是認することができ、これによれば、本件差押登記の後に期間が満了する本件短期賃貸借が法定更新されることはないところ、原判決の右判示は、本件短期賃貸借の意図が右のとおりであったことからして、期間満了による契約終了の際、右上告人らが本件土地を明け渡さないことが明らかであるという趣旨にほかならず、被上告人の右将来給付の訴えを認容した原判決に所論の違法はない。」と判示している（判例評釈として、生熊長幸・判評 401. 28、畔柳正義・判タ 821. 218 がある）。

[248] 福岡高判平成 7. 12. 5 判時 1569. 68、判タ 901. 263
《事案の概要》
　Y（中国国民党）は、Xに対して建物所有目的で土地を賃貸していたところ、30 年の期間満了を理由として建物の収去、土地の明渡しを請求する訴訟を提起し、勝訴判決を受け、この判決が確定した後、Xが本件建物につき建物買取請求権を行使し、この判決の執行力の排除を請求した。第一審判決が建物の収去を命ずる限度で執行力の排除を認め、請求を認容したため、Yが控訴した。この判決は、特段の事情のない限り、口頭弁論終結後に建物買取請求権を行使することができるとし、前訴の債務名義は建物の収去を命じる限度で執行力を失うが、建物の退去、土地の明渡し（土地、建物の明渡し）の範囲ではなお執行力を有するとし、控訴を棄却した。

【実務の対応】
　この判決は、借地契約の期間満了を理由とする建物の収去、土地の明渡請求訴訟が勝訴判決で確定した後、賃借人が建物買取請求権を行使し（借地借家法 13 条、借地法 4 条 2 項）、請求異議の訴えを提起した事案について、特段の事情のない限り、口頭弁論終結後に建物買取請求権を行使することができるとしたものであり、事例判断を提供するものである。

　なお、最二判昭和 52. 6. 20 金融法務事情 846. 34、金融・商事判例 535.

48は、「借地上の建物の譲受人が、地主から提起された右建物の収去及び敷地の明渡を請求する訴訟の事実審口頭弁論終結時までに、借地法10条の建物買取請求権があることを知りながらその行使をしなかつたとしても、右事実は実体法上建物買取請求権の消滅事由にあたるものではなく、したがつて、建物譲受人はその後においても建物買取請求権を行使して地主に対し建物の代金を請求することができるものと解するのが相当である。」と判示している。

[249] 最二判平成7.12.15民集49.10.3051、判時1553.86、判タ897.247、金融法務事情1447.49、金融・商事判例988.3

《事案の概要》

　Yは、建物所有を目的とする賃貸借契約の期間満了を理由に、賃借人であるX1、X2らに対して建物の収去、土地の明渡しを請求する訴訟を提起し、勝訴判決を得て確定したところ、X1らが建物につき買取請求権を行使し、確定判決の執行力の排除を請求した。第一審判決は、建物買取請求権の行使が請求異議事由に当たるとした上、建物の退去、土地の明渡を超える限度で確定判決が執行するとし、X1らの請求を一部認容したため、Yが控訴した。控訴審判決は同様な見解を示し、控訴を棄却したため、Yが上告した。この判決は、確定判決の口頭弁論終結後に建物買取請求権を行使することができ、これが請求異議事由に当たるとし、上告を棄却した。

〈判決〉は、

「借地上に建物を所有する土地の賃借人が、賃貸人から提起された建物収去土地明渡請求訴訟の事実審口頭弁論終結時までに借地法4条2項所定の建物買取請求権を行使しないまま、賃貸人の右請求を認容する判決がされ、同判決が確定した場合であっても、賃借人は、その後に建物買取請求権を行使した上、賃貸人に対して右確定判決による強制執行の不許を求める請求異議の訴えを提起し、建物買取請求権行使の効果を異議の事由として主張することができるものと解するのが相当である。けだし、(1)　建物買取請求権は、前訴確定判決によって確定された賃貸人の建物収去土地明渡請求権の発生原因に内在する瑕疵に基づく権利とは異なり、これとは別個の制度目的及び原因に基づいて発生する権利であって、賃借人がこれを行使することにより建物の所有権が法律上

当然に賃貸人に移転し、その結果として賃借人の建物収去義務が消滅するに至るのである、(2) したがって、賃借人が前訴の事実審口頭弁論終結時までに建物買取請求権を行使しなかったとしても、実体法上、その事実は同権利の消滅事由に当たるものではなく（最高裁昭和52年（オ）第268号同52年6月20日第二小法廷判決・裁判集民事121号63頁）、訴訟法上も、前訴確定判決の既判力によって同権利の主張が遮断されることはないと解すべきものである、(3) そうすると、賃借人が前訴の事実審口頭弁論終結時以後に建物買取請求権を行使したときは、それによって前訴確定判決により確定された賃借人の建物収去義務が消滅し、前訴確定判決はその限度で執行力を失うから、建物買取請求権行使の効果は、民事執行法35条2項所定の口頭弁論の終結後に生じた異議の事由に該当するものというべきであるからである。」と判示している（判例評釈として、垣内秀介・法協115.2.145、畑郁夫・民商115.4・5.201、坂田宏・判評452.50、春日偉知郎・ジュリスト1091.115がある）。

【実務の対応】
　この判決は、借地契約の期間満了を理由とする建物の収去、土地の明渡等の請求訴訟が勝訴判決で確定した後、賃借人が建物買取請求権を行使し（借地借家法13条、借地法4条2項）、請求異議の訴えを提起した事案について、賃貸人から提起された建物収去土地明渡請求訴訟の事実審口頭弁論終結時までに借地法4条2項（借地借家法13条）所定の建物買取請求権を行使しないまま、賃貸人の請求を認容する判決がされ、この判決が確定した場合であっても、賃借人は、その後に建物買取請求権を行使した上、賃貸人に対してこの確定判決による強制執行の不許を求める請求異議の訴えを提起し、建物買取請求権行使の効果を異議の事由として主張することができるとしたものであり、重要な判断を明らかにしたものである。

[250] 東京高判平成8.7.31判時1578.60
《事案の概要》
　X1、X2は、土地を共有しており、Aに建物所有の目的で土地を賃貸し、Aは、借地上に建物を建築して所有していたところ、AがY有限会社に本件建物等を承諾を得ることなく譲渡したことから、X1らが賃貸借契約を解除し、Yに対して建物の収去、土地の明渡しを請求した（本件建物についてはBの根

抵当権が設定されており、競売開始決定がされていた)。第一審判決が請求を認容したため、Yが控訴し、控訴審において予備的に建物の買取を請求した（X1らは、予備的に建物につき所有権移転登記手続を請求した)。この判決は、民法576条の類推適用を認め、同法578条による代金供託請求を認めた上、同代金相当額の供託と引換えにXの予備的請求を認容すべきであるとし、原判決を変更し、予備的請求を認容した。

【実務の対応】
　この判決は、借地上の建物が譲渡され（借地権も譲渡された)、賃貸人が借地契約を解除し、建物の収去、土地の明渡しを請求し、勝訴判決を得たところ、借地権の譲受人が建物買取請求権を行使したため（借地法10条、借地借家法14条)、借地上の建物につき所有権移転登記との関係で民法576条、578条の規定の類推適用が問題になった事案について、これを肯定した珍しいものである。借地契約の賃借人が建物買取請求権を行使した場合、賃貸人は建物の所有権移転登記と代金の支払いとの関係につき同時履行の抗弁権を行使し、主張することができるが、この事案では、代金の供託請求の可否が問題になったものである。

[251] 大阪決判平成8.8.21判タ938.252
《事案の概要》
　X1、X2、X3は、Y1に対して建物所有の目的で土地を賃貸し、Y1が借地上に建物を建築して所有していたところ、阪神・淡路大震災により建物が滅失したとし、Y2株式会社に建物の建築工事を請け負わせ、工事に着手したが、本件借地契約が非堅固建物所有を目的とするものであるのに、堅固建物を建築しようとしている等と主張し、Y1らに対して建築工事の続行禁止の仮処分を申し立てた。原決定は、軽量鉄骨プレハブ建物が堅固建物に当たるとし、申立を認容したため、Y1らが異議を申し立てた。この決定は、堅固建物とはいえないとし、原決定を取り消し、申立てを却下した。
【実務の対応】
　この決定は、借地上の建物が震災によって滅失し、賃借人が建物の建築工事に着手したところ、賃貸人が建築中の建物が堅固建物であること、借地契約が非堅固建物の所有を目的とするものであったこと等を理由に建築工事の続行禁

止の仮処分を申し立てた事案について、建築中の建物が軽量鉄骨プレハブ建物であり、堅固建物ではないとしたものであるが、建築中の建物が堅固建物か、非堅固建物であるかを判断した事例として参考になるものである。仮に建築中の建物が堅固建物であった場合には、賃貸人が建物の建築を放置していると、堅固建物の所有を目的とする合意が黙示に成立したと認められる可能性があるから、この事案のような仮処分を利用することは賃貸人にとって権利行使の1つの方法であることになる。

[252] 東京地判平成10.10.19判タ1010.267
《事案の概要》
　Aは、昭和57年、Bに所有土地を建物所有の目的、賃貸期間を30年として賃貸し、Bは、Cと共有の建物を建築した後、Aが死亡し、Xが本件土地を相続したところ、平成7年、Y有限会社が本件建物を不動産競売手続で買い受けたものの、法定の期間内に借地借家法20条1項所定の借地権設定者の承諾に代わる裁判所の許可を求める申立てをしなかったため、XがYに対して本件建物の収去、本件土地の明渡しを請求したところ、Yが許可申立てにつき期間の猶予を与えた旨等を主張するとともに、反訴として借地権相当額の不当利得の返還を請求した。この判決は、申立期間を任意に伸張することはできないとし、Yによる建物買取請求権の行使を認める等し、Xの本訴請求を一部認容し、Yの反訴請求を棄却した。

【実務の対応】
　この判決は、借地上の建物を不動産競売手続で買い受けた者が借地借家法20条1項（賃借権譲渡の許可に関する規定）所定の申立てをしなかったため、申立期間の猶予の有無が問題になった事案について、申立期間の猶予を認めなかったものであり、事例判断を提供するものである。

[253] 東京地判平成11.3.1判タ1027.281
《事案の概要》
　Aは、昭和28年5月、Yに対して普通建物所有を目的とし、土地を賃貸し、Yは、本件土地上に建物を建築しているところ、AとYは、昭和60年2月、裁判上の和解により本件賃貸借契約の期間を昭和58年5月から20年間とす

ることを合意し、昭和63年8月、Aが死亡し、X1ないしX3が共同相続し、平成10年、Yに対して平成15年5月の経過したときは、本件建物を収去し、本件土地を明け渡すとの請求をした。この判決は、将来給付の訴えにつき訴えの利益を欠くとし、訴えを却下した。

【実務の対応】

この判決は、借地契約をめぐる紛争が発生し、裁判上の和解によって賃貸期間を20年間とする合意が成立したところ、賃貸人の相続人らが期間満了前に建物の収去、土地の明渡しを請求する訴訟を提起した事案について、将来給付の訴えの利益を否定したものであり、事例判断を提供するものである。

[254] 最三判平成12．12．19金融法務事情1607．39

《事案の概要》

Xは、Aから建物所有を目的として土地を賃借し、建物を建築して所有し、Yに本件建物の1階部分を賃貸していたところ、Xが地代の支払いを滞納し、AがXに対して本件建物の収去、本件土地の明渡しを請求する訴訟を提起したところ、Aの請求を認容する判決がされ、平成6年9月頃、判決が確定したが、Aは、同年8月頃、Yに対して本件建物部分の退去、本件土地の明渡しを請求する訴訟を提起し、AがYに対して本件建物の退去、本件土地の明渡しを平成17年9月まで猶予し、その間使用損害金を支払う旨の訴訟上の和解が成立し、Yは、本件建物部分を使用していたところ、XがYに対して本件建物部分の賃貸借契約が存続していると主張し、賃料の支払いを請求したのに対し、Yが反訴として賃貸借が履行不能によって終了したと主張し、敷金の返還を請求した。第一審判決は、本件建物部分の賃貸借契約は終了していないとし、Xの本訴請求を認容し、Yの反訴請求を棄却したため、Yが控訴した。控訴審判決は、第一審判決と同様な判断を示し（YがAに対して支払った損害金の求償権等との相殺を認めた）、控訴を棄却したため、Yが上告した。この判決は、控訴審判決と同様な判断を示し、上告を棄却した。

【実務の対応】

この判決は、借地上の建物の賃貸借において借地契約が賃借人の賃料不払いを理由に解除され、建物の収去、土地の明渡しを命ずる判決が確定した後、建物の賃借人が建物を退去していない間、建物の賃貸借の終了の成否、建物の賃

料の支払義務の有無が問題になった事案について、建物の賃貸借契約が終了していないことを判示したものであり、理論的に参考になるものである。なお、最一判昭和45．12．24民集24．13．2271、判時618．30、判タ257．144は、土地賃貸借が賃借人の債務不履行により解除された場合と借地上の建物の賃貸借の終了時期について、「土地の賃貸人がその地上に所有する建物を他人に賃貸した場合において、土地賃貸借と建物賃貸借とは別個の契約関係であるから、前者の終了が当然に後者の終了を来たすものではない。もつとも、土地の賃貸借が終了するときは、その地上に借地人所有の建物が存立しえないこととなる結果、建物賃借人は、土地賃貸人に対する関係においては、その建物を占有することによりその敷地を占有する権原を否定され、建物から退去して敷地を明け渡すべきこととなり、結局、建物の賃貸借契約も、その事実上の基礎を失い、賃貸人の債務の履行不能により消滅するに至るであろうが、土地の賃貸借が終了したときにただちに右履行不能を生ずるものというべきではない。建物の賃借人がこれを現実に使用収益することに支障を生じない間は、建物の賃貸借契約上の債権債務がその当事者間に存続することは、妨げられないものと解される。したがつて、土地の賃貸借が借地人の債務不履行により解除された場合においても、その地上の建物の賃貸借はそれだけでただちに終了するものではなく、土地賃貸人と建物賃借人との間で建物敷地の明渡義務が確定されるなど、建物の使用収益が現実に妨げられる事情が客観的に明らかになり、ないしは、建物の賃借人が現実の明渡を余儀なくされたときに、はじめて、建物を使用収益させるべき賃貸人の債務がその責に帰すべき事由により履行不能となり、建物の賃貸借は終了するに至ると解するのが相当であつて、それまでは、建物賃借人の建物賃貸人に対する賃料債務は依然発生するものというべきである。」と判示している。

[255] 静岡地判平成13．2．6金融・商事判例1134．18

《事案の概要》

　A株式会社は、借地上に建物（店舗）を所有し、銀行業を営むX株式会社が建物に抵当権を設定していたところ（被担保債権額9億円）、Aにつき会社更生手続が開始され（Yが更生管財人に選任された）、Xが損害金を含め約9億9660万円の更生担保権を有する旨の届出をしたところ、Yが借地権価格が存

在しないとして建物の評価額2億7080万円の限度で更生担保権を認め、これを超える部分につき異議を述べたため、XがYに対して少なくとも4億3720万円の限度で更生担保権を有することの確定を請求した。この判決は、建物の価格を2億8071万5000円とし、借地権価格が敷地造成費用相当分1億6372万円と同視できるとし、1億7363万5000円の限度で請求を認容した。

【実務の対応】

　この判決は、借地上の建物の所有者に会社更生手続が開始され、建物の抵当権者の更生担保権の評価が問題になった事案について、借地権価格が敷地造成費用相当分と同視できる等とし、更生担保権を評価したものであり、事例判断を提供するものである（後記の［257］控訴審判決参照）。

[256] 東京地判平成13.11.26判タ1123.165
《事案の概要》

　Yは、昭和29年、Xに建物所有を目的として期間を20年として土地を賃貸し、Xは、昭和30年、公衆浴場兼居宅を建築し、昭和49年、法定更新されたが、平成6年の更新時には、Yが更新を拒絶し、建物収去、土地明渡しを請求する訴訟を提起したところ、第一審判決が請求を棄却したのに対し、控訴審判決は、正当事由を補完するものとして1億5435万円の提供と引換えに請求を認容し（Yがその旨に請求の趣旨を変更した）、上告が棄却され、控訴審判決が確定した後、Xが借地借家法13条1項に基づき建物買取請求権を行使し、建物等の引換え等と売買代金の支払いを請求した。この判決は、前の事件で高額な引換え給付判決がされたこと等を考慮して権利の濫用を認め、請求を棄却した。

【実務の対応】

　この判決は、賃貸人が借地契約の満了時に更新を拒絶し、建物の収去、土地の明渡しを請求する訴訟を提起し、高額の立退料の提供と引換えに請求を認容する勝訴判決を得て確定した後、賃借人が建物買取請求権（借地借家法13条1項）を行使した事案について、賃借人の建物買取請求権の行使が権利の濫用に当たるとしたものであり、この事案の特殊な事情によるものであるが、建物買取請求権の行使につき権利の濫用を認めた事例判断として参考になる。

[257] 東京高判平成 13．12．20 金融・商事判例 1134．13
《事案の概要》
　前記の[255]静岡地判平成13．2．6金融・商事判例1134．18の控訴審判決であり、Yが控訴した。この判決は、建物の評価額が2億9063万円とし、本件建物の借地権に経済的利益の存在が認められないとし、借地権価格を否定し、原判決を変更し、建物の評価額の差額である1983万円の限度で請求を認容した。
【実務の対応】
　この判決は、借地上の建物の所有者に会社更生手続が開始され、建物の抵当権者の更生担保権の評価が問題になった事案について、この事案の建物の借地権に経済的利益がないとし、借地権価格を否定して更生担保権を評価したものであり、議論を呼ぶ判断を提供するものである。

[258] 東京地判平成 18．7．18 判時 1961．68
《事案の概要》
　Xは、昭和26年頃、Aに建物所有を目的とし土地を賃貸し、Aは、建物を建築したが、昭和51年4月、Aが死亡し、妻Bが相続したところ、平成12年11月、Bが本件建物をYに遺贈する旨の公正証書遺言をし、平成13年6月に死亡したため、Yが同年7月に所有権移転登記を経たことから、XがYに対して建物の収去、土地の明渡し等を請求したのに対し、Yが建物買取請求権を行使した。この判決は、借地権の譲渡につきXの黙示の承諾を否定し、譲渡後に本件建物に変更工事を施工した場合、買取請求権を行使することができないとし、請求を認容した。
【実務の対応】
　この判決は、借地上の建物が遺贈され、賃貸人が受遺者に対して建物の収去、土地の明渡しを請求した事案について、賃借権の譲渡につき賃貸人の黙示の承諾を否定したこと、譲渡後に建物に変更工事が施工された場合につき建物買取請求権を行使することができないとしたことに特徴があり、事例判断として参考になる。

[259] 東京高判平成 18. 11. 28 判時 1974. 151
《事案の概要》
　Xは、A宗教法人から建物所有を目的として土地を賃借し、昭和38年6月頃から隣接地を含めて一体として建物を建築して使用していたところ、Yが本件隣接地を賃借していると主張したため、XがYに対して賃借権を有していることの確認を請求したのに対し、Yが反訴として賃借権の確認、建物の一部の収去、土地の明渡しを請求した。第一審判決は本訴請求を棄却し、反訴請求を認容したため、Xが控訴した。この判決は、Yが隣接地の賃借人であることを認めたものの、賃借権の時効取得を認め、原判決を変更し、本訴請求を認容し、反訴請求を一部認容した。
【実務の対応】
　この判決は、賃借権の時効取得が問題になった事案について、これを肯定したものであり、事例判断として参考になる。

[260] 東京地判平成 20. 10. 9 判時 2019. 31
《事案の概要》
　Aは、Bに建物所有を目的として土地を賃貸し、Bは、本件土地上に3棟の建物を建築していたところ、A、Bにそれぞれ相続が発生し、平成14年10月当時には、CがAを相続して賃貸人の地位を承継し、Y1、Y2ら（5名）が賃借人の地位を承継し、前記3棟の建物を所有していたが、このうち1棟の建物に設定されていた抵当権が実行され、平成16年11月、D株式会社が本件建物を競売によって買い受け、その後、Cから本件土地を買い受けたため、借地権をY1らと準共有したと主張し、Y1らに対して共有物分割の訴えを提起し、さらにX株式会社が本件土地、本件建物をDから買い受け、訴訟に承継参加した（Dは、訴訟を脱退した）。この判決は、民法179条が類推適用されるとし、借地権が他の者の準共有の対象とされている場合には、混同の例外として借地権が消滅しないとし、地上建物の面積割合を分割の原則的な基準として本件土地を分割した。
【実務の対応】
　この判決は、借地上に3棟の建物が建築され、賃借人が死亡し、3棟の建物

が共同相続され、そのうち1棟の建物につき抵当権が実行され、1棟の建物を買い受けた者が借地の所有権を買い受ける等したことから、共有物の分割の訴えが提起された事案について、民法179条の規定（混同に関する規定）の類推適用を肯定したこと、借地権が他の者の準共有の対象とされている場合には、混同の例外として借地権が消滅しないとしたこと、地上建物の面積割合を分割の原則的な基準として借地を共有者間で分割したことに特徴があり、いずれの判断も事例として参考になるものである。

No,13 使用貸借

使用貸借は、当事者の一方が無償で使用及び収益をした後に返還することを約して相手方からある者を受け取ることによって、その効力が生じる類型の契約であるが（民法594条）、建物所有を目的とする土地につき使用貸借契約が締結されることがある。建物所有を目的とする使用貸借は、当事者間に家族、親族等の密接な関係があることが多いし（このような関係が消滅し、あるいは破綻したような場合には、解除、解約が問題になることがある）、契約書が取り交わされるほか、黙示の合意によって成立することもある。使用貸借の場合には、契約の内容が具体的、詳細に定められることが少ないため、後日、契約内容につき争いが生じることもある。建物所有を目的とする土地の賃貸借と同じ目的のための土地の使用貸借との基本的な違いは、有償か、無償かであるが、使用貸借の場合であっても、使用借人がある程度の経済的な負担をすることが少なくないため、有償・無償が実務上問題になることがある。建物所有を目的とする土地の使用貸借は、無償であることから、法律実務上稀であるという印象があるが、実務上稀ではない。

以下、建物所有の目的の土地の使用が使用貸借か、賃貸借か、使用貸借にお

ける取扱い等が問題になった裁判例を列挙して紹介したい。

なお、最一判昭和41.1.20民集20.1.22、判時442.41、判タ189.109は、「同一所有者に属する土地とその地上の建物のうち建物のみが任意譲渡された場合は、当該建物の敷地に対する使用権の設定につき明示の契約が存しないときでも、その設定を特に留保するとか、譲渡の目的が建物収去のためである等その他右使用権の設定を認め得ない特段の事情がない限り、当然右敷地使用権設定についても合意があったものと推認するのが相当である。しかし、この場合の敷地使用権の性格、内容は当該具体的事案によって決定さるべきものであって、一概に、これを地上権又は賃借権と解しなければならないものではない。

本件について原審の確定したところによれば、尾崎平作はその所有の土地の上に判示の本宅と本件家屋を所有しており、その妾の林静子に右本宅を贈与したのであるが、平作の死亡後、その相続人尾崎良平は静子との間で右本宅と本件家屋とを交換したものであって、右交換の際右当事者間で静子が同家屋の敷地たる本件土地を使用するについて何らの取りきめもなされなかったが、その理由は、良平は嘗て自分の父の妾であった静子を身内のもの同様に扱い、静子が本件家屋を所有して使用する限り、特に、本件土地を無償で使用させるつもりであったからであるというのであるから、右事実関係のもとにおいては、良平と静子との間には本件土地につきたかだか使用貸借関係があつたにすぎないものであって、地上権又は賃借権の設定があったものとは認められないとした原審の判断は相当である。」と判示している。

[261] 東京地判平成5.8.25判時1503.114
《事案の概要》
　Xは、昭和35年10月、Aの所有する土地上に建築された建物をAから買い受け、その後、この建物を取り壊し、建物を新築したところ、Aが平成2年5月に死亡し、Yが本件土地の遺贈を受け、Xの賃借権を争う等したため、XがYに対して賃借権を有することの確認を請求した（事案は複雑であり、訴訟の当事者も他にいるが、土地の賃貸借の関係に限定して事案を要約した）。この判決は、本件土地の使用は無償であったとし、使用貸借であるとし、請求を棄却した。

【実務の対応】
　この判決は、使用貸借を認めた事例判断として参考になる。

[262] 東京地判平成 5.9.14 判タ 870.208
《事案の概要》
　XとYは、兄弟であるが、Xはその父Aに土地を使用貸しし、Aは土地上に建物を建築していたところ、遺言により本件建物を妻B、Yに相続させ、その後、Bは遺言により本件建物の持分をYに相続させ、Yが本件建物を所有するに至ったため、XがYに対して本件建物の収去、本件土地の明渡しを請求した（本件訴訟には、Yが土地の使用貸借の終了を主張し、Xが代表者であるZ有限会社に対して建物の収去、土地の明渡しを請求する訴訟が併合された）。この判決は、建物所有を目的とする土地の使用貸借が借主の死亡によって終了しないとし、請求を棄却した。

【実務の対応】
　この判決は、建物所有を目的とする使用貸借が借主の死亡により終了しないとしたものであり、民法599条の規定の解釈につき重要な判断を示したものである。

[263] 東京地判平成 7.10.27 判時 1570.70、判タ 910.167
《事案の概要》
　Xは、昭和53年1月、実妹Y1の夫Aに建物所有の目的で土地を使用貸借し、Aは、建物を建築したところ、平成3年、死亡し、Y1、子Y2が相続したが、Xが民法599条により使用貸借が終了したと主張し、Y1、Y2に対して本件建物の収去、本件土地の明渡しを請求した。この判決は、建物所有を目的とする土地の使用貸借に民法599条の適用を否定したが、使用収益をなすに足るべき期間の経過による解約の申入れを認め、請求を認容した。

【実務の対応】
　この判決は、建物所有を目的とする使用貸借が借主の死亡により終了しないとし、民法599条の規定の適用を否定したこと、もっとも、使用収益をなすに足るべき期間の経過による解約の申入れを認めたこと（民法597条2項但書）に特徴があり、事例判断として参考になる。

第3章　借地をめぐる裁判例

[264] 東京地判平成 7．10．30 判時 1573．39
《事案の概要》
　Xは、土地を賃借し、建物を所有して使用していたところ、昭和 28 年 7 月頃、隣接する土地の所有者であるYは、Xの借地の一部（甲地）をYの通路として使用するため（公道に出るには、甲地のみが通路である）、Yの土地の一部（乙地）をXの建物の敷地の一部として使用することを目的としてそれぞれ無償で使用する合意をしたが、Xは、乙地上にYの建物が一部建築されていることを理由に甲地の使用貸借契約を解除し、Yに対して甲地の明渡し等を請求した。この判決は、使用貸借の終了を前提とする権利の行使は権利の濫用に当たるとし、請求を棄却した。
【実務の対応】
　この判決は、通路として使用されていた土地の使用貸借につき契約を解除し、使用貸借の終了を前提とする権利の行使が権利の濫用に当たるとしたものであり、事例判断を提供するものである。

[265] 神戸地尼崎支部判平成 8．8．19 判時 1618．80
《事案の概要》
　Aは、子であるY1に土地を使用貸借し、昭和 58 年頃、Y1は土地上に建物を建築し、Y2株式会社に建物を賃貸していたところ、その後、Aが死亡し、妻Xが本件土地を相続したが、Y1が従前行っていたXの扶養、看護を打ち切る等したため、Xが使用貸借契約を解除し、Y1に対して建物の収去、土地の明渡し、Y2に対して建物の退去、土地の明渡し等を請求した。この判決は、使用貸借の期間が建物が存続し、第三者に賃貸している限りというものであり、終期が到来していないとし、請求を棄却した。
【実務の対応】
　この判決は、親族間の建物所有を目的とする土地の使用貸借につき使用貸借の期間が建物が存続し、第三者に賃貸している限りというものであるとしたものであり、事例判断を提供するものである（後記の控訴審判決参照）。

[266] 大阪高判平成 9．5．29 判時 1618．77
《事案の概要》
　前記の [265] 神戸地尼崎支部判平成 8．8．19 判時 1618．80 の控訴審判決であり、Xが控訴した。この判決は、Xの扶養、看護が打ち切られ、信頼関係が破壊されたとし、民法 597 条 2 項但書の類推適用による解約申入れをすることができるとし、その効力を認め、原判決を変更し、請求を認容した。
【実務の対応】
　この判決は、親族間の建物所有を目的とする土地の使用貸借について、使用貸借の信頼関係の破壊を認め、民法 597 条 2 項但書の規定の類推適用を肯定し、解約申入れによる終了を認めたものであり、事例判断として参考になるものである。

[267] 大阪高判平成 9．8．29 判タ 985．200
《事案の概要》
　Y寺は、X寺の塔頭寺院であり、Xの土地を使用し、本堂等の建物を建築し、使用していたところ、平成 3 年 9 月頃から、本堂等の改築を計画し、旧建物の取り壊しにつきXの許可を得て実行したが、建物の再築につき交渉中、Yが再築を強行しようとしたことから、Xが建築工事禁止の仮処分を申し立て、認容され、工事が中止されたため、XがYに対して建築資材等の収去、土地の明渡しを請求した。第一審判決は土地の使用権原が使用貸借であるとし、建物の再築を理由とする使用貸借契約の解除を認め、明渡請求が権利の濫用に当たらないとし、請求を認容したため、Yが控訴した。この判決は、権利の濫用を否定し、控訴を棄却した。
【実務の対応】
　この判決は、寺院建物の所有を目的とする土地の使用貸借につき解除を認めたものであり、事例判断を提供するものである。

[268] 最一判平成 11．2．25 判時 1670．18、判タ 998．113、金融法務事情 1569．105、金融・商事判例 1066．14
《事案の概要》
　X株式会社の代表取締役は、Aであり、Aの子であるB、YはXの取締役で

あったが、Aは、昭和33年12月頃、Xの所有土地上に建物を建築し、Yに取得させ、本件土地をYに本件建物の敷地として無償で使用させていたところ（本件建物においてY、A夫婦が同居していた）、Aは、昭和47年2月、死亡し、その後、Xの経営をめぐってBとYが対立し、Yが訴訟を提起し、勝訴判決を得るなどしたことから、XがYに対して本件土地の使用貸借につき使用収益をするのに足りるべき期間が経過したなどと主張し、建物収去、土地明渡しを請求した。第一審判決は、使用収益の期間が経過していないとし、請求を棄却したため、Xが控訴したところ、控訴審判決は、同様に判示し、控訴を棄却したため、Xが上告した。この判決は、使用収益の期間の経過を否定できないとし、原判決を破棄し、本件を大阪高裁に差し戻した。
〈判決〉は、
「土地の使用貸借において、民法597条2項ただし書所定の使用収益をするのに足りるべき期間が経過したかどうかは、経過した年月、土地が無償で貸借されるに至った特殊な事情、その後の当事者間の人的つながり、土地使用の目的、方法、程度、貸主の土地使用を必要とする緊要度など双方の諸事情を比較衡量して判断すべきものである（最高裁昭和44年（オ）第375号同45年10月16日第二小法廷判決・裁判集民事101号77頁参照）。

本件使用貸借の目的は本件建物の所有にあるが、被上告人が昭和33年12月ころ本件使用貸借に基づいて本件土地の使用を始めてから原審口頭弁論終結の日である平成9年9月12日までに約38年8箇月の長年月を経過し、この間に、本件建物で被上告人と同居していた菊松は死亡し、その後、上告人の経営をめぐって一郎と被上告人の利害が対立し、被上告人は、上告人の取締役の地位を失い、本件使用貸借成立時と比べて貸主である上告人と借主である被上告人の間の人的つながりの状況は著しく変化しており、これらは、使用収益をするのに足りるべき期間の経過を肯定するのに役立つ事情というべきである。他方、原判決が挙げる事情のうち、本件建物がいまだ朽廃していないことは考慮すべき事情であるとはいえない。そして、前記長年月の経過等の事情が認められる本件においては、被上告人には本件建物以外に居住するところがなく、また、上告人には本件土地を使用する必要等特別の事情が生じていないというだけでは使用収益をするのに足りるべき期間の経過を否定する事情としては不十分であるといわざるを得ない。

そうすると、その他の事情を認定することなく、本件使用貸借において使用収益をするのに足りるべき期間の経過を否定した原審の判断は、民法597条2項ただし書の解釈適用を誤ったものというべきであり、その違法は原判決の結論に影響を及ぼすことが明らかである。」と判示している（判例評釈として、下村正明・判評490.38、岡本缶・判タ1036.86がある）。

【実務の対応】
　この判決は、会社の代表取締役が会社の土地上に建物を建築し、子である同会社の取締役に同建物を取得させ、居住していたところ、代表取締役である親が死亡後、取締役である子らの間に対立が発生し、同会社が使用貸借の終了を主張し、建物の収去、土地の明渡しを請求した事案について、民法597条2項但書所定の使用収益をするのに足りるべき期間が経過したかどうかは、経過した年月、土地が無償で貸借されるに至った特殊な事情、その後の当事者間の人的つながり、土地使用の目的、方法、程度、貸主の土地使用を必要とする緊要度など双方の諸事情を比較衡量して判断すべきであるとしたこと、この事案では38年余の期間使用が継続していたこと等から、使用収益の期間の経過を否定できないとしたことに特徴があり、重要な事例判断として参考になるものである。

[269] 東京高判平成12.4.26判タ1089.176
《事案の概要》
　Xは、昭和43年6月、作業所兼住宅である建物をY1に賃貸し、Y1は、個人で鉄工所を営業していたところ、昭和52年頃、Y2有限会社を設立したため、改めてY1、Y2と賃貸借契約を締結したところ、その後、隣接するXの所有土地上に複数の建物、構造物を建築したため、Xが信頼関係の破壊を理由に賃貸借契約を解除し、Y1らに対して建物の明渡し、土地の明渡し等を請求した。第一審判決は、本件土地に賃貸借契約が成立したとの主張を排斥したものの、黙示の使用貸借契約の成立を認め、請求を棄却したため、Xが控訴した。この判決は、Xが本件土地の使用状況を知悉しながら苦情を述べなかった等の事情から黙示の使用貸借契約の成立を認め、解約の主張を排斥し、控訴を棄却した。

【実務の対応】
　この判決は、借地に隣接する土地に賃借人が建物を建築する等したことにつき黙示の使用貸借契約の成立を認めたものであり、事例判断を提供するものである。

[270] 東京高判平成12．7．19 判タ1104．205
《事案の概要》
　Xは、昭和42年8月、宅地造成された土地を購入していたところ、本件土地の付近にXの長男、二男、三男が建物を建築して居住しており、四男Aは、本件土地上に建物を建築して所有していたが、平成9年10月、Aが死亡し、その妻Yが相続したことから、XがYに対して無断で建物を建築したと主張し、建物の収去、土地の明渡しを請求した。第一審判決は、請求を認容したため、Yが控訴した。この判決は、使用貸借契約の成立を認め、原判決を取り消し、請求を棄却した。

【実務の対応】
　この判決は、家族間の建物所有を目的とする土地の使用につき使用貸借契約の成立を認めたものであり、事例判断を提供するものである。

[114] 東京地判平成19．2．16 金融・商事判例1299．27
《事案の概要》
　Yは、昭和43年、土地を取得し、昭和44年、土地上に6階建てのマンションを建築し、その一部を自宅として使用するとともに、賃貸していたところ、Yは、本件建物をAに譲渡し、その後さらに転々と譲渡され、いったんYが取得した後、昭和58年10月、X株式会社に本件建物、附帯する敷地に関する権利一切を譲渡するとともに、XとYとの間で敷地に関する権利について本件建物の存続期間中存続する、敷地の使用料は無償である、敷地を第三者に譲渡するときはこの合意内容を承継させるとの合意をしたが、前記土地は2筆に分筆され、Yがそのうち1筆を他に譲渡したことから、XがYに対して本件建物の敷地部分につき主位的、予備的に借地権を有することの確認を請求した。この判決は、XとYとの間の合意による敷地に関する権利は独立の対価を伴わないものであり、無償の権利にすぎないとし、主位的請求、予備的請求

を棄却した。
【実務の対応】
　この判決は、売買された建物の敷地の利用権が借地権ではなく、無償の権利であるとしたものであり、事例判断を提供するものである（後記の控訴審判決参照）。

［115］東京高判平成 20. 7. 10 金融・商事判例 1299. 16
《事案の概要》
　前記の［114］東京地判平成 19. 2. 16 金融・商事判例 1299. 27 の控訴審判決であり、Xが控訴し、訴えを追加した（Yが死亡し、Zが相続し、訴訟を承継した）。この判決は、売買代金中に敷地利用の対価が含まれていた可能性が高い等とし、合意による敷地に関する権利が借地権であるとし、借地権の設定を認め、控訴を棄却し、追加された予備的請求を認容した。
【実務の対応】
　この判決は、売買された建物の敷地の利用権が借地権であるとしたものであり、事例判断として参考になるものである。

No, 14

借地に関係する売買

　借地問題は、借地借家法（借地法、建物保護法）に固有の問題だけでなく、借地上の建物、借地権をめぐる関連する問題を含むものであり、実際にも後者の類型の問題が多数発生している。後者の類型の借地問題については、借地借家法の適用が問題になるわけではないが、借地問題として認識されているところがあるので、紹介していきたい。まず、ここでは、借地に関係する売買をめぐる裁判例を取り上げたい。

[271] 大阪高判平成3. 2. 27 判時 1400. 31
《事案の概要》
　借地上の建物につき競売手続が開始され、X株式会社は、本件建物を買い受け、昭和61年12月、代金を納付したところ、売却許可決定がされた後、その確定前である同年11月、本件土地の所有者であるY1が本件建物の借地権消滅を理由とする本件建物の収去、本件土地の明渡の請求に関する確定判決が存在する旨の上申書を執行裁判所に提出していたことが判明したため、XがY1のほか、Y2（国）に対して損害賠償を請求した。第一審判決が請求を棄却したため、Xが控訴した。この判決は、執行裁判所が前記の確定判決の写しが提出されたことを通知すべき義務を定めた法令上の規定はない等とし、控訴を棄却した。

【実務の対応】
　この判決は、借地上の建物が競売に付され、建物を購入したところ、借地権の消滅を理由とする建物の収去、土地の明渡しを命ずる確定判決が存在し、執行裁判所にその旨の記載された上申書が提出されていたため、買受人が国に対して国家賠償責任（国家賠償法1条1項）に基づき損害賠償を請求した事案について、執行裁判所の通知義務を否定したものであり、事例判断として参考になるものである。競売手続において借地上の建物を買い受けようとする者は、自己責任で借地権の有無、内容を調査すべきことを改めて教えるものである。

[272] 東京地判平成3. 3. 28 判時 1403. 74
《事案の概要》
　Yは、A寺から賃借した土地上に建物を所有し、B株式会社、Cが本件建物を賃借して占有していたところ、Xに本件建物、賃借権を代金6000万円で売り渡す売買契約を締結したが、YがAの承諾を求めたものの、拒絶される等したため、XがYに対して賃貸人の承諾を得る義務の確認、所有権移転登記手続、占有者の立退きを求める義務の確認を請求した。この判決は、各確認請求の訴えの確認の利益を認め、各義務を肯定し、請求を認容した。

【実務の対応】
　この判決は、借地上の建物、借地権の売買がされ、売主が買主に対して賃貸

人の承諾を得る義務、建物の占有者の立退きを求める義務があるかが問題になった事案について、いずれの義務も肯定したものであり、事例判断として参考になるものである。

[273] 最三判平成 3. 4. 2 民集 45. 4. 349、判時 1386. 91、判タ 758. 125、金融法務事情 1295. 66、金融・商事判例 872. 3
《事案の概要》
　Xは、昭和 55 年 3 月、XがAらから賃借した土地上に所有する建物と借地権を代金 650 万円で買い受けたところ、本件土地の北側の崖が大雨によって傾斜、亀裂が生じ（水抜き穴が設けられていなかった）、本件土地の一部に沈下、傾斜等が生じたことからAらに改修補強等の措置をとるよう求めたものの、何らの措置がとられず、Xは、本件建物の倒壊の危険を避けるために本件建物を取り壊し、売買契約を解除した上、Yに対して瑕疵担保責任に基づき損害賠償を請求した。第一審判決は借地権の瑕疵に当たらないとし、請求を棄却したため、Xが控訴した。控訴審判決は、借地権は契約上当然に予定された性能を有しない隠れた瑕疵がある等とし、原判決を変更し、請求を認容したため、Yが上告した。この判決は、敷地につき修繕義務を負担すべき欠陥があるとしても、売買の目的物に隠れた瑕疵があるということはできないとし、原判決を破棄し、Xの控訴を棄却した。
〈判決〉は、
「すなわち、建物とその敷地の賃借権とが売買の目的とされた場合において、右敷地についてその賃貸人において修繕義務を負担すべき欠陥が右売買契約当時に存したことがその後に判明したとしても、右売買の目的物に隠れた瑕疵があるということはできない。けだし、右の場合において、建物と共に売買の目的とされたものは、建物の敷地そのものではなく、その賃借権であるところ、敷地の面積の不足、敷地に関する法的規制又は賃貸借契約における使用方法の制限等の客観的事由によって賃借権が制約を受けて売買の目的を達することができないときは、建物と共に売買の目的とされた賃借権に瑕疵があると解する余地があるとしても、賃貸人の修繕義務の履行により補完されるべき敷地の欠陥については、賃貸人に対してその修繕を請求すべきものであって、右敷地の欠陥をもって賃貸人に対する債権としての賃借権の欠陥ということはできない

から、買主が、売買によって取得した賃借人たる地位に基づいて、賃貸人に対して、右修繕義務の履行を請求し、あるいは賃貸借の目的物に隠れた瑕疵があるとして瑕疵担保責任を追求することは格別、売買の目的物に瑕疵があるということはできないのである。なお、右の理は、債権の売買において、債権の履行を最終的に担保する債務者の資力の欠如が債権の瑕疵に当たらず、売主が当然に債務の履行について担保責任を負担するものではないこと（民法569条参照）との対比からしても、明らかである。

　これを本件についてみるのに、前記事実関係によれば、本件土地には、本件擁壁の構造的欠陥により賃貸借契約上当然に予定された建物敷地としての性能を有しないという点において、賃貸借の目的物に隠れた瑕疵があったとすることは格別（民法559条、570条）、売買の目的物に瑕疵があったものということはできない。」と判示している（判例評釈として、森田宏樹・法協109．8．126、潮見佳男・民商106．2．98、半田吉信・判評395．35、吉田光碩・判タ778．21、水野智幸・判タ790．66、宮川博史・ジュリスト993．193、高木多喜男・ジュリスト1002．72がある）。

【実務の対応】
　この事案は、借地上の建物と借地権が売買されたところ、敷地（借地）の地盤が傾斜する等したため、買主が売主に対して瑕疵担保責任に基づき損害賠償を請求する等した上告審の事件であり、この判決は、敷地の隠れた瑕疵が売買の目的物の瑕疵には当たらないとしたものであり、重要な事例判断として参考になるものである。

[274] 大阪地判平成4．4．24 判時1461．106、金融・商事判例908．9
《事案の概要》
　Aは、Bから土地を賃借し、本件土地上に建物を建築して所有し、本件建物につき不動産競売手続が開始され、X株式会社が借地権付建物として本件建物を競落し、配当が実施されたところ、本件賃貸借契約は競落に先立つ平成元年7月に賃料不払いを理由に解除されていることが判明し、BがXに対して本件建物の収去、本件土地の明渡しを請求する訴訟を提起し、Xの敗訴判決が確定したため、Xが競落に係る売買契約を解除し、配当を受けたY1協会、Y2

（国）らに対して受領金額の返還を請求した。この判決は、民法568条1項、566条1項、2項の類推適用を認め、契約の解除の効力を認め、請求を認容した（判例評釈として、半田吉信・判評419.37がある）。

【実務の対応】
　この判決は、借地上の建物を不動産競売手続において買い受けた者が賃料不払いによって借地契約が解除されていることが判明し、賃貸人との間の訴訟で敗訴判決が確定したため、配当金を受領した者に対して返還を請求した事案について、民法568条1項（強制競売における担保責任に関する規定）、566条1項、2項の規定の類推適用を認め、担保責任による競売による売買契約の解除を肯定したものであり、事例判断として参考になるものである（後記の控訴審判決、上告審判決参照）。なお、類推適用を否定する裁判例としては、東京高判昭和40.1.26判タ173.200、東京高判昭和51.21.1判時846.68、大阪高判昭和57.2.17判時1050.87があり、類推適用を肯定する裁判例としては、名古屋地判昭和56.5.25判時1022.99、東京地判昭和57.4.21判時1072.117、東京高判昭和58.2.24判タ500.142、横浜地判昭和62.7.29判時1258.106、東京地判平成3.10.31判時1430.94がある。

[275] 大阪高判平成5.2.26金融・商事判例928.3
《事案の概要》
　前記の[274]大阪地判平成4.4.24判時1461.106、金融・商事判例908.9の控訴審判決であり、Y1、Y2が控訴した。この判決は、競落建物の敷地使用権が後日否定された場合、競売で建物に付随する権利として敷地使用権の存在が明示され、その価格が評価されて最低売却価格が決定されていることが明らかであり、これを前提として競売が行われたときは、競落人は競売による売買契約を解除することができるとし、控訴を棄却した。

【実務の対応】
　この判決は、第一審判決と同旨の判断を示したものとして参考になる（後記の最高裁判決参照）。

第3章 借地をめぐる裁判例

[276] 東京地判平成 5. 8. 30 判時 1502. 122
《事案の概要》
　Aは、借地上の建物を所有していたところ、昭和62年5月、Y株式会社と本件建物を敷地の借地権とともに、地主の承諾を得ることを停止条件としてYに代金2000万円で売り渡す旨の売買契約を締結し、Yが手付金200万円、中間金200万円を支払い、条件付所有権移転の仮登記を経たが、Aが死亡し、Xが相続し、売買契約が成立していない、売買価格が著しく低廉であり、公序良俗に反して無効であるなどと主張し、Yに対して仮登記の抹消登記手続を請求した。第一審判決は、請求を棄却したため、Xが控訴した。この判決は、売買契約の成立を認めたが、当時、本件建物、借地権の客観的価格は1億3000万円弱を下らなかったものであり、Aが高齢であった等とし、公序良俗違反を認め、原判決を変更し、400万円の支払いと引換えに請求を認容した。
【実務の対応】
　この判決は、借地上の建物、敷地の借地権の売買契約が締結され、代金の一部が支払われたところ、売主の相続人が売買の無効を主張した事案について、売主が高齢であったこと、売買価格が低額であったこと等から公序良俗に違反して無効であるとしたものであり、借地上の建物等の売買の公序良俗違反を認めた事例判断として参考になる。

[277] 東京地判平成 6. 4. 25 判時 1529. 86
《事案の概要》
　Aは、昭和46年12月、Yに所有土地を非堅固建物所有の目的で、賃貸期間を20年間として賃貸し、本件土地上に建物を建築し、Aが死亡し、Xが相続し、賃貸人の地位を承継していたところ、Xは、賃貸期間が経過した後である平成3年12月、Yの代理人Bと交渉し、本件土地を4200万円で売却する売買契約を締結し、Yが手付金として500万円を交付したが、Yが残代金の支払いをしなかったため、XがYに対して主位的に残代金の支払い、予備的に本件建物の収去、本件土地の明渡しを請求したのに対し、YがXに対して借地権が存続していたのにこれが消滅したものと誤信して売買契約を締結したものであり、要素の錯誤があると主張し、手付金の返還を請求した。この判決は、

Bが契約交渉に当たって借地権が期間満了によって終了した旨を告げ、Yがこれを信用して契約の締結に至ったとし、錯誤無効を認め、Xの主位的、予備的請求を棄却し、Yの請求を認容した。

【実務の対応】
　この判決は、借地権が終了したものとして土地の売買契約が締結されたところ、借地権が存続していたとされ、錯誤無効が主張された事案について、錯誤無効を認めたものであり、事例判断として参考になるものである。

[278] 最二判平成8.1.26民集50.1.155、判時1556.76、判タ900.289、金融・商事判例991.3

《事案の概要》
　前記の[275]大阪高判平成5.2.26金融・商事判例928.3の上告審判決であり、Yが上告した。この判決は、借地権付の建物の強制競売において借地権が存在しなかった場合については、民法568条1項、2項、566条1項、2項の類推適用を認め、上告を棄却した。
〈判決〉は、
「建物に対する強制競売の手続において、建物のために借地権が存在することを前提として建物の評価及び最低売却価額の決定がされ、売却が実施されたことが明らかであるにもかかわらず、実際には建物の買受人が代金を納付した時点において借地権が存在しなかった場合、買受人は、そのために建物買受けの目的を達することができず、かつ、債務者が無資力であるときは、民法568条1項、2項及び566条1項、2項の類推適用により、強制競売による建物の売買契約を解除した上、売却代金の配当を受けた債権者に対し、その代金の返還を請求することができるものと解するのが相当である。けだし、建物のために借地権が存在する場合には、建物の買受人はその借地権を建物に従たる権利として当然に取得する関係に立つため、建物に対する強制競売の手続においては、執行官は、債務者の敷地に対する占有の権原の有無、権原の内容の細目等を調査してその結果を現況調査報告書に記載し、評価人は、建物価額の評価に際し、建物自体の価額のほか借地権の価額をも加えた評価額を算出してその過程を評価書に記載し、執行裁判所は、評価人の評価に基づいて最低売却価額を定め、物件明細書を作成した上、現況調査報告書及び評価書の写しを物件明細

書の写しと共に執行裁判所に備え置いて一般の閲覧に供しなければならないものとされている。したがって、現況調査報告書に建物のために借地権が存在する旨が記載され、借地権の存在を考慮して建物の評価及び最低売却価額の決定がされ、物件明細書にも借地権の存在が明記されるなど、強制競売の手続における右各関係書類の記載によって、建物のために借地権が存在することを前提として売却が実施されたことが明らかである場合には、建物の買受人が借地権を当然に取得することが予定されているものというべきである。そうすると、実際には買受人が代金を納付した時点において借地権が存在せず、買受人が借地権を取得することができないため、建物買受けの目的を達することができず、かつ、債務者が無資力であるときは、買受人は、民法568条1項、2項及び566条1項、2項の類推適用により、強制競売による建物の売買契約を解除した上、売却代金の配当を受けた債権者に対し、その代金の返還を請求することができるものと解するのが右三者間の公平にかなうからである。」と判示している（判例評釈として、山下純司・法協116．11．131、道垣内弘人・判評454．65、塩崎勤・判タ945．98、森田宏樹・金融法務事情1460．64、生熊長幸・ジュリスト1113．12がある）。

【実務の対応】
　この判決は、借地上の建物を不動産競売手続において買い受けた者が賃料不払いによって借地契約が解除されていることが判明し、賃貸人との間の訴訟で敗訴判決が確定したため、配当金を受領した者に対して返還を請求した事案について、民法568条1項（強制競売における担保責任に関する規定）、566条1項、2項の規定の類推適用を認め、担保責任による競売による売買契約の解除を肯定したものであり、重要な判断を明らかにしたものとして参考になる。

[279] 東京地判平成10．1．20金融・商事判例1048．45
《事案の概要》
　Y1は、Y2が営業する不動産業の従業員として中心的な業務を担当していたが、A信用金庫から融資を受け、賃貸建物を借地権付で購入し、建て替えることを計画し、A信用金庫から3億8000万円の融資を受ける交渉を行った後、交渉を打ち切り、X信用金庫と交渉を行い、Xとしては、とりあえず1億2000万円の融資を行ったものの、立退交渉等が進捗しなかったため、Xが

1億2000万円の返済を請求したものであり、Y1らが融資残額2億6000万円の融資が未履行であるところ、これが先履行である等として争った。この判決は、融資契約の成立を否定し、請求を認容した。

【実務の対応】
　この判決は、借地権付の賃貸建物を購入し、建物を建て替えることを計画し、金融機関から融資を受けたところ、建物の賃借人との立退交渉等が進捗しなかったことから、金融機関が融資金の返済を請求し、その余の新たな融資契約の成否等が問題になった事案について、新たな融資契約の成立を否定したものであり、借地権付建物の取引をめぐる紛争の一端を示す裁判例として参考になる。

[280] 東京地判平成10.9.24判時1698.108
《事案の概要》
　Y1は、A株式会社から建物所有の目的で土地を賃借し、Y1、Y2、Y3共有の建物を所有していたところ、本件建物に抵当権を設定していたYの申立てによって不動産競売が開始され、現況調査報告書にY1が賃借権を有する旨が記載される等して売却が実施され、Xが買い受けたところ（Y5、Y6、Y4に配当が実施された）、その間、AがY1に対して賃料不払いを理由に賃貸借契約を解除し、Xが借地権の譲受の許可を申し立てたものの、Aが借地権の不存在を主張したことから、賃貸借契約が解除されて終了したことを確認し、XがAに本件建物を売り渡す旨の和解をしたため、Xが主位的に競売に係る土地のうち借地権部分のみの一部解除、予備的に代金減額請求権を主張し、Y1ないしY3に対して借地権相当額の返還、Y4ないしY6に対して配当金の返還を請求した。この判決は、一部解除を否定し、民法568条1項、2項、566条1項、2項の類推適用を認め、債務者が無資力である場合には、売却代金の配当を受けた債権者に減額分の返還を請求することができるとし、減額代金額を算定し、請求の一部を認容した。

【実務の対応】
　この判決は、借地上の建物を不動産競売手続において買い受けた者が賃料不払いによって借地契約が解除されていることが判明し、賃貸人との間の借地契約の解除による終了の確認、借地上の建物の売買を内容とする訴訟上の和解を

余儀なくされたため、担保責任による代金減額請求の可否等が問題になった事案について、民法568条1項、2項（強制競売における担保責任に関する規定）、566条1項、2項の規定の類推適用を認めたものであり、事例判断を提供するものである。

[281] 最三判平成12.12.19判時1737.35、判タ1053.92、金融法務事情1606.71、金融・商事判例1115.3

《事案の概要》

　Xの夫Aは、土地を賃借し、昭和51年5月頃、土地上に建物を建築することとし、Aと前妻の間の子Bの名義で建築確認を申請し、建物を建築していたところ（本件建物については、家屋補充課税台帳にBを所有者として登録され、固定資産税は、AがB名義で支払っていた）、Aの知らない間に、本件建物につきBを所有者とする所有権保存登記がされ、昭和62年10月、BからCに売買を原因として所有権移転登記がされ、Dを権利者とする根抵当権設定登記がされ、Dが根抵当権を実行し、平成6年、Y有限会社が不動産競売手続で本件建物を買い受けたため、平成元年5月、Aから本件建物の贈与を受けたXが、本件土地の賃借権に基づき、本件土地の所有者の所有権に基づく返還請求権を代位行使して、Yに対して本件建物の収去、本件土地の明渡し等を請求した。第一審判決は、請求を認容したため、Yが控訴したものである。控訴審判決は、民法94条2項、110条の法意により本件保存登記を信頼した善意・無過失の第三者であるDに対しては、Bが本件建物の所有者でないことを対抗することができず、競落人であるYに対しても対抗することができず、従たる権利である借地権も建物の所有権に付随するとし、A、その承継人であるBは借地権を喪失したとし、原判決を取り消し、請求を棄却したため、Xが上告受理を申し立てた。この判決は、建物について抵当権を設定した者がその敷地の賃借権を有しない場合には、抵当権の効力が敷地の賃借権に及ぶと解する理由はなく、建物の買受人は、民法94条2項、110条の法意により建物の所有権を取得することとなるときであっても、敷地の賃借権自体に右法理により保護されるなどの事情がない限り、建物の所有権とともに敷地の賃借権を取得するものではないとし、原判決を破棄し、Yの控訴を棄却した。

〈判決〉は、

「土地賃借人がその土地上に所有する建物について抵当権を設定した場合には、原則として、右抵当権の効力は当該土地の賃借権に及び、右建物の買受人と土地賃借人との関係においては、右建物の所有権とともに土地の賃借権も買受人に移転するものと解するのが相当である（最高裁昭和39年（オ）第1033号同40年5月4日第三小法廷判決・民集19巻4号811頁）。しかしながら、建物について抵当権を設定した者がその敷地の賃借権を有しない場合には、右抵当権の効力が敷地の賃借権に及ぶと解する理由はなく、右建物の買受人は、民法94条2項、110条の法意により建物の所有権を取得することとなるときでも、敷地の賃借権自体についても右の法意により保護されるなどの事情がない限り、建物の所有権とともに敷地の賃借権を取得するものではないというべきである。

これを本件についてみると、原審の確定した前記事実及び記録にあらわれた本件訴訟の経過に照らすと、新三郎及び田村は本件土地に賃借権を有するものではなく、本件建物はそのことを前提にして競売されたものであることがうかがわれるのであって、被上告人は、田村が本件建物について設定した根抵当権に基づく不動産競売手続において、本件建物の所有権とともに本件土地の賃借権を取得するに由ないものといわなければならない。他方、前記事実によれば、けい之助は右賃借権を上告人に贈与したというのであり、被上告人側において、本件土地の賃借権について民法94条2項、110条の法意により保護されるべき事情が存することはうかがわれない。」と判示している（判例評釈として、武川幸嗣・民商125. 2. 74、中野宏一・判タ1096. 46、小野秀誠・金融・商事判例1120. 63がある）。

【実務の対応】

この判決は、敷地につき賃借権のない建物が不動産競売に付され、建物を買い受けた者が買受けに伴って賃借権を取得するかが問題になった事案について、民法94条2項、110条の法意により建物の所有権を取得することとなるときでも、敷地の賃借権自体についてもこの法意により保護されるなどの事情がない限り、建物の所有権とともに敷地の賃借権を取得するものではないとしたこと、この事案につき民法94条2項、110条の法意により保護されるべき事情は認められないとしたことに特徴があり、重要な法理を明らかにしたものである。この判決の前提として、最高裁の判例によって展開されてきた民法94条

2項の規定の類推適用の法理、民法94条2項及び110条の法意、類推適用の法理の発展がある。

No, 15

借地をめぐる不法行為等の損害賠償責任

　借地権は、建物の所有を目的とする土地の賃借権であり、高額な財産的価値があるため、不法行為の対象、あるいは不法行為の動機になり得る。不法行為の内容、態様は多様であるが、借地をめぐる不法行為等の損害賠償責任が問題になった裁判例を紹介したい。

[282] 東京地判平成 3．4．25 判時 1401．66
《事案の概要》
　Aが都内に広大な土地を所有していたところ、死亡し、昭和25年、Xらが代襲相続したが、Xらが若年であったことから、Aの弟Bがそれ以降昭和61年頃まで相続に係る土地を管理していたところ、相続土地の中にXの所有する土地があり、本件土地上には建物2棟が建築され、借地権を主張する者がおり、Xとの間で訴訟が係属する等し、昭和60年6月頃、BがC株式会社に勤務するY1にCが自己の費用で建物を買い取り、占有者を立ち退かせる、Xは買取、立退の対価として譲渡可能な借地権を設定する、Xは譲渡を予め承諾するとの約定で立退等の交渉を依頼し、Y1がY2株式会社を設立した後はY2に前記事務を引き継ぐこととし、同様の依頼をし、その後、C、Y2が建物の買取、占有者の立退をほぼ完了し、BがY2のために本件土地につき借地権を設定し、Y2がD株式会社に借地権を譲渡し、BがXの名義で譲渡を承諾する等し、XがDに対して建築続行禁止の仮処分を申請し、Xが3億5000万円を支払うのと引換えに本件土地を明け渡す等の内容の裁判上の和解

をし、本件土地の明渡しを受けたため、Xは、Y1が弁護士法72条違反の非弁活動を行ったなどと主張し、Y1、Y2に対して和解金相当額の損害賠償を請求した。この判決は、借地権を設定し、譲渡を承諾したことにつき事実上の授権があったとし、非弁活動の不法行為を否定し、請求を棄却した。

【実務の対応】

　この判決は、土地の所有者のために土地を管理していた親族が第三者に借地権を設定する等したところ、この取引に関与した者等の不法行為（弁護士法72条違反の非弁活動）が問題になった事案について、借地権の設定等に当たって事実上の授権があったとし、不法行為を否定したものであり、事例判断として参考になる。

[283] 東京地判平成3.8.28判タ777.218

《事案の概要》

　X1は、Yから建物所有を目的として土地を賃借し、建物を建築し、家族X2ないしX4と同居していたところ、Yとの間で紛争が生じ、Yが建物の外壁、トタン塀等に通行妨害、通行禁止等と落書きを記載する等したため、X1らがYに対して不法行為に基づき損害賠償を請求したのに対し、Yが反訴としてX1らに対して名誉毀損を主張し、損害賠償を請求するとともに、X1に対して本件建物の収去、本件土地の明渡しを請求した。この判決は、Yの不法行為を認め、本訴請求を認容したが、反訴請求については、関連性を欠くものであるとし、訴えを却下した。

【実務の対応】

　この判決は、借地契約をめぐる賃貸人と賃借人との間の紛争に付随して通行妨害等の紛争が発生し、賃貸人の不法行為が問題になった事案について、賃貸人の不法行為を認めたものであり、事例判断として参考になる。

[284] 東京地判平成4.9.16判時1465.96

《事案の概要》

　Xは、昭和32年3月、Aから建物所有目的で、賃貸借契約が終了したときは本件建物の所有権を放棄する旨の特約で土地を賃借し、本件土地上に建物を建築して所有し、Yは、昭和40年8月、本件土地をAから買い受け、賃貸人

の地位を承継したところ、Yは、平成元年12月、本件建物から家財道具を運び出してブルドーザ等を利用して取り壊したため、XがYに対して不法行為に基づき本件建物の滅失による損害、家財道具の滅失による損害、代替住居の賃借による損害、慰謝料につき損害賠償を請求した。この判決は、家財道具の所有権を放棄した特約は認められないし、賃貸借契約の合意解除も認められない等とし、不法行為を認め、本件建物の滅失による損害300万円、本件動産の滅失による損害111万1000円、代替住居の賃借人による損害94万4850円、慰謝料100万円を認め、請求を認容した。

【実務の対応】

この判決は、借地の所有権を取得した者（新賃貸人）が借地上の建物から家財道具を運び出し、建物を取り壊す等したため、新賃貸人の不法行為（地上げの不法行為である）が問題になった事案について、不法行為を認め、建物の滅失等による損害賠償額を認定、算定したものであり、事例判断として参考になるものである。

[285] 東京地判平成5.4.13判時1492.105

《事案の概要》

Y合資会社は、Aから建物所有の目的で土地を賃借し、借地上に建物を建築し、X株式会社に建物を賃貸していたところ、Yが賃料の支払いを怠り、賃貸借契約を解除したため、AがX、Yに対して本件建物の収去、本件土地の明渡し等を請求し、YはAとの間で解除されたことの確認、本件建物の譲渡、和解金の受領を内容とする訴訟上の和解を成立させたものの、Xが抗争し、第一審判決、控訴審判決で敗訴し、上告審において明渡しと引換えの和解金の受領を内容とする訴訟上の和解をしたことから、XがYに対してYの建物賃貸義務の履行不能によって退去せざるを得ず、借家権価額から損害填補額を控除した残額につき損害賠償を請求した。この判決は、借地上の建物の賃貸借契約の履行不能を認め、借家権喪失による損害として8300万円等の損害を認め、請求を認容した。

【実務の対応】

この判決は、借地上の建物が賃貸されていたところ、借地契約の賃借人が賃料の支払いを怠り、土地の賃貸人が借地契約を解除する等したことから、建物

の賃貸人（土地の賃借人）の建物の賃借人に対する建物の賃貸義務の履行不能による損害賠償責任が問題になった事案について、借地契約の終了による借地上の建物の賃貸借契約の履行不能を認めた上、借家権相当額の損害賠償責任を認めたものであり、損害額の算定には疑問が残るが、事例判断を提供するものである。

[286] 東京地判平成9．10．28判時1650．96
《事案の概要》
　Aは、Bから建物所有を目的として土地を賃借し、建物を建築し、所有し、X有限会社が本件建物に抵当権を設定していたところ、Aが破産宣告を受け、Yが破産管財人に選任され、Bが賃料不払いを理由に賃貸借契約を解除したり、Yが賃貸借契約の解約申入れをしたため、XがYに対して担保保存義務違反、善管注意義務違反を主張し、抵当権が事実上無価値になったことによる損害につき賠償請求をした。この判決は、Yが解約申入れをしたことは善管注意義務に違反するとしたが、XがBに無断で建物を買い受け、違法な強制執行をした等の事情の下では損害賠償請求権の行使が権利の濫用に当たるとし、請求を棄却した。

【実務の対応】
　この判決は、借地上の建物に抵当権が設定されていたところ、借地契約の賃借人が賃料を不払いにし、破産宣告を受け、賃貸人が借地契約を解除し、賃借人の破産管財人が解約申入れをしたりしたため、賃借人の抵当権者に対する損害賠償責任が問題になった事案について、抵当権者の損害賠償請求権の行使が権利の濫用に当たるとしたものであり、この事案の特殊な事情によるところであり、事例判断を提供するものである。

[287] 東京地判平成13．3．6判タ1129．166
《事案の概要》
　Bは、Aから一時使用のために土地を賃借し、借地上に建物を建築したところ、Xが宅地建物取引業者であるY株式会社の仲介により建物を事業用（居酒屋）として賃借したが、その2年半後、Aから建物からの退去を求められ、退去の和解をしたため（Xは、Bとも和解をし、和解金1300万円を受領し

た）、XがYに対して説明義務違反を主張し、債務不履行に基づき損害賠償を請求し、Yが反訴として不当訴訟を理由に損害賠償を請求した。この判決は、説明義務違反を認め（仲介手数料、保証金、改装費用の損害を認めた）、本訴請求を認容し、反訴請求を棄却した。

【実務の対応】
　この判決は、一時使用の借地上に建物を建築し、宅地建物取引業者の仲介により、建物を事業用として賃貸したところ、土地の賃貸人から退去を求められ、退去せざるを得なかったため、宅地建物取引業者の建物の賃借人に対する損害賠償責任が問題になった事案について、宅地建物取引業者の説明義務違反による損害賠償責任を認めたものであり、事例判断として参考になる。

[288] 最二判平成16. 10. 29 金融法務事情1752. 50
《事案の概要》
　A株式会社は、27筆の土地（合計約3万7813平方メートル）の各土地をその所有者らから賃借し、テニスクラブとして使用する部分、賃貸用の建物の敷地として使用する部分等にして使用していたところ、Y株式会社は、Aから本件建物（店舗、立体駐車場）を賃借していたが（本件建物の敷地の土地は、11筆の土地にまたがっているが、その一部である）、Aは、本件各土地の賃料の支払いを怠り、本件各土地の所有者であるX1、X2らが平成11年7月に賃貸借契約を解除し、Yは、平成13年10月、民事再生手続開始決定を受け、本件建物から退去し、その敷地を明け渡したため、X1らはYに対して賃料相当損害金につき再生債権の確定、共益債権としての支払等を請求したのに対し、YはX1らに対して反訴として支払済みの賃料につき不当利得の返還を請求した。控訴審判決は、賃借建物の占有者は建物所有者が敷地に対する占有権原を有しない場合には、敷地所有者に対して建物所有者とともに共同不法行為責任を負うなどとし、X1らの本訴請求を認容し、Yの反訴請求を棄却したため、Yが上告受理を申し立てた。この判決は、建物の賃借人による建物の占有使用がその敷地の占有権原を伴わないものであっても、特段の事情がない限り、不法行為に当たらないし、その占有の範囲は建物の敷地として区分して利用されている土地部分に限定される等とし、原判決中Yの敗訴部分を破棄し、本件を福岡高裁に差し戻した。

〈判決〉は、
「1. 他人の所有する土地に権原なく建物を所有する者から建物を賃借して占有使用する者がある場合において、その者の当該建物の占有使用と所有者がその土地を使用できないこととの間には、特段の事情が存しない限り、相当因果関係はないと解すべきである(最高裁昭和29年(オ)第213号同31年10月23日第三小法廷判決・民集10巻10号1275ページ参照)。ところが、原審は、上記特段の事情が存することについて何ら認定説示することなく、上告人による本件建物の占有使用がその敷地の不法占有として不法行為を構成すると判断したものであり、その判断には、判決に影響を及ぼすことが明らかな法令の違反があるというべきである(なお、記録によれば、上告人は平成12年2月から3月にかけて代物弁済を原因として本件建物の所有権を取得したことがうかがわれるが、仮にそうであるとしても、その所有権を取得する前の本件建物の占有使用については、上記特段の事情が存しない限り、その敷地の不法占有として不法行為を構成するものとみることはできない。)。
2. 次に、仮に、上告人が本件建物の敷地の不法占有につき不法行為責任を負うとしても、前記のとおり、春日ローンテニスが、本件各土地を、テニスクラブ等の敷地として自ら使用する部分、第三者に転貸する部分、賃貸用の建物を建築所有してその敷地とする部分等に区分してこれを利用に供しており、本件各土地は、それぞれの用途に対応する敷地に外観上も区分して利用されていたことに照らすと、本件建物が本件11筆の各土地の全部又は一部にまたがる形で位置しているとしても、そのことから直ちに、本件建物の敷地としての占有範囲が本件11筆の各土地の地積全部に及ぶとはいえず、本件建物の敷地として区分して利用されている土地部分のみをその敷地の範囲とみるべきである。ところが、原審は、テニスコート等とは外観上区分した形で利用されていた本件建物の敷地の範囲を確定することなく、本件11筆の各土地の合計地積を不法占有の範囲と判断したものであり、その判断には、判決に影響を及ぼすことが明らかな法令の違反があるというべきである。」と判示している。

【実務の対応】

この判決は、借地契約の賃借人が賃料を支払わず、土地の賃貸人が借地契約を解除したことから、借地上の建物の賃借人が土地の賃料相当損害金の損害賠償責任を負うかが問題になった事案について、他人の所有する土地に権原なく

建物を所有する者から建物を賃借して占有使用する者がある場合、占有者の建物の占有使用と所有者がその土地を使用できないこととの間には、特段の事情が存しない限り、相当因果関係はないとしたこと、この事案につき特段の事情が認定説示されることなく、建物の賃借人の不法行為を認めることはできないとしたことに特徴があり、重要な法理を明らかにし、参考になる事例判断を示したものである。

なお、この判決が引用する最三判昭和31.10.23民集10.10.1275、判時93.8は、他人が地上権を有する土地に無権限で建物を所有する者から建物を賃借して、占有使用する場合と地上権者に対する不法行為が問題になった事案について、「原判決の認定する事実によれば、上告人株式会社新宿マルミは、その不法行為によって被上告会社の本件土地に対する使用収益を妨げたこととなるから、これによって被上告会社の被った損害を賠償する責務あること明らかであるけれども、その他の上告人20名（以下、その他の上告人らと略称する）は、本件建物の所有者たる上告人会社新宿マルミとの契約により、各判示部分を賃借しこれを占有使用しているに過ぎないのであって、直接被上告会社の土地に対する使用収益を妨げているとはいえない。けだし被上告会社が本件土地を使用収益できないのは、本件建物が存在するからであって、右その他の上告人らが建物の前示各部分を占有使用していることと被上告会社が本件土地を使用収益できないこととの間には、特段の事情（例えば上告会社が本件建物の収去土地の明渡をしようとする場合にその他の上告人が故らに退去せずこれを妨害する等）のないかぎり相当因果関係がないと認めるを相当とするからである。さらに仮りに特段の事情があってその他の上告人らもまた被上告会社の本件土地の使用収益を妨げたものと解すべきものとしても、その他の上告人らは本件建物の各判示部分を占有使用するに過ぎないこと前記の如くである以上、土地の占有も原則としてその全部には及ばないと解せられるにかかわらず（原判決は、右上告人らが共同して本件宅地を占有していることは当事者間争がない旨判示したが、記録によれば、右上告人らは本件建物中判示各部分を占有する事実を認めたに過ぎず、共同して本件住宅の全部を占有する事実を認めた形跡はうかがわれないから、右判示は誤である）、原判決が右上告人らに対し上告人株式会社新宿マルミと連帯して本件土地全部についての賃料相当額の損害金を支払うべき旨を命じたのは、損害賠償の責任の範囲を定めるにつ

いて法律の解釈を誤ったものといわなければならない。」と判示したものである。

No, 16
短期賃貸借

　旧民法395条所定の短期賃貸借の保護の制度は、それなりの合理性を有するものであったところ、抵当権の妨害に利用されやすい等の批判がされ、平成15年の民法改正によって廃止されたが（平成15年法律第134号）、平成年代には土地、建物の短期賃貸借につき裁判例を盛んに賑わせたものである。現在では、以下の裁判例は妥当しないものであるが、歴史的な意義があるので、その概要を紹介したい。

[289] 東京地判平成5．3．25金融・商事判例958．34
《事案の概要》
　A、Bは、建物を共有していたところ、Yは、昭和57年5月、A、Bから本件建物の一部を賃貸期間を3年間として店舗として賃借したが、銀行業を営むC株式会社は、本件建物に根抵当権を設定しており、Aの持分につき不動産競売の申立てをし、昭和60年5月、X株式会社が本件建物の持分を買い受けたところ、その直前の4月、Yの賃貸借契約が更新されたことから、XがYに対して本件店舗の明渡し等を請求した。この判決は、短期賃貸借が目的不動産の2人の共有持分権者の協議によって設定された場合、目的不動産のうちの1人の持分が抵当権の実行により競落され、その持分の短期賃借権が失効したときでも、競落人は短期賃借権者に対して目的不動産の明渡しを請求することができないとし、請求を棄却した。

第3章 借地をめぐる裁判例

[290] 東京地判平成5．3．29 金融・商事判例956．33
《事案の概要》
　A株式会社は、X信用組合から4億円を借り受け、B信用組合連合会から110万円を借り受けたが、Bからの借受けの際、AがXに保証委託をし、XがBに連帯保証をし、Aがこれらの債務を担保するためにAの所有土地に根抵当権を設定したところ、Aが銀行取引停止処分を受け、期限の利益を喪失し、XがBに代位弁済したのに対し、Y2株式会社が本件土地につき賃貸期間を5年間とし、譲渡、転貸可能の特約で賃借権の設定を受け、その旨の設定登記を経、Y1株式会社がAから本件土地を買い受け、所有権移転登記を経たため（賃貸人の地位を承継した）、XがY1、Y2に対して短期賃貸借契約の解除、各登記の抹消登記手続を請求した。この判決は、解除の要件としては、短期賃貸借の存在によって目的不動産の価格が低落し、抵当権者が抵当権の実行によって被担保サインの完全な弁済を受けられなくなることをもって足りるとし、バブルの崩壊によって価格が下落した場合にもこれに当たるとし、請求を認容した。

[291] 大阪地判平成8．10．28 判時1607．92
《事案の概要》
　Aは、老朽化した建物と敷地を購入し、B信用組合から金銭を借り受け、Bのために本件土地につき根抵当権を設定したところ、債務の返済を怠ったが、Aの債権者であり、不動産業者であるY株式会社は、本件建物を買い受け、本件土地に地上権設定仮登記を経るとともに、短期の賃貸借契約を締結し、本件建物につき所有権移転登記を経たところ、本件土地につき不動産競売が開始され、X株式会社が買い受け、Yに対して本件建物の収去、土地の明渡しを請求した。この判決は、短期賃借権は濫用的なものであり、保護に値せず、法定地上権を主張することは権利の濫用に当たるとし、請求を認容した。

[292] 東京地判平成12．11．14 判タ1069．170
《事案の概要》
　A信用組合は、Y1株式会社の所有する土地に根抵当権を設定し、信用組合取引を継続的に行っていたところ、X社団法人は、AからY1に対する貸

金債権の譲渡を受け、根抵当権移転の付記登記を経たが、Y1が貸金を返済しないため、不動産競売の申立てをしたところ、その申立ての2か月前、Y1がY2有限会社に賃貸期間を20年間とする賃貸借契約を締結していることが判明したため、XがY1らに対して民法395条但書の準用を主張し、賃貸借契約の解除、Y1に対して地上建物の収去、土地の明渡しを請求した。この判決は、民法395条但書の準用を認め、請求を認容した。

No, 17

借地と地震

　平成年代の借地問題については、平成7年1月17日に発生した阪神・淡路大震災（最初は兵庫県南部地震と呼ばれたが、淡路島の被害も甚大であったこと等から、間もなく改称された）に伴うものも忘れてはならない。阪神・淡路大震災による被害については罹災都市借地借家臨時処理法が適用され、同法の適用をめぐる裁判例が公表されているので、簡単に紹介したい。

[293] 神戸地決平成8.2.5判時1559.117
《事案の概要》
　Yは、所有土地上の建物をX1、X2に賃貸していたところ、阪神・淡路大震災により本件建物が滅失し、X1らが都市計画法上の許可を受けて敷地につき賃借の申出をし、Yがこれを拒絶したため、X1らがYに対して借地権の確認、借地条件の確定を申し立てた。この決定は、拒絶の正当事由を否定し、権利金を410万円とする等として申立てを認容した。

[294] 神戸地決平成 8. 3. 21 判時 1596. 100
《事案の概要》
　Aは、Bから土地を賃借し、借地上に建物を建築し、本件建物をＸ１、Ｘ２に賃貸していたところ（Ｘ１らは、店舗として使用していた）、本件建物が阪神・淡路大震災により滅失したことから、Ｘ１らはＡに対して借地権の譲渡を申し出たところ、Ａがこれを承諾したため、Ｘ１らがＢに借地権譲渡の対価の決定を申し立てた（Ｂが死亡し、Ｙが相続し、手続を承継した）。この決定は、借地権譲渡の対価を決定した。

No, 18

借地以外の土地の賃貸借

　借地をめぐる裁判例の最後として、借地以外の土地の賃貸借をめぐる裁判例のうち、重要であると考えられるものを紹介したい。

[295] 東京高判平成 4. 2. 12 判時 1416. 81、判タ 777. 275、金融・商事判例 899. 18
《事案の概要》
　ゴルフ場を経営するＹ株式会社は、昭和 28 年 11 月、ゴルフ場の用地として地主であるＸらから賃貸期間を 10 年間として土地を賃借し、ゴルフ場を建設し、ゴルフ場として使用してきたところ、賃貸期間が満了したため、昭和 48 年、ＸらがＹに対して土地（ゴルフ場の一部の用地）の明渡しを請求した。第一審判決（千葉地判昭和 48. 3. 29 判タ 304. 229）は、請求を認容したため、Ｙが控訴し、Ｘらが附帯控訴し、請求を拡張した。この判決は、ゴルフ場の一部の用地の明渡しを求めることが権利の濫用に当たらないとし、控訴を棄

却し、附帯控訴に基づき請求を認容した。
【実務の対応】
　この判決は、ゴルフ場用地としての土地の賃貸借が期間満了により終了したか、土地の明渡しを請求することが権利の濫用に当たるかが問題になった事案（借地法の適用が否定されることは当然である）について、期間満了による契約の終了を認めたこと、権利の濫用を否定したことに特徴があり、ゴルフ場の経営に重大な影響を及ぼす判決であるということができる。

[296] 名古屋地判平成5.2.26判時1483.96、判タ848.196
《事案の概要》
　Aは、昭和44年8月、土地の一部を地中送電線埋設用地とし、賃貸期間を20年とし、期間満了の6か月前までにいずれからか何らの意思表示のないときは、さらに20年間延長する旨の特約でY株式会社に賃貸し、Yは、送電線を埋設し、Aは、昭和61年9月、死亡し、X1、X2が相続したところ、期間が満了したため、X1らがYに対して送電線の収去、土地の明渡し等を請求した。この判決は、延長の特約は民法604条の趣旨に照らし、別途明示、黙示の更新がない以上、期間満了によって終了するとしたものの、権利の濫用を認め、請求を棄却した（もっとも、地中送電線埋設を使用目的とする賃借権を有しないことの確認請求は認容した）（判例評釈として、金子直史・判タ882.18がある）。
【実務の対応】
　この判決は、地中送電線埋設用地の賃貸借契約において期間満了により終了するか、土地の明渡しを請求することが権利の濫用に当たるかが問題になった事案について、期間満了による契約の終了を認めたこと、権利の濫用を肯定したことに特徴がある。

[297] 東京地判平成5.10.1判時1497.82
《事案の概要》
　X株式会社は、平成3年7月、Y2有限会社の仲介により、Y1株式会社から駐車場として土地を賃借し（Y1、Y2の各代表者は夫婦であった）、Y1に敷金、礼金を、Y2に手数料を支払ったところ、本件駐車場は舗装がされ

ておらず、雨が続くとぬかるみになり、脱出のために牽引が必要になるなどしたことから、Y1に砂利を入れることを求めるなどしたものの、一部応じただけであったため、Xは、賃貸借契約を解除し、Y1に対して債務不履行に基づき駐車場の賃料相当額の一部につき損害賠償、Y1、Y2に対して開示・説明義務違反による不法行為に基づき礼金等相当額の損害賠償を請求した。この判決は、修繕義務の不履行を認め、また、告知義務違反を認め（過失相殺を5割認めた）、請求を認容した。

【実務の対応】
　この判決は、駐車場としての土地の賃貸借契約において賃貸人の修繕義務の不履行による損害賠償責任、仲介業者等の説明義務違反による損害賠償責任が問題になった事案について、いずれの義務違反も肯定したものであり、事例判断として参考になる。

[298] 東京地判平成8．9．18判時1609．120
《事案の概要》
　Xは、他の4名と土地を共有し（共有持分5分の1）、他の共有者らとともに本件土地を賃貸期間を20年間とし、ゴルフ場用地としてA株式会社に賃貸していたところ、AがB株式会社に賃借権を譲渡し、さらにY株式会社に譲渡したため、Xが譲渡を承諾していないと主張し、賃借権の不存在確認等を請求した。この判決は、本件賃貸借契約の締結が民法602条所定の期間を超えた賃借権の設定であり、共有物の処分に当たるとしたものの、譲渡の承諾は、承諾をしない他の共有持分権者の利益を格別に害するなどの特段の事情のない限り、共有持分の過半数の者の同意があれば足りる管理行為であるとし、請求を棄却した。

【実務の対応】
　この判決は、土地の共有者等がゴルフ場用地として土地を賃貸し、賃借人が一部の共有者の同意を得て賃借権を譲渡したため、譲受人の賃借権の有無が問題になった事案について、この事案の賃貸借契約が賃貸期間を20年とするものであり、賃貸借契約の締結が民法602条所定の期間を超えた賃借権の設定であり、共有物の処分（変更）に当たるとしたこと（民法251条参照）、賃借権の譲渡の承諾は、承諾をしない他の共有持分権者の利益を格別に害するなど

の特段の事情のない限り、共有持分の過半数の者の同意があれば足りる管理行為であるとしたこと（民法252条参照）、この事案では共有者の過半数の者の同意があったとしたことに特徴があり、処分行為・管理行為の解釈につき議論を呼ぶものであるが、事例判断を提供するものである。

[299] 東京地判平成11．1．27判時1686．61、金融・商事判例1075．37

《事案の概要》

　Xらは、昭和61年から昭和63年にかけて、ゴルフ場を経営するA株式会社に対して、ゴルフ場用地として賃貸期間を20年間とし、賃料不払い、銀行取引停止処分等を解除事由とする特約でそれぞれ土地を賃貸し、Aは、賃借権設定登記、仮登記を経由していたところ、Aは、平成元年、リース業を営むY1株式会社に賃借権条件移転仮登記を経由し、Aは、平成3年、B株式会社と合併し、Bが賃借人たる地位を承継し、Bは、平成6年、C株式会社のため賃借権移転請求権仮登記を経由し、平成7年3月、手形不渡りを出し、同年4月、銀行取引停止処分を受けたことから、Xらは、Bに対して銀行取引停止処分を理由として各賃貸借契約を解除したところ、Bは、平成8年9月、破産宣告を受け、Y2が破産管財人に選任され、Cは、平成9年6月、破産宣告を受け、Y3が破産管財人に選任されたため（ゴルフ場は、D株式会社らが運営している）、XらがY1ないしY3に対して前記の各登記の抹消登記手続を請求した。この判決は、前記特約に基づく賃貸借契約の解除が信頼関係を破壊するに足りない特段の事情がなく、権利の濫用にも当たらないとし、解除が有効であるとし、請求を認容した。

【実務の対応】

　この判決は、ゴルフ場用地の賃貸借契約において賃借人の銀行取引停止処分を理由とする解除が問題になった事案について、賃貸借契約の解除が信頼関係を破壊するに足りない特段の事情がないとしたこと、解除が権利の濫用に当たらないとしたこと、賃貸借契約の解除が有効であるとしたことに特徴があり、事例判断として参考になるものである。

[300] 大阪地判平成 11．11．15 判タ 1045．191
《事案の概要》
　Y1株式会社は、鉄道事業を営むX株式会社から軌道高架下構造物を賃貸期間を1年間として賃借し（更新が繰り返されていた）、Y2らに転貸していたところ、Xが賃貸借契約の賃貸期間の満了による終了を主張し、Y1、構造物を占有するY2らに対して明渡しを請求したのに対し、Y1が反訴としてXに対して借地権の成立を主張し、借地権の確認を請求した。この判決は、賃貸借の目的物件が公共性の強い構造物であり、土地ではない等とし、Xの本訴請求を認容し、Y1の反訴請求を棄却した。
【実務の対応】
　この判決は、軌道高架下構造物の賃貸借契約の期間満了による終了等が問題になった事案について、賃貸借の目的が土地ではないとし（借地権の成立を否定した）、期間満了による終了を認めたものであり、事例判断として参考になるものである。

[301] 横浜地判平成 14．8．29 判時 1816．86
《事案の概要》
　Xの父Aは、Y（国）所有の土地を払い下げを受けたところ（旧海軍が買収する等した経緯がある）、Yに期限の定めなく本件土地を賃貸したが、Yは、付近の広大な土地とともにB（米国）に安全保障条約、地位協定に基づき提供し、Bが通信施設として使用しているため、Aの死亡により相続したXがYに対して通信基地としての用途が終了し、賃貸借契約が終了したと主張し、本件土地の明渡しを請求した。この判決は、本件賃貸借には駐留軍が使用するまでという不確定期限が付されているものであり、通信基地の用途の終了にかかわらず、終了しないとし、請求を棄却した。
【実務の対応】
　この判決は、米軍の通信施設のための土地の賃貸借契約の終了が問題になった事案について、終了を否定したものであり、事例判断を提供するものである。

[302] 横浜地判平成 14．8．29 判時 1816．118
《事案の概要》
　前記の [301] 横浜地判平成 14．8．29 判時 1816．86 の関連事件であり、XがY（米軍）に対して本件土地の明渡しを請求した。この判決は、米軍の駐留、活動は米国の主権活動であり、民事裁判権が及ばないとし、本件訴えを却下した。

【実務の対応】
　この判決は、前記の [301] 横浜地判平成 14．8．29 判時 1816．86 の関連事件であり、米軍に対する訴訟であるが、訴えを却下したものである。

[303] 福岡高那覇支部判平成 14．10．31 判時 1819．51
《事案の概要》
　米軍の通信基地内の土地の所有者であるＸ１、Ｘ２ら（8名）は、Ｙ（国）と賃貸借契約を締結していたところ、賃貸借契約の期間が満了したが、土地の利用が継続していたため、ＸらがＹに対して国家賠償責任に基づき損害賠償を請求した。第一審判決が賃貸借終了後の土地使用は違法であるとし、Ｘ１の請求を一部認容したものの、Ｘ２らの土地についての暫定使用は安保条約の履行上必要であるとし、違法性を否定し、請求を棄却したため、Ｘ１ら、Ｙが控訴した。この判決は、賃貸借終了後の土地使用が違法であるとしたものの、Ｘ１の損害については補償金の供託により損害賠償請求権が消滅したとし、Ｘ１らの控訴を棄却し、Ｙの控訴に基づきＹの敗訴部分を取り消し、請求を棄却した。

【実務の対応】
　この判決は、米軍の通信基地の土地の賃貸借契約の終了、不法占拠による損害賠償責任が問題になった事案について、賃貸借契約の終了を認め、補償金の供託により損害賠償請求権の消滅を認めたものであり、事例判断を提供するものである。

借家をめぐる裁判例

4章

借家法・借地借家法の適用

　借地借家法（借家法を含む）が適用され、同法による保護を受けるのは、「建物の賃貸借」であるが（借地借家法1条、26条1項等）、一見すると、「建物」の「賃貸借」についてはその要件が明白であり、その適用に当たってさほど問題が生じないようにも思われる。しかし、実際には、「建物」についても、建物であるか、設備であるか、場所であるかなどが問題になることがあるし、「賃貸借」についても、対価があるか、貸借であるか、営業・事業の委託であるかなどが問題になることがある（賃貸借以外の類型の契約であっても、契約の内容を履行するに当たって、契約の相手方の建物・設備を付随的に使用することがある）。建物の賃貸借に当たるとされ、借地借家法が適用されると、賃借人の保護は、相当に手厚いものであるため、同法の適用の有無が重要な問題になる。また、借地借家法の賃借人の保護は、本来は、建物の賃貸借においては賃借人が賃貸人と比較して劣位に置かれていることが配慮されたものであるが、実際に近年問題になる建物の賃貸借においては、賃借人が賃貸人と比較して圧倒的に優位に立っていることがあるため、そもそも同法の適用を認める必要があるか、同法の趣旨にそぐわないのではないかなどの疑問も提起されている。

　借地借家法の適用に関する従来の最高裁の判例を概観する限り、対価を支払って建物の全部又は一部の使用・収益することを内容とする契約は、その名目、規模、対価の変動等の事情を問わず、同法の適用を肯定するものと解することができる。最高裁の判例は、借地借家法の適用の場面においては厳格に同法を適用する姿勢を堅持しているものであるが、他面、硬直的にすぎるとの批判もあてはまるものであり、経済社会の需要を阻害しているところもある。裁判例にとっても、また、立法上も、今後の重要な課題であるといえよう。

　なお、最高裁の判例で引用されることが多いのは、最一判昭和31.5.15民集10.5.496、判時77.18、判タ59.60であるが、浴場用建物の賃貸借契約と浴場経営による営業利益の分配契約との混合契約と借家法の適用が問題になった事案について、「思うにいわゆる典型契約の混合する契約（混合契約）

第4章　借家をめぐる裁判例

にいかなる法規を適用すべきかに関しては必ずしも議論がないわけではないけれども、その契約に或る典型契約の包含するを認め、これにその典型契約に関する規定を適用するに当つては、他に特段の事情の認むべきものがない限り右契約に関する規定全部の適用を肯定すべきであつて、その規定の一部の適用を認め他の一部の適用を否定しようとするためには、これを首肯せしめるに足る合理的根拠を明らかにすることを必要とするものといわなければならない。けだしいわゆる混合契約は数種の契約をその構成分子とするものであつて、その一つである契約の面においては当該契約に関する性質を帯有するものであり、従つてこれにその契約に関する規定の適用ありとする以上原則としその契約に関する規定全部の適用を肯定するを当然とするからである。ところで本件浴場経営に関する契約は前叙の如く賃貸借契約と浴場経営による営業利益の分配契約と混合したものであつて、浴場用建物及び附属物件の使用を目的とする趣旨において賃貸借の色彩を多分に具有するというのであるから、原判決がこれを一種特別の契約であると判示するにかかわらず、なおこれを混合契約の一種と認めたものと解するを妥当とし、従つてこれに賃貸借契約の解約申入に関する借家法一条ノ二の適用があるとする以上賃料増額請求に関する同法七条もまた特別の事情がない限りその適用を見るものとすべきであつて、右契約にその適用を否定しようとするにはその適用すべからざるゆえんを判示すべき必要があることは前段説明に徴し明らかというべきである。尤も原判決の確定するところによれば、本件契約においては、賃料名義の額については銭湯の騰落、経費の増減、浴客の多寡等に応じてこれを改訂するものとし、一年毎に両当事者協議の上これを決定すべき旨の約定があるというのであるが、かかる約定の存在は未だもつて借家法7条の適用を否定すべき特別の事情となすに足りない。けだし右約定によつては、賃料の増減につき当事者間に協定が成立しない場合にもなお当事者の右法条による賃料の増減請求権を否定すべきものとした趣旨が窺いえないのみならず、同条は契約の条件いかんにかかわらず借家契約にこれを適用すべき強行法規であることは疑なく、右の如き約定によつてその適用を排除することをえないからである。」と判示しているものであるが、この判例の解釈、射程距離がしばしば議論されるのである。

[304] 東京地判平成3. 9. 12 判タ783. 146
《事案の概要》
　Aは、東京都内の繁華街に所在する建物の一部（居室、店舗）をY1、Y2、Y3に賃貸し、昭和62年4月、X株式会社に貸し、Xがエステスタジオを経営していたところ、昭和63年4月、B株式会社に本件建物を売却し、Bは、Y3に対して無断転貸を理由に賃貸借契約を解除し、建物部分の明渡しを請求する訴訟を提起し、Bの従業員がXの店舗に妨害行為をし、平成元年12月頃から閉店状態に追い込まれたが、Y1らとBは、平成2年3月、前記訴訟において本件建物の引渡し、立退料として1億2600万円の支払等を内容とする訴訟上の和解をし、本件建物部分を引き渡したため、XがY1らに対して借家権の違法な消滅を主張し、損害賠償を請求した。この判決は、XとY1らの契約は契約書の記載内容、店舗の利用形態、敷金等の金員の授受がないこと等から転貸借契約ではなく、特殊な無名契約であるとし、請求を棄却した。

【実務の対応】
　この判決は、建物の一部の又貸しが転貸借かどうかが問題になった事案（直接的には転貸借契約の成立を前提とし、その借家権の侵害による損害賠償が問題になったものである）について、契約書の記載内容、店舗の利用形態等の事情を考慮し、特殊な無名契約であり、転貸借契約ではないとしたものである。この判決が特殊な無名契約であるとした判断には、判決文を読む限り、疑問がある。

[305] 千葉地判平成3. 12. 19 判タ785. 188、労働判例604. 31
《事案の概要》
　Y1、Y2らは、A（日本国有鉄道）の職員であり、宿舎を借りて居住していたところ、X株式会社は、Aから本件宿舎の所有権を取得したが、Y1が解雇され（判決が確定していた）、Y2らが違法ストにより解雇されたため、XがY1らに対して各建物部分の明渡しを請求した。この判決は、Y1らの利用関係が公舎基準規程の規律を受ける特殊な法律関係に基づく利用権であるとした上、同規程上の職員等でなくなった場合に当たるとし、利用権を有しないとし、請求を認容した。

第4章 借家をめぐる裁判例

【実務の対応】
　この判決は、国鉄の従業員の宿舎の利用関係が問題になった事案について、利用関係が公舎基準規程の規律を受ける特殊な法律関係に基づく利用権であるとしたものであり、賃貸借であることを否定した事例判断として参考になる。もっとも、この事案では、従業員が解雇されており、仮に建物の賃貸借であるとしても、結論は異ならないであろう。

[306] 最一判平成4.2.6判時1443.56、判タ805.52、金融・商事判例913.11

《事案の概要》
　Aは、国鉄の高架施設の賃貸等を業とするA株式会社から高架下施設の使用承認を受け、飲食店を経営していたところ、高齢になり、知人の娘Yと営業に関する契約を締結し、Yが飲食店を経営していたが、AとYが不仲になり、Aが契約期間の満了後、長女Xに飲食店の経営権を譲渡し、Aから使用承認を受け、Yに対して施設の明渡しを請求した。控訴審判決（東京高判平成元.7.6判時1319.104）は、本件契約に借家法が適用されるとした上、解約申入れに正当事由が認められないとし、請求を棄却したため、Xが上告した。この判決は、本件施設が建物に当たり、借家法が適用されるとし、正当事由を否定し、上告を棄却した。

〈判決〉は、
「原審は、（一）　本件施設物は、鉄道高架下施設であるが、土地に定着し、周壁を有し、鉄道高架を屋根としており、永続して営業の用に供することが可能なものであるから、借家法にいう建物に当たる、（二）　本件店舗は、本件施設物の一部を区切ったものであるが、隣の部分とはブロックにベニヤを張った壁によって客観的に区別されていて、独立的、排他的な支配が可能であるから、借家法にいう建物にあたる、（三）　本件店舗での営業に関する亡大井慶寿と被上告人との間の本件契約は、経営委託契約ではなく、本件店舗及び店舗内備品の賃貸借契約であって、借家法の適用がある、（四）　本件契約は、期間満了後、期間の定めのない賃貸借として更新されている、（五）　亡慶寿の相続人として同人の地位を承継した上告人がした本件契約の解約申入れに正当事由はない、として、上告人の本件請求を棄却しているが、原審の右認定判断は、原判決挙

示の証拠関係に照らし、正当として是認することができ、原判決に所論の違法はない。」と判示している（判例評釈として、石黒清子・判タ852．72、山野目章夫・ジュリスト1024．86がある）。

【実務の対応】
　この判決は、国鉄の高架下の使用承認を受け、飲食店を営業していたことに借家法の適用を受けるかが問題になった事案について、この事案の契約には借家法が適用されるとし、解約申入れをするには正当事由が必要であるとしたものであり、事例判断として参考になるものである（この事案では、正当事由が認められないとした控訴審判決を維持したものである）。

[307] 大阪地判平成4．3．13判タ812．224
《事案の概要》
　X株式会社は、A株式会社が所有し、B株式会社が賃借する百貨店の地下2階部分につき業務委託契約を受けており、昭和57年4月、その売り場の一部をスパゲッティの販売等の営業のためY株式会社と販売業務委託契約を締結し、使用させていたところ、Yの経営者の交替等があり、Xが本件契約を解除し、契約期間の満了、解除を主張し、Yに対して売り場部分の明渡しを請求した。この判決は、本件契約では権利金、敷金、保証金等の授受はなく、売上げの増減によって支払金額が異なる等から、本件契約には借家法が適用されないとした上、契約上の違背があるとしたものの、解除には合理的理由が必要であり、本件では合理的理由はなく、解除等が権利の濫用に当たるとし、請求を棄却した。

【実務の対応】
　この判決は、百貨店の地下2階部分につき業務委託契約が締結された事案について、借家法の適用を否定したものであり、事例判断として参考になるものである。なお、この判決が契約の解除に合理的理由が必要であるとした判断は根拠が不明であり、疑問が残る。

[308] 神戸地判平成4．8．13判時1454．131、判タ809．171
《事案の概要》
　Yは、昭和54年11月、A（日本国有鉄道）から営業承認を受け、理髪店

を営業し、営業承認が1年ごとに繰り返されていたところ、Aが分割民営化されるため、昭和61年12月、Aが昭和62年3月をもって終了する旨を通知し、Aから資産を承継したX事業団がYに対して本件建物の明渡しを請求した。この判決は、YがAの職員に理容を行うという労務を提供する契約であり、借家法の適用がないとし、権利の濫用にも当たらないとし、請求を認容した。

【実務の対応】
　この判決は、国鉄の施設内で営業承認を受け、理髪店を営業していたことに借家法が適用されるかが問題になった事案について、借家法の適用を否定したものであり、事例判断として参考になるものである（この事案では、理髪店営業の委託に伴う施設の利用が認められていたものである）。

[309] 京都地判平成4.11.6判時1454.136、判タ807.221
《事案の概要》
　Yは、昭和51年、A（日本国有鉄道）から営業承認を受け、理髪店を営業し、営業承認が1年ごとに繰り返されていたところ、Aが分割民営化され、X株式会社が設立され、Aから資産を承継し、昭和62年4月、昭和63年4月から各1年間営業承認がされたが、XがYに対して本件建物の明渡しを請求した。この判決は、YがAの職員に理容サービスを提供するものであり、有償契約と無償契約の中間に位置する継続的契約であるとし、正当事由は必要ないものの、職場営業を廃止する合理的な事情が発生したときに初めて取消し、承認止めを行うことが許されるとした上、本件ではそのような事情が認められないとし、請求を棄却した。

【実務の対応】
　この判決は、国鉄の施設内で営業承認を受け、理髪店を営業していたことに借家法が適用されるかが問題になった事案について、借家法の適用を否定したものであるが（契約の終了につき正当事由が必要ではないとしている）、有償契約と無償契約の中間に位置する継続的契約であり、職場営業を廃止する合理的な事情が発生したときに初めて取消し、承認止めを行うことが許されるとしたものであるが、合理的な根拠もなく、疑問な判断である。

[310] 千葉地判平成 6. 3. 28 判タ 853. 227、労働判例 668. 60
《事案の概要》
　Yは、A（日本国有鉄道）に雇用され、Aの宿舎の利用を認められ、居住していたところ、昭和 62 年 4 月、国鉄改革時に、B 株式会社に不採用となり、X 事業団に配属され、その後、平成 2 年 4 月、解雇されたため、X が Y に対して本件宿舎の明渡しを請求した。この判決は、本件宿舎の利用関係は雇用関係に密接に関連した特殊な法律関係である等とし、請求を認容した。
【実務の対応】
　この事案は、前記の [305] 千葉地判平成 3. 12. 19 判タ 785. 188、労働判例 604. 31 と類似のものであるが、この判決は、賃貸借であることを否定し、宿舎の利用関係は雇用関係に密接に関連した特殊な法律関係であるとしたものである。

[311] 東京地判平成 8. 7. 15 判時 1596. 81
《事案の概要》
　スーパーマーケットを営業する X 株式会社は、Y 1 株式会社との間で、期間を 1 年間とし、更新を認め、店舗内でパン類の製造、販売業務を行う旨の契約を締結し（契約書には、この契約は特定商品の販売に関するものであって、特定の賃貸借契約ではないと明示されていた）、Y 1 は、子会社である Y 2 有限会社にパン類の販売業務を行わせていたところ、X は、更新を拒絶し、Y 1 らに対して建物部分の明渡し等を請求した。この判決は、契約の実態を検討し、X の経営するスーパーマーケット部分とは明瞭に区画された売り場部分を使用し、売り場部分の使用の対価として保証金、歩合金を取得していること等から賃貸借に関する法の適用を受けるとし、更新拒絶に正当事由がないとし、請求を棄却した（判例評釈として、大久保均・判タ 1020. 151 がある）。
【実務の対応】
　この判決は、スーパーマーケット内の売り場部分の賃貸借の事案について、賃貸借に関する法の適用を受けるとし、借家法の適用を肯定したものであるが、疑問の残る判断である。

[312] 東京地判平成8.11.19判時1619.99
《事案の概要》
　A株式会社は、マンションの各室を所有していたが、Y1株式会社、Y2株式会社らにその使用収益を認め、その対価としてYらが取得原価相当額の保証金を預託し、月々の管理費を支払う旨の契約を締結していたところ、Aがその所有権をX株式会社に譲渡し、Xが賃料の増額を請求し、増額後の賃料額の確認を請求した。この判決は、この契約が賃貸借契約に当たらず、借家法7条1項の適用、類推適用を否定し、請求を棄却した（判例評釈として、石黒清子・判評473.28がある）。
【実務の対応】
　この判決は、マンションの部屋の使用収益を認める契約の性質が問題になった事案について、賃貸借契約に当たらないとし、借家法7条1項の適用、類推適用を否定したものであり、借家法の適用を否定した事例判断を提供するものである。

[313] 大阪高判平成9.1.17判タ941.199
《事案の概要》
　Xは、平成2年2月、Y有限会社との間でYが建物内において飲食店の経営を委任する旨の店舗経営委託契約の名義の契約を締結し、従前の内装を改装する等して飲食店を経営してきたところ、Yにおいて契約が賃貸借ではないと争ったため、XがYに対して賃貸借契約の存在の確認を請求した。第一審判決は契約書に店舗経営委託契約書と記載されていること等から経営委託契約であるとし、請求を棄却したため、Xが控訴した。この判決は、契約の内容、履行状況等を認定し、店舗経営委託契約の性質をもたず、建物の賃貸借契約であるとし、原判決を変更し、請求を認容した。
【実務の対応】
　この判決は、店舗経営委託契約を締結し、建物で飲食店を経営していたことに借家法の適用があるかが問題になった控訴審の事案（第一審判決は経営委託契約であるとしたものである）について、建物の賃貸借契約であるとしたものであり、事例判断を提供するものである。

なお、同様な問題を取り扱ったものとして、最一判昭和39．9．24裁判集民事75．445、東京高判昭和51．7．28判タ344．196、東京高判昭和54．3．26判タ933．61、最一判平成4．2．6判タ805．52があり、前記のとおり、借家法、借地借家法の適用を肯定している。

[314] 東京高判平成9．1．30判時1600．100、判タ960．172
《事案の概要》
　X株式会社は、養鰻池、養鰻用ハウスを期間を定めてYに賃貸したところ、期間が満了したことから、XがYに対して土地の明渡し等を請求した。第一審判決が賃貸借の目的物が借家法の適用を受ける養鰻ハウスであるとし、請求を棄却したため、Xが控訴した。この判決は、本件ハウスは借家上の建物又はこれに準ずるものであるとし、賃貸借の目的物が本件ハウスであり、更新拒絶には正当事由が必要であるとし、控訴を棄却した。
【実務の対応】
　この判決は、養鰻池、養鰻ハウスの賃貸借の事案について、借家上の建物又はこれに準ずるものであるとし、借家法の適用を肯定したものであるが、微妙な判断である。

[315] 東京地判平成9．5．27判タ954．155
《事案の概要》
　鉄道業を営むX株式会社は、独身寮を従業員Yに使用させていたところ、居住年齢を超え、所有権に基づきYに対して部屋の明渡し等を請求した。この判決は、独身寮の使用関係が賃貸借に当たらないものであり、特殊な契約関係であるとし、請求を認容した。
【実務の対応】
　この判決は、鉄道会社の従業員の独身寮の使用が問題になった事案について、建物の賃貸借ではなく、特殊な契約関係であるとしたものであり、事例判断を提供するものである。

[316] 名古屋高判平成9．6．25判時1625．48、判タ981．147
《事案の概要》
　Y1株式会社、A株式会社は、B株式会社から建物の一部を賃借し、直営

店を開店するほか、テナントに転貸し、ショッピングセンターを営業することとし、Aは、昭和53年8月、X株式会社に建物の一部を本件店舗の位置、面積などが建物の設計・店舗レイアウト、法規制などの関係上変更の必要が生じたときは、Aが位置、面積、賃料、共益費、建設協力預託金、敷金などの額を改訂するものとし、Xが異議を述べない旨の特約で転貸していたところ、平成4年、Y1が新たに建設される建物をも賃貸し、売り場面積を拡張することにし、Aが撤退し、賃貸人の地位をY1に引き継ぐこととし、テナントにその旨を説明したところ、テナントのうちXのみが反対したことから、平成6年2月、Xを除くテナントが退去し、Y1が改装工事を施工したが（Xは、本件店舗部分から商品を搬出したが、什器備品を残置したため、Y1が撤去した）、Xが明示的かつ確定的な出店の希望を示さなかったことから、本件契約を解約（解除）したものとして取り扱うこととし、Y2株式会社に本件店舗部分を転貸したため、XがY1らに対して本件店舗部分の明渡し、損害賠償等を請求した。第一審判決は請求を一部認容したため、Y1、Y2が控訴し、Xが附帯控訴した。この判決は、賃貸部分のXの占有の独立性は希薄であり、百貨店のケース貸しと独立店舗の賃貸借の中間的法性格を有するものであり、売り場のリニューアル、レイアウトの変更に伴う応分の負担を拒むことが信頼関係を破壊するものであるとし、賃貸借契約の解除の効力を認め、原判決を変更し、残置物の撤去による不法行為を認め、損害賠償請求を一部認容し、その余の請求を棄却した（判例評釈として、石尾賢二・判評475. 33がある）。

【実務の対応】
　この判決は、建物を賃借し、ショッピングセンターを経営し、テナントに建物の一部を店舗として使用されていたことが建物の転貸借に当たるかが問題になった事案（直接的には契約解除の効力を争い、建物部分の明渡し、損害賠償が請求されたものである）について、テナントの賃貸部分の占有の独立性は希薄であり、百貨店のケース貸しと独立店舗の賃貸借の中間的法性格を有するものであるとしたものであるが、判断の悩みは分かるものの、このような契約の性質決定を経なくても合理的な結論を導き出すことができるものである。

[317] 横浜地横須賀支部判平成9．11．25 判時1677．106、判タ1001．173
《事案の概要》
　X株式会社は、昭和61年11月、Y株式会社に山林、雑種地、ゴルフ練習場、付属施設を賃貸期間を5年間として賃貸し、平成3年12月、賃貸期間を3年間として合意更新をしたところ、XはYに対して期間満了を主張し、ゴルフ練習場等の明渡しを請求した。この判決は、クラブハウス、打席として建築された建物はゴルフ練習場と一体をなしているものであり、建物だけで独立して使用価値、交換価値を有するものではないとし、建物の賃貸借ではないとし、旧借家法の適用を否定し、信義則違反、権利の濫用を否定し、請求を認容した。
【実務の対応】
　この判決は、ゴルフ練習場の賃貸借が問題になった事案について、建物の賃貸借ではないとし、借家法の適用を否定したものであり、事例判断として参考になるものである。

[318] 東京地判平成20．6．30判時2020．86
《事案の概要》
　X株式会社は、Y株式会社にJR駅構内に所有する営業施設（建物）の8階の一区画を賃貸し、Yは、西洋料理店を営業していたところ、平成8年、全館改装が行われ、同年3月、出店区画を移動させ、賃貸面積を増加させる、賃貸期間を2年間とするなどの賃貸借契約を締結したが、Xは、期間満了による終了を主張し、Yに対して本件出店区画の明渡し等を請求した。この判決は、出店区画自体が建物としての独立排他性を有すると認めることは困難である等とし、借地借家法の適用がある建物ではないとし、立退料3000万円の支払と引換えに請求を認容した。
【実務の対応】
　この判決は、JR駅構内の一区画の料理店としての賃貸借が問題になった事案について、区画が独立排他性を有すると認められないとし、建物の賃貸借ではないとして借地借家法の適用を否定したものであり、事例判断として参考になるものである。

[319] 東京地判平成 21. 4. 7 判タ 1311. 173
《事案の概要》
　X株式会社は、米国のA会社の日本の子会社であり、B株式会社は、Xの関連会社からライセンスを受けて東京ディズニーランドの施設を所有、運営するC株式会社の100%子会社であり、Xは、Bから東京ディズニーリゾート内に存するC所有の建物で、Bが管理する建物を賃借し、レストランを営業するY株式会社との間で双方とも米国の弁護士が関与し、平成12年9月、固定賃料、歩合賃料を支払う、顧客がディズニースタンダードを合理的に期待することを認める、Yが一定の範囲内で競業避止義務を負う、Xに自由終了権を認めるなどの内容の「サブリース・アグリーメント」の名称の契約を締結し、建物を引き渡し、Yがレストランを営業していたところ、Xは、平成19年8月、賃料の不払いを理由に本件契約を解除し、Yに対して建物の明渡し、賃料の支払等を請求したのに対し（Yは、本件契約が賃貸借ではなく、共同経営を目的とする業務執行参加型・非典型的匿名契約であると主張した）、Yが反訴としてディズニーブランディングを行う義務に違反したと主張し、債務不履行に基づき損害賠償を請求した。この判決は、本件契約が賃貸借契約であると認めた上、転貸人・転借人間の賃料が賃貸人・賃借人間の賃料の7倍を超える転貸借契約の賃料支払いの合意が公序良俗に違反しないとし、Yの主張を排斥し、Xの本訴請求を認容し、Yの反訴請求を棄却した。

【実務の対応】
　この判決は、リゾート施設内のレストランの営業の法的な性質が問題になった事案について、建物の賃貸借であることを認めたものであり、事例判断を提供するものである。

No,2

借家契約の成否・効力

　建物の賃貸借契約（借家契約）は、建物の使用・収益と賃料の支払を内容とする合意が成立した場合に認められる契約であり、当事者双方の意思表示が合致することが必要である。当事者の意思表示に離齬がある場合には、要素の錯誤（民法95条）が問題になることがあるし、仮に借家契約が成立したと認められる場合であっても、特約の全部又は一部の成立につき意思表示の合致が認られるかどうかが問題になることがある。借家契約の成否が問題になった事例としては、一時期、建物に設定された抵当権の妨害のために建物の短期賃貸借が利用される事例が多く見られることがあり、借家契約の成立を否定する裁判例を見かけることがあった。

[320] 東京地判平成5.7.8判時1481.141
《事案の概要》
　Xらは、不動産業者であるA株式会社からホテルの区画の分譲を受け、区分所有者になったものであるが、その購入と同時に、Yとの間で賃貸借契約を締結し、その賃料等の支払いを請求し、Y株式会社は、個々の区分所有者と賃貸借契約を締結したものではなく、区分所有者らの間に組合契約が成立し、組合との間で賃貸借契約を締結したものであるから、個々の区分所有者が具体的な分配を請求することができないとして争った。この判決は、組合契約の成立を否定し、個々の区分所有者との間に個別的な賃貸借契約が締結されたとして、請求を認容した。

【実務の対応】
　この判決は、ホテルの区画の分譲を受け、購入と同時に事業者と賃貸借契約を締結する不動産投資取引おいて締結された契約の性質が問題になった事案に

ついて、組合契約の締結を否定し、賃貸借契約の締結を認めたものであり、事例判断を提供するものである。

[321] 東京地判平成8.4.22判時1588.108
《事案の概要》
　Z株式会社は、Aから金銭を借り受け、Aに債権回収のため所有建物につきAを賃借人とする賃貸期間を3年間とし、その間の賃料を前払いするとの特約で賃貸借契約を締結し、その旨の賃借権設定登記を経たところ、Zが賃借人を募集し、Y株式会社がこれに応募し、Aとの間で本件建物の賃貸借契約を締結し、Aに賃料を支払っていたところ、X株式会社は、Aから本件建物の賃借権を譲り受ける契約を締結し、その旨の賃借権移転登記を経た上、Yに対して本件建物の賃貸人になった旨を通知し、以後賃料の支払を受けたが、Yが賃料を支払わなかったため、賃貸借契約を解除し、Yに対して本件建物の明渡し等を請求したのに対し、Zが当事者参加し、Xに対して登記の抹消登記手続等を請求する等した。この判決は、本件賃貸借は債権回収のためのものであり、本来の賃貸借契約ではなく、貸金が既に回収済みであり、賃借権も消滅したとし、Xの請求を棄却し、Zの請求を認容した。
【実務の対応】
　この判決は、債権回収のために建物の短期賃貸借契約を締結した事案（契約の内容、態様が特異なものであり、抵当権設定と併用されている）について、本来の賃貸借契約ではないとしたものであり、事例判断を提供するものである。

[322] 大阪地判平成9.4.28判時1619.131
《事案の概要》
　鉄道の駅の地下商店街は、A市の外郭団体であるY2株式会社が所有し、事業者に店舗部分を賃貸し、事業者らは、Y1振興組合の組合員になって店舗を営業しているところ、商店街の老朽化が進む等したことから、本格的改装事業を計画し、Y1、Y2が多額の費用をかけて事業を実施することにし、Y1は、組合総会を開催し、多数決で事前積立賦課金等を賦課するとともに、Y2に対して追加保証金等を支払う旨を決議したものの、事業者の一部Xらが事業計画に関する総会決議の無効確認を請求し、Y1が事前積立賦課金等の支

払い、Y2が追加保証金等の支払いを請求した。この判決は、Xの請求を棄却し、事前積立賦課金等の決議が有効であるとし、Y1の請求を認容したものの、賃貸借の内容は、合意があるとか、特段の定めのない限り、決議によって賃貸借契約の内容を変更することはできないとし、Y2の請求を棄却した（判例評釈として、新山雄三・判評472.47、松井秀征・ジュリスト1175.86がある）。

【実務の対応】
　この判決は、駅の地下商店街の賃貸借において賃借人らが振興組合を組織し、その組合員になっていたところ、改装工事のため組合総会で負担金の賦課、追加保証金の支払等を決議したことから、賃貸借契約の内容の変更等が問題になった事案（賃貸借契約の変更の合意の成否が問題になったものである）について、賃貸借の内容は、合意があるとか、特段の定めのない限り、決議によって賃貸借契約の内容を変更することはできないとしたものであり、事例判断を提供するものである。

[323] 東京高判平成10．9．16判タ1027．172
《事案の概要》
　Y1株式会社は、Aから金銭を借り受けた際、建物に抵当権を設定し、その旨の登記を経由し、貸金債務の債務不履行を条件とする条件付賃借権を設定し、賃借権設定仮登記を経由していたが、貸金を返済しなかったことから、建物を引き渡した後、Aは、Bに賃借権を譲渡し、建物を引き渡し、Bは、Xに賃借権を譲渡し、建物を引き渡したところ、Xは、Y1に対して賃借権を有することの確認、建物の改装工事を行っているY2有限会社に対して改装工事の差止め等、建物の一部を占有するY3有限会社に対して占有部分の明渡しを請求した（Y2、Y3も賃借権を主張した）。第一審判決は、A、Bの賃借権がY2らの賃借権に先立って設定されている等とし、優先するとし、Xの請求を認容したため、Y1らが控訴した。この判決は、抵当権併用の賃借権設定仮登記を経由した者の賃借権を譲り受けた者から転借した者は、後順位の賃借権者に対して抵当不動産の明渡しを求めることができないとし、原判決を取り消し、請求を棄却した。

第4章 借家をめぐる裁判例

【実務の対応】
　この判決は、債権の回収・確保のために抵当権設定とともにされた建物の賃貸借契約が問題になった事案について、本来の賃貸借契約としての効力を否定したものであり、事例判断を提供するものである。

[324] 東京地判平成10．11．24金融法務事情1564．75
《事案の概要》
　A株式会社が建物を所有しており、銀行業を営むB株式会社から融資を受けた際、根抵当権を設定したが、Bが競売を申し立て、X株式会社が競売手続において本件建物を競落したところ、Y1株式会社が根抵当権設定登記の登記後にAから本件建物を賃借し（賃貸期間3年間）、Y2株式会社がY1から本件建物を転借していた（転貸借期間2年間）ことから、XがY1、Y2に対して濫用的賃貸借である等と主張し、本件建物の明渡し等を請求した。この判決は、Y1がAから融資を求められ、敷金、前払賃料等の名目で金銭を交付するのと引換えに賃貸借契約を締結する等の事情の下では、正常な用益を主たる目的とするものではなく、もっぱら債権回収を目的とした濫用的な短期賃貸借であり、賃借権をもって本件建物の買受人に対抗することができないとし、請求を認容した。

【実務の対応】
　この判決は、抵当権者が抵当建物の競売を申し立て、競売手続が進行し、競落されたところ、短期賃貸借契約に基づく賃借権が主張された事案について、もっぱら債権回収を目的とした濫用的な短期賃貸借であるとし、賃借権の買受人に対する対抗を否定したものであり、事例判断を提供するものである。

[325] 東京地判平成13．6．28判タ1105．157
《事案の概要》
　Aは、Xの二女であり、X所有の建物をXを賃貸人として他に賃貸する等して管理していたところ（Xは、これを黙認していた）、Aが他のX所有不動産をAが経営する会社名義に移転していることが判明したため、本件建物の賃料、管理の引渡しを求める書面を送付したが、その直後、AがAを賃貸人とする本件建物の賃貸借契約をYと締結したことから、Xが本件建物の所有権に基づき、

Yに対して本件建物の明渡し等を請求した。この判決は、Aの賃貸権限の消滅を認め、代理意思がなかったことから民法112条の適用を否定する等し、請求を認容した。

【実務の対応】
　この判決は、親族が建物の管理を行っていたところ、管理が中止された後、建物の賃貸借契約を締結した事案について、親族の賃貸権限の消滅を認め、また、代理意思がなかったとし、民法112条所定の表見代理を否定したものであり、事例判断を提供するものである。家族間では、不動産の管理を家族に委ねることがあり、法的な管理権限の有無、性質、内容が問題になることがあるが、この判決は、管理権限の消滅を認めた事例判断としても参考になる。

[326] 東京地判平成14.11.25判時1816.82
《事案の概要》
　AとB財団法人は、ビルを共有していることを確認していたところ（Aが4分の1、Bが4分の3）、C株式会社に本件ビルを賃貸し、Cは、銀行業を営むY株式会社らのテナントに転貸していたが、BがCとの間の賃貸借契約を解除し、Yと直接に賃貸期間を2年間とする賃貸借契約を締結したため、Aの相続人XがYに対してBの賃貸借契約の締結は処分行為であり、Xの同意がなく無効であると主張し、賃料相当損害金の支払いを請求した。この判決は、共有物を目的とする賃貸借契約の締結は、存続期間が民法602条所定の期間を超える場合には、共有者全員の同意が必要であり、その期間を超えない場合には、管理行為であり、共有者の過半数で決することができるところ、借地借家法が適用される賃貸借については更新が原則とされる等していることから、共有持分権の過半数によって決することが不相当とはいえない事情があるときを除き、共有者全員の同意が必要であるとし、本件については不相当とはいえない事情があるとし、BのYとの間の賃貸借契約の締結が有効であるとし、請求を棄却した。

【実務の対応】
　この判決は、共有建物が共有者の一部によって賃貸借契約が締結されたところ、共有者全員の同意が必要であるかどうかが問題になった事案（民法251条所定の変更に当たるか、同法252条本文所定の管理に当たるかが問題に

なったものである）について、存続期間が民法602条所定の期間を超える場合には、共有者全員の同意が必要であること（前記の変更であるとする）、その期間を超えない場合には、管理行為であり、共有者の過半数で決することができること、借地借家法が適用される賃貸借については更新が原則とされる等していることから、共有持分権の過半数によって決することが不相当てはいえない事情があるときを除き、共有者全員の同意が必要であるとしたこと、この事案については不相当とはいえない事情があるとし、管理に当たるとしたことを判示している。共有物の賃貸借契約の締結については、この事案のような争いがあり、裁判例はいくつかの見解に分かれているところ、この判決は折衷的な見解をとったということができよう。

[327] 東京地判平成 18．7．7 金融・商事判例 1248．6
《事案の概要》
　不動産業を営むX株式会社は、建物（オフィスビル）の一部につき賃借人を募集していたところ、金融業を営むAグループの一社であるY株式会社、B株式会社が賃貸借条件検討書を交付したり、貸室申込書を交付したり、特定の条件で賃借することを承諾する旨の承諾書を交付したが、その後、賃借しない旨を通知したため、XがYに対して主位的に賃貸借契約の成立を主張し、債務不履行に基づき損害賠償を、予備的に契約締結上の過失に基づき損害賠償を請求した。この判決は、賃貸借契約の成立を否定し、主位的請求を棄却したが、その成立を信じて行動することが容易に予想されるに至っていた等とし、契約締結上の過失を認め（得べかりし利益も信頼利益に含まれるとし、逸失利益の損害を認めた）、予備的請求を認容した。

【実務の対応】
　この判決は、オフィスビルの賃貸借の交渉が事業者間で行われ、一定の段階まで進行したところ、入居に至らなかった事案について、賃貸借契約の成立を否定したものであり、事例判断を提供するものである。もっとも、この判決は、賃借人の契約締結上の過失責任を肯定したものである。

[328] 東京高判平成 20．1．31 金融・商事判例 1287．28
《事案の概要》
　前記の [327] 東京地判平成 18．7．7 金融・商事判例 1248．6 の控訴審判決であり、X、Y が控訴した。この判決は、賃貸借契約の成立を否定し、契約締結上の過失を認め、X の控訴を棄却し、Y の敗訴部分を取り消し、請求を一部認容した（他に賃貸する機会を失ったことによる損害を認めた）。
【実務の対応】
　この判決も、前記の第一審判決と同様に、賃貸借契約の成立を否定し、契約締結上の過失責任を肯定した事例判断を提供するものである。なお、賃貸借契約の成否が問題になる事件においては、併せて契約締結上の過失が問題になることがあるが、この事案はそのような一例である。

[329] 東京地判平成 20．2．27 判時 2011．124
《事案の概要》
　X 株式会社は、A 株式会社とともに大型駅ビルの建設を計画し、敷地の一部を所有していた Y 株式会社に建設事業への参加を求め、昭和 63 年 3 月、建設事業への参加、敷地の提供、本件ビルに区分所有床の取得、一括賃貸等を内容とする合意をし、X が Y に保証金、敷金を預託し、平成 4 年 6 月、本件ビルが竣工し、X が本件ビルの使用を開始し、転貸して百貨店が開店する等したが、X は、Y に継続的に賃料を支払っており（平成 14 年 3 月、賃料減額請求をした）、この間、Y が X に対して賃貸借契約確認請求訴訟を提起し、東京高裁が本件ビルの新規賃料の確認請求訴訟が法律上の争訟に当たらないとし、却下して（[330] 東京高判平成 13．10．29 判時 1765．49。なお、第一審判決は、[331] 東京地判平成 13．3．6 判タ 1077．218）、この判決が確定しているところ、X が Y に対して主位的に賃料債務の弁済消滅による不存在確認、賃料額の確認、預託金返還請求権の確認、予備的に対価支払義務の確認等を請求した。この判決は、本件では賃料についての具体的な合意は成立しておらず、賃貸借契約は成立していないとし、これを前提とする主位的請求を棄却し、予備的請求については、その一部が不適法であるとして却下し、預託金返還請求権を一定の範囲で認め、請求を一部認容した。

第4章 借家をめぐる裁判例

【実務の対応】
　この判決は、新しく建設された駅ビルが百貨店として使用が開始されたところ、紛争が発生した事案について、賃料についての具体的な合意は成立していないとし、賃貸借契約の成立を否定したものであるが、判決文を読む限り、別の判断もあり得るものであり、疑問が残るものである。

[332] 札幌地判平成20．5．30金融・商事判例1300．38
《事案の概要》
　X株式会社は、携帯電話の無線基地局を設置するため、Y管理組合（総会の議事を経て共用部分等の一部を第三者に使用させることができる旨の規定、共用部分等の変更につき組合員総数及び議決権総数の各4分の3以上の賛成によってすることができる旨の規定を含む管理規約が設定されていた）が管理するマンションを基地局の候補として選定し、Yの理事Aと交渉をし、本件マンションの屋上を基地局の設置のために賃貸期間10年間とする賃貸借契約を締結することとし、臨時総会が開催され、賛成が多数であったとされ、賃貸借契約が締結されたが、Yが賃貸借契約が理事個人と締結されたものであると主張したため、XがYに対して賃貸借契約による賃借権を有することの確認等を請求した。この判決は、XとYとの間の賃貸借契約の成立を認めたものの、民法602条の期間を超えて賃貸借契約を締結するには共有者全員が行うことが必要であり、例外的に管理行為として行うことができるとした上で、本件では、変更行為に当たるとし、請求を棄却した。

【実務の対応】
　この判決は、分譲マンションの管理組合の理事が総会の決議を経て携帯電話の無線基地局の設置のために屋上の賃貸期間を10年間とする賃貸借契約を締結したところ、管理組合がこの契約を否定し始めた事案について、賃貸借契約の成立自体は認めたこと、民法602条の期間を超えて賃貸借契約を締結するには共有者全員が行うことが必要であるとしたこと、例外的に管理行為（民法252条本文）として認められることがあるとしたこと、この事案では変更行為（民法251条）に当たるとしたこと、賃貸借契約の効力を否定したことことに特徴がある（後記の[333]札幌高裁の判決参照）。

422

[333] 札幌高判平成21．2．27判タ1304．201
《事案の概要》
　前記の［332］札幌地判平成20．5．30金融・商事判例1300．38の控訴審判決であり、Xが控訴した。この判決は、区分所有関係が成立している建物の共用部分の賃貸借については民法602条の適用が排除され、本件では管理規約に基づき普通決議で足りるとし、決議の要件を満たしていたものであり、決議が有効であるとし、原判決を取り消し、請求を認容した。

【実務の対応】
　この判決は、前記の内容の事案について、賃貸借契約の成立を認めた上、区分所有関係が成立している建物の共用部分の賃貸借については民法602条の適用が排除されるとしたこと、この事案では管理規約に基づき屋上の賃貸借契約の締結は普通決議で足りるとしたこと、この事案では普通決議の要件を満たしていたものであり、賃貸借契約が有効であるとしたことに特徴があり、民法の解釈としても、事例としても参考になるものである。

　最後に、敷金、修繕、原状回復に関する特約の成否が問題になった裁判例を紹介したい。これらの裁判例は、敷金、原状回復の項でも紹介するところであるが、特約の成否も重要な争点になったものであり、後記の最高裁の判決も出されたものであり、ここでも紹介しておきたい。

[334] 神戸地尼崎支部判平成14．10．15判時1853．109
《事案の概要》
　Y公社は、特定有料賃貸住宅の供給の促進に関する法律等の適用を受ける建物（マンション）につき賃貸事業を行っていたところ、平成7年8月、Xから通常の使用に伴う損耗分の修繕等は賃借人が負担する旨の特約で、敷金36万8400円の交付を受け、マンションの一室を賃貸したが、Xは、平成9年1月、貸室を明け渡したところ、Yが住宅復旧費の合計21万2468円を控除し、残額を返還したため、XがYに対して前記特約が公序良俗に違反して無効であると主張し、控除分の返還を請求した。この判決は、費用の控除が前記法律の精神に反しているとしても、公序良俗に反し、無効であるとまではいえないと

第4章 借家をめぐる裁判例

し、請求を棄却した。
【実務の対応】
　この判決は、通常の使用に伴う損耗分の修繕等は賃借人が負担する旨の特約について、その成立を認めた上、有効としたものである。

[335] 大阪高判平成 15．11．21 判時 1853．99
《事案の概要》
　前記の [334] 神戸地尼崎支部判平成 14．10．15 判時 1853．109 の控訴審判決であり、Xが控訴した。この判決は、前記特約は賃借人がその趣旨を十分に理解し、自由な意思に基づいてこれに同意したことが積極的に認定されない限り、認めることができないとし、前記特約に係る合意を認定することができないとし、500 円の費用の控除を認め、原判決を変更し、請求を認容した。
【実務の対応】
　この判決は、前記内容の特約について、賃借人がその趣旨を十分に理解し、自由な意思に基づいてこれに同意したことが積極的に認定されない限り、認めることができないとしたこと、この事案では特約の成立を否定したことに特徴がある。この判決の提示する合意成立の要件は、他の類型の合意成立の要件と異なり、厳格な要件を要求するものであり、その合理的な根拠が問われるべきである。

　また、同様な問題が提起された裁判例として次のようなものがある。

[336] 大阪地判平成 15．7．18 判時 1877．81
《事案の概要》
　Y公社は、特定優良賃貸住宅の供給の促進に関する法律の適用を受けるマンションを有していたところ、平成 7 年 12 月、賃借希望者に入居説明会を開催し、契約書の重要な条項等につき説明をし、質疑応答がされ、Xが出席し、説明を聞き、配布された書類の交付を受け、Xは、同月末頃、Yからマンションの一室を建物内の物件を撤去して原状に復するものとし、補修費用は賃貸人の指示により賃借人が負担する旨の特約で賃借し、賃料として 44 万 2500 円（賃料の 3 か月分）の敷金を交付したが、Xが賃貸借契約を解約し、平成 14

年8月に建物部分を明け渡し、敷金の返還を求めたところ、Yが補修工事費用として34万2378円を要すると主張し、その部分の返還を拒否したため（10万122円は返還した）、XがYに対して敷金の一部の返還を請求した。この判決は、本件特約が公序良俗に反しない等とし、請求を棄却した。

【実務の対応】
　この判決は、マンションの一室を建物内の物件を撤去して原状に復するものとし、補修費用は賃貸人の指示により賃借人が負担する旨の特約について、特約の成立を認めた上、その効力を肯定したものであり、事例判断を提供するものである。

[337] 大阪高判平成16. 5. 27判時1877. 73

《事案の概要》
　Y公社は、特定優良賃貸住宅の供給の促進に関する法律の適用を受けるマンションを有していたところ、平成9年12月、Yの会議室において賃借希望者に入居説明会を開催し、契約書の重要な条項等につき説明をし、質疑応答がされ、Xの義母Aが出席し、説明を聞き、配布された書類の交付を受け、Xは、同月末頃、Yからマンションの一室を原状回復費用は賃借人が負担する旨の特約で賃借し、賃料の3か月分の敷金を交付したが、Xが賃貸借契約を解約し、建物部分を明け渡し、敷金の返還を求めたところ、Yが補修工事費用として30万2547円を要すると主張し、その部分の返還を拒否したため、XがYに対して敷金の一部の返還を請求した。第一審判決は、特約が賃借人に不当に不利益な負担を強いるものではなく、公序良俗に反しない等とし、請求を棄却したため、Xが控訴した。この判決は、通常損耗は原状回復義務の範囲に含まれず、その修繕費用は賃貸人が負担すべきであるが、これと異なる特約を設けることも認められ、本件特約は賃借人に不当に不利益な負担を強いるものではなく、公序良俗に反しない等とし、控訴を棄却した（判例評釈として、千葉恵美子・判評562. 23がある）。

【実務の対応】
　この判決は、マンションの一室を原状回復費用は賃借人が負担する旨の特約について、特約の成立を認めた上、その効力を肯定したものであり、事例判断を提供するものである（もっとも、後記最高裁の判決参照）。

[338] 最二判平成 17. 12. 16 判時 1921. 61、判タ 1200. 127
《事案の概要》
　前記の［337］大阪高判平成 16. 5. 27 判時 1877. 73 の上告判判決であり、Xが上告受理を申し立てた。この判決は、賃貸建物の通常損耗につき賃借人が原状回復義務を負うためには、賃貸人が補修費を負担することになる通常損耗の範囲につきその旨の特約が明確に合意されていることが必要であるとし、本件では特約が成立したとはいえないとし、原判決を破棄し、本件を大阪高裁に差し戻した。
〈判決〉は、
「2　本件は、上告人が、被上告人に対し、被上告人に差し入れていた本件敷金のうち未返還分 30 万 2547 円及びこれに対する遅延損害金の支払を求める事案であり、争点となったのは、①　本件契約における本件補修約定は、上告人が本件住宅の通常損耗に係る補修費用を負担する内容のものか、②　①が肯定される場合、本件補修約定のうち通常損耗に係る補修費用を上告人が負担することを定める部分は、法 3 条 6 号、特定優良賃貸住宅の供給の促進に関する法律施行規則 13 条等の趣旨に反して賃借人に不当な負担となる賃貸条件を定めるものとして公序良俗に反する無効なものか、③　本件補修約定に基づき上告人が負担すべき本件住宅の補修箇所及びその補修費用の額の諸点である。
3　原審は、前記事実関係の下において、上記 2 の①の点については、これを肯定し、同②の点については、これを否定し、同③の点については、上告人が負担すべきものとして本件敷金から控除された補修費用に係る補修箇所は本件負担区分表に定める基準に合致し、その補修費用の額も相当であるとして、上告人の請求を棄却すべきものとした。以上の原審の判断のうち、同①の点に関する判断の概要は、次のとおりである。
1. 賃借人が賃貸借契約終了により負担する賃借物件の原状回復義務には、特約のない限り、通常損耗に係るものは含まれず、その補修費用は、賃貸人が負担すべきであるが、これと異なる特約を設けることは、契約自由の原則から認められる。
2. 本件負担区分表は、本件契約書の一部を成すものであり、その内容は明確であること、本件負担区分表は、上記 1（6）記載の補修の対象物について、

通常損耗ということができる損耗に係る補修費用も退去者が負担するものとしていること、上告人は、本件負担区分表の内容を理解した旨の書面を提出して本件契約を締結していることなどからすると、本件補修約定は、本件住宅の通常損耗に係る補修費用の一部について、本件負担区分表に従って上告人が負担することを定めたものであり、上告人と被上告人との間には、これを内容とする本件契約が成立している。

4. しかしながら、上記2の①の点に関する原審の上記判断のうち (2) は是認することができない。その理由は、次のとおりである。

1. 賃借人は、賃貸借契約が終了した場合には、賃借物件を原状に回復して賃貸人に返還する義務があるところ、賃貸借契約は、賃借人による賃借物件の使用とその対価としての賃料の支払を内容とするものであり、賃借物件の損耗の発生は、賃貸借という契約の本質上当然に予定されているものである。それゆえ、建物の賃貸借においては、賃借人が社会通念上通常の使用をした場合に生ずる賃借物件の劣化又は価値の減少を意味する通常損耗に係る投下資本の減価の回収は、通常、減価償却費や修繕費等の必要経費分を賃料の中に含ませてその支払を受けることにより行われている。そうすると、建物の賃借人にその賃貸借において生ずる通常損耗についての原状回復義務を負わせるのは、賃借人に予期しない特別の負担を課すことになるから、賃借人に同義務が認められるためには、少なくとも、賃借人が補修費用を負担することになる通常損耗の範囲が賃貸借契約書の条項自体に具体的に明記されているか、仮に賃貸借契約書では明らかでない場合には、賃貸人が口頭により説明し、賃借人がその旨を明確に認識し、それを合意の内容としたものと認められるなど、その旨の特約（以下「通常損耗補修特約」という。）が明確に合意されていることが必要であると解するのが相当である。

2. これを本件についてみると、本件契約における原状回復に関する約定を定めているのは本件契約書22条2項であるが、その内容は上記1 (5) に記載のとおりであるというのであり、同項自体において通常損耗補修特約の内容が具体的に明記されているということはできない。また、同項において引用されている本件負担区分表についても、その内容は上記1 (6) に記載のとおりであるというのであり、要補修状況を記載した「基準になる状況」欄の文言自体からは、通常損耗を含む趣旨であることが一義的に明白であるとはいえない。

したがって、本件契約書には、通常損耗補修特約の成立が認められるために必要なその内容を具体的に明記した条項はないといわざるを得ない。被上告人は、本件契約を締結する前に、本件共同住宅の入居説明会を行っているが、その際の原状回復に関する説明内容は上記1（3）に記載のとおりであったというのであるから、上記説明会においても、通常損耗補修特約の内容を明らかにする説明はなかったといわざるを得ない。そうすると、上告人は、本件契約を締結するに当たり、通常損耗補修特約を認識し、これを合意の内容としたものということはできないから、本件契約において通常損耗補修特約の合意が成立しているということはできないというべきである。
3. 以上によれば、原審の上記3（2）の判断には、判決に影響を及ぼすことが明らかな法令の違反がある。論旨は、この趣旨をいうものとして理由があり、原判決は破棄を免れない。」と判示している（判例評釈として、宮澤志穂・判タ1210. 54、内田勝一・ジュリスト1313. 86 がある）。

【実務の対応】

この判決は、前記内容の特約について、賃貸建物の通常損耗につき賃借人が原状回復義務を負うためには、賃借人が補修費を負担することになる通常損耗の範囲につきその旨の特約が明確に合意されていることが必要であるとしたこと、この事案では特約が成立したということはできないとしたことに特徴がある。この判決は、その後、同種の事案につき重要な先例として機能しているものであるが、明確な合意を要件とする合理的な根拠、明確な合意の意義が明確ではないという疑問が残るところである。

No, 3

建物の賃借権（借家権）の対抗

建物の賃借権（これを借家権と呼ぶかどうかは議論があろう）については、

建物の引渡しが対抗要件になっている。建物の賃貸借は、その登記がなくても、建物の引渡しがあったときは、その後その建物について物権を取得した者に対し、その効力を生ずるとされており（借地借家法31条1項、借家法1条1項。なお、登記については、民法605条参照）。

[339] 東京地判平成11．7．27 金融法務事情1589．64
《事案の概要》
　X有限会社は、Xの代表者Aが建築したビルの一部を賃借し、転貸していたところ、その後、A、Xを債務者として本件ビルにB株式会社らのために抵当権が設定され、抵当権が実行され、不動産競売手続において、Yが本件建物部分を買い受け、Xに対する不動産引渡命令が発令されたため、Xが請求異議の訴えを提起し、その後、訴えを賃借権を有することの確認請求に変更した。この判決は、Xの賃借が抵当権設定登記前であったとしても、Xの抵当権の被担保債務につき履行遅滞にあり、その抵当権者が競売の申立てをすることができる法的地位にあるときは、買受人に賃借権を対抗することができないとし、請求を棄却した（判例評釈として、秋本昌彦・判タ1065．268がある）。
【実務の対応】
　この判決は、建物の不動産競売における買受人に対する賃借人の対抗力が問題になった事案について、これを否定したものであり、事例判断として参考になるものである。

[340] 東京地判平成13．4．23 金融法務事情1630．58、金融・商事判例1140．53
《事案の概要》
　Aは、昭和42年、ビルを建築し、Aの死亡後、Y1が相続により取得したところ、本件ビルにつき不動産競売手続が開始され、X株式会社が競売手続で買い受けたが、競売前からY2株式会社らが本件ビルの一部を占有していたため（本件ビルは、Y2らの債務の担保にも提供されていた）、XがY1らに対して占有部分の明渡し等を請求した。この判決は、最先順位の抵当権を有する者に対抗することができる賃借権に基づき不動産を占有する者であっても、その不動産が自らの債務の担保に提供され、その債務の不履行により抵当不動

産の売却代金からその債務が弁済されるべき事情がある場合には、競売による買受人に対して賃借権を対抗することができないとし、請求を認容した。
【実務の対応】
　この判決は、建物の不動産競売における買受人に対する賃借人の対抗力が問題になった事案について、これを否定したものであり、事例判断として参考になるものである。

[341] 東京高判平成 13．11．22 金融・商事判例 1140．53
《事案の概要》
　前記の［340］東京地判平成 13．4．23 金融法務事情 1630．58、金融・商事判例 1140．53 の控訴審判決であり、Y１らが控訴した。この判決は、最先順位の抵当権者に対抗できる賃借権者であっても、自己の債務を担保するためにその不動産に抵当権を設定し、債務不履行によりその不動産の売却代金から弁済がされるべ事情がある場合には、その賃借権を主張することは、その不動産の売却を困難にさせ又は売却価額の低下を生じさせ、抵当権者及び担保を提供した所有者の利益を害するものであり、その抵当権の実行による競売開始決定の有無にかかわらず、信義則に反して許されないとし、控訴を棄却した（判例評釈として、萩本修・判タ 1125．198 がある）。
【実務の対応】
　この判決は、前記事案について、賃借権の主張が信義則に反して許されないとしたものであり、事例判断として参考になるものである。

No, 4

借家契約の承継

建物につき賃貸借契約が締結され、賃借人が使用、収益をしている場合、建

物の所有権が移転したときは、賃貸借関係が新所有者に承継されると解されている（最二判昭和39．8．28民集18．7．1354、最一判昭和44．7．17民集23．8．1610等。なお、旧所有者は、賃貸借関係から離脱することになる。大判大正10．5．30民録27．1013）。建物の所有権の移転の原因は、売買、贈与、競売等を問わない。

　従来の最高裁の判例上、借家関係の承継が問題になったものとしては、最三判昭和33．9．18民集12．13．2040（借家法1条による賃貸借の承継には賃貸人から賃借人に対する通知を要しないとしたもの）、最二判昭和38．1．18民集17．1．12（「借家法1条1項により、建物につき物権を取得した者に効力を及ぼすべき賃貸借の内容は、従前の賃貸借契約の内容のすべてに亘るものと解すべきであつて、賃料前払のごときもこれに含まれるものというべきである。」と判示し、賃料前払いの効果も承継されるとしている）、最二判昭和38．9．26民集17．8．1025（「所論は、所論のいわゆる概括的転貸許容の特約は賃貸借契約の本来的（実質的）事項でないから、その登記なくしては、家屋の新所有者に対抗できないと主張して、これと異る原判決の判断を攻撃する。しかし、借家法1条1項の規定の趣旨は、賃貸借の目的たる家屋の所有権を取得したる者が旧所有者たる賃貸人の地位を承継することを明らかにしているのであるから、それは当然に、旧所有者と賃借人間における賃貸借契約より生じたる一切の権利義務が、包括的に新所有者に承継せられる趣旨をも包含する法意である。右と同趣旨の原判決の判断は正当であり、所論は独自の見解であつて、採用できない。」と判示し、転貸許容の特約が承継されるとしている）、最二判昭和39．6．26民集18．5．968（「不動産の所有者が賃貸人の地位を承継するのは従前の賃貸借の内容をそのまま承継するのであるから、賃料の取立債務もそのまま承継されると解すべきである。」と判示し、賃料の取立債務の約定が承継されるとしている）、最一判昭和44．7．17民集23．8．1610（敷金の返還債務が承継されるとしている）、最一判昭和51．3．4民集30．2．25（保証金の返還債務が承継されないとしている）がある。これらの判例のうち、最一判昭和44．7．17民集23．8．1610は、「敷金は、賃貸借契約終了の際に賃借人の賃料債務不履行があるときは、その弁済として当然これに充当される性質のものであるから、建物賃貸借契約において該建物の所有権移転に伴い賃貸人たる地位に承継があつた場合には、旧賃貸人に差し入れられた敷

金は、賃借人の旧賃貸人に対する未払賃料債務があればその弁済としてこれに当然充当され、その限度において敷金返還請求権は消滅し、残額についてのみその権利義務関係が新賃貸人に承継されるものと解すべきである。」と判示しているのに対し、最一判昭和51．3．4民集30．2．25は、「本件保証金は、その権利義務に関する約定が本件賃貸借契約書の中に記載されているとはいえ、いわゆる建設協力金として右賃貸借とは別個に消費貸借の目的とされたものというべきであり、かつ、その返還に関する約定に照らしても、賃借人の賃料債務その他賃貸借上の債務を担保する目的で賃借人から賃貸人に交付され、賃貸借の存続と特に密接な関係に立つ敷金ともその本質を異にするものといわなければならない。そして、本件建物の所有権移転に伴つて新所有者が本件保証金の返還債務を承継するか否かについては、右保証金の前記のような性格に徴すると、未だ新所有者が当然に保証金返還債務を承継する慣習ないし慣習法があるとは認め難い状況のもとにおいて、新所有者が当然に保証金返還債務を承継するとされることにより不測の損害を被ることのある新所有者の利益保護の必要性と新所有者が当然にはこれを承継しないとされることにより保証金を回収できなくなるおそれを生ずる賃借人の利益保護の必要性とを比較衡量しても、新所有者は、特段の合意をしない限り、当然には保証金返還債務を承継しないものと解するのが相当である。」と判示している。

[342] 東京地判平成16．7．22金融法務事情1756．69
《事案の概要》
　X株式会社は、平成元年3月、Yに建物を賃貸期間を2年間、賃料月額25万円（共益費用を含む）として賃貸し、合意更新、法定更新をしていたが、平成9年、A株式会社がXのYに対する賃料債権を差し押さえていたところ、XとYは、平成12年6月、賃料等を減額する合意（月額賃料を16万円とし、共益費用を4万円とする旨の合意）をし、Yが共益費用の支払を怠ったため、Xは、賃貸借契約を解除し、建物の明渡し、未払い共益費用の支払を請求した（訴訟の係属中、本件建物が競売手続においてB株式会社が競落した）。この判決は、本件建物の所有権が競売によって他に移転し、賃貸人の地位が承継されたものであり、Xが本件建物の返還を求めることはできないとし、本件合意は公序良俗に反するとまではいえない等とし、Xの明渡請求を棄却したが、その

余の請求を一部認容した。

【実務の対応】
　この判決は、建物の賃貸人（所有者）が賃借人に対して建物の明渡請求訴訟を提起していたところ、建物が競売に付され、競落されたため、明渡請求が認められるかが問題になった事案について、これを否定したものであり、事例判断として参考になるものである。

[343] 東京地判平成18．1．20 金融法務事情1782．52
《事案の概要》
　銀行業を営むX株式会社は、A株式会社に対して貸金債権を有していたところ、AがB保険相互会社から建物を賃借し、敷金を交付していたことから、敷金返還請求権につき仮差押えをしたが、Y有限会社がBから賃貸建物を譲り受け、賃貸人たる地位を承継し、賃貸借契約を合意解約した後、CがAを債務者として敷金返還請求権を差し押さえ、Cに弁済金が交付されたため（配当手続においてXの仮差押えの存在が記載されなかった）、XがYに対して不法行為等に基づき損害賠償を請求した。この判決は、敷金返還請求権に仮差押えがされた後目的不動産が譲渡された場合、敷金返還請求権は仮差押債権者との関係でも新所有者に移転するとしたが、新所有者は債権執行手続において競合する仮差押えを報告する義務を負わないとし、請求を棄却した。

【実務の対応】
　この判決は、建物の賃貸借契約に伴って敷金が交付され、賃借人の債権者が敷金返還請求権を仮差押えした後、賃貸建物が譲渡され、賃借人の別の債権者が敷金返還請求権を差し押さえ、弁済を受けた事案（直接的には、賃貸建物の譲受人の仮差押債権者に対する不法行為の成否が問題になったものである）について、敷金返還請求権に仮差押えがされた後目的不動産が譲渡された場合、敷金返還請求権は仮差押債権者との関係でも新所有者に移転するとしたこと、新所有者は債権執行手続において競合する仮差押えを報告する義務を負わないとしたことに特徴があり、事例判断として参考になるものである。

No, 5

更新拒絶・
解約申入れ

　借家契約における賃借人の保護のうち最も強力なものは、借家契約の期間満了の際における更新拒絶、あるいは解約申入れについて正当事由が必要であるとされていることである（借地借家法28条、借家法1条ノ2）。賃貸人が期間の定めのある借家であっても、期間の定めのない借家であっても、借家契約を終了させるためには正当事由が必要であるが、この正当事由の解釈、運用が賃貸人に対して厳格になってきたため、従来から正当事由の要否、解釈をめぐって議論が行われてきたところである。

　借地借家法28条は、建物賃貸借契約の更新拒絶等の要件の見出しの下、建物の賃貸人による更新拒絶、解約申入れは、「建物の賃貸人及び賃借人（転借人を含む。…）が建物の使用を必要とする事情のほか、建物の賃貸借に関する従前の経過、建物の利用状況及び建物の現況並びに建物の賃貸人が建物の明渡しの条件として又は建物の明渡しと引換えに建物の賃借人に対して財産上の給付をする旨の申出をした場合におけるその申出を考慮して、正当の事由がある場合でなければ、することができない。」とされているところであり、これが正当事由と呼ばれる要件である（なお、借家法1条ノ2参照）。借地借家法28条の規定は、従前の借家法1条ノ2の規定を実質的に変更したものではなく、従来の裁判例を考慮して定められたと説明されているが、裁判例の動向に照らしても、借家法の時代と異なる適用、運用がされているとはいえないであろう。

　正当事由は、賃貸人にとって借家契約を終了させるに当たって重大な障害となってきたことは否定できないところであり、その解釈、運用のみならず、その要件の削除が必要であるなどと批判されてきたが、現在に至っている（なお、借地借家法38条所定の定期建物賃貸借の制度は、その要件が緩和され、正当事由の規定の適用を受けない借家も広く認められるようになっている）。正当

事由の制度は、昭和16年に導入されて以来、第2次世界大戦後の住宅難、高度成長期、バブルの膨張・崩壊等の様々な時期を経て運用されてきたものであるが、第2次世界大戦後の住宅難の時期等における正当事由を厳格に解釈する方向が裁判例で顕著になり、その傾向が借家の需給の動向、経済事情の変化等にかかわらず維持され、事案によってはより厳格な解釈が採用されてきたため、社会通念、社会常識と乖離してきたこともまた否定できない現象であった。裁判例がその時代の事情を的確に反映させ、考慮して柔軟で適切な解決を図る判断を示せば、このような問題は生じなかったと推測されるが、いったん正当事由を厳格に解釈する傾向に動き出すと、その方向にますます解釈が強化されることも裁判例にありがちな判断であったことが事態をより深刻にしてきたものである。借地借家法の正当事由に関する規定は、平成4年の施行以来、変更されていないものであり、正当事由の解釈、適用がどのようになっているかは興味深い事柄である。

以下、更新拒絶、解約申入れに関する裁判例を概観するが、その多くは正当事由の有無が問題になったものである。

[344] 東京地判平成3.2.28判タ765.209
《事案の概要》
　X株式会社は、昭和35年1月頃、Yに住宅として都心の商業地域にある6階建て建物（アパート）の4階の一区画を賃貸していたところ、昭和63年9月、解約申入れをし、事務所に転用する等の事情を主張し、Yに対して本件建物の明渡しを請求した。この判決は、Yが現在地に住居を有していても、時々使用していること、増収の目的のための解約申入れであること、立退料による補完でも足りないこと等を認め、正当事由を否定し、請求を棄却した（判例評釈として、小磯武男・判タ1020.95がある）。

【実務の対応】
　この判決は、住宅用の借家の解約申入れについて、他に自宅を有し、立退料の提供によっても正当事由が認められないとしたものであるが、疑問のある判断である。

[345] 最二判平成 3. 2. 22 民集 45. 3. 293、判時 1397. 3、判タ 768. 52、金融法務事情 1307. 25、金融・商事判例 879. 3

《事案の概要》

　Xは、Y1に建物を賃貸し、Y1は、本件建物をY2に転貸していたところ、賃貸借契約を解除するとともに、本件建物の朽廃をを主張し、Y1らに対して本件建物の明渡し等を請求し、第一審の審理中、解約申入れをし、立退料として100万円を提供した。第一審判決は、請求を棄却したため、Xが控訴するとともに、控訴審の口頭弁論終結時に立退料を300万円に増額する旨を申し出た。控訴審判決は、300万円の立退料の提供による正当事由を認め、解約申入れの効力を肯定し、原判決を変更し、請求を認容したため、Y1らが上告した。この判決は、解約申入れ後の立退料の提供又は増額を考慮して正当事由を判断することができるとし、上告を棄却した。

〈判決〉は、

「建物の賃貸人が解約の申入れをした場合において、その申入時に借家法1条ノ2に規定する正当事由が存するときは、申入後6か月を経過することにより当該建物の賃貸借契約は終了するところ、賃貸人が解約申入後に立退料等の金員の提供を申し出た場合又は解約申入時に申し出ていた右金員の増額を申し出た場合において、右の提供又は増額に係る金員を参酌して当初の解約申入れの正当事由を判断することができると解するのが相当である。けだし、立退料等の金員は、解約申入時における賃貸人及び賃借人双方の事情を比較衡量した結果、建物の明渡しに伴う利害得失を調整するために支払われるものである上、賃貸人は、解約の申入れをするに当たって、無条件に明渡しを求め得るものと考えている場合も少なくないこと、右金員の提供を申し出る場合にも、その額を具体的に判断して申し出ることも困難であること、裁判所が相当とする額の金員の支払により正当事由が具備されるならばこれを提供する用意がある旨の申出も認められていること、立退料等の金員として相当な額が具体的に判明するのは建物明渡請求訴訟の審理を通じてであること、さらに、右金員によって建物の明渡しに伴う賃貸人及び賃借人双方の利害得失が実際に調整されるのは、賃貸人が右金員の提供を申し出た時ではなく、建物の明渡しと引換えに賃借人が右金員の支払を受ける時であることなどにかんがみれば、解約申入後にされ

た立退料等の金員の提供又は増額の申出であっても、これを当初の解約の申入れの正当事由を判断するに当たって参酌するのが合理的であるからである。」と判示している（判例評釈として、田中宏治・法協113．6．991、吉田克己・判タ778．38、塩崎勤・判タ1020．104、比佐和枝・判タ790．72、岩城謙二・ジュリスト1002．74がある）。

【実務の対応】
　この判決は、立退料の提供時期（増額に係る立退料の提供を含む）が問題になった事案について、解約申入れ又は更新拒絶時に提供する必要はなく、その後においても、口頭弁論の終結時前までに提供すれば考慮することができるとしたものであり、理論的に重要な判断を明らかにしたものであり、借家の実務、訴訟実務に重要な影響を与えるものである。

[346] 東京地判平成3．4．24判タ769．192
《事案の概要》
　Aは、昭和20年頃、東京都の都心部にある木造建物の一部をBに賃貸し、更新が繰り返されたが、昭和57年3月の期間満了後には期間の定めのないものになっていたところ、平成元年4月、Aの相続人XがBの相続人Yに建物の老朽化による改築の必要を理由とする解約を申し入れ、Yに対して本件建物部分の明渡しを請求した。この判決は、借家権相当額である2810万円の立退料の提供による正当事由を認め、請求を認容した。

【実務の対応】
　この判決は、住宅用の借家の解約申入れについて、立退料の提供による正当事由を認めたものであり、事例判断を提供するものである。なお、この判決は、立退料の算定基準として借家権価格を考慮しているが、この判断には疑問が残る。

[347] 東京地判平成3．5．13判時1396．82、判タ768．167
《事案の概要》
　X株式会社は、昭和37年7月、Y株式会社に都内繁華街のビルの1階部分を賃貸期間を20年間として賃貸し、Yは、洋服店を営業していたところ、Xは、昭和58年9月、更新拒絶の通知をし、自己使用の必要性、改修工事の必

要性による正当事由を主張し、Yに対して本件建物部分の明渡しを請求した。この判決は、本件建物部分の明渡しはYの営業上相当の打撃である等とし、正当事由を否定し、請求を棄却した（判例評釈として、古閑祐二・判タ1020.108 がある）。
【実務の対応】
　この判決は、事業用の借家（店舗）の更新拒絶について、自己使用の必要性、改修工事の必要性等による正当事由を否定したものであり、事例判断を提供するものである。

[348] 東京地判平成3．5．30 判時1395．81、判タ757．255
《事案の概要》
　X株式会社は、昭和21年3月、都内銀座に所在するビルの一部をY1株式会社に賃貸し、その後法定更新され、Y1は、本件ビルの一部をY2株式会社、Y3株式会社に使用させていたところ、Xは、昭和60年10月、解約を申し入れ、Y1らに対して本件建物の老朽化、耐震性の危険性、建替の必要、Y1らの自己使用の必要性の消滅等による正当事由を主張し、本件建物部分の明渡しを請求した。この判決は、8億円の立退料の提供による正当事由を認め、請求を認容した（判例評釈として、塩崎勤・判タ1020．116 がある）。
【実務の対応】
　この判決は、事業用の借家（オフィスビル）の解約申入れについて、老朽化等の事情とともに、立退料8億円の提供を考慮して正当事由を肯定したものであり、高額な立退料を考慮した事例判断を提供するものである。

[349] 東京地判平成3．6．27 判時1413．73
《事案の概要》
　Xは、昭和42年7月以前からAに建物を賃貸していたところ、Aが死亡し、Yが賃借人の地位を承継し、昭和62年6月、民事調停期日において、同年5月以降賃料を月額16万円、賃貸期間を平成2年4月までとする合意が成立したが、Xは、平成元年6月、更新を拒絶し、Yに対して主位的に本件建物の明渡し、予備的に増額請求に係る賃料額の確認を請求した。この判決は、本件建物の老朽化等による正当事由が認められないとし、主位的請求を棄却したが、

スライド方式を採用し、家賃指数と経済成長率の平均値によって適正賃料額を算定し、予備的請求を認容した。
【実務の対応】
　この判決は、住宅用の借家の更新拒絶について、建物の老朽化等を理由とする正当事由を否定したものであり、事例判断を提供するものである。

[350] 東京高判平成3. 7. 16 判タ779. 272
《事案の概要》
　Y株式会社は、都内中心部に所在する木造建物（明治37、38年頃の建築）をXから賃借し、電気店、倉庫、住居として使用しているところ、本件建物の老朽化が著しくなったこと等から、Xが解約を申し入れ、Yに対して本件建物の明渡しを請求した（Xは、他に都内に広大な土地を所有している）。第一審判決が請求を一部認容したため、Xが控訴した。この判決は、立退料につき借家権価格ではなく、4年分の年間収入が補償として相当であるとし、1500万円の立退料によって正当事由を認め、原判決を変更し、請求を認容した。
【実務の対応】
　この判決は、事業用・住宅用の借家の解約申入れについて、建物の老朽化のほか、1500万円の立退料の提供を考慮して正当事由を肯定したものであるが（借家権価格による立退料を否定している）、従前の借家の経過、建物の建築年数を考慮すると、立退料の提供まで必要であったかどうかは疑問である。

[351] 東京地判平成3. 7. 25 判時1416. 98
《事案の概要》
　X株式会社は、ビルを所有し、昭和61年8月頃、Y株式会社にビルの一部を賃料月額128万円、賃貸期間を昭和60年10月から3年間とし、更新料支払いの特約で一時使用として賃貸したところ、賃貸期間が満了したため、XがYに対して主位的に一時使用目的の賃貸借の期間満了を主張し、予備的に正当事由による解約申入れを主張し、本件建物部分の明渡しを請求した。この判決は、賃料等が一般通常の賃貸借と異ならないこと、更新料支払いの特約があること等から、短期間の使用にとどめられるべき事情がないとし、一時使用目的であることを否定し、立退料1億円の提供による正当事由を認め、主位的請

求を棄却し、予備的請求を認容した。
【実務の対応】
　この判決は、事業用の借家の解約申入れについて、立退料1億円の提供による正当事由を肯定したものであり、事例判断を提供するものである。

[352] 東京地判平成3．7．26判タ778．220、金融・商事判例899．38
《事案の概要》
　Xは、昭和61年8月、木造2階建建物の2階6畳の間（板間付）を賃貸期間を2年間とし、賃料月額3万5000円としてYに賃貸したところ、孫の居住を理由に更新を拒絶し、Yに対して本件部屋の明渡しを請求した。第一審判決は、請求を棄却したため、Yが控訴した。この判決は、本件部屋につき借家法の適用を肯定し、立退料を30万円として正当事由を認め、原判決を変更し、請求を認容した（判例評釈として、西口元・判タ1020．98がある）。
【実務の対応】
　この判決は、共同住宅の一間の借家の更新拒絶について、立退料30万円の提供により正当事由を肯定したものであり、事例判断を提供するものであるが、立退料の額の当否には議論があろう。

[353] 東京地判平成3．9．6判タ783．177
《事案の概要》
　Xは、昭和35年12月、Yに賃貸期間を5年間として住宅兼店舗用の建物を賃貸し、その後、法定更新されていたところ、平成2年5月、職場の異動により自己使用の必要性があるとし、解約を申し入れ、Yに対して本件建物の明渡しを請求した。この判決は、700万円の立退料の提供によって正当事由を認め、請求を認容した。
【実務の対応】
　この判決は、事業用兼住宅用の借家（店舗）の解約申入れについて、立退料の提供により正当事由を肯定したものであり、事例判断を提供するものである。

[354] 東京地判平成 3. 11. 26 判時 1443. 128
《事案の概要》
　Aは、昭和20年、Bに木造2階建建物（昭和2年建築）を賃貸し、B、その死亡後は、相続人であるY1が、Y2有限会社として薬局を経営していたところ、Aの相続人Xが平成元年1月に解約を申し入れ、Y1らに対して本件建物の明渡しを請求した。この判決は、Y1らの本件建物の使用の必要性を認め、Xが他に不動産を所有していることを指摘しつつも、建築後60年を経て老朽化が著しく、地盤崩壊等の危険性があること等から正当事由を認め、請求を認容した。
【実務の対応】
　この判決は、事業用の借家（店舗）の解約申入れについて、老朽化を理由に正当事由を肯定したものであり、事例判断として参考になるものである。

[355] 東京地判平成 4. 3. 26 判時 1449. 112
《事案の概要》
　A株式会社は、マンションの専有部分をY1、Y2、Y3にそれぞれ賃貸していたところ、Aは、昭和61年10月、本件建物をB株式会社に売り渡し、Bは、平成元年5月、X株式会社に本件建物を売り渡し、Xは、平成2年3月、Y1らに対して賃貸借契約の解約を申し入れ、Y1らに対して本件建物の老朽化、欠陥建物を主張し、各建物部分の明渡しを請求した。この判決は、本件建物の劣化を認めたものの、適切な補修が可能であり、設備についても適切な修繕が可能であり、危険な建物であると認めるには十分ではない等とし、立退料の支払いの提供によっても正当事由が認められないとし、請求を棄却した。
【実務の対応】
　この判決は、マンションの専有部分の借家の解約申入れについて、立退料の提供によっても老朽化を理由とする正当事由を否定したものであり、事例判断を提供するものである。

[356] 東京地判平成4.9.14判時1474.101
《事案の概要》
　X有限会社は、昭和55年9月、当時建築中であった商業ビルにつき、Y株式会社との間で賃貸期間を10年間とし、保証金を1億8502万6000円とし、一括して賃貸する旨の賃貸借契約を締結し、Yは、飲食店、美容室等に転貸したところ、転借人によってボヤ火災、ガス漏れ事故が発生し、無断工事を行う等したことから、Xが期間満了の際、更新を拒絶し、Yに対して本件建物の明渡しを請求した。この判決は、Yにビルの保安管理が不十分であったとしつつも、客観的、全体的にみる限り、特に劣悪であるとか、信頼関係を害するとはいえないとし、正当事由を否定し、請求を棄却した（判例評釈として、新堀亮一・判タ1020.134がある）。
【実務の対応】
　この判決は、転貸を予定した事業用のビルの借家の更新拒絶について、杜撰な保安管理等を理由とする正当事由を否定したものであり、事例判断として参考になるものである。

[357] 東京地判平成4.9.25判タ825.258
《事案の概要》
　Xは、昭和51年2月頃、Yに建物を賃貸し、昭和61年2月、Yとの間で賃貸期間を5年間とし、更新の際は賃料10か月分の更新料を支払う旨の特約で更新したところ、平成3年2月、更新を拒絶し、同年8月、解約をし、Yに対して本件建物の明渡しを請求した。この判決は、建物の老朽化は恒常的に修繕を施工しておくべきであり、そのような管理をしていれば建築後30年を経ても賃貸建物としての機能を失うものではない等とし、正当事由を否定し、更新料の不払いが債務不履行になり得るとしても、本件では10か月の賃料分の更新料であり、適正とはいえないとし、更新料の不払いによる解除の効力を否定し、請求を棄却した（判例評釈として、佐藤岩夫・判タ838.43がある）。
【実務の対応】
　この判決は、住宅用の借家の更新拒絶について、建物の老朽化を理由とする正当事由を否定したものであり、事例判断を提供するものである。

[358] 東京地判平成5. 1. 22 判時1473. 77
《事案の概要》
　Xは、昭和62年11月頃（契約書上は昭和63年4月）、使用目的を倉庫とし、賃貸期間を2年間として建物をY株式会社に賃貸し、Yは、本件建物を紙屑の集積場として使用し、古紙回収業を営んでいたところ、近隣の住民から騒音、塵芥、悪臭等の苦情を寄せられ、移転先を探すなどしていたが、Xが平成元年9月に更新拒絶を通知し、Yに対して賃貸期間の満了を主張し、本件建物の明渡しを請求した。この判決は、近隣住民からの苦情は住民と賃借人の問題であり、XがYの業務内容を了解した上で賃貸したものであることから原則として信頼関係を破壊するとはいえないとした上、例外的に正当事由として考慮することができるとしたものの、例外的な事情が認められないとし、正当事由を否定し、請求を棄却した（判例評釈として、小西義博・判夕1020. 137がある）。

【実務の対応】
　この判決は、事業用の借家（倉庫）の更新拒絶について、近隣の迷惑行為を理由とする正当事由を否定したものであるが、疑問な判断である。

[359] 東京高判平成5. 12. 27 金融法務事情1397. 44
《事案の概要》
　Yは、昭和59年1月、自己が建築中のビルの完成までの仮事務所として使用する目的で、Aから建物を賃借する等し、同年11月、ビルを完成したが（会計事務所として使用）、本件建物を会計事務所の分室として引き続き使用し、本件建物と敷地の買受を交渉したところ、X株式会社が本件建物と敷地をAから買い受け、賃貸人の地位を承継した後、XがYに対して用法違反等を理由に賃貸借契約を解除し、賃貸借契約につき解約を申し入れ、主位的に本件建物の明渡し、予備的に立退料4500万円の支払いと引換えに本件建物の明渡しを請求した。第一審判決は主位的請求を棄却したが、予備的請求を認容したため、Yが控訴した。この判決は、用法違反、無断転貸を否定し、Xの建築計画の具体的な内容、資金計画が全く不明である等とし、正当事由を否定し、原判決中、Yの敗訴部分を取り消し、請求を棄却した。

第4章　借家をめぐる裁判例

【実務の対応】
　この判決は、事業用の借家（事務所）の解約申入れについて、立退料の提供にもかかわらず、正当事由を否定したものであり、事例判断を提供するものである。

[360]　東京地判平成7.10.16判タ919.163
《事案の概要》
　X株式会社は、昭和54年1月、東京都新宿区所在の3階建てビルの1階部分につき期間を5年間としてY株式会社に賃貸し、Yは、ゲームセンターとして使用していたところ、平成元年7月、建物の老朽化等を理由として賃貸借契約の更新を拒絶するとともに、平成2年9月、解約申入れをしたため、XがYに対して本件建物部分の明渡しを請求したのに対し、Yが耐震基準に沿った補強工事の施工を請求した。この判決は、本件建物の敷地は中層の建物が最有効使用である等とし、立退料2億2500万円の提供により正当事由が認められるとし、Xの請求を認容し、Yの請求を棄却した。
【実務の対応】
　この判決は、事業用の借家の解約申入れについて、敷地の有効利用を理由とし、立退料2億5000万円の提供により正当事由を肯定したものであり、事例判断を提供するものである。

[361]　東京地判平成8.1.23判タ922.224
《事案の概要》
　Aは、昭和26年、Bから建物所有を目的として土地を賃借し、建物を建築し、昭和36年頃、Y1に建物を賃貸し、Y1が洋服の販売店として使用していたところ（Y1は、昭和41年1月頃、Y2株式会社を設立し、Y2の販売店として使用していた）、昭和62年、Bが期間満了を理由にAに対して建物の収去、土地の明渡しを請求する訴訟を提起し、訴訟の係属中、CがBと土地を交換し、Cが訴訟に当事者参加し（Bは、訴訟を脱退した）、Cの請求は立退料として2億902万円の支払と引換えに認容され、同判決が上告審において確定したことから（その間、Aが死亡し、X1ないしX4が相続した）、X1らが建物の収去義務を理由に建物の賃貸借契約を解約し、Y1らに対して建

444

物の明渡しを請求した。この判決は、建物の収去義務を履行する必要があることは当然には自己使用の必要性を充足するものとはいえないとし、正当事由を否定し、請求を棄却した（判例評釈として、近森土雄・判タ 1020．143 がある）。

【実務の対応】
　この判決は、借地上の建物の事業用の借家（店舗）の解約申入れについて、借地権の消滅が当然には自己使用の必要性を充足しないとし、正当事由を否定したものであるが、従前の借家の経過に照らし、疑問のある判断である。

[362] 東京地判平成 8．3．15 判時 1583．78
《事案の概要》
　A株式会社は、ビルを所有し、昭和43年11月、Y株式会社にビルの一部を賃貸していたところ、Aが昭和56年3月にX株式会社にビルを売却し、Xは、同月、Yとの間で、賃貸借契約を締結し、以後、合意によって更新していたが、平成2年2月、建物の老朽化、建替え等の事情から更新を拒絶し、Yに対して本件建物部分の明渡しを請求した。この判決は、建物の老朽化は明確ではないものの、建物の建替えの必要性、合理性を認め、更新拒絶時には建替計画が具体的ではなく、正当事由は認められないとしたが、本件訴訟の提起時には建替計画が具体的に進行し、ビルの他の賃借人も明渡済みである等とし、立退料を 800 万円として正当事由を認め、請求を認容した。

【実務の対応】
　この判決は、事業用の借家の解約申入れについて、建替えを理由とし、立退料の提供による正当事由を肯定したものであり、事例判断として参考になるものである。

[363] 東京地判平成 8．5．20 判時 1593．82
《事案の概要》
　服飾、調理等の教育を業とするX学校法人は、昭和36年建築の建物を所有していたところ、昭和50年3月、本件建物の一部を食堂とし、賃貸期間を10年間としてY有限会社に賃貸したが、平成6年1月、賃貸借契約につき本件建物の老朽化等を理由に解約を申し入れ、Yに対して建物の明渡し等を請求

した。この判決は、建物の建替え計画等の事情を認め、立退料4000万円による正当事由を認め、立退料の支払いと引換えに請求を認容した。
【実務の対応】
　この判決は、事業用の借家の解約申入れについて、建替えを理由とし、立退料の提供による正当事由を肯定したものであり、事例判断として参考になるものである。

[311] 東京地判平成8.7.15判時1596.81
《事案の概要》
　スーパーマーケットを営業するX株式会社は、Y1株式会社との間で、期間を1年間とし、更新を認め、店舗内でパン類の製造、販売業務を行う旨の契約を締結し（契約書には、この契約は特定商品の販売に関するものであって、特定の賃貸借契約ではないと明示されていた）、Y1は、子会社であるY2有限会社にパン類の販売業務を行わせていたところ、Xは、更新を拒絶し、Y1らに対して建物部分の明渡し等を請求した。この判決は、契約の実態を検討し、Xの経営するスーパーマーケット部分とは明瞭に区画された売り場部分を使用し、売り場部分の使用の対価として保証金、歩合金を取得していること等から賃貸借に関する法の適用を受けるとし、更新拒絶に正当事由がないとし、請求を棄却した（判例評釈として、大久保均・判タ1020.151がある）。
【実務の対応】
　この判決は、スーパーマーケットの店舗内の食品売り場の契約の更新拒絶について、正当事由が必要であるとした上、この事案の正当事由を否定したものであり、事例判断を提供するものである。もっとも、最二判昭和30.2.18民集9.2.179は、売り場の使用関係について、「上告人等は被上告会社との契約に基き同会社の店舗（藤越デパートと称す）の1階の一部の場所において、商品什器を置いて、それぞれ営業を営んでいるものであるが、右契約の内容について、原判決が「疎明せられたもの」とするところによれば（一）上告人等の使用する前示店舗の部分はあらかじめ被上告会社から示されて定められたものである。（二）右部分は営業場として一定しているものではあるが、同時に、右営業場はデパートの売場で、従つて売場としての区劃がされているに過ぎず、これを居住に使用することは許されず、殊に被上告会社は店舗の統一

を図るため商品の種類品質価格等につき上告人等に指示する等上告人等の営業方針に干渉することができるのは勿論、被上告会社経営のデパートたる外観を具備し、又はそのデパートの安全を図るため右売場の位置等についても被上告会社において適当の指示を与えることができるのであつて、例えば防火等の必要あるときは右売場の位置の変更を指示することができるものである。(三)上告人等は自己の使用する営業場の設備を自己の費用で作り店舗の造作をなし得る約であるが、同時に、右設備は定着物でなく移動し得るものに限られ、且右造作等を設置する場合は必ず被上告会社の許可を要し、被上告会社の営業方針に従わなければならない。(四)上告人等は当初定められた種類の営業をそれぞれ自己の名義で行い、従つてその租税も自己が負担するものであるが、同時に、右営業は名義の如何を問わず被上告会社の所有とされ、上告人等において営業権又は営業名義の譲渡賃貸書換をすることはできない。(五)上告人等は自己の資本で営業し店員の雇入解雇給料支払は上告人等においてするものであるが、同時に、その営業方針は統一され、使用人の適否についても被上告会社の指示に従うべき定めである。(六)上告人横幕は被上告会社に対し当初売上金の1割を支払うこととしたがその後昭和25年4月以後右支払金は月額4万円と改定され、その余の上告人等は被上告会社に対し2箇月分の権利金名義で上告人上原は金9万円、その他の上告人等は金6万円宛支払う約である。(七)上告人等は被上告会社に対し前示営業場一桝につき1日金百円宛支払う約であつたが、同時に、右権利金は出店料に対し権利金として支払うものであり右日掛金は右一桝分の出店料として維持費名義で支払う定めであつて、上告人横幕については右権利金の支払に代え前示のように売上金の歩合で支払うものである。なお前示契約は上告人横幕との間では期限の定めがなくその余の上告人等との間では2箇年の存続期間の定めがあつたものであるが、互に都合により1箇月の猶予期間をおいて契約解除をし得る定めであり、かつ、前示のように営業方針について、被上告会社が干渉するほか、包装用紙もこれを一定せしめ被上告会社において調製の上、上告人等に分譲する、というのである。

以上の事実関係に徴すれば、上告人等は、被上告会社に対し、被上告会社の店舗の一部、特定の場所の使用収益をなさしめることを請求できる独立した契約上の権利を有し、これによつて右店舗の一部を支配的に使用しているものとは解することができないから、原判決が、上告人等は右店舗の一部につき、そ

の主張のような賃貸借契約又は少くとも借家法の適用を受くべき賃貸借にもとずく占有権を有することの疏明十分ならずとしたのは相当であつて、これと反対の見解に立つて、右契約に対し民法賃貸借に関する規定又は借家法の適用ありと主張する論旨は採用することはできない。」と判示していることに照らすと、疑問があろう。

なお、経営委託名目の契約に旧借家法の適用を肯定した裁判例として、東京地判昭和55．1．31判時966．77、東京地判昭和58．9．30判時1108．102、東京高判平成元．7．6判時1319．104、最一判平成4．2．6判時1443．56等がある。

[314] 東京高判平成9．1．30判時1600．100、判タ960．172
《事案の概要》
　X株式会社は、養鰻池、養鰻用ハウスを期間を定めてYに賃貸したところ、期間が満了したことから、XがYに対して土地の明渡し等を請求した。第一審判決が賃貸借の目的物が借家法の適用を受ける養鰻ハウスであるとし、請求を棄却したため、Xが控訴した。この判決は、本件ハウスは借家上の建物又はこれに準ずるものであるとし、賃貸借の目的物が本件ハウスであり、更新拒絶には正当事由が必要である等とし、控訴を棄却した。
【実務の対応】
　この判決は、養鰻池、養鰻用ハウスの賃貸借の更新拒絶について、更新拒絶に正当事由が必要であるとした上、この事案の正当事由を否定したものであり、事例判断を提供するものである。

なお、建物の意義が問題になった裁判例として、東京高判昭和61．1．30判タ6266．164がある。

[364] 東京地判平成9．2．24判タ968．261
《事案の概要》
　Aは、昭和31年頃、JR池袋駅付近の木造2階建建物の1階部分をYに賃貸し、Yは飲食店を営業していたところ、Aが本件建物をB株式会社に譲渡し、BがX株式会社に譲渡し、Xが本件建物の老朽化、高層建物の建築等を理由として賃貸借契約の解約を申し入れ、Yに対して建物の明渡しを請求した。この

判決は、本件建物の老朽化、高層建物の建築計画の存在等を認めたものの、Xが実質的に債務超過状態であり、計画の実現能力がないとして正当事由を否定し、請求を棄却した。

【実務の対応】

この判決は、事業用の借家（店舗）の解約申入れについて、敷地の有効利用の必要性を認めつつ、計画の実現能力を考慮し、正当事由を否定したものであるが、微妙な判断である。

[365] 東京地判平成9. 9. 29 判タ984. 269

《事案の概要》

Aは、昭和42年、Bから土地を賃借し、借地上に4階建て建物を建築し、Y株式会社に賃貸し、Yは、スチール家具販売業を営んでいたところ、Aが死亡し、C、Dが相続した後、不動産業を営むX株式会社とBが本件建物を購入し、さらにXがBから本件土地、本件建物の共有持分を購入し、Yに対して本件建物の老朽化、周辺の土地の再開発を理由として解約申入れをし、主位的に建物の明渡し、予備的に立退料との引換えに建物の明渡し等を請求した。この判決は、再開発ビルの建築のためには必要であるとしたものの、正当事由を否定したが、立ち退き料4200万円の補完による正当事由を認め、主位的請求を棄却し、予備的請求を認容した（判例評釈として、西口元・判タ1020. 269がある）。

【実務の対応】

この判決は、事業用の借家の解約申入れについて、建替えの必要性を理由とし、立退料4000万円の提供により正当事由を肯定したものであり、事例判断を提供するものである。

なお、高額な立退料を認めた裁判例として、東京高判平成元. 3. 30 判時1306. 38（1億6000万円）、東京地判平成元. 7. 10 判時1356. 106（6000万円）、東京高判平成元. 9. 29 判時1356. 106（4億円）、東京高判平成2. 5. 14 判時1350. 63（2億8000万円）、東京地判平成3. 5. 30 判時1395. 81（8億円）、東京地判平成3. 7. 25 判時1416. 98（1億円）がある。

[366] 東京地判平成 9. 10. 29 判タ 984. 265
《事案の概要》
　Xの先代Aは、Y有限会社の代表者Bの先代Cから築地場外市場にある木造建物の1階の一部（3.12平方メートル）を賃借し、惣菜屋を営業していたところ、平成8年2月、Yが建物の老朽化等を理由に更新を拒絶し、建物の明渡しの調停が不調に終わったため、XがYに対して建物の明渡し等を請求した。この判決は、立退料654万円の支払いと引換えに正当事由を認め、請求を認容した。
【実務の対応】
　この判決は、事業用の借家（店舗）の更新拒絶について、建物の老朽化を理由とし、立退料の提供による正当事由を肯定したものであり、事例判断を提供するものである。

[367] 東京地判平成 9. 11. 7 判タ 981. 278
《事案の概要》
　Y1株式会社は、昭和53年9月、Aから木造2階建ての建物を都市計画などにより賃貸物件が収去される場合には契約は当然に終了する旨の特約で賃借し、1階を倉庫兼車庫、2階を事務所兼従業員居宅として使用していたところ（2階の居宅部分は、Y1の従業員Y2が居住している）、本件建物の所有権は、AからBに、BからXに移転され、本件建物の敷地につき都の都市整備事業として道路拡幅により買収の話があったため、Xが本件契約の当然終了等を主張し、Y1らに対して建物の明渡しを請求した。この判決は、立退料2048万円の提供による正当事由を認め（借家権価格1662万円、営業補償額386万円）、請求を認容した（判例評釈として、北尾哲郎他・判タ1020. 101がある）。
【実務の対応】
　この判決は、道路拡幅にかかる事業用の借家（倉庫、車庫、事務所等）の解約申入れについて、借家権価格、営業補償額を内容とする立退料の提供による正当事由を肯定したものであるが、立退料の額の認定、算定につき議論があろう。

[368] 東京地判平成 10．3．24 金融・商事判例 1151．15
《事案の概要》
　X有限会社は、A株式会社にビルを一括して賃貸期間を20年間として賃貸し（Aは、建設協力金を提供した）、Aは、Bに転貸し、Bは、C株式会社に本件ビルの一部を転貸していたところ、賃貸期間が満了し、更新を拒絶するとともに、Cに対しても転貸借の終了を通知したため（Cにつき会社更生手続が開始され、Y1、Y2が管財人に選任された）、XがY1らに対して建物部分の明渡し等を請求した。この判決は、Y1らの本件ビルを継続使用をする必要性が高い等とし、賃貸借の終了をY1らに対抗することができないとし、請求を棄却した。
【実務の対応】
　この判決は、サブリース類型の建物の賃貸借の更新拒絶について、賃貸借の終了を転借人に対抗することができないとしたものであり、議論を呼ぶ判断であるが、理論的に参考になるものである（後記の控訴審である高裁の判決、上告審である最高裁の判決参照）。

[369] 東京高判平成 10．9．30 判時 1677．71
《事案の概要》
　Xは、昭和21年に建築された建物を所有しており、昭和28年3月、当時の所有者であったA（Xの夫。その後、死亡）がBに建物の1階部分を賃貸し、その後、Bの経営に係るY有限会社に借主名義が変更され、Yは、高級下着店を営業しているところ（建物の2階部分は、X、その家族が住居として使用している）、Xが平成4年10月、建替えの必要性等を理由して解約を申し入れ、Yに対して建物の明渡し等を請求した。第一審判決は建物の朽廃を認め、借家関係の終了を認めて請求を認容したため、Yが控訴した。この判決は、原判決を変更し、4000万円の立退料の提供により正当事由を認め、請求を認容した。
【実務の対応】
　この判決は、事業用の借家の解約申入れについて、建物の老朽化、建替えの必要性を理由とし、立退料4000万円の提供により正当事由を肯定したもので

あり、事例判断を提供するものである（第一審判決が建物の朽廃を認めたほどであるから、建物の老朽化の程度は著しいということができる）。

[370] 東京地判平成 11．1．22 金融法務事情 1594．102
《事案の概要》
　Aらは、建物、敷地を所有し、B株式会社が建物に抵当権を設定していたが、抵当権を実行し、X株式会社が不動産競売手続で建物、敷地を買い受けたところ（建物を解体し、マンションの建築を計画していた）、Y1株式会社、Y2が抵当権の設定前から建物を賃借していたと主張したことから、XがY1らに対して建物の明渡しを請求した（Xは、訴訟の係属中、賃貸借契約の解約をも申し入れた）。この判決は、Y1との賃貸借契約を認めた上、立退料の提供と引換えに正当事由を認め、解約の申入れの効力を肯定し、Y1との関係で引換え給付で請求を認容し、Y2に対する請求を認容した（判例評釈として、原田純孝・判タ1054．67がある）。
【実務の対応】
　この判決は、事業用の借家の解約申入れについて、立退料の提供により正当事由を肯定したものであり、事例判断を提供するものである。

[371] 東京高判平成 11．6．29 判時 1694．90、金融・商事判例 1151．10
《事案の概要》
　前記の [368] 東京地判平成10．3．24 金融・商事判例1151．15の控訴審判決であり、Xが控訴した。この判決は、原賃貸借の終了のときに転貸借も履行不能によって終了するところ、特段の事情のない限り、更新拒絶により期間が満了したときであっても、転貸借が終了するとし、原判決を取り消し、請求を認容した。
【実務の対応】
　この判決は、前記のように、サブリース類型の建物の賃貸借の更新拒絶について、特段の事情のない限り、更新拒絶により期間が満了したときであっても、転貸借が終了するとしたものであり、一つの見解である（後記の最高裁の判決参照）。

更新拒絶・解約申入れ

[372] 浦和地判平成11．12．15判時1721．108
《事案の概要》
　X公団は、A団地を建築し、昭和35年7月、入居を開始し、Yらが入居して居住していたが、建物の老朽化を理由に建替えを計画し、平成5年10月、居住者説明会を開催し、居住者らの協力を求め、多くの居住者が協力したものの、Yらが拒否したことから、平成7年、賃貸借契約の更新を拒絶し、Yらに対して主位的に無条件で建物の明渡しを、予備的に金員の支払いと引き換えに建物の明渡しを請求した。この判決は、建替えを理由とする正当事由を認め、主位的請求を認容した。
【実務の対応】
　この判決は、賃貸共同住宅の更新拒絶について、建替えを理由とする正当事由を肯定したものであり、事例判断として参考になるものである。

[373] 東京高判平成12．3．23判タ1037．226
《事案の概要》
　Xは、昭和34年建築のアパートを所有し、賃貸していたところ、建物の老朽化により建物を取り壊し、マンションの建築を計画し、アパートの賃借人の退去を求め、大半の賃借人が退去したものの、Y1（82歳）、Y2が退去を拒否したため、解約を申し入れ、建物の明渡し等を請求した。第一審判決は、立退料200万円の提供と引き換えに請求を認容したため（借家権価格による立退料は相当でないとした）、Y1らが控訴した。この判決は、移転実費と移転前後の差額賃料を基準とした立退料の提供により正当事由が認められるとし、控訴を棄却した（判例評釈として、原田純孝・判タ1054．67がある）。
【実務の対応】
　この判決は、賃貸共同住宅の借家の解約申入れについて、建替えを理由とし、立退料の提供により正当事由を肯定したものであり、事例判断として参考になるものである。

[374] 東京高判平成12．12．14判タ1084．309
《事案の概要》
　Aは、Bから建物所有を目的として土地（東京都台東区上野所在）を賃借し、

昭和8年以前に建物を建築していたところ、昭和19年頃、Cに店舗兼住宅として賃貸し、その後、Aの子であるXが本件建物の賃貸人の地位を引き継ぎ、CからDに賃借権は引き継がれ、昭和40年5月、XとDとの間で、賃貸期間を5年間とする本件建物の賃貸借契約が締結される等していたが、Xは、経営していた会社の債務の引継ぎ、借家住まい等を理由として解約を申し入れ、Dの死亡後、その相続人であるY1、Y2に対して建物の明渡しを請求した。第一審判決は、正当事由を否定し、請求を棄却したため、Xが控訴した。この判決は、立退料600万円の提供による正当事由を認め、原判決を取り消し、立退料の支払いと引換えによる請求を認容した。

【実務の対応】
　この判決は、借地上の事業用兼住宅用の建物（店舗）の解約申入れについて、立退料600万円の提供により正当事由を肯定したものであり、事例判断を提供するものである。

[375] 岐阜地判平成13．11．28判タ1107．242
《事案の概要》
　Xは、平成8年8月、Yに賃貸期間を4年間とし建物を賃貸したところ、Yが宗教団体の信者であったことから、平成12年2月、契約を更新しない旨を通知し、Yに対して建物の明渡しを請求した。この判決は、Yが宗教団体の信者であることによって不安感をもって正当事由の根拠とすることはできないとし、請求を棄却した。

【実務の対応】
　この判決は、借家の更新拒絶について、賃借人が宗教団体の信者であることを理由とする正当事由を否定したものであり（この宗教団体を取り巻く社会の不安感、不信感が背景にある）、事例判断を提供するものである。

[376] 最一判平成14．3．28民集56．3．662、判時1787．119、
　　　判タ1094．111、金融法務事情1655．41、金融・商事判例
　　　1151．3
《事案の概要》
　前記の[371]東京高判平成11．6．29判時1694．90、金融・商事判例

1151. 10 の上告審判決であり、Ｙ１らが上告受理を申し立てた。この判決は、本件の事情の下では、賃貸人は、信義則上、賃貸借契約の終了をもって再転借人に対抗することができないとし、原判決を破棄し、Ｘの控訴を棄却した。
〈判決〉は、
「前記事実関係によれば、被上告人は、建物の建築、賃貸、管理に必要な知識、経験、資力を有する訴外会社と共同して事業用ビルの賃貸による収益を得る目的の下に、訴外会社から建設協力金の拠出を得て本件ビルを建築し、その全体を一括して訴外会社に貸し渡したものであって、本件賃貸借は、訴外会社が被上告人の承諾を得て本件ビルの各室を第三者に店舗又は事務所として転貸することを当初から予定して締結されたものであり、被上告人による転貸の承諾は、賃借人においてすることを予定された賃貸物件の使用を転借人が賃借人に代わってすることを容認するというものではなく、自らは使用することを予定していない訴外会社にその知識、経験等を活用して本件ビルを第三者に転貸し収益を上げさせるとともに、被上告人も、各室を個別に賃貸することに伴う煩わしさを免れ、かつ、訴外会社から安定的に賃料収入を得るためにされたものというべきである。他方、京樽も、訴外会社の業種、本件ビルの種類や構造などから、上記のような趣旨、目的の下に本件賃貸借が締結され、被上告人による転貸の承諾並びに被上告人及び訴外会社による再転貸の承諾がされることを前提として本件再転貸借を締結したものと解される。そして、京樽は現に本件転貸部分二を占有している。

このような事実関係の下においては、本件再転貸借は、本件賃貸借の存在を前提とするものであるが、本件賃貸借に際し予定され、前記のような趣旨、目的を達成するために行われたものであって、被上告人は、本件再転貸借を承諾したにとどまらず、本件再転貸借の締結に加功し、京樽による本件転貸部分二の占有の原因を作出したものというべきであるから、訴外会社が更新拒絶の通知をして本件賃貸借が期間満了により終了しても、被上告人は、信義則上、本件賃貸借の終了をもって京樽に対抗することはできず、京樽は、本件再転貸借に基づく本件転貸部分二の使用収益を継続することができると解すべきである。このことは、本件賃貸借及び本件再転貸借の期間が前記のとおりであることや訴外会社の更新拒絶の通知に被上告人の意思が介入する余地がないことによって直ちに左右されるものではない。」と判示している（判例評釈として、河内

宏・判評531. 18、塩崎勤・判タ1125. 58、関沢正彦・金融法務事情1656. 4、小野秀誠・金融・商事判例1166. 61、ジュリスト1246. 71がある）。

【実務の対応】
　この判決は、前記のように、サブリース類型の建物の賃貸借の更新拒絶について、賃借人が自ら使用する予定ではなく、当初から転貸借する予定であったものであり、賃貸借契約が更新拒絶によって終了したとしても、信義則上、転借人に対抗することができないとしたものであり、理論的に注目される判断を示したものであり、借家の実務に重要な影響を与えるものである。もっとも、この判決の示した法理は、サブリース類型の建物の賃貸借に限定して適用されるものであり、賃貸借と転貸借との関係一般に適用されるべきものでないことに留意する必要がある。

[377] 福岡高判平成19. 7. 24判時1994. 50
《事案の概要》
　Y株式会社は、多数のうどん屋のチェーン店を展開しているところ、平成6年9月、土地を所有するAと土地上にうどん屋店舗（Y仕様の店舗）を建築し、Yに建物を賃貸期間を15年として賃貸する旨の契約を締結し、Aは、平成6年10月頃、土地をかさ上げした上で、B株式会社に請け負わせ土地上に建物を建築し、Yは本件建物でうどん屋を開店したところ、平成7年10月頃から地盤沈下が生じたため、YがBに苦情を述べ、補修工事を施工させたものの、建物の損傷が見られ、平成14年2月、Yは、Aの相続人Xに本件建物がゆがんで営業できないので休業する旨を通知し、修繕の交渉が行われたが、まとまらず、平成14年3月、賃貸借契約の解除を通告し、同年8月、賃貸借契約を解除したため、Xは、Yの解除が無効であると主張し、Yに対して主位的に契約期間の満了まで賃料等の損害賠償を請求し、予備的に中途解約の場合における違約金特約に基づく違約金の支払いを請求した。第一審判決が本件建物が店舗の使用に耐えられなくなったとはいえないとし、契約の解除を否定したものの、解約としての効力を認め、Xの予備的請求を一部認容したため、X、Yの双方が控訴した。この判決は、建て貸しである場合には、中途解約に当たって正当事由は必要ではなく、相当の理由があれば足りるとし、本件ではXが修繕義務を履行する意思がなかったこと等の事情を考慮すると、中途解約を

認めるのが相当であるとし、本件建物の償却残高から敷金を控除した金額により損害の填補を得る方法が予定されていたとし、原判決を変更し、請求を一部認容した。

【実務の対応】
　この判決は、賃借人による借家契約の解除、中途解約が問題になった事案について、賃借人による中途解約につき正当事由は必要ではなく、相当の理由があれば足りるとし、この事案につき相当の理由があるとし、中途解約の効力を認めたものであり、事例判断として参考になる。

[378] 東京地判平成20．4．23判タ1284．229
《事案の概要》
　東京都千代田区所在の3階建ての木造建物（共同住宅）は、昭和4年頃に建築され、昭和44年には、Aの所有となり、Aは、本件建物に居住していたY1、Y2ら（5名）に対して本件建物の明渡しを請求する訴訟を提起し、敗訴判決を受け、確定したが、その後、Aの相続人BからC、Dに順次譲渡され、X株式会社に譲渡され、Xはその敷地の所有権を取得したものであるところ、XがY1、Y2との関係で信頼関係の破壊を理由する賃貸借契約の解除、Y1らとの関係で賃貸借契約の解約を主張し、Y1らに対して本件建物の各占有部分の明渡しを請求した。この判決は、賃貸借契約の解除を否定したものの、立退料の提供による正当事由を認め、解約を肯定し、請求を認容した。

【実務の対応】
　この判決は、住宅用の借家の解約申入れについて、老朽化した建物であり、立退料の提供により正当事由を肯定したものであり、事例判断を提供するものである。

[379] 札幌地判平成21．4．22判タ1317．194
《事案の概要》
　X株式会社は、平成3年10月、自己使用の部分を除くビルをA株式会社に賃貸期間を平成4年9月から平成19年8月まで、転貸自由の特約で一括して賃貸し、AはB株式会社に一括して転貸していたところ、平成9年3月、Y株式会社は、Bの本件契約上の地位を承継し、同年9月、Aの本件契約上の

地位を承継し、他にテナントに転貸し、事業を行っていたが、Xが平成19年2月に更新拒絶の通知をし、Yに対してYが賃借権を有しないことの確認を請求した。この判決は、本件契約に借地借家法28条が適用されるとした上、本件契約がサブリース契約であることを正当事由の判断に当たって考慮されることがあっても、本件では正当事由が認められないとし、請求を棄却した。
【実務の対応】
　この判決は、サブリース契約の事案について、正当事由を否定したものであり、事例判断を提供するものである。

　最後に、期間満了、更新拒絶、解約申入れとは関係は薄いが、賃貸建物の滅失、効用喪失による借家契約の終了が問題になった裁判例を紹介しておきたい。前記の［369］東京高判平成10.9.30判時1677.71も建物の朽廃が問題になり、これを否定した裁判例であるが、次の裁判例は、火災による建物の効用喪失が問題になったものである。

［380］大阪地判平成6.12.12判タ880.230
《事案の概要》
　X株式会社の代表者Aは、昭和40年11月、Yに木造2階建て建物の1階部分を使用目的を飲食店舗として賃貸し、昭和43年11月以降は、Xが賃貸人となり、Yは、本件建物でスナックを営業していたところ、平成2年9月、本件建物の隣接建物から火災が発生し、本件建物が焼損したため、XがYに対して建物の滅失、解約申入れを主張し、本件建物の明渡しを請求した。この判決は、本件建物には火災による被害は生じなかったものの、水損が生じ、建物全体としての効用が失われたとし、賃貸借の終了を認め、請求を認容した。
【実務の対応】
　この判決は、火災による建物が焼損した事案について、建物全体としての効用が失われたとし、借家契約の終了を肯定したものであるが、事例判断として参考になるものである。

No, 6

合意解約

　借家において借家関係を解消させるために合意解約（合意解除と呼ばれることも少なくない）が利用されることは多い。合意解約は、賃貸人、賃借人の双方の都合、借家契約の規定の内容、合意解約の目的・動機、合意解約に至る背景事情、内容によって様々なものがあり、一般的には有効であると解することができる（賃貸人にとっても、賃借人にとっても合意解約によって借家関係を円満に解消し、借家の解消に伴って生じる派生的な問題も円満に解決することができる）。

　借家契約の合意解約は、賃貸期間が満了し、賃貸人が更新を拒絶したり、賃借人に義務違反があるとし、賃貸人が借家契約を解除したりして賃貸人と賃借人との間で建物の明渡し等をめぐって紛争が生じたような場合にも、賃貸人、賃借人が交渉し、譲歩して一定の期間建物の明渡しを猶予することによって建物の明渡しを実現するために利用されることが少なくない（このような合意解約は、期限付合意解約と呼ばれることもある）。このような場合における合意解約の内容は、個々の事案ごとに様々であり、借家関係の解消、明渡猶予期間、明渡しの年月日、猶予期間中の賃料、賃料相当損害金の取扱い、賃借人の義務違反の取扱い、原状回復工事の内容・程度・方法、敷金等の取扱い、従来の借家関係において生じた事項の清算等を盛り込むことがある。合意解約は、裁判外において利用されることがあるだけでなく、調停、訴訟の場においても利用されることがあり、借家において建物の明渡しの円満な実現を図る工夫として利用されている。前記のとおり、合意解約は、原則として有効であると解することができるが、合意解約が借地借家法30条（借家法6条）との関係で無効とされる可能性があり、同条を潜脱するような特段の事情がある場合には、無効とされることがある（最三判昭和31. 10. 9民集10. 10. 1252）。

[381] 東京地判平成 5. 6. 14 判タ 862. 276
《事案の概要》
　Aは、昭和 63 年 7 月、B株式会社に賃貸期間を 3 年間とし、賃料月額 85 万 500 円、保証金 425 万 2500 円とし、やむを得ない理由により契約を解除しようとするときは、6 か月前までに書面で相手方に予告する、賃借人が予告期間を明示することなく解除するときは 6 か月間の賃料を損料として支払う旨の特約（予告期間条項）でビルの一部を賃貸し、Y株式会社が連帯保証をしていたところ、平成 2 年 11 月、死亡し、X 1、X 2 が相続し、X 1 らとBは、平成 3 年 7 月、改めて賃貸期間を 3 年間とする賃貸借契約を締結したが、Bが平成 3 年 7 月に本件建物部分を明け渡す旨を申し入れ、X 1 らがこれを承諾したため、X 1 らがYに対して未払賃料、前記特約による損料につき保証債務の履行を請求した。この判決は、本件の予告期間条項は期間の定めのある賃貸借において解約権留保の合意を定めたものであり、合意解約の場合には適用されないとし、本件における適用を否定し、未払賃料のみの保証を肯定し、請求を一部認容した。
【実務の対応】
　この判決は、途中解約による損害賠償の特約が合意解約の場合に適用されるかが問題になった事案について、この適用を否定したものであり、事例判断として参考になるものである。

[382] 東京地判平成 5. 7. 28 判タ 861. 258
《事案の概要》
　Aは、昭和 51 年 12 月、Yに建物を賃貸し、昭和 54 年 3 月、自己使用を理由に本件建物の明渡しを求め、Yがこれを拒絶したものの、Aは、再三本件建物の明渡しを求め、昭和 57 年 3 月、AとYは、本件建物の賃貸借契約を合意解除し、明渡しを平成 4 年 3 月まで猶予し、賃料相当損害金はそのまま据え置く旨の期限付合意解約をしたところ、Aが平成 2 年 6 月に死亡し、Xが相続し、Yが期限を徒過しても本件建物を明け渡さなかったため、XがYに対して本件建物の明渡しを請求した。この判決は、期限付合意解約がされたことを認めた上、これを不当とする事情の認められない限り、旧借家法 6 条に反し

ないとし、不当とする事情も認められないとし、請求を認容した。
【実務の対応】
　この判決は、期限付合意解約の効力が問題になった事案について、期限付合意解約の成立を認めた上、不当とする事情が認められないとし、有効としたものであり、事例判断を提供するものである。

[383] 最三判平成7. 3. 28 判時1526. 92、判タ876. 135
《事案の概要》
　X株式会社は、代表取締役Aが設立した会社であるが、昭和59年9月、建物を建築し、同年10月、Aに賃貸し、妻Y、長女Bとともに同居して使用していたところ（AとYの夫婦仲は離婚の調停をするほど悪かった）、Aは、Yとの夫婦仲がさらに悪化したこと等から、昭和63年10月、本件建物を出て別居し、Xとの間の賃貸借契約を合意解除したため、XがYに対して所有権に基づき本件建物の明渡しを請求した。第一審判決はXの明渡請求が権利の濫用に当たるとはいい難いとし、請求を認容したため、Yが控訴した。控訴審判決も同様に権利の濫用を否定し、控訴を棄却したため、Yが上告した。この判決は、Aが経営及び管理のすべてを行っている等の事情の下では、権利の濫用に当たらないとした判断は違法であるとし、原判決を破棄し、本件を東京高裁に差し戻した。
　〈判決〉は、
「二　原審は、右事実関係の下において、以下のとおり判示し、被上告会社の本件建物明渡請求を認容すべき旨判断した。すなわち、(1)　被上告会社においては会社の財産とビル個人の財産とは明確に区別されているから、被上告会社は会社としての社会的実体を有するものであって、その法人格が形骸にすぎないということはできず、被上告会社は本件建物の所有者である。(2)　被上告会社とビルとが別の法人格である以上、上告人の主張するビルと上告人との婚姻生活に関する事実をもって本訴明渡請求が権利の濫用に当たる事由とすることはできず、また、ビルに上告人に対する嫌がらせ的な意図があることは認めるに足りないから、本訴明渡請求が権利の濫用に当たるという上告人の主張は理由がない。
　三　しかしながら、原審の右判断は是認することができない。その理由は、次

のとおりである。

　被上告会社の本訴明渡請求が権利の濫用に当たるか否かは、被上告会社の法人格が形骸にすぎないか否かによって直ちに決せられるものではなく、本件建物の明渡しが実現されることによって被上告会社の受ける利益と上告人の被る不利益等の客観的事情のほか、本件建物の明渡しを求める被上告会社の意図とこれを拒む上告人の意図等の主観的事情をも考慮して決すべきものである。そして、上告人の主張するビルと上告人との婚姻生活に関する事実は、大要、(1) ビルは、上告人と共に本件建物に居住して婚姻生活を営んでいたのに、夫婦関係が険悪になって上告人とミエを残したまま本件建物から出た後は、上告人に対して生活費を交付せず、そのため上告人とミエは生活に窮し、やむを得ず他からの援助を受けながら本件建物において生活している、しかも、(2) 上告人の申立てにより、東京家庭裁判所は、平成2年7月30日、ビルに対して、「上告人に対し、婚姻費用分担金として審判確定後直ちに495万6000円を、平成2年8月以降離婚又は別居解消に至るまで毎月末日限り23万6000円を、いずれも送金して支払え。」との審判をし、ビルの抗告に対して、東京高等裁判所は、同年10月30日、抗告を棄却し、右審判は確定したのであるが、その後もビルはこれに従っていない、というものである。そうすると、ビルが被上告会社の代表者としてその経営及び管理のすべてを行っているという本件においては、これらの上告人主張の事実は、本件建物の明渡しが実現されることによって上告人の被る不利益の具体的事実の一部として意味がある上、ビルが本件建物から出た8日後に賃貸人である被上告会社の代表者と賃借人の立場を兼ねて賃貸借契約を合意解除した事実と相まって、本件建物の明渡しを求める被上告会社の意図ないし動機を推認させる事情の一部として意味がある。結局、上告人の主張するビルと上告人との婚姻生活に関する事実は、被上告会社の本訴明渡請求が権利の濫用に当たるかどうかを判断するについて考慮すべき重要な事実というべきである。

　右の事実をもって本訴明渡請求が権利の濫用に当たる事由とすることはできないとして、これを審理判断の対象とすることなく、本訴明渡請求が権利の濫用に当たらないとした原審の判断には、法令の解釈適用を誤った違法があり、ひいては審理不尽、理由不備の違法をおかしたものというべきであり、右違法は原判決の結論に影響を及ぼすことが明らかである。」と判示している（判例

評釈として、佐藤啓子・判評 443. 43、佐藤岩夫・判タ 893. 41、大垣貴靖・判タ 913. 20 がある)。

【実務の対応】
　この判決は、株式会社がその代表者に建物を賃貸し、妻らの家族とともに居住していたところ、夫婦仲が悪化し、夫が自宅を出て別居し、会社との間で合意解除し、会社が妻らに建物の所有権に基づき建物の明渡しを請求した事案について、会社の明渡請求が権利の濫用に当たるとしたものであり、事例判断として参考になるものである。

[384] 東京地判平成 8. 5. 9 判時 1591. 54
《事案の概要》
　Xは、Aから建物（旧建物）を店舗として賃借していたが、Aの長男BがY有限会社を設立し、旧建物を取り壊し、ビルの建築を計画し、昭和 63 年 3 月、旧建物の明け渡し、営業補償金の支払い、ビルの一部の賃借等を内容とする合意をし（予約契約書の名目の契約書が作成された）、旧建物を明け渡した後、Yがビルを予定より遅れて建築したものの、平成元年 10 月、ビルをC株式会社に賃貸したため、XがYに対して合意の履行不能による債務不履行を主張し、借家権の喪失、営業上の逸失利益の損害賠償を請求した。この判決は、予約名目の合意は停止条件付の賃貸借契約であるとした上、本件合意のYによる解除の効力を否定し、Yの履行不能を認め、借家権喪失の損害、3 年間の逸失利益、引渡遅延による損害を認め、請求を認容した。

【実務の対応】
　この判決は、賃貸人と賃借人との間で取壊予定の建物の明渡し、新築後の賃貸借等を内容とする合意が締結され、建物が明け渡され、建物が新築されたものの、再入居が拒絶されたことから、賃借人が合意の履行不能による損害賠償を請求した事案について、合意の履行不能を認めたものであり、事例判断として参考になるものである。

第4章 借家をめぐる裁判例

No, 7
借家契約の解除

　借家契約は、賃貸期間の満了、解約権の行使によって終了することが多いが、解除権の行使によって終了することが少なくない。借家契約の解除は、法定解除権の行使（民法540条ないし548条）と約定解除権の行使に分けることができるが、いずれの解除であっても、まず、解除原因の有無が問題になる（約定解除に関する特約においては、履行遅滞、履行不能等の法定の解除原因も約定の解除原因として定められることが通常である）。また、解除原因が認められる場合であっても、借家契約が継続的契約の性質を有するものであること等に照らして、賃貸人が解除権を行使したとしても、信頼関係を破壊するに足りない特段の事情が認められる場合には、解除の効力が生じないとする最高裁の判例が形成されているから、この特段の事情の有無が問題になることがある。
　借家契約の解除は、賃貸人が解除することがほとんどであるが、賃借人が解除をする事例も見かけることがある。賃貸人が借家契約を解除する場合には、賃料の遅延、不払い、用法違反、無断譲渡・転貸、無断改装、迷惑行為、背信行為が代表的な解除原因である。借家契約の解除が問題になった裁判例は多数を数えるが、解除原因、解除に至る経緯等の事情が多様であるし、裁判例の解除の基準もまちまちであることから、裁判例を利用するに当たっては、事案の特性に相当に注意をすることが重要である。

[385] 東京地判平成3.2.25判時1403.39
《事案の概要》
　X株式会社は、昭和47年12月、建物外に資材を放置して美観を損ねるような行為をし、他の賃借人や近隣の者に迷惑を及ぼすような行為をすることを禁止する旨の特約でY株式会社に建物の1階を倉庫兼事務所として賃貸し、

これに付随して建物の前面空き地部分を軽自動車2台の駐車場として賃貸したところ、Yが空き地部分を商品置き場として使用したり、道路に日常的に違法駐車したりしたため、Xが賃貸借契約を解除し、Yに対して建物の明渡し等を請求した。この判決は、用法違反を認め、解除の効力を肯定し、請求を認容した。

【実務の対応】
　この判決は、事業用の借家において借家の周囲の土地の用法違反を理由とする解除の事案について、解除の効力を肯定したものであり、事例判断として参考になるものである。

[386] 東京地判平成3．7．9判時1412．118
《事案の概要》
　Xは、平成2年3月、マリーンスポーツ店の事務所、店舗として使用することを目的として、Y株式会社にビルの2階部分を賃貸したところ、Yが本件建物部分を改装し、クラブを経営したことから、平成2年11月、Xが信頼関係の破壊を理由として賃貸借契約を解除し、Yに対して本件建物部分の明渡しを請求した。この判決は、Yが使用目的を偽って契約を締結し、本件建物部分を改造した等とし、契約の解除を認め、請求を認容した（判例評釈として、比佐和枝・判タ821．56がある）。

【実務の対応】
　この判決は、事業用の借家において建物の無断改造、信頼関係の破壊を理由とする解除の事案について、解除の効力を肯定したものであり、事例判断として参考になるものである。

[387] 東京地判平成3．7．31判時1416．94
《事案の概要》
　Xは、所有建物の一部で料亭を経営していたところ、昭和60年8月、Yに本件建物部分を賃貸期間を2年間とし、2年間の満了時には協議により更新できる旨の特約で賃貸し、Yが入居保証金300万円を支払い、料亭を経営し、昭和62年8月頃、合意解約をし、1年間明渡しを猶予する旨の合意をしたが、Yが本件建物部分を明け渡さなかったことから、Xが本件賃貸借が一時使用目

的のものであった等と主張し、Yに対して本件建物部分の明渡しを請求し、訴訟において用法違反による賃貸借契約の解除を主張した。この判決は、一時使用目的のものであることを否定したが、Yが客に風呂の使用、寝泊りを認めるなどしたことから法律、条例違反の可能性を認め、用法違反による賃貸借契約の解除の効力を肯定し、請求を認容した。
【実務の対応】
　この判決は、事業用の借家において法律違反、条例違反の可能性のある用法違反を理由とする解除の事案について、解除の効力を肯定したものであり、事例判断として参考になるものである。

[388] 東京高判平成3.9.12判タ785.181
《事案の概要》
　X株式会社は、Y1株式会社からビルを買い受け、本件ビルの一部をY1、Y2株式会社（代表者は、Y1と同一人）に賃貸したところ、Y1は、本件ビルの買戻しを希望したものの、Xがこれを拒絶したことから、Y1がXに対して買戻し特約を主張し、所有権移転登記手続を請求する訴訟を提起し、予告登記がされる等したため、Xは信頼関係の破壊を理由に賃貸借契約を解除し、Y1、Y2に対して各建物部分の明渡しを請求した。第一審判決は、請求を棄却したため、Xが控訴した。この判決は、Y1との関係で信頼関係の破壊を認め、賃貸借契約の解除の効力を肯定したものの、Y2との関係では解除を否定し、原判決を変更し、Y1に対する明渡請求等を認容し、Y2に対する明渡請求を棄却した。
【実務の対応】
　この判決は、事業用の借家において訴訟の提起、信頼関係の破壊を理由とする解除の事案について、一部につき解除の効力を肯定し、一部につき解除の効力を否定したものであり、事例判断を提供するものである。

[389] 東京地判平成3.9.30金融法務事情1317.24、金融・商事判例896.39
《事案の概要》
　X有限会社は、昭和58年10月、都内中心部に所在するビルの1階部分を

賃貸期間を2年間としてY株式会社（同族会社であり、資産家であるAが代表者）に賃貸し、2年ごとに合意更新が行われてきたところ（実際には、Xの承諾を得て、Yの子会社であるB有限会社がディスコ店を営業していた）、昭和60年11月、Yは、Bの代表者CにBの全株式を譲渡し、Dは、Cから経営の協力を依頼され、Yの全株式を取得し、自ら代表取締役になり、取締役全員を入れ替えたため、Xは、Yに対して賃借権の無断譲渡に当たるとし、賃貸借契約を解除し、本件建物部分の明渡しを請求した。この判決は、株主の譲渡によって株主、役員等が全面的に変更となっても、Yの営業目的、使用状況に変更がない等とし、信頼関係の破壊にはならないとし、賃貸借契約の解除の効力を否定し、請求を棄却した。

【実務の対応】
　この判決は、事業用の借家において賃借人である株式会社の株式の譲渡、取締役の交替による無断譲渡を理由とする解除の事案について、営業目的、使用状況に変更がないこと等を考慮し、信頼関係の破壊にはならないとして解除の効力を否定したものであり、事例判断を提供するものである。

[390] 東京地判平成3.11.28 判時1438.85
《事案の概要》
　Xは、昭和56年4月、Y1に賃貸期間を2年間として建物を賃貸し、Y1は、Y2有限会社、Y3有限会社に無償で本件建物の一部を使用させていたところ、Y1が賃料の支払いを延滞したり、無断でサンルームを設置したりしたため、Xが賃貸借契約を解除し、Y1らに対して本件建物の明渡しを請求した。この判決は、Xが賃料の延滞を長年放置していたこと、Y1の提供した64万円の受領を拒否したこと等から解除権の濫用ないし背信行為と認めるに足りない特段の事情があったとし、賃料の不払いを理由とする解除の効力を否定したが、無断増築を理由とする解除の効力を認め、請求を認容した。

【実務の対応】
　この判決は、事業用等の借家において賃料の不払い、無断増築を理由とする解除の事案について、賃料不払いを理由とする解除は、解除権の濫用ないし背信行為と認めるに足りない特段の事情があったとして解除の効力を否定し、無断増築を理由とする解除はその効力を肯定したものであり、事例判断を提供す

るものである。

[391] 東京地判平成 3．12．19 判時 1434．87
《事案の概要》
　Aは、昭和46年3月、Y株式会社に建物を賃貸していたところ、賃料の増額をめぐる紛争が発生し、AとYは、昭和62年10月、賃貸期間を2年間とし、Yは本件建物を現状のまま印刷工場として使用し、他の目的に使用しないなどの内容の訴訟上の和解が成立し、Aの死亡後、X1、X2が相続したが、Yが平成元年12月頃本件建物を活版印刷の工場兼事務所から写真印刷のための製版の作業場兼事務所に変更したため、X1らが用法違反、増改築特禁止約違反を理由に賃貸借契約を解除し、Yに対して本件建物の明渡しを請求した。この判決は、Yの違反を認めたものの、信頼関係を破壊しない特段の事情があるとし、解除の効力を否定し、請求を棄却した。
【実務の対応】
　この判決は、事業用の借家において用法違反、無断増改築を理由とする解除の事案について、用法違反等を認めたものの、信頼関係を破壊しない特段の事情を認め、解除の効力を否定したものであるが、その判断には疑問が残る。

[392] 東京地判平成 4．2．24 判時 1451．136
《事案の概要》
　X1、X2は、昭和61年3月、賃貸期間を3年間とし、使用目的をダンス教室としてYに建物を賃貸していたところ、Yが平成2年7月当時、本件建物をバレエ、ヨガ等の教室を主宰する者に時間貸しさせたことから、X1らが賃貸借契約を無断転貸を理由に解除し、Yに対して本件建物の明渡しを請求した。この判決は、継続的に時間貸しをしたことが転貸に当たるとし、信頼関係が破壊されていないとの主張を排斥し、解除の効力を認め、請求を認容した。
【実務の対応】
　この判決は、事業用の借家において無断転貸を理由とする解除の事案について、無断転貸を認め、解除の効力を肯定したものであり、事例判断を提供するものである。

[307] 大阪地判平成4．3．13判タ812．224
《事案の概要》
　X株式会社は、A株式会社が所有し、B株式会社が賃借する百貨店の地下2階部分につき業務委託契約を受けており、昭和57年4月、その売り場の一部をスパゲッティの販売等の営業のためY株式会社と販売業務委託契約を締結し、使用させていたところ、Yの経営者の交替等があり、Xが本件契約を解除し、契約期間の満了、解除を主張し、Yに対して売り場部分の明渡しを請求した。この判決は、本件契約では権利金、敷金、保証金等の授受はなく、売上げの増減によって支払金額が異なる等から、本件契約には旧借家法が適用されないとした上、契約上の違背があるとしたものの、解除には合理的理由が必要であり、本件では合理的理由はなく、解除等が権利の濫用に当たるとし、請求を棄却した。

【実務の対応】
　この判決は、百貨店の売り場の業務委託における解除の事案について、借家であることを否定したものの、解除には合理的な理由が必要であるとし、契約違反を認めたが、権利の濫用に当たるとしたものであるところ、解除に合理的な理由が必要であるとする根拠がないだけでなく、権利の濫用による解除権の行使を否定した判断にも疑問が残るものである。

[393] 東京地判平成4．4．7判時1461．91
《事案の概要》
　Aは、昭和51年、建物の地下1階部分をキャバレー用としてY1株式会社に賃貸し、Y1がキャバレーを営業していたが、建物部分に従業員を宿泊させ、深夜調理をさせる等したことから火災報知機が作動する事態が度々発生し、昭和54年、Y1に本件建物の明渡しを請求する訴訟を提起したところ、Y1が使用継続を懇願したことから、昭和55年、従来の賃貸借契約を解除し、X株式会社（Aは、Xの代表者の父親であり、Aが経営していた）が新たに賃貸人になり、従業員を宿泊させない、火災報知機の維持管理を怠らないなどの特約でY1に賃貸する内容の訴訟上の和解を締結し、Y2株式会社（Y1の親会社）が連帯保証をしたが、Y1が従業員を宿泊させ、火災報知機を取り外

す等したため、Xが賃貸借契約を解除し、Y1らに対して本件建物の明渡しを請求した。この判決は、Y1が本件賃貸借契約の根幹をなすほどの重要な特約に違反し、信頼関係を破壊するものであったとし、解除の効力を認め、請求を認容した。

【実務の対応】

この判決は、従業員を宿泊させない、火災報知機の維持管理を怠らないなどの特約のある事業用の借家において特約違反を理由とする解除の事案について、特約違反を認め、信頼関係の破壊を認め、解除の効力を肯定したものであり、事例判断として参考になるものである。

[394] 浦和地判平成4.4.8判タ805.164

《事案の概要》

Aは、Bに建物を賃貸していたところ、昭和22年、死亡し、Y1ないしY8が相続し、賃貸人の地位を承継したが、Y1の知人XがY1に本件建物の賃借を申し込み、昭和25年、Bを代理人として賃貸借契約を締結し、Xと家族が本件建物に居住していたところ（建物の修繕等を負担した）、昭和62年末頃からXが本件建物の敷地につき賃借権を主張し始め、地代として賃料を支払うようになり、Y1らがその受領を拒絶する等したことから、XがY1らに対して主位的に売買契約、予備的に賃借権の時効取得を主張し、本件建物の所有権移転登記、本件土地の賃借権の確認を請求したのに対し、Y1らが反訴として賃貸借契約の解除を主張し、本件建物の明渡しを請求した。この判決は、賃貸借の対象は本件建物であったとし、本件訴訟の提起はいささか穏当を欠いているものの、背信行為とは認めることができないとし、解除の効力を否定し、本訴請求を棄却し、反訴請求を賃料請求を認容し、その余の請求を棄却した。

【実務の対応】

この事案は、長年にわたる賃貸借であり、賃貸借の対象そのものが争われる等した事件であるが、この判決は、建物の賃貸借であると認めた上、背信行為を否定し、賃貸借契約の解除を否定したものであるが、その判断には疑問が残る。

[395] 東京地判平成 4.4.21 判タ 804.143
《事案の概要》
　X 株式会社は、昭和 55 年 6 月、Y 株式会社にホームセンター用店舗として使用し、賃貸期間を 3 年間として建物を賃貸したが、Y が X の承諾を得ないでプレハブ建物、看板、広告塔等を設置し、床を全面改装したことから、賃貸借契約を解除し、Y に対して本件建物の明渡しを請求した。この判決は、Y の行為が信頼関係を破壊するものであるとし、賃貸借契約の解除の効力を肯定し、請求を認容した。
【実務の対応】
　この判決は、事業用の借家における解除の事案について、信頼関係の破壊を認め、解除の効力を肯定したものであり、事例判断を提供するものである。

[396] 東京地判平成 4.5.11 判タ 831.164
《事案の概要》
　X 株式会社は、昭和 61 年 7 月、Y1 株式会社に建物を賃貸し、Y1 は、X の同意を得て、Y2 株式会社に本件建物を転貸していたところ（本件賃貸借は当初から専ら Y2 に使用させるためのものであった）、Y2 が Y1 に平成 4 年 2 月以降転貸料を支払わなくなったことから、Y1 が X に賃料を支払わなかったため、X が賃貸借契約を解除し、Y1 らに対して本件建物の明渡しを請求した。この判決は、賃料不払いの原因が Y2 にあり、賃貸借契約の解除が転借人に対抗することができないと主張することは信義則上許されない等とし、賃貸借契約の解除の効力を肯定し、請求を認容した。
【実務の対応】
　この判決は、転貸を予定した事業用の借家において転貸料の不払いをきっかけに賃料の不払いが生じ、賃料の不払いを理由とする解除の事案について、解除の効力を肯定したものであり、事例判断として参考になるものである。

[397] 東京地判平成 4.5.25 判時 1453.139
《事案の概要》
　X 株式会社と A 株式会社は、共同で賃貸ビルを建築し、X は、A の関連会社である Y 株式会社に転貸を目的としてビルを賃貸していたところ、賃料の改定、

ビルの登記等をめぐる紛争が発生したことから、Ｘが賃貸借契約を解除し、Ｙに対して本件ビルの明渡しを請求した。この判決は、転貸目的の賃貸借に借家法が適用されるとした上、信頼関係の破壊がなかったとし、賃貸借契約の解除の効力を否定し、請求を棄却した。
【実務の対応】
　この判決は、転貸を予定した事業用の借家における解除の事案について、信頼関係の破壊がなかったとし、解除の効力を否定したものであり、事例判断を提供するものである。

[398] 神戸地判平成4.6.19判時1451.141
《事案の概要》
　Ａ株式会社は、昭和51年12月、Ｙ1に建物を賃貸し、Ｙ2有限会社（Ｙ1が経営者）が本件建物で牛丼屋を営業しているところ、Ｘ株式会社が平成2年11月にＡを吸収合併した後、本件賃貸借契約を無断転貸を理由に解除し、Ｙ1らに対して本件建物の明渡し等を請求した。この判決は、本件店舗における経営の最終的な判断権はＹ1に帰属している等とし、経営の一部委任にすぎず、転貸に該当しないとし、賃貸借契約の解除の効力を否定し、請求を棄却した。
【実務の対応】
　この判決は、事業用の借家における無断転貸を理由とする解除の事案について、転貸を否定し、解除の効力を否定したものであり、事例判断を提供するものである。

[399] 東京地判平成4.6.25金融・商事判例916.41
《事案の概要》
　Ｘ株式会社は、平成元年8月、賃貸期間を3年間とし、保証金1500万円としてＹ株式会社に建物を賃貸し、平成3年5月、賃貸期間を1年間として駐車場を賃貸していたところ、平成3年7月、Ｘにつき和議開始決定がされたことから、Ｙが賃料を支払わなかったため、Ｘが賃貸借契約を解除し、Ｙに対して本件建物等の明渡し、未払い賃料の支払いを請求した。この判決は、保証金返還請求権が和議認可により減額されるおそれがあることを理由に賃料の支

払いを拒むことはできないとし、解除の効力を認め、請求を認容した。
【実務の対応】
　この判決は、事業用の借家において賃借人の和議開始決定をきっかけにした賃料の不払いを理由とする解除の事案について、保証金返還請求権が和議認可により減額されるおそれがあることを理由に賃料の支払いを拒むことはできないとし、解除の効力を肯定したものであり、事例判断として参考になるものである。

［400］東京地判平成4.7.29判時1462.122
《事案の概要》
　Aは、昭和44年6月、Y1に店舗として使用することを目的とし、賃貸期間を3年間として建物を賃貸し、同年10月、Aが死亡し、X1、X2が相続し、賃貸借が更新されていたところ、Y1がY2に賃借権を譲渡し、Y2が寿司屋を営業していることが判明したため、X1らが平成2年3月に賃貸借契約を解除し、Y1、Y2に対して本件建物の明渡し等を請求したのに対し、Y2、Y3がX1らに対して賃借権を有することの確認を請求した。この判決は、賃借権の譲渡が無断であるものの、Y1とY2は義理の兄弟であり、使用状況に変化がない等とし、信頼関係を破壊しない特段の事情があるとし、賃貸借契約の解除の効力を否定し、X1らの請求のうちY1に対する請求を認容したものの、Y2に対する請求を棄却するとともに、Y2らに積極的に賃借権が帰属することは認められないとし、Y2らの請求を棄却した。
【実務の対応】
　この判決は、事業用の借家において無断転貸を理由とする解除の事案について、信頼関係を破壊しない特段の事情があるとし、解除の効力を否定したものであり、事例判断を提供するものである。

［401］東京地判平成4.8.27判タ823.205
《事案の概要》
　Aは、昭和54年2月、9階建てビルの1、2階部分を賃貸期間を3年間とし、無断改装をしないなどの特約で飲食店として使用することを目的としてY株式会社に賃貸し、Aが昭和57年7月に死亡し、X1、X2が相続したとこ

ろ、Yが無断で冷房等の室外機を設置し、油脂を飛散させ、ダクト等の改修をしない等があったため、X1らが特約違反を理由に賃貸借契約を解除し、Yに対して本件建物の明渡しを請求した。この判決は、YがX1らの再三の注意にもかかわらず改善しなかった等とし、信頼関係が破綻しているとし、解除の効力を認め、請求を認容した。

【実務の対応】

この判決は、事業用の借家において無断改装等の特約違反を理由とする解除の事案について、特約違反を認め、信頼関係が破壊されたとし、解除の効力を肯定したものであり、事例判断として参考になるものである。

[357] 東京地判平成4.9.25判タ825.258

《事案の概要》

Xは、昭和51年2月頃、Yに建物を賃貸し、昭和61年2月、Yとの間で賃貸期間を5年間とし、更新の際は賃料10か月分の更新料を支払う旨の特約で更新したところ、平成3年2月、更新を拒絶し、同年8月、解除をし、Yに対して本件建物の明渡しを請求した。この判決は、建物の老朽化は恒常的に修繕を施工しておくべきであり、そのような管理をしていれば建築後30年を経ても賃貸建物としての機能を失うものではない等とし、正当事由を否定し、更新料の不払いが債務不履行になり得るとしても、本件では10か月の賃料分の更新料であり、適正とはいえないとし、更新料の不払いによる解除の効力を否定し、請求を棄却した（判例評釈として、佐藤岩夫・判タ838.43がある）。

【実務の対応】

この判決は、事業用の借家において更新料の不払いを理由とする解除の事案について、更新料が適正でない等とし、解除の効力を否定したものであり、事例判断を提供するものである。

[402] 東京地判平成4.12.9金融法務事情1371.86

《事案の概要》

Y有限会社は、Aから建物の一部を賃借していたところ、X株式会社が本件建物をAから買い受け、賃貸人の地位を承継したが、Yが銀行取引停止処分を受け、滞納処分による差押さえを受ける等したため、Xが賃貸借契約を解除し、

賃料の不払い、信頼関係の破壊を主張し、Yに対して本件建物の明渡しを請求した。この判決は、Yが銀行取引停止処分を受け、滞納処分による差押さえを受けた場合であっても、破産宣告を受けることなく営業を継続し、賃料債務につき不履行がないときは、賃貸借契約を継続し難い事実関係が発生したとはいえないとし、解除の効力を否定し、請求を棄却した。

【実務の対応】
　この判決は、事業用の借家において銀行取引停止処分等を理由とする解除の事案について、解除の効力を否定したものであり、事例判断として参考になるものである。

[403] 東京地判平成5．1．26判時1467．69
《事案の概要》
　X株式会社は、東京駅八重洲地下食堂街の管理を業としており、Y株式会社（同族会社であり、Aが代表者。家族が9割の株式を保有）に食堂街の一画を賃貸し、Yが飲食店を経営していたところ、昭和59年6月、資本、役員構成に重大な変更を生じたときは、賃貸人の書面による承諾を得る、賃借権、営業権等の権利の全部又は一部を譲渡することができない、業種、資本、役員構成等の重大な変更により賃借人が契約締結当時と実質的な企業の同一性を失ったときは、譲渡とみなす旨の特約で契約を更新し、その後も同様に更新したが、平成2年11月以降、不動産業を行っていたBに株式の55％が譲渡され、Aは取締役に残ったものの、取締役が交替したため、平成3年2月、契約違反を理由に賃貸借契約を解除し、XがYに対して建物の明渡しを請求した。この判決は、特約違反を理由とする賃貸借契約の解除の効力を認め、請求を認容した（判例評釈として、井上健一・ジュリスト1093．126がある）。

【実務の対応】
　この判決は、資本、役員構成に重大な変更を生じたときは、賃貸人の書面による承諾を得る、賃借権、営業権等の権利の全部又は一部を譲渡することができない、業種、資本、役員構成等の重大な変更により賃借人が契約締結当時と実質的な企業の同一性を失ったときは、譲渡とみなす旨の特約による事業用の借家において株式の大半の譲渡、取締役の交替による解除の事案について、特約違反による解除の効力を肯定したものであり、事例判断として参考になるも

のである。

[404] 東京地判平成5.2.25判タ854.231
《事案の概要》
　X株式会社は、平成元年6月、賃貸期間を3年間とし、更新時に更新料（新賃料の2か月分）を支払うほか、敷金を預託する旨の特約でY有限会社に建物を賃貸し、平成4年5月、更新料の支払い、敷金の預託を書面により求め、条件付で賃貸借契約を解除したため、XがYに対して本件建物の明渡しを請求した。この判決は、更新料特約については新賃料が定まっていないから、具体的債務として発生していないとしたものの、敷金特約の不履行であるとしたが、背信行為と認めるに足りない特段の事情があるとし、賃貸借契約の解除の効力を否定し、請求を棄却した。
【実務の対応】
　この判決は、事業用の借家において更新料の特約、敷金の特約違反を理由とする解除の事案について、敷金の特約違反を認めたものの、背信行為と認めるに足りない特段の事情があるとし、解除の効力を否定したものであり、事例判断を提供するものである。

[405] 大阪高判平成5.4.21判時1471.93
《事案の概要》
　前記の［398］神戸地判平成4.6.19判時1451.141の控訴審判決であり、Xが控訴した。この判決は、転貸に当たるとし、無断転貸を認め、賃貸借契約の解除の効力を肯定し、原判決を取り消し、請求を認容した（判例評釈として、石外克喜・判評424.32がある）。
【実務の対応】
　この判決は、事業用の借家における無断転貸を理由とする解除の事案について、転貸を肯定し、解除の効力を肯定したものであり（前記の［398］第一審判決と異なる判断を示したものである）、事例判断として参考になるものである。

[406] 東京地判平成 5. 7. 20 判タ 862. 271
《事案の概要》
　Aは、昭和57年9月、起訴前の和解を利用して、X有限会社に建物を賃貸期間を4年間として賃貸し（和解条項中には、賃貸人から賃貸借契約が解除されたとき、又は賃貸期間の満了により賃貸借契約が終了したときは、賃借人は賃貸人に直ちに本件建物を原状に復して明け渡す旨の条項が含まれていた）、昭和61年9月、同様な内容の賃貸借契約を締結したが、Xは、起訴前の和解による強制執行を恐れ、Aに対して請求異議の訴えを提起したのに対し、Aが反訴として用法違反を理由とする賃貸借契約の解除等を主張し、本件建物の明渡しを請求した。第一審判決は、Xの請求を認容する等したため、Aが控訴し、控訴係属中に死亡したため、Y1、Y2が訴訟を承継した。この判決は、本件賃貸借には一時使用とする合意があったものの、借家法の適用を排除すべき客観的かつ合理的な理由があったとはいえないとし、本件和解条項が無効であるとした上、Xには使用目的違反があったとして賃貸借契約の解除の効力を認め、原判決を変更し、Xの本訴請求を認容し、Y1らの反訴請求を一部認容した。
【実務の対応】
　この判決は、事業用の借家において用法違反を理由とする解除の事案について、使用目的違反による解除の効力を肯定したものであり、事例判断として参考になるものである。

[407] 東京地判平成 5. 8. 25 判時 1502. 126、判タ 865. 213
《事案の概要》
　X株式会社は、昭和62年11月、Yに飲食店を使用目的とし、賃貸期間3年間、賃料月額32万4990円とし、契約期間満了の際は協議の上更新することができ、更新の場合には、更新料として新賃料の3か月分を支払う旨の特約で建物を賃貸し、平成2年5月、更新の際の更新料の支払いを求めたところ、Yがこれを拒絶したため、Xは、更新料の不払いを理由に賃貸借契約を解除し、Yに対して本件建物の明渡しを請求した。この判決は、更新料の支払特約は法定更新の場合にも適用されるとし、賃貸借契約の解除の効力を肯定し、請求を認容した（判例評釈として、宮川博史・判タ913. 78がある）。

【実務の対応】
　この判決は、事業用の借家において更新料の支払特約違反を理由とする解除の事案について、更新料の支払特約は法定更新の場合にも適用されるとし、賃貸借契約の解除の効力を肯定したものであり、事例判断を提供するものである。

[408] 東京地判平成5.9.27判時1494.119、判タ865.216
《事案の概要》
　X株式会社は、昭和60年1月、東京駅八重洲口地下街の店舗をY有限会社に賃貸し、Yは、3軒の飲食店を営業していたところ、Yが無断で改装工事を行ったため、Xが賃貸借契約を改装工事に関する特約違反を理由に解除し、Yに対して建物部分の明渡しを請求した。この判決は、特約違反は認められるとしたものの、背信的かつ重大な義務違反とはいえないとし、賃貸借契約の解除の効力を否定し、請求を棄却した。

【実務の対応】
　この判決は、事業用の借家において無断改装の特約違反を理由とする解除の事案について、特約違反を認めたものの、背信的かつ重大な義務違反とはいえないとし、解除の効力を否定したものであり、事例判断を提供するものであるが、その判断には疑問が残る。

[409] 東京地判平成5.11.8判時1501.115
《事案の概要》
　X株式会社は、平成2年6月、使用目的をスナック営業等とし、賃貸期間を2年間としてY1に建物を賃貸し、Y2が連帯保証をしたところ、スナック内のエアコン、換気扇等が不具合になったことから、Y1が賃料の支払いを拒否したところ、Xが賃料の不払いを理由に賃貸借契約を解除し、Y1に対して本件建物の明渡し等、Y2に賃料の支払いを請求した。この判決は、修繕義務の不履行が賃借人の使用収益に及ぼす障害の程度が一部にとどまる場合には、当然には賃料支払義務をこの一部についても免れないとし、賃料の不払いによる賃貸借契約の解除の効力を認め、請求を認容した。

【実務の対応】
　この判決は、事業用の借家において修繕義務の不履行をきっかけにした賃料

の不払いを理由とする解除の事案について、賃料の支払義務を免れないとし、解除の効力を肯定したものであり、事例判断として参考になるものである。

[410] 東京高判平成5．11．22判タ854．220
《事案の概要》
　控訴審判決であり、第一審判決を引用する箇所が多く、事案の詳細は不明であるが、X株式会社（代表者はA）がY株式会社（代表者はBであり、Aの子）に3つの店舗につき賃料、保証金が一括し、1通の賃貸借契約書で賃貸したところ、Yの転借人のゲーム賭博行為が発覚したこと等から、Xが無断改築、無断転貸、用法違反を理由として賃貸借契約を解除し、Yに対して3つの建物の明渡しを請求した。第一審判決がXの主張を認め、請求を認容したため、Yが控訴した。この判決は、無断改築、無断転貸の事実を認めず、用法違反を認めたものの、用法違反があった店舗の賃貸借契約のみの解除を認めれば足りるとし、原判決を変更し、請求を一部認容した。
【実務の対応】
　この判決は、3軒の店舗の事業用の借家において無断改築、無断転貸、用法違反を理由とする解除の事案について、無断改築、無断転貸を否定し、1軒の店舗の用法違反を認めたが、用法違反のあった店舗の解除のみを肯定したものであり、事例判断として参考になるものである。

[359] 東京高判平成5．12．27金融法務事情1397．44
《事案の概要》
　Yは、昭和59年1月、自己が建築中のビルの完成までの仮事務所として使用する目的で、Aから建物（本件建物）を賃借する等し、同年11月、ビルを完成したが（会計事務所として使用）、本件建物を会計事務所の分室として引き続き使用し、本件建物と敷地の買受を交渉したところ、X株式会社が本件建物と敷地をAから買い受け、賃貸人の地位を承継した後、XがYに対して用法違反、無断譲渡を理由に賃貸借契約を解除し、賃貸借契約につき解約を申し入れ、主位的に本件建物の明渡し、予備的に立退料4500万円の支払いと引換えに本件建物の明渡しを請求した。第一審判決は主位的請求を棄却したが、予備的請求を認容したため、Yが控訴した。この判決は、用法違反、無断転貸を否

定し、Xの計画の具体的な内容、資金計画が全く不明である等とし、正当事由を否定し、原判決中、Yの敗訴部分を取り消し、請求を棄却した。
【実務の対応】
　この判決は、事業用の借家において用法違反、無断譲渡を理由とする解除の事案について、用法違反、無断譲渡を否定したものであり、事例判断を提供するものである。

[411] 東京地判平成6．3．16 判時1515．95、判タ877．218
《事案の概要》
　Y1は、木造の共同住宅の一室をAから賃借していたが、Xは、平成元年9月、本件共同住宅の所有権をAから取得し、賃貸人の地位を承継し、同年10月、賃料を値上げしたほか、従前の賃貸借契約と同様な内容の賃貸借契約をY1と締結し、Y2が連帯保証をしたところ、Y1が長期にわたって不在であったり、ガス漏れを発生させたり、賃料増額の協議を拒否したりする等したため、平成4年6月、賃貸借契約を解除し、Y1らに対して本件部屋の明渡し等を請求した。この判決は、信頼関係を破壊する注意義務違反行為があったとし、賃貸借契約の解除を肯定し、請求を認容した。
【実務の対応】
　この判決は、居住用の借家において信頼関係の破壊を理由とする解除の事案について、解除の効力を肯定したものであり、事例判断として参考になるものである。

[412] 東京地判平成6．10．14 判時1542．84
《事案の概要》
　X有限会社は、従前、Yに共同住宅を賃貸していたが、建て替えるため、建替えが完了したときは、新築建物の一室に一時入居させる約束で、隣接する共同住宅の一室を賃貸していたところ、この建物も老朽化し、建替えの必要が生じ、明渡しを求めたのに対し、この部屋の隣室を荷物の保管場所として一時使用貸借すれば将来賃貸に係る部屋を明け渡す旨を応答したため、これを貸すことにし、その後、Yが隣室を子供の勉強部屋として使用したり、敷地内の駐車場を無断で使用したり、過去多数回にわたる賃料滞納があったり、明渡しにつ

き非協力であったりしたため、Xが賃貸借契約を解除し、本件部屋、隣接の部屋の明渡しを請求した。この判決は、前記の用法違反等の事実を認定し、信頼関係の破壊による解除の効力を認め、請求を認容した。
【実務の対応】
　この判決は、居住用の借家において用法違反、賃料の滞納等を理由とする解除の事案について、信頼関係の破壊による解除の効力を肯定したものであり、事例判断として参考になるものである。

[413] 東京地判平成6. 10. 20 判時1559. 61
《事案の概要》
　X株式会社は、平成3年3月、Yに賃貸期間2年間、賃料月額173万8880円として建物を賃貸したところ、平成4年末頃、Xが従前賃料の据え置き、共益費の増額を求めたのに対し、Yが賃料等の減額を求め、平成6年1月、賃料等の減額を求め、賃料月額45万7600円を支払い続けたため、同年2月、Xが賃料の不払い等を理由に賃貸借契約を解除し、Yに対して本件建物の明渡し、滞納賃料の支払等を請求した。この判決は、自己の主張する額の賃料を支払続けたことにつき賃料不払いに当たるとし、賃貸借契約の解除の効力を肯定し、請求を認容した。
【実務の対応】
　この判決は、事業用の借家において賃料減額をめぐる紛争が生じ、従来の賃料額を下回る賃料を支払い続けたことによる賃料不払いを理由とする解除の事案について、賃料の不払いを理由とする解除の効力を肯定したものであり、事例判断として参考になるものである。

[414] 東京地判平成6. 10. 28 判時1542. 88、判タ883. 203
《事案の概要》
　Aは、昭和44年頃、Yに建物の一部を賃貸し、Yが飲食店舗として使用し、その後更新されていたところ、Aが平成3年4月に死亡し、妻Xが相続により本件建物の所有権を取得したが、平成4年8月、本件建物部分から出火し、広範囲に焼失したが、Yが無断で修繕する等したため、XがYに対して本件建物の滅失による賃貸借契約の終了、賃貸借契約の解除を主張し、本件建物部分

の明渡しを請求した。この判決は、建物の滅失は否定したが、無断修復等による信頼関係の破壊を認め、賃貸借契約の解除の効力を肯定し、請求を認容した。
【実務の対応】
　この判決は、事業用の借家において火災に伴う無断修繕を理由とする解除の事案について、無断修復等による信頼関係の破壊を認め、解除の効力を肯定したものであり、事例判断を提供するものである。

[415] 大阪地判平成 6. 10. 31 判タ 897. 128
《事案の概要》
　Aは、昭和 62 年 5 月、賃貸期間を 2 年間とし、使用目的を事務所として、Y 1 有限会社に所有ビルの一室を賃貸しし、Y 1 は、昭和 63 年 3 月、Y 2 株式会社に本件部屋を転貸し、Aは、これを承諾したところ、X 株式会社は、平成 2 年 5 月、Aから本件ビルを買い受けたが、同年 7 月、本件部屋に銃弾が撃ち込まれる事件が発生し、Y 1 らの実質的なオーナーが暴力団幹部であることが判明したため、Xは、賃貸借契約を解除し、Y 1 らに対して本件部屋の明渡しを請求した。この判決は、Y 1 らの信頼関係の破壊を認め、賃貸借契約の解除の効力を肯定し、請求を認容した。
【実務の対応】
　この判決は、事業用の借家において賃借人の実質的なオーナーが暴力団幹部であったこと等による解除の事案について、信頼関係の破壊を認め、解除の効力を肯定したものであり、事例判断として参考になるものである。

[416] 東京地判平成 6. 12. 16 判時 1554. 69
《事案の概要》
　A 株式会社は、昭和 38 年 5 月、建物の一部を Y 株式会社に賃貸し、同年 10 月、Xは、本件建物を買い受け、賃貸人の地位を承継した後、昭和 49 年 5 月、本件建物の残部をYに賃貸したが、その後紛争が発生し、昭和 59 年 7 月、X と Y は、従前の賃貸借契約を合意解除し、賃貸期間を 3 年間とし、建物の模様替え又は造作その他の工作をするときは、事前に賃貸人の書面による承諾を受けなければならない旨の特約で賃貸する等の内容の裁判上の和解をしたところ、Yは、平成元年 12 月から平成 2 年 2 月にかけて、新たに外壁を築造し、

シャッター 4 基を設置し、天井を撤去する等して築造する等の増改築したため、Ｘが賃貸借契約を解除し、Ｙに対して本件建物の明渡しを請求した。この判決は、Ｙが増改築特約に違反したとしたものの、工事の必要性、合理性等に鑑み、いまだ信頼関係を破壊するに足りない特段の事情が認められるとし、賃貸借契約の解除の効力を否定し、請求を棄却した。

【実務の対応】
　この判決は、事業用の借家において無断増改築を理由とする解除の事案について、増改築に関する特約違反を認めたものの、信頼関係を破壊するに足りない特段の事情を認め、解除の効力を否定したものであり、事例判断を提供するものである。

[417] 東京地判平成 7. 7. 12 判時 1577. 97

《事案の概要》
　Ｙ１は、平成元年10月、Ａの所有する共同住宅の一室を、Ａから賃借したＢ株式会社から賃借し、室内で犬を飼育していたところ、平成３年10月、賃貸人がＢからＸ株式会社に交替し、Ｙ１との間で期間を２年とし、犬猫等の動物の飼育を禁止する特約で賃貸借契約を締結し（特約の締結には争いがある）、Ｙ２が連帯保証をしたところ、平成６年７月、Ｙ１は、特約違反を指摘され、同年８月、Ｘが賃貸借契約を解除し、Ｙ１に対して本件建物の明渡し等、Ｙ２に対して損害金の支払いを請求した。この判決は、特約の締結を認め、特約違反があったとして賃貸借契約の解除を肯定し、請求を認容した。

【実務の対応】
　この判決は、ペット飼育禁止特約のある居住用の借家において特約違反を理由とする解除の事案について、特約違反を認め、解除の効力を肯定したものであり、事例判断として参考になるものである。

[418] 東京地判平成 7. 8. 28 判時 1566. 67

《事案の概要》
　Ｘは、昭和43年１月、建物の賃借人であったＡらから賃借権の譲渡を受け、期間を20年間として賃借し、美容室を経営していたが、Ｙ１との間で、昭和63年１月、従前と同様な使用目的、期間を３年間として賃貸借契約を締結し、

平成3年1月、合意更新したところ、平成4年2月、保証金、権利金の名目で各50万円の支払いを受けて、Y2に美容室の業務委託契約を締結し、Y2が美容室を経営していたところ、Y1が、平成5年7月、無断転貸を理由に賃貸借契約を解除し、Y2が、平成6年1月、本件建物を退去したため、XがY1に対して賃借権の確認、Y2に対して運営費の支払い、本件建物の引渡しによる損害賠償を請求した。この判決は、本件業務委託が実質上店舗の転貸に当たるとし、解除の効力を認め、運営費を認め（前記の保証金、権利金が実質的に敷金の性質を有するとし、敷金の充当を認めた）、Y1に対する請求を棄却し、Y2に対する請求を認容した。

【実務の対応】
　この判決は、事業用の借家において無断転貸を理由とする解除の事案について、業務委託が実質的に転貸に当たるとし、解除の効力を肯定したものであり、事例判断として参考になるものである。

[419] 東京地判平成 7. 10. 11 判タ 915. 158
《事案の概要》
　X有限会社は、昭和59年4月、11階建てビルの7階の部屋を事務所としてYに賃貸したところ、Yが直後から暴力団の事務所として使用したため（平成6年11月には、部屋のドアの銃弾が撃ち込まれたことがあった）、Xが賃貸借契約を解除し、Yに対して本件部屋の明渡しを請求した。この判決は、Yの行為が信頼関係を破壊するものであるとし、解除の効力を認め、請求を認容した（判例評釈として、杉田雅彦・判タ 945. 158 がある）。

【実務の対応】
　この判決は、事業用の借家において暴力団事務所としての使用の理由による解除の事案について、信頼関係の破壊を認め、解除の効力を肯定したものであり、事例判断として参考になるものである。

[420] 大阪地判平成 8. 1. 29 判時 1582. 108
《事案の概要》
　X1株式会社、X2は、Aに建物を店舗兼自宅として賃貸し、Aが死亡し、その相続人Y1、Y2が占有して使用していたところ、Y1が天ぷら料理をし

ていたところ、しばらくの間失念し、火災が発生し、本件建物、隣家のそれぞれ一部が焼失したことから、X1らが善管注意義務違反による債務不履行を理由に賃貸借契約を解除し、Y1らに対して建物の明渡し、損害賠償を請求した。この判決は、失火につき債務不履行を認めたが、信頼関係を損なうには至っていない等とし、解除の効力を否定し、建物の明渡請求を棄却し、損害賠償請求を認容した。

【実務の対応】
　この判決は、事業・居住用の借家において火災発生の債務不履行による解除の事案について、失火につき債務不履行を認めたものの、信頼関係の破壊を否定し、解除の効力を否定したものであるが、疑問のある判断である。

[421] 名古屋地判平成8．4．19判タ957．244
《事案の概要》
　X株式会社は、Y1宗教法人が設立したY2株式会社にビルの一部を出版事業、ヨーガ教室のために賃貸したところ、Y2がY1に宗教施設として使用させる等したことから、賃貸借契約を無催告で解除し、Y1、Y2に対して建物部分の明渡し等を請求した。この判決は、無断転貸を認め、信頼関係の破壊を認め、請求を認容した。

【実務の対応】
　この判決は、事業用の借家において無断転貸を理由とする解除の事案について、無断転貸を認め、解除の効力を肯定したものであり、事例判断を提供するものである。

[422] 最三判平成9．2．25民集51．2．398、判時1599．69、判タ936．175、金融法務事情1487．51、金融・商事判例1019．3
《事案の概要》
　X株式会社は、A有限会社から建物を賃借し、Aの承諾を得てプール施設に改造し、Y1株式会社に転貸し、Y1は、Y2株式会社と共同してスイミングスクールを営業し、実質的に一体化し、本件建物の転借人になっていたところ、Xが昭和61年5月以降賃料の支払を怠ったことから、Aが昭和62年

1月に賃貸借契約を解除し、同年2月、Y1、Y2、Xに対して本件建物の明渡しを請求する訴訟を提起し（Y1らは、昭和63年12月以降、転借料の支払いをしなかった）、勝訴判決を得て確定し、強制執行により本件建物の明渡しを受けたが、その後、XがY1らに対して転借料の支払い等を請求した。第一審判決（[423] 東京地判平成5. 3. 22判時1473. 73）は、本件建物の使用収益を継続している限り転借料の支払義務を免れることができないとし、請求を認容したため、Y1らが控訴したところ、控訴審判決は控訴を棄却したため、Y1らが上告した。この判決は、賃貸借契約が転貸人の債務不履行を理由とする解除により終了した場合、賃貸人の承諾ある転貸借は、原則として賃貸人が転借人に対して目的物の返還を請求した時に転貸人の転借人に対する債務の履行不能により終了するとし、原判決を破棄し、第一審判決を取り消し、請求を棄却した。
〈判決〉は、
「賃貸人の承諾のある転貸借においては、転借人が目的物の使用収益につき賃貸人に対抗し得る権原（転借権）を有することが重要であり、転貸人が、自らの債務不履行により賃貸借契約を解除され、転借人が転借権を賃貸人に対抗し得ない事態を招くことは、転借人に対して目的物を使用収益させる債務の履行を怠るものにほかならない。そして、賃貸借契約が転貸人の債務不履行を理由とする解除により終了した場合において、賃貸人が転借人に対して直接目的物の返還を請求したときは、転借人は賃貸人に対し、目的物の返還義務を負うとともに、遅くとも右返還請求を受けた時点から返還義務を履行するまでの間の目的物の使用収益について、不法行為による損害賠償義務又は不当利得返還義務を免れないこととなる。他方、賃貸人が転借人に直接目的物の返還を請求するに至った以上、転貸人が賃貸人との間で再び賃貸借契約を締結するなどして、転借人が賃貸人に転借権を対抗し得る状態を回復することは、もはや期待し得ないものというほかはなく、転貸人の転借人に対する債務は、社会通念及び取引観念に照らして履行不能というべきである。したがって、賃貸借契約が転貸人の債務不履行を理由とする解除により終了した場合、賃貸人の承諾のある転貸借は、原則として、賃貸人が転借人に対して目的物の返還を請求した時に、転貸人の転借人に対する債務の履行不能により終了すると解するのが相当である。

これを本件についてみると、前記事実関係によれば、訴外会社と被上告人との間の賃貸借契約は昭和 62 年 1 月 31 日、被上告人の債務不履行を理由とする解除により終了し、訴外会社は同年 2 月 25 日、訴訟を提起して上告人らに対して本件建物の明渡しを請求したというのであるから、被上告人と上告人らとの間の転貸借は、昭和 63 年 12 月 1 日の時点では、既に被上告人の債務の履行不能により終了していたことが明らかであり、同日以降の転借料の支払を求める被上告人の主位的請求は、上告人らの相殺の抗弁につき判断するまでもなく、失当というべきである。」と判示している（判例評釈として、辻伸行・判評 465. 21、吉田克己・判タ 949. 57、塩崎勤・判タ 978. 78、内田勝一・ジュリスト 1135. 75 がある）。

【実務の対応】
　この判決は、原賃貸借と転貸借との関係が問題になった事案について、賃貸借契約が転貸人の債務不履行を理由とする解除により終了した場合、賃貸人の承諾ある転貸借は、原則として賃貸人が転借人に対して目的物の返還を請求した時に転貸人の転借人に対する債務の履行不能により終了するとしたものであり、理論的に参考になるものである。

[424] 東京地判平成 9. 10. 29 判タ 981. 281
《事案の概要》
　X 株式会社は、昭和 62 年 7 月、Y 1、Y 2 に建物を賃貸期間を 3 年間とし、更新料を賃料の 1 か月分として賃貸していたところ、平成 8 年 3 月、X が賃料増額請求をし、Y 1 らが賃料減額請求をしたことから、Y 1 らが従前の賃料を若干下回る賃料額を支払ったため、X が賃料不払いを理由に賃貸借契約を解除し、建物の明渡し、更新料の支払い等を請求し、Y 1 らが減額に係る賃料額の確認を請求した。この判決は、賃料不払いによる解除の効力を否定し、適正な賃料額を算定し、更新料の一部、賃料の一部の X の支払請求を認容し、Y の請求を一部認容した。

【実務の対応】
　この判決は、事業用の借家において賃料減額をめぐる紛争が生じ、従来の賃料額を下回る賃料を支払い続けたことによる賃料不払いを理由とする解除の事案について、賃料の不払いを理由とする解除の効力を否定したものであるが、

第4章 借家をめぐる裁判例

疑問が残るものである。

[425] 東京地判平成 10. 3. 10 判タ 1009. 264
《事案の概要》
　Xは、昭和50年7月、店舗を目的として、賃貸期間5年間、更新の際は更新料として賃料及び管理費の合計額の2か月分を支払うなどの約定で、建物をＹ１株式会社に賃貸し、その後、合意更新がされたが、平成7年、法定更新され、更新料も支払われなかったところ、Xが更新料、管理費の不払い等を理由として賃貸借契約を解除し、Ｙ１、Ｙ１から事業を承継したＹ２株式会社に対して建物の明渡し等を請求した。この判決は、法定更新の場合にも更新料の支払義務を負う等とし、賃貸借契約の解除を肯定し、請求を認容した。
【実務の対応】
　この判決は、事業用の借家において更新料等の不払いを理由とする解除の事案について、法定更新の場合にも更新料の支払義務を負うとし、解除の効力を肯定したものであり、事例判断を提供するものである。

[426] 東京地判平成 10. 4. 14 判時 1662. 115、判タ 1001. 267、
　　　 金融・商事判例 1044. 31
《事案の概要》
　X相互会社は、ビルを所有しており、昭和45年6月、鹿児島ビルを、昭和59年4月、仙台ビルを、いずれもホテル業務を目的として、A株式会社に賃貸していたところ、Aが京都地裁に会社更生手続開始の申立てをし、債務の弁済を禁止する保全処分がされ、事件が東京地裁に移送された後、会社更生手続開始決定がされる等したことから、Xが賃料不払いを理由にAの保全管理人に対して賃貸借契約を解除する旨の意思表示をし、Aの管財人Ｙらに対して建物の明渡し、賃料債権につき更生債権を有することの確認を請求した。この判決は、弁済禁止の保全処分がされたときは、会社が催告に応じて賃料の支払いをしなかったとしても、賃料不払いは違法ではない等とし、解除の効力を否定し、請求を棄却した（判例評釈として、佐賀義史・判タ1036. 312、倉部真由美・ジュリスト1195. 122 がある）。

借家契約の解除

【実務の対応】
　この判決は、事業用の借家において賃借人につき会社更生手続の申立てがされ、弁済禁止の保全処分がされた後、賃料の不払いを理由とする解除の事案について、賃料の不払いが違法ではないとし、解除の効力が否定されたものであり、事例判断として参考になるものである。なお、関連する判例、裁判例として、最三判昭和57．3．30民集36．3．484、判時1039．127、東京地判昭和55．12．25判時1003．123、大阪高判昭和56．12．25判時1048．150がある。

[427] 東京地判平成10．5．12判時1664．75
《事案の概要》
　X1、X2ら（3名）は、共同住宅（複合マンション）の一室を共有していたところ、平成7年7月、Y1にその1室を「賃借人は騒音をたてたり風紀を乱すなど近隣の迷惑となる一切の行為をしてはならない」などの特約で賃貸し、Y1はY2と同居して居住していたが、入居直後から隣室の居住者らに対して騒音に関する執拗な抗議を繰り返したため、X1らが平成8年12月に賃貸借契約を解除し、Y1、Y2に対して建物の明渡し等を請求した。この判決は、賃借人らの行為が共同生活上の秩序を乱す行為に当たるとし、信頼関係も破壊するに足りるものであるとし、賃貸借契約の解除を肯定し、請求を認容した。

【実務の対応】
　この判決は、迷惑行為に関する特約のある居住用の共同住宅の借家において特約違反を理由とする解除の事案について、賃借人らの行為が共同生活上の秩序を乱す行為に当たるとして特約違反を認め、信頼関係も破壊するに足りるものであるとし、解除の効力を肯定したものであり、事例判断として参考になるものである。

[428] 東京地判平成10．5．28判時1663．112
《事案の概要》
　Xは、平成5年4月、マンションの一室を、賃料月額45万円、更新料を新賃料の1か月分とするなどの約定で、Yに賃貸し、平成7年4月、法定更新

されたところ、Yが平成7年4月に賃料を35万円とする減額の意思表示をしたことから、協議が行われたが、協議が整わず、Yが月額35万円をXの指定銀行口座に振り込んだため、Xが賃貸借契約を解除し、建物の明渡し、差額賃料の支払い、更新料の支払い等を請求した。この判決は、社会通念上著しく合理性を欠くことのない限り、賃貸人において主観的に相当と判断した額で足りるとし、賃料不払いによる賃貸借契約の解除を肯定し、更新料の支払義務も認め、請求を認容した。

【実務の対応】
　この判決は、居住用の借家において賃料減額をめぐる紛争が生じ、従来の賃料額を下回る賃料を支払い続けたことによる賃料不払いを理由とする解除の事案について、賃料の不払いを理由とする解除の効力を肯定したものであり、事例判断として参考になるものである。

［429］東京高判平成10．6．18判タ1020．198
《事案の概要》
　X株式会社は、昭和61年10月、建物をY株式会社に賃貸し、その後、合意更新、法定更新がされたが、Yが平成8年3月に賃料の減額を請求する意思表示をし、減額後の賃料を支払ったため、Xが平成8年6月に賃貸借契約を解除し、Yに対して建物の明渡し、未払賃料の支払い等を請求した。第一審判決が請求を認容したため、Yが控訴した（その後、Yは、建物を明け渡した）。この判決は、相当と認める額は社会通念上著しく合理性を欠くものではない限り、賃貸人が主観的に相当と判断した額をいうとし、賃貸借契約の解除を肯定し、原判決を変更し、請求を認容した（判例評釈として、種村好子・判タ1965．198がある）。

【実務の対応】
　この判決は、事業用の借家において賃料減額をめぐる紛争が生じ、従来の賃料額を下回る賃料を支払い続けたことによる賃料不払いを理由とする解除の事案について、賃料の不払いを理由とする解除の効力を肯定したものであり、事例判断を提供するものである。

借家契約の解除

[430] 東京地判平成10．6．26 判タ1010．272
《事案の概要》
　Xは、平成元年10月、Y1に対して共同住宅の一室を、賃借人は貸室内で危険、不潔、その他近隣の迷惑となる行為をしてはならない旨の特約で賃貸し、Y2は、連帯保証をし、更新が繰り返されてきたが、平成7年春、室内に相当量のゴミが積みあがっていることが判明し、その後の更新の際にゴミの撤去等を条件としたものの、多量のゴミが放置されたことから、Xが賃貸借契約を解除し、Y1に対して建物の明渡し、Y1、Y2に対して賃料相当損害金の支払を請求した。この判決は、迷惑行為をしない特約違反を認め、賃貸借契約の解除を肯定し、請求を認容した。
【実務の対応】
　この判決は、迷惑行為禁止の旨の特約のある居住用の共同住宅の借家において、ゴミの放置、特約違反を理由とする解除の事案について、特約違反を認め、解除の効力を肯定したものであり、事例判断として参考になるものである。

[431] 東京地判平成10．9．30 判時1673．111
《事案の概要》
　X有限会社は、ビルの3階部分と6階部分につきそれぞれ事務所として使用することを目的とし、Y株式会社に賃貸していたところ、4階部分、5階部分が居酒屋として賃貸され、酔客等のエレベータ利用の際の迷惑行為が発生していたが、Xが6階部分の賃料の不払いを理由に賃貸借契約を解除し、主位的に6階部分の明渡し等、予備的に賃料の支払い等を請求したのに対し、Yが迷惑行為により3階部分、6階部分の使用収益が妨げられたとし、3階部分の賃貸借契約を解除し、損害賠償請求権等と6階部分の賃料との相殺を主張し、反訴として6階部分の賃料の減額請求に係る賃料額の確認を請求した。この判決は、3階部分、6階部分の使用収益させる義務違反があったことを認め、Yによる賃貸借契約の解除を肯定し、Xの主位的請求を棄却し、予備的請求を一部認容し、Yの反訴請求を一部認容した。
【実務の対応】
　この判決は、事業用のビルの借家において他の賃借人の迷惑行為を理由とす

る賃借人による解除の事案について、賃貸人の使用・収益義務違反を認め、解除の効力を肯定したものであり、事例判断として参考になるものである。

[432] 東京地判平成 10. 11. 25 判時 1685. 58
《事案の概要》
　X株式会社は、昭和23年、ホテル用建物2棟を、ホテル事業を営むY株式会社に、賃貸期間を30年間として賃貸し、昭和43年、更新期間を20年間として賃貸借契約を更新したところ、YがXの警告を無視して建物の改修工事を行う等したため、昭和63年、賃貸借契約を解除し、建物の明渡し等を請求した（Yは、その後、仕手グループに株式を買い占められ、手形の乱発、賃料の不払い等をし、Xは、平成9年2月、信頼関係の破壊を理由として賃貸借契約を解除した）。この判決は、信頼関係の破壊を認め、賃貸借契約の無催告解除の効力を肯定し、請求を認容した。
【実務の対応】
　この判決は、事業用の借家において無断改修を理由とする解除の事案について、信頼関係の破壊を認め、解除の効力を肯定したものであり、事例判断として参考になるものである。

[433] 大阪高判平成 12. 9. 12 判タ 1074. 214
《事案の概要》
　Yは、大阪市内の中心部で高速道路からよく見える場所に5階建てのビルを所有していたところ、X株式会社との間で、ビルの屋上に広告物を3年間設置する契約を締結し、広告物を設置したが、契約締結の1年2か月後、ビルと高速道路の間に高い立体駐車場が建設され、高速道路を走行する自動車から広告物が見えにくくなったため、XがYに対して事情変更を理由に契約を解除し、既払いの賃料のうち解除後のものの返還を請求した。第一審判決は、事情の変更が大きくないとし、解除を無効とし、請求を棄却したため、Xが控訴した。この判決は、立体駐車場の建設が予測できない事項ではなかったとし、解除の効力を否定し、控訴を棄却した。
【実務の対応】
　この判決は、事業用の借家において事情変更を理由とする賃借人による解除

の事案について、事情の変更を認めず、解除の効力を否定したものであり、事例判断として参考になるものである。

[434] 東京地判平成 13. 3. 7 判タ 1102. 184
《事案の概要》
　X株式会社は、都心部にビルを所有し、その一部で果物販売店を営業していたが、昭和58年5月、居酒屋チェーンを営業するY1株式会社に本件ビルの4階部分を賃貸し、Y1の代表者Y2が連帯保証をしたところ、昭和62年、増額請求に係る賃料の支払い等を請求する訴訟を提起し、平成3年4月、賃料を増額すること、賃料に関しては平成2年6月分を基準とし、東京都庁発表の総合消費者物価指数年増加率又は年5％の増加率の何れか高い方をもとにして毎年改訂すること等を内容とする訴訟上の和解が成立したところ、XがYに対して和解に基づく賃料増額、用法違反、漏水等を理由とする賃貸借契約の解除を主張し、建物の明渡し等を請求したのに対し、Yが賃料減額請求をし、反訴として減額に係る賃料の確認、過払金の返還を請求した。この判決は、和解による賃料自動増額特約の効力を認めつつ、適正賃料との乖離が24％になった改訂時点では不合理な結果になるとし、その効力を否定し、賃料減額請求を認め、漏水を理由とする賃貸借契約の解除を否定し、Xの本訴請求を一部認容し、Yの反訴請求を一部認容した。

【実務の対応】
　この判決は、事業用の借家において用法違反、漏水等を理由とする解除の事案について、解除の効力を否定したものであり、事例判断を提供するものである。

[435] 東京地判平成 13. 12. 3 金融・商事判例 1156. 28
《事案の概要》
　A株式会社は、所有建物をY有限会社に敷金20万円の交付を受けて賃貸し、その後、Aは、本件建物の所有権をB株式会社に譲渡していたところ、本件建物につき不動産競売手続が開始され（抵当権設定の前に賃貸借契約が締結されていた）、Xが本件建物を買い受け、買受後の賃料不払いを理由に賃貸借契約を解除し、Yに対して建物の明渡しを請求したのに対し、Yが反訴として敷金

(従前の敷金に加えて、差し押さえの後に増額し、敷金を 250 万円としたと主張した）を含む賃借権の確認を請求した。この判決は、信頼関係を破壊するに足りない特段の事情を否定し、本訴請求を認容し、敷金の増額を認めたものの、賃貸借契約の解除を認めたことから反訴請求を棄却した。
【実務の対応】
　この判決は、事業用の借家において賃料の不払いを理由とする解除の事案について、賃料の不払いを認め、信頼関係を破壊するに足りる特段の事情を否定し、解除の効力を肯定したものであり、事例判断を提供するものである。

[436] 和歌山地判平成 17. 9. 22 判例地方自治 282. 20
《事案の概要》
　Y市は、Aが市長の時期、X1、X2から建物を賃借し（翌年度以降の賃貸借料の支払義務は各年度の予算の範囲内とする旨の特約があった）、観光文化センターとして使用していたところ、市長選挙において本件事業の廃止を公約としたBが市長に当選し、予算措置がとられず、賃貸借契約を解除したため、X1らがYに対して賃料の支払いを請求した。この判決は、長期継続契約につき政策的判断によりその予算を削減し、又は廃止することは政策的裁量の濫用又は著しい逸脱に当たるものでないかぎり、法的には何ら妨げられないとし、解除の効力を認め、請求を棄却した。
【実務の対応】
　この判決は、市が賃借人である事業用の借家において予算措置がとられなかったこと等を理由とする賃借人による解除の事案について、長期継続契約を政策的判断によりその予算を削減し、又は廃止することは政策的裁量の濫用又は著しい逸脱に当たるものでない限り、法的には何ら妨げられないとし、解除の効力を肯定したものであり、事例判断として参考になるものである。

[437] 東京地判平成 18. 5. 15 判時 1938. 90
《事案の概要》
　X有限会社は、平成 14 年 7 月、Y株式会社との間で、目的を中華料理業とし、賃貸期間を 3 年間とする等の特約で所有建物を賃貸したところ（Yが株券譲渡、商号、役員変更等による脱法的無断賃借権の譲渡、転貸をした場合に

は契約を解除できる旨の特約もあった）、Yは、平成16年7月、商号を変更し、その頃、A株式会社がYの全株式を取得したため、Xが平成16年11月に賃貸借契約を解除し、建物の明渡し等を請求した。この判決は、Yの全株式の譲渡によってYの法人格の同一性は失われないし、賃料の支払いの確実性、建物使用の態様に悪化はない等とし、脱法的な無断譲渡に当たらないとし、解除の効力を否定し、請求を棄却した。

【実務の対応】
　この判決は、賃借人が株券譲渡、商号、役員変更等による脱法的無断賃借権の譲渡、転貸をした場合には契約を解除できる旨の特約のある事業用の借家において商号の変更、全株式の譲渡による特約違反を理由とする解除について、脱法的な無断譲渡に当たらないとし、解除の効力を否定したものであり、事例判断を提供するものであるが、議論を呼ぶものである。

[438] 東京地判平成20．10．6判時2031．62
《事案の概要》
　X市は、救急患者のたらし回し事件を契機に、市民から無休診療所設置の要望を受け、昭和49年6月、24時間救急診療を実施する民営の医療機関を開設するため、A協会との間で、休日、夜間等の救急医療に関する契約を締結し、建物（旧建物）、医療器具を賃貸し、B医師が診療を開始し、契約は、ほぼ1年ごとに更新されたが、昭和53年6月、賃借人がA協会からBに変更され（本件診療所は、昭和57年、東京都から救急告示医療機関の指定を受けた）、昭和62年以降は、XとBは、ほぼ3年ごとに契約を更新したが、Bは、平成3年1月、Y医療法人を設立し、Yが診療所の運営主体となったため、Yが賃借人に変更され、診療所がXの別の建物（本件建物）に移転したことに伴い、賃貸借の目的建物も変更され、その後法定更新されたところ、Xは、平成16年9月、本件建物につき保健・医療施設として使用する必要が生じたとして賃貸借契約を解除し（Yは、24時間緊急診療を停止した）、信頼関係の破壊を理由に訴状によって賃貸借契約を解除し、Yに対して、本件建物の明渡し、医療器具の引渡し、不法行為に基づき賃料相当損害金の支払いを請求し（主位的に債務不履行を理由とする解除、予備的に地方自治法238条の5第3項に基づく解除を主張した）、Yが反訴として、本件建物等につき賃借権を有するこ

との確認を請求した。この判決は、本件診療所が 24 時間救急診療を市民に提供する目的で開設された施設であり、Y において 24 時間救急診療を実施することを条件に賃貸借契約が締結されたこと等の事情から、本件診療所施設の賃貸借契約は、契約当初から一貫して 24 時間救急診療を条件とした契約であり、Y は、同契約が継続する限り、24 時間救急診療を実施する義務を負っていたところ、24 時間救急診療を停止したことは、賃貸借契約の債務不履行として解除原因になる等とし、X による賃貸借契約の解除を有効であるとし、X の主位的請求を認容し、Y の反訴請求を棄却した。

【実務の対応】
　この判決は、市が賃貸人、診療所が賃借人である診療所の借家において診療所が 24 時間救急診療を停止したことを理由とする解除の事案について、解除の効力を肯定したものであり、珍しい事案であるが、事例判断として参考になるものである。

No, 8

マンションの借家の解除

　マンション等の区分所有建物の専有部分の賃貸借契約については、賃貸人と賃借人との間で解除が問題になるだけでなく、賃借人等の占有者が区分所有者の共同の利益に反する行為をし（建物の区分所有等に関する法律 6 条 1 項）、区分所有者の共同生活上の障害が著しく、他の方法によってはその障害を除去して共同生活の維持を図ることが困難である場合には、区分所有者の全員、管理組合法人、管理者、集会によって指定された区分所有者は、当該行為に係る占有者が占有する専有部分の使用又は収益を目的とする契約の解除等を訴訟によって請求することができるとされているところであり（同法 60 条 1 項、2 項）、専有部分の賃貸借契約等の解除がされることがあり得る。

マンションにおける専有部分の借家契約の解除請求が認められた裁判例として、次のようなものがある。

[439] 東京地八王子支部判平成5．7．9判時1480．86、判夕848．201

《事案の概要》
　Xは、1階が店舗、2階以上が住宅であるマンションの管理組合の管理者であり、Y1は、2階部分の区画の区分所有者であり、Y2は、その区画を賃借し、事務所として使用しているものであるところ、Xでは、総会の4分の3以上の決議によって、区分所有法60条の規定に基づき賃貸借契約の解除と建物部分の明渡しを請求した。この判決は、事務所としての使用が区分所有者の共同生活上の障害が著しいとして、請求を認容した。

【実務の対応】
　この判決は、分譲マンションの専有部分の借家において管理者が解除した事案（区分所有法60条参照）について、共同の利益に反すること等を認め、解除の効力を肯定したものであり、事例判断として参考になるものである。

[440] 京都地判平成10．2．13判時1661．115

《事案の概要》
　Y1は、マンションの専有部分を区分所有していたところ、平成7年10月、A宗教団体の信者であるY2に賃貸し、Y2、Y3らが専有部分を団体の施設として使用したため、マンションのB管理組合の理事長・管理者XがY1らに対して、区分所有者の共同の利益に反すると主張し、賃貸借契約の解除、専有部分からの退去を請求した。この判決は、共同利益に反することを認め、認容した。

【実務の対応】
　この判決は、分譲マンションの専有部分の借家において管理者が解除した事案について、共同の利益に反すること等を認め、解除の効力を肯定したものであり、事例判断として参考になるものである。

[441] 大阪高判平成 10．12．17 判時 1678．89
《事案の概要》
　前記の[440]京都地判平成 10．2．13 判時 1661．115 の控訴審判決であり、Ｙ１らが控訴した。この判決は、共同の利益に反することを肯定し、控訴を棄却した。
【実務の対応】
　この判決は、分譲マンションの専有部分の借家において管理者が解除した事案について、共同の利益に反したこと等を認め、解除の効力を肯定したものであり、事例判断として参考になるものである。

[442] 東京地判平成 11．1．13 判時 1676．75
《事案の概要》
　区分所有者Ｙは、Ａに専有部分を賃貸していたところ、Ａが何度も火災警報器を鳴らしたり、管理人室に苦情の電話をする等したため、Ｘ管理組合（権利能力のない社団）がＹに対し、賃借人に規約、使用細則を遵守させる旨の規約に違反したと主張し、損害賠償を請求した（規約には、区分所有者が専有部分を貸与する場合には、賃借人に規約を遵守させなければならない旨の規定が設定されていた）。この判決は、規約違反を認め、請求を認容した。
【実務の対応】
　この判決は、分譲マンションの専有部分の借家において管理者が解除した事案について、規約に違反したこと、共同の利益に反したこと等を認め、解除の効力を肯定したものであり、事例判断として参考になるものである。

No, 9
更　新　料

　更新料は、民法にも、借地借家法にもこれに関する規定はなく、借家の実務において当事者間で更新料の支払いの特約が締結され、この特約に基づき支払われるものである（更新料の額、特約の内容は多様であるし、この特約が利用されていない地域、借家関係もある）。更新料の支払いの趣旨は、後記のとおり、一部の地域において更新料の特約の効力が争われ、その趣旨が争われているが（現在、最高裁の判断が待たれている）、従来は、概ね借家において賃貸期間が満了する際に更新拒絶権、異議権を放棄し、更新を確実にする等の趣旨のものであると解されてきたもののようである（更新料の支払いは、合意更新が前提とされている）。更新料の特約は、従来から争われることがあり、例えば、法定更新になった場合にこの特約が有効であるか、更新料の不払いが借家契約の解除原因になるか、支払済みの更新料につき不当利得が成立するか等が問題にされてきた。

　これらの問題のうち、更新料特約を法定更新に適用する裁判例として、東京高判昭和53. 7. 20判タ370. 77、東京地判昭和57. 10. 20判タ489. 83、東京地判昭和61. 10. 15判タ645. 203、東京地判平成2. 11. 30判時1395. 97があり、適用しない裁判例として、東京高判昭和54. 2. 9判時927. 200、東京地判昭和56. 4. 27判タ449. 118、東京地判昭和59. 6. 7判タ549. 215、東京地判平成2. 7. 30判時1385. 75がある。

[443] 東京地判平成3. 5. 9判時1407. 80
《事案の概要》
　不動産の賃貸業者であるX有限会社は、昭和49年2月頃、Y株式会社に建物の1階部分を賃貸期間を10年間として賃貸し、昭和55年1月、本件建物

の2階部分を賃貸期間を5年間として賃貸し、この契約締結の際、契約更新の際には賃料の2倍相当額の更新料の支払いを約していたところ、Xは、昭和55年7月、Yの債務不履行を理由に契約を解除し、Yに対して本件建物部分の明渡しを請求する訴訟を提起し、昭和62年5月、契約が存続していること等の確認を内容とする訴訟上の和解が成立したが、Xは、平成2年4月、賃料増額の意思表示をし、増額に係る賃料額の確認、昭和60年の合意更新の際、平成2年の法定更新の際の各更新料の支払いを請求した。この判決は、適正賃料額を算定し、確認請求を認容したが、昭和60年の更新の際の更新料債権は5年間の商事消滅時効が成立し、平成2年の法定更新の際には特約が適用されないとし、更新料の支払請求を棄却した（判例評釈として、宮川博史・判タ821．52がある）。

【実務の対応】
　この判決は、賃貸人が更新料の支払いを請求した事案について、更新料の特約が法定更新に適用されないとしたものであり、事例判断を提供するものである。

[444] 東京地判平成3．5．29判時1406．45
《事案の概要》
　Aは、B株式会社から建物所有を目的として土地を賃借していたところ、死亡し、妻Y1、子C、Y2ないしY5が共同相続したが、本件土地上にはCの単独の保存登記の区分所有建物が存在したことから、昭和54年、Y1らがCに対して共同で建築したと主張し、保存登記につき更正登記手続を請求する訴訟を提起し、昭和58年10月、第一審判決が請求を認容し、Cが控訴していたところ、Y1らは、昭和60年8月、X1に本件建物を賃貸期間を2年間とし、賃料月額18万5000円として賃貸し、X1は、X2株式会社を設立し、賃貸借契約をX2に承継させる等の合意をしたところ、昭和62年12月、控訴審判決が本件建物がCが単独で建築したものと認定し、第一審判決を取り消し、Y1らの請求を棄却し、上告されたものの、上告審判決が上告を棄却したのに対し、Cは、昭和60年10月、X1に対してCの単独所有であると主張し、本件建物の明渡し、賃料相当損害金等の支払を請求する訴訟を提起し、前記控訴審判決がされたことから、控訴審判決が変更されることなく確定する

ことを停止条件として明渡しの猶予、明渡し、賃料相当損害金等の支払い等を内容とする訴訟上の和解をし、損害金を支払ったため、X1らがY1らに対して支払った賃料等につき不当利得の返還を請求した。この判決は、Y1らの賃料につき不当利得の返還義務を認め、保証金、更新料については更新等がされたとし、返還義務を否定し、請求を一部認容した。

【実務の対応】
　この判決は、賃借人が支払済みの更新料の返還を請求した事案について、更新がされたこと等から返還義務を否定したものであり、事例判断を提供するものである。

[445] 東京高判平成3．7．30 金融法務事情1313．26
《事案の概要》
　Xは、昭和54年4月、Yに賃貸期間を3年とし、賃料の2か月分相当を支払って更新することができる旨の特約で建物を賃貸し、その後、Xが昭和57年4月、昭和60年4月にそれぞれ更新されたと主張し、Yに対して2回分の更新料等の支払いを請求した。第一審判決が請求を棄却したため、Xが控訴した。この判決は、本件では法定更新されたものと認め、法定更新の場合には更新料の特約が適用されない等とし、控訴を棄却した。

【実務の対応】
　この判決は、賃貸人が更新料の支払を請求した事案について、更新料の特約が法定更新に適用されないとしたものであり、事例判断を提供するものである。

[446] 東京地判平成4．1．8 判時1440．107、判タ825．260、金融法務事情1333．48
《事案の概要》
　X株式会社は、昭和61年12月、Y有限会社に賃貸期間を2年間とし、更新の際は新賃料の2か月分相当の金員を支払う旨の特約で店舗を使用目的として建物を賃貸し、昭和63年11月、法定更新され、平成2年4月、Xが賃料増額の意思表示をしたが、Yがこれに応じなかったことから、XがYに対して増額に係る賃料額の確認、更新料の支払いを請求した。この判決は、増額に係る賃料額を算定し、確認請求を認容したが、法定更新の場合も特約に含まれ

るとはいえないとし、支払請求を棄却した（判例評釈として、佐藤岩夫・判タ838．43がある）。
【実務の対応】
　この判決は、賃貸人が更新料の支払いを請求した事案について、更新料の特約が法定更新に適用されないとしたものであり、事例判断を提供するものである。

[447] 東京地判平成4．1．23判時1440．109
《事案の概要》
　X株式会社は、Yに建物を賃貸しており、昭和63年11月、賃貸期間を1年間とし、更新の際は更新料として新賃料の1か月分を支払う旨の特約で更新をしたところ、平成元年11月、賃料を増額し、従前の内容で更新する旨の合意をしたが、Yが更新料を支払わなかったため、XがYに対して更新料の支払いを請求した。この判決は、法定更新の場合にも更新料の特約が適用されるとし、請求を認容した。
【実務の対応】
　この判決は、賃貸人が更新料の支払いを請求した事案について、更新料の特約が法定更新にも適用されるとしたものであり、前記の裁判例とは異なるものであるが、事例判断を提供するものである。

[357] 東京地判平成4．9．25判タ825．258
《事案の概要》
　Xは、昭和51年2月頃、Yに建物を賃貸し、昭和61年2月、Yとの間で賃貸期間を5年間とし、更新の際は賃料10か月分の更新料を支払う旨の特約で更新したところ、平成3年2月、更新を拒絶し、同年8月、解約をし、Yに対して本件建物の明渡しを請求した。この判決は、建物の老朽化は恒常的に修繕を施工しておくべきであり、そのような管理をしていれば建築後30年を経ても賃貸建物としての機能を失うものではない等とし、正当事由を否定し、更新料の不払いが債務不履行になり得るとしても、本件では10か月の賃料分の更新料であり、適正とはいえないとし、更新料の不払いによる解除の効力を否定し、請求を棄却した（判例評釈として、佐藤岩夫・判タ838．43がある）。

502

【実務の対応】
　この判決は、更新料の特約に基づく更新料の不払いが借家契約の解除原因になるかが問題になった事案について、解除の効力を否定したものであるが、疑問が残るものである。

[407] 東京地判平成5.8.25判時1502.126、判タ865.213
《事案の概要》
　X株式会社は、昭和62年11月、Yに飲食店を使用目的とし、賃貸期間3年間、賃料月額32万4990円とし、契約期間満了の際は協議の上更新することができ、更新の場合には、更新料として新賃料の3か月分を支払う旨の特約で建物を賃貸し、平成2年5月、更新の際の更新料の支払いを求めたところ、Yがこれを拒絶したため、Xは、更新料の不払いを理由に賃貸借契約を解除し、Yに対して本件建物の明渡しを請求した。この判決は、更新料の特約は法定更新の場合にも適用されるとし、賃貸借契約の解除の効力を肯定し、請求を認容した（判例評釈として、宮川博史・判タ913.78がある）。
【実務の対応】
　この判決は、更新料の特約に基づく更新料の不払いが借家契約の解除原因になるかが問題になった事案について、この特約が法定更新にも適用されるとした上、解除の効力を肯定したものであり、事例判断として参考になるものである。

[448] 東京地判平成5.11.29判タ854.228
《事案の概要》
　Xは、Y1に建物の一部を賃貸し、Y1は、昭和58年秋頃、本件建物部分をY2株式会社に転貸していたところ、平成4年4月、無断転貸を理由として賃貸借契約を解除し、Y1、Y2に対して本件建物部分の明渡しを請求した。この判決は、Y2から更新料を直接に受領したこと等からXの追認を認め、Y1の虚言によりY1がY2の共同経営者の1人であると誤信したとしても追認が有効であるとし、請求を棄却した。
【実務の対応】
　この判決は、転貸がされた借家において賃貸人が転借人から直接に更新料の

支払を受領したことが追認になるか（無断転貸の追認になるか）が問題になった事案について、追認を認めたものであり、事例判断として参考になるものである。

[449] 東京地判平成 9. 1. 28 判タ 942. 146
《事案の概要》
　X 株式会社は、昭和 50 年 6 月、賃貸目的を店舗とし、賃貸期間を 3 年間とし、更新する場合には新賃料の 2 か月分を更新料として支払う旨の特約で Y 株式会社に建物を賃貸し、平成 7 年 6 月には法定更新されたところ、X が Y に対して更新料の支払いを請求した。この判決は、法定更新の場合には更新料特約の適用がないとし、請求を棄却した。
【実務の対応】
　この判決は、賃貸人が更新料の支払いを請求した事案について、更新料の特約が法定更新に適用されないとしたものであり、事例判断を提供するものである。

[450] 東京地判平成 9. 6. 5 判タ 967. 164
《事案の概要》
　X は、昭和 22 年頃から Y に建物を賃貸していたところ、平成 4 年 5 月、Y と賃貸期間を平成 7 年 6 月までとする合意が成立し、契約更新の際、新賃料の 4 か月分相当額を支払う旨の合意も締結したが、その後、X が賃料増額請求をし、Y が賃料減額請求をし、調停が行われたものの、不調に終わったことから、X が増額に係る賃料の確認、差額賃料の支払い、更新料の支払いを請求したのに対し、Y が反訴として減額に係る賃料の確認を請求した。この判決は、更新料の支払合意が法定更新にも適用されるとし、更新料の支払請求を認容し、適正賃料額を算定し、X、Y の各請求を一部認容した。
【実務の対応】
　この判決は、賃貸人が更新料の支払いを請求した事案について、更新料の特約が法定更新に適用されるとしたものであり、事例判断を提供するものである。

[428] 東京地判平成 10．5．28 判時 1663．112
《事案の概要》
　Xは、平成 5 年 4 月、マンションの一室を、賃料月額 45 万円、更新料を新賃料の一か月分とするなどの約定で、Yに賃貸し、平成 7 年 4 月、法定更新されたところ、Yが平成 7 年 4 月に賃料を 35 万円とする減額の意思表示をしたことから、協議が行われたが、協議が整わず、Yが月額 35 万円をXの指定銀行口座に振り込んだため、Xが賃貸借契約を解除し、建物の明渡し、差額賃料の支払い、更新料の支払い等を請求した。この判決は、社会通念上著しく合理性を欠くことのない限り、賃貸人において主観的に相当と判断した額で足りるとし、賃料不払いによる賃貸借契約の解除を肯定し、更新料の支払義務も認め、請求を認容した。

【実務の対応】
　この判決は、賃貸人が更新料の支払いを請求した事案について、更新料の特約が法定更新に適用されるとしたものであり、事例判断を提供するものである。

[451] 京都地判平成 20．1．30 判時 2015．94、金融・商事判例 1327．45
《事案の概要》
　Xは、平成 12 年 8 月、A株式会社の仲介により、Yからアパートの一室を賃貸期間を 1 年間とし、賃料月額 4 万 5000 円、礼金 6 万円、更新料 10 万円として賃借し、敷金 10 万円を支払って入居し、平成 13 年 8 月から平成 17 年 8 月にかけて契約を更新し、更新料をそれぞれ 10 万円支払ったが、平成 18 年 10 月、解約を申し入れ、本件部屋を退去し、更新料支払いの特約が消費者契約法 10 条、民法 90 条に違反して無効であると主張し、支払済みの更新料 50 万円の返還、敷金の返還を請求した。この判決は、更新料支払いの特約が有効であるとし、敷金も最後の更新時の更新料支払義務に充当されるとし、請求を棄却した。

【実務の対応】
　この判決は、賃借人が支払済みの更新料の返還を請求した事案について、更新料の特約が有効であるとしたものである（後記の各裁判例参照）。

[452] 京都地判平成 20. 4. 30 判時 2052. 86、判タ 1281. 316、
　　　金融・商事判例 1299. 56
《事案の概要》
　Xは、平成 17 年 3 月、賃貸マンションの一室を賃貸期間を 2 年間とし、更新料として前家賃の 1 か月分、家賃月額 6 万 3000 円、定額補修分担金 16 万円としてY有限会社から賃借し、16 万円を支払ったところ、平成 19 年 2 月、更新料として 6 万 3000 円を支払ったが、同年 4 月、本件部屋を退去したため、定額補修分担金特約、更新料特約が消費者契約法 10 条により無効であると主張し、Yに対して支払済みの更新料、定額補修分担金の返還を請求した（Xは、口頭弁論期日において更新料の支払いを受けた）。この判決は、定額補修分担金特約が消費者契約法 10 条に該当し、無効であるとし、請求を認容した。
【実務の対応】
　この判決は、賃借人が支払済みの更新料の返還を請求した事案について、更新料の特約が無効であるとしたものである（後記の各裁判例参照）。

[453] 大津地判平成 21. 3. 27 判時 2064. 70
《事案の概要》
　Xは、平成 12 年 11 月、Yから共同住宅の一室を賃料月額 5 万 2000 円、共益費月額 2000 円、賃貸期間 2 年間、更新料を旧賃料の 2 か月分とする特約（契約期間の 1 か月前までに賃貸人、賃借人のいずれからも書面による異議申出のない場合は、契約期間が自動的に 2 年間更新され、賃借人は、更新時に賃貸人に対して更新料として旧賃料の 2 か月分を支払う旨の特約）で賃借し、XとYは、平成 14 年 11 月、更新料 10 万 4000 円を支払って合意更新をし、平成 16 年 11 月、同様に、更新料 10 万 4000 円を支払って合意更新し、平成 18 年 11 月、賃料月額を 5 万円とし、更新料を旧賃料の 1 か月分とし、更新料 5 万 2000 円を支払って合意更新したが（判文上明確ではないが、この賃貸期間に中途解約されたようである）、Xは、更新料特約が消費者契約法 10 条又は民法 90 条に反して無効であると主張し、Yに対して不当利得に基づき既払いの更新料合計 26 万円の返還を請求した。この判決は、本件の更新料は、賃料の一部前払いの性質を有し、更新拒絶権放棄の対価の性質は希薄であり、

賃借権強化の機能は希薄であるとしたものの、これらの性質を有すると解することが許されないとはいえない等とし、更新料の特約が無効ではないとし、請求を棄却した。

【実務の対応】

この判決は、賃借人が支払済みの更新料の返還を請求した事案について、更新料の特約が有効であるとしたものである（後記の各裁判例参照）。

[454] 京都地判平成 21．7．23 判時 2051．119、判タ 1316．192、金融・商事判例 1327．26

《事案の概要》

Xは、平成 18 年 4 月、Yからマンションの一室を賃料月額 5 万 8000 円、保証金 35 万円、解約引き 30 万円、賃貸期間 2 年間、更新料賃料 2 か月分の特約で賃借し、保証金を支払い、更新時には更新料 11 万 6000 円を支払ったが、本件建物を明け渡した後、Yに対して解約引き特約、更新料特約が消費者契約法 10 条により無効であると主張し、保証金、更新料の返還を請求した。この判決は、解約引き特約、更新料特約が消費者契約法 10 条により無効であるとし、請求を認容した。

【実務の対応】

この判決は、賃借人が支払済みの更新料の返還を請求した事案について、更新料の特約が消費者契約法 10 条により無効であるとしたものである（後記の各裁判例参照）。

[455] 大阪高判平成 21．8．27 判時 2062．40、金融法務事情 1887．117

《事案の概要》

前記の [451] 京都地判平成 20．1．30 判時 2015．94、金融・商事判例 1327．45 の控訴審判決であり、Xが控訴した。この判決は、更新料が更新拒絶権の放棄の対価、賃借権強化の対価であるとはいえず、法律的には容易に説明することが困難で、対価性の乏しい給付である等とし、民法 1 条 2 項の規定する基本原則に反し、消費者の利益を一方的に害するものであり、消費者契約法 10 条に違反し、無効であるとし、原判決を変更し、請求を認容した。

【実務の対応】
　この判決は、賃借人が支払済みの更新料の返還を請求した事案について、更新料の特約が無効であるとしたものである。

[456] 京都地判平成 21．9．25 判時 2066．81
《事案の概要》
　大学生Xは、平成 18 年 3 月、A株式会社の仲介により、Y株式会社から学生用のアパートの一室を賃貸期間を 1 年間とし、更新料を旧賃料の 2 か月分として賃借し、保証金 33 万円（保証金解約引き 28 万円）を支払い、入居したところ、平成 19 年 1 月、更新料として 11 万 6000 円を支払い、合意更新をした後、同年 11 月、YがXにおいて男友達を宿泊させる等したことをXの親に伝えたことをきっかけにして（Yは、防犯カメラを設置していた）、X、その父親、Aの従業員、Yが協議をし、Xが本件部屋を退去したため、Yに対して保証金等の支払い、更新料条項が消費者契約法 10 条に違反して無効であると主張し、支払済みの更新料につき不当利得の返還、プライバシーの侵害による損害賠償を請求した。この判決は、更新料条項が消費者契約法 10 条に違反して無効であるとし、防犯カメラでアパートへの出入りを監視する等したことが不法行為に当たるとはいえない等とし、不法行為を否定したが、保証金等の支払い、不当利得の返還請求を認容した。

【実務の対応】
　この判決は、賃借人が支払済みの更新料の返還を請求した事案について、更新料の特約が無効であるとしたものである（後記の各裁判例参照）。

[457] 京都地判平成 21．9．25 判時 2066．95、判タ 1317．214
《事案の概要》
　大学生Xは、平成 15 年 4 月、Y株式会社から賃貸マンションの一室を賃貸期間を 1 年間とし、更新料を賃料の 2 か月分として賃借し、定額補修分担金として 12 万円を支払い、Zが連帯保証をし、入居し、その後、平成 16 年 2 月、平成 17 年 2 月、平成 18 年 2 月、それぞれ更新料を支払い、合意更新したが、平成 19 年 4 月には法定更新となったため、XがYに対して更新料条項、定額補修分担金条項が消費者契約法 10 条に違反して無効であると主張し、支

払済みの更新料、定額補修分担金につき不当利得の返還、未払いの更新料の支払債務の不存在確認を請求したのに対し、Yが反訴としてXに対して未払いの更新料の支払い、Zに対して保証債務の履行を請求した。この判決は、更新料条項、定額補修金分担金条項が消費者契約法10条に違反して無効であるとし、Xの不当利得返還請求を認容し、確認請求に係る訴えを却下し、Yの請求を棄却した。

【実務の対応】
　この判決は、賃借人が支払済みの更新料の返還を請求した事案について、更新料の特約が無効であるとしたものである（後記の各裁判例参照）。

[458] 大阪高判平成21．10．29 判時2064．65
《事案の概要》
　前記の[453]大津地判平成21．3．27判時2064．70の控訴審判決であり、Xが控訴した。この判決は、更新料特約が消費者契約法10条前段に該当するとし、同条後段の意義は、消費者と事業者の間にある情報、交渉力の格差を背景にして、事業者の利益を確保し、あるいはその不利益を阻止する目的で、本来は法的に保護されるべき消費者の利益を信義則に反する程度にまで侵害し、双方の利益状況に合理性のない不均衡を生じさせるような不当条項を意味するものとした上、本件では、更新料は賃貸借期間の長さに相応して支払われるべき賃借権設定の対価の追加分ないし補充分と解するのが相当であり、賃貸人にとって必要かつ合理的な理由のある収益ということができ、賃貸借契約の締結時に支払うべき礼金の金額に比較して相当程度抑えられているなど適正な金額にとどまっている限り、直ちに合理性のない不均衡を招来させるものではない等とし、賃借人が信義則に反する程度にまで一方的に不利益を受けていたということはできないとし、同条後段の要件に該当しないとし、また、更新料特約が暴利行為に該当すると認める余地はないとし、民法90条違反を否定し、第一審判決が相当であるとして控訴を棄却した。

【実務の対応】
　この判決は、賃借人が支払済みの更新料の返還を請求した事案について、更新料の特約が有効であるとしたものである。

これらの［455］大阪高判平成 21. 8. 27 判時 2062. 40、［458］大阪高判平成 21. 10. 29 判時 2064. 65 等 3 件の大阪高裁の判決が上告審で審理されていたところ、平成 23 年 7 月 15 日、［455］大阪高判平成 21. 8. 27、［458］大阪高判平成 21. 10. 29 等の 3 件の大阪高裁の判決についての最高裁の判決が公表されたので、次に、これらのうちの 1 件の最高裁の判決を紹介したい。（前記の［457］京都地判平成 21. 9. 25 判時 2066. 95、判タ 1317. 214 が大阪高裁に控訴され、大阪高裁の判決についての上告審の判決である）。この最高裁の判決は更新料支払いの特約を原則として有効であるとするものであり、重要な判断を示したものである。なお、他の 2 件の最高裁の判決もこの判決と同旨の判断を示したものであり、更新料支払特約の効力、意義を明らかにしたものである。

［459］最二判平成 23. 7. 15 最高裁ホームページ
《事案の概要》
　X は、平成 15 年 4 月、Y から共同住宅の一室を賃貸期間を 1 年間、賃料月額 3 万 8000 円、更新料を月額賃料の 2 か月分、定額補修分担金を 12 万円として賃借し、Z が連帯保証をし、その後、X は、平成 18 年まで 3 回にわたり更新の合意をし、更新の都度、更新料として 7 万 6000 円を支払ったが、平成 19 年 4 月以降、X が本件建物の使用を継続したことから、更新したものとみなされていたところ（更新料の支払いはしなかった）、X が Y に対して更新料支払条項が消費者契約法 10 条又は借地借家法 30 条により、定額補修分担金の支払いに関する特約が消費者契約法 10 条によりいずれも無効であると主張し、不当利得返還請求権に基づき支払済みの更新料 22 万 8000 円、定額補修分担金 12 万円の返還を請求し、Y が反訴として X に対して未払いの更新料の支払いを請求するとともに、Z に対して保証債務の履行を請求した。第一審判決（前記の［457］京都地判平成 21. 9. 25 判時 2066. 95、判タ 1317. 214）は、更新料支払条項、定額補修分担金の特約が消費者契約法 10 条により無効であるとし、X の不当利得返還請求を認容する等し、Y の請求を棄却したが、Y が控訴した模様である。控訴審判決は、更新料支払条項、定額補修分担金の特約が消費者契約法 10 条により無効であるとし、X の請求を認容すべきものとし、Y の請求をいずれも棄却すべきものとしたため、Y が上告、上告受理の

申立てをした。この判決は、更新料が一般に賃料の補充ないし前払い、賃貸借契約を継続するための対価等の趣旨を含む複合的な性質を有するものと解するのが相当であるとした上、賃貸借契約書に一義的かつ具体的に記載された更新料条項は、更新料の額が賃料の額、賃貸借契約が更新される期間等に照らし高額に過ぎるなどの特段の事情がない限り、消費者契約法10条にいう「民法第1条第2項に規定する基本原則に反して消費者の利益を一方的に害するもの」には当たらないと解するのが相当であるとし、本件については特段の事情が存するとはいえない等とし、更新料支払条項が無効であるとはいえないとし、原判決中、Xの更新料の返還請求に関する部分を破棄し、この部分の第一審判決を取り消し、Xのこの部分の請求を棄却し、Yのその余の上告を却下し、さらにYの更新料の支払請求、保証債務の履行請求を認容した。

【判決】

主　　文

1　原判決中、被上告人Xの定額補修分担金の返還請求に関する部分を除く部分を破棄し、同部分に係る第1審判決を取り消す。
2　前項の部分に関する被上告人Xの請求を棄却する。
3　上告人のその余の上告を却下する。
4　被上告人らは、上告人に対し、連帯して、7万6000円及びこれに対する平成19年9月19日から支払済みまで年5分の割合による金員を支払え。
5　訴訟の総費用のうち、上告人と被上告人Xとの間に生じたものは、これを4分し、その1を上告人の、その余を同被上告人の負担とし、上告人と被上告人Zとの間に生じたものは同被上告人の負担とする。

理　　由

第1　上告代理人田中伸、同伊藤知之、同和田敦史の上告理由について
1　上告理由のうち消費者契約法10条が憲法29条1項に違反する旨をいう部分について
　消費者契約法10条が憲法29条1項に違反するものでないことは、最高裁平成12年（オ）第1965号、同年（受）第1703号同14年2月13日大法廷

第4章　借家をめぐる裁判例

判決・民集 56 巻 2 号 331 頁の趣旨に徴して明らかである（最高裁平成 17 年（オ）第 886 号同 18 年 11 月 27 日第二小法廷判決・裁判集民事 222 号 275 頁参照）。論旨は採用することができない。

2　その余の上告理由について

その余の上告理由は、理由の不備・食違いをいうが、その実質は事実誤認又は単なる法令違反を主張するものであって、民訴法 312 条 1 項及び 2 項に規定する事由のいずれにも該当しない。

3　なお、上告人は、被上告人Xの定額補修分担金の返還請求に関する部分については、上告理由を記載した書面を提出しない。

第2　上告代理人田中伸、同伊藤知之、同和田敦史の上告受理申立て理由について

1　本件本訴は、居住用建物を上告人から賃借した被上告人Xが、更新料の支払を約する条項（以下、単に「更新料条項」という。）は消費者契約法 10 条又は借地借家法 30 条により、定額補修分担金に関する特約は消費者契約法 10 条によりいずれも無効であると主張して、上告人に対し、不当利得返還請求権に基づき支払済みの更新料 22 万 8000 円及び定額補修分担金 12 万円の返還を求める事案である。

上告人は、被上告人Xに対し、未払更新料 7 万 6000 円の支払を求める反訴を提起するとともに、連帯保証人である被上告人Zに対し、上記未払更新料につき保証債務の履行を求める訴えを提起し、この訴えは、上記の本訴及び反訴と併合審理された。

2　原審の適法に確定した事実関係の概要等は、次のとおりである。

(1)　被上告人Xは、平成 15 年 4 月 1 日、上告人との間で、京都市内の共同住宅の一室（以下「本件建物」という。）につき、期間を同日から平成 16 年 3 月 31 日まで、賃料を月額 3 万 8000 円、更新料を賃料の 2 か月分、定額補修分担金を 12 万円とする賃貸借契約（以下「本件賃貸借契約」という。）を締結し、平成 15 年 4 月 1 日、本件建物の引渡しを受けた。

また、被上告人Zは、平成 15 年 4 月 1 日、上告人との間で、本件賃貸借契約に係る被上告人Xの債務を連帯保証する旨の契約を締結した。

本件賃貸借契約及び上記の保証契約は、いずれも消費者契約法 10 条にいう「消費者契約」に当たる。

(2) 本件賃貸借契約に係る契約書(以下「本件契約書」という。)には、被上告人Xは、契約締結時に、上告人に対し、本件建物退去後の原状回復費用の一部として12万円の定額補修分担金を支払う旨の条項があり、また、本件賃貸借契約の更新につき、① 被上告人Xは、期間満了の60日前までに申し出ることにより、本件賃貸借契約の更新をすることができる、② 被上告人Xは、本件賃貸借契約を更新するときは、これが法定更新であるか、合意更新であるかにかかわりなく、1年経過するごとに、上告人に対し、更新料として賃料の2か月分を支払わなければならない、③ 上告人は、被上告人Xの入居期間にかかわりなく、更新料の返還、精算等には応じない旨の条項がある(以下、この更新料の支払を約する条項を「本件条項」という。)。

(3) 被上告人Xは、上告人との間で、平成16年から平成18年までの毎年2月ころ、3回にわたり本件賃貸借契約をそれぞれ1年間更新する旨の合意をし、その都度、上告人に対し、更新料として7万6000円を支払った。

(4) 被上告人Xが、平成18年に更新された本件賃貸借契約の期間満了後である平成19年4月1日以降も本件建物の使用を継続したことから、本件賃貸借契約は、同日更に更新されたものとみなされた。その際、被上告人Xは、上告人に対し、更新料7万6000円の支払をしていない。

3 原審は、上記事実関係の下で、本件条項及び定額補修分担金に関する特約は消費者契約法10条により無効であるとして、被上告人Xの請求を認容すべきものとし、上告人の請求をいずれも棄却すべきものとした。

4 しかしながら、本件条項を消費者契約法10条により無効とした原審の上記判断は是認することができない。その理由は、次のとおりである。

(1) 更新料は、期間が満了し、賃貸借契約を更新する際に、賃借人と賃貸人との間で授受される金員である。これがいかなる性質を有するかは、賃貸借契約成立前後の当事者双方の事情、更新料条項が成立するに至った経緯その他諸般の事情を総合考量し、具体的事実関係に即して判断されるべきであるが(最高裁昭和58年(オ)第1289号同59年4月20日第二小法廷判決・民集38巻6号610頁参照)、更新料は、賃料と共に賃貸人の事業の収益の一部を構成するのが通常であり、その支払により賃借人は円満に物件の使用を継続することができることからすると、更新料は、一般に、賃料の補充ないし前払、賃貸借契約を継続するための対価等の趣旨を含む複合的な性質を有するものと解す

るのが相当である。
　(2)　そこで、更新料条項が、消費者契約法 10 条により無効とされるか否かについて検討する。
　ア　消費者契約法 10 条は、消費者契約の条項を無効とする要件として、当該条項が、民法等の法律の公の秩序に関しない規定、すなわち任意規定の適用による場合に比し、消費者の権利を制限し、又は消費者の義務を加重するものであることを定めるところ、ここにいう任意規定には、明文の規定のみならず、一般的な法理等も含まれると解するのが相当である。そして、賃貸借契約は、賃貸人が物件を賃借人に使用させることを約し、賃借人がこれに対して賃料を支払うことを約することによって効力を生ずる（民法 601 条）のであるから、更新料条項は、一般的には賃貸借契約の要素を構成しない債務を特約により賃借人に負わせるという意味において、任意規定の適用による場合に比し、消費者である賃借人の義務を加重するものに当たるというべきである。
　イ　また、消費者契約法 10 条は、消費者契約の条項を無効とする要件として、当該条項が、民法 1 条 2 項に規定する基本原則、すなわち信義則に反して消費者の利益を一方的に害するものであることをも定めるところ、当該条項が信義則に反して消費者の利益を一方的に害するものであるか否かは、消費者契約法の趣旨、目的（同法 1 条参照）に照らし、当該条項の性質、契約が成立するに至った経緯、消費者と事業者との間に存する情報の質及び量並びに交渉力の格差その他諸般の事情を総合考量して判断されるべきである。
　更新料条項についてみると、更新料が、一般に、賃料の補充ないし前払、賃貸借契約を継続するための対価等の趣旨を含む複合的な性質を有することは、前記(1)に説示したとおりであり、更新料の支払にはおよそ経済的合理性がないなどということはできない。また、一定の地域において、期間満了の際、賃借人が賃貸人に対し更新料の支払をする例が少なからず存することは公知であることや、従前、裁判上の和解手続等においても、更新料条項は公序良俗に反するなどとして、これを当然に無効とする取扱いがされてこなかったことは裁判所に顕著であることからすると、更新料条項が賃貸借契約書に一義的かつ具体的に記載され、賃借人と賃貸人との間に更新料の支払に関する明確な合意が成立している場合に、賃借人と賃貸人との間に、更新料条項に関する情報の質及び量並びに交渉力について、看過し得ないほどの格差が存するとみることもで

きない。

　そうすると、賃貸借契約書に一義的かつ具体的に記載された更新料条項は、更新料の額が賃料の額、賃貸借契約が更新される期間等に照らし高額に過ぎるなどの特段の事情がない限り、消費者契約法10条にいう「民法第1条第2項に規定する基本原則に反して消費者の利益を一方的に害するもの」には当たらないと解するのが相当である。

　(3)　これを本件についてみると、前記認定事実によれば、本件条項は本件契約書に一義的かつ明確に記載されているところ、その内容は、更新料の額を賃料の2か月分とし、本件賃貸借契約が更新される期間を1年間とするものであって、上記特段の事情が存するとはいえず、これを消費者契約法10条により無効とすることはできない。また、これまで説示したところによれば、本件条項を、借地借家法30条にいう同法第3章第1節の規定に反する特約で建物の賃借人に不利なものということもできない。

　5　以上によれば、原審の判断には、判決に影響を及ぼすことが明らかな違法があり、論旨はこの趣旨をいうものとして理由がある。なお、上告人は、被上告人Xの定額補修分担金の返還請求に関する部分についても、上告受理の申立てをしたが、その理由を記載した書面を提出しない。

第3　結論
　以上説示したところによれば、原判決中、被上告人Xの定額補修分担金の返還請求に関する部分を除く部分は破棄を免れない。そして、前記認定事実及び前記第2の4に説示したところによれば、更新料の返還を求める被上告人Xの請求は理由がないから、これを棄却すべきであり、また、未払更新料7万6000円及びこれに対する催告後である平成19年9月19日から支払済みまで民法所定の年5分の割合による遅延損害金の支払を求める上告人の請求には理由があるから、これを認容すべきである。なお、被上告人Xの定額補修分担金の返還請求に関する部分についての上告は却下することとする。

　よって、裁判官全員一致の意見で、主文のとおり判決する。
（裁判長裁判官　古田佑紀　裁判官　竹内行夫　裁判官　須藤正彦　裁判官　千葉勝美）

【実務の対応】

　この判決は、住居用の借家の賃借人が支払済みの更新料、定額補修分担金に

つき更新料支払特約、定額補修分担金特約が消費者契約法10条等により無効であると主張し、不当利得の返還請求をした事案について、定額補修分担金特約はこれを無効とした控訴審判決を維持したが、更新料支払特約は、前記のとおり、原則として消費者契約法10条により無効であるとはいえず有効であると判断したものであり、高裁の判断が分かれていたところであり、判断の統一を図るとともに、社会通念に照らして常識的な判断を示したものである。この判決は、近年、更新料の取扱いをめぐって従来見られなかった紛争が生じていた状況において、消費者契約法の趣旨も踏まえながら、従来の実務慣行、従来の見解を重視したものであり、合理的な内容の判断であり、理論的にも、事例としても重要な判断を明らかにしたものである。また、この判決は、更新料支払特約を有効とし、賃借人の支払済みの更新料の返還請求を否定した事例として参考になるだけでなく、賃貸人の法定更新の際における更新料支払特約に基づく更新料の支払請求を肯定した事例としても参考になるものである（後者の問題については、従来から下級審の裁判例において見解が分かれていた）。

No, 10

賃　料

　賃料は、建物の賃貸借契約（借家契約）における建物の使用・収益の対価であり、契約の最も重要な要素である。賃貸人にとっても、賃借人にとっても、賃料の支払、賃料額が極めて重要な関心事であり、賃貸人にとっては借家によって得るほぼ唯一の経済的利益であり、賃借人の支払能力、適時の支払い、賃料額に関心をもち、賃借人にとっては基本的な義務になる。
　賃貸人は、借家契約の締結に当たって、賃借希望者の属性調査、信用調査を行うとともに、賃料の支払いを確保するために、敷金を交付させ、賃貸借人の連帯保証人を求め、賃料の増額請求権を行使することになる。賃料増額をめぐ

る紛争を回避し、その手間を省略するために様々な内容の賃料増額の特約が利用されてきたし、サブリース等の借家においては賃料自動増額特約も利用され、その効力、借地借家法32条の適用の可否等が問題になってきたところである（なお、賃料自動増額特約とともに、賃料保証特約とか、賃料最低保証特約といった特約も利用されることがあった）。

　賃借人は、賃料の支払義務は基本的な義務であるが、賃貸人との間で支払遅滞、不払いをめぐる紛争が従来よりも深刻化し、賃借人の保証人の代払いによる賃料債権の回収を受ける等する事態が先鋭化している。また、賃借人は、借家契約の締結に当たって敷金のほか、権利金、礼金の支払いが行われたり、敷金に代わって保証金の支払いが求められたり（敷金よりも相当に高額である）、借家契約の更新に当たって更新料の支払いが求められたりし、問題が生じることがあったところである。賃借人にとっても賃料の額は重大な関心事であり、賃料減額請求権を行使することがあるが、不動産相場の下落、賃料相場の下落の傾向が見られる状況においては大規模な借家において大手、中規模の不動産業者である賃借人が賃料減額請求権を行使する事例が見られ、その効力、効果をめぐる紛争も生じてきたところである。

　賃料をめぐる裁判例は多数を数えるが、次のようなものがある。

[460] 東京地判平成3.6.24金融・商事判例897.36

《事案の概要》

　Aは、昭和51年1月頃、Yに建物の一部を店舗とし、賃料、共益費を支払うものとして賃貸し、X株式会社、B株式会社は、昭和62年9月、Aから本件建物を買い受け、平成元年3月、Xは、Bから本件建物の持分を買い受けたところ、Xは、賃料、共益費につき増額を請求する意思表示をしたものの、Yがこれを争ったため、Xが増額に係る賃料、共益費の確認を請求した。この判決は、共益費の増額請求を認めるのが相当であるとし、本件では一体として賃料の増額の意思表示があったものととらえ、適正賃料額の算定をすべきであるとし、請求を認容した。

【実務の対応】

　この判決は、賃貸人が賃料、共益費の増額請求をした事案について、一体として賃料増額の意思表示があったものとして、賃料、共益費の増額請求を認め

たものであるが、共益費の増額については議論があろう（共益費の内容、算定方法は多様であり、まず、共益費に関する事情を明らかにし、その内容に沿って検討することが重要である）。

[349] 東京地判平成3. 6. 27 判時 1413. 73
《事案の概要》
　Xは、昭和42年7月以前からAに建物を賃貸していたところ、Aが死亡し、Yが賃借人の地位を承継し、昭和62年6月、民事調停期日において、同年5月以降賃料を月額16万円、賃貸期間を平成2年4月までとする合意が成立したが、Xは、平成元年6月、更新を拒絶し、Yに対して主位的に本件建物の明渡し、予備的に増額請求に係る賃料額の確認を請求した。この判決は、本件建物の老朽化等による正当事由が認められないとし、主位的請求を棄却したが、スライド方式を採用し、家賃指数と経済成長率の平均値によって適正賃料額を算定し、予備的請求を認容した。
【実務の対応】
　この判決は、賃料増額請求に係る賃料額を算定した事例判断を提供するものである。

[461] 東京地判平成3. 8. 29 判時 1432. 99
《事案の概要》
　X株式会社は、Y1、Y2らに順次建物の一部を賃貸していたところ、賃料増額請求をしたが、Y1らがこれに応じなかったため、XがY1らに対して増額に係る賃料額の確認を請求したのに対し、Y1らが反訴として同一期間の具体的な賃料支払義務が一定額を超えて存在しないことの確認を請求した。この判決は、適正賃料額を算定し、Xの本訴請求を一部認容し、Y1らの反訴について、本訴と同一の訴えであるとし、却下した。
【実務の対応】
　この判決は、賃料増額請求に係る賃料額を算定した事例判断を提供するものである。

[462] 東京地判平成3.11.26判時1428.110
《事案の概要》
　Yは、昭和55年12月、賃貸期間を5年間とし、歯科診療所としてX株式会社に建物の一部を賃貸し、Xは、以後、Yの計算した電気代を支払っていたところ、過払金が発生していると主張し、XがYに対して過払いに係る電気代の不当利得の返還を請求した。この判決は、XとYとの間に電気代の計算に関する取決めがなく、Yは、電力会社と電気供給契約を締結し、電気代として支払った料金に設備保守費等を加えた金額を個々の賃借人の使用量等に配分して電気代として徴収していたところ、計算方法は一応賃貸人に任されているとし、不当利得の成立を否定し、請求を棄却した。

【実務の対応】
　この判決は、賃借人が支払済みの電気代につき過払いが生じたと主張し、不当利得の返還を請求した事案について、賃貸人が電力会社と電気供給契約を締結していたこと、電気代として支払った料金に設備保守費等を加えた金額を個々の賃借人の使用量等に配分して電気代として徴収していたこと等の事情から、計算方法が一応賃貸人に任されていたとし、不当利得を否定したものであり、事例判断として参考になるものである。

[463] 最二判平成3.11.29判時1443.52、判タ805.53、金融法務事情1314.27
《事案の概要》
　Aは、Y株式会社に建物を賃貸していたところ、昭和61年10月、賃料が改定された後、昭和63年4月に賃料増額の意思表示をしたが、Yがこれに応じなかったため、Aの相続人であるXがYに対して増額に係る賃料額の確認を請求した。第一審判決は賃料改定時から1年半程度で増額請求をしても、その間よほどの事情の変化がない限り、現行賃料が不当になったとはいえないとし、請求を棄却したため、Xが控訴した。控訴審判決は、相当期間は2年間であり、訴訟の追行によって増額の意思表示が維持されているとし、増額の意思表示の効力を認め、原判決を変更し、請求を一部認容したため、Yが上告した。この判決は、一定の期間の経過は賃料が不相当になったかどうかの判断の

1つの事情にすぎない等とし、上告を棄却した。
〈判決〉は、
「1. 建物の賃貸人が借家法7条1項の規定に基づいてした賃料の増額請求が認められるには、建物の賃料が土地又は建物に対する公租公課その他の負担の増減、土地又は建物の価格の高低、比隣の建物の賃料に比較して不相当となれば足りるものであって、現行の賃料が定められた時から一定の期間を経過しているか否かは、賃料が不相当となったか否かを判断する一つの事情にすぎない。したがって、現行の賃料が定められた時から一定の期間を経過していないことを理由として、その間に賃料が不相当となっているにもかかわらず、賃料の増額請求を否定することは、同条の趣旨に反するものといわなければならない。
2. これを本件についてみると、原審は、本件増額請求に係る昭和63年5月20日の時点における賃料は53万4700円が相当であると認めながら、現行の賃料が定められた昭和61年10月1日から右の時点まで2年を経過していないことのみを理由に、被上告人の右の時点における賃料の増額請求を否定しているものであって、右の判断には借家法7条1項の解釈適用を誤った違法があるといわなければならない。なお、原審は、被上告人が本件訴訟を追行していることによって被上告人の賃料増額の意思表示が維持されている、と判断して、昭和61年10月1日から2年を経過した昭和63年10月1日の時点で賃料増額請求の効力を生じたことを理由に、被上告人の請求を前記のとおり一部認容しているのであるが、右の判断を是認し得ないことは当裁判所の判例の趣旨に徴して明らかである（最高裁昭和43年（オ）第1270号同44年4月15日第三小法廷判決・裁判集民事95号97頁、最高裁昭和50年（オ）第1042号同52年2月22日第三小法廷判決・裁判集民事120号107頁参照）。」と判示している（判例評釈として、澤野順彦・民商106. 5. 146、河内宏・判評423. 16、塩崎勤・判タ852. 76がある）。

【実務の対応】
　この判決は、賃貸人が前回の賃料改定時から1年半経過したときに賃料増額の意思表示をしたことが借家法7条所定の不相当の要件を満たすかが問題になった事案について、現行の賃料が定められた時から一定の期間を経過しているか否かは、賃料が不相当となったか否かを判断する一つの事情にすぎないとし、不相当の要件の意義を明らかにしたものである。

[464] 東京地判平成 4. 1. 23 判タ 832. 127
《事案の概要》
　X株式会社は、昭和57年4月、Y株式会社に賃貸期間を20年間とし、賃料月額1080万円、共益費月額117万円として、東京都中央区銀座所在のビルの一部を賃貸し、昭和61年1月、賃料を増額していたところ、近隣の賃料が高騰する等したことから、Xが昭和63年12月に賃料等増額の意思表示をしたものの、Yがこれに応じなかったため、XがYに対して賃料額、共益費額の確認を請求した。この判決は、差額配分法、スライド法、賃料事例比較法を組み合わせた総合方式により算定することが相当であるとした上、共益費の内容を考慮し、適正な賃料額を算定する等し、請求を認容した。

【実務の対応】
　この判決は、賃貸人が賃料、共益費の増額請求をした事案について、賃料、共益費の増額請求を認めたものであるが、賃料の増額事例を提供するものの、共益費の増額については議論があろう。

[465] 東京高判平成 4. 1. 29 判タ 795. 178
《事案の概要》
　Aは、昭和19年4月、Bに対して木造平屋建ての建物を賃料月額20円で賃貸していたところ、Aは、昭和58年10月、賃料増額の意思表示をし、Aの死亡後、Aを相続したXは、昭和62年9月、賃料増額の意思表示をしたが、Bの死亡後、Bを相続したY1、Y2、Y3がこれに応じなかったため、XがY1らに対して増額に係る賃料額の確認を請求した。第一審判決（東京地判平成元. 11. 30 判タ 795. 182）は、昭和58年10月当時は地代家賃統制令が適用されるものの、裁判所は尊重はするが、これに拘束されず公正妥当な賃料額を算定することができるとし、賃料事例比較法、スライド方式を考慮して算定し、請求を認容したため、Y1らが控訴した。この判決は、建設省の実態調査による実際家賃と統制家賃の差額等を考慮し、適正賃料を算定し、原判決を変更し、請求を一部認容した。

【実務の対応】
　この判決は、賃料に地代家賃統制令が適用されているときに、賃貸人が賃料

増額の請求をした事案について、同統制令にかかわらず、公正妥当な賃料額を算定することができるとしたものであり、過去の一時代の判断事例として参考になる。

　地代家賃統制令と賃料の増額請求との関係については、最一判昭和51. 6. 3判時818. 42が、「所論は、要するに、地代家賃統制令（以下「同令」という。）の適用のある本件土地の地代につき、裁判所が同令の統制額を超えてでも適正妥当な額を定めることができるとした原審の判断は、同令10条の解釈適用を誤つたものである、というにある。

　ところで、同令の規定によると、建設大臣は、地代又は家賃の停止統制額又は認可統制額が公正でないと認められるに至つたときは、これに代わるべき額又は修正率を定めることができ、この場合には、右の代わるべき額又は修正率を乗じた額を停止統制額又は認可統制額とするものとし（5条）、また、都道府県知事は、所定の事由がある場合に、貸主の申請により地代又は家賃の停止統制額又は認可統制額の増額を認可し、あるいは職権又は借主の申請によりその減額を認可することができ、そのようにして認可された額を認可統制額とするものとしているが（7条、8条）、これと並んで、裁判、裁判上の和解又は調停によつて地代又は家賃の額が定められた場合には、その額を認可統制額とする旨を規定している（10条）ところからすると、同令10条は、所定の事由がある場合に建設大臣又は都道府県知事が停止統制額又は認可統制額（以下、両者を併せて「統制額」という。）の増減をはかりうるのと同様の意味において、裁判、裁判上の和解又は調停による場合には、必ずしも統制額に拘束されることなく適正な地代又は家賃の額を定めうることを予定した規定であると解することができるばかりでなく、もともと地域性と個別性を有する地代又は家賃については、建設大臣又は都道府県知事によつてなされる統制額の修正又は増額、減額が画一的になり易く、具体的妥当性を欠く場合を生ずるおそれがないではないから、地代又は家賃の額をめぐる紛争解決を目的とする裁判、裁判上の和解又は調停にあつては、必ずしも統制額に拘束されることなく適正な額を定めうるものと解するのが合理的である。なお、昭和41年法律第93号借地法等の一部を改正する法律附則8項は、借地法12条1項又は借家法7条1項に基づく裁判、裁判上の和解又は調停において、統制額を超える地代又は家賃の額を定めうることを前提とした規定であると解されないではない。かよう

な次第で、同令 10 条によれば、同令の適用のある借地又は借家につき裁判、裁判上の和解又は調停によつて地代又は家賃の額を定める場合には、必ずしも統制額に拘束されることなくこれを超えてでも適正な額を定めうるものと解するのが相当であり、ただ、右の適正な額というためには、同令の趣旨を尊重し、当該借地又は借家に適用される統制額をも考慮に入れた相当の金額であることを要するものというべきである。」と判示している。

[466] 東京地判平成 4. 2. 6 判時 1444. 92
《事案の概要》
　X 寺は、昭和 44 年 6 月、A 日本支社に賃貸期間を 3 年間とし、社宅として使用することを目的として建物を賃貸したが、昭和 58 年、A の閉鎖に伴い、本件建物に居住していた Y との間で、賃貸期間を 2 年間とし、敷金 200 万円として賃貸借契約を締結し、その後、合意更新されていたところ、X は、平成元年 3 月、平成 2 年 1 月、平成 3 年 11 月、それぞれ賃料増額の意思表示をし、Y に対して増額に係る賃料額の確認を請求した。この判決は、差額配分法、スライド法を 2 対 3 の割合で加重平均した鑑定結果により適正な賃料を算定し、平成元年 3 月の増額請求のみを肯定し、請求を一部認容した。
【実務の対応】
　この判決は、賃料増額請求に係る賃料額を算定した事例判断を提供するものである。

[467] 東京地判平成 4. 2. 24 判時 1444. 94
《事案の概要》
　X 株式会社は、昭和 57 年 3 月、Y 株式会社に賃貸期間を 3 年間としてビルの一部を賃貸し、昭和 60 年、賃料を改定していたところ、X は、平成 3 年 3 月、賃料増額の意思表示をしたが、Y がこれに応じなかったため、X が Y に対して増額に係る賃料額の確認を請求した。この判決は、差額配分法、スライド法、賃貸事例比較法を 1 対 5 対 4 の割合で考慮した鑑定結果により適正な賃料を算定し、請求を認容した。
【実務の対応】
　この判決は、賃料増額請求に係る賃料額を算定した事例判断を提供するもの

である。

[468] 東京地判平成4．2．26判時1444．96
《事案の概要》
　X1株式会社、X2株式会社は、昭和49年3月、Y株式会社にスポーツクラブ施設として使用することを目的としてY株式会社に賃貸し、Yは、本件建物でスポーツクラブを経営していたところ、本件建物の賃料は順次改定されていたが、X1らが平成元年4月に賃料増額の意思表示をしたものの、Yがこれに応じなかったため、X1らがYに対して増額に係る賃料額の確認を請求した。この判決は、スライド法、差額配分法、賃料事例比較法を5対3対2の割合で考慮した鑑定結果により適正な賃料を算定し、請求を認容した。
【実務の対応】
　この判決は、賃料増額請求に係る賃料額を算定した事例判断を提供するものである。

[469] 東京地判平成4．3．16判時1461．95、判タ811．223
《事案の概要》
　Yは、A株式会社から建物（昭和47年建築のビル）を賃借したところ、X株式会社は、Aから本件建物の共有持分10分の8を取得したが、Xが平成元年から平成2年にかけて一時期Yに退去を求めて本件建物の改装工事を施工し、平成2年7月、賃料を増額する意思表示をし、Yに対して増額に係る賃料額の確認を請求した。この判決は、差額配分法、利回り法、スライド法を基礎とし、改装工事費用をも考慮して適正な賃料額を算定し（鑑定の結果に基づくものである）、請求を一部認容した。
【実務の対応】
　この判決は、賃料増額請求に係る賃料額の算定について、改装工事費用をも考慮して算定した事例判断を提供するものである。

[470] 東京地判平成4．4．15判時1462．128
《事案の概要》
　X株式会社は、昭和52年6月、Y株式会社にショッピングセンター用店舗とし、賃貸期間を20年間、敷金3億3500万円、建設協力金18億8115万円

等として建物を賃貸し、Yは、建物をショッピングセンターとして使用して営業し、賃料の増額につき合意、調停を行っていたが、Xが平成2年5月頃に賃料増額の意思表示をしたものの、Yがこれに応じなかったため、XがYに対して増額に係る賃料額の確認を請求した。この判決は、利回り法を中心とし、スライド法を考慮して適正な賃料を算定し、請求を一部認容した。

【実務の対応】
　この判決は、賃料増額請求に係る賃料額を算定した事例判断を提供するものである。

[471] 東京地判平成4.8.31判時1472.83
《事案の概要》
　X有限会社は、昭和48年9月、店舗用建物をY株式会社に賃貸し、Yがゲームセンターを営業していたところ、平成元年9月、賃料を月額100万円とし、賃貸期間を平成3年8月までとする合意をし、Xが平成3年7月に賃料増額の意思表示をしたものの、Yがこれに応じなかったため、XがYに対して増額に係る賃料額の確認を請求した。この判決は、差額配分法、スライド法、賃貸事例比較法を3対4対3の割合で加重平均をして適正賃料を算定する鑑定の結果により賃料を算定し、請求を認容した。

【実務の対応】
　この判決は、賃料増額請求に係る賃料額を算定した事例判断を提供するものである。

[472] 千葉地松戸支部判平成4.9.4判時1456.122、判タ802.168
《事案の概要》
　Y公団は、団地の住宅をX1ないしX4に賃貸していたところ、平成元年4月、経済事情の変動、消費税の創設等の事情から家賃の増額の意思表示をしたが、X1らがこれに応じなかったため、X1らがYに対して増額に係る債務不存在の確認を請求したのに対し、Yが反訴として増額に係る賃料差額の支払を請求した（本訴請求は取り下げられた）。この判決は、Yが借家法7条1項に基づき増額請求することができるとした上、家賃の公平、家賃の均衡との要

請から増額請求が許され、消費税の創設に伴う事情変更により、増額請求もできるとし、反訴請求を認容した。
【実務の対応】
　この判決は、賃料増額請求に係る賃料額を算定した事例判断を提供するものである。

[423] 東京地判平成 5．3．22 判時 1473．73
《事案の概要》
　Ａ有限会社は、Ｘ１株式会社に建物（スーパーマーケット用店舗）を賃貸し、Ｘ１は、建物をスイミング施設に改装した上、Ｙ１株式会社に業務委託請負契約（実質的には賃貸借契約）を締結し（Ｘ１の代表者Ｘ２が連帯保証をした）、Ｙ１がＹ２株式会社に業務を委託し、Ｙ１、Ｙ２が本件建物を使用していたが（Ｘ１は、これを了解していた）、Ｙ２がＹ１の株式全部を譲り受ける等していたところ、ＡがＸ１の賃料の不払いを理由に賃貸借契約を解除し、Ｘ１、Ｙ１、Ｙ２に対して本件建物の明渡し等を請求する別件訴訟を提起したことから、Ｙ１がＸ１に施設使用料の支払いをしなくなったため、別件訴訟においてＡの勝訴判決が出され、強制執行として本件建物の明渡しが強制され、Ｙ２が賃料相当損害金の交渉により 4033 万 7500 円をＡに支払う等していたところ、Ｘ１は、その間に、業務委託請負契約を解除したことから、Ｙ１らに対して未払いの施設使用料、賃料相当損害金の支払いを請求したのに対し（Ｙ１らは、Ａの賃貸借契約の解除後の施設使用料の不当利得返還請求権、4033 万円余の損害賠償請求権による相殺を主張した）、Ｙ１がＸ１らに対して反訴として保証金の返還を請求した。この判決は、賃借人が賃借物につき第三者から明渡しを求められた場合には、民法 559 条により準用される同法 576 条により、以後の賃料の支払拒絶権を有するものの、賃貸人が賃貸権限を有しない場合でも、現実に使用収益をした以上は賃料支払義務を免れるものではないとし、Ａに支払われた賃料相当損害金はＸ１の債務不履行による損害金であるとしてその範囲で相殺を認め、Ｘ１の本訴を一部認容し、Ｙ１の反訴請求を一部認容した（判例評釈として、内田勝一・判タ 846．82 がある）。

【実務の対応】
　この判決は、借家における賃料の支払いの場面で民法 559 条の適用、576 条の準用の有無、賃料の支払義務の有無が問題になった事案について、民法 576 条の準用を適用したこと、もっとも、現実に使用収益をした以上は賃料支払義務を免れるものではないとしたことに特徴があり、事例判断を提供するものである（前記の［422］の最高裁の判決参照）。

[473] 東京地判平成 5. 6. 3 判タ 861. 248
《事案の概要》
　X 株式会社は、昭和 50 年 1 月、Y に賃貸期間を 3 年間とし、賃料月額 21 万円として建物の一部を賃貸し、昭和 56 年 9 月、月額 25 万円、昭和 59 年 9 月、月額 27 万円、昭和 62 年 9 月、月額 33 万円に増額する旨の合意をしたところ、その後の物価の上昇等があったことから、平成 2 年 8 月、賃料を 70 万 5000 円に増額する旨の意思表示をしたが、Y が 2 割増の賃料を支払うにとどまったため、X が Y に対して増額に係る賃料額の確認を請求した。この判決は、2 人の鑑定人の鑑定結果、2 人の不動産鑑定士の共同作成の評価書を比較検討し、1 人の鑑定結果、評価書を平均して賃料額を算定し、請求を一部認容した。
【実務の対応】
　この判決は、賃料増額請求に係る賃料額を算定した事例判断を提供するものである。

[474] 東京地判平成 5. 8. 30 判時 1504. 97、判タ 871. 225
《事案の概要》
　X 株式会社は、Y 1 株式会社、Y 2 株式会社、Y 3 株式会社、A、Y 5 株式会社にビルの一部を賃料は 3 年ごとに 10％増額する、その期間内の公租公課の増額が 10％を超える場合等には協議の上新賃料を協定する旨の特約でそれぞれ賃貸し、その後 A が死亡し、Y 4 が相続していたところ、昭和 63 年 4 月、平成 2 年 4 月において賃料増額の意思表示をしたものの、Y 1 らがこれに応じなかったため、X が Y 1 らに対して増額に係る賃料額の確認を請求した。この判決は、賃料自動増額特約が借家法 7 条に基づく増額請求権の行使を排除するとし、請求を棄却した（判例評釈として、石黒清子・判タ 882. 80

がある）。

【実務の対応】
この判決は、賃料自動増額特約があるときに、賃貸人が賃料増額請求をした事案について、賃料自動増額特約が借家法 7 条に基づく増額請求権の行使を排除するとしたものであり、賃料増額に関する法律の規定の解釈上興味ある判断を示したものである。

[475] 東京地判平成 5．9．27 判タ 855．216
《事案の概要》
Yは、Aから建物を賃借していたところ、X 1、X 2 は、平成元年 7 月、Aから本件建物を買い受け、訴訟上の和解によって平成 3 年 9 月以降の賃料が月額 6 万円に改定されたが、X 1 らは、平成 4 年 9 月、賃料を月額 14 万円に増額する旨の意思表示をしたものの、Yがこれに応じなかったため、X 1 らがYに対して増額に係る賃料額の確認を請求した。この判決は、訴訟上の和解から 1 年後にこれを増額すべき理由がないとし、請求を棄却した。

【実務の対応】
この判決は、前回訴訟上の和解によって賃料を改定し、1 年後に賃貸人が賃料増額請求をした事案について、増額すべき理由がないとし、増額請求の効力を否定したものであり、事例判断として参考になる。

[476] 東京地判平成 6．2．7 判時 1522．111
《事案の概要》
Xは、昭和 49 年 9 月、Y株式会社に建物を賃貸期間を 2 年間、賃料月額 30 万円として賃貸し（もっとも、賃貸人名義は、Xの夫Aであった）、その後、法定更新され、Aは、昭和 63 年 2 月、Yに対して無断転貸等を理由として賃貸借契約を解除し、本件建物の明渡しを請求する訴訟を提起し、敗訴判決を受けたが、平成 2 年 9 月等に、賃料増額の意思表示をしたものの、Yがこれに応じなかったため、XがYに対して増額に係る賃料額の確認を請求した。この判決は、積算方式又は比準方式によって算定時点における適正な賃料を求めた上、差額配分方式の考え方に基づき、実際支払賃料との差額のうち賃借人の負担とするのが相当とされる額を実際支払賃料に加算するのが相当であるとし、

相当賃料額を算定し、請求を一部認容した。
【実務の対応】
　この判決は、賃料増額請求に係る賃料額を算定した事例判断を提供するものである。

[477] 東京地判平成 6. 8. 22 判時 1521. 86
《事案の概要》
　X株式会社は、昭和63年6月、ハイグレードを売り物にした賃貸マンションの建物を賃料月額21万7000円でYに賃貸したが、Yの入居時、周辺で工事が継続的に行われており、室内で雨漏りが生じ、補修工事によって止んだものの、カビが発生する等したことから、Yが平成2年6月以降賃料を支払わず（Yは、それ以前に賃料減額を請求していた）、Xが平成4年4月に賃貸借契約を解除し、Yが同年5月に本件建物を退去したため、XがYに対して未払い賃料、原状回復費用等の支払いを請求した。この判決は、工事騒音、カビ発生等を理由とする賃料減額請求を認め、Xの請求を一部認容した（判決評釈として、吉田克己・判タ885. 60がある）。
【実務の対応】
　この判決は、賃借人が賃料減額請求した事案について、工事騒音、カビ発生等を理由とする賃料減額請求を認めたものであるが、議論があるところ、事例判断として参考になる。

[478] 東京地判平成 6. 12. 2 判時 1551. 96
《事案の概要》
　A株式会社は、B株式会社からBの所有建物を賃借し、Bは、昭和63年11月、本件建物を賃料月額407万円としてY株式会社に転貸し、保証金7000万円を受領し、Aがこれを承諾したところ、X株式会社は、Cに金銭を貸し付け、Aが連帯保証をしたが、Xは、平成4年8月、Aに対する保証債務履行請求権を被保全債権とし、AのYに対する転貸借契約に基づく賃料債権につき仮差押えをし、その後、和解調書に基づき差押えをし、Yに対して賃料の取立てを請求した（Bは、平成4年11月、Aに賃料不払いを理由に賃貸借契約を解除し、Yに本件建物の明渡しを求めた）。この判決は、原賃貸人から原賃貸借契

約の解除を理由に転借人が建物の明渡しを求められたときは、賃料の支払いを拒絶することができるとし、請求を棄却した。
【実務の対応】
　この判決は、転借人が原賃貸人から建物の明渡しを求められた場合において賃料の支払いの拒絶をすることができるかが問題になった事案について、これを肯定した事例判断として参考になるものである。

[479] 東京地判平成7.1.23判時1557.113
《事案の概要》
　X、Aら（35名）は、ビルを共有しており、Xは、昭和61年5月、Y株式会社に賃料は2年ごとに改定する、改定賃料は転貸料の70％相当額にXの共有持分割合とするとの特約で持分を賃貸したところ、Yが転借人の転借料が減額されたとして特約に基づき減額に係る賃料しか支払わないため、XがYに対して従来の賃料の支払いを請求した。この判決は、本件特約が文言上増減額に適用されるものであるとし、事情変更の原則を適用すべき事由も認められないとし、賃料の減額を認め、請求を棄却した（判例評釈として、内田勝一・判タ918.49がある）。
【実務の対応】
　この判決は、賃料は2年ごとに改定する、改定賃料は転貸料の70％相当額に賃貸人の共有持分割合とするとの特約による建物の共有持分の賃貸借において、賃借人が賃料減額請求した事案について、この特約が賃料の減額にも適用されるとし、事情変更の原則の適用すべき事由を否定し、減額請求の効力を肯定したものであり、事例判断として参考になるものである。

[480] 東京地判平成7.1.24判タ890.250
《事案の概要》
　Xは、平成元年2月、所有地上に建物の建築を計画し、建築業を営むY株式会社に建物の建築を発注するとともに、本件建物をYに賃貸する場合には、収益が一定以上になることを12年間保証し、その目的を達成するために一括して賃貸することに同意するなどの内容の合意をし、平成元年3月、本件建物を転貸を目的とし、賃貸期間を12年間とし、賃料は3年ごとに見直し、経

済情勢の変動を考慮して協議の上決定する、4年目以降は10％等の一定の率の増額をする旨の特約で賃貸し（賃貸期間は、後日、平成2年4月1日からとされた）、Yは、本件建物を完成し、サブリース事業を開始したが、平成5年4月以降の賃料について、Yが従前の賃料を支払い、本件特約に従った10％増額した賃料を支払わなかったため、XがYに対して差額分の賃料の支払いを請求した（Yは、その間、賃料の減額請求をした）。この判決は、本件特約が自動定率増額特約に当たり、借地借家法32条1項に違反せず、当然に許されるとし、権利の濫用、Yの減額請求を否定し、請求を認容した（判例評釈として、原田純孝・判タ901. 51がある）。

【実務の対応】
　この判決は、賃料自動増額特約が有効であるとしたものであり、事例判断を提供するものである。

[481] 東京地決平成7. 10. 30判タ898. 242
《事案の概要》
　X株式会社は、昭和62年9月、転貸を目的とし、8階建てビルの3階ないし8階をY株式会社から賃借していたところ、バブル崩壊等により賃料が不相当になったと主張し、賃料の減額を請求し、Yに対して減額に係る賃料額の確認、減額された賃料額に対応する敷金の返還を求める調停を申し立てた。この決定は、利回り法、スライド法によって算出された賃料に、周辺の賃貸事例を対比し、本件賃貸借契約に関する事情をも勘案し、適正な賃料額を算定し、賃料減額請求を肯定し、調停に代わる決定をした（判例評釈として、内田勝一・判タ918. 242がある）。

【実務の対応】
　この決定は、賃借人の賃料減額請求が調停において問題になった事案について、減額請求を認め、調停に代わる決定をしたものであり（民事調停法17条）、事例判断を提供するものである。

[482] 東京地判平成8. 3. 26判時1579. 110、判タ923. 255
《事案の概要》
　不動産業者であるX株式会社は、平成4年4月、Y1ないしY3とそれぞ

れが建築し、区分所有するマンションの専有部分につき賃貸期間を4年とし、転貸を目的とし、賃料は2年ごとに通常は4％の増額率とし、物価の変動等の諸事情により賃料が不相当となったときは、協議の上改定することができる旨の特約で賃借したところ、不動産不況により転貸借料が下落したことから、Xが平成6年7月から賃料の減額を請求し、Y1らが特約による増額に係る賃料を主張したため、Xが減額に係る賃料額の確認、Y1らが反訴として特約による賃料額の確認を請求した。この判決は、賃料が約10％下落しているとし、この程度の低下は本件賃貸借契約の特殊性に鑑み、Xにおいて負担すべき危険であるし、本件賃料改定特約は本件の事情の下では適用されないとし、本訴請求、反訴請求を棄却した。

【実務の対応】
この判決は、賃料自動増額特約のある借家において賃借人が賃料減額の意思表示をした事案について、この事案の事情からこの特約の適用を否定した事例判断を提供するものである。

[483] 京都地判平成8．5．9判時1582．118、判タ927．151
《事案の概要》
X1は、昭和61年5月、Y株式会社からマンションの一室を賃借し、その後2年ごとに契約更新し、X2は、昭和57年7月、Yから本件マンションの一室を賃借し、同様に契約更新し、X3は、昭和59年9月、Yから本件マンションの一室を賃借し、同様に契約更新し、X4は、平成3年2月、Yから本件マンションの一室を賃借し、同様に契約更新していたところ、Yが平成6年にそれぞれ賃料増額請求をしたのに対し、X1らが賃料減額請求をしたため、X1らがYに対して減額に係る賃料の確認を請求し、YがX1らに対して反訴として増額に係る賃料の確認を請求した。この判決は、スライド法、差額配分法、利回り法を5対3対2の割合で考慮し、X4の賃料減額請求には一部理由があるとし、適正賃料を算定し、その余の関係では従前賃料が不相当となったとはいえないとし、X4の本訴請求を認容し、その余のX1らの本訴請求を棄却し、Yの反訴請求を棄却した。

【実務の対応】
この判決は、賃貸人が賃料増額請求をし、賃借人らが賃料減額請求をした事

案について、一部の賃借人の減額請求による減額を認め、その余の減額、増額を否定したものであり、事例判断を提供するものである。

[484] 東京地判平成 8. 6. 13 判時 1595. 87、判タ 933. 266
《事案の概要》
　X株式会社は、昭和43年、ビルを建築し、本社ビルとして使用していたが、業績不振となり、本社を他に移転させ、ビルを改修した上、平成3年ころ、ビルを賃貸することとし、Y株式会社と交渉し、平成3年11月、基本合意書を取り交わし、平成4年2月、賃料の改定は、2年ごとに行い、5％増額する旨の特約でYに賃貸したところ（サブリースであった）、Yが平成6年9月に賃料の減額請求をするなどしたため、Xが契約どおりの賃料の支払いを請求したのに対し、Yが反訴として減額に係る賃料額の確認を請求した。この判決は、鑑定額よりも高額の賃料を適正賃料額とし、Xの本訴請求を一部認容し、Yの反訴請求を一部認容した。

【実務の対応】
　この判決は、賃料自動増額特約のあるサブリースにおいて賃借人が賃料減額請求をした事案について、特約の効力を認めるとともに、減額請求による賃料額を算定したものであり、事例判断を提供するものである。

[485] 東京地判平成 8. 7. 16 判時 1604. 119
《事案の概要》
　X有限会社は、Y有限会社から木造の建物を賃料月額65万円、保証金1億円で賃借したが、契約時に保証金内金6000万円しか支払うことができず、残額の支払いまで賃料月額を110万円とする合意をし、アダルトビデオの販売店舗として使用していたところ、その後、保証金2000万円を支払ったものの、賃料月額は110万円のままであったこと、近隣の店舗の賃料が大きく低下したこと等から、Xが賃料、保証金の減額請求をし、減額に係る賃料、保証金の確認等を請求した。この判決は、鑑定に従って適正な賃料額を算定し、賃料確認請求の一部を認容したものの、保証金については借地借家法32条の適用はないとし、保証金確認請求は棄却した。

【実務の対応】
　この判決は、賃借人が賃料、保証金の減額請求をした事案について、減額請求に係る賃料額を算定したが、保証金につき借地借家法32条の適用はないとしたものであり、事例判断として参考になるものである。

[486] 東京地判平成8．10．28判時1595．93、金融法務事情1473．39
《事案の概要》
　不動産業者であるＸ株式会社は、平成3年4月、Ａ、Ｂらからビルを賃貸期間を10年間とし、賃料を2年ごとに6％増額する特約で、第三者に転貸することを目的として賃借し、Ａらは、平成4年3月、Ｙ株式会社に賃貸人の地位を譲渡し、Ｘらとの間で、Ｙが従来の賃貸人の権利義務を承継し、賃貸期間を平成4年4月から10年間とすることに合意していたところ、入居者が少なかったことから、平成5年2月、暫定的な賃料の合意をし、Ｘが平成6年10月に賃料減額請求をし、平成6年11月、調停を申し立てたものの、不調に終わったため、ＸがＹに対して減額に係る賃料の確認等を請求した。この判決は、サブリースにつき借地借家法32条が適用されるとし、賃料自動増額特約があっても、賃料が不相当になれば減額請求ができるとし、サブリースであること等を考慮して適正賃料を算定し、請求を一部認容した。
【実務の対応】
　この判決は、賃料自動増額特約のあるサブリースにおいて賃借人が賃料減額請求をした事案について、借地借家法32条の適用を肯定した上、この特約があっても、賃借人が減額請求することができるとし、減額に係る賃料額を算定したものであり、事例判断を提供するものである。

[312] 東京地判平成8．11．19判時1619．99
《事案の概要》
　Ａ株式会社は、マンションの各室を所有していたが、Ｙ1株式会社、Ｙ2株式会社らにその使用収益を認め、その対価としてＹらが取得原価相当額の保証金を預託し、月々の管理費を支払う旨の契約を締結していたところ、Ａがその所有権をＸ株式会社に譲渡し、Ｘが賃料増額の意思表示をし、増額後の賃料

額の確認を請求した。この判決は、この契約が賃貸借契約に当たらず、借家法7条1項の適用、類推適用を否定し、請求を棄却した(判例評釈として、石黒清子・判評473.28がある)。

【実務の対応】
　この判決は、賃料増額の意思表示をした事案について、契約が借家契約に当たらないとし、借家法7条1項の適用、類推適用を否定したものであり、事例判断を提供するものである。

[422] 最三判平成9.2.25民集51.2.398、判時1599.69、判タ936.175、金融法務事情1487.51、金融・商事判例1019.3

《事案の概要》
　前記の[423]東京地判平成5.3.22判時1473.73の上告審判決であり、第一審判決に対してY1らが控訴したところ、控訴審判決は控訴を棄却したため、Y1らが上告した(なお、事案のまとめかたは、この判決と第一審判決を比較すると判決文上相当に違いがある)。この判決は、賃貸借契約が転貸人の債務不履行を理由とする解除により終了した場合、賃貸人の承諾ある転貸借は、原則として賃貸人が転借人に対して目的物の返還を請求した時に転貸人の転借人に対する債務の履行不能により終了し、転借人の転貸人に対する転貸料の支払義務も終了するとし、原判決を破棄し、第一審判決を取り消し、請求を棄却した。
〈判決〉は、
「賃貸人の承諾のある転貸借においては、転借人が目的物の使用収益につき賃貸人に対抗し得る権原(転借権)を有することが重要であり、転貸人が、自らの債務不履行により賃貸借契約を解除され、転借人が転借権を賃貸人に対抗し得ない事態を招くことは、転借人に対して目的物を使用収益させる債務の履行を怠るものにほかならない。そして、賃貸借契約が転貸人の債務不履行を理由とする解除により終了した場合において、賃貸人が転借人に対して直接目的物の返還を請求したときは、転借人は賃貸人に対し、目的物の返還義務を負うとともに、遅くとも右返還請求を受けた時点から返還義務を履行するまでの間の目的物の使用収益について、不法行為による損害賠償義務又は不当利得返還義

務を免れないこととなる。他方、賃貸人が転借人に直接目的物の返還を請求するに至った以上、転貸人が賃貸人との間で再び賃貸借契約を締結するなどして、転借人が賃貸人に転借権を対抗し得る状態を回復することは、もはや期待し得ないものというほかはなく、転貸人の転借人に対する債務は、社会通念及び取引観念に照らして履行不能というべきである。したがって、賃貸借契約が転貸人の債務不履行を理由とする解除により終了した場合、賃貸人の承諾のある転貸借は、原則として、賃貸人が転借人に対して目的物の返還を請求した時に、転貸人の転借人に対する債務の履行不能により終了すると解するのが相当である。

これを本件についてみると、前記事実関係によれば、訴外会社と被上告人との間の賃貸借契約は昭和62年1月31日、被上告人の債務不履行を理由とする解除により終了し、訴外会社は同年2月25日、訴訟を提起して上告人らに対して本件建物の明渡しを請求したというのであるから、被上告人と上告人らとの間の転貸借は、昭和63年12月1日の時点では、既に被上告人の債務の履行不能により終了していたことが明らかであり、同日以降の転借料の支払を求める被上告人の主位的請求は、上告人らの相殺の抗弁につき判断するまでもなく、失当というべきである。」と判示している（判例評釈として、辻伸行・判評465. 21、吉田克己・判タ949. 57、塩崎勤・判タ978. 78、内田勝一・ジュリスト1135. 75がある）。

【実務の対応】

この判決は、原賃貸借契約が賃借人（転貸人）の債務不履行により解除され、終了した場合、転借人の転貸人に対する転貸料の支払義務を負うかが問題になった事案について、賃貸人の承諾ある転貸借は、原則として賃貸人が転借人に対して目的物の返還を請求した時に転貸人の転借人に対する債務の履行不能により終了し、転借人の転貸人に対する転貸料の支払義務も終了するとしたものであり、転貸料の支払義務に関する法理を明らかにしたものであり、借家の実務に重要な影響を及ぼすものである。

[487] 東京高判平成9. 6. 5判タ940. 280
《事案の概要》

X有限会社は、都内銀座所在の借地上の建物の地階部分をY1、1階部分を

Ｙ２株式会社、２階部分をＹ３にそれぞれ賃貸していたが、建物の敷地の賃料が急増し（土地の所有者との間の賃貸借契約においては、固定資産税及び都市計画税の税額の2.4倍とする約定があった）、近隣の建物の賃料が増加したことから、賃料増額請求をし、Ｙ１らに対して増額に係る賃料額の確認を請求した。第一審判決が不動産鑑定士の鑑定結果に従って適正賃料を算定し、請求を一部認容したため、Ｘが控訴した。この判決は、土地の賃料に関する特約が合理性があって有効である等とし、第一審判決よりも増額し、原判決を変更し、請求を認容した。

【実務の対応】
　この判決は、借地上の建物の賃貸借の賃貸人が賃料増額請求をした事案について、土地の賃料の増額を理由に増額請求の効力を認めたものであり、事例判断として参考になるものである。

[488] 東京地判平成9.6.10 判時1637.59、判タ979.230
《事案の概要》
　Ｘ株式会社は、建物の共有持分を有しているところ、平成元年12月、賃料は２年ごとに従前賃料の７％値上げする、第三者に転貸することを承諾する旨の特約で賃貸し、平成３年３月、本件建物を引き渡したが、Ｘが賃料増額を請求し、Ｙが減額請求をしたため、Ｘが増額に係る賃料額の確認を請求したのに対し、Ｙが反訴として減額に係る賃料額の確認を請求した。この判決は、賃料自動増額特約が一応の合理性があるとしたものの、事情変更の原則により効力が生じないとし、Ｙの減額請求権の行使を認め、Ｘの本訴請求を棄却し、Ｙの反訴請求を一部認容した。

【実務の対応】
　この判決は、賃料自動増額特約のある借家において、賃借人が賃料減額請求をした事案について、自動増額特約の効力を認めた上、事情変更の原則により効力の発生を否定し、減額請求権の行使を肯定したものであり、事例判断を提供するものである。

[489] 東京高判平成 10．1．20 判タ 989．114
《事案の概要》
　Xは、Yに建物を賃貸していたところ、平成6年9月、Yが従来の賃料月額13万円を9万円に減額する旨を伝え、毎月9万円を供託したため、XがYに対して賃料月額13万円であることの確認、差額（13万円と供託金額の差額）の支払い等を請求した。第一審判決は、賃料が月額10万5900円であるとし、その確認、差額の支払い、年5分の遅延損害金等の支払請求を認容したため、Yが控訴し、Xが確認請求を月額10万5900円の範囲に減縮するとともに、差額につき年1割の利息の支払いを求めて附帯控訴した。この判決は、借地借家法32条3項を限定的に解すべきであるとし、賃借人が支払った額が裁判で適正とされた額に足りない場合には適用されない等とし、Yの控訴を棄却し、Xの附帯控訴を棄却した。
【実務の対応】
　この判決は、賃借人が賃料減額請求をし、自分が主張した減額に係る賃料額を供託したときに、借地借家法32条3項但書所定の年1割の利息の支払請求ができるかが問題になった事案について、この事案が賃借人が支払った額が裁判で適正とされた額に足りない場合であり、同項が適用されないとしたものであり、同項の解釈を明らかにしたものとして参考になる。

[490] 東京地判平成 10．2．26 判時 1661．102
《事案の概要》
　Aは、土地にビルを建築しようと計画し、平成3年2月、Y株式会社を設立していたところ、不動産業を営むX株式会社が建築後のビルにつきサブリースの提案をし、平成3年10月、ビルの一部につき賃貸期間を20年とし、賃料は3年ごとに直前の賃料の10%増額を保証し、転貸を自由とする等の内容の賃貸借契約を締結し、平成4年12月、ビルの竣工によって建物を引き渡したが、Xが平成4年秋頃から再三にわたり賃料の減額を申し入れるようになり、賃料の一部しか支払わなくなり、Yから賃料の支払いを請求する訴訟を提起され、訴訟上の和解をする等したが、平成8年9月、Xが賃料の減額を請求し、減額に係る賃料額の確認、支払済の賃料の一部の返還を請求した。この

判決は、サブリース契約にも借地借家法32条の適用を肯定した上、賃借人の収支見込等の事情を考慮し、適正な賃料額を算定し、請求を一部認容した。

【実務の対応】

この判決は、賃料自動増額特約のあるサブリースにおいて賃借人が賃料減額請求をした事案について、借地借家法32条の適用を肯定した上、減額請求に係る賃料額を算定したものであり、事例判断を提供するものである。

[491] 東京地判平成10. 3. 23 判時1670. 37、判タ980. 188、金融・商事判例1050. 10

《事案の概要》

X有限会社の代表者Aは、都内に土地を所有していたところ、不動産業を営むY1株式会社の従業員からと土地上にビルを建築し、Y1の100％子会社であるY2株式会社らが転貸自由の特約、10年間の賃料保証、賃料は2年ごとに5％増額と想定する等の約定で賃借する事業方式を提案し、Xは、これを承諾し、平成3年5月、基本協定を締結し、平成4年4月、Y1との間で業務請負契約、Y2との間で賃貸借予約契約を締結する等し、平成5年4月、Y2との間で賃貸借契約を締結し（最低保証賃料額を定め、賃料の改定は2年ごととし、改定額は賃借人の転貸料の100分の90を基本とし、経済事情等の諸般の情勢を考慮して協議の上決定する旨の約定があった。また、それまでに、Y2は、バブル経済の崩壊に伴う賃貸ビル市況の悪化を理由に、予定された賃料の減額を申し入れていた）、ビルも竣工したところ、平成7年7月、Y2が賃料の減額を申し入れたが、Xがこれを拒否するところ、Y2が一部の賃料を支払わなかったため、XがY1、Y2に対して最低保証賃料額との差額の支払いを請求した（Y1との関係では、業務受託契約上の最低保証賃料額の約定に基づく請求である）。この判決は、Y2の賃料減額請求権の行使が信義則に反するとし、請求を認容した（判例評釈として、拙稿・私法リマークス19. 43がある）。

【実務の対応】

この判決は、賃料最低保証特約のあるサブリースにおいて賃借人が賃料減額請求した事案について、賃料減額請求権の行使が信義則に反するとしたものであり、賃料減額請求権の行使に新たな観点を取り入れた事例判断として参考に

なるものである。

[492] 東京地判平成 10．5．29 判タ 997．221
《事案の概要》
　X 株式会社は、平成 6 年 4 月、賃貸期間 20 年、転貸自由の特約で、ビルを最大手の不動産業者である Y 株式会社に賃貸したところ、Y が平成 9 年 11 月頃賃料減額を請求し、賃料の一部を支払わなかったため、X と Y との間で簡裁で賃料額の確定のための調停手続が係属していたが、X が差額賃料の 3 か月分の支払を請求した。この判決は、特段の事情のない限り、従前の賃料が賃貸人の相当と認める額であるとし、その支払請求権は賃料減額の意思表示の到達時に当然に発生する権利である等とし、請求を認容した。
【実務の対応】
　この判決は、賃借人が賃料減額請求をし、従前の賃料の一部の支払をしなかったことから、賃貸人が従前の賃料との差額の支払いを請求した事案について、賃借人が支払義務を負うのは、特段の事情のない限り、従前の賃料が賃貸人の相当と認める額であるとしたものであり（借地借家法 32 条 3 項本文）、相当と認める額の解釈事例を提供するものである。

[493] 福岡高判平成 10．7．30 判タ 1014．267
《事案の概要》
　X は、平成 3 年 11 月、平成 4 年 4 月から賃貸期間 15 年間、賃料月額 160 万円、賃料は 3 年ごとに 7％増額する、但し経済情勢等に著しい変動があった場合には、公租公課、物件の評価価値を考慮して双方協議の上増減できるとの特約で Y 株式会社に賃貸していたところ、平成 7 年 4 月、X が本件特約に基づく増額の意思表示をしたのに対し、Y は、減額の意思表示をし、協議が整わなかったため、X が増額に係る賃料額の確認を請求し、Y が反訴として減額に係る賃料額の確認を請求した。第一審判決は、X の本訴請求を一部認容し、Y の反訴請求を棄却したため、Y が控訴した。この判決は、特約を有効としたものの、特約の但書に該当するような事情の変更があった場合には自動増額（自動改定）は排除されると解すべきであるとし、適正賃料額を算定し、原判決を変更し、X の本訴請求を一部認容し、Y の反訴請求を棄却した。

【実務の対応】
　この判決は、賃料自動増額特約のある借家において賃借人が賃料減額請求をした事案について、この特約の但書に該当する事情の変更があったときは、この特約本文に基づく自動増額が排除されるとしたものであり、この特約の解釈事例として参考になるものである。

[494] 東京地判平成10．8．27 判時1655．138、金融・商事判例1050．27
《事案の概要》
　X株式会社は、昭和60年4月、ビルの一部を、賃料を3年ごとに15％増額する旨の特約でY株式会社に賃貸し、その後、特約に基づき増額されてきたが、平成8年3月、Yが賃料減額請求をする等し、特約に基づく増額の効果を争ったため、Xが増額に係る賃料の確認を請求したのに対し、Yが減額請求に係る賃料の確認を請求した。この判決は、賃料自動増額特約を無効とするほどの事情の変動がない等とし、特約を有効とし、Xの請求を認容し、Yの請求を棄却した（判例評釈として、市川正巳・判タ1036．18がある）。
【実務の対応】
　この判決は、賃料自動増額特約のある借家において賃借人が賃料減額請求をした事案について、この特約を無効とするほどの事情の変動がないとし、この特約の効力を認めるとともに、賃料減額請求の効果を否定したものであり、事例判断を提供するものである。

[495] 東京地判平成10．8．28 判時1654．23、判タ983．291、金融法務事情1528．44、金融・商事判例1051．3
《事案の概要》
　不動産の管理等を業とするX株式会社は、所有土地上にビルを建築し、賃貸することを企画していたところ、不動産業を営み、サブリース業を積極的に展開するY株式会社の提案を受け、昭和63年12月、賃貸借の予約をした上、平成3年4月、ビルが竣工した後、Yに引き渡し、賃貸期間を15年とし、3年ごとに賃料を10％増額する旨の特約で賃貸借契約を締結したが、Yが平成6年2月に賃料減額請求をする等したため、Xが未払賃料の支払いを請求したのに対し、Yが反訴として減額に係る賃料額の確認を請求した。この判決は、

借地借家法32条の適用を否定し、事情変更の原則も適用されないとし、特約が有効である等とし、Xの本訴請求を認容し、Yの反訴請求を棄却した（判例評釈として、石黒清子・判評484.27、山下寛・判タ1005.58、下森定・金融法務事情1563.6、1564.46、1565.57がある）。

【実務の対応】
　この判決は、賃料自動増額特約のあるサブリースにおいて賃借人が賃料減額を請求した事案について、借地借家法32条の適用を否定したこと、事情変更の原則の適用を否定したこと、賃料自動増額特約が有効であるとしたことに特徴があり、後に最高裁の判決によって否定されるものの、興味深い見解を提示したものである。

[496] 東京地判平成10.10.7判タ1020.208
《事案の概要》
　X株式会社は、昭和53年、Yからビルの一部を保証金6000万円、敷金360万円を交付して賃借し、居酒屋を営業していたところ、平成9年9月、賃料の減額請求をし、Yに対して減額に係る賃料額の確認、支払済みの賃料と減額に係る賃料額の差額の支払いを請求した。この判決は、継続実質賃料額から保証金、敷金の運用益を控除して適正賃料額を算定する合理性が認められないとし、鑑定の結果を排斥し、請求を棄却した。

【実務の対応】
　この判決は、賃借人が賃料減額請求をした事案について、減額請求の効果を否定したものであり、事例判断を提供するものである。

[497] 東京地判平成10.10.30判時1660.65、判タ988.187、
　　　金融法務事情1532.77、金融・商事判例1055.5
《事案の概要》
　不動産事業を営むX株式会社は、サブリース事業を積極的に展開していたところ、平成2年6月、Y株式会社が建築するビルを賃貸期間20年、賃料は2年ごとに8％増額等の特約による賃貸借を提案し、交渉の結果、平成3年7月、2年ごとに8％の自動増額特約等を内容とする賃貸借契約を締結し、平成7年2月、ビルが完成し、YがXに引き渡したが、Xが平成7年2月に賃料の減額

請求をし、減額請求に係る賃料額の確認を請求した（Xは、訴訟の提起後にも賃料減額請求をした）。この判決は、本件の賃料自動増額特約は賃貸期間である20年間最低賃料額の取得を保証したものであり、この特約は借地借家法32条に違反しない等とし、請求を棄却した（判例評釈として、石黒清子・判タ1005.84がある）。
【実務の対応】
　この判決は、賃料自動増額特約のあるサブリースにおいて賃借人が賃料減額請求をした事案について、賃料自動増額特約は賃貸期間である20年間最低賃料額の取得を保証したものであるとしたこと、賃料自動増額特約が借地借家法32条が適用されないとしたことに特徴があり、後に最高裁の判決によって否定されるものの、興味深い見解を提示したものである。

［498］東京高判平成10.12.3 金融法務事情1537.55
《事案の概要》
　前記の［488］東京地判平成9.6.10判時1637.59、判タ979.230の控訴審判決であり、Xが控訴し、Yが附帯控訴した。この判決は、賃料自動増額特約が一律に無効ということはできないが、事情変更の原則により、第1回目の改定時には特約の効力を失ったとはいえないものの、第2回目の改定時には特約の効力が失われた等とし、控訴及び附帯控訴に基づき原判決を変更し、Xの本訴請求を一部認容し、Yの反訴請求を一部認容した。
【実務の対応】
　この判決は、賃料自動増額特約のある借家において、賃借人が賃料減額請求をした事案について、賃料自動増額特約に事情変更の原則を適用し、特約の適用を否定したものであり、事例判断を提供するものである。

［499］東京高判平成10.12.21判時1678.86
《事案の概要》
　前記の［312］東京地判平成8.11.19判時1619.99の控訴審判決であり、Xが控訴した。この判決は、借家法7条1項の適用を排除する旨の合意があったとし、控訴を棄却した。

第4章 借家をめぐる裁判例

【実務の対応】
　この判決は、前記の第一審判決と結論は同様であるが、借家法7条1項の適用を排除する旨の合意を認めたものであり、議論を呼ぶものである。

[500] 東京高判平成10. 12. 25 金融・商事判例1071. 43
《事案の概要》
　前記の [484] 東京地判平成8. 6. 13 判時1595. 87、判タ933. 266 の控訴審判決であり、Yが控訴し、Xが附帯控訴した。この判決は、サブリース契約においても賃借人が賃料減額請求権を失うことはないなどとし、事情変更の原則により増額特約は適用されないとし、控訴、附帯控訴を棄却した。
【実務の対応】
　この判決は、賃料自動増額特約のあるサブリースにおいて賃借人が賃料減額請求をした事案について、サブリースでも賃借人の賃料減額請求権を失うことはないとし、事情変更の原則により賃料自動増額特約が適用されないとしたものであり、事例判断を提供するものである。

[501] 東京高判平成11. 2. 23 金融・商事判例1071. 36
《事案の概要》
　前記の [490] 東京地判平成10. 2. 26 判時1661. 102 の控訴審判決であり、Yが控訴し、Xが附帯控訴した。この判決は、Xに信義にもとる行為があったこと等を考慮し、減額幅を削減し、原判決を変更し、Xの請求を一部認容し、附帯控訴を棄却した。
【実務の対応】
　この判決は、賃料自動増額特約のあるサブリースにおいて賃借人が賃料減額請求をした事案について、借地借家法32条の適用を肯定した上、減額請求に係る賃料額を算定したものであるが、賃借人の賃料減額請求権の行使が信義にもとること等の事情を考慮して賃料額を算定したものであり、事例判断を提供するものである。

[502] 東京地判平成11. 6. 30 判タ1056. 213
《事案の概要》
　X株式会社は、昭和45年9月、A株式会社から建物部分を賃借し、合意更

新を繰り返していたところ、平成8年4月、Y株式会社が建物の所有権を取得し、賃貸人の地位を承継したが、Yは、平成9年6月、賃料増額請求をし、Xは、同年7月、賃料減額請求をしたため、Xが減額に係る賃料額、共益費の確認を主位的、予備的に請求し（甲事件）、Yが増額に係る賃料額の確認を請求した（乙事件）。この判決は、鑑定の結果が相当であるとし、Xの主位的請求、予備的請求を棄却し、Yの請求を一部認容した。

【実務の対応】
　この判決は、賃借人が賃料減額請求をし、賃貸人が賃料増額請求をした事案について、減額請求の効果を否定し、増額請求の効果を認めたものであり、事例判断として参考になるものである。

[503] 東京地判平成11. 7. 26 判タ1018. 267
《事案の概要》
　Y株式会社は、土地を所有しており、建物を建築し、一括して賃貸するサブリース事業を行うことを企画し、賃借人を募ったところ、複数の応募者の中から賃貸条件が良かったX株式会社と交渉し、覚書を取り交わす等した後（賃貸期間20年間、転貸自由、最低賃料額の保証等の特約があった）、建物の建築をA株式会社に発注し、平成5年2月頃、賃貸借の予約をしたが、賃料相場の下落から、Xが賃料、敷金の減額を通知する等し、建物の完成後、平成6年4月、YがXに建物を引き渡したものの、減額に係る賃料等しか支払わなかったため、Xが減額に係る賃料額の確認を請求し、Yが約定どおりの賃料額の確認、差額の支払いを請求した。この判決は、相当賃料額の算定に当たりサブリースであることを斟酌して算定し、Xの請求を一部認容し、Yの請求を一部認容した。

【実務の対応】
　この判決は、サブリースにおいて賃借人が賃料減額請求をした事案について、サブリースであることを斟酌して賃料額を算定したものであり、事例判断を提供するものである。

[504] 東京高判平成 11．10．6 金融・商事判例 1079．26
《事案の概要》
　前記の［494］東京地判平成 10．8．27 判時 1655．138、金融・商事判例 1050．27 の控訴審判決であり、Yが控訴した。この判決は、賃料自動増額特約が事情変更の原則によって失効したとはいえないし、減額請求権を行使することは信義則に反して許されないとし、控訴を棄却した。
【実務の対応】
　この判決は、賃料自動増額特約のあるサブリースにおいて賃借人が賃料減額請求をした事案について、事情変更の原則による失効を否定したこと、減額請求権の行使が信義則に反するとしたことに特徴があり、事例判断として参考になるものである。

[505] 東京高判平成 11．10．27 判時 1697．59、判タ 1017．278、
　　　金融・商事判例 1079．12
《事案の概要》
　前記の［497］東京地判平成 10．10．30 判時 1660．65、判タ 988．187、金融法務事情 1532．77、金融・商事判例 1055．5 の控訴審判決であり、Xが控訴した。この判決は、契約締結当時の経済事情が著しく変更し、賃料が不当に高額になるなどの特段の事情がある場合には、借地借家法 32 条に基づき賃料減額請求権を行使することができるとし、鑑定の結果による賃料額と従前の賃料の差額の 3 分の 2 を賃借人の負担とするのが相当であるとし、原判決を変更し、請求を一部認容した。
【実務の対応】
　この判決は、賃料自動増額特約のあるサブリースにおいて賃借人が賃料減額請求をした事案について、賃料減額請求権の行使は契約締結当時の経済事情が著しく変更し、賃料が不当に高額になるなどの場合に認められるとし、借地借家法 32 条所定の要件を限定した上、従前の賃料と鑑定の結果の差額の 3 分の 2 を賃借人が負担すべきであるとしたものであり、それなりの工夫が感じられるが、この解釈、認定をすべき合理的な根拠に乏しいという疑問が残る（このような判断を支持する不動産鑑定の見解、手法があるかは疑問であり、「どん

ぶり勘定」的な判断というべきである)。

[506] 東京高判平成 12. 1. 25 判タ 1020. 157
《事案の概要》
　前記の [495] 東京地判平成 10. 8. 28 判時 1654. 23、判タ 983. 291、金融法務事情 1528. 44、金融・商事判例 1051. 3 の控訴審判決であり、Yが控訴し、Xが附帯控訴した。この判決は、サブリースの実質は賃貸借とは異なる事業委託的無名契約であり、当然に借地借家法の全面的適用がないとした上、同法所定の賃料減額請求権を制限する特約は無効であるとしたが、賃料自動増額特約(協議条項を含む)によって修正され、その範囲でのみ適用されるとし、値上げ率0%を求める形成権の行使がされたものであるとし、控訴、附帯控訴に基づき原判決を変更し、Xの本訴請求を棄却し、Yの反訴請求を棄却した。
【実務の対応】
　この判決は、賃料自動増額特約のあるサブリースにおいて賃借人が賃料減額請求をした事案について、サブリースは賃貸借契約ではなく、事業委託無名契約であるとしたこと、借地借家法の全面的適用がないとしたこと、同法所定の賃料減額請求権を制限する特約は無効であるとしたこと、協議条項を含む賃料自動増額特約が適用され、値上げ率0%を求める形成権が行使されたとしたこと等に特徴があるが、独自の見解の判断が展開されたものである(サブリースに事業委託の要素があることは検討に値する視点である)。

[507] 東京地判平成 12. 6. 23 金融法務事情 1610. 99
《事案の概要》
　信託銀行業を営むY株式会社は、土地の所有者から土地の信託を受けていたところ、サブリース業を営むX株式会社からサブリースの提案を受け、Xに倉庫・事務所用の建物の建築を請け負わせ、平成4年7月、賃貸期間を20年間とし、第三者に転貸し、3年ごとに賃料を7%増額するなどの内容の約定で、建物の賃貸借契約を締結し、平成8年1月、賃料を改定する合意をしたが、平成10年10月、Xが賃料の減額請求をし、Yに対して減額に係る賃料額の確認を請求した(なお、Xの請求は、反訴請求であるが、判決文からは本訴請求の内容は不明である)。この判決は、約定賃料が相当賃料に比して不当に高

額になる場合には、借地借家法32条所定の賃料減額請求の余地があり、本件では特段の事情が存在するが、サブリースとしての特質に鑑み、約定賃料と相当賃料の差額の3分の1の範囲で減額を認めるのが相当であるとし、請求を一部認容した。
【実務の対応】
　この判決は、賃料自動増額特約のあるサブリースにおいて賃借人が賃料減額請求をした事案について、賃料減額請求権の行使は約定賃料が不当に高額になる場合に認められる余地があるとしたこと、この事案につき減額請求の効力を認めたこと、サブリースの特質に鑑み、約定賃料と相当賃料の差額の3分の1の範囲で減額を認めるのが相当であるとしたことに特徴があり、それなりの工夫が感じられるが、この解釈、認定をすべき合理的な根拠に乏しいという疑問が残る。

[508] 東京地判平成12. 6. 27金融・商事判例1118. 37
《事案の概要》
　X株式会社は、地域の再開発事業を行い、地権者であるYらの協力を得て、ビルを建築し、Yは、建物の一部につき他の者とともに共有しているが、Xに転貸自由の約定で賃貸し、Xは、テナントに転貸していたところ、数度にわたる賃料増額の改定をしたほか、Xの平成7年4月分以降の賃料についての減額請求をきっかけにして訴訟が提起され、判決で減額に係る賃料額が確定された後、Xが平成10年7月分以降の賃料につき減額請求をし、Yに対して減額に係る賃料額の確認を請求した。この判決は、本件賃貸借がサブリースに当たらないとし、減額請求を認め、相当賃料を認定し、請求を一部認容した。
【実務の対応】
　この判決は、賃借人が賃料減額請求をした事案について、サブリースであるとの主張を排斥し、減額請求に係る賃料額を算定したものであり、事例判断として参考になるものである。

[509] 東京高判平成12. 11. 2金融・商事判例1118. 34
《事案の概要》
　前記の[508]東京地判平成12. 6. 27金融・商事判例1118. 37の控訴審

判決であり、Yが控訴し、Xが附帯控訴した。この判決は、サブリースに当たらないとし、控訴、附帯控訴を棄却した。

【実務の対応】
　この判決は、賃借人が賃料減額請求をした事案について、サブリースであるとの主張を排斥し、減額請求に係る賃料額を算定したものであり、事例判断として参考になるものである。

[510] 東京地判平成13．2．26 判タ1072．149
《事案の概要》
　X有限会社は、平成9年1月、Y株式会社から賃料月額100万円で建物を賃借したが、同年10月、賃料減額請求をし、調停を申し立て、調停が不調になり、訴訟を提起し、平成11年8月、建物の賃料が平成9年9月から月額61万9100円であることを確認する旨の判決が言い渡され、Yが控訴し、他方、Yは、賃料不払いを理由に本件賃貸借契約を解除し、建物の明渡しを請求する訴訟を提起し、平成10年11月、Yの請求を認容する判決が言い渡され、Xが控訴したところ、Xの提起に係る訴訟の控訴審において、平成11年12月、平成9年9月から月額賃料を80万円とすること、Yは訴えを取り下げることを内容とする訴訟上の和解を成立されたが、Xは、平成12年2月、賃料減額の調停を申し立て、調停が不調になり、賃料を減額する訴訟を提起した。この判決は、前訴の和解と本件訴訟の提起は時間的に近接しており、訴訟上の和解をもって紛争を終了させた趣旨を没却するものであり、信義則に反し、権利の濫用に当たるとし、請求を棄却した。

【実務の対応】
　この判決は、賃借人が訴訟上の和解において賃料が改定された後間もなく賃料減額請求をした事案について、信義則に反し、権利の濫用に当たるとしたものであり、事例判断として参考になるものである。

[331] 東京地判平成13．3．6 判タ1077．218
《事案の概要》
　X株式会社は、JR池袋駅西口でビル賃貸業を営んでいたところ、大型駅ビル建設事業に参加し、建設されたビルに区分所有権を取得し、百貨店事業を営

むY株式会社に区分所有部分を賃貸したが、賃料額につき明示の合意をとりまとめることができなかったことから、暫定的に合意をし、Yが賃料を支払ってきたため、XがYに対して賃料額の確認を請求した。この判決は、市場価格を基準にして算定した鑑定結果の58％を加算した額が相当額であるとし、請求を認容した。

【実務の対応】
この判決は、暫定的な賃料額が合意され、正式な賃料額を決める交渉がまとまらなかったため、賃料額の確認が請求された事案について、相当額を定めたものであり、事例判断として参考になる。

[434] 東京地判平成13．3．7判タ1102．184
《事案の概要》
X株式会社は、都心部にビルを所有し、その一部で果物販売店を営業していたが、昭和58年5月、居酒屋チェーンを営業するY株式会社に本件ビルの4階部分を賃貸し、Y1の代表者Y2が連帯保証をしたところ、昭和62年、増額請求に係る賃料の支払い等を請求する訴訟を提起し、平成3年4月、賃料を増額すること、賃料に関しては平成2年6月分を基準とし、東京都庁発表の総合消費者物価指数年増加率又は年5％の増加率の何れか高い方をもとにして毎年改定すること等を内容とする訴訟上の和解が成立したところ、XがYに対して和解に基づく賃料増額、用法違反、漏水等を理由とする賃貸借契約の解除を主張し、建物の明渡し等を請求したのに対し、Yが賃料減額請求をし、反訴として減額に係る賃料の確認、過払金の返還を請求した。この判決は、和解による賃料自動増額特約の効力を認めつつ、適正賃料との乖離が24％になった改定時点では不合理な結果になるとし、その効力を否定し、賃料減額請求を認め、漏水を理由とする賃貸借契約の解除を否定し、Xの本訴請求を一部認容し、Yの反訴請求を一部認容した。

【実務の対応】
この判決は、賃料自動増額を内容とする訴訟上の和解が成立した後、賃借人が賃料減額請求をした事案について、和解による賃料自動増額特約の効力を認めたものの、この事案では適正賃料との乖離が24％になった改定時点では不合理な結果になるとし、その効力を否定したものであり、この特約の効力を限

定的に解した事例判断を提供するものである。

[511] 東京高判平成 13. 3. 28 判タ 1068. 212
《事案の概要》
　前記の[503]東京地判平成 11. 7. 26 判タ 1018. 267 の控訴審判決であり、X、Yが控訴した。この判決は、Xが賃料減額請求をしたとは認められないとし、原判決を変更し、Xの請求を棄却し、Yの請求を一部認容した。
【実務の対応】
　この判決は、サブリースにおいて賃借人が賃料減額請求をした事案について、第一審判決がサブリースであることを斟酌して賃料額を算定したのに対し、減額の意思表示がされたことを否定したものであり、事実認定の事例判断を提供するものである。

[512] 東京地判平成 13. 6. 20 判時 1774. 63
《事案の概要》
　Yが都心に土地を所有していたところ、不動産業を営むX株式会社がビルの建築、サブリースによる共同事業を勧誘し、平成 5 年 3 月、賃貸期間を 10 年とし、賃料保証をする等の内容の合意を締結し、その後、ビルを建築し、区分所有建物の専有部分を区分所有し、平成 7 年 3 月、専有部分につき転貸自由とする約定でXに賃貸し、本件専有部分を引き渡したものの、賃料額等の最終合意をすることができず、契約書を取り交わすことができず、同年 7 月、暫定的に賃料額を定め、賃料減額の協議をすることになったが、協議が調わず、調停を経ても不調となったため、XがYに対して賃料減額請求に係る賃料額の確認、過払金の返還を請求したのに対し、Yが反訴として賃料保証額の確認等を請求した。この判決は、賃料保証に関する合意の効力を認め、本件の事情の下ではXの賃料減額請求権の行使は、その要件を満たさないものである等とし、Xの本訴請求を棄却し、Yの反訴請求を認容した。
【実務の対応】
　この判決は、賃料保証の特約のあるサブリースにおいて暫定的な賃料が合意されたものの、最終合意に至らなかったときに、賃借人が賃料減額請求をした事案について、賃料保証の特約の効力を認め、賃料減額請求の要件を満たさな

いとし、減額請求権の行使を否定したものであり、事例判断を提供するものである。

[513] 東京高判平成 14．3．5 判時 1776．71
《事案の概要》
　前記の [512] 東京地判平成 13．6．20 判時 1774．63 の控訴審判決であり、Xが控訴し、Yが附帯控訴した。この判決は、転貸を目的とする賃貸借の解約につき制限が認められないとし、借地借家法 32 条の賃料減額請求権、事情変更の原則による賃料減額請求権を否定し、Xの控訴を棄却し、Yの附帯控訴に基づき原判決を変更し、請求を認容した。
【実務の対応】
　この判決は、賃料保証の特約のあるサブリースにおいて暫定的な賃料が合意されたものの、最終合意に至らなかったときに、賃借人が賃料減額請求をした事案について、賃料保証の特約の効力を認めた上、借地借家法 32 条所定の賃料減額請求権の行使、事情変更の原則による賃料減額請求権の行使を否定したものであり、事例判断を提供するものである。

[514] 東京地判平成 14．7．16 金融法務事情 1673．54
《事案の概要》
　X１、X２ら（22 名）は、それぞれ地域に土地を所有していたところ、Y株式会社、A株式会社とともに、X１らが建物を建築し、Aが建物の建築請負をし、Yが建物を賃借する等の内容の共同事業を行う協定を締結し、X１、X２ら（21 名）とYは、平成 3 年 12 月、建物の一括賃貸借の予約をし、建物の竣工とともに賃貸期間を 20 年間とする賃貸借契約が成立したが、平成 10 年 11 月、Yが賃料減額請求をしたことから、X１、X２ら（5 名）を除いた賃貸人は減額に同意したが、X１、X２らがこれに同意せず、Yに対して従前の賃料との差額の支払いを請求した。この判決は、共有建物の賃料減額の合意は、共有者過半数の同意では足りず、共有者全員の同意が必要であるとし、請求を認容した。
【実務の対応】
　この判決は、多数の者が共有する建物の賃貸借において賃借人が賃料減額請

求をし、一部の共有者（賃貸人）と減額に係る合意をしたが、他の共有者らが合意の効力を否定し、賃料の差額等の支払いを請求した事案について、共有建物の賃料減額の合意は、共有者過半数の同意では足りず、共有者全員の同意が必要であるとしたものであり（民法 251 条、252 条参照）、関係する民法の規定の解釈を明らかにし、共有建物の賃貸借の実務に影響する判断を示したものである。

[515] さいたま地判平成 14. 8. 30 金融・商事判例 1164. 47
《事案の概要》
　Aは、土地を所有していたところ、X株式会社が土地上にAにおいてXの仕様の駐車場付建物（店舗）を建築し、賃借することを合意したが、その後、Xの都合により、店舗ではなく、健康センター（公衆浴場）を営業することになり、平成 6 年 11 月、土地にXの仕様の建物につき賃貸借の予約契約が締結され、Aが建物を建築し、平成 7 年 7 月、賃料が土地若しくは建物に対する公租公課、土地若しくは建物の価格、その他の経済事情の変動により、又は近傍同種の建物の賃料に比較して著しく不相当となったときは賃料の改定につき協議をする旨の特約で賃貸したところ、平成 11 年 7 月、XがY（Aの死亡後、Aを相続した）に賃料の減額を請求し、減額に係る賃料額の確認を請求した。この判決は、前記特約の効力を認め、賃料が著しく不相当となったとはいえないとし、請求を棄却した。

【実務の対応】
　この判決は、賃料改定を限定する特約があり、賃借人の特殊な仕様で建物が建築され、賃貸借されたところ、賃借人が賃料減額請求をした事案について、特約の効力を認め、特約の要件を満たしていないとし、減額請求の効力を否定したものであり、事例判断として参考になるものである。

[516] 東京高判平成 15. 2. 13 金融・商事判例 1164. 42、金融法
　　　　務事情 1672. 32
《事案の概要》
　前記の [515] さいたま地判平成 14. 8. 30 金融・商事判例 1164. 47 の控訴審判決であり、Xが控訴した。この判決は、建物の汎用性が限定されている

ときは、借地借家法32条の規定にかかわらず、賃料改定を限定する特約が有効であるとし、控訴を棄却した。
【実務の対応】
　この判決は、賃料改定を限定する特約があり、賃借人の特殊な仕様で建物が建築され、賃貸借されたところ、賃借人が賃料減額請求をした事案について、特約の効力を認め、特約の要件を満たしていないとし、減額請求の効力を否定したものであり、事例判断として参考になるものである。

[517] 東京地八王子支部判平成15. 2. 20 判タ1170. 217、金融・商事判例1169. 51
《事案の概要》
　Y株式会社は、鉄道事業を営むA株式会社から駅周辺の土地を賃借し、建物（ターミナルビル）を建築し、平成元年2月、その店舗部分の半分を百貨店事業を営むX株式会社に賃貸し、Xが建物のキーテナントとして店舗を営業していたところ、平成12年1月、賃料減額を請求したため、XがYに対して減額に係る賃料額の確認を請求した。この判決は、賃料が不相当になったことを認め、適正賃料額を算定し、請求を認容した。
【実務の対応】
　この判決は、駅ビルのキーテナントである賃借人が賃料減額請求をした事案について、減額請求に係る賃料額を算定した事例判断を提供するものである。

[518] 東京地判平成15. 3. 31 判タ1149. 307、金融・商事判例1165. 27
《事案の概要》
　不動産の賃貸業を営むX株式会社は、平成7年1月、ビルの大部分を大手の不動産業者であるY株式会社に、転貸自由、約定の賃料額（増額）又は転貸賃料に100分の85を乗じた金額のいずれか大きい額を賃料として支払うなどの旨の特約で賃貸したところ（サブリースである）、Yは、平成13年7月、賃料減額を請求したため、XがYに対して賃料の不足分を敷金で充当し、敷金の不足が生じたと主張し、敷金の支払いを請求し、YがXに対して合意に係る賃料支払義務の不存在の確認等を請求した。この判決は、本件賃貸借契約に借地借家法32条の適用があるとし、賃料の増額特約が同条1項により無効とは

いえない等とし、特約を認め、Xの請求を認容し、Yの請求を棄却した。
【実務の対応】
　この判決は、賃料自動増額特約のあるサブリースにおいて賃借人が賃料減額請求をした事案について、借地借家法32条の適用を肯定した上、賃料自動増額特約の効力を認め、増額の効果を認めたものであり、事例判断を提供するものである。

　以上のように、賃料増額に関する特約のある借家の賃借人が賃料の減額の意思表示をした場合、特に借家がサブリースのタイプである場合（この分野で問題になるサブリースのタイプの基本的な特徴は、賃料増額を比較的容易にする特約の締結、転貸借の自由の特約であるが、このほかにも建物の建築の際から賃借人が様々に関与していること、賃料と見合った融資の分割弁済、賃料保証の特約の締結、建物の全部又は大部分の賃貸借等の事情がある）における賃料減額をめぐる多数の下級審の裁判例が出され、しかも法律問題は比較的簡単であると考えられていたものの、多彩な判断が裁判例によって明らかにされてきたため、最高裁の判断が訴訟実務、借家の実務、不動産業界等において注目されていたところである。一連の最高裁の判決は、いずれも同様な内容のものであり、次のとおりであるが、最高裁の判決は、サブリースにおける賃料自動増額特約、賃料保証特約の効力は一応認めつつも、サブリースに借地借家法32条が適用されること、借地借家法32条1項の規定が強行法規であること、賃料自動増額特約によって同条項の適用を排除することができないものであること、サブリースに関する諸事情は、契約の当事者が、当初賃料額を決定する際の重要な要素となった事情であり、衡平の見地に照らし、同条項に基づく賃料減額請求の当否（同項所定の賃料増減額請求権行使の要件充足の有無）及び相当賃料額を判断する場合に、重要な事情として十分に考慮されるべきであるとしたことを明らかにしたものである。これらの一連の最高裁の判決については、サブリースに借地借家法32条が適用されるとした判断は不合理とはいえないものの、賃料自動増額特約が同条1項に反して無効であるとした判断は疑問であり、またサブリースに関する諸事情を重要な事情として十分に考慮すべきであるとした判断はこのような考慮を合理的に行うことができる不動産鑑定の基準、方法がないし、裁判官の考慮、評価の基準がないという疑問がある。サ

ブリースにおける賃借人の賃料減額請求をめぐる紛争は、その実態は必ずしも同じではないものの、多数の紛争については特約の内容、賃借人の属性、賃貸借に至る経緯、賃料減額請求に至る経緯等の諸事情をみると、少なくとも賃料減額請求権の行使が信義則に反し、あるいは権利の濫用に当たる場合もあるものであって、このような背景事情に合致した判断が合理的であるというべきである。なお、賃料の自動増額等の賃料改定特約については、その後、借地借家法の改正によって、定期建物賃貸借（定期借家）の場合には、自由に特約を交渉し、締結することができるようになっている（借地借家法 38 条 7 項）。

[519] 最三判平成 15. 10. 21 民集 57. 9. 1213、判時 1844. 37、判夕 1140. 68、金融・商事判例 1177. 4

《事案の概要》

前記の [506] 東京高判平成 12. 1. 25 判夕 1020. 157 の上告審判決であり、X、Y の双方が上告受理を申し立てた。この判決は、借地借家法 32 条 1 項は強行規定であり、賃料自動増額特約によってその適用を排除することはできず、賃料減額請求の当否、相当賃料額の判断に当たっては賃貸借契約の当事者が賃料額決定の要素とした事情を総合的に考慮し、賃料自動増額特約がされた事情等を考慮して判断すべきであるとし、原判決を破棄し、本件を東京高裁に差し戻した。

〈判決〉は、

「(1) 前記確定事実によれば、本件契約における合意の内容は、第一審原告が第一審被告に対して本件賃貸部分を使用収益させ、第一審被告が第一審原告に対してその対価として賃料を支払うというものであり、本件契約は、建物の賃貸借契約であることが明らかであるから、本件契約には、借地借家法が適用され、同法 32 条の規定も適用されるものというべきである。

本件契約には本件賃料自動増額特約が存するが、借地借家法 32 条 1 項の規定は、強行法規であって、本件賃料自動増額特約によってもその適用を排除することができないものであるから（最高裁昭和 28 年（オ）第 861 号同 31 年 5 月 15 日第三小法廷判決・民集 10 巻 5 号 496 頁、最高裁昭和 54 年（オ）第 593 号同 56 年 4 月 20 日第二小法廷判決・民集 35 巻 3 号 656 頁参照）、本件契約の当事者は、本件賃料自動増額特約が存するとしても、そのことにより直

ちに上記規定に基づく賃料増減額請求権の行使が妨げられるものではない。

　なお、前記の事実関係によれば、本件契約は、不動産賃貸等を目的とする会社である第一審被告が、第一審原告の建築した建物で転貸事業を行うために締結したものであり、あらかじめ、第一審被告と第一審原告との間において賃貸期間、当初賃料及び賃料の改定等についての協議を調え、第一審原告が、その協議の結果を前提とした収支予測の下に、建築資金として第一審被告から約50億円の敷金の預託を受けるとともに、金融機関から約180億円の融資を受けて、第一審原告の所有する土地上に本件建物を建築することを内容とするものであり、いわゆるサブリース契約と称されるものの一つであると認められる。そして、本件契約は、第一審被告の転貸事業の一部を構成するものであり、本件契約における賃料額及び本件賃料自動増額特約等に係る約定は、第一審原告が第一審被告の転貸事業のために多額の資本を投下する前提となったものであって、本件契約における重要な要素であったということができる。これらの事情は、本件契約の当事者が、前記の当初賃料額を決定する際の重要な要素となった事情であるから、衡平の見地に照らし、借地借家法32条1項の規定に基づく賃料減額請求の当否（同項所定の賃料増減額請求権行使の要件充足の有無）及び相当賃料額を判断する場合に、重要な事情として十分に考慮されるべきである。

　以上により、第一審被告は、借地借家法32条1項の規定により、本件賃貸部分の賃料の減額を求めることができる。そして、上記のとおり、この減額請求の当否及び相当賃料額を判断するに当たっては、賃貸借契約の当事者が賃料額決定の要素とした事情その他諸般の事情を総合的に考慮すべきであり、本件契約において賃料額が決定されるに至った経緯や賃料自動増額特約が付されるに至った事情、とりわけ、当該約定賃料額と当時の近傍同種の建物の賃料相場との関係（賃料相場とのかい離の有無、程度等）、第一審被告の転貸事業における収支予測にかかわる事情（賃料の転貸収入に占める割合の推移の見通しについての当事者の認識等）、第一審原告の敷金及び銀行借入金の返済の予定にかかわる事情等をも十分に考慮すべきである。」と判示している（判例評釈として、内田貴・法協121. 12. 147、ジュリスト1269. 80、金山直樹・判タ1144. 74、岡内真哉・金融・商事判例1177. 2、小野秀誠・金融・商事判例1182. 59がある）。

[520] 最三判平成 15．10．21 判時 1844．50、判タ 1140．75、金融・商事判例 1177．10

《事案の概要》

前記の［505］東京高判平成 11．10．27 判時 1697．59、判タ 1017．278、金融・商事判例 1079．12 の上告審判決であり、Y が上告受理を申し立てた。この判決は、サブリースに借地借家法 32 条が適用されるとした上、賃料減額請求の当否、相当賃料額の判断に当たっては当事者が賃料額決定の要素とした事情を総合考慮すべきである等とし、賃貸借契約の当事者は使用収益の開始前に当初賃料の増減を求めることはできないとし、第一次賃料減額請求、第二次賃料減額請求による各確認請求を認容した部分を破棄し、前者につき X の控訴を棄却し、後者につき東京高裁に差し戻した。

〈判決〉は、

「(1) 前記確定事実によれば、本件契約における合意の内容は、上告人が被上告人に対して本件賃貸部分を使用収益させ、被上告人が上告人に対してその対価として賃料を支払うというものであり、本件契約は、建物の賃貸借契約であることが明らかであるから、本件契約には、借地借家法が適用され、同法 32 条の規定も適用されるものというべきである。

本件契約には本件賃料自動増額特約が存するが、借地借家法 32 条 1 項の規定は、強行法規であって、本件賃料自動増額特約によってもその適用を排除することができないものであるから（最高裁昭和 28 年（オ）第 861 号同 31 年 5 月 15 日第三小法廷判決・民集 10 巻 5 号 496 頁、最高裁昭和 54 年（オ）第 593 号同 56 年 4 月 20 日第二小法廷判決・民集 35 巻 3 号 656 頁参照）、本件契約の当事者は、本件賃料自動増額特約が存するとしても、そのことにより直ちに上記規定に基づく賃料増減額請求権の行使が妨げられるものではない。

なお、前記の事実関係によれば、本件契約は、不動産賃貸等を目的とする会社である被上告人が、上告人の建築した建物で転貸事業を行うために締結したものであり、あらかじめ、上告人と被上告人との間で賃貸期間、当初賃料及び賃料の改定等についての協議を調え、上告人が、その協議の結果を前提とした収支予測の下に、建築資金として被上告人から 234 億円の敷金の預託を受けて、上告人の所有する土地上に本件建物を建築することを内容とするものであ

り、いわゆるサブリース契約と称されるものの一つであると認められる。そして、本件契約は、被上告人の転貸事業の一部を構成するものであり、本件契約における賃料額及び本件賃料自動増額特約等に係る約定は、上告人が被上告人の転貸事業のために多額の資本を投下する前提となったものであって、本件契約における重要な要素であったということができる。これらの事情は、本件契約の当事者が、前記の当初賃料額を決定する際の重要な要素となった事情であるから、衡平の見地に照らし、借地借家法32条1項の規定に基づく賃料減額請求の当否（同項所定の賃料増減額請求権行使の要件充足の有無）及び相当賃料額を判断する場合に、重要な事情として十分に考慮されるべきである。

　原審の上記（1）の判断は、以上の趣旨をいうものとして是認することができ、この点に関する論旨は、採用することができない。

（2）　借地借家法32条1項の規定に基づく賃料増減額請求権は、賃貸借契約に基づく建物の使用収益が開始された後において、賃料の額が、同項所定の経済事情の変動等により、又は近傍同種の建物の賃料の額に比較して不相当となったときに、将来に向かって賃料額の増減を求めるものと解されるから、賃貸借契約の当事者は、契約に基づく使用収益の開始前に、上記規定に基づいて当初賃料の額の増減を求めることはできないものと解すべきである。

　そうすると、第1次減額請求は、本件契約に基づき本件賃貸部分が被上告人に引き渡され、被上告人がその使用収益を開始する前にされたものであるから、この減額請求による賃料の減額を認めることはできない。この点をいう論旨は理由がある。」と判示している（判例評釈として、金山直樹・判タ1144. 74、岡内真哉・金融・商事判例1177. 2、小野秀誠・金融・商事判例1182. 59がある）。

[521]　最一判平成15. 10. 23判時1844. 54、判タ1140. 79、金融・商事判例1187. 21

《事案の概要》

　前記の［513］東京高判平成14. 3. 5判時1776. 71の上告審判決であり、Xが上告受理を申し立てた。この判決は、サブリースに借地借家法32条が適用されるとした上、賃料減額請求の当否、相当賃料額の判断に当たっては当事者が賃料額決定の要素とした事情を総合考慮すべきである等とし、原判決中、

Xの賃料額の確認請求等、Yの未払賃料の支払請求等の部分を破棄し、本件を東京高裁に差し戻す等した。
〈判決〉は、
「本件契約が建物賃貸借契約に当たり、これに借地借家法の適用があるという以上、特段の事情のない限り、賃料増減額請求に関する同法 32 条も本件契約に適用があるというべきである。

本件契約には賃料保証特約が存し、上告人の前記賃料減額請求は、同特約による保証賃料額からの減額を求めるものである。借地借家法 32 条 1 項は、強行法規であって、賃料保証特約によってその適用を排除することができないものであるから（最高裁昭和 28 年（オ）第 861 号同 31 年 5 月 15 日第三小法廷判決・民集 10 巻 5 号 496 頁、最高裁昭和 54 年（オ）第 593 号同 56 年 4 月 20 日第二小法廷判決・民集 35 巻 3 号 656 頁参照）、上告人は、本件契約に賃料保証特約が存することをもって直ちに保証賃料額からの減額請求を否定されることはない。

ところで、本件契約は、不動産賃貸業等を営む会社である上告人が、土地所有者である被上告人の建築したビルにおいて転貸事業を行うことを目的とし、被上告人に対し一定期間の賃料保証を約し、被上告人において、この賃料保証等を前提とする収支予測の下に多額の銀行融資を受けてビルを建築した上で締結されたものであり、いわゆるサブリース契約と称されるものの一つである。そして、本件契約は、上告人の転貸事業の一部を構成するものであり、それ自体が経済取引であるとみることができるものであり、また、本件契約における賃料保証は、被上告人が上告人の転貸事業のために多額の資本投下をする前提となったものであって、本件契約の基礎となったものということができる。しかし、このような事情は、本件契約に借地借家法 32 条が適用されないとする特段の事情ということはできない。また、本件契約に転貸借承継合意が存することによって、被上告人が解約の自由を有するということはできないし、仮に賃貸人が解約の自由を有するとしても、賃借人の賃料減額請求権の行使が排斥されるということもできない。ただし、賃料減額請求の当否や相当賃料額を判断するに当たっては、賃貸借契約の当事者が賃料額決定の要素とした事情を総合考慮すべきであり、特に本件契約においては、上記の賃料保証特約の存在や保証賃料額が決定された事情をも考慮すべきである。」と判示している（判例

560

評釈として、武智舞子・判タ 1184. 46 がある）。

[522] 東京高判平成 16. 1. 15 金融・商事判例 1184. 31
《事案の概要》
　前記の［517］東京地八王子支部判平成 15. 2. 20 判タ 1170. 217、金融・商事判例 1169. 51 の控訴審判決であり、Yが控訴した。この判決は、賃料の減額を肯定する裁判所の鑑定等には正確性に疑問があるなどとし、賃料が不相当になったとする要件が認められないとし、原判決中Yの敗訴部分を取り消し、請求を棄却した。

【実務の対応】
　この判決は、駅ビルのキーテナントである賃借人が賃料減額請求をした事案について、第一審判決が減額請求に係る賃料額を算定したのに対し、裁判所が命じた鑑定が疑問であるとした上、賃料減額請求の要件である不相当性の要件が認められないとしたものであり、裁判所の鑑定の取扱い、賃料の不相当性の判断につき事例判断として参考になるものである。

[523] 東京地判平成 16. 4. 23 金融法務事情 1742. 40
《事案の概要》
　土地を所有するY株式会社は、融資を得てオフィスビルの建築を計画し、数社から賃借の申出を受けていたところ、不動産業を営むX株式会社が賃料額を転貸借料額の 92％相当額、賃料最低保証額を月額 1 坪当たり 4 万 6000 円とする等の提案を受け、平成 5 年 2 月、本件建物につき賃貸借契約（サブリース契約）を締結したが、Xは、契約締結に先立つ平成 4 年 9 月頃から賃料の減額を申し入れ、Yがこれを拒否し、平成 7 年 12 月にも賃料の減額を申し入れたものの、拒絶されていたところ、平成 8 年 7 月、Yが融資の借換えをして金利負担を軽減し、得られた利益相当額をに支払うことによって実質的に賃料を減額する等したところ、Xが平成 13 年 9 月に賃料の減額を請求し、Yとの間で協議を行ったものの、協議が整わず、XがYに対して減額に係る賃料額の確認、超過支払額の返還を請求したのに対し、Yが反訴として賃料最低保証額の確認、未払い賃料の支払いを請求した。この判決は、借地借家法 32 条 1 項の適用を肯定し、減額請求権の行使を妨げるべき特段の事情はなく、信義則

にも反しないとし、相当賃料額を算定し、Xの本訴請求を一部認容し、Yの反訴請求のうち、確認請求に係る訴えにつき確認の利益を欠くとし、その余の請求を棄却した。

【実務の対応】
　この判決は、賃料最低保証特約のあるサブリースにおいて賃借人が賃料減額請求をした事案について、借地借家法32条1項の適用を肯定した上、信義則違反を否定して減額請求権の行使を肯定したものであり、事例判断を提供するものであるが、信義則違反を否定した判断には疑問が残る。

[524] 最二判平成16. 11. 8 判時1883. 52、判タ1173. 192、金融法務事情1747. 76、金融・商事判例1226. 52

《事案の概要》
　Y株式会社は、工場の操業を廃止し、工場敷地の利用を検討していたところ、不動産業者であるX株式会社から建物の建築、賃貸の提案を受け、平成4年2月、新築建物を転貸目的で一括賃借し、賃料を2年ごとに5％ずつ増額する賃貸の予約等を内容とする業務委託協定を締結し、Yが金融機関の融資を得て建物を建築し、平成5年3月、2年ごとに賃料を5％ずつ増額する自動増額特約、転貸自由の特約でXと賃貸借契約を締結し、平成7年4月、平成9年4月にそれぞれ増額されたが、その後、Xが賃料減額を請求したところ、Yがこれを拒否したため、XがYに対して減額に係る賃料額の確認、過払いの賃料の返還を請求したのに対し、Yが反訴として主位的に自動増額特約による賃料額の確認、未払賃料の支払い、予備的に前記協定の際の説明義務違反を主張して損害賠償を請求した。第一審判決は、賃料減額請求を肯定し、本訴請求を一部認容し、反訴請求を一部認容したため、Yが控訴した。控訴審判決は、賃料減額請求を否定し、原判決を取り消し、本訴請求を棄却し、反訴請求を認容したため、Xが上告受理を申し立てた。この判決は、サブリース契約にも借地借家法32条が適用されるとし、賃料減額請求を肯定し、適正賃料額の算定に当たっては賃料自動増額特約に係る約定の存在等の諸事情を考慮すべきである等とし、原判決中、X敗訴部分の一部を破棄し、その範囲の部分を大阪高裁に差し戻した（補足意見1名、反対意見1名がある）。

〈判決〉は、

「(1) 前記の事実関係によれば、本件契約は、被上告人が上告人に対して本件各建物部分を賃貸し、上告人が被上告人に対してその対価として賃料を支払うというものであり、建物の賃貸借契約であることが明らかであるから、本件契約には借地借家法 32 条の規定が適用されるべきものである。

借地借家法 32 条 1 項の規定は、強行法規と解されるから、賃料自動増額特約によってその適用を排除することができないものである（最高裁昭和 28 年（オ）第 861 号同 31 年 5 月 15 日第三小法廷判決・民集 10 巻 5 号 496 頁、最高裁昭和 54 年（オ）第 593 号同 56 年 4 月 20 日第二小法廷判決・民集 35 巻 3 号 656 頁、最高裁平成 14 年（受）第 689 号同 15 年 6 月 12 日第一小法廷判決・民集 57 巻 6 号 595 頁、最高裁平成 12 年（受）第 573 号、第 574 号同 15 年 10 月 21 日第三小法廷判決・民集 57 巻 9 号 1213 頁参照）。したがって、本件契約の当事者は、本件賃料自動増額条項が存することにより上記規定に基づく賃料増減額請求権の行使を妨げられるものではないから（上記平成 15 年 10 月 21 日第三小法廷判決参照）、上告人は、上記規定により、本件各建物部分の賃料の減額を求めることができるというべきである。

なお、前記の事実関係によれば、本件契約締結に至る経緯、取り分け本件業務委託協定及びこれに基づき締結された本件契約中の本件賃料自動増額特約に係る約定の存在は、本件契約の当事者が、前記の契約締結当初の賃料額を決定する際の重要な要素となった事情と解されるから、衡平の見地に照らし、借地借家法 32 条 1 項の規定に基づく賃料減額請求の当否（同項所定の賃料増減額請求権行使の要件充足の有無）及び相当賃料額を判断する場合における重要な事情として十分に考慮されるべきである。

(2) 以上によれば、本件契約への借地借家法 32 条 1 項の規定の適用を極めて制限的に解し、同項による賃料減額請求権の行使を認めることができないとして、上告人の請求を棄却し、被上告人の反訴請求中、主位的請求の一部を認容した原審の判断には、判決の結論に影響を及ぼすことが明らかな法令の違反がある。」と判示している（判例評釈として、久保尚善・判タ 1215. 58、近江幸治・金融・商事判例 1205. 2 がある）。

【実務の対応】

この判決は、賃料自動増額特約のあるサブリースにおいて賃借人が賃料減額請求をした事案について、前記の一連の最高裁の判決と同様な判断を示したも

のである。

[525] 東京高判平成 16. 12. 22 判タ 1170. 122
《事案の概要》
　前記の［521］最一判平成 15. 10. 23 判時 1844. 54、判タ 1140. 79、金融・商事判例 1187. 21 の差し戻控訴審判決である（Y は、差戻控訴審において請求を拡張した）。この判決は、サブリースに関する諸事情を考慮して減額請求権の行使を肯定し、賃料額を算定し、原判決を変更し、X の本訴請求を一部認容し、Y の附帯控訴、拡張請求を棄却した。
【実務の対応】
　この判決は、賃料自動増額特約のあるサブリースにおいて賃借人が賃料減額請求をし、控訴審判決が最高裁で破棄された後の差戻審の事案について、最高裁の判例に従って判断を示したものであり、サブリースに関する諸事情を考慮して減額請求権の行使を肯定し、賃料額を算定したものであるが、この判決の判断が合理的であり、サブリースに関する諸事情を十分に考慮し、適正な賃料額を算定したものであるか、その基準が合理的で相当であるかは十分な検証が必要である。

[526] 最一判平成 17. 3. 10 判時 1894. 14、金融法務事情 1746. 126、金融・商事判例 1226. 47
《事案の概要》
　X 株式会社は、土地を所有していたところ、食料品等の販売を業とする Y 株式会社が土地上に建築した大型スーパーを長期にわたって賃借することを計画し、建設協力金の交付を受け、Y の意向に沿った建物を建築し、平成 6 年 7 月、建物及び付属の駐車場を賃貸期間を 20 年間とし、賃料を 3 年ごとに改定する（初回の改定は 7％増額し、その後の増額は 5％とし、7％を目処にする）などの特約で賃借し（オーダーメイド賃貸と呼ばれている）、敷金 2000 万円を交付し、スーパーを営業していたところ、Y が平成 9 年 8 月、平成 12 年 10 月に賃料減額を請求し、X が増額特約による増額を主張し、紛争が生じたため、X が Y に対して未払い賃料の支払等を請求したのに対し、Y が反訴として減額に係る賃料額の確認を請求した。第一審判決は本件特約に従った賃料が

不当に高額になった場合には、賃借人が賃料減額請求権を行使することができ、本件では本件特約による賃料が高額すぎる状態になったとし、本訴請求を棄却し、反訴請求を一部認容したため、Xが控訴した。控訴審判決は本訴請求を認容し、反訴請求を棄却したため、Yが上告受理を申し立てた。この判決は、本件賃貸借は通常の建物賃貸借と異なるところはない等とし、賃料減額請求権の行使を認め、原判決を破棄し、本件を東京高裁に差し戻した

〈判決〉は、

「借地借家法32条1項の規定は、強行法規であり、賃料自動改定特約等の特約によってその適用を排除することはできないものである（最高裁昭和28年（オ）第861号同31年5月15日第三小法廷判決・民集10巻5号496頁、最高裁昭和54年（オ）第593号同56年4月20日第二小法廷判決・民集35巻3号656頁、最高裁平成14年（受）第689号同15年6月12日第一小法廷判決・民集57巻6号595頁、最高裁平成12年（受）第573号、第574号同15年10月21日第三小法廷判決・民集57巻9号1213頁、最高裁平成14年（受）第852号同15年10月23日第一小法廷判決・裁判集民事211号253頁参照）。そして、同項の規定に基づく賃料減額請求の当否及び相当賃料額を判断するに当たっては、同項所定の諸事情（租税等の負担の増減、土地建物価格の変動その他の経済事情の変動、近傍同種の建物の賃料相場）のほか、賃貸借契約の当事者が賃料額決定の要素とした事情その他諸般の事情を総合的に考慮すべきである（最高裁昭和43年（オ）第439号同44年9月25日第一小法廷判決・裁判集民事96号625頁、上記平成15年10月21日第三小法廷判決、上記平成15年10月23日第一小法廷判決参照）。

前記事実関係によれば、本件建物は、上告人の要望に沿って建築され、これを大型スーパーストアの店舗以外の用途に転用することが困難であるというのであって、本件賃貸借契約においては、被上告人が将来にわたり安定した賃料収入を得ること等を目的として本件特約が付され、このような事情も考慮されて賃料額が定められたものであることがうかがわれる。しかしながら、本件賃貸借契約が締結された経緯や賃料額が決定された経緯が上記のようなものであったとしても、本件賃貸借契約の基本的な内容は、被上告人が上告人に対して本件建物を使用収益させ、上告人が被上告人に対してその対価として賃料を支払うというもので、通常の建物賃貸借契約と異なるものではない。したがっ

て、本件賃貸借契約について賃料減額請求の当否を判断するに当たっては、前記のとおり諸般の事情を総合的に考慮すべきであり、賃借人の経営状態など特定の要素を基にした上で、当初の合意賃料を維持することが公平を失し信義に反するというような特段の事情があるか否かをみるなどの独自の基準を設けて、これを判断することは許されないものというべきである。

　原審は、上記特段の事情の有無で賃料減額請求の当否を判断すべきものとし、専ら公租公課の上昇及び上告人の経営状態のみを参酌し、土地建物の価格等の変動、近傍同種の建物の賃料相場等賃料減額請求の当否の判断に際して総合考慮すべき他の重要な事情を参酌しないまま、上記特段の事情が認められないとして賃料減額請求権の行使を否定したものであって、その判断は借地借家法32条1項の解釈適用を誤ったものというべきである。」と判示している（判例評釈として、吉政知広・民商133．1．198、塩崎勤・判タ1215．56、中村肇・金融・商事判例1226．2がある）。

【実務の対応】
　この判決は、賃料自動増額特約のある賃借人の仕様に沿った建物を建築し、賃貸借したところ、賃借人が賃料減額請求をした事案について、賃料減額請求権の行使を肯定したものであるが、賃貸借の経緯、建物の仕様、特約の内容等の諸事情を考慮すると、この判断への疑問は払拭できないものである。

［527］東京地判平成17．3．25判タ1219．346
《事案の概要》
　香港法人であるX会社は、国際的な金融グループに属する会社であるが、不動産の賃貸等を業とするY株式会社からオフィスビルの一部を順次賃貸期間を2年間として賃借し、更新をしていたところ、平成13年12月、平成14年2月以降の賃料につき減額請求をし、その後、順次建物部分を明け渡し、Yに対して減額に係る賃料額と支払額の差額の支払いを請求した。この判決は、適正賃料の鑑定の結果を一部修正する等して適正賃料を算定し、請求を一部認容した。

【実務の対応】
　この判決は、賃料減額請求に係る賃料額を算定した事例判断を提供するものである。

[528] 東京地判平成 18. 3. 24 判タ 1262. 233、金融・商事判例 1239. 12

《事案の概要》

　旧国鉄の跡地を管理するA清算事業団は、新宿駅南口跡地の利用につき不動産変換ローン方式により、一棟貸しで百貨店として賃貸することを計画し、平成3年11月、百貨店事業を営むX株式会社が賃借人候補者として内定し、Aの全額出資によって設立されたY株式会社が複数の投資家から資金を調達し、建物建設、建物賃貸、共有持分権の譲渡等を行うこととし、平成4年6月、XとYは、着工時期、開店予定時期、賃料、賃料の増額内容、保証金等につき覚書を取り交わし、Xの子会社であるB株式会社(後日、Xに吸収合併されたものであり、Xと表示する)は、平成8年9月、Yとの間で、賃貸人をY、賃借人をBとし、賃貸期間を平成8年10月から20年間とし、3年ごとに賃料を毎回12%を目標として協議して改定する旨の特約で本件建物の賃貸借契約を締結し、敷金、保証金を交付したところ、その後、BとYは、平成11年9月、同年10月の賃料改定に当たっては現行賃料を据え置くこととし、次回の改定費を平成14年10月とし、BとXは、平成14年9月、Yに対して賃料減額を請求し、他方、Yは、12%の増額を求める等したため、XがYに対して減額に係る賃料額の確認等を請求し(甲事件)、YがXに対して増額に係る賃料額の確認、差額賃料の支払を請求した(乙事件)。この判決は、不動産変換ローンの一環として締結された賃貸借に係る契約に借地借家法32条が適用され、適正賃料を算定し、甲事件のXの請求を一部認容し、乙事件のYの請求を棄却した。

【実務の対応】

　この判決は、賃料増額特約のある不動産変換ローン方式による賃貸借に係る契約において賃借人が賃料減額請求をした事案について、借地借家法32条を適用し、減額請求に係る賃料額を算定したものであり、事例判断を提供するものである。

[529] 東京地判平成 18．8．31 金融・商事判例 1251．6
《事案の概要》
　Xは、平成元年 11 月、Y株式会社が建築予定のビルの共有持分を取得し、Yに賃貸し、転貸事業の収益を取得する等の合意をし、平成 2 年 9 月、本件ビルの一部の共有持分をYから購入するとともに、Yに目的を転貸収益事業、賃料を転借料の 70％相当額に改定する等の特約で賃貸し、平成 16 年 7 月、受領する転借料に増減が生じた場合にはその時点から連動して賃料を改定する、空室が生じた場合には転借料の 60％を空室の賃料とする等の内容の変更契約を締結していたところ、YがA、Bにフリーレント（一定の期間、賃料を零円とする特約）で転貸し、その分の賃料を支払わなかったため、XがYに対して未払いの賃料の支払いを請求した。この判決は、フリーレントの特約は賃貸人に対抗することができないが、本件では賃貸人に著しい不利益が生じない特段の事情があるとし、賃貸人に対抗することができるとし、請求を棄却した。

【実務の対応】
　この判決は、転貸料に連動して賃料を改定する特約のある借家において賃借人（転貸人）がフリーレントで転貸し、その分の賃料の支払いをしなかった事案について、原則としてフリーレントの特約は賃貸人に対抗することができないとしたこと、例外的に賃貸人に著しい不利益が生じない特段の事情がある場合には対抗することができるとしたこと、この事案では特段の事情があるとし、フリーレントの特約を賃貸人に対抗することができるとしたことに特徴があり、事例判断として参考になるものである。

[530] 大阪地判平成 19．6．15 判タ 1287．244
《事案の概要》
　X株式会社は、平成 12 年 11 月、大阪市内の中心街に所在する地下 3 階、地上 9 階建ての商業ビルの 9 階部分を飲食店舗を目的とし、賃貸期間を 3 年間とし、賃料月額 58 万 3800 円としてY株式会社に賃貸したところ、平成 15 年 11 月、平成 16 年 2 月以降の賃料を月額 116 万 7600 円に増額する旨の意思表示をしたが、Yがこれに応じなかったため、XはYに対して増額に係る賃料額の確認等を請求した。この判決は、Xの主張に係る賃料改訂の特約の存在

を否定し、鑑定に従って賃料額を月額 89 万 2000 円が相当であるとし、請求を一部認容した。

【実務の対応】

この判決は、賃料増額請求に係る賃料額を算定した事例判断を提供するものである。

[531] 大阪高判平成 20. 4. 30 判タ 1287. 234

《事案の概要》

前記の [530] 大阪地判平成 19. 6. 15 判タ 1287. 244 の控訴審判決であり、X、Y の双方が控訴した。この判決は、賃料増額を認める経済事情の変動はないが、当初の賃料が他のテナントよりも低額とし、X が 3 年後に賃料増額を要請していたことを考慮し、増額請求を認めた上、鑑定を一部修正し、賃料額を月額 77 万 8400 円が相当であるとし、Y の控訴等に基づき原判決を変更し、請求を一部認容した。

【実務の対応】

この判決は、賃料増額を認める経済事情の変動はないものの、当初の賃料が他のテナントより低額であったこと等の事情を考慮し、増額請求の効力を認めたものであり、事例判断として参考になるものである。

[532] 東京地判平成 22. 2. 15 判タ 1333. 174

《事案の概要》

Y 公社は、A が建築し、所有する建物につき特定優良賃貸住宅の供給の促進に関する法律で定める特定優良賃貸住宅として借り上げ、都民住宅として賃貸する、A、B 都と協議の上家賃を定める、借上料（本件家賃）は家賃の総額と同額とする、2 年ごとに協議の上家賃の額を変更でき、このときは本件家賃も変更されるなどの特約で都民住宅一括借上契約を締結し、家賃の総額が定められ、その後、減額の合意がされたが、本件家賃の額につき Y と A の死亡により相続した X との間で協議が調わない等の事態が生じたため、Y が本件賃料の減額の意思表示をし、減額に係る賃料しか支払わなかったことから、X が Y に対して減額との差額の支払いを請求し、Y が反訴として減額に係る賃料額の確認を請求した。この判決は、本件賃貸借契約には借地借家法 32 条が適用される

とし、適正な賃料額を算定し、本訴請求、反訴請求をそれぞれ一部認容した。
【実務の対応】
　この判決は、都民住宅の借上げにおける減額請求に係る賃料額の算定事例として参考になるものである。

[533] 広島地判平成 22．4．22 金融・商事判例 1346．59
《事案の概要》
　本件建物は都市再開発事業として建築されたものであり、大型店舗であるところ、Ｘ株式会社は、Ａ市、Ｂ商工会等が出資して設立された会社であり、Ｙ株式会社は、四国でチェーンストアを展開する事業者であるところ、Ｙが本件建物の中核テナントとして賃借することになり、平成 16 年 7 月、賃貸期間を開店日から 25 年間とし、賃料月額 3576 万 6666 円、敷金及び保証金 17 億 6840 万円、賃料は経済情勢の変化・公租公課・本件建物におけるＹの経営状況、Ｘの借入金返済状況等を勘案し、3 年ごとに協議の上改定する、開店日における賃料及び改定された賃料は 3 年間据え置くなどの特約で賃貸したところ、Ｘは、平成 19 年 8 月、賃料増額の意思表示をし、協議がととのわなかったため、Ｙに対して増額に係る賃料額の確認等を請求した。この判決は、本件特約が協議条項を定めたものであるとし、当初の賃料額が低廉であったとしても、増額の要件が認められないとし、請求を棄却した。
【実務の対応】
　この判決は、賃料増額の意思表示がされたものの、増額の要件を否定したものであり、事例判断を提供するものである。

No, 11
敷　金

　敷金は、建物の賃貸借契約に附随して賃借人から賃貸人に交付される金銭であり（金銭の所有権が移転すると解されている）、賃借人が賃貸借契約上負う債務を担保するものであり、建物の明渡し後、債務を控除した残額が賃借人に返還されるものと解され、現にそのように取り扱われている（敷金の交付は、建物の賃貸借契約とは異なる敷金交付契約に基づくものであるが、建物の賃貸借契約とは密接な関係がある）。敷金は、事業用の建物の賃貸借であっても、居住用の建物の賃貸借であっても、ともに利用されているが、地域、建物の種類・規模等の事情によって敷金の額が異なる（敷金の額は、月額賃料の何か月分のものとして合意されることが多い）。

　敷金に関する重要な最高裁の判例はいくつかあるが、例えば、最二判昭和48. 2. 2民集27. 1. 80、判時704. 44、判タ294. 337、金融法務事情677. 45、金融・商事判例353. 5は、「思うに、家屋賃貸借における敷金は、賃貸借存続中の賃料債権のみならず、賃貸借終了後家屋明渡義務履行までに生ずる賃料相当損害金の債権その他賃貸借契約により賃貸人が賃借人に対して取得することのあるべき一切の債権を担保し、賃貸借終了後、家屋明渡がなされた時において、それまでに生じた右の一切の被担保債権を控除しなお残額があることを条件として、その残額につき敷金返還請求権が発生するものと解すべきであり、本件賃貸借契約における前記条項もその趣旨を確認したものと解される。しかしながら、ただちに、原判決の右の見解を是認することはできない。すなわち、敷金は、右のような賃貸人にとつての担保としての権利と条件付返還債務とを含むそれ自体一個の契約関係であつて、敷金の譲渡ないし承継とは、このような契約上の地位の移転にほかならないとともに、このような敷金に関する法律関係は、賃貸借契約に付随従属するのであつて、これを離れて独立の意

571

義を有するものではなく、賃貸借の当事者として、賃貸借契約に関係のない第三者が取得することがあるかも知れない債権までも敷金によつて担保することを予定していると解する余地はないのである。したがつて、賃貸借継続中に賃貸家屋の所有権が譲渡され、新所有者が賃貸人の地位を承継する場合には、賃貸借の従たる法律関係である敷金に関する権利義務も、これに伴い当然に新賃貸人に承継されるが、賃貸借終了後に家屋所有権が移転し、したがつて、賃貸借契約自体が新所有者に承継されたものでない場合には、敷金に関する権利義務の関係のみが新所有者に当然に承継されるものではなく、また、旧所有者と新所有者との間の特別の合意によつても、これのみを譲渡することはできないものと解するのが相当である。このような場合に、家屋の所有権を取得し、賃貸借契約を承継しない第三者が、とくに敷金に関する契約上の地位の譲渡を受け、自己の取得すべき賃借人に対する不法占有に基づく損害賠償などの債権に敷金を充当することを主張しうるためには、賃貸人であつた前所有者との間にその旨の合意をし、かつ、賃借人に譲渡の事実を通知するだけでは足りず、賃借人の承諾を得ることを必要とするものといわなければならない。」と判示しているものが参考になる（判例評釈として、星野英一・法協92．2．161、石外克喜・民商69．3．548、幾代通・判評179．17、水本浩＝浦川道太郎・判タ299．89、賀集・金融法務事情697．15、石田喜久夫・ジュリスト565．60がある）。

　また、最一判昭和49．9．2民集28．6．1152、判時758．45、判タ315．220、金融法務事情738．37、金融・商事判例453．7は、「期間満了による家屋の賃貸借終了に伴う賃借人の家屋明渡債務と賃貸人の敷金返還債務が同時履行の関係にあるか否かについてみるに、賃貸借における敷金は、賃貸借の終了後家屋明渡義務の履行までに生ずる賃料相当額の損害金債権その他賃貸借契約により賃貸人が賃借人に対して取得することのある一切の債権を担保するものであり、賃貸人は、賃貸借の終了後家屋の明渡がされた時においてそれまでに生じた右被担保債権を控除してなお残額がある場合に、その残額につき返還義務を負担するものと解すべきものである（最高裁昭和46年（オ）第357号同48年2月2日第二小法廷判決・民集27巻一号80頁参照）。そして、敷金契約は、このようにして賃貸人が賃借人に対して取得することのある債権を担保するために締結されるものであつて、賃貸借契約に附随するものではあるが、

賃貸借契約そのものではないから、賃貸借の終了に伴う賃借人の家屋明渡債務と賃貸人の敷金返還債務とは、一個の双務契約によつて生じた対価的債務の関係にあるものとすることはできず、また、両債務の間には著しい価値の差が存しうることからしても、両債務を相対立させてその間に同時履行の関係を認めることは、必ずしも公平の原則に合致するものとはいいがたいのである。一般に家屋の賃貸借関係において、賃借人の保護が要請されるのは本来その利用関係についてであるが、当面の問題は賃貸借終了後の敷金関係に関することであるから、賃借人保護の要請を強調することは相当でなく、また、両債務間に同時履行の関係を肯定することは、右のように家屋の明渡までに賃貸人が取得することのある一切の債権を担保することを目的とする敷金の性質にも適合するとはいえないのである。このような観点からすると、賃貸人は、特別の約定のないかぎり、賃借人から家屋明渡を受けた後に前記の敷金残額を返還すれば足りるものと解すべく、したがつて、家屋明渡債務と敷金返還債務とは同時履行の関係にたつものではないと解するのが相当であり、このことは、賃貸借の終了原因が解除（解約）による場合であつても異なるところはないと解すべきである。」と判示しているのも参考になる（判例評釈として、北村一郎・法協93. 5. 806、金山正信・民商73. 1. 63、浜田稔・判評195. 25がある）。

なお、最一判昭和44. 7. 17民集23. 8. 1610、判時569. 39、判タ239. 153、金融商事175. 10が「思うに、敷金は、賃貸借契約終了の際に賃借人の賃料債務不履行があるときは、その弁済として当然これに充当される性質のものであるから、建物賃貸借契約において該建物の所有権移転に伴い賃貸人たる地位に承継があつた場合には、旧賃貸人に差し入れられた敷金は、賃借人の旧賃貸人に対する未払賃料債務があればその弁済としてこれに当然充当され、その限度において敷金返還請求権は消滅し、残額についてのみその権利義務関係が新賃貸人に承継されるものと解すべきである。」と判示しているのも参考になる（判例評釈として、原田純孝・法協88. 4. 135、鈴木禄弥・民商62. 5. 898がある）。

平成年代においては、敷金をめぐる法律問題が様々な場面で問題になってきたところであり、例えば、原状回復の要否、範囲、方法、敷金の控除額、敷金の償却をめぐる問題が多数生じてきたし、阪神・淡路大震災の際には滅失した賃貸建物の敷金の償却（敷引特約）の問題が生じたり、住居用建物の賃貸借契

約の際における原状回復・敷金の特約の成否をめぐる問題が提起されたりしてきた。これらの敷金をめぐる諸問題は、理論的には目新しいものではないが、借家の背景にある時代の変化、社会常識の変化に応じて新たな様相を呈しているものである。

[534] 東京地判平成 4. 7. 23 判時 1459. 137
《事案の概要》
　X有限会社は、平成3年4月、Y1、Y2から事務所として使用する目的で、賃貸期間を3年間とし、賃料月額22万円、保証金220万円（月額賃料の10か月分）とし、3年ごとに賃料の3か月分を償却する旨の特約で建物を賃借していたところ、Xは、平成3年12月、本件建物を退去することになり、平成4年2月賃貸借契約を解約する旨の合意をY1らとし、Y1らに対して保証金の返還を請求した。この判決は、賃貸期間の途中で賃貸借契約が終了したときは、保証金全額の償却を認める慣行、合意は認められないとし、賃貸期間に按分して償却を認めるのが相当であるとし、請求を認容した。
【実務の対応】
　この判決は、事業用の借家が賃貸期間の途中で解約され、保証金全額の償却が問題になった事案（この事案の保証金は敷金の性質をもつものである）について、賃貸期間に按分して償却を認めたものであり、事例判断として参考になるものである。

[535] 東京地判平成 5. 5. 13 判時 1475. 95、金融法務事情 1367. 139、金融・商事判例 924. 17
《事案の概要》
　A株式会社は、10階建てビルを建築し、所有権保存登記を経、B株式会社に本件ビルを売却し、所有権移転登記をし、本件ビルを賃借し、X株式会社は、平成元年6月、本件ビルの一部をAから保証金の20％を償却して返還する旨の特約で賃借し、保証金3383万1000円を預託し、平成2年2月、Aは、Bから本件ビルを買い戻した後、同年3月、Cら（38名）に共有持分をそれぞれ売り渡し、所有権一部登記をし、Cらは、信託銀行業を営むY株式会社に信託譲渡し、Yは、D株式会社に本件ビルを賃貸し、Dは、Aに転貸したが、A

は、平成 3 年 9 月、破産宣告を受け、X は、X と A との間の賃貸借契約が終了したことから、平成 4 年 9 月、賃貸部分を明け渡したため、X が Y に対して Y が賃貸人の地位を承継したと主張し、償却費を控除した残額の保証金の返還を請求した。この判決は、賃貸人が賃貸の目的である建物を第三者に譲渡したときは、賃貸人の地位は第三取得者に承継されるが、建物の譲渡が不動産小口化商品の形態をとる場合であっても、別異に解すべき理由はない等とし、請求を認容した（判例評釈として、松本崇・金融・商事判例937．37、星野豊・ジュリスト1087．151がある）。

【実務の対応】

この判決は、不動産小口化商品の目的である賃貸建物の所有権を取得した信託銀行が投資家に対して保証金の返還義務を承継するかが問題になった事案（この事案の保証金は敷金の性質をもつものである）について、賃貸建物の所有権の譲渡とともに賃貸人の地位を承継するとして保証金の返還義務の承継を肯定したものであり、事例判断として参考になるものである。

[536] 東京地判平成5．5．17判時1481．144、判タ840．140

《事案の概要》

自動車販売業を営むX有限会社は、平成 3 年 11 月、Y 有限会社から賃貸期間を 5 年間とし、賃料月額 35 万 3000 円とし、保証金は 5 年間で 20％償却する、償却分は 5 年目にうめる、途中解約は 20％償却する旨の特約で保証金 588 万 6000 円としてビルの 1 階部分を店舗として賃借し、使用していたところ、平成 4 年 8 月、解約申入れをし、同年 9 月、建物部分を明け渡したことから、X が Y に対して保証金の返還を請求した。この判決は、賃借人の交替の際には新賃借人を見つけるまでにある程度の家賃収入を得られない期間が生じる等の事情から保証金特約が不合理とはいえないとし、無効とはいえないとし、請求を一部認容した。

【実務の対応】

この判決は、事業用の借家が賃貸期間の途中で解約され、保証金全額の償却が問題になった事案（この事案の保証金は敷金の性質をもつものである）について、保証金の償却に関する特約が無効とはいえないとしたものであり、事例判断として参考になるものである。

[537] 大阪地判平成 6. 11. 28 判タ 892. 204
《事案の概要》
　Xは、昭和 63 年 6 月、Yから賃貸期間を 5 年間、賃料月額 22 万円、保証金 350 万円とし、保証金のうち 225 万円を差し引いた残額を返還する、故意過失を問わず、重大な損害を与えたときは、損害賠償につき保証金を充当する旨の特約で建物の 1 階部分をスナック店舗を賃借し、保証金 350 万円を支払ったところ、平成 5 年 10 月、合意によって賃貸借契約を終了させ、Xは建物部分を明け渡したが、Yがスナックの修理、補修等の損害があり、敷引きもあるとして保証金を返還しなかったため、XがYに対して保証金の返還を請求した。この判決は、スナックとして通常営業しているだけでは発生せず、しかも、これを補修するのでなければ新たにスナック用店舗として賃貸することが困難で、かつ、補修のために相当多額の出費を要するものが特約上の重大な損害に当たるとし、一部の補修のみが重大な損害に当たるとしたほか、敷引き特約の効力を認め、請求を一部認容した。

【実務の対応】
　この判決は、事業用の借家が賃貸期間の途中で解約され、保証金全額の償却が問題になった事案（この事案の保証金は敷金の性質をもつものである）について、敷引特約が有効であるとし、敷引の要件を満たす損害を認めたものであり、事例判断を提供するものである。

[538] 大阪高判平成 6. 12. 13 判時 1540. 52
《事案の概要》
　Xは、Y株式会社から保証金 160 万円とし、解約時に 100 万円を控除した残額を返還する、故意又は過失により損傷を与えるときは、別途損料を支払う旨の特約でビルの一室を賃借したが、1 年 2 か月後、賃貸借契約を解約し、本件建物を明け渡し、保証金の返還を求めたものの、Yがこれを拒否したため、XがYに対して保証金特約に基づき保証金 60 万円の返還を請求したものである。控訴審判決は、損傷が生じ、60 万円の損料があるとし、請求を棄却すべきものとしたため、Xが上告した。この判決は、通常使用することによって生ずる建物の損耗・汚損の修復費は保証金の償却費に含まれるとし、原判決を破

棄し、本件を原審に差し戻した。

【実務の対応】

　この判決は、事業用の借家が賃貸期間の途中で解約され、保証金全額の償却が問題になった事案（この事案の保証金は敷金の性質をもつものである）について、保証金の償却に関する特約の効力を認め、償却の要件を満たす損傷を認めたものであり、事例判断として参考になるものである。

[539] 東京高判平成6.12.26判タ883.281

《事案の概要》

　Yは、Z株式会社からビルの1階部分を賃料月額20万円で賃借し、保証金2000万円を差し入れたが、本件建物がA株式会社に譲渡された後、Aが破産宣告を受け、Xが破産管財人に選任され、Yが賃貸借契約の解約を申し入れ、本件建物部分を明け渡したところ、XがYに対して賃料の支払いを請求したのに対し、YがXに対して賃料債務の不存在確認、Zに対して保証金の残額の支払いを請求した。第一審判決は、Xの請求を認容し、Yの請求については、保証金関係がAに承継された等とし、請求を棄却したため、Yが控訴した。この判決は、保証金2000万円のうち200万円が敷金の性質を有しているところ、残額の保証金は、Yの承諾がなく、Aに承継されていないとし、旧破産法103条1項により、敷金の性質を有する保証金返還請求権と賃料債権の相殺を一部認め、原判決を変更し、Xの請求を一部認容し、YのZに対する請求を認容した。

【実務の対応】

　この判決は、事業用の借家において賃貸人が破産宣告を受けた後、賃借人が解約申入れをし、保証金の返還を請求した事案について、保証金の一部（1割）が敷金の性質を有するとしたこと、旧破産法103条1項による敷金部分の相殺を認めたことに特徴があり（破産法は、平成16年に全面改正され、平成17年1月1日から施行されている）、事例判断として参考になるものである。

[540] 大阪地判平成7．2．27判時1542．104、判タ894．187
《事案の概要》
　X1、X2らは、Y株式会社から共同住宅の各室をそれぞれ借り受け、賃借物件が天災、火災、地変等その他の災害により通常の使用に供することができなくなったときは、敷金の返還を要しない旨の特約で敷金を支払って使用していたところ、平成6年3月、本件建物が火災により焼失したことから、Yが敷金の返還を拒否したため、X1らがYに対して各敷金の返還を請求した。この判決は、本件特約の効力を認めることは賃借人の合理的意思に反するものであり、例文として無効であり、敷引き自体は有効に成立したものの、建物が滅失して修繕が必要でない等の場合には敷引きの適用がないとし、請求を認容した（判例評釈として、石外克喜・判評452．27、野村豊弘・判タ908．46、井上泰人・判タ945．96がある）。
【実務の対応】
　この判決は、敷引特約のある居住用の借家において賃貸建物が火災により焼失し、賃借人が敷金の返還を請求した事案について、敷引特約は建物が滅失して修繕が必要でない等の場合には敷引きの適用がないとしたものであり、敷引特約を限定的に解釈した事例判断として参考になるものである。

[541] 東京高判平成7．4．27金融法務事情1434．43
《事案の概要》
　前記の[535]東京地判平成5．5．13判時1475．95、金融法務事情1367．139、金融・商事判例924．17の控訴審判決であり、Yが控訴した。この判決は、新旧賃貸人及び賃借人の三者間において敷金に関する法律関係を新賃借人が承継しないこととする合意がされている場合を除き、敷金の性質を有する保証金の法律関係が新賃貸人に承継されるとし、控訴を棄却した。
【実務の対応】
　この判決は、不動産小口化商品の目的である賃貸建物の所有権を取得した信託銀行が投資家に対して保証金の返還義務を承継するかが問題になった事案（この事案の保証金は敷金の性質をもつものである）について、賃貸建物の所有権の譲渡とともに賃貸人の地位を承継するとして保証金の返還義務の承継を

肯定したものであり、事例判断として参考になるものである。

[542] 東京高判平成 7. 7. 27 判タ 910. 157
《事案の概要》
　Y株式会社は、平成2年7月、賃借人の一切の権利を第三者に譲渡しない、敷金の3か月分を償却する、造作買取請求権を放棄する旨の特約で、賃貸期間を2年間としてA株式会社に建物を賃貸し、Aは、敷金506万円を差し入れ、Yの同意を得て自動車販売用のショールーム・事務所用の設備を設置して使用したところ、平成2年12月、本件賃貸借契約が合意解除され、Aは、X株式会社に本件設備の買取請求権、敷金返還請求権を譲渡し、Yにその旨を通知する等したことから、XがYに対して譲渡に係る敷金の返還等を請求した。第一審判決が請求を認容したため、Yが控訴した。この判決は、造作買取請求権の放棄に関する特約は借家法6条に反して無効であり、譲渡禁止特約は賃貸借が存続していることを前提とした約定であり、終了した後まで効力を有するものではないとし、債権譲渡を認め、原判決を一部変更し、請求を認容した。

【実務の対応】
　この判決は、譲渡禁止の特約のある事業用の借家において、合意解除後、賃借人が敷金返還請求権を譲渡し、譲渡の可否が問題になった事案について、譲渡禁止特約は賃貸借が存続していることを前提とした約定であり、終了した後まで効力を有するものではないとしたものであり、事例判断として参考になるものである。

[543] 神戸地判平成 7. 8. 8 判時 1542. 94、判タ 896. 168
《事案の概要》
　Xは、平成6年6月、Yからマンションの一室を賃貸期間を2年間、敷引きの特約により保証金を100万円として賃借し、駐車場を保証金を7万5000円として賃借していたところ、平成7年1月、阪神・淡路大震災によりマンションが被害を受けたため、Xがマンションの滅失等を主張し、保証金の返還を請求した。この判決は、マンションの滅失を否定したものの、解約申入れにより賃貸借契約が終了したとした上、敷引き特約が有効であるとし、保証金100万円から30万円を控除し、請求を認容した（判例評釈として、石外克

喜・判評 452．27、野村豊弘・判タ 908．46、田中敦・判タ 913．82 がある）。
【実務の対応】
　この判決は、敷引特約のある居住用の借家（マンションの一室）において、阪神・淡路大震災により賃貸建物が損傷を受け、賃借人が保証金の返還を請求した事案（この事案の保証金は敷金の性質をもつものである）について、賃貸建物の滅失を否定したこと、借家の解約申入れを肯定したこと、敷引特約が有効であるとしたことに特徴があり、事例判断として参考になるものである。なお、この判決は、阪神・淡路大震災による被災地域における賃貸建物の滅失、損傷に伴って生じた多数の敷金の返還、敷引特約の効力をめぐる法律問題につき判断した最初の頃の裁判例である（敷引特約は、京阪神の一部の地域で利用されている敷金の控除に関する特約である）。

[544] 神戸簡判平成 7．8．9 判時 1542．94
《事案の概要》
　Xは、昭和 58 年 5 月、Yからビルの一室をスナック営業のために賃借し、自己都合により解約申入れをしたときは、28％を控除して残額を返還する旨の敷引き特約で敷金 300 万円を差し入れていたところ、平成 7 年 1 月、阪神・淡路大震災によりビルが全壊したため、XがYに対して敷金の残額の返還を請求したのに対し、Yが反訴として未払い賃料の支払いを請求した。この判決は、建物の滅失という賃貸人、賃借人双方の責めに帰すことのできない事由による賃貸借の終了の場合にも敷引きが可能であることについて賃貸人が立証責任を負うが、本件ではその証明がないとし、本件での特約の適用を否定し、Xの本訴請求を認容し、Yの反訴請求を認容した（判例評釈として、石外克喜・判評 452．27 がある）。
【実務の対応】
　この判決は、敷引特約のある事業用の借家において、阪神・淡路大震災により賃貸建物が滅失し、賃借人が敷金の返還を請求した事案について、敷引特約の適用を否定したものであるが、その前提となる理論の合理性、相当性は必ずしも明らかではない。

[545] 東京地判平成 7. 8. 24 判タ 904. 156
《事案の概要》
　X 株式会社は、昭和 61 年 10 月頃、A 有限会社から賃貸期間を 3 年間とし、敷金 34 万 2000 円、10 年間無利息で据え置き、11 年目から毎年 10 分の 1 ずつ返還する旨の特約で、敷金（月額賃料の 6 か月分）と保証金 114 万円（月額賃料の 10 か月分）を支払って建物を賃借し、平成 2 年 5 月、B 株式会社は、A から本件建物を買い受け（敷金、保証金の返還も約した）、その後、平成 6 年 7 月、Y 株式会社は、不動産競売手続で本件建物を競落し、X に保証金返還債務を承継していない旨を通知したため、X が Y に対して保証金の返還請求権を有することの確認を請求した。この判決は、本件保証金は建設協力金として賃貸借契約とは別個の消費貸借の目的とされたものであり、新所有者に承継されないとし、請求を棄却した。

【実務の対応】
　この判決は、敷金、保証金が交付された事業用の借家において賃借人が賃貸建物の新所有者に対して保証金返還を請求することができるかが問題になった事案について、保証金が建設協力金としての性質をもつとしたこと（敷金としての性質を有しないこと）、賃貸建物の新所有者が保証金返還義務を承継しないとしたことに特徴があり、事例判断として参考になるものである。

[546] 東京地判平成 7. 9. 20 判タ 902. 114
《事案の概要》
　X 株式会社は、平成元年 8 月、6 階建てのビルにつき、転貸自由、賃貸期間 12 年間、敷金 7200 万円、正当な事由があるときのみ、賃借人は 6 か月前に解約できる、賃借人の責に帰すべき事由により中途終了したときは、残存期間中賃貸人に預け入れる、ただし、残存期間中賃貸人が第三者に賃貸したときは、第三者から敷金が差し入れられたときは、その限度で敷金を返還する、中途解約のときは敷金の 20％ を償却し、残額を返還する旨の特約で Y 株式会社から賃借し（その後、敷金は 660 万円追加された）、A 株式会社に転貸し、A は、B 株式会社にさらに転貸したところ、平成 5 年 7 月以降、A、B が賃料の減額を求め、X、Y で賃料の減額の協議が行われたものの、調整できず、X が解

約を申し入れ、本件建物を明け渡したため、XがYに対して敷金の返還を請求した（Yは、Bに本件建物を賃貸し、敷金2600万円の交付を受けた）。この判決は、賃料保証の合意の成立を認めず、YがXによる賃料減額請求を拒んだことは正当な事由に当たるとし、解約申入れの効力を肯定し、敷金返還に関する特約が有効であるとし、請求を一部認容した（判例評釈として、内田勝一・判タ918.49がある）。

【実務の対応】
　この判決は、敷金の償却に関する特約のある事業用の借家において賃借人が賃貸期間の途中で解約申入れをし、賃貸人に対して敷金の返還を請求した事案について、敷金の返還・償却に関する特約が有効であるとしたものであり、事例判断を提供するものである。

[547] 大阪地判平成7.10.25 判時1559.94、判タ896.236、金融・商事判例990.37

《事案の概要》
　Xは、昭和58年2月、Y株式会社から賃料月額20万円、賃貸期間を2年間として、建物の一室を賃貸借が終了する際には2割を差し引いて返還する、天災、事変その他の非常の際により使用できなくなったときは、契約は当然に終了し、保証金を返還しない旨の特約で保証金250万円を交付して賃借していたところ、平成7年1月、阪神・淡路大震災により建物が使用不能になり、同年3月、建物を明け渡したため、XがYに対して保証金の返還を請求した。この判決は、保証金の返還を要しない旨の特約の合理性がないとし、これを無効とし、敷引きの特約は有効とし、請求を一部認容した（判例評釈として、野村豊弘・判タ908.46がある）。

【実務の対応】
　この判決は、敷引特約等のある居住用の借家において、阪神・淡路大震災により賃貸建物が滅失し、賃借人が保証金の返還を請求した事案（この事案の保証金は敷金の性質をもつものである）について、賃貸建物が使用不能になったときは保証金の返還を要しない旨の特約が無効であるとし、敷引特約が有効であるとしたものであり、事例判断を提供するものである。

[548] 東京高判平成 7. 10. 31 金融法務事情 1463. 36
《事案の概要》
　A株式会社は、Bから建物を賃借し、譲渡禁止特約で敷金を差し入れていたところ、Aに融資をしていた銀行業を営むY株式会社がAから敷金返還請求権の譲渡を受けたが、Aが破産宣告を受け、破産管財人Xが債権譲渡が無効である等と主張したことから、Bが敷金を供託したため、XがYに対して供託金の還付請求権を有することの確認を請求した。第一審判決は請求を認容したため、Yが控訴した。この判決は、Yが譲受債権の存否、内容につき特に調査せず、金融機関として軽率、杜撰な取扱いである等とし、重大な過失を認め、控訴を棄却した。
【実務の対応】
　この判決は、金融機関が賃借人から譲渡禁止特約のある敷金返還請求権の譲渡を受け、その譲渡の効力が問題になった事案について、金融機関が譲渡禁止特約の存在を知らなかったことに重大な過失があったとし、譲渡を無効としたものであり（民法 466 条 2 項参照）、事例判断として参考になるものである。

[549] 大阪高判平成 7. 12. 20 判時 1567. 104
《事案の概要》
　前記の［543］神戸地判平成 7. 8. 8 判時 1542. 94、判タ 896. 168 の控訴審判決であり、Xが控訴した。この判決は、マンションの滅失を認め、天災地変等の際の全額返還特約の存在を認め、原判決を変更し、請求を認容した。
【実務の対応】
　この判決は、敷引特約のある居住用の借家（マンションの一室）において、阪神・淡路大震災により賃貸建物が損傷を受け、賃借人が保証金の返還を請求した事案（この事案の保証金は敷金の性質をもつものである）について、賃貸建物の滅失を肯定したこと、敷引特約につき全額返還特約を認めたことに特徴があり、事例判断として参考になるものである。

[550] 東京地判平成 8. 3. 28 判時 1584. 139
《事案の概要》
　X株式会社は、Aからビルの 2 階部分を賃借し、保証金として 1669 万

9500円を差し入れたが、Aが死亡し、Y3が相続し、その後、賃貸借契約上の賃貸人をY1株式会社（Y3が監査役、Y2が取締役）とする合意が成立し、さらにXは、Y1から本件ビルの3階部分を賃借し、保証金として1669万9500円を差し入れ、使用していたところ、XがY1に対して賃貸借契約を解約し、原状回復工事を施工し、明渡しを連絡したものの、Y1がこれに協力をしなかったため、XがY1に対して保証金の返還、Y2、Y3に対して任務懈怠による損害賠償を請求した。この判決は、ビルの賃貸人である会社の取締役、監査役の任務懈怠を認め、請求を認容した。

【実務の対応】

この判決は、事業用の借家において賃貸人である株式会社が保証金の返還義務を負っていたところ、返還義務を怠ったことから、賃貸人の取締役、監査役の任務懈怠による損害賠償責任が問題になった事案（この事案の保証金は敷金の性質をもつものである）について、取締役、監査役の任務懈怠責任を認めたものであり、事例判断として参考になるものである。

[551] 東京地判平成8.6.17金融法務事情1488.60
《事案の概要》

X株式会社は、支店の設置を検討し、適当な店舗を探していたところ、A株式会社がビルの建築を行っていたことから、ビルの1階部分の賃借交渉を行い、敷金1億2322万5000円等とする基本的な合意が成立したものの、敷金の長期固定化が懸念され、賃料月額の6か月分に相当とする885万6000円を敷金とし、残額を10年間据え置き、その後10年間で分割返還する保証金とする合意が成立し、その後、平成3年8月、賃借面積の減少によって賃貸期間を2年間とし、敷金823万2000円、保証金1億615万5000円等の内容の賃貸借契約を締結し、敷金、保証金をAに交付したが、平成5年3月、本件ビルに抵当権を設定していたY株式会社が不動産競売を申し立て（現況調査報告書には、返還義務のある敷金等として823万2000円がある旨が記載されていた）、Yが買い受け、所有権を取得し、Xの賃借権等を争ったため、XがYに対して賃借権、敷金返還請求権の確認を請求した。この判決は、保証金名義の金銭は敷金としての性質を有せず、建設協力金であるとし、Yの承継を否定し、敷金返還請求権の確認請求の一部を認容し、その余の請求を棄却した。

【実務の対応】
　この判決は、保証金、敷金が交付された事業用の借家において、賃貸建物が不動産競売に付され、競落され、競落人が保証金の返還義務を承継するかが問題になった事案について、保証金名義の金銭は敷金としての性質を有せず、建設協力金であるとしたものであり、事例判断として参考になるものである。

[552] 神戸地尼崎支部判平成8.6.28判タ929.217
《事案の概要》
　X1、X2、X3は、それぞれ保証金の2割を控除して返還する旨の特約（敷引条項）によりYから共同住宅の一室を賃借し、保証金を交付したところ、平成7年1月に発生した阪神・淡路大震災により本件建物が使用困難になり、Yが修繕をすることなく本件建物を取り壊したため、X1らが賃貸借契約を解除し、保証金の返還を請求した。この判決は、本件建物が取り壊される等して滅失したような場合には、本件特約を適用する実質的根拠がないとし、本件特約による減額を否定し、請求を認容した。

【実務の対応】
　この判決は、敷引特約のある居住用の借家において、阪神・淡路大震災により賃貸建物が損傷を受け、取り壊され、賃借人らが保証金の返還を請求した事案（この事案の保証金は敷金の性質をもつものである）について、賃貸建物が取り壊される等して滅失した場合には、敷引特約を適用する実質的根拠がないとし、敷引特約の適用を否定したものであり、敷引特約を限定的に解釈した事例判断として参考になるものである。

[553] 大阪地判平成8.7.19判タ942.154
《事案の概要》
　X株式会社は、平成2年8月、Y1、Y2から事務所、ロビー、ショールーム、会議室等として使用する目的で、建物の1階部分を賃貸期間を2年間とし、契約終了時に2割を控除して返還する旨の特約で保証金を3億7000万円として賃借し、保証金を交付し、建物部分を改装して使用していたところ、平成3年夏頃から建物の前面道路において大規模な地下街建設工事が開始されたため、Xが錯誤無効、履行不能、事情変更等を主張し、賃貸借契約を解除

し、平成4年12月、建物部分を明け渡し、Yに対して保証金の返還を請求した。この判決は、工事によって事務所、ロビー等の機能が減退したものの、機能が妨げられたとはいえない等とし、錯誤無効、履行不能、事情変更を否定し、特約の効力を認め、請求を一部認容した。
【実務の対応】
　この判決は、敷引特約のある事業用の借家において賃貸建物の付近で大規模な工事が施工され、賃借人が借家契約を解除し、保証金の返還を請求した事案（この事案の保証金は敷金の性質をもつものである）について、敷引特約の効力を認めたものであり、事例判断として参考になるものである。

[554] 大阪地判平成8．11．13判タ941．218
《事案の概要》
　X株式会社は、昭和61年3月、Y株式会社から店舗として建物を賃貸期間を10年間とし、賃料月額34万385円、保証金2500万円とし、保証金の返還は賃貸借契約の期間満了後10年間の均等分割により1年ごとに返還し、利息は付さないなどの特約で賃借し、保証金2500万円を支払い、平成8年3月、期間満了によって終了し、本件建物を明け渡し、保証金の返還を求めたが、Yが本件特約により返還を拒絶したため、XがYに対して保証金の返還を請求した。この判決は、保証金の返還に関する据置特約が有効であるとし、請求を棄却した。
【実務の対応】
　この判決は、保証金の据置返還の特約のある事業用の借家において、賃借人が賃貸期間の満了後、保証金の返還を請求した事案について、据置返還の特約の効力を認めたものであり、事例判断を提供するものである。

[555] 東京高判平成8．11．20判タ965．175
《事案の概要》
　A株式会社は、建物の共有者であるところ（持分は3万7814分の8874）、他の共有者であるB株式会社らから持分を借り、C株式会社に賃料月額410万円余、保証金2億9800万円、保証金は期間満了により物件を完全に引き渡すのと引換えに返還する、賃借人が6か月の予告付解除をした場合又は入居

後5年以内に解除をした場合には保証金の50％を賃貸人が取得するなどの内容の特約で転借し、保証金の交付を受け、その後、Y株式会社がCから本件建物の賃借権を譲り受けたが、X株式会社は、Aに対する債権を有していたところ、AのYに対する賃料債権を差し押さえ、Yに対して取立権に基づき賃料の支払を請求した（Yは、Aに対する保証金返還請求権を自働債権とし、賃料債務を受働債権とする相殺をし、相殺を主張した）。第一審判決が請求を認容したため、Yが控訴した。この判決は、本件ではYが本件建物を明け渡し、その終了原因はYによる予告付解除であり、保証金の50％を償却すべものであるが、保証金の返還額が滞納賃料額を上回っているとし、相殺を認め、請求を棄却した。

【実務の対応】
　この判決は、事業用の借家において保証金の償却に関する特約の効力が問題になった事案（この事案の保証金は敷金の性質をもつものである）について、特約の効力を認めたものであり、事例判断を提供するものである。

[556] 神戸地判平成8. 12. 19 判タ992. 133
《事案の概要》
　X1、X2は、Y株式会社からマンションの5階、6階の各部屋部分を賃借し、敷金として各150万円を交付していたが、平成7年1月に発生した阪神淡路大震災によりマンションが被災し、平成7年3月、各部屋を明け渡したが、明渡し前、Yの要求により室内の補修、清掃を業者に委託して費用を負担したため、X1らがYに対して震災後に支払った賃料、補修・清掃費が不当利得である等と主張し、不当利得の返還、敷金の返還を請求した。この判決は、敷引条項による30万円の控除を認めたほか、不当利得を認め、請求を認容した。

【実務の対応】
　この判決は、敷引特約のある居住用の借家において阪神・淡路大震災により建物を明け渡した事案について、敷引特約の効力を認めたものであり、事例判断を提供するものである。

[557] 大阪高判平成 9. 1. 29 判時 1593. 70、判タ 954. 165
《事案の概要》
　前記の [552] 神戸地尼崎支部判平成 8. 6. 28 判タ 929. 217 の控訴審判決であり、Y が控訴した。この判決は、帰責事由がない震災には敷引条項の適用がないとし、控訴を棄却した。
【実務の対応】
　この判決は、敷引特約のある居住用の借家において、阪神・淡路大震災により賃貸建物が損傷を受け、取り壊され、賃借人らが保証金の返還を請求した事案（この事案の保証金は敷金の性質をもつものである）について、敷引特約が賃借人に帰責事由のない震災には適用がないとし、敷引特約の適用を否定したものであり、事例判断を提供するものである。

[558] 大阪高判平成 9. 12. 4 判タ 992. 129
《事案の概要》
　前記の [556] 神戸地判平成 8. 12. 19 判タ 992. 133 の控訴審判決であり、Y が控訴した。この判決は、マンションが被災し、使用収益ができなくなった場合には、それ以降の賃料支払義務を負わない等とし、控訴を棄却した。
【実務の対応】
　この判決は、敷引特約のある居住用の借家において阪神・淡路大震災により建物を明け渡した事案について、敷引特約の効力を認めたものであり、事例判断を提供するものである。

[559] 最一判平成 10. 9. 3 民集 52. 6. 1467、判時 1653. 96、
　　　判タ 985. 131、金融法務事情 1533. 97、金融・商事判例
　　　1059. 24
《事案の概要》
　X は、昭和 51 年 8 月、賃貸期間を 2 年とし、明渡しに際して敷金の 2 割引きした金額を返還するとの特約で敷金として 100 万円を交付し、Y から建物を賃借したところ、平成 7 年 1 月、阪神・淡路大震災によって建物が倒壊したことから、Y に対して敷金の返還を請求した。第一審判決は、敷引特約の適用を否定し、請求を認容したため、Y が控訴したところ（X は、Y から 80 万

588

円の返還を受けたため、請求を20万円の支払に減縮した)、控訴審判決は、敷引特約を有効であるとし、原判決を取り消し、請求を棄却したため、Xが上告した。この判決は、敷引特約は、災害により建物が滅失して賃貸借が終了した場合には、特段の事情のない限り、適用できないとし、原判決を破棄し、控訴を棄却した。

〈判決〉は、
「居住用の家屋の賃貸借における敷金につき、賃貸借契約終了時にそのうちの一定金額又は一定割合の金員(以下「敷引金」という。)を返還しない旨のいわゆる敷引特約がされた場合において、災害により賃借家屋が滅失し、賃貸借契約が終了したときは、特段の事情がない限り、敷引特約を適用することはできず、賃貸人は賃借人に対し敷引金を返還すべきものと解するのが相当である。けだし、敷引金は個々の契約ごとに様々な性質を有するものであるが、いわゆる礼金として合意された場合のように当事者間に明確な合意が存する場合は別として、一般に、賃貸借契約が火災、震災、風水害その他の災害により当事者が予期していない時期に終了した場合についてまで敷引金を返還しないとの合意が成立していたと解することはできないから、他に敷引金の不返還を相当とするに足りる特段の事情がない限り、これを賃借人に返還すべきものであるからである。

これを本件について見ると、原審の適法に確定した事実関係によれば、本件賃貸借契約においては、阪神・淡路大震災のような災害によって契約が終了した場合であっても敷引金を返還しないことが明確に合意されているということはできず、その他敷引金の不返還を相当とするに足りる特段の事情も認められない。したがって、被上告人は敷引特約を適用することはできず、上告人は、被上告人に対し、敷引金の返還を求めることができるものというべきである。」と判示している(判例評釈として、平田健治・判評485.33、石黒清子・判タ1036.88、拙稿・ジュリスト1157.74がある)。

【実務の対応】
　この判決は、敷引特約のある居住用の借家において、阪神・淡路大震災により賃貸建物が倒壊し、賃借人が敷金の返還を請求した事案について、敷引特約は、災害により建物が滅失して賃貸借が終了した場合には、特段の事情のない限り、適用できないとしたこと、この事案につき特段の事情を否定したことに

特徴があり、敷引特約を限定的に解釈した事例判断として参考になるものである。なお、この判決は、この特約の成立につき「当事者間に明確な合意が存する場合」であることが必要であるとしているものであり、契約の成立に関する理論として新たな視点を提供するものであるが、明確な合意の意義、他の合意との要件の違い、明確な合意の必要性、明確な合意の射程範囲等をめぐる議論が予想される。

[560] 大阪高判平成 10. 9. 24 判時 1662. 105
《事案の概要》
　Yは、A公庫から融資を受けて建物を建築し、建物の一部をＸ１、Ｘ２に賃貸し、敷金の交付を受けたが、Ｘが賃貸期間の途中で賃貸借契約を解約し、建物を明け渡し、Ｘ１らがYに対して敷金の返還を請求したのに対し、Yが反訴として建物に設置されている冷暖房設備の使用の見返り等として設備協力金を支払う約束に基づき精算した後の残金の支払いを請求した。第一審判決がＸ１らの本訴請求を認容する等したため、Yが控訴した。この判決は、設備協力負担金の約束が住宅金融公庫法 35 条等に違反し、一部無効であるとし、原判決を変更し、Ｘ１らの請求を一部認容し、Yの反訴請求を棄却した。

【実務の対応】
　この判決は、公庫融資により賃貸建物を建築した者が、敷金の交付を受けて賃貸し、賃貸期間の途中で賃借人が解約申入れをし、敷金の返還を請求したのに対し、賃貸人が設備協力金の支払約束に基づく支払いを請求した事案について、敷金の返還義務を認めるとともに、設備協力金の支払約束が無効であるとしたものであり、事例判断を提供するものである。

[561] 東京地判平成 11. 1. 21 金融・商事判例 1077. 35
《事案の概要》
　Ｘ株式会社は、A株式会社から店舗を目的として建物の一部を賃借し、Aに支払停止、支払不能等があったときは、預託金の返還につき期限の利益を失い、預託金全額を直ちに返還する旨の特約で預託金 1 億 8000 万円を交付したところ、Aが支払不能になり（Ｘは、未払賃料と預託金返還請求権を相殺した）、本件建物の抵当権者であるB株式会社により物上代位に基づきAの賃料債権が

差し押さえられる等し、抵当権が実行され、Y有限会社が不動産競売手続において本件建物を買い受けたため、XがYに対して敷金関係を承継したと主張し、預託金の残額の返還を請求したのに対し、Yが反訴として未払いの賃料等の支払を請求した。この判決は、預託金が敷金と仮定した上で、本件では前記特約によって敷金返還請求権が具体的に発生していたものであり、不動産競売手続における買受けによって承継するものではないとし、Xの本訴請求を棄却し、Yの反訴請求を認容した。

【実務の対応】
　この判決は、預託金の交付された事業用の借家において、預託金の返還につき期限の利益が失われた後、賃貸建物が不動産競売に付され、競落されたことから、競落人が敷金関係（預託金の法律関係）を承継するかが問題になった事案について、預託金が敷金であると仮定した上、敷金返還請求権が具体的に発生していたものであり、不動産競売手続における買受けによって承継するものではないとしたものであり、事例判断として参考になるものである。

[562] 最一判平成11．3．25 判時1674．61、判タ1001．77、金融法務事情1553．43、金融・商事判例1069．10

《事案の概要》
　前記の [541] 東京高判平成7．4．27 金融法務事情1434．43 の上告審判決であり、Yが上告した。この判決は、建物の所有権を第三者に譲渡した場合には、特段の事情のない限り、賃貸人の地位もこれに伴って移転し、敷金関係も承継されるところ、新旧所有者間に従前からの賃貸借契約における賃貸人の地位を旧所有者に留保する旨の合意をしてもこれをもって直ちに特段の事情があるということはできないとし、上告を棄却した。
〈判決〉は、
「自己の所有建物を他に賃貸して引き渡した者が右建物を第三者に譲渡して所有権を移転した場合には、特段の事情のない限り、賃貸人の地位もこれに伴って当然に右第三者に移転し、賃借人から交付されていた敷金に関する権利義務関係も右第三者に承継されると解すべきであり（最高裁昭和35年（オ）第596号同39年8月28日第二小法廷判決・民集18巻7号1354頁、最高裁昭和43年（オ）第483号同44年7月17日第一小法廷判決・民集23巻8号

1610頁参照)、右の場合に、新旧所有者間において、従前からの賃貸借契約における賃貸人の地位を旧所有者に留保する旨を合意したとしても、これをもって直ちに前記特段の事情があるものということはできない。けだし、右の新旧所有者間の合意に従った法律関係が生ずることを認めると、賃借人は、建物所有者との間で賃貸借契約を締結したにもかかわらず、新旧所有者の合意のみによって、建物所有権を有しない転貸人との間の転貸借契約における転借人と同様の地位に立たされることとなり、旧所有者がその責めに帰すべき事由によって右建物を使用管理する等の権原を失い、右建物を賃借人に賃貸することができなくなった場合には、その地位を失うに至ることもあり得るなど、不測の損害を被るおそれがあるからである。もっとも、新所有者のみが敷金返還債務を履行すべきものとすると、新所有者が、無資力となった場合などには、賃借人が不利益を被ることになりかねないが、右のような場合に旧所有者に対して敷金返還債務の履行を請求することができるかどうかは、右の賃貸人の地位の移転とは別に検討されるべき問題である。」と判示している（判例評釈として、磯村保・判評491. 34、石田剛・判タ1016. 42、小林正・判タ1036. 90、金子敬明・ジュリスト1209. 151 がある)。

【実務の対応】

　この判決は、不動産小口化商品の目的である賃貸建物の所有権を取得した信託銀行が投資家に対して保証金の返還義務を承継するかが問題になった事案（この事案の保証金は敷金の性質をもつものである）について、自己の所有建物を他に賃貸して引き渡した者が建物を第三者に譲渡して所有権を移転した場合には、特段の事情のない限り、賃貸人の地位もこれに伴って当然に第三者に移転し、賃借人から交付されていた敷金に関する権利義務関係も第三者に承継されるとしたこと、この事案では特段の事情が認められないとしたこと、新旧所有者間に従前からの賃貸借契約における賃貸人の地位を旧所有者に留保する旨の合意をしてもこれをもって直ちに特段の事情があるということはできないとしたことに特徴があり、事例判断として参考になるものである。

[563] 東京高判平成11. 8. 23 金融・商事判例1077. 30
《事案の概要》
　前記の [561] 東京地判平成11. 1. 21 金融・商事判例1077. 35 の控訴審

判決であり、Xが控訴した。この判決は、預託金の返還に関する特約があり、相殺がされた場合には、賃借人は、新賃貸人に預託金残額の返還請求をすることはできないとし、控訴を棄却した。
【実務の対応】
　この判決は、預託金の交付された事業用の借家において、預託金の返還につき期限の利益が失われた後、賃貸建物が不動産競売に付され、競落されたことから、競落人が敷金関係（預託金の法律関係）を承継するかが問題になった事案について、預託金返還請求権の相殺を認めたものであり、事例判断を提供するものである。

[564] 津地判平成 11. 10. 22 金融・商事判例 1108. 48
《事案の概要》
　Aは、昭和 51 年、Yとの間で、保証金 1130 万円（月額賃料の 75.3 か月分）を交付してビルの賃貸借契約を締結したところ、Aが平成 7 年に死亡し、X1ないしX3が相続したが、X1らが保証金は10年据え置き後、10か年の分割払いの約定があったと主張し、Yに対して保証金の返還を請求し、Zが保証金返還請求権の譲渡を受けたと主張し、訴訟に参加し、Yに対して保証金の返還、Xに対して保証金返還請求権を有することの確認を請求した。この判決は、敷金と建設協力金の性格を併有しているとし、分割払いの約定があった等とし、Zが保証金返還請求権を譲り受けたことから、Xの請求を棄却し、Zの請求を認容した。
【実務の対応】
　この判決は、保証金の据置・分割弁済の特約のある事業用の借家において賃借人が保証金の返還を請求する等した事案について、敷金と建設協力金の性格を併有しているとし、分割払いの約定があることを認めたものであり、保証金の一部が敷金であることを認めた事例判断を提供するものである。

[565] 大阪地判平成 11. 10. 22 判タ 1067. 210
《事案の概要》
　Xは、契約が終了したときは、賃借人の費用をもって本物件を当初契約時の原状に復旧させ、賃貸人に明け渡さなければならない旨の特約で敷金 37 万

5000円を交付して共同住宅の建物をYから賃借したが、その後、本件建物を明け渡したものの、Yが原状回復請求権と敷金返還請求権を相殺したと主張し、敷金の返還を拒んだため、XがYに対して敷金の一部の返還を請求した。第一審判決は、畳、クロスの汚れ等の原状回復請求権との相殺を認め、請求を認容したため、Xが控訴した。この判決は、同様に相殺を認め、控訴を棄却した。
【実務の対応】
　この判決は、居住用の借家において賃借人が敷金の返還を請求し、賃貸人が原状回復請求権との相殺を主張した事案について、畳、クロスの汚れ等の原状回復請求権との相殺を認めたものであり、事例判断を提供するものである。

[566] 東京高判平成11．12．21判タ1023．194、金融・商事判例1093．26
《事案の概要》
　Yは、所有土地の有効活用を計画し、A株式会社らのグループ会社とビルの建築、賃貸事業を行うこととし、ビルを建築した後、Aにビルを一括して転貸自由の特約で賃貸し（Yは、Aが転借人との間で締結した転貸借契約を承継する旨の特約があった）、Aは、本件建物の一部をレストランの目的でX有限会社に転貸し、保証金1億円を交付していたところ、Yは、Aの債務不履行を理由に原賃貸借契約を解除する等したことから、XがYに対して転貸借契約を解約し、保証金の残額の返還を請求した。第一審判決は、原賃貸借契約の解除により転貸借契約が履行不能になって終了し、転貸人の地位の承継が生じる余地はなかったとし、請求を棄却したため、Xが控訴した。この判決は、承継特約は転借人が援用することができ、賃貸人は転貸人の地位を承継したものであるとし、原判決を変更し、請求を認容した（判例評釈として、大竹昭彦・判タ1065．88がある）。
【実務の対応】
　この判決は、賃貸人が転貸借契約を承継する特約のある事業用の借家において、原賃貸借契約が解除され、転借人が賃貸人に対して保証金の返還を請求した事案（この事案の保証金は敷金の性質をもつものである）について、転借人が承継特約を援用することができるとし、賃貸人が転貸人の地位を承継したことを認めたものであり、議論があるが、事例判断として参考になるものである。

[567] 名古屋高判平成 12．5．30 金融・商事判例 1108．44
《事案の概要》
　前記の［564］津地判平成 11．10．22 金融・商事判例 1108．48 の控訴審判決であり、Yが控訴した。この判決は、保証金に関する契約条項、当事者の意思、賃貸借契約締結時の諸事情を総合考慮すると、ビルを明け渡した後でなければその返還を請求することはできないとし、原判決中Yの敗訴部分を取り消し、Zの請求を棄却した。
【実務の対応】
　この判決は、保証金の据置・分割弁済の特約のある事業用の借家において賃借人が保証金の返還を請求する等した事案について、保証金はビルを明け渡した後でなければその返還を請求することはできないとしたものであり、事例判断を提供するものである。

[568] 東京簡判平成 12．6．27 判時 1758．70
《事案の概要》
　Xは、平成 6 年 3 月、サブリース業を営むY株式会社から敷金 22 万 5000 円、明渡時に畳表の取替え、襖の張替え、クロスの張替え、ハウスクリーニングの費用を賃借人が負担する旨の特約でマンションの一室を賃借し（Yが区分所有者から賃借した建物である）、使用していたが、平成 11 年 5 月、賃貸借が終了し、本件建物を明け渡したところ、畳表の取替え等の費用として 23 万 8875 円を支出する等したとしたため、XがYに対して特約が無効であると主張し、敷金の返還を請求した。この判決は、消費者保護、住宅金融公庫法 35 条、同法施行規則 10 条 1 項の趣旨から自然損耗分は賃借人の負担から除かれるとし、請求を一部認容した。
【実務の対応】
　この判決は、原状回復費用負担の特約のある居住用の借家において賃借人が敷金の返還を請求した事案について、自然損耗分の費用は賃借人が負担しないとし、原状回復費用負担の特約を限定的に解釈したものであり、事例判断として参考になるものである。

[569] 大阪高判平成 12．8．22 判タ 1067．209
《事案の概要》
　前記の［565］大阪地判平成 11．10．22 判タ 1067．210 の上告審判決であり、Xが上告した。この判決は、本件特約が通常の使用による損耗汚染を原状に復する費用を賃借人が負担する特約ではないとし、原判決を破棄し、本件を大阪地裁に差し戻した。
【実務の対応】
　この判決は、居住用の借家において賃借人が敷金の返還を請求し、賃貸人が原状回復請求権との相殺を主張した事案について、通常の使用による損耗汚染は賃借人が費用を負担しないとし、原状回復費用負担の特約を限定的に解釈したものであり、事例判断として参考になるものである。

[570] 東京地判平成 12．10．26 金融・商事判例 1132．52
《事案の概要》
　Aは、ビルを建築し、Y1にビルの一部を賃料月額 14 万 8000 円、敷金 1078 万円の約定で賃貸し（ラーメン店として賃貸）、Y2にビルの一部を賃料月額 12 万 1000 円、敷金 480 万円の約定で賃貸したところ（美容室として賃貸）、Aは、本件ビルをB株式会社に売却し、Bは、Y1、Y2とそれぞれ賃貸借契約を締結し、敷金は預託したものとされたが、Aの抵当権者の申立により競売開始決定がされ、X株式会社が本件ビルを買い受け、Y1らに対して承継すべき敷金返還債務は賃料月額の 7 か月分が相当であると主張し、Y1らに対してそれを超える債務の不存在の確認を請求した。この判決は、本件敷金が敷金と権利金の性質を併有しているとした上、敷金と権利金の性質を併有するものであり、建物の明渡後に償却分を控除して返還されることが明確に合意されているときは、新賃貸人は金員全体につき承継するとし、請求を棄却した。
【実務の対応】
　この判決は、敷金の償却特約のある事業用の借家において賃貸建物が不動産競売に付され、競落人が敷金全体を承継するかが問題になった事案について、この事案の敷金名目の金銭が敷金と権利金の性質を併有するとし、建物の明渡

後に償却分を控除して返還されることが明確に合意されているときは、新賃貸人は金員全体につき承継するとしたものであるが、結論の当否は別として、その前提となる敷金の性質の判断には疑問が残るものである。

[571] 東京地判平成12．12．18判時1758．66
《事案の概要》
　前記の［568］東京簡判平成12．6．27判時1758．70の控訴審判決であり、Xが控訴し、Yが附帯控訴した。この判決は、特約が公序良俗に反せず、有効であるとし、控訴を棄却し、附帯控訴に基づきYの敗訴部分を取り消し、請求を棄却した。
【実務の対応】
　この判決は、原状回復費用負担の特約のある居住用の借家において賃借人が敷金の返還を請求した事案について、原状回復費用負担の特約が有効であるとしたものであり、事例判断を提供するものである。

[572] 東京高判平成12．12．27判タ1095．176
《事案の概要》
　Ｙ１、Ｙ２は、Ｘ１株式会社らに賃借人が原状に回復すべき義務を負い、原状回復費用は保証金とは別途賃借人が負担するなどの特約で新築のビルを賃貸し、保証金1200万円の交付を受け、Ｘ１らが使用をしたが、賃貸借が終了し、Ｘ１らが保証金から償却費、未払賃料等を控除したほか、自ら原状回復費用を算定して控除し、その保証金残額の返還を求めたところ、Ｙ１らがこれを拒否したため、Ｘ１らがＹ１らに保証金残額の返還を請求したのに対し、Ｙ１らがＸ１らに対して保証金から控除しても不足額が存在すると主張し、反訴として原状回復費用、約定損害金の支払を請求した。第一審判決は、Ｘ１らの本訴請求を棄却し、Ｙ１らの反訴請求を一部認容したため、Ｙ１らが控訴し、Ｘ１らが附帯控訴した。この判決は、原状回復義務に関する特約を有効とする等し、控訴に基づき原判決を変更し、Ｙ１らの反訴請求を一部認容し、附帯控訴を棄却した。
【実務の対応】
　この判決は、賃借人が原状回復費用を負担する旨の特約のある事業用の借家

において賃借人が保証金の返還を請求した事案（この事案の保証金は敷金の性質をもつものである）について、この特約の効力を認めたものであり、事例判断として参考になるものである。

[573] 東京地判平成13.10.29金融法務事情1645.55
《事案の概要》
　Aは、ビルを所有し、その地下1階部分をY1有限会社、Y2に賃貸期間を2年間とし、賃料月額39万9600円とし、保証金を1554万円とする等の内容で賃貸し、合意更新を繰り返していたが、本件ビルに設定された抵当権に基づき不動産競売手続が開始され、X株式会社が本件ビルを買い受けたところ、Xに対抗することができる賃借権を有するY1らとの間で敷金額をめぐる紛争が生じたため、XがY1らに対して保証金返還債務の不存在確認を請求した。この判決は、本件保証金は月額賃料の38か月分以上のものであり、建設協力金、敷金の性質を併せもつものであり、執行裁判所の評価の記載に敷金としての性格を有する金額が10か月分であると記載されていること等を考慮し、10か月分の賃料相当額の限度においてXが承継するとし、請求を一部認容した。

【実務の対応】
　この判決は、事業用の借家において賃貸建物が不動産競売に付され、競落人が保証金関係を承継するかが問題になった事案について、この事案の保証金が建設協力金、敷金の性質を併せもつものであるとしたこと、執行裁判所の評価の記載に敷金としての性格を有する金額が10か月分であると記載されていること等を考慮し、10か月分の賃料相当額の限度において競落人が承継するとしたことに特徴があり、事例判断として参考になるものである。

[574] 東京地判平成13.10.31判タ1118.260
《事案の概要》
　Aが所有ビルの一部をY株式会社に賃料月額48万円、敷金300万円、保証金5500万円等の内容で賃貸し、Yは、本件建物部分で焼肉店を営業していたところ、本件ビルにつき不動産競売手続が開始され、X株式会社が競落したことから、XがYに対して保証金返還債務の不存在、賃料額の確認等を請求した。

この判決は、賃貸建物の所有権移転に伴う賃貸人の地位の移転があった場合、賃借人が前賃貸人に預託していた保証金は、敷金と同じく賃貸借契約に密接不可分の関連し、その発生、存続、終了に際して賃貸借契約に随伴し、これを離れて独立に存在する意義を有しないとし、新所有者への承継を認め、賃料額の確認請求を容認し、その余の請求を棄却した。

【実務の対応】
　この判決は、敷金、保証金の交付された事業用の借家において賃貸建物が不動産競売に付され、競落人が保証金関係を承継するかが問題になった事案について、新所有者である競落人が承継するとしたものであるが、その根拠の合理性、相当性の観点からも、従来の裁判例の動向に照らしても、疑問がある。

[435] 東京地判平成13．12．3 金融・商事判例1156．28
《事案の概要》
　A株式会社は、所有建物をY有限会社に敷金20万円の交付を受けて賃貸し、その後、Aは、本件建物の所有権をB株式会社に譲渡していたところ、本件建物につき不動産競売手続が開始され（抵当権設定の前に賃貸借契約が締結されていた）、Xが本件建物を買い受け、買受後の賃料不払いを理由に賃貸借契約を解除し、Yに対して建物の明渡しを請求したのに対し、Yが反訴として敷金（従前の敷金に加えて、差押えの後に増額し、敷金を250万円としたと主張した）を含む賃借権の確認を請求した。この判決は、信頼関係を破壊するに足りない特段の事情を否定し、本訴請求を容認し、敷金の増額を認めたものの、賃貸借契約の解除を認めたことから反訴請求を棄却した。

【実務の対応】
　この判決は、事業用の借家において賃貸建物が不動産競売に付され、差押えの後に敷金が増額され、増額に係る敷金関係が承継されるかが問題になった事案について、敷金の増額を認めたものであるが、結論に直接関係しない判断であり、参考とするには注意が必要である。

[575] 大阪高判平成14．4．17 判タ1104．193
《事案の概要》
　Y株式会社は、昭和59年3月、建物の一部につき賃貸期間を4年間、賃料

月額を約443万円、敷金を1283万7800円、保証金を9977万1200円とし、保証金は10年間据え置き、5年間の分割返還、5年以内に本件契約を解除したときは保証金の20％を短期解約金として負担する旨の特約でＡ会社に賃貸したところ、Ａは、昭和60年8月、本件契約の解約を申し入れ、本件建物を明け渡したところ、Ｘ（国）が昭和60年6月にＡに対する物品税を徴収するため、本件保証金返還請求権を差し押さえ、Ｙに対して本件保証金から短期解約金を控除した残額につき返還を請求した。第一審判決が請求を認容したため、Ｙが控訴した。この判決は、本件保証金が敷金としての性質を有しない等とし、控訴を棄却した。

【実務の対応】
　この判決は、敷金、保証金の交付された事業用の借家において借家契約が終了し、建物が明け渡された後に保証金返還請求権が差し押さえられた事案について、この事案の保証金が敷金の性質を有しないとしたものであり、事例判断を提供するものである。

［576］東京高判平成14．9．19金融法務事情1659．47、金融・商事判例1156．16

《事案の概要》
　前記の［435］東京地判平成13．12．3金融・商事判例1156．28の控訴審判決であり、Ｙが控訴した（反訴請求は、敷金の返還請求に変更された）。この判決は、賃貸不動産が差し押さえられた後に賃借人が敷金を増額したとしても、敷金に名を借りた貸金その他の金銭であり、敷金として承継されないとし、原判決を変更し、本訴請求を一部認容し、反訴請求を棄却した。

【実務の対応】
　この判決は、事業用の借家において賃貸建物が不動産競売に付され、差押えの後に敷金が増額され、増額に係る敷金関係が承継されるかが問題になった事案について、賃貸不動産が差し押さえられた後に賃借人が敷金を増額したとしても、敷金に名を借りた貸金その他の金銭であり、敷金として承継されないとしたものであり、事例判断として参考になるものである。

[334] 神戸地尼崎支部判平成 14. 10. 15 判時 1853. 109
《事案の概要》
　Y公社は、特定有料賃貸住宅の供給の促進に関する法律等の適用を受ける建物（マンション）につき賃貸事業を行っていたところ、平成7年8月、Xから通常の使用に伴う損耗分の修繕等は賃借人が負担する旨の特約で、敷金36万8400円の交付を受け、マンションの一室を賃貸したが、Xは、平成9年1月、貸室を明け渡したところ、Yが住宅復旧費の合計21万2468円を控除し、残額を返還したため、XがYに対して前記特約が公序良俗に違反して無効であると主張し、控除分の返還を請求した。この判決は、費用の控除が前記法律の精神に反しているとしても、公序良俗に反し、無効であるとまではいえないとし、請求を棄却した。
【実務の対応】
　この判決は、修繕特約のある居住用の借家において賃借人が賃貸建物を明け渡した後に敷金の返還を請求し、特約の効力が問題になった事案について、特約が公序良俗に反しない等とし、無効であるとはいえないとしたものであり、事例判断を提供するものである。

[577] 東京高判平成 14. 11. 7 金融・商事判例 1180. 38
《事案の概要》
　Y株式会社は、平成4年5月、ビルの所有者Aから店舗部分（ビルの1階部分）につき賃料として売上げの9％相当額（最低保証額210万円）、敷金2億3500万円、倉庫部分（ビルの地下部分）につき賃料20万円、保証金1000万円とし、賃貸期間を10年間として賃借していたところ、Aは、平成4年12月、本件ビルにつきB銀行のために根抵当権を設定したが、平成6年7月、競売開始決定がされ、X株式会社が本件ビルを買い受け、物件明細書に記載された金額を超える部分は敷金に当たらないと主張し、Yに対して敷金返還債務不存在の確認を請求した。第一審判決が本件敷金、本件保証金には建設協力金などの敷金以外のものも含まれているとし、本来の敷金はXの主張する金額を超えるものではないとし、請求を認容したため、Yが控訴した。この判決は、同様な判断を示し、控訴を棄却した。

第4章　借家をめぐる裁判例

【実務の対応】
　この判決は、敷金、保証金の交付された事業用の借家において賃貸建物が不動産競売に付され、敷金関係、保証金関係が競落人に承継されるかが問題になった事案について、この事案の敷金、保証金には建設協力金等の敷金以外のものが含まれているとし、限定的に敷金であることを認めたものであり、事例判断を提供するものである。

[336] 大阪地判平成15．7．18判時1877．81
《事案の概要》
　Y公社は、特定優良賃貸住宅の供給の促進に関する法律の適用を受けるマンションを有していたところ、平成7年12月、賃借希望者に入居説明会を開催し、契約書の重要な条項等につき説明をし、質疑応答がされ、Xが出席し、説明を聞き、配布された書類の交付を受け、Xは、同月末頃、Yからマンションの一室を建物内の物件を撤去して原状に復するものとし、補修費用は賃貸人の指示により賃借人が負担する旨の特約で賃借し、44万2500円（賃料の3か月分）の敷金を交付したが、Xが賃貸借契約を解約し、平成14年8月に建物部分を明け渡し、敷金の返還を求めたところ、Yが補修工事費用として34万2378円を要すると主張し、その部分の返還を拒否したため（10万122円は返還した）、XがYに対して敷金の一部の返還を請求した。この判決は、本件特約が公序良俗に反しない等とし、請求を棄却した。

【実務の対応】
　この判決は、原状回復特約のある居住用の借家において賃借人が賃貸建物を明け渡した後に敷金の返還を請求し、特約の効力が問題になった事案について、特約が公序良俗に反しない等とし、有効としたものであり、事例判断を提供するものである。

[335] 大阪高判平成15．11．21判時1853．99
《事案の概要》
　前記の［334］神戸地尼崎支部判平成14．10．15判時1853．109の控訴審判決であり、Xが控訴した。この判決は、前記特約は賃借人がその趣旨を十分に理解し、自由な意思に基づいてこれに同意したことが積極的に認定されない

限り、認めることができないとし、前記特約に係る合意を認定することができないとし、500円の費用の控除を認め、原判決を変更し、請求を認容した。
【実務の対応】
　この判決は、修繕特約のある居住用の借家において賃借人が賃貸建物を明け渡した後に敷金の返還を請求し、特約の効力が問題になった事案について、この特約の成立は、賃借人がその趣旨を十分に理解し、自由な意思に基づいてこれに同意したことが積極的に認定されない限り、認めることができないとしたものであり、借家の特約の成立につき新たな視点による議論を提起したものであり（もっとも、通常の契約の成立に関する理論との違いは必ずしも明確ではない）、この事案につき特約の成立を否定したものであり、事例判断として参考になるものである。

[578] 東京地判平成16.4.28 金融法務事情1721.49
《事案の概要》
　X株式会社は、平成14年5月、A株式会社に店舗として建物を賃貸し、駐車場を賃貸したところ、Aは、本件建物の一部と駐車場の一部をY株式会社に賃貸（転貸）し、保証金として1200万円の預託を受け、保証金は契約終了による明渡し後賃料の1か月分を差し引いた残額を返還する旨を合意したところ、Xは、平成14年12月、本件建物等の賃料債権を請求債権として本件転貸借に基づくAのYに対する賃料債権を仮差押えし、平成15年8月、本執行として差し押さえ（Yは、平成15年8月末、本件建物の一部等の明渡しを了した）、Xは、Yに対して取立権に基づき賃料の支払いを請求した。この判決は、敷金が授受された賃貸借契約に係る賃料債権に対し差押えがされた場合において、当該賃貸借契約が終了し目的物が明け渡されたときは、賃料債権は敷金の充当によりその限度で終了するとし、本件では保証金返還請求権を有している880万円の範囲内で充当を認め、請求を一部認容した（判例評釈として、中野宏一・判タ1184.38がある）。
【実務の対応】
　この判決は、保証金の交付された事業用の借家において賃料債権が差し押さえられ、賃貸建物が明け渡された後、賃料債権につき保証金が充当されるかが問題になった事案について、賃貸借契約が終了し、目的物が明け渡されたとき

は、賃料債権は敷金の充当によりその限度で終了するとしたこと、この事案では保証金の一部が敷金の性質を有することを認め、賃料債権への充当を認めたことに特徴があり、事例判断として参考になるものである。

[337] 大阪高判平成 16. 5. 27 判時 1877. 73
《事案の概要》
　Y公社は、特定優良賃貸住宅の供給の促進に関する法律の適用を受けるマンションを有していたところ、平成9年12月、Yの会議室において賃借希望者に入居説明会を開催し、契約書の重要な条項等につき説明をし、質疑応答がされ、Xの義母Aが出席し、説明を聞き、配布された書類の交付を受け、Xは、同月末頃、Yからマンションの一室を原状回復費用は賃借人が負担する旨の特約で賃借し、賃料の3か月分の敷金を交付したが、Xが賃貸借契約を解約し、建物部分を明け渡し、敷金の返還を求めたところ、Yが補修工事費用として30万2547円を要すると主張し、その部分の返還を拒否したため、XがYに対して敷金の一部の返還を請求した。第一審判決は、特約が賃借人に不当に不利益な負担を強いるものではなく、公序良俗に反しない等とし、請求を棄却したため、Xが控訴した。この判決は、通常損耗は原状回復義務の範囲に含まれず、その修繕費用は賃貸人が負担すべきであるが、これと異なる特約を設けることも認められ、本件特約は賃借人に不当に不利益な負担を強いるものではなく、公序良俗に反しない等とし、控訴を棄却した（判例評釈として、千葉恵美子・判評562. 23がある）。

【実務の対応】
　この判決は、原状回復特約のある居住用の借家において賃借人が賃貸建物を明け渡した後に敷金の返還を請求し、特約の効力が問題になった事案について、この特約が公序良俗に反しない等とし、有効としたものであり、事例判断を提供するものである。

[579] 東京地判平成 16. 6. 30 金融・商事判例 1201. 46
《事案の概要》
　A有限会社は、昭和62年6月、Y有限会社に建物を賃貸し、10年間据え置き、11年目から10年間均等で保証金額の70％を分割し、30％は敷金に振

り替える旨の合意で保証金6000万円の預託を受けたが、その後、平成9年6月、保証金額の30％である1800万円を敷金に振り替え、70％である4200万円につき毎年420万円を均等分割返済する旨を合意したものの、Aが分割返済を怠っていたところ、平成14年7月、X株式会社が本件建物を不動産競売手続において買い受けたため、XがYに対して賃料の不払いを理由に賃貸借契約を解除し、建物の明渡しを請求した（Yは、保証金返還請求権と賃料支払債務の相殺を主張した）。この判決は、本件の保証金は賃貸借契約とは別個の清算を予定している等とし、競落人の承継を否定し、Yの相殺の抗弁を排斥し、請求を認容した。

【実務の対応】
　この判決は、保証金の交付された事業用の借家において賃貸建物が不動産競売に付され、保証金関係が競落人に承継されるかが問題になった事案について、競落人の承継を否定したものであり、事例判断を提供するものである。

[580] 大阪高判平成16．7．30判時1877．81
《事案の概要》
　前記の[336]大阪地判平成15．7．18判時1877．81の控訴審判決であり、Yが控訴した。この判決は、通常損耗分の原状回復義務を賃借人に負わせることは特優賃貸規則13条の禁止する不当な負担に当たるとし、本件特約が公序良俗に反して無効である等とし、原判決を取り消し、請求を認容した。

【実務の対応】
　この判決は、原状回復特約のある居住用の借家において賃借人が賃貸建物を明け渡した後に敷金の返還を請求し、特約の効力が問題になった事案について、通常損耗分の原状回復義務を賃借人に負わせることは特優賃貸規則13条の禁止する不当な負担に当たるとし、特約が公序良俗に反して無効であるとしたものであり、事例判断として参考になるものである。

[581] 東京高判平成16．9．15金融法務事情1731．64
《事案の概要》
　前記の[578]東京地判平成16．4．28金融法務事情1721．49の控訴審判決であり、Xが控訴した。この判決は、敷金が授受された賃貸借契約に係る賃

料債権が差し押さえられた場合、当該賃貸借契約が終了し、賃貸建物が明け渡されたときは、賃料債権は敷金の充当によりその限度で消滅するとし、充当関係を一部変更し、原判決を変更し、請求を一部認容した（判例評釈として、上條醇・判タ 1215．40 がある）。

【実務の対応】
　この判決は、保証金の交付された事業用の借家において賃料債権が差し押さえられ、賃貸建物が明け渡された後、賃料債権につき保証金が充当されるかが問題になった事案について、敷金が授受された賃貸借契約に係る賃料債権が差し押さえられた場合、賃貸借契約が終了し、賃貸建物が明け渡されたときは、賃料債権は敷金の充当によりその限度で消滅するとしたこと、この事案の保証金の一部につき充当を認めたことに特徴があり、事例判断として参考になるものである。

[582] 大阪高判平成 16．12．17 判時 1894．19
《事案の概要》
　Xは、平成 10 年 7 月、Yから自然損耗、通常の使用による損耗につき賃借人が原状回復義務を負う旨の特約で、敷金 20 万円を交付してマンションの一室を賃借し、平成 13 年 7 月、合意更新したが、平成 14 年 6 月、賃貸借が終了し、建物部分を明け渡したため、XはYに対して敷金の返還を請求した。第一審判決は本件特約は賃借人の目的物返還義務を加重するものであるし、賃借人の利益を一方的に害するものであるとし、消費者契約法 10 条により無効であるとし、請求を認容したため、Yが控訴した。この判決は、合意更新には消費者契約法が適用されるとした上、本件特約は信義則に反して賃借人の利益を一方的に害するものであり、消費者契約法 10 条により無効であるとし、控訴を棄却した（判例評釈として、執行秀幸・私法リマークス 33．50 がある）。

【実務の対応】
　この判決は、原状回復特約のある居住用の借家において賃借人が賃貸建物を明け渡した後に敷金の返還を請求し、特約の効力が問題になった事案について、自然損耗、通常の使用による損耗を賃借人が負担する旨の特約が消費者契約法 10 条により無効であるとしたものであり、事例判断として参考になるものである。

[583] 神戸地判平成17．7．14判時1901．87
《事案の概要》
　Xは、平成15年7月、Y株式会社から賃貸期間を2年間、賃料月額5万6000円、共益費6000円、賃貸借終了時に敷引金として25万円を差し引いた残額を返還する旨の特約で保証金30万円を交付して建物を賃借し、賃貸借契約を解約し、平成16年2月末、本件建物を明け渡したところ、Yが敷引金25万円を差し引いた5万円を返還したため、XがYに対して敷引特約が消費者契約法10条により無効であると主張し、保証金25万円の返還を請求した。第一審判決が請求を棄却したため、Xが控訴した。この判決は、敷引特約が賃借人の義務を加重し、信義則に反して賃借人の利益を一方的に害するものであり、消費者契約法10条により無効であるとし、原判決を取り消し、請求を認容した。

【実務の対応】
　この判決は、敷引特約のある住居用の借家において賃借人が保証金の返還を請求し、敷引特約の効力が問題になった事案について、この特約が消費者契約法10条により無効であるとしたものであり、事例判断を提供するものであるが、前記の[559]最一判平成10．9．3民集52．6．1467、判時1653．96、判タ985．131、金融法務事情1533．97、金融・商事判例1059．24との関係が議論される必要がある。

[584] 大阪地判平成17．10．20金融・商事判例1234．34
《事案の概要》
　X株式会社は、昭和53年12月、賃貸期間を20年間とし、Aから建物を賃借し、敷金1億1000万円（月額賃料の55か月分）を交付したところ、Aが平成2年2月に死亡し、B、C、Dが共同相続し、同年11月、BらがE有限会社に本件建物を売却し、Eが本件建物にF株式会社のために根抵当権を設定したが、平成12年3月、Fが不動産競売を申し立て、平成13年1月、Y株式会社が競売手続で本件建物を買い受け、Yが平成14年11月に賃貸借契約を解除し、Xが平成15年2月に本件建物から退去したため、XがYに対して賃貸人の地位を承継したと主張し、敷金の返還を請求したのに対し、Yが反訴

として未払いの賃料の支払い、原状回復費用の支払い等を請求した。この判決は、月額賃料の 55 か月分全体が敷金であるとし、競売手続における買受人が敷金返還義務を承継するとし、未払い賃料、賃料相当損害金、原状回復費用を控除しても敷金の残額が認められるとし、本訴請求を一部認容し、反訴請求を棄却した。

【実務の対応】
　この判決は、敷金の交付された事業用の借家において賃貸建物が不動産競売に付され、敷金関係が買受人に承継されるかが問題になった事案について、月額賃料の 55 か月分全体が敷金であるとし、競売手続における買受人が敷金返還義務を承継するとしたものであり、事例判断として参考になるものである。

[338] 最二判平成 17. 12. 16 判時 1921. 61、判タ 1200. 127

《事案の概要》
　前記の [337] 大阪高判平成 16. 5. 27 判時 1877. 73 の上告審判決であり、Xが上告受理を申し立てた。この判決は、賃貸建物の通常損耗につき賃借人が原状回復義務を負うためには、賃借人が補修費を負担することになる通常損耗の範囲につきその旨の特約が明確に合意されていることが必要であるとし、本件では特約が成立したとはいえないとし、原判決を破棄し、本件を大阪高裁に差し戻した。

〈判決〉は、
「2. 本件は、上告人が、被上告人に対し、被上告人に差し入れていた本件敷金のうち未返還分 30 万 2547 円及びこれに対する遅延損害金の支払を求める事案であり、争点となったのは、①　本件契約における本件補修約定は、上告人が本件住宅の通常損耗に係る補修費用を負担する内容のものか、②　①が肯定される場合、本件補修約定のうち通常損耗に係る補修費用を上告人が負担することを定める部分は、法 3 条 6 号、特定優良賃貸住宅の供給の促進に関する法律施行規則 13 条等の趣旨に反して賃借人に不当な負担となる賃貸条件を定めるものとして公序良俗に反する無効なものか、③　本件補修約定に基づき上告人が負担すべき本件住宅の補修箇所及びその補修費用の額の諸点である。
3. 原審は、前記事実関係の下において、上記 2 の①の点については、これを肯定し、同②の点については、これを否定し、同③の点については、上告人が

負担すべきものとして本件敷金から控除された補修費用に係る補修箇所は本件負担区分表に定める基準に合致し、その補修費用の額も相当であるとして、上告人の請求を棄却すべきものとした。以上の原審の判断のうち、同①の点に関する判断の概要は、次のとおりである。
(1) 賃借人が賃貸借契約終了により負担する賃借物件の原状回復義務には、特約のない限り、通常損耗に係るものは含まれず、その補修費用は、賃貸人が負担すべきであるが、これと異なる特約を設けることは、契約自由の原則から認められる。
(2) 本件負担区分表は、本件契約書の一部を成すものであり、その内容は明確であること、本件負担区分表は、上記1(6)記載の補修の対象物について、通常損耗ということができる損耗に係る補修費用も退去者が負担するものとしていること、上告人は、本件負担区分表の内容を理解した旨の書面を提出して本件契約を締結していることなどからすると、本件補修約定は、本件住宅の通常損耗に係る補修費用の一部について、本件負担区分表に従って上告人が負担することを定めたものであり、上告人と被上告人との間には、これを内容とする本件契約が成立している。
4. しかしながら、上記2の①の点に関する原審の上記判断のうち(2)は是認することができない。その理由は、次のとおりである。
(1) 賃借人は、賃貸借契約が終了した場合には、賃借物件を原状に回復して賃貸人に返還する義務があるところ、賃貸借契約は、賃借人による賃借物件の使用とその対価としての賃料の支払いを内容とするものであり、賃借物件の損耗の発生は、賃貸借という契約の本質上当然に予定されているものである。それゆえ、建物の賃貸借においては、賃借人が社会通念上通常の使用をした場合に生ずる賃借物件の劣化又は価値の減少を意味する通常損耗に係る投下資本の減価の回収は、通常、減価償却費や修繕費等の必要経費分を賃料の中に含ませてその支払いを受けることにより行われている。そうすると、建物の賃借人にその賃貸借において生ずる通常損耗についての原状回復義務を負わせるのは、賃借人に予期しない特別の負担を課すことになるから、賃借人に同義務が認められるためには、少なくとも、賃借人が補修費用を負担することになる通常損耗の範囲が賃貸借契約書の条項自体に具体的に明記されているか、仮に賃貸借契約書では明らかでない場合には、賃貸人が口頭により説明し、賃借人がその

旨を明確に認識し、それを合意の内容としたものと認められるなど、その旨の特約（以下「通常損耗補修特約」という。）が明確に合意されていることが必要であると解するのが相当である。
(2) これを本件についてみると、本件契約における原状回復に関する約定を定めているのは本件契約書22条2項であるが、その内容は上記1（5）に記載のとおりであるというのであり、同項自体において通常損耗補修特約の内容が具体的に明記されているということはできない。また、同項において引用されている本件負担区分表についても、その内容は上記1（6）に記載のとおりであるというのであり、要補修状況を記載した「基準になる状況」欄の文言自体からは、通常損耗を含む趣旨であることが一義的に明白であるとはいえない。したがって、本件契約書には、通常損耗補修特約の成立が認められるために必要なその内容を具体的に明記した条項はないといわざるを得ない。被上告人は、本件契約を締結する前に、本件共同住宅の入居説明会を行っているが、その際の原状回復に関する説明内容は上記1（3）に記載のとおりであったというのであるから、上記説明会においても、通常損耗補修特約の内容を明らかにする説明はなかったといわざるを得ない。そうすると、上告人は、本件契約を締結するに当たり、通常損耗補修特約を認識し、これを合意の内容としたものということはできないから、本件契約において通常損耗補修特約の合意が成立しているということはできないというべきである。」と判示している（判例評釈として、宮澤志穂・判タ1210．54、内田勝一・ジュリスト1313．86がある）。

【実務の対応】
　この判決は、原状回復特約のある居住用の借家において賃借人が賃貸建物を明け渡した後に敷金の返還を請求し、特約の効力が問題になった事案について、賃借物件の損耗の発生は、賃貸借という契約の本質上当然に予定されているとしたこと、建物の賃貸借においては、賃借人が社会通念上通常の使用をした場合に生ずる賃借物件の劣化又は価値の減少を意味する通常損耗に係る投下資本の減価の回収は、通常、減価償却費や修繕費等の必要経費分を賃料の中に含ませてその支払いを受けることにより行われているとしたこと、建物の賃借人にその賃貸借において生ずる通常損耗についての原状回復義務を負わせるのは、賃借人に予期しない特別の負担を課すことになるとしたこと、賃借人に原状回復義務が認められるためには、少なくとも、賃借人が補修費用を負担すること

になる通常損耗の範囲が賃貸借契約書の条項自体に具体的に明記されているか、仮に賃貸借契約書では明らかでない場合には、賃貸人が口頭により説明し、賃借人がその旨を明確に認識し、それを合意の内容としたものと認められるなど、その旨の特約が明確に合意されていることが必要であるとしたこと、この事案では明確な合意が成立したといえないとしたことに特徴がある。この判決は、居住用の借家における賃借人に不利益を強いる特約については、特約の成立（特約の締結）に明確な合意が必要であるとするものであり、借家の実務に重大な影響を与えるものであり、前記の［559］最一判平成10．9．3民集52．6．1467、判時1653．96、判タ985．131、金融法務事情1533．97、金融・商事判例1059．24と同じ線上にある判断であるということができるものの、契約の成立に関する理論として新たな視点を提供するものであり、明確な合意の意義、他の合意との要件の違い、明確な合意の必要性、明確な合意の射程範囲等をめぐる検討が必要である。

[585] 神戸地尼崎支部判平成21．1．21判時2055．76
《事案の概要》
　Xは、平成12年1月、Y公社から特定優良賃貸住宅の供給の促進に関する法律所定の共同住宅の一室を賃料月額11万7000円、敷金35万1000円で賃借し、平成19年6月頃、解約をし、本件部屋を明け渡し、日割賃料5992円の控除を合意したものの、Yが住宅の復旧費28万3368円と記載した書面を交付したため、XがYに対して敷金28万3368円の返還を請求した。この判決は、クロスの張替え費用、室内の傷の補修費用の控除を認めたものの、タバコのヤニの洗浄費用等の控除を否定し、25万3298円の範囲で請求を認容した。
【実務の対応】
　この判決は、居住用の借家において敷金からの控除の範囲が問題になった事案について、控除事項を個別に検討し、一部の控除を否定したものであり、事例判断を提供するものである。

[586] 大阪高判平成 21．6．12 判時 2055．72
《事案の概要》
　前記の [585] 神戸地尼崎支部判平成 21．1．21 判時 2055．76 の控訴審判決であり、Y が控訴した。この判決は、基本的に原判決を維持し、控訴を棄却した。
【実務の対応】
　この判決は、前記の第一審判決と同様な判断を示したものであり、敷金からの一部の控除を否定した事例判断を提供するものである。

[454] 京都地判平成 21．7．23 判時 2051．119、判タ 1316．192、
　　　金融・商事判例 1327．26
《事案の概要》
　X は、平成 18 年 4 月、Y からマンションの一室を賃料月額 5 万 8000 円、保証金 35 万円、解約引き 30 万円、賃貸期間 2 年間、更新料賃料 2 か月分の特約で賃借し、保証金を支払い、更新時には更新料 11 万 6000 円を支払ったが、本件建物を明け渡した後、Y に対して解約引き特約、更新料特約が消費者契約法 10 条により無効であると主張し、保証金、更新料の返還を請求した。この判決は、解約引き特約、更新料特約が消費者契約法 10 条により無効であるとし、請求を認容した。
【実務の対応】
　この判決は、居住用の借家において保証金の解約引き特約の効力が問題になった事案について、消費者契約法 10 条により無効であるとしたものであり、事例判断を提供するものである。

No, 12

公営
住宅

　公営住宅は、地方公共団体が提供する住宅であり、公営住宅法が適用されるものであり、本書が紹介する借地借家法（借家法）、民法が適用される借家とは同じ法体系の下にあるものではない。もっとも、従来から公営住宅に借地借家法（借家法）、民法が適用される余地があるかが議論されているところであることから、平成年代に公表された公営住宅に関する裁判例も紹介しておきたい。

　まず、公営住宅と借家法、民法との関係については、最一判昭和 59. 12. 13 民集 38. 12. 1411、判時 1141. 58、判タ 546. 85 があり、「2　ところで、公営住宅法は、国及び地方公共団体が協力して、健康で文化的な生活を営むに足りる住宅を建設し、これを住宅に困窮する低額所得者に対して低廉な家賃で賃貸することにより、国民生活の安定と社会福祉の増進に寄与することを目的とするものであつて（1 条）、この法律によつて建設された公営住宅の使用関係については、管理に関する規定を設け、家賃の決定、家賃の変更、家賃の徴収猶予、修繕義務、入居者の募集方法、入居者資格、入居者の選考、家賃の報告、家賃の変更命令、入居者の保管義務、明渡等について規定し（第 3 章）、また、法の委任（25 条）に基づいて制定された条例も、使用許可、使用申込、申込者の資格、使用者選考、使用手続、使用料の決定、使用料の変更、使用料の徴収、明渡等について具体的な定めをしているところである（3 条ないし 22 条）。右法及び条例の規定によれば、公営住宅の使用関係には、公の営造物の利用関係として公法的な一面があることは否定しえないところであつて、入居者の募集は公募の方法によるべきこと（法 16 条）、入居者は一定の条件を具備した者でなければならないこと（法 17 条）、事業主体の長は入居者を一定の基準に従い公正な方法で選考すべきこと（法 18 条）などが定められてお

り、また、特定の者が公営住宅に入居するためには、事業主体の長から使用許可を受けなければならない旨定められているのであるが（条例3条）、他方、入居者が右使用許可を受けて事業主体と入居者との間に公営住宅の使用関係が設定されたのちにおいては、前示のような法及び条例による規制はあつても、事業主体と入居者との間の法律関係は、基本的には私人間の家屋賃貸借関係と異なるところはなく、このことは、法が賃貸（1条、2条）、家賃（1条、2条、12条、13条、14条）等私法上の賃貸借関係に通常用いられる用語を使用して公営住宅の使用関係を律していることからも明らかであるといわなければならない。したがつて、公営住宅の使用関係については、公営住宅法及びこれに基づく条例が特別法として民法及び借家法に優先して適用されるが、法及び条例に特別の定めがない限り、原則として一般法である民法及び借家法の適用があり、その契約関係を規律するについては、信頼関係の法理の適用があるものと解すべきである。ところで、右法及び条例の規定によれば、事業主体は、公営住宅の入居者を決定するについては入居者を選択する自由を有しないものと解されるが、事業主体と入居者との間に公営住宅の使用関係が設定されたのちにおいては、両者の間には信頼関係を基礎とする法律関係が存するものというべきであるから、公営住宅の使用者が法の定める公営住宅の明渡請求事由に該当する行為をした場合であつても、賃貸人である事業主体との間の信頼関係を破壊するとは認め難い特段の事情があるときには、事業主体の長は、当該使用者に対し、その住宅の使用関係を取り消し、その明渡を請求することはできないものと解するのが相当である。」と判示しており（判例評釈として、森田宏樹・法協104．1．216、石外克喜・民商93．6．117、広中俊雄・判評318．28、原田純孝・判タ551．247、松久三四彦・ジュリスト831．95、本田純一・ジュリスト838．89がある）、限定的に借家法、民法の適用を認めている。

公営住宅をめぐる裁判例としては、次のものがある。

[587] 東京地判平成7．1．19判タ889．272
《事案の概要》
　Aは、昭和46年6月、X都から公営住宅の使用許可を受け、その際、Y1、Y2は同居人として許可を受けたところ、その後、婚姻を機会にY1、Y2が転居したが、再度、同居するようになり、Aが平成4年11月に死亡したため、

XがY1、Y2に対して建物の明渡しを請求した。この判決は、明渡請求が権利の濫用に当たらない等とし、請求を認容した。

[588] 徳島地判平成7．1．27判時1548．57、判タ896．98
《事案の概要》
　Xは、A町の住民であるが、町営住宅への入居を希望し、許可申請をしたところ、A町長Yがこれを拒否したため、XがYに対して入居不許可処分の取消し等を請求した。この判決は、入居の許可・不許可の決定が公権力の行使に該当しないとし、訴えを却下した（判例評釈として、石川敏行・判評453．57がある）。

[589] 熊本地判平成7．5．31判例地方自治141．81
《事案の概要》
　Y市は、公営住宅法に基づき、国の補助金を受け、公営住宅を建設し、将来入居者に払い下げる方針を立て、市長がその旨を公にしていたところ（入居者に譲渡するためには、建設大臣の承認が必要であるが、実際には承認はされていない）、昭和27年から昭和55年にかけてX1、X2ら（43名）に賃貸し、Y市内の他の団地については払い下げが実施されたものの、X1らの団地については払い下げが実施されなかったため、X1らは、Yに対して売買違約の予約の成立を主張し、入居住宅の土地、建物につき所有権移転登記手続を請求した。この判決は、予約の締結を認定することは困難であるとし、請求を棄却した。

[590] 浦和地判平成7．11．15判例地方自治147．79
《事案の概要》
　Y県は、県立高校の教職員のために住宅を設置し、A県教育委員会が管理しているところ（県教職員住宅管理規則、管理規則施行細目に基づき管理されていた）、X1、X2ら（11名）は、県立高校の教職員であり、Yの住宅に入居していたが、Aが住宅の貸付料を見直し、増額改定したため、X1らがYに対して従前の貸付料が貸付料であることの確認、改定後支払った増額分の貸付料につき不当利得の返還を請求した。この判決は、貸付料の増額改訂につき入居者の同意は必要ではなく、増額改定につき裁量権の逸脱はないとし、請求を

棄却した。

No, 13

賃貸借
保証

　現在、借家契約を締結するに当たって、賃借人の保証人が求められることが多く、中には保証業者の保証が求められることがある。また、近年、賃料債権の確実な回収、明渡しの確実な実現等を図るとの賃貸管理の観点から、一部の保証業者が管理業務を受託する等し、自力救済の手法による賃貸管理が行われ、社会的な問題になってきたところである。借家の分野においては、賃貸借保証がますます重要な位置を占めるようになっているが、公表された裁判例は少ないし、保証人の確保の対策も十分ではないし、保証業者に対する信頼性の確保の各種の対策も十分ではない。賃貸借保証は、借家の分野では今後とも重要な課題になっている。

　賃貸借保証は、保証の対象が借家契約上の賃借人の債務であり、継続的な債務を保証するものであり、継続的契約、継続的保証に当たるものであり、従来の判例、裁判例によって形成されてきた継続的契約、継続的保証の適用を受けるものである。

［591］東京地判平成 6. 6. 21 判タ 853. 224
《事案の概要》
　X 株式会社は、昭和 57 年 6 月、賃貸期間 2 年間、賃料月額 8 万 6000 円で A に建物を賃貸し、Y が連帯保証をし、昭和 63 年 4 月、平成 2 年 4 月、それぞれ合意更新したところ、A が昭和 63 年 11 月分以降賃料等の支払いを怠り、平成 5 年 4 月、賃貸借契約を解除し、同年 5 月、本件建物を退去したため、X が Y に対して未払賃料等つき保証債務の履行を請求した。この判決は、保

証人は合意更新後に生じた債務についても責任を負うとしたが、賃料不払いを保証人に知らせないまま 2 回の合意更新をすることは社会通念上あり得ない等とし、2 回目の更新までの責任を負うとし、請求を一部認容した。

【実務の対応】
　この判決は、保証人が借家の合意更新後における未払い賃料等につき保証責任を負うかが問題になった事案について、2 回目の更新までの責任を負うとしたものであり、保証人の責任を限定した事例判断として参考になるものである。この事案に関連して、賃料不払い等の保証責任が現実に問題になる事態が生じた場合、賃貸人が保証人に対して通知義務を負うかどうかも問題になるが、信義則上、賃貸人にこのような注意義務を認めることが合理的である。

[592] 東京地判平成 9. 1. 31 判タ 952. 220
《事案の概要》
　X 有限会社は、昭和 63 年 2 月、Y 1 に賃貸目的を飲食店営業とし、賃料を 3 年ごとに更新し、更新時に新賃料の 1 か月分の更新料として支払う、新賃料は旧賃料の 15％を加算した金額とする等の特約で賃貸し、Y 2 が連帯保証をしたところ、賃料の増額・減額をめぐる紛争が生じ、Y 1 が賃料の一部支払いを拒絶したことから、X が賃貸借契約を解除し、Y 1 に対して建物の明渡しを請求するとともに、Y 1、Y 2 に対して未払い賃料等の支払いを請求した。この判決は、建物の管理、修繕に不備があったとし、約定賃料から 25％減額すべきものとし、自動増額特約は増額を不相当とする事情があり、失効したとしたものの、減額に係る賃料の支払いを怠ったことを理由に賃貸借契約の解除の効力を認め、Y 1 に対する請求を認容したが、3 年以上の賃料の不払いがあったことは X の誠意を欠く態度に起因するとし、連帯保証の特別解約を認め、Y 2 に対する請求を棄却した。

【実務の対応】
　この判決は、保証人が連帯保証契約を解約することができるかが問題になった事案について、保証人に特段の事情がある場合に解約権を認めたものであり、事例判断として参考になるものである。

[593] 最一判平成 9. 11. 13 判時 1633. 81、判タ 969. 126、金融法務事情 1513. 53、金融・商事判例 1042. 12
《事案の概要》
　Yは、昭和60年5月、マンションの一室をAに賃貸期間を2年間として賃貸し、Aの実兄であるXが連帯保証をし、その後、いずれも賃貸期間を2年間として合意更新がされたが、2度目の更新後から賃料の不払いが発生し、3度目の更新後は賃料が支払われなかったため、Yは、平成4年7月、Aに賃貸借契約の更新拒絶を通知し、平成5年6月、XにAの賃料不払いを通知し、Aは、同月、マンションから退去したものの、Yが保証債務の履行を求めたことから、XがYに対して債務不存在の確認を請求した。第一審判決は、更新前の契約と更新後の契約との間には法的な同一性がないとし、更新前の連帯保証は特段の事情のない限り更新後の契約に及ばないとし、請求を認容したため、Yが控訴した。控訴審判決は、本件では連帯保証が更新後の契約にも及び、保証債務の履行は信義則に反しないとし、原判決を取り消し、請求を棄却したため、Xが上告した。この判決は、特段の事情のない限り、更新後の賃貸借から生ずる賃借人の債務についても保証の責を負う趣旨で合意されたものであるとし、上告を棄却した。
〈判決〉は、
「建物の賃貸借は、一時使用のための賃貸借等の場合を除き、期間の定めの有無にかかわらず、本来相当の長期間にわたる存続が予定された継続的な契約関係であり、期間の定めのある建物の賃貸借においても、賃貸人は、自ら建物を使用する必要があるなどの正当事由を具備しなければ、更新を拒絶することができず、賃借人が望む限り、更新により賃貸借関係を継続するのが通常であって、賃借人のために保証人となろうとする者にとっても、右のような賃貸借関係の継続は当然予測できるところであり、また、保証における主たる債務が定期的かつ金額の確定した賃料債務を中心とするものであって、保証人の予期しないような保証責任が一挙に発生することはないのが一般であることなどからすれば、賃貸借の期間が満了した後における保証責任について格別の定めがされていない場合であっても、反対の趣旨をうかがわせるような特段の事情のない限り、更新後の賃貸借から生ずる債務についても保証の責めを負う趣旨で保

証契約をしたものと解するのが、当事者の通常の合理的意思に合致するというべきである。もとより、賃借人が継続的に賃料の支払を怠っているにもかかわらず、賃貸人が、保証人にその旨を連絡するようなこともなく、いたずらに契約を更新させているなどの場合に保証債務の履行を請求することが信義則に反するとして否定されることがあり得ることはいうまでもない。

　以上によれば、期間の定めのある建物の賃貸借において、賃借人のために保証人が賃貸人との間で保証契約を締結した場合には、反対の趣旨をうかがわせるような特段の事情のない限り、保証人が更新後の賃貸借から生ずる賃借人の債務についても保証の責めを負う趣旨で合意がされたものと解するのが相当であり、保証人は、賃貸人において保証債務の履行を請求することが信義則に反すると認められる場合を除き、更新後の賃貸借から生ずる賃借人の債務についても保証の責めを免れないというべきである。

4. これを本件についてみるに、前記事実関係によれば、前記特段の事情はうかがわれないから、本件保証契約の効力は、更新後の賃貸借にも及ぶと解すべきであり、被上告人において保証債務の履行を請求することが信義則に反すると認めるべき事情もない本件においては、上告人は、本件賃貸借契約につき合意により更新された後の賃貸借から生じた健三の被上告人に対する賃料債務等についても、保証の責めを免れないものといわなければならない。」と判示している（判例評釈として、平田健治・判評477．37、副田隆重・判タ982．54、塩崎勤・判タ1005．82がある）。

【実務の対応】

　この判決は、保証人が借家の合意更新後における未払い賃料等につき保証責任を負うかが問題になった事案について、賃貸借の期間が満了した後における保証責任について格別の定めがされていない場合であっても、反対の趣旨をうかがわせるような特段の事情のない限り、更新後の賃貸借から生ずる債務についても保証の責めを負う趣旨で保証契約をしたものと解するのが当事者の通常の合理的意思に合致するとしたこと、賃借人が継続的に賃料の支払いを怠っているにもかかわらず、賃貸人が、保証人にその旨を連絡するようなこともなく、いたずらに契約を更新させているなどの場合に保証債務の履行を請求することが信義則に反するとして否定されることがあり得るとしたこと、保証人が更新後の賃借人の債務についても保証責任を負うとしたことを判示しているもので

あり、保証責任の解釈を明らかにし、事例判断を示したものとして参考になるものである。なお、この判決も指摘するように、信義則違反によって保証人の責任が限定されることがあり、賃貸人が賃料債権の回収を放置する等の事情があり、保証人にその旨を通知しなかったような場合には、信義則違反が認められ、実際に保証責任が限定されることは少なくないであろう。

[594] 東京地判平成10．12．28判時1672．84
《事案の概要》
　X株式会社は、平成6年3月、Aに建物を賃貸し、Yが連帯保証をしたところ、平成8年3月、法定更新されたが、Aが賃料、管理費の支払いを怠ったため（未払いは、法定更新前から始まっていた）、Xは、賃貸借契約を解除し、Yに対して未払いの賃料等の支払いを請求した。この判決は、本件の事情の下では、法定更新後の賃借人の債務を保証しないとし、請求を一部認容した。
【実務の対応】
　この判決は、保証人が借家の法定更新後の債務を保証するかが問題になった事案について、法定更新後の賃借人の債務を保証しないとしたものであり、事案の事情によるところはあるが、事例判断として参考になるものである。

No，14

一時使用の借家

　建物の賃貸借（借家）であっても、一時使用のために建物の賃貸借をしたことが明らかな場合には、借地借家法26条ないし39条の規定は適用されない（借地借家法40条。なお、借家法8条も同旨の規定である。一時使用目的の借家とか、一時使用の借家と呼ばれることがある）。この一時使用の借家は、正当事由の保障のある法定更新権、賃料減額請求権が認められないものであり、

従来から短期間の建物の賃貸借に利用されてきたところであるが、この類型の借家であっても、比較的長期の賃貸期間が定められたり、何回か合意更新が繰り返されたりして一時使用の借家に当たるかどうかが問題になることがあった。一時使用の借家に当たるかどうかの判断基準は、最三判昭和36.10.10民集15.9.2294が一応の基準を示しているところであり、「借家法8条にいわゆる一時使用のための賃貸借といえるためには必ずしもその期間の長短だけを標準として決せられるべきものではなく、賃貸借の目的、動機、その他諸般の事情から、該賃貸借契約を短期間内に限り存続させる趣旨のものであることが、客観的に判断される場合であればよいのであって、その期間が1年未満の場合でなければならないものではない。」と判示している（判例評釈として、山田卓生・法協81.102、植林弘・民商46.4.133がある）。

一時使用の借家は、現在、定期借家が認められているため、その重要性、実用性が減少していると考えられるが、従来の一時使用の借家をめぐる裁判例を紹介したい。

[351] 東京地判平成3.7.25判時1416.98
《事案の概要》

X株式会社は、ビルを所有し、昭和61年8月頃、Y株式会社にビルの一部を賃料月額128万円、賃貸期間を昭和60年10月から3年間とし、更新料支払いの特約で一時使用として賃貸したところ、賃貸期間が満了したため、XがYに対して主位的に一時使用目的の賃貸借の期間満了を主張し、予備的に正当事由による解約申入れを主張し、本件建物部分の明渡しを請求した。この判決は、賃料等が一般通常の賃貸借と異ならないこと、更新料支払いの特約があること等から、短期間の使用にとどめられるべき事情がないとし、一時使用目的であることを否定し、立退料1億円の提供による正当事由を認め、主位的請求を棄却し、予備的請求を認容した（判例評釈として、石尾賢二・法時65.8.84がある）。

【実務の対応】

この判決は、一時使用として建物が賃貸された事案について、一時使用目的であることを否定したものであり、事例判断を提供するものである。

第4章 借家をめぐる裁判例

[595] 東京地判平成 3. 10. 11 判タ 785. 172
《事案の概要》
　Xは、昭和57年頃、大正6年建築の建物を、Yの懇請によって他に部屋を見つけるまでの間賃料月額3万円で賃貸したところ（前の賃借人は月額7万円であった）、昭和62年10月、解約を申し入れ、Yに対して一時使用目的であるなどと主張し、主位的に本件建物の明け渡しを請求し、予備的に正当事由による解約申入れを主張し、本件建物の明渡しを請求した。この判決は、本件賃貸借が一時使用目的であることを認め、主位的請求を認容した。
【実務の対応】
　この判決は、賃借人の懇請により他に部屋を見つけるまでとの合意が建物が賃貸された事案について、一時使用目的であることを肯定したものであり、事例判断を提供するものである。

[596] 大阪地判平成 3. 12. 10 判タ 785. 166
《事案の概要》
　X株式会社は、昭和59年4月、Yに賃料月額8万円、店舗として使用する目的で、賃貸期間を3年間とし、保証金の交付を受けて賃貸し（契約書は、「建物一時使用契約書」との名称であった）、Yが鍼灸治療院として使用し、昭和62年2月、賃貸期間を3年間延長する合意をしたところ（保証金の控除がされ、更新時に新たに金員が交付された）、Xが本件賃貸借が一時使用目的のものであるなどと主張し、Yに対して本件建物の明渡しを請求した。この判決は、本件賃貸借契約の締結時の諸事情から本件賃貸借が短期間に限って存続させる合意が存在するとしたものの、大規模な改装、設備投資をXが了解し、毎年賃料の増額がされ、更新時に保証金が控除され、新たな金員が交付されたこと等から一時使用目的のものではないとし、請求を棄却した。
【実務の対応】
　この判決は、「建物一時使用契約書」との名称で締結された建物の賃貸借の事案について、一時使用の借家であることを否定したものであり、事例判断を提供するものである。

[597] 東京地判平成4.4.14判タ871.233
《事案の概要》
　Xは、昭和62年7月、木造2階建てのアパート（昭和30年建築）の一室を賃貸期間を2年間とし、賃料月額3万円とし、期間満了の際は無条件で立ち退く旨の特約でYに賃貸し（この特約を確認する誓約書も差し入れられた）、賃貸期間が満了した頃に立ち退きを求めたものの、立ち退かなかったため、Xが一時使用目的の賃貸借であるなどと主張し、Yに対して本件部屋の明渡しを請求した（予備的に立退料の支払いと引換えに明渡し請求をした）。この判決は、一時使用の賃貸借であることを否定し、請求を棄却した。
【実務の対応】
　この判決は、期間満了の際は無条件で立ち退く旨の特約の建物の賃貸借の事案について、一時使用の借家であることを否定したものであり、事例判断を提供するものである。

[598] 横浜地判平成4.5.8判タ798.190
《事案の概要》
　Xは、昭和62年1月、他に転勤することになり、賃貸期間を2年間として（更新は1回するが、4年で終了する旨の特約があった）、Yに自宅を賃貸し、その後、期間を2年間として更新し、転勤が終了して戻ることになり、期間満了の際、更新拒絶をし、本件建物の明渡しを求める調停を申し立てたが、不調になったため、Yに対して本件建物の明渡しを請求した。この判決は、一時使用の賃貸借であるとし、請求を認容した。
【実務の対応】
　この判決は、転勤のための建物の賃貸借の事案について、一時使用の借家であることを肯定したものであり、事例判断を提供するものである。

[599] 東京地判平成4.5.29判時1446.67
《事案の概要》
　Y株式会社は、JR駅前の借地上に建物を建築し、昭和42年から昭和43年にかけて、X1有限会社、X2有限会社、X3有限会社、X4、X5に駅前都市計画実施までとの特約で本件建物の一部を賃貸し、本件土地は都市再開

第4章　借家をめぐる裁判例

発事業が行われることになり、平成2年10月、権利変換期日が指定される等し、事業を実施するA市が借家権価格を供託したため、X1らが賃借権の確認、還付請求権の確認を請求した。この判決は、本件各賃貸借契約は一時使用目的のものではないとしたが、賃借権の確認は過去の権利関係の確認を求めるものであるとし、還付請求権の確認請求を認容し、賃借権の確認請求の訴えは却下した。

【実務の対応】
　この判決は、駅前都市計画実施までとの特約のある建物の賃貸借の事案について、一時使用の借家であることを否定したものであり、事例判断を提供するものである。

[600] 高松高判平成4. 6. 29 判時1446. 71、判タ799. 191
《事案の概要》
　X株式会社は、A株式会社（代表者はB）に融資をし、建物等に担保を設定していたところ、Aが事実上倒産し、Xが競売らによって本件建物を競落し、Bの希望によってAが事業を継続することとし、Xが本件建物をAに賃貸していたところ、Aが再度倒産し、Bの懇請により本件建物の賃借をすることになり、Y有限会社（代表者はB）が本件建物を賃借し、その後間もなくXとYとの間で起訴前の和解をしたことから、Xが期間満了を主張し、Yに対して本件建物の明渡しを請求した。第一審判決は一時使用目的の賃貸借であるとし、請求を認容したため、Yが控訴した。この判決は、本件賃貸借契約には賃料の増減に関する特約があり、相当期間継続することを前提とし、締結当時本件建物の具体的な使用計画がXになかったこと等から、一時使用目的ではなかったとし、原判決を取り消し、請求を棄却した。

【実務の対応】
　この判決は、賃借人の懇請により倒産した事業の継続のためにされた建物の賃貸借の事案について、一時使用の借家であることを否定したものであり、事例判断を提供するものである。

[601] 名古屋地判平成4.9.9判タ805.154
《事案の概要》
　Y1有限会社（代表者はY2）は、建物（パチンコ営業用店舗）の所有者Y2から賃貸権限を授与され、昭和62年2月、Xに賃貸期間を1年間として本件建物を賃貸し、Y1は、同年7月頃、賃貸借契約の解約を申し入れ、Y2は、昭和63年3月、Y3有限会社に本件建物を売り渡したため、XがY1、Y2に対して賃借権の確認を請求したところ、Y3が訴訟に参加し、予備的に反訴として増額に係る賃料額の確認等を請求した（Y1、Y2は、訴訟から脱退した）。この判決は、建物利用の目的・態様、契約の趣旨、動機等の事情から一時使用の賃貸借ではないとし、賃貸借の終了を否定し、本訴請求を認容し、反訴請求を一部認容した。
【実務の対応】
　この判決は、賃貸期間が1年間とする建物の賃貸借の事案について、一時使用の借家であることを否定したものであり、事例判断を提供するものである。

[602] 東京高判平成5.1.21判タ871.229
《事案の概要》
　前記の[597]東京地判平成4.4.14判タ871.233の控訴審判決であり、Xが控訴し、予備的請求をさらに追加した。この判決は、アパートの老朽化が切迫していたとはいえないし、Xの主張に係るマンションの建築計画も具体的ではないとし、一時使用目的であることを否定する等し、控訴を棄却し、追加に係る予備的請求を棄却した。
【実務の対応】
　この判決は、期間満了の際は無条件で立ち退く旨の特約の建物の賃貸借の事案について、一時使用の借家であることを否定したものであり、事例判断を提供するものである。

[603] 東京地判平成8.9.26判時1605.76、判タ955.277
《事案の概要》
　X株式会社とY株式会社は、平成2年12月、Xを賃借人、Yを賃貸人、建物の賃貸借、賃貸期間を5年間等とする即決和解事件の和解調書が作成され

ているところ、XがYに対して和解調書に基づく強制執行を許さない等の請求をした。この判決は、即決和解につき民事上の争いが認められ、本件賃貸借が一時使用目的のものであるとし、請求を棄却した。
【実務の対応】
　この判決は、即決和解（訴え提起前の和解。民事訴訟法275条参照）を利用した賃貸期間を5年間とする建物の賃貸借の事案について、一時使用の借家であることを肯定したものであり、事例判断を提供するものである。

[604] 東京地判平成10. 7. 15判夕1020. 193
《事案の概要》
　X株式会社は、平成5年7月、建物が売却予定であり、期間満了時に売却される場合には、契約は更新されることなく終了する旨の特約で、平成7年5月15日までの賃貸期間で、Y有限会社に建物を賃貸し、平成8年6月、Y1が解散したものとされたことから、Y1の代表者がY2有限会社を設立し、本件建物を使用したが、Xが平成8年4月、本件建物等をAに売却したため、Xが一時使用目的のものであるなどと主張し、Y1、Y2に対して建物の明渡し等を請求した。この判決は、賃貸借契約の至る経緯、契約の内容を考慮し、一時使用目的のものであったとし、請求を認容した。
【実務の対応】
　この判決は、建物が売却予定であり、期間満了時に売却される場合には、契約は更新されることなく終了する旨の特約のある建物の賃貸借の事案について、一時使用の借家であることを肯定したものであり、事例判断を提供するものである。

No, 15

その他の借家問題

　借家をめぐる法律問題は、多様である。これまでは借家に固有な問題で、類型化が明確であった問題に関する裁判例を順次紹介してきたが、本項では、類型化の困難であった法律問題をめぐる裁判例を紹介したい。

[605] 東京地判平成3.5.29判時1408.89、判タ774.187
《事案の概要》
　Xは、昭和52年12月、賃貸期間を2年間とし、小修繕は賃借人が負担する旨の特約、賃料月額5万3000円でYから木造建物（昭和41年建築）を賃借し、その後、昭和63年4月から賃料は月額9万7000円に改定され、本件賃貸借契約は期間満了により期間の定めのないものとなったところ、Xは、Yに対して屋根等14箇所に修繕が必要であると主張し、修繕を請求した。この判決は、修繕の必要性を認めた上、小修繕に関する特約が有効であるとし、それ以外の修繕義務を認め、請求を一部認容した。

【実務の対応】
　この判決は、小修繕につき賃借人の負担とする特約の効力、修繕請求の当否が問題になった事案について、特約を有効としつつ、特約以外の修繕請求を認容したものであり、事例判断として参考になるものである。もっとも、居住用の借家の修繕義務については、民法606条1項の原則、消費者保護の要請から、現在、通常の損耗、自然損耗、経年劣化、賃借人の故意・過失等の事情を踏まえ、合理的で相当な内容の修繕に関する特約が工夫されているところである。

[606] 東京地判平成3.8.27判タ779.280
《事案の概要》
　Y有限会社は、Xとの間の仮処分申請事件において、ゴルフ練習場施設一切につき賃貸借し、賃貸借期間を昭和61年4月1日から昭和66年3月31日までとする裁判上の和解をしたが、その後、裁判所が賃貸借期間の部分につき賃貸借期間を昭和61年4月1日から昭和66年3月31日までとし、Xは、Yに対して同日限り明け渡すとの内容で更正決定をしたため、Xが更正決定が違法であると主張し、請求異議の訴えを提起した。この判決は、和解条項の脱落が明白な誤謬であり、有効であるとし、請求を棄却した。

【実務の対応】
　この判決は、ゴルフ練習場施設一切の賃貸借において明渡し等を内容とする裁判上の和解が成立したものの、和解調書にその旨の記載がされなかったため、裁判所が更正決定（民事訴訟法257条、旧民事訴訟法194条参照）により明渡し条項を追加記載したため、その効力が問題になった事案について、更正決定が有効であるとしたものであり、事例判断として参考になる。借家紛争をめぐる裁判上の和解、示談においては、合意が成立し、書面化する段階でその内容を確認し、条項の文言を慎重に検討するものであり、この事案のような事態が生じることは稀であるが、この判決は比較的更正決定の要件を相当に緩やかに解したものであり、常にこのような寛大な対応が得られることを期待することはできないであろう（なお、後記の控訴審の判決参照）。

[607] 東京地判平成3.8.30判時1426.110
《事案の概要》
　X株式会社は、昭和60年12月、賃貸借が終了したときは、賃借人が加えた造作、間仕切り、模様替えその他の施設及び自然破損と認めることのできない破損箇所はすべて賃借人の負担で原状に回復する旨の特約で建物をYに賃貸したところ、昭和63年4月、Yに対して賃貸借契約の終了を主張し、本件建物の明渡し、原状回復費用等の支払いを請求する訴訟を提起し、第一審判決は、本件建物の明渡し、賃料相当損害金の支払請求を認容したものの、その余の請求を棄却し、控訴審判決は控訴を棄却し、上告審判決は上告を棄却したことか

ら、判決が確定したところ、Xは、本件建物の原状回復義務の不履行による損害、賃料相当の上乗分、弁護士費用相当額の支払いを請求したのに対し、Yが反訴として保証金の返還を請求した。この判決は、本件請求は前訴の既判力に抵触して許されないとし、本訴請求を棄却し、反訴請求を認容した。

【実務の対応】
　この判決は、賃貸人が借家契約の終了等による建物の明渡し、原状回復費用等の損害賠償を請求する訴訟を提起し、一部勝訴の判決が確定した後、新たに訴訟を提起し、原状回復義務の不履行による損害、賃料相当の上乗分、弁護士費用相当額の支払いを請求したことから、既判力（民事訴訟法114条、旧民事訴訟法199条参照）に抵触するかが問題になった事案について、後訴が前訴の既判力に抵触することを肯定したものであり、珍しい事案の判決であるが、事例判断として参考になるものである。

[608] 東京地判平成4.6.4判タ824.174
《事案の概要》
　Xは、昭和39年、Aから2階建て建物の1階の一部を賃借し、その後、2階の一部を賃借していたところ（本件建物の1階には共用の炊事場、便所が設置されていた）、不動産業を営むYは、平成2年5月、Aから本件建物を買い受け、2階の一部を改造し、炊事場の一角にシャワー室を設置する等し、外国人労働者等の宿泊所として使用できるようにしたため、XがYに対して主位的に浴槽等の撤去、予備的にシャワー設備の使用禁止等を請求した。この判決は、賃借人は賃貸人に契約の本旨に達するのに必要な作為、不作為を請求することができるとし、板囲いの一部の撤去、出窓にガラス戸の設置請求を認容し、その余の主位的請求、予備的請求を棄却した。

【実務の対応】
　この判決は、共同住宅の賃借人が建物を改造する賃貸人に対して改造施設の撤去等を請求することができるかが問題になった事案について、賃借人は賃貸人に契約の本旨に達するのに必要な作為、不作為を請求することができるとしたこと、撤去請求、設置請求を一部認容したことに特徴があり、理論的にも、事例判断としても注目されるものであるが、今後の議論が予想される。

[609] 東京高判平成4.6.22判時1428.87、判タ807.247
《事案の概要》
　前記の[606]東京地判平成3.8.27判タ779.280の控訴審判決であり、Xが控訴した。この判決は、更正決定で明渡条項を付加することは違法である等とし、原判決を取り消し、請求を認容した（判例評釈として、石川明・判タ822.87、後藤勇・判タ852.220がある）。
【実務の対応】
　この判決は、ゴルフ練習場施設一切の賃貸借において明渡し等を内容とする裁判上の和解が成立したものの、和解調書にその旨の記載がされなかったため、裁判所が更正決定（民事訴訟法257条、旧民事訴訟法194条参照）により明渡し条項を追加記載したため、その効力が問題になった事案について、更正決定が違法であるとしたものであり、事例判断として参考になる。この判決は、第一審判決と異なり、寛大な取扱いを認めなかったわけである。

[610] 東京地判平成4.6.25判タ816.239、金融・商事判例917.38
《事案の概要》
　Yは、昭和8年頃、Aから建物を賃借し、昭和56年、Aが死亡し、相続人Bらが相続し、その後、X株式会社がBらから共有持分全部を譲り受け、昭和63年9月、Yに対して解約申入れを主張し、本件建物の明渡しを請求する訴訟を提起し、裁判所は立退料4900万円の支払いと引換えに請求を認容する判決を言渡し、平成3年7月、同判決が確定したが、その後、Xが訴状によって解約を申し入れ、Yに対して本件建物の明渡しを請求した。この判決は、建物の明渡しを命ずる判決の確定後、再度解約を申し入れ、明渡訴訟を提起することは、特段の事情のない限り、訴えの利益を欠くとし、訴えを却下した。
【実務の対応】
　この判決は、賃貸人が借家契約の解約を申し入れ、建物の明渡しを請求する訴訟を提起し、立退料の提供による正当事由を認め、請求を認容する判決が確定した後、再度、解約を申し入れ、建物の明渡しを請求する訴訟を提起した事案について、特段の事情がない限り、訴えの利益がないとしたものであるが、

訴えの利益の問題として取り上げることには理論的に疑問が残るものである。また、一般論として、正当事由の制度上、再度の解約申入れを認めるべきであろう。

[611] 東京地判平成5. 3. 25 判時1488. 113、金融・商事判例958. 34

《事案の概要》

A、Bは、昭和49年7月、共同して建物を購入し、持分各2分の1を有していたところ（判文上、Aの持分は甲持分、Bの持分は乙持分と略称されている）、銀行業を営むC株式会社は本件建物に根抵当権を設定し、昭和57年12月、甲持分につき不動産競売の申立てをし、X株式会社は、昭和60年9月、甲持分を競落したが、その間、Yは、昭和57年5月、当時の所有者B、Dから賃貸期間を3年間として本件建物を賃借したことから、XがYに対して甲持分に基づく保存行為として本件建物の明渡しを請求した。この判決は、共有者の一部の者から共有者の協議に基づかないで共有物を占有使用することを承認された第三者は、その者の占有使用を承認しなかった共有者に対して共有物を排他的に占有する権原を主張することはできないが、その共有者は当然には共有物の明渡しを請求することができないとし、請求を棄却した。

【実務の対応】

この判決は、共有持分を有する者が他の共有持分を有する者から建物を賃借した者に対して建物の明渡しを請求することができるかが問題になった事案について、共有者の一部の者から共有者の協議に基づかないで共有物を占有使用することを承認された第三者は、その者の占有使用を承認しなかった共有者に対して共有物を排他的に占有する権原を主張することはできないとしたこと、その共有者は当然には共有物の明渡しを請求することができないとしたことを判示したものであり、理論的に興味深い判断を示したものとして参考になる。

[612] 東京地判平成5. 12. 27 判タ868. 284

《事案の概要》

Yは、Xに建物の一部を賃貸し、Xは、本件建物部分でレコード店を営業し、他の部分をAに賃貸していたところ、昭和59年6月、Aの賃借する建物部分

から出火し、本件建物が全焼したため、XがYに対して借家権の喪失の損害賠償を請求したが、XとYとの間には、別件訴訟が昭和61年に提起され、Xが民法717条1項に基づきレコード店の2年間の逸失利益の損害賠償を請求し、Xの敗訴判決がされ、この判決が確定していた。この判決は、別件訴訟と本件訴訟の訴訟物が同一であるとし、既判力の抵触を認め、Xの請求を棄却した。
【実務の対応】
　この判決は、建物の一部の賃借人が賃貸人に対して他の賃借人が発生させた火災による損害賠償を請求し、敗訴判決を受け、判決が確定した後、法的な根拠を変えて再度損害賠償を請求した事案について、両方の訴訟の訴訟物が同一であるとし、既判力の抵触を認めたものであり、事例判断として参考になるものである。

[613] 最一判平成 7. 1. 19 判時 1520. 84、判タ 871. 300、金融・商事判例 965. 3
《事案の概要》
　Aは、5階建てのビルを所有しており、Yに本件ビルの構造上及び利用上の独立性のある建物部分（2階を除いた部分）を賃貸し、AとYは、本件ビル全部につき賃借権設定登記を経たところ、Aが本件ビルをX有限会社に譲渡したが、Xが本件登記が不実の登記であると主張し、Yに対して本件登記の抹消登記手続を請求した。第一審判決（福岡地判平成 3. 12. 26 金融・商事判例 965. 9）は、本件登記は実体関係に符合しない登記である無効なものであるとし、本件登記全部の抹消登記手続請求を認容したため、Yが控訴したものである。控訴審判決（福岡高判平成 4. 9. 28 金融・商事判例 965. 7）は、2階部分の登記の抹消を求めることは格別、本件登記全部の抹消を求めることはできないとし、原判決を取り消し、請求を棄却したため、Xが上告した。この判決は、不実の部分の登記の抹消のみが認容されるべきであるとし、原判決を破棄し、本件を福岡高裁に差し戻した。
〈判決〉は、
「甲が、その所有する一棟の建物のうち構造上区分され独立して住居等の用途に供することができる建物部分のみについて、乙に対し賃借権を設定したにもかかわらず、甲乙間の合意に基づき右一棟の建物全部について乙を賃借権者と

する賃借権設定の登記がされている場合において、甲が乙に対して右登記の抹消登記手続を請求したときは、右請求は右建物部分を除く残余の部分に関する限度において認容されるべきものである。けだし、右登記は右建物部分に関する限り有効であるから、甲は、右登記全部の抹消登記手続を請求することは許されないが、右一棟の建物を右建物部分と残余の部分とに区分する登記を経た上、残余の部分のみについて乙の賃借権設定登記の抹消登記手続をすることができるからである。

　これを本件についてみると、第一審判決別紙物件目録一記載の建物（鉄筋コンクリート造り5階建て。以下「本件建物」という。）については平成2年11月20日受付で被上告人を賃借権者とする賃借権設定登記（以下、これを「本件登記」という。）がされているところ、本件訴訟は、上告人が被上告人に対し、本件建物の所有権を主張し本件登記は実体に反する無効なものであるとしてその抹消登記手続を請求するものである。そして、原審の確定した事実によれば、上告人は同月末日訴外第一実業株式会社から本件建物を譲り受けたが、これより前に、右訴外会社と被上告人の間で本件建物のうち2階部分を除く建物部分について賃貸借契約が締結され、右訴外会社と被上告人との合意に基づき本件登記がされたというのであり、また、当事者双方の主張及び原審の認定事実に照らすと、本件建物の2階部分には構造上及び利用上の独立性のあることが十分にうかがわれる。そうだとすれば、上告人の本件請求は、本件建物のうち2階部分について本件登記の抹消登記手続を求める限度において、これを認容する余地があるというべきこととなる。」と判示している（判例評釈として、大野秀夫・判評441．40がある）。

【実務の対応】
　この判決は、ビルの構造上及び利用上の独立性のある建物部分（2階を除いた部分）を賃貸したものの、ビル1棟全体につき賃借権設定登記がされた後、ビルの所有権を取得した者が不実の登記であると主張し、同登記の抹消登記手続を請求した事案について、全部の抹消手続を請求することは許されないものの、賃貸借されていない建物部分につき抹消登記手続を認めることができるとしたものであり、理論的に参考になる判断を示したものである。

[614] 東京地判平成 7．4．27 金融・商事判例 1017．25
《事案の概要》
　Aは、所有土地上に賃貸用アパートの建築を計画し、平成元年 1 月、Y有限会社に建築工事を請負代金 3695 万円で発注し、Yが自己の材料を使用して建物を完成させたが、代金の支払いを受けることがないうち、Aが平成 2 年 1 月に破産宣告を受け、Xが破産管財人に選任され、Yが本件建物を第三者に賃貸し、賃料を受領し、本件建物の一部を自ら使用したため、XがYに対して本件建物の明渡し、不当利得の返還を請求した。この判決は、請負代金の支払いと引換えに本件建物の明渡請求を認容し、不当利得の返還請求を認容した。
【実務の対応】
　この判決は、建物の建築を受注した建築業者が代金の支払いを受けなかったことから、建物の一部を他に賃貸し、一部を自ら使用したため、注文者の破産管財人が建物の明渡し、賃料等の不当利得の返還を請求した事案について、請負代金の支払いと引換えに建物の明渡請求を認容したこと、不当利得の返還請求を認容したことの判断を示したものであり、建物建築の請負の実務において発生する事例判断を提供するものである。

[615] 東京地判平成 7．6．6 判タ 914．250
《事案の概要》
　Xは、昭和 57 年 5 月、Yに期間を 3 年間として建物を賃貸し、数度にわたり本件賃貸借契約に関する紛争を細切れにして訴訟を提起していたところ、Yに対して主位的に賃貸借契約が合意により期間満了により終了したことの確認、不法占有による賃料相当の損害金の支払いを請求し、予備的に約 4 か月の賃料の支払い等を請求した。この判決は、Xが二重起訴となることを巧みに回避しながら本件訴訟を提起したものであるとし、確認の利益、権利保護の利益を欠くとし、訴えを却下した。
【実務の対応】
　この判決は、借家の賃借人に対して細切れに数度にわたって賃料相当損害金の支払い等を請求する訴訟を提起した事案について、確認の利益、権利保護の利益を欠くとしたものであり、訴訟の経過に照らすと、妥当な判断を示した事

例を提供するものである。

[616] 最三判平成 7. 9. 19 民集 49. 8. 2805、判時 1551. 69、判タ 896. 89、金融・商事判例 987. 3

《事案の概要》
　Yは、昭和57年2月、所有建物につき、Aが権利金を支払わない代償として、修繕、造作の新設・変更等の工事一切をAが行い、建物の返還時に金銭的請求を一切しない旨の特約で賃貸し、同年11月、X株式会社に本件建物の改装、改修工事を注文し、Xが工事を完成して引き渡したところ、AがYの承諾を得ないで本件建物内の店舗部分をBに転貸したため、Yが賃貸借契約を解除し、Aに対して本件建物の明渡し等を請求する訴訟を提起し、勝訴判決を得て、この判決が確定したものの、Aが所在不明になり、財産も判明しなかったことから、XがYに対して請負残代金につき不当利得の返還を請求した。第一審判決は請求を一部認容したため、Yが控訴した。控訴審判決は、下請業者を使用した部分については現実に下請代金を支払ったことを要するところ、下請代金の完済は認められず、自ら施工した部分を確定することもできないとし、原判決を取り消し、請求を棄却したため、Xが上告した。この判決は、本件建物の所有者が利益を受けたということができるためには、賃貸借契約を全体としてみて、対価関係なしに利益を受けたときに限られるとし、本件では権利金の支払を免除したという負担に相応したものであるとし、法律上の原因なくして受けたということができないとし、上告を棄却した。

〈判決〉は、
「二　甲が建物賃借人乙との間の請負契約に基づき右建物の修繕工事をしたところ、その後乙が無資力になったため、甲の乙に対する請負代金債権の全部又は一部が無価値である場合において、右建物の所有者丙が法律上の原因なくして右修繕工事に要した財産及び労務の提供に相当する利益を受けたということができるのは、丙と乙との間の賃貸借契約を全体としてみて、丙が対価関係なしに右利益を受けたときに限られるものと解するのが相当である。けだし、丙が乙との賃貸借契約において何らかの形で右利益に相応する出捐ないし負担をしたときは、丙の受けた右利益は法律上の原因に基づくものというべきであり、甲が丙に対して右利益につき不当利得としてその返還を請求することができる

とするのは、丙に二重の負担を強いる結果となるからである。
　前記一の2によれば、本件建物の所有者である被上告人が上告人のした本件工事により受けた利益は、本件建物を営業用建物として賃貸するに際し通常であれば賃借人である高島から得ることができた権利金の支払を免除したという負担に相応するものというべきであって、法律上の原因なくして受けたものということはできず、これは、前記一の3のように本件賃貸借契約が高島の債務不履行を理由に解除されたことによっても異なるものではない。」と判示している（判例評釈として、平田健治・民商115．6．128、円谷峻・判タ908．31、宮川博史・判タ945．106、磯村保・ジュリスト1091．68がある）。
【実務の対応】
　この判決は、借家の賃借人が建築業者に建物の改装工事等を注文し、工事が施工された後、借家契約が解除されたところ（賃貸人の賃借人に対する明渡請求訴訟は勝訴判決が確定した）、建築業者が賃貸人に対して工事による不当利得の返還を請求し、転用物訴権の成否が問題になった事案について、転用物訴権の要件を明確に示した上、この事案につき転用物訴権を否定したものであり、理論的にも、事例判断としても参考になるものである。

[617] 東京地判平成7．10．17判時1571．95、判タ918．245
《事案の概要》
　X1有限会社は、昭和62年9月、Yに2階建て建物の1階の一部を賃貸期間を2年間として賃貸していたところ、平成2年3月、取壊しの必要性を理由にYの使用継続に異議を述べ、Yに対して本件建物の明渡しを請求する訴訟を提起したが、平成3年3月、X1がYに引き続き本件建物を賃貸するなどの内容の訴訟上の和解を成立させたところ、Yが和解が無効であると主張し、口頭弁論期日指定の申立てをし、裁判所は、期日を指定し、X2株式会社に訴訟引受けを命じて審理を行った後、正当事由を否定し、請求を棄却したため、X1らが控訴した（訴訟上の和解により終了した旨の宣言を求めた）。この判決は、和解条項上、賃貸借の目的物が不特定であり（1階部分31．54㎡のうち、6．6㎡との記載）、和解が無効であるとし、控訴を棄却した（判例評釈として、田尻泰之・判タ1020．140がある）。

【実務の対応】
　この判決は、賃貸人が賃貸期間の満了、更新拒絶を理由に建物の明渡しを請求する訴訟を提起し、賃貸借を継続する等の内容の訴訟上の和解が成立した後、和解の無効が問題になった事案について、賃貸借の目的物が不特定であるとの理由で和解が無効であるとしたものであり、事例判断として参考になるものである。

[618] 東京地判平成 8. 1. 31 判時 1584. 124
《事案の概要》
　Y株式会社は、昭和63年9月、X1に賃貸期間を2年間として建物を賃貸し、X2が連帯保証をした後、平成2年9月、YはX1らと契約を更新するとともに、公正証書を作成したが、平成4年9月、YとX1らの即決和解の利用を前提にして更新協議がされたものの、契約締結の方式につき合意がまとまらず、平成6年9月には法定更新されたこと等から、Yが本件公正証書に基づきX1らの所有動産につき動産執行がされたため、X1らがYに対して本件公正証書につき請求異議の訴を提起した。この判決は、本件公正証書は法定更新後には債務名義にならないとし、請求を認容した（判例評釈として、城所淳司・判タ978. 192 がある）。

【実務の対応】
　この判決は、執行証書として使用する予定で公正証書が作成された後、借家契約が法定更新されたが、法定更新後にも執行証書として使用することができるかが問題になった事案（民事執行法22条5号）について、これを否定したものであり、事例判断として参考になるものである。

[619] 東京地判平成 8. 4. 15 判時 1583. 72
《事案の概要》
　Xは、Aから建物を賃借していたところ、Aから建物の明渡しを請求され、弁護士Yに事件の処理を依頼し、賃料を預託したが、Yがこれを支払うことも、供託することもしなかったため、AがXに対し建物の明渡しを請求する訴訟を提起し、XのためにYが代理人になったものの、Xが知らない間に建物の明渡し等を内容とする訴訟上の和解を成立させ、Xが建物の明渡しを余儀なくされ

ため、XがYに対し委任事務の債務不履行に基づき損害賠償を請求した。この判決は、賃料を供託しなかったこと、了解を得ずに和解を成立させたことにつき債務不履行を認め、請求を認容した。

【実務の対応】
　この判決は、借家の賃借人が建物の明渡事件を弁護士に委任し、賃料の供託、訴訟の追行を依頼したところ、弁護士が供託をせず、賃借人に無断で訴訟上の和解を成立させたことから、弁護士の委任契約上の債務不履行に基づく損害賠償責任が問題になった事案について、弁護士の債務不履行責任を肯定したものであり、事例判断として参考になるものである。

[620] 福岡地判平成8. 5. 17判タ929. 228
《事案の概要》
　Yは、建物の賃借人であるX1有限会社、X2（X1の代表者）に対して解約を申し入れ、建物の明渡し等を請求する訴訟（別件訴訟）を提起し、第一審判決が請求を棄却したため、控訴したところ、控訴審判決が立退料7000万円の支払いと引換えに建物の明渡請求を認容し、同判決が確定したところ、Yが建物の明渡請求の認容判決による立退料の支払い、判決の強制執行をしなかったため、X1らがYに対して立退料の支払いを請求した。この判決は、別件訴訟の判決によって立退料の支払義務は発生しないとし、請求を棄却した（判例評釈として、中本和洋・判タ1020. 148がある）。

【実務の対応】
　この判決は、借家の賃貸人が解約を申し入れ、建物の明渡しを請求する訴訟を提起し、立退料の支払いと引換えに請求を認容する判決が確定した後、賃借人が立退料の支払いを請求した事案について、この判決によって立退料の支払義務は発生しないとしたものであり、事例判断として参考になるものである。

[621] 東京地判平成8. 8. 22判タ933. 155
《事案の概要》
　X株式会社は、Y1株式会社にビルの4階、6階部分を賃貸期間を4年間とし、期間満了前に解約する場合には、解約予告日の翌日より期間満了日までの賃料相当額を違約金として支払う旨の特約で賃貸し、Y2が連帯保証をし、

平成6年2月、6階部分につき合意解約し、平成6年12月、4階部分につき合意解約し、同月、本件ビルの7階、9階部分を同様にY1に賃貸し、Y2が連帯保証をしたところ、Xが平成7年10月にY1の賃料不払いを理由に賃貸借契約を解除し、Y1が本件ビルの7階、9階部分を明け渡したため、XがY1らに対して本件特約に基づく約3年2か月分の賃料相当の違約金等の支払を請求した。この判決は、違約金特約が賃借人に著しく不利であり、公序良俗に違反するとし、一部無効とし、請求を一部認容した。

【実務の対応】
　この判決は、期間満了前に解約する場合には、解約予告日の翌日より期間満了日までの賃料相当額を違約金として支払う旨の特約のある事業用の借家において、違約金特約の効力が問題になった事案について、違約金特約が賃借人に著しく不利であり、公序良俗に違反するとし、一部無効としたものであり、事例判断として参考になるものである。なお、現在は、賃借人が消費者である場合には、消費者契約法9条1号の規定の問題になる。

[622] 東京地判平成9．2．25判時1626．87
《事案の概要》
　X株式会社は、平成2年2月、A株式会社に金銭を貸し付け、B、Cが連帯保証をし、B、Cは、平成2年4月、土地、建物をD株式会社に賃貸していたところ、平成5年10月、Y株式会社から本件土地、建物に抵当権を設定し、昭和63年に借り受けていた貸金債務の弁済のためDに対する賃料債権を譲渡したため、Xが債権譲渡が詐害行為に当たると主張し、Yに対して債権譲渡の取消し、受領済みの債権行使額の返還等を請求した。この判決は、抵当権者に抵当目的物につき発生する債権を譲渡したことが詐害行為に当たらないとし、請求を棄却した。

【実務の対応】
　この判決は、借家の賃貸人が賃料債権を担保のために譲渡したことが詐害行為（民法424条参照）に当たるかが問題になった事案について、これを否定したものであり、事例判断として参考になるものである。

[623] 東京高判平成9．3．13判時1603．72、判タ983．250、金融・商事判例1017．20
《事案の概要》
　前記の［614］東京地判平成7．4．27金融・商事判例1017．25の控訴審判決であり、Yが控訴し、Xが附帯控訴した。この判決は、明渡請求に関する判断を維持したものの、不当利得は、民法575条の準用により、果実である賃貸料を収受することができる等とし、これを否定し、原判決の不当利得に関する部分を取り消し、請求を棄却した（判例評釈として、坂本倫城他・判タ978．86がある）。
【実務の対応】
　この判決は、建物の建築を受注した建築業者が代金の支払いを受けなかったことから、建物の一部を他に賃貸し、一部を自ら使用したため、注文者の破産管財人が建物の明渡し、賃料等の不当利得の返還を請求した事案について、請負代金の支払いと引換えに建物の明渡請求を認容したこと、不当利得の返還請求を棄却したことの判断を示したものであり、建物建築の請負の実務において発生する事例判断として参考になるものである。

[624] 東京地判平成9．7．7金融・商事判例1041．50
《事案の概要》
　X株式会社は、A株式会社に対して債権を有し、公正証書を作成していたところ、Aが所有ビルをY1、Y2らに対して賃貸していたことから、賃料債権を差し押さえ、Y1らに対して差押えに係る賃料の支払いを請求したが、Aが差押後、B株式会社に本件ビルを譲渡し、BがY1らに対して賃料の支払いを通知し、Y1らが賃料をBに支払っていた。この判決は、賃料債権の差押えの効力は賃貸物件が譲渡された後の新所有者にまで及ぶとし、請求を認容した。
【実務の対応】
　この判決は、借家の賃貸人に対する債権者が賃料債権を差し押さえた後、建物が譲渡され、差押えの効力が問題になった事案について、賃料債権の差押えの効力は賃貸物件が譲渡された後の新所有者にまで及ぶとしたものであり、理

論的に参考になるものである。

[625] 最三判平成 10. 3. 24 民集 52. 2. 399、判時 1639. 45、判タ 973. 143、金融法務事情 1519. 109、金融・商事判例 1047. 7

《事案の概要》
　Aが建物を所有していたところ、X株式会社がAに対する債務名義に基づき、本件建物の賃借人であるBら（4名）を第三債務者として、Aが有する賃料債権につき債権差押えをした後、Aに対して債権を有していたY株式会社がAから建物の代物弁済を受け、真正な登記名義の回復を原因とする所有権移転登記を経て、Bらに対して賃料の支払を求めたところ、Bらが債権者の不確知を理由に供託したため、XがYに対して供託金の還付請求権を有することの確認を請求した。第一審判決（浦和地判平成 6. 7. 14 金融・商事判例 1047. 13）が請求を認容したため、Yが控訴したところ、控訴審判決（東京高判平成 6. 11. 29 金融・商事判例 1047. 12）が控訴を棄却したため、Yが上告した。この判決は、建物所有者の債権者が賃料債権を差し押さえ、その効力が発生した後に、その所有者が建物を他に譲渡し賃貸人の地位が譲受人に移転した場合には、その譲受人は、建物の賃料債権を取得したことを差押債権者に対抗することができないとし、上告を棄却した。

〈判決〉は、
「自己の所有建物を他に賃貸している者が第三者に右建物を譲渡した場合には、特段の事情のない限り、賃貸人の地位もこれに伴って右第三者に移転するが（最高裁昭和 35 年（オ）第 596 号同 39 年 8 月 28 日第二小法廷判決・民集 18 巻 7 号 1354 頁参照）、建物所有者の債権者が賃料債権を差し押さえ、その効力が発生した後に、右所有者が建物を他に譲渡し賃貸人の地位が譲受人に移転した場合には、右譲受人は、建物の賃料債権を取得したことを差押債権者に対抗することができないと解すべきである。けだし、建物の所有者を債務者とする賃料債権の差押えにより右所有者の建物自体の処分は妨げられないけれども、右差押えの効力は、差押債権者の債権及び執行費用の額を限度として、建物所有者が将来収受すべき賃料に及んでいるから（民事執行法 151 条）、右建物を譲渡する行為は、賃料債権の帰属の変更を伴う限りにおいて、将来における賃

料債権の処分を禁止する差押えの効力に抵触するというべきだからである。」と判示している（判例評釈として、千葉恵美子・民商120．4・5．256、山本和彦・判評482．34、本田晃・判タ1005．248、森田宏樹・金融法務事情1556．59、内山衛次・ジュリスト1157．133がある）。

【実務の対応】
　この判決は、借家の賃貸人の債権者が賃料債権を差し押さえられ、その効力が発生した後に、建物が譲渡され、差押えの対抗力が問題になった事案について、差押えの効力が発生した後、建物が譲渡され、賃貸人の地位が譲受人に移転した場合には、その譲受人は、建物の賃料債権を取得したことを差押債権者に対抗することができないとしたものであり、理論的に参考になるものである。

[626] 最一判平成11．1．21民集53．1．1、判時1667．71、判タ995．73、金融・商事判例1072．28
《事案の概要》
　Xは、Aから建物を賃借し、保証金を交付したところ、Aが建物の所有権をYに移転し、Yが賃貸人の地位を承継したが、保証金の差入れを争ったため、XがYに対して敷金返還請求権の確認を請求した。第一審判決が具体的な権利内容が確定しておらず、抽象的な権利にすぎないとし、即時確定の利益を欠くものとし、訴えを却下したため、Xが控訴した。控訴審判決は、敷金返還義務の存在自体が争われているから、賃貸借関係の継続中でもこれを確定しておくことが必要であるとし、訴えの利益を肯定し、原判決を取り消し、事件を第一審に差し戻したため、Yが上告した。この判決は、条件付の権利の存否を確定すれば法律上の地位に現に生じている不安ないし危険が除去されるとし、確認の利益を肯定し、上告を棄却した。
〈判決〉は、
「建物賃貸借における敷金返還請求権は、賃貸借終了後、建物明渡しがされた時において、それまでに生じた敷金の被担保債権一切を控除しなお残額があることを条件として、その残額につき発生するものであって（最高裁昭和46年（オ）第357号同48年2月2日第二小法廷判決・民集27巻1号80頁）、賃貸借契約終了前においても、このような条件付きの権利として存在するものということができるところ、本件の確認の対象は、このような条件付きの権利で

あると解されるから、現在の権利又は法律関係であるということができ、確認の対象としての適格に欠けるところはないというべきである。また、本件では、上告人は、被上告人の主張する敷金交付の事実を争って、敷金の返還義務を負わないと主張しているのであるから、被上告人・上告人間で右のような条件付きの権利の存否を確定すれば、被上告人の法律上の地位に現に生じている不安ないし危険は除去されるといえるのであって、本件訴えには即時確定の利益があるということができる。」と判示している（判例評釈として、北村賢哲・法協118．7．164、滝澤孝臣・判タ1036．250がある）。

【実務の対応】
　この判決は、賃借人が賃貸人に保証金を交付したところ、賃貸人の地位を承継した者が差入れの有無を争ったため、借家関係が継続中に敷金返還請求権を有することの確認を請求する訴訟を提起し、確認の訴えの利益が問題になった事案（この保証金が実質的には敷金であることを前提としている）について、第一審判決、控訴審判決が見解が分かれたところ、敷金返還請求権が条件付の権利であり、この権利の存否を確定すれば法律上の地位に現に生じている不安ないし危険が除去されるとし、確認の利益を肯定したものであり、事例判断として参考になるものである。

[627] 東京高判平成13．1．30 判タ1058．180、金融・商事判例1110．3
《事案の概要》
　Ｘ株式会社は、Ｙ１株式会社から建物（ホテル）の建築請負の注文を受け、建築したところ、Ｙ１が代金の大半を支払わなかったことから、建物の引渡しを拒否したが、Ｙ１が代金を割賦で支払い、土地建物に抵当権を設定し、抵当権の実行の場合には賃借権を設定するなどと約束し、Ｘが建物を引き渡したものの、Ｙ１が割賦金の支払いをせず、建物をＹ２株式会社に賃貸し、Ｙ２がＹ３株式会社に転貸する等したため、Ｘは、土地建物につき不動産競売の申立てをし、Ｙ１らに対して賃借権に基づき建物の引渡し、損害賠償を請求した。第一審判決は請求を棄却したため、Ｘが控訴し、新たに抵当権に基づき妨害排除請求としての建物の明渡しを請求した。この判決は、賃貸借、転貸借としてされた占有の移転が抵当権の不法な侵害に当たる等とし、原判決を変更

し、抵当権に基づく明渡請求等を認容した。
【実務の対応】
　この判決は、建築業者が建物の建築を請け負い、建物を完成したものの、代金が支払われなかったことから、土地建物に抵当権を設定し、抵当権の実行の場合には賃借権を設定する等の約束の下、建物を注文者に引き渡したところ（建物の建築をめぐる注文者と請負業者との間の紛争である）、建物が他に賃貸、転貸されたため、建築業者が抵当権を実行するとともに、賃借権に基づき建物の明渡し等を請求した事案について、これを肯定したものであるが、問題の賃借権が請負代金債権の担保のためのものではないかとの疑問があり、今後の議論が必要であるものの、事例判断として参考になるものである。

[330] 東京高判平成13. 10. 29 判時1765. 49
《事案の概要》
　東京都の池袋駅の大型駅ビルの建設計画が立てられ、Y株式会社、A株式会社が建設事業を推進し、付近に土地を所有するX株式会社が所有地を提供し、事業に参加することになったが（本件ビルの一部である専有部分を区分所有することになった）、昭和63年、YがXからXの専有部分を賃借することとし、賃料額等につきさらに協議を進めることになったところ（この時点での合意内容を取りまとめた合意書を取り交わしたが、賃料につき誠意をもって協議し、公正な額で決定する旨の条項が含まれていた）、平成4年6月、本件ビルが完成し、Yが本件ビルにおいてデパートを開店させたものの、賃料についての協議が調わず、暫定的にYが月額2063万円の賃料を支払い、本件建物部分の使用を開始したため（本件建物部分はYがB株式会社に転貸した）、XがYに対して賃料額の確認を請求した。第一審判決が鑑定の結果による相当賃料額に5％を加算した賃料額につき請求を一部認容したため、Yが控訴し、Xが附帯控訴した。この判決は、抽象的な合意に基づく賃料額の確認は法律上の争訟に当たらないとし、原判決を取り消し、訴えを却下した。
【実務の対応】
　この判決は、大型駅ビルの賃貸借の交渉が行われ、協議が成立しなかったところ、暫定的に月額賃料を支払い、ビルの使用、収益を開始した後、賃貸人が賃料額の確認を請求する訴訟を提起し、法律上の争訟に当たるか問題になった

事案について、抽象的な合意に基づく賃料額の確認は法律上の争訟に当たらないとし、これを否定したものであるが、疑問が残る。

[628] 東京地判平成 14. 12. 27 判時 1822. 68
《事案の概要》
　X株式会社（選定当事者）は、A株式会社にビルを賃貸し、Aは、Y協同組合連合会らに転貸していたところ、Xは、Aの経営悪化に不安を感じ、Aに賃貸借契約の解約の意思表示をし、Yに民法613条1項に基づき賃料をXに直接に支払うよう催告したが、Yは、債権者不確知を理由に賃料を供託したため、XがYに対して賃料の支払いを請求した。この判決は、賃貸人の転借人に対する賃料請求権と転貸人の転借人に対する賃料請求権は連帯債権類似の関係になる等とし、弁済供託を有効とし、供託の対象外の賃料請求を認容した。
【実務の対応】
　この判決は、借家の賃貸人が転借人に対して民法613条1項の規定に基づき賃料の直接の支払を催告したところ、転借人が供託したことから、供託（民法494条参照）の効力が問題になった事案について、これを有効としたものであり、珍しい事例判断として参考になるものである。

[629] 最一判平成 17. 3. 10 民集 59. 2. 356、判時 1893. 24、
　　　判タ 1179. 180、金融法務事情 1742. 30、金融・商事判例
　　　1213. 27
《事案の概要》
　前記の [627] 東京高判平成 13. 1. 30 判タ 1058. 180、金融・商事判例 1110. 3 の上告審判決であり、Y1が上告受理を申し立てたものである。本判決は、抵当権に基づく妨害排除請求を認めたものの、抵当権者は抵当不動産に対する第三者の占有により賃料額相当の損害を被るものではないとし、原判決を一部破棄し、Xの請求等を棄却し、その余の上告を棄却した。
〈判決〉は、
「1　所有者以外の第三者が抵当不動産を不法占有することにより、抵当不動産の交換価値の実現が妨げられ、抵当権者の優先弁済請求権の行使が困難となるような状態があるときは、抵当権者は、占有者に対し、抵当権に基づく妨害

第4章　借家をめぐる裁判例

排除請求として、上記状態の排除を求めることができる（最高裁平成8年(オ)第1697号同11年11月24日大法廷判決・民集53巻8号1899頁）。そして、抵当権設定登記後に抵当不動産の所有者から占有権原の設定を受けてこれを占有する者についても、その占有権原の設定に抵当権の実行としての競売手続を妨害する目的が認められ、その占有により抵当不動産の交換価値の実現が妨げられて抵当権者の優先弁済請求権の行使が困難となるような状態があるときは、抵当権者は、当該占有者に対し、抵当権に基づく妨害排除請求として、上記状態の排除を求めることができるものというべきである。なぜなら、抵当不動産の所有者は、抵当不動産を使用又は収益するに当たり、抵当不動産を適切に維持管理することが予定されており、抵当権の実行としての競売手続を妨害するような占有権原を設定することは許されないからである。

　また、抵当権に基づく妨害排除請求権の行使に当たり、抵当不動産の所有者において抵当権に対する侵害が生じないように抵当不動産を適切に維持管理することが期待できない場合には、抵当権者は、占有者に対し、直接自己への抵当不動産の明渡しを求めることができるものというべきである。

2　これを本件についてみると、前記事実関係によれば、次のことが明らかである。

　本件建物の所有者であるコスモス社は、本件抵当権設定登記後、本件合意に基づく被担保債権の分割弁済を一切行わなかった上、本件合意に違反して、ナポレオン商事との間で期間を5年とする本件賃貸借契約を締結し、その約4か月後、ナポレオン商事は上告人との間で同じく期間を5年とする本件転貸借契約を締結した。ナポレオン商事と上告人は同一人が代表取締役を務めており、本件賃貸借契約の内容が変更された後においては、本件賃貸借契約と本件転貸借契約は、賃料額が同額（月額100万円）であり、敷金額（本件賃貸借契約）と保証金額（本件転貸借契約）も同額（1億円）である。そして、その賃料額は適正な賃料額を大きく下回り、その敷金額又は保証金額は、賃料額に比して著しく高額である。また、コスモス社の代表取締役は、平成6年から平成8年にかけて上告人の取締役の地位にあった者であるが、本件建物及びその敷地の競売手続による売却が進まない状況の下で、被上告人に対し、本件建物の敷地に設定されている本件抵当権を100万円の支払と引換えに放棄するように要求した。

以上の諸点に照らすと、本件抵当権設定登記後に締結された本件賃貸借契約、本件転貸借契約のいずれについても、本件抵当権の実行としての競売手続を妨害する目的が認められるものというべきであり、しかも、上告人の占有により本件建物及びその敷地の交換価値の実現が妨げられ、被上告人の優先弁済請求権の行使が困難となるような状態があるということができる。
　また、上記のとおり、本件建物の所有者であるコスモス社は、本件合意に違反して、本件建物に長期の賃借権を設定したものであるし、コスモス社の代表取締役は、上告人の関係者であるから、コスモス社が本件抵当権に対する侵害が生じないように本件建物を適切に維持管理することを期待することはできない。
３　そうすると、被上告人は、上告人に対し、抵当権に基づく妨害排除請求として、直接自己への本件建物の明渡しを求めることができるものというべきである。」と判示している（判例評釈として、生熊長幸・民商133．4・5．211、清水元・判評564．28、城阪由貴・判タ1215．38、片山直也・金融法務事情1748．45、太矢一彦・金融・商事判例1247．44、戸田久・ジュリスト1306．167、松岡久和・ジュリスト1313．77がある）。

【実務の対応】
　この判決は、控訴審の段階で主張された抵当権に基づく建物の明渡し、抵当権妨害の損害賠償が問題になった事案について、抵当権に基づく妨害排除請求を認めた最大判平成11．11．24民集53．8．1899（後記の［776］参照）を引用し、建物の明渡請求を認めたが、抵当権者は抵当不動産に対する第三者の占有により賃料額相当の損害を被るものではないとし、損害賠償請求を排斥したものであり、理論的にも、事例としても参考になるものである。

[630] 東京地判平成18．6．9判時1953．146
《事案の概要》
　X株式会社は、平成6年12月、Y株式会社に店舗として所有ビルの地下1階を賃貸し（他の入居者の営業に支障を及ぼすような広告等を設置しない、許可・指定された案内板等以外は掲示できない旨の特約があった）、Yが飲食店として使用していたところ、本件ビルの共用部分に袖看板、公道上に置き看板、メニュー板を設置する等したため、XがYに対して特約違反を主張し、袖看板

等の撤去、使用禁止を請求した。この判決は、Yの看板等が実際に他の入居者の営業に支障を及ぼすものである等とし、請求を認容した。

【実務の対応】

この判決は、他の入居者の営業に支障を及ぼすような広告等を設置しない、許可・指定された案内板等以外は掲示できない旨の特約のある事業用の借家において賃借人が袖看板、置き看板等を設置したことから、賃貸人が袖看板等の撤去等を請求した事案について、特約違反を認めたものであり、事例判断として参考になるものである。

[631] 京都地判平成21．9．30判時2068．134、判タ1319．262

《事案の概要》

不動産賃貸業を営むY株式会社は、不特定多数の消費者との間で定額補修分担金条項の入った契約書を利用して賃貸借契約を締結していたところ、適格消費者団体であるX特定非営利活動法人が消費者契約法12条に基づき契約の申込み等の禁止、契約書用紙の破棄等を請求した。この判決は、定額補修分担金条項が消費者契約法10条により無効である等とし、契約締結時における定額補修分担金条項を含む契約の申込み等の禁止請求を認容し、他の請求を棄却し、却下した。

【実務の対応】

この判決は、不動産業者の定額補修分担金条項を含む建物の賃貸借契約書の利用に対する消費者契約法12条に基づく差止め等の問題になった事案について、一部差止めを認めたものであり、事例判断を提供するものである。

[632] 最二判平成21．1．19民集63．1．97、判時2032．45、判タ1289．85、金融法務事情1862．33、金融・商事判例1321．58

《事案の概要》

Y1協同組合（代表者はY2）は、平成4年3月、ビルの地下1階部分を使用目的を店舗とし、賃貸期間を1年間としてX株式会社に賃貸し、Xは、カラオケ店を営業していたところ、平成4年9月頃から浸水が頻繁に発生し、平成9年2月、本件店舗部分から出水し、浸水する等し、カラオケ店の営業ができなくなり、Y1は、ビルの老朽化等を理由に本件賃貸借契約を解除し、

Y2は、Xに本件店舗部分からの退去を求める等したが、Xは、平成10年9月、Y1、Y2に対して営業利益の喪失等による損害賠償を請求する本件訴訟を提起し、Y1は、反訴としてXに対して本件賃貸借契約の解除により終了したなどと主張し、本件店舗部分の明渡し等を請求した（Y1は、本件訴訟において、平成11年9月、賃料の不払い等を理由に本件賃貸借契約の解除をした）。控訴審判決は、Y1の解除がいずれも無効であるとし、反訴請求を棄却し、Y1の修繕義務の不履行を認め、Y2の重大な過失を認め、平成9年3月から平成13年8月（Xの主張した損害の終期）までの4年5か月間の営業上の逸失利益を認め、Xの本訴請求を認容したため、Y1らが上告受理を申し立てた。本判決は、事業用店舗の賃借人が賃貸人の債務不履行により当該店舗で営業することができなくなった場合には、これにより賃借人に生じた営業利益喪失の損害は、債務不履行により通常生ずべき損害として民法416条1項により賃貸人にその賠償を求めることができるとした上、賃借人が損害の回避又は減少させる措置を執ることができたと解される時期以降に被った損害のすべてが通常生ずべき損害に当たるということはできないとし、原判決のうちXの本訴請求の部分を破棄し、この部分の本件を名古屋高裁に差し戻す等した。

【実務の対応】
　この事案は、事業用建物の借家において賃借部分に浸水事故が発生し、賃借部分でのカラオケ店の営業を停止し、賃借人がその後の4年5か月間の営業上の逸失利益につき賃貸人に対して修繕義務の不履行に基づき損害賠償を請求したものであるが、この判決は、前記逸失利益が民法416条1項所定の通常損害に当たるとするとともに、賃借人が損害の拡大を放置したことにつき損害の回避又は減少させる措置を執ることができた場合には通常損害に当たらないとしたものであり、営業上の逸失利益が問題になった債務不履行の損害賠償の範囲について重要な判断を示したものであり、実務上重要な先例になるものである。特にこの判決が従来一部で理論的に話題になっていた損害賠償を請求する者の損害回避義務、損害軽減義務を認めたことは重要な意義をもつものである。

第 4 章　借家をめぐる裁判例

No, 16

使用貸借

　社会においては、建物の賃貸借でなく、建物の使用貸借が利用されることが少なくない。建物の使用貸借は、無償で建物を使用・収益させる契約であり、建物の賃貸借との違いは、対価（賃料の支払い）の有無である。建物の使用貸借は、無償であるといっても、実際には濃厚な人間関係、経済的な関係を背景として利用されるものであり（全く無関係の者の間で建物の使用貸借が利用されることは、あったとしても、稀であろう）、賃借人が全く経済的な負担を負わないというわけではない。

　有償・無償の違いは、理論的には明確であっても、実際にはその判断が容易でないことがある。また、建物の使用貸借については、借地借家法が適用されないものであるため、有償・無償をめぐる紛争が深刻化し、その判断が困難になることがある。さらに、賃貸借においては、使用貸借に関する規定が準用されているため（民法 616 条、621 条）、使用貸借に関する規定も重要な意味をもつことになる。

[633] 大阪高判平成 4．11．10 判タ 812．217
《事案の概要》
　X 寺は、明治 11 年頃建築された建物（東大寺二月堂の近くに所在）を所有していたところ、Y の祖父が 3 年間の冥加金 10 円を支払う等して本件建物を使用してきたが（茶店兼土産物店）、昭和 26 年、X が Y らに対して本件建物の明渡しを請求する訴訟を提起し、昭和 27 年 12 月、X と Y らとの間で本件建物を茶所として使用し、住居として使用しない等の内容の調停が成立し、その後は冥加金の支払いがされなくなり、昭和 54 年に至って過去の冥加金の支払いがされる等したが、X が Y に対して使用収益期間の到来、解約申入れを主

張し、本件建物の明渡しを請求した。第一審判決は、本件貸借が賃貸借であると認め、請求を棄却したため、Xが控訴した。この判決は、使用貸借であることを認めた上、使用収益期間の到来を認め、解約申入れの効力を肯定し、原判決を取り消し、請求を認容した。

【実務の対応】
　この判決は、建物の使用が使用貸借か、賃貸借かが問題になった事案について、第一審判決が賃貸借であると判断したのに対し、使用貸借であると認めたものであり、事例判断として参考になるものである。

[634] 最三判平成 8. 12. 17 民集 50. 10. 2778、判時 1589. 45、判タ 927. 266、金融法務事情 1485. 45、金融・商事判例 1013. 16

《事案の概要》
　Aは、土地、建物を所有し、自宅としてY1、Y2と同居するとともに、二輪車の修理販売を営んでいたところ（Y1らが営業の中心であった）、Aが死亡し、Y1、Y2のほか、X1、X2ら（5名。X1は、遺言により16分の2の包括遺贈を受けた）、Bが遺産共有の状態にあったが、X1らがY1ら、Aに対して共有物の分割、Y1らに対して本件土地、建物につき賃料相当の損害金の支払等を請求した。第一審判決（東京地判平成 4. 12. 24 判時 1474. 106）は、家庭裁判所の審判によって遺産分割をすべきであるとし、持分権に基づく占有であり、不法行為に当たらないとしたものの、不当利得を認め、共有分割の訴えを却下し、不当利得返還請求を認容したため、Y1らが控訴した。控訴審判決は、第一審判決と同様な判断をしたため、Y1らが上告した。この判決は、本件では使用貸借契約の成立が推認されるとし、原判決を破棄し、本件を東京高裁に差し戻した。
〈判決〉は、
「共同相続人の一人が相続開始前から被相続人の許諾を得て遺産である建物において被相続人と同居してきたときは、特段の事情のない限り、被相続人と右同居の相続人との間において、被相続人が死亡し相続が開始した後も、遺産分割により右建物の所有関係が最終的に確定するまでの間は、引き続き右同居の相続人にこれを無償で使用させる旨の合意があったものと推認されるのであっ

て、被相続人が死亡した場合は、この時から少なくとも遺産分割終了までの間は、被相続人の地位を承継した他の相続人等が貸主となり、右同居の相続人を借主とする右建物の使用貸借契約関係が存続することになるものというべきである。けだし、建物が右同居の相続人の居住の場であり、同人の居住が被相続人の許諾に基づくものであったことからすると、遺産分割までは同居の相続人に建物全部の使用権原を与えて相続開始前と同一の態様における無償による使用を認めることが、被相続人及び同居の相続人の通常の意思に合致するといえるからである。

　本件についてこれを見るのに、上告人らは、惣五郎の相続人であり、本件不動産において惣五郎の家族として同人と同居生活をしてきたというのであるから、特段の事情のない限り、惣五郎と上告人らの間には本件建物について右の趣旨の使用貸借契約が成立していたものと推認するのが相当であり、上告人らの本件建物の占有、使用が右使用貸借契約に基づくものであるならば、これにより上告人らが得る利益に法律上の原因がないということはできないから、被上告人らの不当利得返還請求は理由がないものというべきである。」と判示している（判例評釈として、中川淳・判評463.31、右近健男・判タ940.89、石黒清子・判タ978.76、高木多喜男・ジュリスト1113.86、拙稿・ＮＢＬ633.65がある）。

【実務の対応】
　この判決は、共同相続人の1人が生前から被相続人と建物に同居していたところ、他の相続人に対する建物の占有、使用の不当利得の成立が問題になった事案について、特段の事情のない限り、使用貸借契約の成立が推認されるとしたものであり、事例判断として参考になるものである。

[635] 最一判平成10.2.26 民集52.1.255、判時1634.74、判タ969.118、金融法務事情1517.42、金融・商事判例1047.14

《事案の概要》
　ＡとＹは、長年、内縁関係にあり、自宅兼作業場で生活していたところ、昭和57年、Ａが死亡し、Ｙの相続人ＸとＹとの間で本件不動産の所有権をめぐる紛争が発生し、前訴において本件不動産がＡとＹの各2分の1の共有であ

ることが確定したところ、XがYに対して本件不動産の賃料相当額の2分の1の支払いを請求した。控訴審判決が自己の持分を超える使用収益につき不当利得の成立を認め、請求を一部認容したため、Yが上告した。この判決は、内縁の夫婦がその共有する不動産を居住又は共同事業のために共同で使用してきたときは、特段の事情のない限り、両者の間でその一方が死亡した後は他方がその不動産を単独で使用する旨の合意が成立していたものと推認されるとし、原判決を破棄し、本件を福岡高裁に差し戻した。
〈判決〉は、
「共有者は、共有物につき持分に応じた使用をすることができるにとどまり、他の共有者との協議を経ずに当然に共有物を単独で使用する権原を有するものではない。しかし、共有者間の合意により共有者の一人が共有物を単独で使用する旨を定めた場合には、右合意により単独使用を認められた共有者は、右合意が変更され、又は共有関係が解消されるまでの間は、共有物を単独で使用することができ、右使用による利益について他の共有者に対して不当利得返還義務を負わないものと解される。そして、内縁の夫婦がその共有する不動産を居住又は共同事業のために共同で使用してきたときは、特段の事情のない限り、両者の間において、その一方が死亡した後は他方が右不動産を単独で使用する旨の合意が成立していたものと推認するのが相当である。けだし、右のような両者の関係及び共有不動産の使用状況からすると、一方が死亡した場合に残された内縁の配偶者に共有不動産の全面的な使用権を与えて従前と同一の目的、態様の不動産の無償使用を継続させることが両者の通常の意思に合致するといえるからである。

これを本件について見るに、内縁関係にあった上告人と勇とは、その共有する本件不動産を居住及び共同事業のために共同で使用してきたというのであるから、特段の事情のない限り、右両名の間において、その一方が死亡した後は他方が本件不動産を単独で使用する旨の合意が成立していたものと推認するのが相当である。」と判示している（判例評釈として、岡本詔治・判評477. 49、柴崎哲夫・判タ1005. 80、吉田克己・ジュリスト1157. 86がある）。

【実務の対応】
　この判決は、内縁関係にある妻が夫とともに建物に同居していたところ（建物の所有権の所在をめぐる紛争があったが、判決によって内縁の夫婦の共有で

あることが確定した）、夫が死亡し、妻の相続人らに対する賃料相当額の2分の1の不当利得の成立が問題になった事案について、特段の事情のない限り、両者の間でその一方が死亡した後は他方がその不動産を単独で使用する旨の合意が成立していたものと推認されるとしたものであり、事例判断として参考になるものである。

[636] 東京高判平成10. 11. 30 判タ1020. 191
《事案の概要》
　Xは、平成5年11月、Yが新たに建物を完成するまでの当分の間仮住まいする住宅として、Yに所有建物を貸したが、平成9年、すでに4年以上が経過し、期限が到来したなどと主張し、Yに対して建物の明渡しを請求した。第一審判決が請求を認容したため、Yが控訴した。この判決は、新たな建物が完成するまでの間住居として使用するためにされた使用貸借は、新たな建物が完成していなくても、契約締結時から5年近く経過したときは、返還時期は既に到来しているとし、控訴を棄却した。
【実務の対応】
　この判決は、新たに建物を完成するまでの当分の間仮住まいする住宅として建物が貸されたところ、4年間を経て、使用貸借が終了するかが問題になった事案について、返還時期の合意を認め、返還時期の到来を認めたものであり（民法597条1項参照）、事例判断として参考になるものである。

[637] 東京高決平成10. 12. 10 判時1667. 74、判タ999. 291、
　　　金融・商事判例1064. 25
《事案の概要》
　Xは、不動産競売手続においてマンション1棟を買い受けたが、1階車庫部分をY株式会社が占有していたため、使用貸借による占有であるなどと主張し、不動産引渡命令を申し立てた。執行裁判所は、この申立てを認容したため、Yが執行抗告を申し立てた。この決定は、Yが貸し付けた150万円の金利部分が車庫使用の対価には当たらないとし、賃貸借であることを否定し、使用貸借であるとし、抗告を棄却した（判例評釈として、本田晃・判タ1036. 281がある）。

654

【実務の対応】
　この決定は、不動産引渡命令の申立てがされ（民事執行法83条参照）、建物部分の使用が賃貸借か、使用貸借かが問題になった事案について、使用貸借であることを認めたものであり、事例判断を提供するものである。

[638] 東京高判平成13．4．18判時1754．79、判タ1088．211
《事案の概要》
　Aは、B夫妻に育てられ、Bが昭和26年に建物を建築した後は、一時期を除き、Bと本件建物で同居していたところ、Aは、昭和45年、Y1と婚姻をし、本件建物に同居していたが、平成5年、BとAらとの間で不仲になり、Bが本件建物を出て、娘X1と同居することになり、平成8年、Bが死亡し、X1、X2らが共同相続をし、平成9年、Aが死亡し、Y1、子Y2が共同相続したため、X1らがY1らに対して本件建物の明渡し等を請求した。第一審判決が請求を認容したため、Y1らが控訴した。この判決は、黙示の使用貸借契約の成立を認め、実親子と同様な関係があり、長年同居してきたような場合には、民法599条は適用されない等とし、借主の地位の承継を認め、原判決を取り消し、請求を棄却した。

【実務の対応】
　この判決は、事実上の親子が親の所有建物に同居していたところ、不仲になり、親が建物を出た後、死亡し、また、事実上の子も死亡したため、事実上の子の相続人らが建物の占有権原を有するか、借主の死亡により終了したかが問題になった事案について、黙示の使用貸借契約の成立を認めたこと、実親子と同様な関係があり、長年同居してきたような場合には、民法599条は適用されないとしたことに特徴があり、議論があるものの、事例判断として参考になるものである。

第4章　借家をめぐる裁判例

No, 17

借家と地震

　地震によって建物の損傷、滅失が生じることがあるが、地震は、建物の所有者、賃借人、借地上の建物である場合には、土地の所有者に重大な影響を及ぼすことがある。平成年代には、阪神・淡路大震災によって被災地域において多数の建物が損傷、倒壊、焼失等したが、その中には、多数の借地上の建物、借家が含まれていたため、多数の法律問題が発生したことは、既に借地の項で説明したところである（前記の借地と地震参照）。

　本項では、借地の賃借人が罹災都市借地借家臨時処理法所定の権利を行使した事案に関する裁判例を順次紹介するものであり、事例判断を提供するものである。

［293］神戸地決平成 8. 2. 5 判時 1559. 117
《事案の概要》
　X 1、X 2 は、Y から建物を賃借していたところ、阪神・淡路大震災によって建物が滅失したことから、敷地につき賃借の申出をしたが、Y がこれを拒否したため、X 1 らが Y に対して借地権の確認、借地条件の確定を申し立てた。この決定は、Y の拒絶につき正当事由を否定し、申立てを認容した。

［639］神戸地決平成 8. 11. 5 判時 1624. 102
《事案の概要》
　Y 3 は、A から借地をし、借地上に建物を建築し、X、Y 1、Y 2 有限会社（Y 1 が代表者）が建物を賃借し、X が建物の 1 階部分の一部で子供服の販売店舗を、Y 1、Y 2 が 1 階部分のその余の部分、2 階部分で書籍店舗を営業していたところ、阪神・淡路大震災で建物が滅失したことから、Y 1、X、Y 2

が順次借地権譲渡の申出をしたのに対し、Y3が建物再築の予定がなく、Xらの間で話し合いがつけば譲渡に依存がなかったため、XがY1らに対して借地の割当、借地権の確認、譲渡の対価の決定を申し立てた。この決定は、一棟の被災建物につき順次借地権譲渡の申出がされた場合について占有使用割合によって借地を割り当て、更地価格から借地権価格（60％）を控除し、鑑定委員会の意見に従って対価を決定した。

[640] 大阪地決平成8.11.11判タ925.258
《事案の概要》
　Xは、A株式会社からビルの4階部分を賃借し、麻雀店を営業し、Y株式会社は、本件ビルの1階部分をAから賃借し、パチンコ店を営業していたところ、平成7年1月、阪神・淡路大震災によって本件ビルが損傷を受け、半壊の状態になったことから（B市の勧告があり、Xが本件ビルから退去した）、YがAに修繕義務の履行を求め、Xに共闘を申し入れる等していたが、Aから本件ビル、その敷地を買い受け、Yが本件ビルの修繕をせず、取り壊し、新建物を建築し始めたため、Xが賃借の申出をし、Yに対して新建物の3階部分につき借家権の確認、借家条件の決定を申し立てた。この決定は、物理的には修理が可能である建物であったとしても、修理費用等を考慮し、臨時措置法所定の滅失した建物に該当する等とし、10年間の賃借権を確認し、借家条件を決定した。

[641] 神戸地判平成9.5.16判時1635.130、判タ956.190
《事案の概要》
　Xは、土地を所有し、土地上に建物を所有し、建物の一部をYに賃貸していたところ、阪神・淡路大震災によって建物が倒壊し、建物が解体され、その地域が震災復興土地区画整理事業に関する都市計画事業の施工地域に指定されたが、Yが被災土地に建物を建築したため、Xが建物の収去、土地の明渡しを請求した。この判決は、都市計画法上の許可を得たものではなく、許可を停止条件とする借地借家臨時処理法2条の賃借の申出を認めることはできない等とし、請求を認容した。

[642] 大阪高決平成 9. 6. 19 判時 1624. 107
《事案の概要》
　前記の［639］神戸地決平成 8. 11. 5 判時 1624. 102 の抗告審決定であり、Xが即時抗告を申し立てた。この決定は、Xの建築する建物の予想される障害を考慮し、間口を若干広げ、面積は同じものとし、原決定を変更した。

[643] 神戸地決平成 9. 9. 25 判時 1633. 121
《事案の概要》
　Y株式会社は、鉄道業を営むA株式会社の関連会社であり、駅構内の鉄道高架下のショッピングセンターをテナントに賃貸し、X株式会社もテナントとして一区画を賃借し、医薬品の販売店を営業していたところ、阪神・淡路大震災によりセンターが全壊し、Yが再建を計画し、従来のテナントに出店を要請し、Xが 60 ないし 100 平方メートルの出店を希望したのに対し、Yが約 54 坪の賃貸を希望し、交渉が決裂したため、Xが罹災都市借地借家臨時処理法 14 条に基づき 100 平方メートルの借家権を有することの確認等を申し立てた。この決定は、Xが建物の借主に当たらないとし、申立てを棄却した。

[644] 大阪高決平成 9. 11. 7 判タ 966. 271
《事案の概要》
　Y1、Y2 は、土地を共有し、土地上の 5 棟の建物を共有しており、そのうち 1 棟の木造 2 階建て建物をXに賃貸していたところ、阪神・淡路大震災により本件建物が全壊し、取り壊されたため、XがY1らに対して賃借の申出をし、Y1らがこれを拒絶したことから、XがY1らに対して借地権の確認等を申し立てた。原決定は、申立てを認容したため、Y1らが即時抗告した。この決定は、本件土地部分に賃借の申出を認めると隣接する土地の有効利用を阻害する等とし、原決定を取り消し、申立てを棄却した（判例評釈として、山野目章夫・判タ 982. 271 がある）。

No, 18

借家と質権

　借家と質権というと、一見して何の関連のある法律問題であるのかと考える向きもあるが、様々な事情から敷金返還請求権、保証金返還請求権等の賃借人が賃貸人に借家に関係して交付した金銭の返還請求権に質権を設定する取引が行われ、問題になってきたところである。質権は、事業用の借家の賃借人（事業者）に対する債権者が相当高額な敷金等を担保として取得するために敷金等の返還請求権に設定するものであり（敷金等の高額化の傾向が見られ、敷金等の返還請求権が担保としての評価に値するようになったことが背景にある）、平成年代に目立つようになった担保取引である。

　敷金等の返還請求権に対する質権は、民法上は、権利質の性質を有する質権であり（民法362条以下）、質権の設定には、債権の証書がある場合には、証書の交付が要件になっていたところ（旧民法363条）、敷金等の返還請求権については、敷金等の返還請求権に関する証書が賃貸借契約書であることが多く、この契約書の交付には障害があったため、賃貸借契約書のコピー（写し）を交付する取引が行われ、質権の設定が有効に行われたかが問題になることがあり、前記の規定に対する批判が一部にあった。平成15年の民法改正によって（平成15年法律第134号）、旧民法363条が改正され、一律に証書の原本の交付を必要とする要件が廃止されたものである。

[645] 東京地判平成6.1.26判時1518.33
《事案の概要》
　Y株式会社は、平成2年10月、4棟のビルにつき、それぞれ賃貸期間を2年間とし、入居保証金として9360万円、3900万円、7800万円、1億7000万円としてA株式会社に賃貸し、Aは、各入居保証金をYに支払い、平成3

第4章　借家をめぐる裁判例

年4月、銀行業を営むＸ株式会社との銀行取引上の債務を担保するため入居保証金返還請求権に質権を設定し、Ｙは、これに同意したところ、Ｘは、Ａに3億円を融資したが、Ａは、平成3年9月、銀行取引停止処分を受け、本件各建物をＹに明け渡したため、ＸがＹに対して主位的に貸金残高の範囲内で入居保証金の返還、予備的に入居保証金の仮装を主張し、入居保証金の返還を請求した。この判決は、ＡがＹから建物を賃借した事実、入居保証金の差し入れの事実がなく、Ａの代表者が賃借し、入居保証金を差し入れたことを認め、Ｙは、仮装行為を信頼した善意の第三者であるＸに仮装の内容に従った責任を負うべきであるとし、予備的請求を認容した。

【実務の対応】
　この判決は、借家に伴う入居保証金に質権が設定され、賃借人が建物を明け渡したことから、質権者が賃貸人に対して入居保証金の返還を請求したところ、借家、入居保証金の交付が仮装された事案について、賃貸人が善意の第三者に仮装に従った責任を負うべきであるとしたものであり、事例判断として参考になる。

［646］大阪地判平成8.3.29判夕919.169、金融法務事情1461.50

《事案の概要》
　銀行業を営むＹ1株式会社は、Ａ株式会社に対して貸金債権を有しており、その担保のためにＡがＹ2株式会社に建物（事務所）の賃借に際して差し入れた入居保証金の返還請求権につき質権設定契約を締結し、Ｙ2から確定日付のある証書による承諾を得、ＡとＹ2の間の賃貸借契約書の写しの交付を受けたところ、Ａが破産宣告を受け、破産管財人Ｘが賃貸借契約を解約し、Ｙ2に対して保証金の返還を求めたものの、Ｙ1が質権を主張したため、ＸがＹ1に対してＹ1が保証金返還請求権につき質権を有しないことの確認、Ｙ2に対して保証金の返還を請求した。この判決は、質権設定につき債権証書たる賃貸借契約書の交付がなくても有効に設定することができるとし、請求を棄却した。

【実務の対応】
　この判決は、借家の入居保証金の返還請求権に質権が設定され、賃貸借契約

書の写しが交付された事案について、質権設定につき債権証書たる賃貸借契約書の交付がなくても有効に設定することができるとしたものであり、旧民法363条の規定と矛盾する判断を示したものである。

[647] 最三判平成 8. 6. 18 判時 1577. 87、判タ 920. 130、金融
法務事情 1466. 38、金融・商事判例 1003. 3
《事案の概要》
　Yは、A有限会社に所有建物を賃貸期間を15年として賃貸し、Aの都合により賃貸借契約を解除するときは、開始日から5年以内の解除のときは100％、8年以内の解除のときは80％等を賃貸人に留保し、残額を返還する旨の特約で3000万円の敷金の交付を受け（本件特約の記載された新契約書と記載されていない旧契約書が作成された）、銀行業を営むX株式会社は、Aに2000万円を貸し付け、本件敷金返還請求権に質権を設定し、Yがこれを承諾し、質権設定承諾書をAの代表者の夫Bに交付し、Bは、Xにこの承諾書のほか、旧契約書を交付したところ（Yは、新契約書がXに交付されると考えていた）、その後、YとAは、賃貸借契約を合意解約し、Aが建物を明け渡したため、Xが質権に基づく取立権により、Yに対して敷金のうち自己の債権額に相当する部分の支払いを請求した。第一審判決は、新契約書が交付されると思っていたところ、旧契約書が交付されたことによる錯誤の無効を否定し、異議をとどめない承諾に当たるとし、請求を認容したため、Yが控訴した。控訴審判決は、錯誤無効を否定し、異議をとどめない承諾があったとし、Yは本件特約をXに対抗することができないとし、本件建物の賃料相当損害金のみを敷金から控除し、請求を一部認容したため、Yが上告した。この判決は、Yの錯誤は承諾をするに至った動機の錯誤ではなく、承諾の内容自体の錯誤であり、要素の錯誤に当たるとし、原判決を破棄し、本件を大阪高裁に差し戻した。
〈判決〉は、
「質権設定についての第三債務者の承諾は、債権者のために債務者の第三債務者に対する債権を目的として質権が設定された事実についての認識を表明する行為であって、いわゆる観念の通知の性質を有するものであり、これについても意思表示の錯誤に関する民法の規定が類推適用されると解される。原審の確定した事実関係によれば、上告人は、敷金返還請求権に対する質権設定を承諾

するに当たり、本件特約について異議をとどめて承諾をするつもりであったが、その承諾書を持参した藤原が本件特約の記載されていない旧契約書を被上告人に交付したため、異議をとどめない承諾がされる結果となったものである。すなわち、右の承諾については、上告人の認識と被上告人に対する表示との間に質権の目的である敷金返還請求権に本件特約が付されていたか否かの点に関して不一致があったものであり、上告人に錯誤があったものである。

　ところで、本件特約は、前記一3のとおり、賃借人であるケイビックの都合により5年以内に本件賃貸借契約を解除する場合であれば100%、8年以内にこれを解除する場合であれば80%というように、敷金から控除される金額の割合を定めるものであって、返還の対象となる敷金の額と密接なかかわりを有する約定である。そうすると、右の錯誤は、質権の目的である債権の重要な属性に関する錯誤であるから、承諾をするに至った動機における錯誤ではなく、承諾の内容自体に関する錯誤であるとみるのが相当である。

　そして、本件特約の付されていない敷金返還請求権を目的として質権を設定するというのであれば、社会通念に照らして、上告人が質権設定を承諾しなかったことが、容易に推察されるから、右の錯誤は民法95条にいう要素の錯誤に当たるものというべきである。」と判示している（判例評釈として、鹿野菜穂子・民商116．4・5．267、判評459．31、大工強・判タ945．22がある）。

【実務の対応】
　この判決は、質権の設定につき要素の錯誤が問題になった事案について、これを肯定したものであり、事例判断として参考になるものである。

[648] 神戸地判平成8．9．4判タ936．223
《事案の概要》
　Aは、Bからビルの1階部分を賃借し、敷金として4139万1000円を差し入れ、Aは、X株式会社との間でフランチャイズ契約を締結し、敷金返還請求権につき質権を設定し（入居保証金担保差入証書が交付されたが、賃貸借契約書の原本は交付されず、写しが交付されたにすぎなかった）、その後、本件ビルにつきY有限会社に保存登記がされ、YがBの賃貸人としての地位を承継したところ、賃貸借契約が解除され、本件建物部分が明け渡されたため、XがY

に対して質権の取立権に基づき敷金の一部の支払いを請求した。この判決は、賃貸借契約書の原本が交付されていないことから、債権質が成立しないとし、請求を棄却した。

【実務の対応】
　この判決は、借家の入居保証金の返還請求権に質権が設定され、賃貸借契約書の写しが交付された事案について、質権設定につき債権証書たる賃貸借契約書の交付がないことを理由に質権が成立しないとしたものであり、事例判断を提供するものである。

[649] 東京高判平成 13. 1. 31 判時 1743. 67、金融・商事判例 1115. 14

《事案の概要》
　Aは、BがCとの間で締結した建物賃貸借契約においてCに差し入れた保証金返還請求権につき、昭和63年8月、Bとの間で質権を設定し、Bから賃貸借契約書のコピーの交付を受け、Cは、確定日付のある証書により質権設定を承諾し、X株式会社は、平成9年1月、この質権の譲渡を受け、Y株式会社は、平成7年5月、前記保証金返還請求権につき質権を設定し、Bから賃貸借契約書の原本、保証金預り証2通の交付を受け、BがCに対して平成10年7月内容証明郵便により質権設定を通知したところ、XがYに対してXが前記保証金返還請求権につき質権を有することの確認を請求した。第一審判決は、質権設定には賃貸借契約書が債権の証書であり（保証金の預り証が債権の証書ではないとした）、原本の交付が要件ではないとし、請求を認容したため、Yが控訴した。この判決は、質権の設定には原本の交付が必要であるとし、原判決を取り消し、請求を棄却した。

【実務の対応】
　この判決は、借家の保証金の返還請求権に質権が設定され、賃貸借契約書の写しが交付された事案について、質権設定につき債権証書たる賃貸借契約書の交付が必要であるとしたものであり、事例判断を提供するものである。

[650] 神戸地尼崎支部判平成16．2．6 金融法務事情1731．73、金融・商事判例1197．12

《事案の概要》

　Aは、平成元年12月、Yから建物部分を賃借し、入居保証金1000万円を預託したところ、X信用金庫は、平成8年7月、Aに700万円を貸し付け、その担保として本件保証金の返還請求権に質権を設定し、Yは、これを承諾したが、平成8年12月、Yらは、本件建物部分を含む建物をB株式会社に譲渡し、Aは、その後、貸金の返済を怠ったため（Aは、本件建物部分を明け渡した）、XがYに質権実行の通知をし、保証金の支払いを請求した。この判決は、保証金返還請求権に質権を設定していることを賃貸人が承諾した後、賃貸人が質権者の同意を得ずに保証金返還義務を処分しているものであり、その効果を質権者に主張することは許されない等とし、請求を認容した。

【実務の対応】

　この判決は、借家の賃借人の保証金返還請求権（実質的には敷金）にその債権者が質権を設定し、賃貸人がこれを承諾した後、借家を他に譲渡したとき、旧賃貸人が質権者に対して保証金返還義務を負うかが問題になった事案について、これを肯定したものであるが、借家の所有権移転と敷金返還義務との関係に関する判例理論に照らして議論を呼ぶものである。

[651] 大阪高判平成16．7．13 金融法務事情1731．67、金融・商事判例1197．6

《事案の概要》

　前記の [650] 神戸地尼崎支部判平成16．2．6 金融法務事情1731．73、金融・商事判例1197．12の控訴審であり、Yが控訴した。この判決は、賃貸建物が譲渡されたときは、新所有者に敷金関係が承継されるところ、この理は、建物譲渡前に敷金返還請求権に質権が設定されている場合も当てはまり、質権が設定されているからといって、質権者の同意を得なければ敷金返還義務者の変更を質権者に主張できないと解すべき理由はないとし、原判決を取り消し、請求を棄却した（判例評釈として、吉岡伸一・判タ1188．112がある）。

【実務の対応】

　この判決は、借家の賃借人の保証金返還請求権（実質的には敷金）にその債

権者が質権を設定し、賃貸人がこれを承諾した後、借家を他に譲渡した場合、旧賃貸人が質権者に対して保証金返還義務を負うかが問題になった事案について、これを否定したものであり、議論があるところ、事例判断として参考になるものである。

No, 19

借家と投資

近年、多くの事業者が多様な不動産投資商品を開発し、投資家に提供していたところであるが、不動産を利用した投資商品においては、収益を得るため賃貸借が利用されることが多い。不動産投資商品のうち、建物を利用した商品も多数投資家に提供されているが、このような商品については、投資商品に固有な法律問題のほか、建物の賃貸借をめぐる法律問題を内包するものであるから、借家をめぐる判例、裁判例も商品の価値に重要な影響を及ぼすものである。

[652] 東京地判平成4. 7. 27 判時1464. 76、金融法務事情1354. 46

《事案の概要》

不動産業を営むY株式会社は、顧客に対し建物の共有持分を販売し、顧客からその持分を賃借し、一定の額の賃料を保証して支払う事業を営業しており、Xは、Yから30口持分を購入していたところ、Yが経営不振になり、支払賃料を減額したため、その不履行を理由に売買契約を解除し、売買代金の返還を請求した。この判決は、売買契約と賃貸借契約が不可分に結合した混合契約であり、賃料の不履行が売買契約の不履行に当たるとして、請求を認容した（判例評釈として、星野豊・ジュリスト1067. 131がある）。

第4章　借家をめぐる裁判例

【実務の対応】
　この判決は、投資商品の取引が売買契約と賃貸借契約によって構成されている場合において、賃料の不払いが売買契約の不履行に当たるかが問題になった事案について、これを肯定したものであり、事例判断を提供するものである。

[535] 東京地判平成5．5．13判時1475．95、金融法務事情1367．139、金融・商事判例924．17

《事案の概要》
　A株式会社は、10階建てビルを建築し、所有権保存登記を経て、B株式会社に本件ビルを売却し、所有権移転登記をし、本件ビルを賃借し、X株式会社は、平成元年6月、本件ビルの一部をAから保証金の20%を償却して返還する旨の特約で賃借し、保証金3383万1000円を預託し、平成2年2月、Aは、Bから本件ビルを買い戻した後、同年3月、Cら（38名）に共有持分をそれぞれ売り渡し、所有権一部登記をし、Cらは、信託銀行業を営むY株式会社に信託譲渡し、Yは、D株式会社に本件ビルを賃貸し、Dは、Aに転貸したが、Aは、平成3年9月、破産宣告を受け、Xは、XとAとの間の賃貸借契約が終了したことから、平成4年9月、賃貸部分を明け渡したため、XがYに対してYが賃貸人の地位を承継したと主張し、償却費を控除した残額の保証金の返還を請求した。この判決は、賃貸人が賃貸の目的である建物を第三者に譲渡したときは、賃貸人の地位は第三取得者に承継されるが、建物の譲渡が不動産小口化商品の形態をとる場合であっても、別異に解すべき理由はない等とし、請求を認容した（判例評釈として、松本崇・金融・商事判例937．37、星野豊・ジュリスト1087．151がある）。

【実務の対応】
　この判決は、不動産小口化商品の目的である賃貸建物の所有権を取得した信託銀行が投資家に対して保証金の返還義務を承継するかが問題になった事案（この事案の保証金は敷金の性質をもつものである）について、賃貸建物の所有権の譲渡とともに賃貸人の地位を承継するとして保証金の返還義務の承継を肯定したものであり、事例判断として参考になるものである（後記の高裁の判決、最高裁の判決参照）。

[541] 東京高判平成 7.4.27 金融法務事情 1434.43
《事案の概要》
　前記の [535] 東京地判平成 5.5.13 判時 1475.95、金融法務事情 1367.139、金融・商事判例 924.17 の控訴審判決であり、Yが控訴した。この判決は、新旧賃貸人及び賃借人の三者間において敷金に関する法律関係を新賃借人が承継しないこととする合意がされている場合を除き、敷金の性質を有する保証金の法律関係が新賃貸人に承継されるとし、控訴を棄却した。

【実務の対応】
　この判決は、不動産小口化商品の目的である賃貸建物の所有権を取得した信託銀行が投資家に対して保証金の返還義務を承継するかが問題になった事案（この事案の保証金は敷金の性質をもつものである）について、賃貸建物の所有権の譲渡とともに賃貸人の地位を承継するとして保証金の返還義務の承継を肯定したものであり、事例判断として参考になるものである（後記の最高裁の判決参照）。

[653] 東京地判平成 9.7.28 判時 1646.76
《事案の概要》
　Y1株式会社は、ホテル客室等の共有持分権を 10 年後に買い取るという特約で、Y1の系列会社であるY2株式会社に期間を 10 年間として賃貸する等の内容のホテルオーナーズシステムの下で共有持分権を販売していたところ、顧客がY4株式会社に連帯保証を委託し、その連帯保証の下、Y3株式会社から代金の融資を受けて、Y1から共有持分権を購入し、Y2に共有持分権を賃貸したが、その後、Y1が倒産し、Y2が賃料の支払いを停止したことから、Y4がY3に保証債務を履行したため、顧客のうちXら（45名）がY1ないしY4に対して不法行為等に基づき損害賠償等を請求したのに対し、Y4がXらに求償金等の支払を請求した。この判決は、共有持分権の売買、賃貸借等が全体として一個又は一体性を有する契約であるとはいえない等とし、Y1らの不法行為等を否定したものの、Y1の履行不能によるXらの契約解除を認め、原状回復請求を一部認容し、Y4の請求を認容した。

【実務の対応】

　この判決は、建物の共有持分権の売買、賃貸借を利用した不動産投資商品の事案について、共有持分権の売買、賃貸借等が全体として一個又は一体性を有する契約であるとはいえないとしたものであり、事例判断として参考になるものである。

[562] 最一判平成 11. 3. 25 判時 1674. 61、判タ 1001. 77、金融法務事情 1553. 43、金融・商事判例 1069. 10

《事案の概要》

　前記の[541]東京高判平成 7. 4. 27 金融法務事情 1434. 43 の上告審判決であり、Y が上告した。この判決は、建物の所有権を第三者に譲渡した場合には、特段の事情のない限り、賃貸人の地位もこれに伴って移転し、敷金関係も承継されるところ、新旧所有者間に従前からの賃貸借契約における賃貸人の地位を旧所有者に留保する旨の合意をしてもこれをもって直ちに特段の事情があるということはできないとし、上告を棄却した。

〈判決〉は、

「自己の所有建物を他に賃貸して引き渡した者が右建物を第三者に譲渡して所有権を移転した場合には、特段の事情のない限り、賃貸人の地位もこれに伴って当然に右第三者に移転し、賃借人から交付されていた敷金に関する権利義務関係も右第三者に承継されると解すべきであり（最高裁昭和 35 年（オ）第 596 号同 39 年 8 月 28 日第二小法廷判決・民集 18 巻 7 号 1354 頁、最高裁昭和 43 年（オ）第 483 号同 44 年 7 月 17 日第一小法廷判決・民集 23 巻 8 号 1610 頁参照）、右の場合に、新旧所有者間において、従前からの賃貸借契約における賃貸人の地位を旧所有者に留保する旨を合意したとしても、これをもって直ちに前記特段の事情があるものということはできない。けだし、右の新旧所有者間の合意に従った法律関係が生ずることを認めると、賃借人は、建物所有者との間で賃貸借契約を締結したにもかかわらず、新旧所有者の合意のみによって、建物所有権を有しない転貸人との間の転貸借契約における転借人と同様の地位に立たされることとなり、旧所有者がその責めに帰すべき事由によって右建物を使用管理する等の権原を失い、右建物を賃借人に賃貸することができなくなった場合には、その地位を失うに至ることもあり得るなど、不測の損

害を被るおそれがあるからである。もっとも、新所有者のみが敷金返還債務を履行すべきものとすると、新所有者が、無資力となった場合などには、賃借人が不利益を被ることになりかねないが、右のような場合に旧所有者に対して敷金返還債務の履行を請求することができるかどうかは、右の賃貸人の地位の移転とは別に検討されるべき問題である。」と判示している（判例評釈として、磯村保・判評491.34、石田剛・判タ1016.42、小林正・判タ1036.90、金子敬明・ジュリスト1209.151がある）。

【実務の対応】
　この判決は、不動産小口化商品の目的である賃貸建物の所有権を取得した信託銀行が投資家に対して保証金の返還義務を承継するかが問題になった事案（この事案の保証金は敷金の性質をもつものである）について、自己の所有建物を他に賃貸して引き渡した者が建物を第三者に譲渡して所有権を移転した場合には、特段の事情のない限り、賃貸人の地位もこれに伴って当然に第三者に移転し、賃借人から交付されていた敷金に関する権利義務関係も右第三者に承継されるとしたこと、この事案では特段の事情が認められないとしたこと、新旧所有者間に従前からの賃貸借契約における賃貸人の地位を旧所有者に留保する旨の合意をしてもこれをもって直ちに特段の事情があるということはできないとしたことに特徴があり、事例判断として参考になるものである。

No, 20

借家をめぐる不法行為

　借家契約は、建物を目的とした契約であり、建物の瑕疵に起因する事故、建物の使用に起因する事故、契約の交渉・締結・履行の過程における事故等の様々な事故が発生する可能性があり、現に様々な事故が発生し、原因を作出した者の損害賠償責任が問題になっている。本項では、借家をめぐるこれらの不

法行為責任が問題になった裁判例を紹介したい。

[654] 東京高判平成3. 1. 29 判時1376. 64
《事案の概要》
　X有限会社は、Aから賃貸借終了後借主が建物内の所有物件を指定する期限内に搬出しないときは貸主はこれを搬出し、保管又は処分することができる旨の特約で建物の2階部分を賃借し、クラブを経営し、昭和60年5月分以降の賃料の支払いを遅滞していたところ、Y株式会社は、昭和61年4月、本件建物の所有権を取得し、同年5月、本件建物の入り口の扉の錠を取り付け、Xの出入りを不可能にした上、本件建物内のXの所有する家具、什器、備品等を搬出し、処分したため、XはYに対して不法行為に基づき損害賠償を請求した。第一審判決は搬出等の行為の違法性を否定し、請求を棄却したため、Xが控訴した。この判決は、搬出等の行為が自力救済に当たり、違法性が阻却される特別の事情があったとはいえないとし、不法行為を認め、原判決を変更し、請求を認容した。

【実務の対応】
　この判決は、賃貸借終了後借主が建物内の所有物件を指定する期限内に搬出しないときは貸主はこれを搬出し、保管又は処分することができる旨の特約のある借家において賃貸人が賃借人の所有物を搬出し、処分した事案について、賃貸人の不法行為を認めたものであり、事例判断として参考になるものである。

[655] 東京地判平成3. 6. 24 判時1412. 121、判タ772. 227
《事案の概要》
　Xは、昭和61年12月、Aから建物の一部を賃料月額2万円、賃貸期間を2年間として賃借し、その後、合意更新、法定更新したところ、Yは、平成2年2月、本件建物の所有権をAから譲り受け、賃貸人の地位を承継したが、同年3月ころから本件建物につき大規模な改修工事を実施し、電気、水道の供給を停止し、共用のトイレを破壊する等したことから、Xが本件建物部分から事実上退去せざるを得なくなったため（Xは、占有妨害禁止の仮処分を得たものの、Yは、これに従わなかった）、XがYに対して賃借権の確認、不法行為に基づき損害賠償を請求した。この判決は、Yの工事の施工は賃借権を違法

に侵害するものであるとし、平成2年3月から平成3年4月までのホテル代等の損害、慰謝料（20万円）を認め、請求を認容した。
【実務の対応】
　この判決は、賃貸人が借家に大規模な改修工事を施工し、電気、水道の供給を停止し、共用のトイレを破壊する等したことから、賃借人が建物部分から事実上退去せざるを得なかった事案について、賃貸人の不法行為を認めたものであり、事例判断として参考になるものである。

[656] 東京地判平成3.7.25判時1422.106、判タ780.232
《事案の概要》
　X1、X2は、建物1、2を共有していたが、Aに本件建物1を賃貸し、AがY1協会に本件建物1の使用を認めていたところ（AがY1に賃貸した）、昭和63年4月、Y1がY2株式会社に内装工事を請け負わせ、Y2の従業員が工事を施工中、現場の石油ストーブから引火し、本件建物1が全焼し、隣接する本件建物2が半焼したため、X1らがY1に対して賃貸借契約上の債務不履行、Y2に対して失火責任法に基づき損害賠償を請求した。この判決は、石油ストーブの近くで火気厳禁の表示がされた接着剤を使用して作業をしていたこと等からY2の重過失を認め、Y1の構成員も作業に従事していたことから賃借人としての善管注意義務違反を認め（建物の残存価値、解体費用の損害を認め、賃料の逸失利益の損害を否定した）、請求を認容した。
【実務の対応】
　この判決は、借家の転借人が業者に内装工事を施工させた際、火災を発生させた事案について、施工業者の重過失による不法行為、賃借人の善管注意義務違反による債務不履行を認めたものであり、事例判断として参考になるものである。

[657] 大阪高判平成3.8.29判時1410.69
《事案の概要》
　X株式会社は、Y1株式会社からビルの地下1階を賃借し、クラブを経営し、Y2は、本件ビルの1階の一部を賃借し、クラブを経営していたところ、本件ビルの排水管が詰まり、Y2の店舗内に水が溜まり、Xの店舗に大量の

水が漏水し、Xが店舗の休業、改修をせざるを得なくなったため、XがY1に対して債務不履行、Y2に対して土地工作物責任に基づき損害賠償を請求した。第一審判決（大阪地判平成元.4.14判時1410.76）が請求を一部認容したため、X、Y1、Y2が控訴した。この判決は、Y1の債務不履行責任、Y2の土地工作物責任を認め、各控訴に基づき原判決を変更し、請求を一部認容した（店舗内装・家具補修費、ホステス従業員給与相当分、35日間の逸失利益、休業詫び状・開店案内状費用、弁護士費用の損害を認め、ホステス募集費、慰謝料の主張を排斥した）。

【実務の対応】
　この判決は、事業用の借家の賃借人が店舗内に漏水を発生させ、他の賃借人が休業等を余儀なくされた事案について、賃貸人の債務不履行、漏水を発生させた賃借人の土地工作物責任を認めたものであり、事例判断として参考になるものである。

[658] 最一判平成3.10.17判時1404.74、判タ772.131、金融・商事判例908.32

《事案の概要》
　Xは、昭和54年1月、Yから木造2階建建物の1階の一部を賃借し、衣料品販売店舗として使用していたところ（その余の建物部分はXらの家族が自宅として使用していた）、昭和55年2月、Yが風呂場の火の不始末から失火し、店舗部分の商品等が焼失したため、XはYに対して主位的に債務不履行、予備的に不法行為に基づき損害賠償を請求した。第一審判決は失火がYの過失によるか明らかではないとし、請求を棄却したため、Xが控訴した。控訴審判決はYの帰責事由によらないことの立証がないとし、債務不履行責任を認め、原判決を変更し、請求を認容したため、Yが上告した。この判決は、債務不履行責任を認め、上告を棄却した。
〈判決〉は、
「右事実関係によれば、上告人は、その所有に係る木造2階建の本件建物の1階の一部を総合衣料品類販売店舗として被上告人に賃貸し、その余の1階部分及び2階全部を自ら住居として使用し、本件建物の火気は、主として上告人の使用部分にあり、上告人の火気の取扱いの不注意によって失火するときは、

被上告人の賃借部分に蔵置保管されている衣料品類にも被害が及ぶことが当然に予測されていたところ、上告人の使用部分である1階の風呂場の火気の取扱いの不注意に起因する本件失火によって被上告人の賃借部分に蔵置保管されていた衣料品等が焼失し、被上告人はその価額に相当する損害を被ったものというべきであるから、上告人は右被害について賃貸人として信義則上債務不履行による損害賠償義務を負うと解するのが相当である。」と判示している（判例評釈として、宮本健蔵・民商106・4・113、早川眞一郎・判評402・31、塩崎勤・判タ821・50がある）。

【実務の対応】
　この判決は、建物の一部の借家において賃貸人が火災を発生させた事案について、賃貸人の債務不履行を認めたものであり、事例判断として参考になるものである。

[659] 東京地判平成4.3.13判時1454.114
《事案の概要》
　Xは、複合マンション（10階建て。1、2階は、店舗用、3階以上は、住居用）の専有部分（住居部分）を区分所有しており、これを事務所として他に賃貸していたところ、Y管理組合は、区分所有者の集会を開催し、住居部分を事務所として使用する場合には、Yの承認を受けなければならない旨に規約を改正（変更）し、Xは、コンピュータ事業を営むA株式会社に賃貸し、Yの承認を得ようとしたものの、Yがこれを拒絶し、Xは、Aとの賃貸借契約を合意解約し、Yに対して拒絶が不当であると主張し、不法行為に基づき賃貸借契約の解約による損害につき損害賠償を請求した。この判決は、Yが賃貸借を承認すべき義務に違反したとして、請求を認容した（賃料相当額388万3870円、権利金相当額40万円、改修工事費用額85万円の損害を認めた）。

【実務の対応】
　この判決は、複合マンションの区分所有者が賃貸しようとしたところ、管理組合が規約上の承認を拒否した事案について、管理組合の賃貸借を承認すべき義務違反の不法行為を認めたものであり、事例判断として参考になるものである。

[660] 東京地判平成4.4.16判時1428.107
《事案の概要》
　Xは、宅地建物取引業者であるY有限会社の仲介により、昭和63年10月、Bから建物の1階部分を賃貸期間を2年間とし、ラーメン店として賃借したが、本件建物には昭和62年8月等に不動産競売開始決定の登記がされ、B株式会社が昭和63年12月に競落する等し、XがBの申立てに係る不動産引渡命令を受け、本件建物部分を明け渡さざるを得なかったため、XがYに対して差押え等の調査義務違反を主張し、債務不履行に基づき損害賠償を請求した。この判決は、Yの担当者が別の宅地建物取引業者の従業員がAと称して重要事項説明書を作成する等して賃貸借契約を仲介したものであり、調査義務を尽くしたとはいえないとし、開業のための内装工事費用、食器、厨房用品等の購入代金の70％相当額が損害であるとし、請求を認容した（判例評釈として、貝田守・判評409.30がある）。

【実務の対応】
　この判決は、不動産競売開始決定がされた建物の賃貸借を仲介した事案について、宅地建物取引業者の賃借人に対する債務不履行を認めたものであり、事例判断を提供するものである。

[661] 東京地判平成4.10.13判タ834.199、金融・商事判例941.32
《事案の概要》
　キャバレー等の営業を行っていたA株式会社（代表者はY）は、B株式会社から無断譲渡禁止の特約で建物を賃借し、キャバレーを営業していたところ、Yは、Aの負債を整理するため、X株式会社にAの営業権、全株式を売却したが、外形的には株式の売買契約との形式をとったところ、Bが賃貸借契約を解除し、A、Xに対して本件建物の明渡しを請求する訴訟を提起し、Xらは、明け渡すなどの内容の裁判上の和解をしたため、XがYに対して任務懈怠を主張し、商法266条ノ3に基づく損害賠償を請求した。この判決は、Yの取締役としての重過失による任務懈怠を認め（損害として売買価格から現在の価値を控除したものを認め、過失相殺を5割認めた）、請求を認容した。

【実務の対応】
　この判決は、無断譲渡禁止特約のある事業用の借家において賃借人（株式会社）が営業権、全株式を譲渡したところ、賃貸人が借家契約を解除し、譲受人が建物の明渡しを余儀なくされた事案について、賃借人の取締役の譲受人に対する任務懈怠の損害賠償責任を認めたものであり、事例判断として参考になるものである。

[662] 東京地判平成4．10．26 判時1470．88
《事案の概要》
　Y1は、学習塾を経営する株式会社であり、Y2は、その代表取締役であるが、経営不振であったところ、X株式会社は、代金9000万円で営業を譲り受ける契約を締結し、7000万円を支払ったものの、塾の建物の賃借権譲渡につき賃貸人の承諾が得られていないにもかかわらず、Y2が承諾が得られている旨の説明をしていたため、Xが詐欺を理由にY1らに不法行為に基づき損害賠償を請求した。この判決は、詐欺を肯定し、請求を認容した。

【実務の対応】
　この判決は、事業用の借家において賃借人が営業譲渡をし、借家の賃借権の譲渡に賃貸人の承諾を得ていなかった事案について、賃借人の不法行為を認めたものであり、事例判断として参考になるものである。

[663] 東京地判平成5．5．19 判時1476．132
《事案の概要》
　Aは、Bから建物を賃借し、妻Y1と同居していたところ、昭和55年10月、死亡し、Y1のほか、Aの先妻Bの子であるX、Cら（合計6名）が共同相続したが、本件建物にはその後もY1が居住していたところ（遺産分割の協議により、Y1とXが各2分の1で相続することになった）、昭和63年12月、BとY1が合意解約し、Y1が本件建物を明け渡し、Bが本件建物を取り壊したため、Bの死亡によってY2、Y3ら（合計5名）が相続したことから、XがY1、Y2らに対して借家権の侵害を主張し、不法行為に基づき損害賠償を請求した。この判決は、Xに財産的損害が生じたとは認められない等とし、請求を棄却した。

第4章　借家をめぐる裁判例

【実務の対応】
　この判決は、賃借人が妻と借家に同居し、賃借人の死亡後、共同相続が開始した後も独りで居住していたところ、合意解約し、明け渡し、賃貸人側が建物を取り壊した事案について、賃借人の共同相続人らに財産的損害が生じたとは認められないとし、不法行為を否定したものであり、事例判断を提供するものである。

[664] 大阪地判平成5．6．18 判時1468．122、判タ844．183
《事案の概要》
　Xは、在留資格をもつ在日韓国人であり、不動産業者であるY1有限会社に依頼し、Y2らの所有する賃貸マンションの賃借を仲介され、転居準備をしていたところ、Y2らが日本国籍を有しないことを理由に賃貸借契約の締結を拒否されたため、XがY2らに対して賃借権の確認、建物の引渡し、Y1らに対して不法行為等に基づき損害賠償を請求した。この判決は、Y1らに対する損害賠償請求、Y2らに対する賃借権の確認、建物の引渡請求は棄却したが、Y2らの契約準備段階における信義則上の義務違反を認め（引越しのための運送契約の違約金1万7000円、慰謝料20万円の損害を認めた）、損害賠償請求を認容した。

【実務の対応】
　この判決は、宅地建物取引業者から賃貸マンションの賃借を仲介され、転居の準備をしていたところ、日本国籍を有しないことを理由に契約締結を拒否された事案について、マンションの所有者の契約準備段階における信義則上の義務違反を認めたものであり（実質的には契約締結上の過失責任を認めたものである）、不法行為を肯定した事例判断として参考になるものである。

[665] 東京地判平成5．7．26 判時1488．116、判タ863．232
《事案の概要》
　Yは、木造建物を共有し、本件建物の一部で布団の打ち直し業を営み、他の一部をAに賃貸し、Aは、Yとは別に布団の打ち直し業を営んでいたところ、平成元年5月、Aの使用するたたみ機の電源コードが短絡して、火災が発生し、本件建物が焼失し、近隣の建物に延焼したため、近隣の住民であるX1、X2

ら（合計6名）がYに対して土地工作物責任に基づき損害賠償を請求した（AとX1らとの間では調停が成立し、合計2500万円が支払われることになった）。この判決は、Yが間接占有者であるところ、間接占有者は、直接占有者が責任を負わない場合に損害賠償責任を負うとし、民法717条が適用される場合には、失火責任法が適用されない等とし、本件では直接占有者であるAが損害賠償責任を負うとし、Yの責任を否定し、請求を棄却した。

【実務の対応】
　この判決は、建物の一部を事業用に賃貸していたところ、賃借人が火災を発生させた事案について、賃貸人が間接占有者であるとしたこと、民法717条の適用上、間接占有者は、直接占有者が責任を負わない場合に損害賠償責任を負うとしたこと、民法717条が適用される場合には、失火責任法が適用されないとしたこと、この事案では直接占有者が損害賠償責任を負うとし、間接占有者の責任を否定したことに特徴があり、議論があるものの、理論的にも、事例としても参考になるものである。

[612] 東京地判平成5．12．27判タ868．284
《事案の概要》
　Yは、Xに建物の一部を賃貸し、Xは、本件建物部分でレコード店を営業し、他の部分をAに賃貸していたところ、昭和59年6月、Aの賃借する建物部分から出火し、本件建物が全焼したため、XがYに対して借家権の喪失の損害賠償を請求したが、XとYとの間には、別件訴訟が昭和61年に提起され、Xが民法717条1項に基づきレコード店の2年間の逸失利益の損害賠償を請求し、Xの敗訴判決がされ、この判決が確定していた。この判決は、別件訴訟と本件訴訟の訴訟物が同一であるとし、Xの請求を棄却した。

【実務の対応】
　この判決は、2人の賃借人がいる賃貸建物の一部から出火し、全焼したことから、出火元でない賃借人が賃貸人に借家権喪失の損害につき損害賠償を請求したが、既に逸失利益の損害につき損害賠償請求訴訟を提起し、敗訴判決を受け、確定していた事案について、訴訟物が同一であるとし、既判力によって損害賠償責任の追及を遮断したものであり、事例判断を提供するものである。

[666] 静岡地浜松支部判平成 6．2．7 判時 1502．129、判タ 855．232
《事案の概要》
　Aは、不動産業を営むY株式会社が賃貸管理をする共同住宅を賃借し、医科大学を卒業したところであったが、Yの営業課長Bが合鍵を複製し、Aの部屋に侵入し、乱暴しようとしたところ、抵抗され、Aを絞殺したため、Aの両親X1、X2、妹X3がYに対して使用者責任に基づき損害賠償を請求した。この判決は、Yの使用者責任を肯定し、請求を認容した。
【実務の対応】
　この判決は、共同住宅の賃貸借を仲介した宅地建物取引業者の従業員が賃借人を殺害した事案について、宅地建物取引業者の使用者責任を認めたものであり、事例判断として参考になるものである。

[667] 東京地判平成 6．2．21 判時 1511．83
《事案の概要》
　X株式会社は、Y株式会社の経営に係る大型店舗の地下2階の店舗部分を賃借し、昭和58年11月までは肉料理店、昭和62年5月まではフランス料理店、その後はカレー店を経営しているが、昭和61年10月頃、Yと店舗改装の合意をしたものの、その後一方的に改装が中止され、平成元年1月頃、Yから他店舗跡への移転の指示を受け、市場調査等を行ったものの、一方的に指示が撤回され、平成2年6月、Yから店舗改装の承諾を得たものの、承諾が撤回されたとか、契約締結上の過失を主張し、Yに対して債務不履行、不法行為に基づき損害賠償を請求した。この判決は、Xの主張の大半を否定したが、XがYに改装を申し入れたところ、X側の設計者と話し合い、必要な図面の提供を受け、改装工事の終期の要望を告げ、工事管理費の支払いを要求する等したことから、特段の事情のない限り、改装を承諾すべき信義則上の義務を負い、Yが承諾しなかったことに特段の理由がなかったとし、Yの不法行為を認め、店舗改装設計料の一部の損害を認め、請求を認容した。
【実務の対応】
　この判決は、事業用の借家の賃借人が賃貸人と店舗改装の合意をした後、改

装が拒否される等した事案について、賃貸人の不法行為を認めたものであり、事例判断を提供するものである。

[668] 浦和地判平成6.4.22判タ874.231
《事案の概要》
　貸金業者XがY1から建物を賃借していたところ、Y1が賃料不払いを理由に賃貸借契約を解除し、「賃借人が本契約の各条項に違反し賃料を1か月以上滞納したときまたは無断で1か月以上不在のときは、敷金保証金の有無にかかわらすせ本契約は何らの催告を要せずして解除され、賃借人は即刻室を明渡すものとする。明渡しできないときは室内の遺留品は放棄されたものとし、賃貸人は、保証人または取引業者立会いのうえ随意遺留品を売却処分のうえ債務に充当しても異議なきこと」との特約に基づき、Y1の代理人である弁護士Y2が解体業者Aに依頼して、室内の家財を搬出し、廃棄させたため、Xが不法行為に基づき損害賠償を請求した。この判決は、賃貸借契約書に自力救済特約がある場合において、賃貸人が顧問弁護士と相談し、この特約が適法である旨の助言を得たとしても、賃借人の貸室内の家財道具を廃棄処分したときは、賃貸人、顧問弁護士の不法行為が認められるとし、その責任を肯定し、家財道具の廃棄による財産的損害として250万円等の損害額を認め（過失相殺を3割認めた）、請求を認容した。

【実務の対応】
　この判決は、自力救済特約のある事業用の借家において、賃貸人が賃料不払いを理由に借家契約を解除し、家財を搬出し、処分した事案について、賃貸人、助言をした顧問弁護士の不法行為を認めたものであり、事例判断として参考になるものである。

[669] 東京地判平成6.6.28判時1535.101
《事案の概要》
　Yは、建物を所有し、医師Aを雇用し、建物で診療所を経営していたが、Aが退職を希望したことから、不動産業者に医師の紹介を依頼していたところ、大学病院に勤務していた医師Xが賃借を希望し、Yと交渉し、保証金の1割相当の申込証拠金350万円を支払い、大学病院を退職し、他の勤務先への就

職も断り、医院開業計画書等を作成し、不動産業者の仲介によって契約調印日が定められたものの、Aとの雇用関係の解消が難航する等し、契約締結に至らなかったため（350万円は返還された）、XがYに対して不法行為に基づき損害賠償を請求した。この判決は、契約締結上の過失を認め（2か月分の逸失利益、医院開業計画書等の作成代金を損害と認め、過失相殺を4割認めた）、請求を認容した。

【実務の対応】
　この判決は、診療所の賃借の募集が行われていたところ、大学病院の勤務医師が賃借を希望し、賃貸借の交渉をし、勤務先を退職したものの、契約締結に至らなかった事案について、診療所の所有者の不法行為を認めたものであり（実質的には契約締結上の過失責任を認めたものである）、事例判断として参考になるものである。

[670] 広島地福山支部判平成6. 7. 19判時1547. 105
《事案の概要》
　Aは、昭和63年11月、Y1株式会社からその所有の賃貸住宅の4階の一室を賃借しており、平成元年1月頃から兄BがAの同意を得て居住していたが、平成元年3月、Bの友人Cが宿泊に来ていた際、大型給湯器を使用して浴槽に給湯をしていたところ、防火ダンパーの誤作動により不完全燃焼が発生し、B、Cが一酸化炭素中毒により死亡したため、Bの両親X1ら、Cの両親X2らがY1、ガスを供給していたY2株式会社に対して土地工作物責任等に基づき損害賠償を請求した。この判決は、Y1については、事故の原因になった排気筒の占有者がY1である等とし、土地工作物責任を認め（過失相殺を6割認めた）、Y2の責任を否定し、Y1に対する請求を認容し、Y2に対する請求を棄却した。

【実務の対応】
　この判決は、借家における大型給湯器による一酸化炭素中毒が発生した事案について、賃貸人の土地工作物責任を認めたものであり、事例判断として参考になるものである。

[671] 大阪地判平成 6．8．19 判時 1525．95
《事案の概要》
　Xは、Yが所有する賃貸マンションに隣接して建物を所有していたが、Y所有のマンションの各階の廊下に立て掛けて設置された消火器が何者かによって投下され、建物に損傷を受けたため、Yに土地工作物責任に基づき損害賠償を請求した。この判決は、高層マンションには消防用設備の設置が義務づけられ、消火器と建物が一体になっているとして、土地工作物であるとし、瑕疵の存在を認め、請求を認容した。
【実務の対応】
　この判決は、賃貸マンションに備えられていた消火器が何者かによって投下された事案について、マンションの所有者（賃貸人）の土地工作物責任を認めたものであり、事例判断として参考になるものである。

[672] 札幌地判平成 7．2．23 判タ 881．175
《事案の概要》
　Y株式会社は、ビルを購入し、その一部を飲食店用に賃貸しようとし、X1がそば屋、X2株式会社がレストランとして賃借することになり、平成2年10月、賃料については、1年目は、定額、2年目以降は、売上げの一定割合と定めて賃貸借契約を締結したが、平成5年4月、X1らは、Yに対して、建物部分を明け渡し、十分な集客がなかった等と主張し、重要な事実の告知義務違反による損害賠償を請求した。この判決は、告知説明義務違反の契約締結上の過失を否定し、請求を棄却した。
【実務の対応】
　この判決は、事業用の借家において賃借人らの売上げが低迷した事案について、告知説明義務違反の契約締結上の過失責任を否定したものであり、事例判断を提供するものである。

[673] 東京地判平成 7．9．7 判タ 906．254
《事案の概要》
　Xは、父Aの代理人として、建物の建築業を営むY株式会社との間で、事業用ビルを建築し、ビルをYグループが一括賃借して第三者に転貸し、一定の賃

料を保証する旨の事業受託契約の締結を進めていたが、Yが賃料保証ができなくなったとし、ビル建築計画が頓挫したため、AがYに対して主位的に事業受託契約上の債務不履行、予備的に契約準備段階における信義則違反に基づき損害賠償を請求した（Aが死亡し、Xが訴訟を承継した）。この判決は、事業受託契約の成立を否定し、主位的請求を棄却し、契約締結上の過失も否定し、予備的請求を棄却した。

【実務の対応】
　この判決は、事業用のビルの建築、賃貸借の交渉が行われ、契約締結に至らなかった事案について、賃借を希望した事業者が契約締結上の過失責任を否定したものであり、事例判断を提供するものである。

[674] 東京地判平成7．11．21判時1571．88、判タ912．188
《事案の概要》
　Xは、マンションの管理組合であり、Y1は、マンションの区分所有者であり、Y2は、その専有部分をY1から使用貸借しているY1の子供であるが、Y2が数年にわたりマンションの専有部分に野鳩に餌付け、飼育をしたため、汚損、悪臭、騒音等の障害が著しくなったことから、XがY1らに対し、使用貸借契約の解除、専有部分の引渡し、不法行為に基づく損害賠償を請求した。この判決は、共同生活上の著しい障害を肯定し、請求を認容した。

【実務の対応】
　この判決は、マンションの専有部分の借主（使用貸借上の借主）が野鳩に餌付け、飼育をした事案について、区分所有者、借主の不法行為を認めたものであり、事例判断として参考になるものである。

[675] 東京地判平成7．12．26判時1578．75、判タ928．166
《事案の概要》
　Xは、東京都渋谷区所在の3階建て建物を所有していたところ、本件建物が都市計画法所定の第一種住居専用地域内にあり、事務所等として使用することは建築基準法に違反するものであったが、地域の特性、法律の運用の実情に照らし、行政処分を受けないとのXと賃借予定のY株式会社の見通しの下、Xは、本件建物の1階、地下1階部分をYに事務所、ショールームとし、保証

金3000万円の支払いを受けて賃貸したところ、昭和62年4月、渋谷区長から建築基準法違反により本件建物の使用禁止を命じられる等したことから、XがYに対して賃貸借契約の履行不能による終了を主張し、本件建物部分の明渡しを請求したのに対し、Yが反訴として不完全履行を主張し、逸失利益等の損害賠償を請求する等した（本件訴訟においては、他の当事者の提起に係る訴訟があるが、賃貸借に関係するものではないので、省略する）。この判決は、建築基準法違反による使用禁止命令が発せられたことによる履行不能を肯定し、Xの本訴請求を認容し、Yの反訴請求を棄却した。

【実務の対応】
　この判決は、建築基準法違反の建物の事業用の借家において同法違反により建物の使用禁止が命じられた事案について、賃貸人の不完全履行責任を否定したものであり、事例判断として参考になるものである。

[676] 東京地判平成8. 5. 15 判タ939. 148
《事案の概要》
　貴金属等の輸入、販売を業とするX株式会社は、A株式会社の100％子会社であるY株式会社が駅ビルのテナントを募集した際、Yの代表取締役Bの要請を受け、大井町駅、新浦安駅に出店することとし、応募し、貸借対照表等を交付し、Yが入居決定通知書等を交付する等したいたが、契約の締結を拒否したため、XがYに対して信義則上の義務違反を主張し、仕入商品売却損等の損害賠償を請求した。この判決は、契約の締結拒否が当然であった等とし、請求を棄却した。

【実務の対応】
　この判決は、駅ビルの賃借の募集に際し、賃借を希望し、書類の交付等がされたものの、契約締結に至らなかった事案について、信義則上の義務違反を否定したものであり（実質的には契約締結上の過失責任を否定したものである）、事例判断を提供するものである。

[677] 静岡地判平成8. 6. 17 判時1620. 122、判タ938. 150
《事案の概要》
　Aは、Y2から建物を賃借し、スーパーマーケットを営業し、Y2もこの

建物内で精肉等の販売をしていたところ（その後、Aは、X株式会社を設立し、Y2は、Y1有限会社を設立し、賃貸借契約は、XとY1に移行した）、市道拡幅工事のため、本件建物の敷地の一部がかかることになり、B市から店舗移転の申し入れがされ、AとY2は、交渉をし、本件建物を収去し、新たな店舗用建物を建築することを合意し、XとY1との間で新築建物につき賃貸借契約を締結することなどを内容とする協定を締結し、本件建物が取り壊されたが、Xが取引先のC銀行から作成を勧められた文書をめぐって対立し、Y1らが賃貸借契約の締結を拒否したため、XがY1らに対して賃貸借契約の成立等を主張し、賃貸借契約違反、共同不法行為に基づき損害賠償を請求した。この判決は、賃貸借契約の成立、予約の成立を否定したものの、信義則に則り、新築建物を目的とした賃貸借契約を締結し、あるいは締結させるべき債務を負担したものであり、重大な信頼関係破壊行為があった場合等を除き、契約の締結をしないことが債務不履行に当たるとした上、本件では、契約の締結を拒否したことがY1の債務不履行に当たり（賃借権相当額と新築建物と同程度の建物を他から賃借するまでに通常要する期間の逸失利益が損害になるとした上、具体的には、賃借権の価額の立証はないが、2年間の逸失利益として3021万円の損害を認めた）、Y2の不法行為も認められるとし、請求を認容した。

【実務の対応】
　この判決は、事業用の借家において市から店舗移転の申入れがされ、賃貸人と賃借人が旧建物の取壊し、建物の新築、新築建物の借家契約の締結等を内容とする協定が締結され、建物が新築されたものの、借家契約の締結に至らなかった事案について、賃貸人の借家契約の締結拒否が債務不履行に当たるとしたものであり、事例判断として参考になるものである。

[678] 東京地判平成8.7.29判タ937.186
《事案の概要》
　X有限会社は、Aから店舗を賃借し、寿司店等を営業していたが、業績の悪化等から賃料の支払を滞り、Aから明渡しを迫られるに至ったため、Aの承諾を得て賃借権を譲渡することとし、Xの代表取締役の一人であるBの友人であるYに譲渡方を申し入れ、Xの実質的オーナーで、代表取締役であるCとYは、交渉をし、Aへの債務の引き受け、什器備品の引継ぎなどを内容とする合

意をするなどしたが、YがB、Cに不審の念を抱き、将来の資金調達、採算に不安もあったことから交渉を中止したため、XがYに対して契約準備段階における信義則上の注意義務違反による債務不履行、不法行為に基づき損害賠償を請求した。この判決は、確実に契約が成立するとの合理的な期待を抱く段階に至っていなかった等とし、債務不履行、不法行為を否定し、請求を棄却した。
【実務の対応】
　この判決は、事業用の借家において事業の譲渡、賃借権の譲渡の交渉が行われ、契約締結に至らなかった事案について、契約準備段階における信義則上の注意義務違反の債務不履行、不法行為を否定したものであり、事例判断を提供するものである。

[679] 東京地判平成8. 12. 19 判時1616. 75
《事案の概要》
　Xは、Yに対して建物を賃貸したが、Yが賃料の支払いを滞納したため、賃貸借契約を解除し、建物の明渡し、未払い賃料の支払い等を請求したのに対し、Yが前の賃借人がA宗教団体の信者であり、信者らが出入りするアジトとして使用されていたことから、入居後、報道関係者等から度々訪問を受け、近隣からAの一味であるとの噂をされる等による不法行為に基づく損害賠償請求権を自働債権とする相殺を主張した。この判決は、賃貸人が賃借人に対してアジトであった事実を告知すべき信義則上の義務違反を認め、賃料債権との相殺を一部認め、請求を一部認容した。
【実務の対応】
　この判決は、賃借人が前の賃借人の一味であるとの誤解から迷惑を被った事案について、賃貸人の前の賃借人の属性を告知すべき信義則上の義務違反の不法行為を認めたものであり、事例判断を提供するものである。

[680] 東京地判平成9. 10. 20 判タ973. 184
《事案の概要》
　Xは、Aに賃貸中のマンションの専有部分について、不動産業者であるY2株式会社の仲介により、Y1から購入したところ、その1年後、更新拒絶の際、Aが暴力団員であることが判明したため、XがY1らに対して不法行為

等に基づき損害賠償を請求した。この判決は、Y1、Y2の不法行為等を否定し、請求を棄却した。
【実務の対応】
　この判決は、暴力団員に賃貸中のマンションの専有部分の売買がされた事案について、売主、宅地建物取引業者の不法行為を否定したものであり、事例判断を提供するものである。

[681] 東京地判平成9. 12. 24判タ991. 209
《事案の概要》
　A（当時、25歳）は、Yの所有に係るマンション（昭和47年の建築）の4階の一室（窓には手摺がなく、腰壁の高さが約40センチメートルであった）を賃借している友人Bの自宅に遊びに行き、飲食中、窓から転落し、死亡したため、Aの両親X1、X2がYに対して土地工作物責任に基づき損害賠償を請求した。この判決は、手摺がなかったことにつき設置保存の瑕疵があったとし（過失相殺を7割認めた）、請求を認容した。
【実務の対応】
　この判決は、賃貸マンションの専有部分から賃借人の友人が転落した事案について、賃貸人（所有者）の土地工作物責任を認めたものであり、事例判断を提供するものである。

[682] 横浜地判平成10. 2. 25判時1642. 117
《事案の概要》
　Yは、平成5年6月、建物をXに賃貸し、Xは、ピアノ教室を開業する予定で模様替えをし、入居したところ、間もなく建物内に刺激臭がしたことから、賃貸借契約の仲介業者Aらに調査を求めたが、改善せず、建物から退去し、賃貸借契約を解除し、Yに対して化学物質過敏症に罹患したと主張し、債務不履行に基づき損害賠償を請求した。この判決は、化学物質過敏症の予見可能性がなく、過失がなかった等とし、請求を棄却した。
【実務の対応】
　この判決は、借家を使用中、賃借人が化学物質過敏症に罹患した事案について、賃貸人の債務不履行を否定したものであり、事例判断を提供するものであ

[683] 神戸地尼崎支部判平成 10.6.22 判時 1664.107
《事案の概要》
　Xは、美容院を経営していたところ、Aが美容室を営業していたビルの一室が空くことになり、その所有者であるY株式会社に賃借を申し入れ、賃貸条件の説明を受け、契約書を送付する等の話になったことから、従業員を雇用し、什器備品を購入する等したものの、賃貸借契約の締結を拒否されたため、XがYに対して賃貸借契約の締結上の過失を主張し、不法行為に基づき損害賠償を請求した。この判決は、賃貸借契約の締結の拒否が信義則上の注意義務違反に当たるとし、不法行為を認め、請求を認容した。
【実務の対応】
　この判決は、事業用の借家の契約締結の交渉が行われ、契約締結に至らなかった事案について、賃貸の希望者の締結拒否が信義則上の注意義務違反に当たるとし、不法行為を認めたものであり、事例判断として参考になるものである。

[684] 札幌地判平成 10.7.26 判タ 1040.247
《事案の概要》
　Aは、Y1からアパートの一室を賃借していたところ、平成4年4月、居室内に設置されたY2株式会社が製造し、Y3株式会社・Y4有限会社が設置し、Y5株式会社が点検したガス給湯器を使用中、一酸化炭素中毒が発生し、死亡したため、Aの相続人であるXがY1ないしY5に対して不法行為等に基づき損害賠償を請求した（Y1に対しては、賃貸借契約上の安全配慮義務違反、不法行為、土地工作物責任に基づき損害賠償を請求した）。この判決は、点検過誤によって一酸化炭素が発生したとし、Y5の不法行為を認め、その余の不法行為等を否定し、Y5に対する請求を認容し、その余の請求を棄却した。
【実務の対応】
　この判決は、借家の中で賃借人がガス給湯器を使用中、一酸化炭素中毒により死亡した事案について、賃貸人の債務不履行等を否定したものであり、事例

判断として参考になるものである。

[685] 横浜地川崎支部判平成10．11．30判時1682．111
《事案の概要》
　X株式会社は、スーパー、小売店等の商業施設を賃貸する等の業を営んでいるところ、A株式会社が賃借していた部分が撤退することになり、B株式会社により、Y株式会社の紹介を受け、Yが出店の申込みをし、約4か月間交渉をし、概ね賃貸借契約の内容も合意されていたが、Yが賃貸借契約の締結を拒否したため、Xが賃貸予定の施設を第三者に賃貸することができず、賃料相当の得べかりし利益を喪失したなどと主張し、信義則違反、契約締結上の過失に基づき損害賠償を請求した。この判決は、賃貸借契約の締結上の過失を認め、6か月分の賃料相当額の損害を認め、請求を認容した。
【実務の対応】
　この判決は、事業用の借家の契約締結の交渉が行われ、契約締結に至らなかった事案について、賃貸の希望者の契約締結上の過失責任を認めたものであり、事例判断として参考になるものである。

[686] 東京地判平成11．7．8判時1715．43
《事案の概要》
　弁護士Xは、Yからビルの一室を法律事務所として賃借したが、本件ビルはA株式会社の警備保障を受け、セキュリティカードによるドアのロック等の警備体制がとられていたところ、事務所荒らしが侵入し、事務所内の現金が盗まれたため、Yに対して債務不履行に基づき盗難被害の現金相当額の損害賠償を請求した。この判決は、セキュリティカードの説明義務違反などはなかったとし、債務不履行を否定し、請求を棄却した。
【実務の対応】
　この判決は、借家の法律事務所が盗難に遭った事案について、賃貸人の債務不履行を否定したものであり、事例判断として参考になるものである。

[687] 札幌地判平成11．12．24判時1725．160
《事案の概要》
　Xは、マンションの一室をAから賃借し（賃借人が賃料の支払を7日以上

怠ったときは、賃貸人は、直ちに賃貸物件に施錠をすることができ、その後7日以上を経過したときは賃貸物件内にある動産を賃借人の費用負担において賃貸人が自由に処分しても異議の申立てをしない旨の特約があった）、家族とともに居住していたところ、雨漏りの被害が生じたのに、マンションの管理を行っていたＹ１株式会社が被害弁償をしなかったと主張して賃料の支払を停止したことから、Ｙ１の取締役Ｙ２の指示により、Ｙ１の従業員が居室内に立ち入り、水道の水を抜き、ガスストーブのスイッチを切り、鍵を取り替える等したため、ＸがＹ１、Ｙ２に対して不法行為に基づき損害賠償を請求した。この判決は、前記特約による自力救済は、特別の事情が存する場合を除き、原則として許されず、特段の事情がない限り、公序良俗に反して無効である等とし、Ｙ１らの不法行為を肯定し、請求を認容した（慰謝料として10万円、鍵の取替費用として1万7850円、弁護士費用として2万円の損害を認めた）。

【実務の対応】
　この判決は、自力救済禁止特約のある居住用の借家において管理業者が鍵を取り替える等した事案について、管理業者、その取締役の不法行為を認めたものであり、事例判断として参考になるものである。

[688] 東京高判平成14．3．13判タ1136．195
《事案の概要》
　Ｙは、賃貸目的として建物の建築を計画していたところ、学習塾を経営するＸ株式会社は、本件建物の一部を賃借したいと希望し、不動産仲介業者であるＡ株式会社を介して賃貸借の交渉をしたが、契約書の締結に至らず、本件建物の一部を使用することができなかったため、ＸがＹに対して賃貸借契約の成立を主張し、債務不履行に基づき損害賠償を請求した。第一審判決は、賃貸借契約の成立を認めず、請求を棄却したため、Ｘが控訴し、予備的に契約締結上の過失を主張し、訴えを追加した。この判決は、主位的請求に係る控訴を棄却したが、Ｘが本件賃貸借の様々な準備行為をし、Ｙが異議を述べなかった等とし、契約締結上の過失を認め、予備的請求を認容した（信頼利益の賠償として、民事訴訟法248条を適用し、50万円の損害賠償額を認めた）。

【実務の対応】
　この判決は、事業用の借家の契約締結の交渉が行われ、契約締結に至らな

かった事案について、賃貸の希望者の契約締結上の過失責任を認めたものであり、事例判断として参考になるものである。

[689] 東京地判平成 14.8.26 判タ 1119.181
《事案の概要》
　X株式会社は、宝石、貴金属の販売等を業としているが、平成5年11月、Y株式会社からビルの一部を事務所として賃借したところ、平成12年2月、事務所に保管されていた現金、宝石類の盗難事件が発生し、同年3月、主として盗難を理由に契約を解約し、本件建物を明け渡したため、XがYに対して過払いの電気料金につき不当利得の返還、賃貸人の管理義務違反を主張し、債務不履行に基づく損害賠償を請求した。この判決は、賃貸人が盗難等から賃借人を保護すべき管理義務を負うのは、賃貸借契約から当然に導かれるものではなく、信義則上の付随義務、特約として認められる余地があるとしたが、本件では、盗難被害を防ぐべき義務を負っていないとし、不当利得の返還請求を認容し、損害賠償請求を棄却した。
【実務の対応】
　この判決は、借家の店舗が盗難に遭った事案について、賃貸人の債務不履行を否定したものであり、事例判断として参考になるものである。

[690] 東京地判平成 15.1.27 判時 1129.153
《事案の概要》
　Xは、平成10年12月、Y有限会社からビルの一室（1階）を期間2年とし、賃借し、婦人服販売店を経営していたところ、平成12年5月、Yがビルの地下1階を小料理店として賃貸したことから、魚等の臭いがするようになり、XがYに対して債務不履行に基づき損害賠償を請求した（Yは、未払賃料等との相殺等を主張した。なお、Yは、賃貸借契約を解除し、部屋の明渡し等を請求する別件訴訟を提起し、訴訟上の和解が成立し、Xは、部屋を明け渡した）。この判決は、悪臭による債務不履行を認めたが、未払賃料等との相殺を認め、請求を棄却した。
【実務の対応】
　この判決は、複数の賃借人がいる賃貸ビルにおいて賃借人による悪臭が発生

したため、他の賃借人が賃貸人に対して債務不履行責任を追及した事案について、賃貸人の債務不履行責任を肯定したものであり、事例判断を提供するものである。

[691] 東京地判平成15. 9. 26 判時1851. 126
《事案の概要》
　生鮮食料品の販売を業とするX株式会社は、酒類の販売を業とするY株式会社が店舗用の建物を建築する予定であったため、平成10年9月、賃借する旨の賃貸借予約契約を締結し、証拠金として1000万円を支払ったところ、Yが建物の設計変更を申し入れたのに、Xがこれを拒否したことから、交渉が行われていたが、平成11年4月、YがA株式会社と賃貸借予約契約を締結し、同年10月頃、建物をAに賃貸したため、XがYに対して履行不能を主張し、証拠金、逸失利益等の損害賠償を請求した。この判決は、Yの債務不履行が認められるとし、証拠金、逸失利益（6か月分の営業利益）等の損害を認め、請求を認容した（判例評釈として、神原文美・判タ1184. 184、松下淳一・ジュリスト1311. 196がある）。

【実務の対応】
　この判決は、事業用の借家の契約締結の交渉が行われ、契約締結に至らなかった事案について、賃貸の希望者の債務不履行を認めたものであり（実質的には契約締結上の過失責任を認めたものである）、事例判断として参考になるものである。

[692] 横浜地判平成16. 1. 29 判時1870. 72
《事案の概要》
　銀行業を営むA株式会社は、B株式会社に融資をし、貸金債権を有しており、C株式会社が建物をB株式会社に賃貸したことに伴う敷金返還請求権につき質権を設定していたところ（同時に、D銀行、E銀行、F銀行、G銀行にも質権を設定した）、Aが、平成10年9月、債権、付随担保等をX会社に譲渡したが、平成11年1月、Bが破産宣告を受け、弁護士Yが破産管財人に選任され、その後、Yは、Cに賃料を支払わず、Cとの間で破産宣告後の賃料等を敷金に充当する旨の合意をしたため、XがYに対して破産財団が賃料の支払いを免れ、

Xの質権が消滅したなどと主張し、不当利得の返還を請求した。この判決は、破産財団から破産宣告後賃料等を支払うことは十分に可能であったと認め、質権を害してはならず、賃料等を不払いにして敷金から充当されないように対処すべき担保保存義務を負うところ、Yがこの義務に違反したとし、不当利得の成立を認め、請求を認容した。

【実務の対応】
　この判決は、借家の賃借人が有する敷金返還請求権に質権が設定されていたところ、賃借人が破産宣告を受け、破産管財人と賃貸人が破産宣告後の賃料等を敷金に充当する合意をした事案について、破産管財人の質権者に対する不当利得返還義務を認めたものであり、事例判断を提供するものである（後記の高裁の判決、最高裁の判決参照）。

[693] 東京高判平成16. 2. 26 金融・商事判例1204. 40
《事案の概要》
　Xは、3階建ての建物を所有し、3階部分に妻Aと居住していたところ、1階部分をYに賃貸し、Yは、作業所兼ガレージとして使用し、軽貨物自動車を利用した移動ラーメン販売業のための仕込み等の業務を行っていたが、Yが複数ある軽貨物自動車の一部を残して販売に出ていた間、作業所兼ガレージから出火し、建物が全焼し、Aが焼死する等したため、XがYに対して人損につき不法行為に基づき、物損につき債務不履行に基づき損害賠償を請求した（保険金として1500万円が支払われた）。第一審判決は、出火原因が軽貨物自動車内のガスコンロか、従業員の消し忘れであると認め、Yの不法行為、債務不履行を認め、請求を認容したため、Yが控訴した（控訴審において失火責任法に基づく免責等が主張されたため、Xは、第一次的主張として債務不履行、第二次的主張として不法行為を主張することに改めた）。この判決は、ガスコンロ付近から出火したことを認めたが、出火の原因を積極的に認定することはできないとし、Yの善管注意義務違反による債務不履行を推定し（不法行為は否定した）、原判決を変更し、請求を認容した（Aの死亡による慰謝料、葬儀費用は認めた）。

【実務の対応】
　この判決は、事業用の借家に火災が発生した事案について、賃借人の善管注

意義務違反による債務不履行を推定したものであり、事例判断として参考になるものである。

[694] 東京地判平成 16. 6. 2 判時 1899. 128
《事案の概要》
　X株式会社（代表者Aの夫Bが実質的に経営していた）は、平成10年10月、事務所用建物をY合資会社から賃借し、事務所兼倉庫として使用し、Yの承諾を得て、Bが代表者である関連会社Cの事務所として使用していたところ、Xは、平成11年3月分、4月分の賃料の支払いを遅滞し、Bが刑事事件で逮捕拘留され、同年5月分以降の賃料を支払わなくなったことから、Yが賃料の不払いを条件として賃貸借契約を解除するとともに、鍵を交換する旨を通知したものの、賃料の支払いがされず、偶々居合わせたCの従業員を立ち合わせて建物の鍵を交換したため、XがYに対して債務不履行、不法行為に基づき逸失利益の損害賠償を請求した。この判決は、鍵の交換は占有権を侵害する自力救済であり、緊急やむを得ない事情は認められないとし、不法行為を認めたものの、鍵の交換当時、逸失利益の前提となる正常な事業を遂行していたとは認められないとし、損害の発生を否定し、請求を棄却した。

【実務の対応】
　この判決は、事業用の借家において賃貸人が借家契約を解除した後、鍵を交換した事案について、賃貸人の不法行為を認めたものの、損害の発生を否定したものであり、事例判断を提供するものである。

[695] 東京高判平成 16. 10. 19 判時 1882. 33
《事案の概要》
　前記の [692] 横浜地判平成 16. 1. 29 判時 1870. 72 の控訴審判決であり、Yが控訴した。この判決は、充当の合意により質権者に損害を与えたものであるから、悪意の受益者として不当利得返還義務があるとしたものの、原状回復費用は敷金をもって充当できる特約があるところ、一般にも充当されているとし、この範囲では質権設定者としての義務に反したということはできないとし、原判決を変更し、請求を一部認容した。

【実務の対応】

この判決は、借家の賃借人が有する敷金返還請求権に質権が設定されていたところ、賃借人が破産宣告を受け、破産管財人と賃貸人が破産宣告後の賃料等を敷金に充当する合意をした事案について、破産管財人の質権者に対する不当利得返還義務を認めたものであり、事例判断を提供するものである（後記の最高裁の判決参照）。

[696] 東京高判平成 16. 10. 27 判時 1882. 39

《事案の概要》

銀行業を営むA株式会社は、B株式会社に融資をし、貸金債権を有しており、C株式会社が建物をB株式会社に賃貸したことに伴う敷金返還請求権につき質権を設定していたところ（同時に、D銀行、E銀行、F銀行、G銀行にも質権を設定した）、Aが債権、付随担保等をX株式会社に譲渡したが、平成11年1月、Bが破産宣告を受け、弁護士Yが破産管財人に選任され、その後、Yは、Cに賃料を支払わず、Cとの間で破産宣告後の賃料等を敷金に充当する旨の合意をしたため、XがYに対して破産財団が賃料の支払いを免れ、Xの質権が消滅したなどと主張し、不当利得の返還、損害賠償を請求した。第一審判決は、請求を一部認容したため、Yが控訴し、Xが附帯控訴した。この判決は、破産管財人は総債権者の債権実現の引当になる責任財産を確保すべきである等とし、Yの善管注意義務違反を否定し、不当利得の成立を否定し、原判決中Yの敗訴部分を取り消し、請求を棄却した。

【実務の対応】

この判決は、前記の [695] 東京高判平成 16. 10. 19 判時 1882. 33 の関連事件であるが、借家の賃借人が有する敷金返還請求権に質権が設定されていたところ、賃借人が破産宣告を受け、破産管財人と賃貸人が破産宣告後の賃料等を敷金に充当する合意をした事案について、破産管財人の質権者に対する不当利得返還義務を否定したものであり、事例判断を提供するものである（後記の最高裁の判決参照）。

[697] 東京地判平成 16. 12. 24 判時 1906. 65
《事案の概要》
　Aは、平成11年6月、Y2からその所有のアパートの一室を賃借したが、浴室にはY1株式会社が設置した風呂釜が設置されていたところ（平成9年11月に設置された。燃焼排ガスは、浴室と隔離されて屋外に設置された給排気筒から排出される構造になっていた）、平成14年9月、浴室で入浴中、給湯バーナーの不完全燃焼により発生した一酸化炭素中毒により死亡したため、Aの両親X1、X2がY1に対して使用者責任に基づき、Y2に対して土地工作物責任、債務不履行に基づき損害賠償を請求した。この判決は、排気筒のトップから上部の窓まで十分な距離間隔を設けないで風呂釜、給排気筒が設置されていたとし（ガス機器設置基準調査委員会が作成した「ガス機器の設置基準及び実務指針」に反していた）、風呂釜の使用中は絶対に窓を閉めること、窓を開けたままでは燃焼排ガスが流入して危険であること等を所有者、賃借人に説明すべきであった等とし、設置者としての義務違反があるとし、Y1の使用者責任を認め、Y2については、一次的には賃借人が土地工作物責任を負い、賃貸人は二次的に土地工作物責任を負うにすぎず、Y1の設置位置に疑問を感じなかったとしても不相当とはいえないとし、Y2の責任を否定し、Y1に対する請求を認容し、Y2に対する請求を棄却した。

【実務の対応】
　この判決は、居住用の共同住宅の借家において賃借人が給湯器による一酸化炭素中毒事故により死亡した事案について、賃貸人の土地工作物責任、債務不履行責任を否定したものであり、事例判断として参考になるものである。

[698] 札幌地判平成 17. 5. 13 判タ 1209. 180
《事案の概要》
　Aは、不動産賃貸を業とするY1株式会社からマンションの部屋を賃借し、Y2株式会社はY1からマンションの管理を受託し、Y3株式会社はマンションにガスを供給していたところ、平成10年12月、本件居室内においてAがガス湯沸かし器を使用中、ガスの不完全燃焼が生じて一酸化炭素中毒により死亡したため、Aの両親X1、X2がY1らに対して、Y1の債務不履行、

不法行為、土地工作物責任、Y2の不法行為、土地工作物責任、Y3の債務不履行、不法行為を主張して損害賠償を請求した。この判決は、Y1のガス湯沸かし器の使用についての注意喚起等をする事故防止義務違反による債務不履行を認める等し、請求を認容した。

【実務の対応】
　この判決は、居住用の共同住宅の借家において賃借人がガス湯沸かし器による一酸化炭素中毒事故により死亡した事案について、賃貸人のガス湯沸かし器の使用の注意喚起等をする事故防止義務違反による債務不履行を認めたものであり、事例判断として参考になるものである。

[699] 東京地判平成17.12.14判タ1249.179
《事案の概要》
　Xは、複合マンションの1階の専有部分の区分所有者Aから賃借し、飲食店を経営しており、Y1は、地下1階の専有部分の共有者Y2、Y3から賃借し、ライブハウスを経営していたが、ライブハウスから騒音振動が発生し、苦情を受けて改善措置がとられる等したものの、XがY1らに対して共同不法行為に基づき損害賠償（営業損害、慰謝料等）を請求した。この判決は、Y1については、騒音振動が都民の健康と安全を確保する環境に関する条例136条、同別表13に定める騒音振動基準を参考にし、受忍限度を超える違法なものであるとし、不法行為を認め、Y2らについては、賃貸人は、賃借人が他の居住者に迷惑をかけるような態様で専有部分を使用していることを知ったときは、これを是正する義務があるところ、この義務違反を肯定し（営業損害については、騒音等が営業に悪影響を与えたことは認められるものの、売上減少にはいろいろな要因が考えられるとし、慰謝料の算定の中で考慮するとし、100万円の慰謝料を認めた）、請求を認容した。

【実務の対応】
　この判決は、複合マンションの事業用の借家における騒音、振動の事案について、賃借人の不法行為を認めたものであり、事例判断として参考になるものである。

[700] 東京地判平成 18. 5. 30 判時 1954. 80
《事案の概要》
　Xは、平成 15 年 12 月、不動産業を営むＹ１株式会社との間で、用途を住居、賃貸期間を１年間とし、賃料を滞納した場合には賃貸人は賃借人の承諾を得ずに本件建物に立ち入り適当な処置をとることができ、１か月以上賃料、共益費を滞納した場合には契約を解除することができる旨の特約でマンションの一室を賃借していたところ平成 17 年 7 月、Ｙ２株式会社がＹ１の委任を受け、賃料の滞納が 2 か月に及んでいるとして賃貸借契約を解除し、その後 2 度にわたり本件建物の扉に施錠をし、本件建物に立ち入るなどしたため、ＸがＹ２に対して不法行為に基づき損害賠償を請求したところ（甲事件）、Ｙ１がＸに対して賃料の支払い、汚損修復費用の支払いを請求した（乙事件）。この判決は、本件特約が法的な手続によらずにＸの平穏に生活する権利を許容する内容の特約であり、原則として許されない権利の行使であり、公序良俗に反して無効であるとし、立入り等が不法行為に当たるとし、慰謝料 5 万円を認め、Ｘの請求を一部認容し、Ｙ１の未払賃料の支払請求を認容した。
【実務の対応】
　この判決は、自力救済特約のある居住用の借家において管理業者が無断で立ち入る等した事案について、賃貸人、管理業者の不法行為を認めたものであり、事例判断として参考になるものである。

[701] 最一判平成 18. 12. 21 民集 60. 10. 118、判時 1961. 53、
　　　判タ 1235. 148、金融法務事情 1802. 132
《事案の概要》
　前記の [696] 東京高判平成 16. 10. 27 判時 1882. 39 の上告審判決であり、Ｘが上告受理を申し立てた。この判決は、破産管財人が未払賃料等に敷金を充当し、敷金返還請求権の上に存する質権を消滅させたことは質権者に対する目的債権の担保価値を維持すべき義務に違反するとしたものの、本件では、破産裁判所の許可も得た上で充当処理がされたこと等の事情にあり、善管注意義務違反になるとはいえないが、質権者の損失において破産財団が減少を免れたと評価すべきであるとし、不当利得の成立を認め、原判決の一部を破棄し、

Xの請求を一部認容した。
〈判決〉は、
「三　破産管財人は、職務を執行するに当たり、総債権者の公平な満足を実現するため、善良な管理者の注意をもって、破産財団をめぐる利害関係を調整しながら適切に配当の起訴となる破産財団を形成すべき義務を負うものである（旧破産法164条1項、185条～227条、76条、59条等）。そして、この善管注意義務違反にかかる責任は、破産管財人としての地位において一般的に要求される平均的な注意義務に違反した場合に生ずると解するのが相当である。この見地からみると、本件行為が質権者に対する義務に違反することになるのは、本件行為によって破産財団の減少を防ぐという破産管財人の職務上の義務と質権設定者が質権者に対して負う義務との関係をどのように解するかによって結論の異なり得る問題であって、この点について論ずる学説や判例も乏しかったことや、被上告人が本件行為（本件第三者賃貸借に係るものを除く。）につき破産裁判所の許可を得ていることを考慮すると、被上告人が、質権者に対する義務を違反するものではないと考えて本件行為を行ったとしても、このことをもって破産管財人が善管注意義務違反の責任を負うということはできないというべきである。
　・・・・
　本件質権の被担保債権の額が本件敷金の額を大幅に上回ることが明らかである本件においては、本件敷金返還請求権は、別途権である本件質権によってその価値の全部を把握されていたというべきであるから、破産財団が支払を免れた本件宣告後賃料等の額に対応して本件敷金返還請求権の額が減少するとしても、これをもって破産財団の有する財産が実質的に減少したとはいえない。そうすると、破産財団は、本件充当合意により本件宣告後賃料等の支出を免れ、その結果、同額の本件敷金返還請求権が消滅し、質権者が優先弁済を受けることができなくなったのであるから、破産財団は、質権者の損失において本件宣告後賃料等に相当する金額を利得したというべきである。」と判示している。

【実務の対応】
　この判決は、借家の賃借人が有する敷金返還請求権に質権が設定されていたところ、賃借人が破産宣告を受け、破産管財人と賃貸人が破産宣告後の賃料等を敷金に充当する合意をした事案について、破産管財人の質権者に対する善管

注意義務違反を否定したものの、不当利得返還義務を認めたものであり、事例判断として参考になるものである。

[702] 最一判平成 18．12．21 判時 1961．62、判タ 1235．148、金融法務事情 1802．132

《事案の概要》

前記の［695］東京高判平成 16．10．19 判時 1882．33 の上告審判決であり、Y が上告受理を申し立てた。この判決は、破産管財人の行為が質権者に対する目的債権の担保価値を維持すべき義務に違反するものであり、破産財団に不当利得が成立するとした原審の判断は正当であるとし、上告を棄却した。

【実務の対応】

この判決は、借家の賃借人が有する敷金返還請求権に質権が設定されていたところ、賃借人が破産宣告を受け、破産管財人と賃貸人が破産宣告後の賃料等を敷金に充当する合意をした事案について、破産管財人の質権者に対する不当利得返還義務を認めたものであり、事例判断として参考になるものである。

[703] 大阪地判平成 20．3．18 判時 2015．73

《事案の概要》

Y1 市は、電車車庫跡地の有効利用等を計画し、平成 3 年 3 月、信託銀行業を営む A 株式会社、B 株式会社、C 株式会社、D 株式会社との間で、都市型立体遊園地を建設し、施設を賃貸する等の土地信託契約を締結し、A らは、A を代表受託者として建物を建築し、施設の管理会社として E 株式会社を設立し、テナントを募集し、平成 9 年 7 月、開業し、初年度は活況を呈したものの、2 年目から来場者が激減したところ、F 有限会社は、平成 9 年 7 月、A との間で本件建物の店舗部分（4 階部分、5 階部分）を期間を 10 年として賃借し、平成 12 年 7 月、4 階部分の賃貸借契約を合意解除し、同日、2 階部分につき同様に賃借したが、赤字が累積したが、F は、X 株式会社に営業を全部譲渡し、Y1 は、平成 16 年 9 月、A らと土地信託契約を合意解除する等したことから、X が Y1、Y2（A、B が合併等したもの）、Y3（C、D が合併等したもの）に対して本件施設が成算の見込みがないのにこれを告知しなかったとか、誇大な広告等で詐欺的勧誘をしたとか、営業努力を怠ったとか、背信的運営があっ

た等と主張し、不法行為に基づき損害賠償を請求した。この判決は、受託銀行らに出店希望者に対して計画、実績などの情報であって、出店者の収支予測に重大な影響を与えるものを十分に説明・告知し、出店希望者が出店の可否の判断を誤ることのないように配慮すべき信義則上の義務があるとした上、本件では説明・告知義務違反があったとし、不法行為を認め、内装工事代金・什器備品代、その他の開業に要した費用、累積赤字の損害を認め（7割の過失相殺を認めた）、Y2、Y3に対する請求を認容し、Y1に対する請求を棄却した。

【実務の対応】
　この判決は、大規模な遊園地におけるテナント募集に応じて建物を賃借し、店舗を出店した事業者が来場者数が低迷し、赤字が累積した事案について、遊園地を運営する等した信託銀行の出店者の収支予測に重大な影響を与えるものを十分に説明・告知し、出店希望者が出店の可否の判断を誤ることのないように配慮すべき信義則上の義務違反による不法行為を認めたものであり、事例判断として参考になるものである。

[704] 大阪簡判平成21．5．22判時2053．70
《事案の概要》
　Xは、平成20年2月、Y株式会社からマンションの一室を賃貸期間を2年間として賃借し、Aが連帯保証をしたところ、Xは、平成20年5月、5月分の賃料等の支払いを遅滞して支払ったが、Yは、6月分の賃料、遅延損害金を支払うよう催告したのに対し、Xは、同年7月分の賃料も遅滞して支払い、8月分の賃料の支払いも遅滞したところ、Yの担当者から支払わないと鍵を交換する旨を告げられ、Yは、同年8月、本件建物の玄関の鍵を取り替えたため、Xは、本件建物に入ることができなくなり、Xは、同年9月、延滞賃料等を支払い、本件建物に戻ることができたものの、その後も、Xが賃料の支払いを遅滞したことから、Yが鍵を取り替えたことがあり、XはYに対して不法行為に基づき損害賠償を請求した。この判決は、鍵交換によって未払い賃料を支払わせようとしたものであり、権利の濫用として不法行為に当たるとした上、賃料相当の逸失利益、宿泊費相当額、慰謝料（50万円）、代理人費用を損害と認め、請求を認容した。

【実務の対応】
　この判決は、賃借人が賃料の支払いを怠ったことから、賃貸人が鍵を取り替えたため、賃貸人の不法行為責任が問題になった事案について、鍵交換が権利の濫用に当たるとして不法行為を認めたものであり、事例判断を提供するものである。

[705] 東京地判平成21．9．15 判タ1319．172

《事案の概要》
　Xは、区分所有建物の専有部分の区分所有者であるところ、Y1管理組合においては、管理規約上、店舗部分で営業を開始するためには営業者が区分所有者全員で構成されるY2店舗部会の部会長の承認を得なければならない旨が定められ、Xから専有部分を賃借し、心療内科クリニックとして賃借する予定であったAがY2に営業開始承認願を提出したところ、Y2が承認しないとの処分をし、Xが再考を求めたのに対しても承認できない旨を回答したため、XがYに対して不承認処分の無効確認、不法行為に基づき損害賠償、賃貸して使用させることの妨害の禁止を請求した。この判決は、Y2に当事者能力を認めた上、不承認処分が法的効力を有しないとし、営業開始の承認については裁量が認められるものの、心療内科等に通院する患者によって周囲の者に不安を与え、迷惑をかけるおそれがあるとはいえないとし、Y2が裁量権を逸脱し、又は濫用したとして不法行為を認め、確認の訴えを却下し、Y2に対する損害賠償請求を認容し（礼金、11か月分の賃料相当の損害を認めた）、その余の請求を棄却した。

【実務の対応】
　この判決は、分譲マンションにおいて区分所有者が医院として賃貸することを予定し、賃借予定者が規約上の規定に従って管理組合の承認を求めたところ、管理組合内の店舗部会がこれを不承認としたため、区分所有者が管理組合、店舗部会に対して損害賠償を請求した事案について、店舗部会の不法行為を認めたものであり、事例判断として参考になるものである。

第4章 借家をめぐる裁判例

[456] 京都地判平成21．9．25判時2066．81
《事案の概要》
　大学生Xは、平成18年3月、A株式会社の仲介により、Y株式会社から学生用のアパートの一室を賃貸期間を1年間とし、更新料を旧賃料の2か月分として賃借し、保証金33万円（保証金解約引き28万円）を支払い、入居したところ、平成19年1月、更新料として11万6000円を支払い、合意更新をした後、同年11月、YがXにおいて男友達を宿泊させる等したことをXの親に伝えたことをきっかけにして（Yは、防犯カメラを設置していた）、X、その父親、Aの従業員、Yが協議をし、Xが本件部屋を退去したため、Yに対して保証金等の支払い、更新料条項が消費者契約法10条に違反して無効であると主張し、支払済みの更新料につき不当利得の返還、プライバシーの侵害による損害賠償を請求した。この判決は、更新料条項が消費者契約法10条に違反して無効であるとし、防犯カメラでアパートへの出入りを監視する等したことが不法行為に当たるとはいえない等とし、不法行為を否定したが、保証金等の支払、不当利得の返還請求を認容した。

【実務の対応】
　この判決は、居住用の共同住宅の借家において賃貸人が賃借人（学生）の生活上のプライバシーをその親に告知した事案について、賃貸人の不法行為を否定したものであり、事例判断を提供するものである。

[706] 東京地判平成21．10．29判時2057．114
《事案の概要》
　Xは、会社員であり、木造アパートの2階の1室を賃借し、生活していたところ、階下の部屋を賃借していた大学生Y1（未成年者）が夜間大声を出すなどの騒音を出したことから、夜10時以降は友達を帰らせ、迷惑を掛けないなどの内容の誓約書を作成し、不動産仲介業者であるA株式会社を介して、交付したものの、睡眠障害等で診療所を受診する等し、転居したため、XがY1、その親Y2に対して不法行為に基づき慰謝料、診察代等の損害賠償を請求した。この判決は、騒音が受忍限度を超えていたとし、慰謝料として30万円、転居費用等の損害を認め、請求を認容した。

【実務の対応】
　この判決は、居住用の共同住宅の借家における騒音の事案について、騒音を出した未成年者、その親の不法行為を認めたものであり、事例判断を提供するものである。

［707］大阪地判平成22．5．28 判時2089．112
《事案の概要》
　Xは、平成19年7月、マンションの管理を業とするB株式会社の仲介により、Bからマンションの一室を賃料月額8万5000円で賃借したが、その際、家賃保証等を業とするY株式会社に保証を委託し（Aの仲介による）、YがBに連帯保証をしたところ、Xが平成20年9月分の賃料の支払いを怠ったことから、Yは、Bに賃料を支払い、その従業員がXに対して9万円につき求償債権の取立てを行い、玄関ドアに督促状を貼り付け、高圧的な口調で退去させることを示し、支払いを請求する等したため、Xは滞納賃料相当額を支払い、Yに対して不法行為に基づき損害賠償を請求した。この判決は、社会通念上相当とされる限度を超えた違法な取立てであったとし、不法行為を認め（慰謝料5万円、根拠がなく取り立てられた5000円、弁護士費用1万円の損害を認めた）、請求を認容した。

【実務の対応】
　この判決は、住居用の建物の賃借人が賃料の支払いを怠ったことから、賃借人の保証業者である保証人が賃料を代払いをし、求償債権の取立てに当たって玄関ドアに督促状を貼り付ける等したため、保証業者の不法行為が問題になった事案について、社会通念上相当とされる限度を超えた違法な取立てであったとして、不法行為を肯定したものであり、事例判断を提供するものである。

No. 21

賃貸建物と物上代位

　平成年代において法律実務、債権の管理・回収の実務を賑わせた問題の1つとして、賃料債権に対する抵当権の物上代位権の行使をめぐる問題があったことは間違いがない。物上代位権は、先取特権につき認められ（民法304条）、抵当権に準用されている（同法372条）。抵当権に基づく物上代位権は、賃料債権を対象とする場合には、抵当権の目的物の賃貸によって債務者が受けるべき金銭その他の物に対して行使することができるが、その払渡し又は引渡しの前に差押えをしなければならないとされている（民法372条、304条1項）。もっとも、昭和年代においては、抵当権に基づく物上代位権の行使が賃料債権に対して許されるかどうかが、民法372条、304条、371条の解釈、執行実務の取扱いが異なっており、賃料債権に対する物上代位権の行使につき積極説、消極説が対立していたところであり（民法371条は、平成15年に改正されたが、改正前の規定は、原則的に賃料に抵当権の効力が及ばないと解するのが自然であるものであった）、これを積極説に統一を図ったのが最判平成元.10.27民集43.9.1070、判時1336.96、判タ717.106、金融法務1247.24、金融商事838.3であり、この判決は、「抵当権の目的不動産が賃貸された場合においては、抵当権者は、民法372条、304条の規定の趣旨に従い、目的不動産の賃借人が供託した賃料の還付請求権についても抵当権を行使することができるものと解するのが相当である。けだし、民法372条によって先取特権に関する同法304条の規定が抵当権にも準用されているところ、抵当権は、目的物に対する占有を抵当権設定者の下にとどめ、設定者が目的物を自ら使用し又は第三者に使用させることを許す性質の担保権であるが、抵当権のこのような性質は先取特権と異なるものではないし、抵当権設定者が目的物を第三者に使用させることによって対価を取得した場合に、右対価について抵当権を行

使することができるものと解したとしても、抵当権設定者の目的物に対する使用を妨げることにはならないから、前記規定に反してまで目的物の賃料について抵当権を行使することができないと解すべき理由はなく、また賃料が供託された場合には、賃料債権に準ずるものとして供託金還付請求権について抵当権を行使することができるものというべきだからである。

そして、目的不動産について抵当権を実行しうる場合であっても、物上代位の目的となる金銭その他の物について抵当権を行使することができることは、当裁判所の判例の趣旨とするところであり（最高裁判所昭和42年（オ）第342号同45年7月16日第一小法廷判決・民集24巻7号964頁参照）、目的不動産に対して抵当権が実行されている場合でも、右実行の結果抵当権が消滅するまでは、賃料債権ないしこれに代わる供託金還付請求権に対しても抵当権を行使することができるものというべきである。」と判示している（判例評釈として、道垣内弘人・民商102．5．41、樋口直・判タ762．38、小林亘・金融法務1265．22、高木多喜男・金融法務1581．154、小林資郎・ジュリスト957．73がある）。

抵当不動産が賃貸された場合、抵当権の物上代位権の行使をするかは、前記の最判平成元．10．27によって認める見解が債権の管理・回収の実務に浸透し始めたわけであるが、賃料債権に対して物上代位権の行使の実務が広く行われるようになったものではない。抵当不動産が賃貸されている場合、不動産の所有者が賃貸人として賃料を取得したとしても、その全部又は大半はその所有者の債務の支払いのために宛てられることが多いのが実情であり（もともと賃料によって建物の建築資金を調達し、その資金の融資の弁済に充てることを前提として、土地の所有者、金融機関、建築業者、不動産業者が関係する取引を行うこともあった）、抵当権者が賃料債権に物上代位権を行使することは、賃貸人（貸付債権の債務者）から貸付債務の支払いの原資を奪うことになり、賃貸人の生活、事業に重大な影響を及ぼすことになるからである（抵当不動産の賃貸人である貸付債権の債務者を経済的な破綻状態に追いやることになり、物上代位権の行使は、その破綻の引き金を引くようなものである）。前記の最判平成元．10．27が公表された後、暫くの間は、抵当権者が抵当不動産の賃料債権、転貸料債権に物上代位権を行使する事例が顕著に増加したとはいい難かったが、経済事情の悪化、抵当権妨害の横行、債務者の抵抗等の様々な事情

から物上代位権の行使が増加していったものと推測され、関連する裁判例、論文が法律雑誌を賑わすようになっていった。裁判例は、基本的には民法372条、304条1項の解釈を明らかにしつつ、物上代位権の行使をできるだけ認める方向に推移していったものと解されるが、物上代位権が行使される事例が増加するにつれ、これを妨害する方策も採用され、さらに新たな法律問題を提起し、新たな裁判例を生み出すという状況が続いたものである。本項では、これらの裁判例を公表された年月日の順に紹介するものであり、下級審の裁判例はまちまちなものであっても（まちまちな裁判例が公表されていることは、関係者の戦いの跡ということができる）、多くの重要な法律問題については最高裁の判断が示されているので、本項の裁判例を利用するに当たっては、最高裁の判例を確認した上で利用することが必要である。

抵当権者が抵当不動産の賃料債権に対して物上代位権を行使する場合、対象不動産は、土地、建物があり得るが、建物が対象とされることがほとんどであり、物上代位権の行使をめぐる裁判例も抵当建物を対象とした事案がほとんどである。

[708] 大阪高決平成 4. 9. 29 判時 1502. 119
《事案の概要》
　信託銀行業を営むA株式会社は、Bに融資をし、建物に抵当権を設定したところ、Bが貸金債務の弁済を怠ったことから、競売開始決定がされ、Bが建物をX株式会社に賃貸し、XがCらに転貸していたため、AがXのCらに対する転貸料債権につき物上代位により差し押さえ、Xが執行抗告を申し立てた。この決定は、民法304条所定の債務者には抵当不動産を後に借り受けた賃借人（転貸人）も含まれる等とし、抗告を棄却した。

[709] 大阪高決平成 4. 10. 6 判時 1502. 120
《事案の概要》
　X株式会社は、A株式会社の所有する不動産につき抵当権を設定していたところ、不動産競売の申立てをし、BがCに対して本件不動産を賃貸していると主張し、Bに対して物上代位により賃料債権に差押さえの申立てをしたところ、原決定がこの申立てを却下したため、Xが執行抗告を申し立てた。この決定は、

民法304条所定の債務者には抵当権設定後に抵当不動産を借り受けた賃借人も含まれるとし、原決定を取り消し、本件を原審に差し戻した。

[710] 大阪高決平成4．10．6判時1502．121
《事案の概要》
　X株式会社は、Aの所有する不動産につき根抵当権を設定していたところ、不動産競売の申立てをし、Aから本件不動産を借り受けたBがCらに対して本件不動産を転貸したことから、Bに対して物上代位により賃料債権に差押さえの申立てをしたところ、原決定がこの申立てを却下したため、Xが執行抗告を申し立てた。この決定は、民法304条所定の債務者には抵当権設定後に抵当不動産を借り受けた賃借人も含まれるとし、原決定を取り消し、本件を原審に差し戻した。

[711] 東京地決平成4．10．16金融法務事情1346．47
《事案の概要》
　A株式会社は、X1の所有建物に抵当権を設定し、X1は、X2株式会社に本件建物を賃貸し、X2は、Aに転貸していたところ、Aが物上代位により転貸料につき差し押さえを申し立て、申立てが認容されたため、X1らが執行抗告を申し立てた。この決定は、原賃貸借契約の一部が抵当権設定登記の前に設定されたものであり、この場合には、転貸料債権に物上代位権を行使することができないとし、原決定を変更し、一部の申立てを認容した。

[712] 東京地判平成5．8．23金融法務事情1369．82
《事案の概要》
　Aは、所有建物をBに賃貸していたところ、金融業を営むY株式会社は、Aに対する債権につき執行証書を有しており、賃料債権を差し押さえた後、銀行業を営むX株式会社が本件建物に根抵当権を設定したが、Xが物上代位により賃料債権を差し押さえたところ、執行裁判所は、X、Yの各届出債権額で按分する配当表を作成し、配当表どおりの配当が実施されたものの、XがYに対して物上代位が優先すると主張し、不当利得の返還を請求した。この判決は、一般債権者による差押えによって物上代位権の行使が妨げられるものではない等とし、請求を認容した。

第4章　借家をめぐる裁判例

[713] 仙台高決平成5.9.8判時1486.84、判タ855.273
《事案の概要》
　A株式会社は、平成2年9月、共同住宅（アパート）を新築し、同年10月、B株式会社のために抵当権を設定したところ、同年12月、Cらに対して本件建物の各部屋を賃貸し、平成5年2月、X株式会社に賃貸期間を3年間として本件建物を賃貸し、Xは、Cらとの間で改めて賃貸借契約（転貸借契約）を締結したが、BがXを物件所有者、Cらを第三債務者として抵当権に基づき賃料債権を差し押さえたため、Xが執行抗告を申し立てた。この決定は、抵当権の目的物件につき賃貸借契約、転貸借契約が存する場合、原賃貸借契約が抵当権設定後になされた限り、抵当権者は物上代位により転貸料を差し押さえることができ、原賃貸借が短期賃貸借であっても同様であるとし、抗告を棄却した（判例評釈として、清原泰司・判評429.47、原敏雄・判タ882.52がある）。

[714] 大阪高決平成5.10.6判時1502.120
《事案の概要》
　X株式会社は、A株式会社から不動産に抵当権の設定を受け、設定登記を経由していたところ、平成4年11月、Xの申立てにより競売開始決定がされたが、BがCに対して本件不動産を賃貸していたことから、Xが抵当権の物上代位権に基づきBのCに対する賃料債権の差押えを申し立てたところ、原決定は、抵当権の物上代位は転貸に及ばないとし、申立てを却下したため、Xが執行抗告を申し立てた。この決定は、競売開始決定が効力を生じた後は、抵当権設定後に抵当不動産を賃借した者が転借人に対して有する転貸料債権に物上代位権を行使することができるとし、原決定を取り消し、本件を原審に差し戻した。

[715] 大阪高決平成5.10.6判時1502.121
《事案の概要》
　X株式会社は、Aから不動産に根抵当権の設定を受け、設定登記を経由していたところ、平成3年12月、Xの申立てにより競売開始決定がされたが、Aから本件不動産を賃借したBが転貸し、BがCらに本件不動産を転貸していたことから、Xが抵当権の物上代位権に基づきBのCらに対する賃料債権の差押えを申し立てたところ、原決定は、差押債権が本件不動産の所有者又はこれに

代わる者としての第三取得者に帰属するものではないとし、申立てを却下したため、Xが執行抗告を申し立てた。この決定は、競売開始決定が効力を生じた後は、抵当権設定後に抵当不動産を賃借した者が転借人に対して有する転貸料債権に物上代位権を行使することができ、債務者とは抵当権の目的物たる不動産上の権利者の意義である等とし、原決定を取り消し、本件を原審に差し戻した。

[716] 東京高判平成6．4．12判時1507．130
《事案の概要》
　前記の［712］東京地判平成5．8．23金融法務事情1369．82の控訴審判決であり、Yが控訴した。この判決は、賃料債権につき差押えがされると、建物の所有者は、賃料債権の処分を禁止され、建物の所有権を対象とする換価権の設定、優先弁済権の設定は禁止されないものの、賃料債権を対象とするものは禁止されるとし、原判決を取り消し、請求を棄却した。

[717] 東京高決平成7．3．17判時1533．51、金融法務事情1438．36
《事案の概要》
　Aは、建物を所有し、17名に本件建物の一部をそれぞれ賃貸していたところ、B株式会社に本件建物の所有権が移転され、X株式会社のために本件建物に根抵当権を設定し（その後、3名に本件建物の一部が賃借された）、平成6年2月、BがY有限会社との間でYを転貸人とする契約を締結し、従前の賃借人らとBとの間でYを転貸人とするため、各賃借人に貸主の地位の譲渡通知がされ、従前の賃借人とYとの間で賃貸借契約が締結されたところ、Xが根抵当権の物上代位権に基づき全賃借人を第三債務者とする転貸料債権を差し押さえたため、Yが執行抗告を申し立てた。この決定は、民法304条所定の債務者には抵当不動産の所有者及び第三取得者のほか、抵当不動産を抵当権設定の後に賃借した者も含まれ、抵当権設定後の賃借人が目的不動産を転貸した場合には、その転貸料債権に対しても抵当権に基づく物上代位権が及ぶとし、抗告を棄却した（判例評釈として、新美育文・判タ901．44、山野目章夫・金融法務事情1460．51がある）。

[718] 大阪高決平成 7．5．29 判時 1551．82、金融法務事情 1434．41、金融・商事判例 994．28
《事案の概要》
　A有限会社は、X株式会社のために店舗・共同住宅に根抵当権を設定していたところ、AがY株式会社に本件建物を賃貸し、YがBらに転貸していたが、Xが根抵当権の物上代位権に基づきYの転貸料債権の差押えを申し立てた。原決定は、申立てを却下したため、Xが執行抗告を申し立てた。この決定は、転貸料債権が抵当権設定者の賃料債権と同視し得るものである場合には別として、民法の規定の文言上、転貸料債権には抵当権の効力は及ばないとし、抗告を棄却した（判例評釈として、徳田和幸・判評 456．38、新美育文・判タ 901．44、吉田光硯・判タ 907．72 がある）。

[719] 大阪高決平成 7．6．20 判時 1551．82、金融法務事情 1434．41、金融・商事判例 984．23
《事案の概要》
　X株式会社は、A株式会社の所有建物につき抵当権を設定していたが、A株式会社がY株式会社に本件建物を賃貸し（AとYの各代表取締役は、同居する夫婦である）、YがBに転貸したこと等から、XがYに対して抵当権の物上代位権に基づき転貸料債権の差押えを申し立てた。原決定が差押えをしたため、Yが執行抗告を申し立てた。この決定は、抵当権の目的物件の所有者と賃借人とが実質的に同一視され、又は、賃料に対する抵当権の行使を妨害する目的でされ、詐害的なものである場合には、物上代位権に基づき転貸料債権を差し押えることができるとし、抗告を棄却した（判例評釈として、徳田和幸・判評 456．38、新美育文・判タ 901．44、吉田光硯・判タ 907．72 がある）。

[720] 大阪高判平成 7．12．6 金融法務事情 1451．41
《事案の概要》
　X株式会社は、A株式会社に融資をし、B、Cが連帯保証をしたが、平成5年11月、BらがD株式会社に賃貸していた将来の賃料債権を担保としてXに譲渡したところ、平成6年10月、Y株式会社が昭和62年2月に本件建物に設定していた抵当権の物上代位権に基づき前記賃料債権を差し押さえたため、

Xが第三者異議の訴えを提起した。第一審判決は請求を棄却したため、Xが控訴した。この判決は、物上代位権の行使が優先するとし、控訴を棄却した。

[721] 東京地判平成8．3．22判タ919．172、金融・商事判例1009．14
《事案の概要》
　X株式会社、Y株式会社は、それぞれA株式会社に対して債権を有し、A所有の不動産につきそれぞれ第1順位の根抵当権を有していたところ、YがAのB株式会社らに対する本件不動産の賃料債権につき物上代位により差し押さえた後、Xが本件不動産の賃料債権につき物上代位により差し押さえ、Bらが賃料を供託し、執行裁判所がX、Yにつきそれぞれ配当金を定めた配当表を作成したため、Yが配当額のうち2年分の遅延損害金を超える部分につき異議を申し立て、執行裁判所がその旨の配当表を作成したため、Xが配当異議の訴えを提起した。この判決は、抵当権に基づく物上代位による賃料債権の差押えについても旧民法374条が適用され、2年分の定期金のみ優先権を有するとし、請求を棄却した。

[722] 東京高決平成8．3．28金融法務事情1486．108
《事案の概要》
　Y株式会社は、A株式会社の所有名義の建物に抵当権を設定し、AのBらに対する本件建物の賃料債権を物上代位により差し押さえたところ、X株式会社が本件建物を実質的に所有しており、差押えが無効であると主張し、差押命令の取消しを求め、執行抗告を申し立てた。この決定は、仮にXが本件建物の所有者であったとしても、AがBらと締結した賃貸借契約が有効である等とし、BらのAに対する賃料支払いにつき何らの法律上の利害関係はない等とし、執行抗告を申し立てる利益を否定し、申立てを却下した。

[723] 東京地判平成8．9．20判時1583．73、判タ944．164、金融法務事情1464．29
《事案の概要》
　A株式会社は、建物の一部をB株式会社らに賃貸していたところ、X合資会社は、Aらとの間に取引極度額を3000万円とする継続的金銭消費貸借契約を

締結し、Aは、担保として平成6年3月分以降の本件建物の賃料債権をXに譲渡し、Bらに内容証明郵便で通知し（平成6年2月にBに到達した）、Y株式会社は、昭和58年12月、Aから本件建物に抵当権の設定を受けていたところ、平成7年4月、抵当権の物上代位権に基づき本件建物の賃料債権に差押えをしたことから、Bが賃料を供託したため、XがYに対して供託金の還付請求権を有することの確認を請求した。この判決は、物上代位権は抵当権設定登記により公示され、対抗力を有している等とし、物上代位権の行使が債権譲渡に優先するとし、請求を棄却した（判例評釈として、清原泰司・判評463. 13、掘龍児・判タ933. 58、杉原麗・判タ945. 56がある）。

[724] 東京高判平成8. 9. 26 判時1589. 54、金融・商事判例1009. 12
《事案の概要》
　前記の[721] 東京地判平成8. 3. 22 判タ919. 172、金融・商事判例1009. 14の控訴審判決であり、Xが控訴した。この判決は、抵当権に基づき物上代位する場合にも、民法374条の適用があり、元本のほか、2年分の利息損害金についてのみ優先権があるとし、控訴を棄却した。

[725] 大阪地判平成8. 10. 31 判タ941. 208、金融法務事情1486. 116、金融・商事判例1030. 31
《事案の概要》
　A株式会社は、B株式会社に建物を賃貸し、Bは、保証金1億5000万円余を賃貸借契約が終了し、建物の明渡しが終了した1か月以内に賃貸借契約上の債務を控除した上で返還する旨の特約で差し入れたが、Y株式会社がBの賃借人の地位を承継し、AとYは、平成5年12月、AがYに保証金1億3729万7700円の返還債務のあることを確認する、Aが手形小切手事故を発生させたときは保証金返還債務の期限の利益を喪失する、保証金返還債権を自働債権として賃料債権と相殺できる旨の合意をしたところ、Aが平成6年8月に小切手事故を発生させたが、平成6年9月、Aが本件建物の所有権をC株式会社に譲渡し、Cが賃貸人の地位を承継したところ、Yが前記相殺をし、その間、X株式会社は、平成4年5月、Aから本件建物に抵当権の設定を受け、その旨の登記を経、平成7年3月、抵当権の物上代位に基づき本件建物の賃料債

権につき差し押さえ、Yに対して取立権に基づき賃料の支払いを請求した。この判決は、抵当権の物上代位に基づく差押えの効力の発生以前に第三債務者が反対債権を有していたとしても、差押えの効力発生前に相殺適状に達し、かつ、相殺の意思表示がなされたのが同時である場合も含め抵当権の物上代位に基づく差押えが相殺に優先するとし、相殺の主張を排斥し、請求を認容した。

[726] 東京高判平成8. 11. 6 判時1591. 32、金融・商事判例1011. 3

《事案の概要》

　X株式会社は、平成2年9月、A株式会社の30億円を融資し、B株式会社がその所有建物（マンション）につき抵当権を設定し、その旨の登記をした後、平成5年1月、Aが倒産し、AがY株式会社に本件建物全体を一括して賃貸し、その旨の登記をしたため、X、Bの間で本件建物の処分をめぐって協議がされたものの、不調に終わり、平成5年4月、Xが本件建物につき不動産競売を申し立て、差押え登記がされたが、Bは、差押さえと同日、平成5年5月以降3年分のYに対する賃料債権月額200万円をC株式会社に譲渡し、公証人による確定日付のあるYの承諾を得たところ、Xは、平成5年5月、抵当権の物上代位権に基づきBのYに対する将来の賃料債権を差し押さえ、平成6年4月、物上代位に基づき本件建物の各テナントに対する転貸料債権を差し押さえる等し、Yに対して平成5年7月から平成6年3月までの賃料の支払いを請求した。第一審判決は、本件では物上代位権の行使が債権譲渡に劣後するとし、債権譲渡がXの債権回収を妨害する目的でされたものであるとし、債権譲渡の主張が権利の濫用であるとし、請求を一部認容したため、X、Yの双方が控訴した。この判決は、抵当不動産につき将来発生する賃料債権が他に譲渡され、対抗要件を備えた後に抵当権者は賃料債権につき物上代位権を行使することができない等とし、Yの控訴に基づき原判決中Yの敗訴部分を取り消し、請求を棄却し、Xの控訴を棄却した（判例評釈として、清原泰司・判評463. 13がある）。

[727] 東京高判平成9．2．20判時1605．49、判タ986．231、金
　　　融法務事情1477．45、金融・商事判例1015．39
《事案の概要》
　前記の［723］東京地判平成8．9．20判時1583．73、判タ944．164、金融法務事情1464．29の控訴審判決であり、Xが控訴した。この判決は、抵当権設定登記が確定日付ある債権譲渡通知よりも先にされた場合には、物上代位による差押えが通知よりも後れていても、抵当権に基づく物上代位は未発生の賃料債権の債権譲渡に優先するとし、控訴を棄却した。

[728] 大阪高決平成9．9．16金融・商事判例1044．15
《事案の概要》
　Aは、所有土地に建物の建築を計画し、Aと子Bが銀行業を営むC株式会社から融資を受け、A、保証委託を受けたX株式会社はCに連帯保証をし、BからAが本件土地に根抵当権を設定し、建物を建築し、Aらが設立したY株式会社に建物の賃貸借契約を締結し、本件建物の完成後、Yに引き渡し、YがCに転貸し、本件建物につきXのために根抵当権を設定したが、Aが死亡する等したことから、Xが根抵当権の物上代位権に基づきYの転貸料債権の差押さえを申し立てたところ、原決定がこの申立てを認容したため、Yが執行抗告を申し立てた。この決定は、特段の事情のない限り、転貸料債権に対する物上代位は認められないとし、本件では特段の事情が認められないとし、原決定を取り消し、申立てを却下した（判例評釈として、堀龍児・判タ988．45、桐ヶ谷敬三・判タ1005．64がある）。

[729] 最二判平成10．1．30民集52巻1号1頁、判時1628号3
　　　頁、判タ964号73頁
《事案の概要》
　A株式会社は、X株式会社のB株式会社に対する貸金債権を担保するため、所有建物に抵当権を設定し、建物をY株式会社を含む複数の賃借人に賃貸していたが、Bが債務の弁済を怠り、Aは、C株式会社に賃料債権を譲渡し、Yは、これを承諾して公正証書が作成されたところ、Xが抵当権による物上代位権に基づき賃料債権を差し押さえた後、Yに対して賃料の支払を請求した。第一審

判決は、物上代位が債権譲渡に優先するとし、請求を一部認容したため、X、Yの双方が控訴した。控訴審判決は、債権譲渡が物上代位に優先するとし、Yの控訴に基づき原判決中Xの請求を認容した部分を取り消し、Xの請求を棄却する等したため、Xが上告した。この判決は、抵当権者は、物上代位の目的債権が譲渡され、第三者に対する対抗要件が備えられた後にも、自ら目的債権を差し押さえて物上代位権を行使することができるとし、原判決の一部を破棄し、Yの控訴を棄却し、その余の上告を棄却した。
〈判決〉は、
「1　民法372条において準用する304条1項だたし書が抵当権者が物上代位権を行使するには払渡し又は引渡しの前に差押えをすることを要するとした趣旨目的は、主として、抵当権の効力が物上代位の目的となる債権にも及ぶことから、右債権の債務者（以下「第三債務者」という。）は、右債権の債権者である抵当不動産の所有者（以下「抵当権設定者」という。）に弁済をしても弁済による目的債権の消滅の効果を抵当権者に対抗できないという不安定な地位に置かれる可能性があるため、差押えを物上代位権行使の要件とし、第三債務者は、差押命令の送達を受ける前には抵当権設定者に弁済をすれば足り、右弁済による目的債権消滅の効果を抵当権者にも対抗することができることにして、二重弁済を強いられる危険から第三債務者を保護するという点にあると解される。
2　右のような民法304条1項の趣旨目的に照らすと、同項の「払渡又ハ引渡」には債権譲渡は含まれず、抵当権者は、物上代位の目的債権が譲渡され第三者に対する対抗要件が備えられた後においても、自ら目的債権を差し押さえて物上代位権を行使することができるものと解するのが相当である。

けだし、（一）　民法304条1項の「払渡又ハ引渡」という言葉は当然には債権譲渡を含むものとは解されないし、物上代位の目的債権が譲渡されたことから必然的に抵当権の効力が右目的債権に及ばなくなるものと解すべき理由もないところ、（二）　物上代位の目的債権が譲渡された後に抵当権者が物上代位権に基づき目的債権の差押えをした場合において、第三債務者は、差押命令の送達を受ける前に債権譲受人に弁済した債権についてはその消滅を抵当権者に対抗することができ、弁済をしていない債権についてはこれを供託すれば免責されるのであるから、抵当権者に目的債権の譲渡後における物上代位権の行使

を認めても第三債務者の利益が害されることとはならず、（三） 抵当権の効力が物上代位の目的債権についても及ぶことは抵当権設定登記により公示されているとみることができ、（四） 対抗要件を備えた債権譲渡が物上代位に優先するものと解するならば、抵当権設定者は、抵当権者からの差押えの前に債権譲渡をすることによって容易に物上代位権の行使を免れることができるが、このことは抵当権者の利益を不当に害するものというべきだからである。

　そして、以上の理は、物上代位による差押えの時点において債権譲渡に係る目的債権の弁済期が到来しているかどうかにかかわりなく、当てはまるものというべきである。」と判示している（判例評釈として、松岡久和・民商120. 6. 116、清原泰司・判評475. 22、大西武士・判タ974. 77、佐賀義史・判タ1005. 62、拙稿・金融法務事情1524. 44、小磯武男・金融法務事情1536. 26、佐久間弘道・金融法務事情1579. 21、秦光昭・金融法務事情1581. 172、高橋眞・ジュリスト1157. 68がある）。

[730] 最三判平成10. 2. 10判時1628. 3、判タ964. 73
《事案の概要》
　Aは、B株式会社から金銭を借り受け、Y株式会社に保証委託をし、A、Cは、共有に係る建物に求償債務を被担保債務として抵当権を設定し、その後、D株式会社に本件建物を賃貸したところ、X株式会社のE株式会社に対する債権を担保するために本件建物の賃料債権を譲渡し、Dに内容証明郵便でその旨を通知したが、Yが抵当権による物上代位権に基づき賃料債権を差し押さえ、Dが賃料を供託したことから、執行裁判所が供託金につき弁済金としてYに交付したため、Xが第三者異議の訴えを提起した。控訴審判決は、物上代位が債権譲渡に優先する等とし、既に執行の終了した賃料債権に係る部分については、利益がないから訴えを却下すべきであり、その後の賃料債権に係る部分については、賃料債権が譲渡され、対抗要件が具備されたからといって、抵当権者が自らこれを差し押さえて物上代位権を行使することができなくなるものではないというべきであるから請求を棄却すべきであるとしたため、Xが上告した。この判決は、物上代位が債権譲渡に優先する等とし、原判決が正当であるとして上告を棄却した。
〈判決〉は、

「民法304条1項ただし書は、先取特権者が物上代位権を行使するには払渡し又は引渡しの前に差押えをすることを要すると規定しているところ、同法372条がこの規定を抵当権に準用した趣旨は、抵当権の効力が物上代位の目的となる債権にも及ぶことから、右債権の債務者（以下「第三債務者」という。）は、その債権者である抵当不動産の所有者（以下「抵当権設定者」という。）に弁済をしても弁済による目的債権の消滅の効果を抵当権者に対抗できないという不安定な地位に置かれるおそれがあるため、差押えを物上代位権行使の要件とすることによって、第三債務者は、差押命令の送達を受ける前には抵当権設定者に弁済をすれば、その効果を抵当権者にも対抗することができることとして、二重弁済を強いられる危険から第三債務者を保護しようとする点にあると解される。

　右のような民法の趣旨目的に照らすと、同法304条1項の「払渡又ハ引渡」には債権譲渡は含まれず、抵当権者は、物上代位の目的債権が他に譲渡され、その譲渡について第三者に対する対抗要件が備えられた後においても、自ら目的債権を差し押さえて物上代位権を行使することができるものと解するのが相当である。

　けだし、（一）　民法304条1項の「払渡又ハ引渡」という用語は当然には債権譲渡を含むものとは解されない上、物上代位の目的債権が譲渡されたことから必然的に抵当権の効力が右目的債権に及ばなくなるものと解すべき理由もないところ、（二）　物上代位の目的債権が譲渡された後に抵当権者が物上代位権に基づき目的債権の差押えをした場合において、第三債務者は、差押命令の送達を受ける前に債権譲受人に弁済した債権についてはその消滅を抵当権者に対抗することができ、弁済をしていない債権についてはこれを供託すれば免責されるのであるから、抵当権者に目的債権の譲渡後に物上代位権の行使を認めても第三債務者の利益が害されることとはならず、（三）　抵当権の効力が物上代位の目的債権についても及ぶことは抵当権設定登記により公示されているとみることができ、（四）　対抗要件を備えた債権譲渡が物上代位に優先するものと解するならば、抵当権設定者は、抵当権者からの差押えの前に債権譲渡をすることによって容易に物上代位権の行使を免れることができることとなり、この結果を容認することは抵当権者の利益を不当に害するものというべきだからである。

そして、以上の理は、物上代位による差押えの時点において債権譲渡に係る目的債権の弁済期が到来しているかどうかにかかわりなく、当てはまるものということができる。」と判示している（判例評釈として、松岡久和・民商120. 6. 116、古積健三郎・別冊法時19. 26、清原泰司・判評475. 22、大西武士・判タ974. 77、佐賀義史・判タ1005. 62、小磯武男・金融法務事情1536. 26がある）。

[731] 東京地判平成10. 2. 27判タ979. 166
《事案の概要》
　銀行業を営むX株式会社は、Y1株式会社に融資をし、Y1所有のビルに根抵当権を設定したところ、Y1がビルをY3株式会社ないしY6株式会社にビルの一部をそれぞれ賃貸し、Y2信用組合に賃料債権を包括的に譲渡し、Y3らが譲渡を承諾したが、Xが根抵当権の物上代位に基づきY1の各賃料債権を差し押さえたところ、Y3らが数年間にわたり従来同様に譲受人であるY2に賃料の支払いを継続し、その後供託したため、XがY1、Y2に対して供託金の還付請求権を有することの確認、Y3らに対して賃料の支払いを請求した。この判決は、抵当権者は、物上代位の目的債権である賃料債権が譲渡され、対抗要件が備えられた後においても、物上代位権を行使することができ、賃料債権の譲渡が物上代位権者による差押えに優先すると信じて譲受人に賃料を支払った賃借人に過失があるとし、請求を認容した。

[732] 大阪高決平成10. 3. 12金融法務事情1526. 56
《事案の概要》
　X信用金庫は、Aに融資をし、A所有建物に根抵当権を設定していたところ、本件建物につき不動産競売を申し立てたが、本件建物がY株式会社に賃貸され、B株式会社に転貸されていたため、Xが根抵当権の物上代位権に基づきYのBに対する転貸料債権の差押えを申し立てた。原審決定が申立てを認容したため、Yが執行抗告を申し立てた。この決定は、実質的には本件建物の所有者と転借人間で直接に賃貸借契約が成立しているものと評価できるとし、抗告を棄却した（判例評釈として、堀龍児・判タ988. 45、桐ヶ谷敬三・判タ1005. 64がある）。

[733] 東京地判平成 10. 3. 19 判時 1649. 132
《事案の概要》
　Aは、昭和 59 年、所有建物の一部をBに賃貸していたところ、昭和 63 年 2 月、X株式会社は、Aに金銭を貸し付け、本件建物に抵当権を設定し、Aは、本件建物の一部をそれぞれC、Y株式会社に賃貸し、YにB、Cに対する賃料債権を譲渡した後、Xが抵当権の物上代位権に基づきAのB、C、Yに対する賃料債権を差し押さえ、Yに対してB、Cの関係では不当利得の返還、Yの関係では取立てを請求した。この判決は、Bに対する賃料債権の譲渡を否定し、Cに対する賃料債権の譲渡は物上代位が優先するとし、Yの関係では他の賃料債権との相殺予約は物上代位が優先するとし、請求を認容した。

[734] 最一判平成 10. 3. 26 民集 52. 2. 483、判時 1638. 74、
　　　判タ 973. 134
《事案の概要》
　前記の [716] 東京高判平成 6. 4. 12 判時 1507. 130 の上告審判決であり、Xが上告した。この判決は、債権につき一般債権者の差押えと抵当権者の物上代位権に基づく差押えが競合する場合には、両者の優劣は、一般債権者の申立てによる差押命令の第三債務者への送達と抵当権設定登記の先後によって決すべきであるとし、上告を棄却した。
〈判決〉は、
「一般債権者による債権の差押えの処分禁止効は差押命令の第三債務者への送達によって生ずるものであり、他方、抵当権者が抵当権を第三者に対抗するには抵当権設定登記を経由することが必要であるから、債権について一般債権者の差押えと抵当権者の物上代位権に基づく差押えが競合した場合には、両者の優劣は一般債権者の申立てによる差押命令の第三債務者への送達と抵当権設定登記の先後によって決せられ、右の差押命令の第三債務者への送達が抵当権者の抵当権設定登記より先であれば、抵当権者は配当を受けることができないと解すべきである。」と判示している（判例評釈として、直井義典・法協 120. 6. 203、天野勝介・民商 120. 4. 5. 273、徳田和幸・判評 480. 20、林圭介・判タ 1005. 60、山田誠一・金融法務事情 1556. 45、田高寛貴・ジュリスト

1149. 122 がある）。

[735] 最一判平成 10. 3. 26 民集 52. 2. 513、判時 1638. 79、判タ 972. 126

《事案の概要》
　前記の [734] 最一判平成 10. 3. 26 民集 52. 2. 483、判時 1638. 74、判タ 973. 134 と同一の事実関係の下の事件であり、Aは、所有建物をBに賃貸していたところ、金融業を営むX株式会社は、Aに対する債権につき執行証書を有しており、賃料債権を差し押さえた後、銀行業を営むY株式会社が本件建物に根抵当権を設定したが、Xが物上代位により賃料債権を差し押さえたところ、執行裁判所は、X、Yの各届出債権額で按分する配当表を作成し、配当表どおりの配当が実施されたものの、XがYに対して自己に全額配当すべきであったと主張し、不当利得の返還を請求した。第一審判決は、配当期日に配当異議の申出をしなかった一般債権者は配当を受けた他の債権者に対して不当利得返還請求をすることができないとし、請求を棄却したため、Xが控訴した。控訴審判決は、原判決と同様に判断し、控訴を棄却したため、Xが上告した。この判決は、原判決が正当であるとし、上告を棄却した。
〈判決〉は、
「配当期日において配当異議の申出をしなかった一般債権者は、配当を受けた他の債権者に対して、その者が配当を受けたことによって自己が配当を受けることができなかった額に相当する金員について不当利得返還請求をすることができないものと解するのが相当である。けだし、ある者が不当利得返還請求権を有するというためにはその者に民法 703 条にいう損失が生じたことが必要であるが、一般債権者は、債務者の一般財産から債権の満足を受けることができる地位を有するにとどまり、特定の執行の目的物について優先弁済を受けるべき実体的権利を有するものではなく、他の債権者が配当を受けたために自己が配当を受けることができなかったというだけでは右の損失が生じたということができないからである。」と判示している（判例評釈として、滝沢聿代・民商 120. 1. 133、手塚宣夫・判評 479. 41、大澤晃・判タ 1005. 98、福永有利・金融法務事情 1556. 63、野村秀敏・ジュリスト 1157. 131 がある）。

[736] 東京地判平成 10．4．15 金融法務事情 1537．62、金融・商事判例 1055．28

《事案の概要》
　X信用組合は、平成5年、A所有の建物に根抵当権を設定したが、建物の内装工事が未了であったため、平成6年、AがY有限会社に内装工事等を請け負わせ、工事代金の支払のため、Yが建物をアパートとして賃貸し、賃料収入をもって充当する旨の合意をし、その後、Aは、B株式会社に建物の所有権移転登記をしていたところ、平成9年、Xは、Aが被担保債務の弁済を怠ったため、根抵当権の物上代位権に基づき建物の賃借人に対する賃料債権を差し押さえたが、賃借人らが賃貸人がYであることを理由に支払を拒絶したため、XがYに対して受領済みの賃料につき不当利得として返還等を請求した。この判決は、賃借権限の設定の場合にも物上代位が可能であるとしたが、抵当権者の差押さえの後にされた賃料の受領であることの立証がない等とし、請求を棄却した。

[737] 東京地判平成 10．6．11 金融法務事情 1542．65

《事案の概要》
　Y信用金庫は、A株式会社に融資をし、A所有の建物に根抵当権を設定していたところ、X株式会社がAに金銭を貸し付け、担保としてAが本件建物につき有する将来の賃料債権の譲渡を受け、その後、Yが根抵当権の物上代位権に基づき本件建物につきAの有する賃料債権を差し押さえたため、XがYに対して第三者異議の訴えを提起した。この判決は、賃料債権の譲渡が物上代位権の行使に対抗することができないとし、請求を棄却した。

[738] 東京地判平成 10．6．25 金融法務事情 1542．65、金融・商事判例 1055．54

《事案の概要》
　Y有限会社は、A有限会社から建物を賃借し、保証金を預託したところ、X株式会社がAに金銭を貸し付け、本件建物に抵当権を設定し、その後、抵当権の物上代位権に基づき本件建物の賃料債権を差し押さえ、Yに対して将来債権である賃料債権の取立てを請求した（Yは、保証金返還請求権を自働債権とす

る相殺を主張した)。この判決は、差押え後に取得した債権でない限り、相殺適状に達すると相殺が可能であり、将来履行期が到来する賃料の支払いをあらかじめ請求する必要はない等とし、訴えを却下した(判例評釈として、荒木新五・判タ995. 41、平井一雄・金融・商事判例 1066. 54 がある)。

[739] 東京地判平成 10. 7. 30 判時 1677. 78、金融・商事判例 1055. 20

《事案の概要》

X株式会社は、A株式会社の所有に係る建物に根抵当権を設定していたところ、Aが建物をY1株式会社に賃貸し、Y2に賃料債権を譲渡した後、Xが物上代位によりAのY1に対する賃料債権を差し押さえたものの、Y1が賃料を供託したため(Y1は、その後、Aに対して建物を明け渡した)、XがY1、Y2に対して供託に係る賃料債権がAに帰属することの確認、Y1に対して未払いの賃料の支払い、Y2に対して受領済みの賃料につき不当利得の返還を請求した。この判決は、賃料債権の譲渡後であっても賃料債権につき物上代位権を行使することができ、Y1が物上代位による差押えの後には保証金返還請求権と賃料債務の相殺ができないとし、不当利得の成立も肯定し、請求を認容した(判例評釈として、荒木新五・判タ995. 41 がある)。

[740] 京都地判平成 11. 2. 15 金融・商事判例 1091. 10

《事案の概要》

銀行業を営むX株式会社は、A株式会社に対して貸金債権を有し、A所有の建物に根抵当権を設定していたところ、Aが返済を遅滞したことから、根抵当権の物上代位権に基づきAがY株式会社に本件建物を賃貸したこと(保証金を交付した)による賃料債権を差し押さえ、Yに対して賃料の取立てを請求した。この判決は、保証金の返還請求権による相殺合意は物上代位に劣後するとし、請求を認容した。

[741] 東京地判平成 11. 3. 23 判タ 1049. 252

《事案の概要》

A株式会社は、所有する建物につきB株式会社に対する貸金債務の担保として根抵当権を設定したが、Aは、その後、建物の一部をYに賃貸し(保証金

1863万2000円を預託した)、賃料債権をC株式会社に譲渡し、Yがこれを承諾していたところ、Bが物上代位権に基づき賃料債権を差し押さえたものの、Yがその後もCに賃料の支払いを続けており、支払いの最後の2か月分は債権者不確知を理由に供託したところ、X株式会社がBから根抵当権、貸金債権の譲渡を受け、Aに対して債権譲渡の通知をし、根抵当権移転の付記登記を経た後、Yに対して賃料の取立てを請求した。この判決は、Bの物上代位権に基づく賃料の差押えの後、被担保債権の譲渡、根抵当権の譲渡によって差押債権者の地位を承継するとし、Xの取立権を認め、YがCへの賃料の支払いをしたことには過失があるとし、債権の準占有者に対する弁済を否定し、保証金返還請求権との相殺の主張を排斥し、請求を認容した。

[742] 東京地判平成11. 3. 26 判時1692. 88
《事案の概要》

　X株式会社は、A株式会社の所有する不動産に根抵当権を設定していたところ、Y県がAが本件不動産の賃借人であるB株式会社に対する賃料債権につき租税債権に基づき国税徴収法による滞納処分として差し押さえ、賃料債権の取立て・配当を受けた後（法定納期限は、根抵当権の設定後であった）、Xが根抵当権の物上代位権に基づき賃料債権を差し押さえたが、執行裁判所の通知が6か月間も遅れ、その後も取立て・配当が一部行われたため、Yに対して不当利得として賃料の返還を請求した。この判決は、租税債権の法定納期限に先立ち設定された抵当権者の物上代位権は、その前にされた滞納処分による賃料の差押えに優先するとし、請求を認容した。

[743] 東京高判平成11. 3. 31 金融・商事判例1064. 5
《事案の概要》

　前記の [736] 東京地判平成10. 4. 15 金融法務事情1537. 62、金融・商事判例1055. 28 の控訴審判決であり、Xが控訴した。この判決は、抵当不動産の所有者から第三者に賃貸権限が設定され、第三者が不動産を賃貸した場合であっても、抵当権者は物上代位権に基づき賃料債権を差し押さえることができるとしたものの、差押命令の送達前に支払期が到来した賃料の弁済はXに対抗することができ、その後の賃料はXが別途賃借人に取り立てることができる

等とし、控訴を棄却した。

[744] 東京高決平成11. 4. 19 判時1691. 74、判タ1057. 262、
金融・商事判例1073. 35
《事案の概要》
　X株式会社は、A所有の建物につき根抵当権を設定したが、その後、Yが本件建物を賃借し、さらにBに本件建物を転貸していたところ、XがYが転借人に対する転貸料再建につき根抵当権に基づく物上代位による債権差押さえ命令を申し立て、これが認容されたため、Yが執行抗告を申し立てた。この決定は、転貸料にも物上代位が及ぶとし、抗告を棄却した（判例評釈として、清原泰司・金融・商事判例1077. 53がある）。

[745] 東京地判平成11. 5. 10 金融法務事情1557. 78、金融・商事判例1079. 50
《事案の概要》
　信託銀行業を営むX株式会社は、A株式会社に対して貸金債権を有し、A所有の建物に根抵当権を設定していたところ、AがB株式会社に本件建物を賃貸し、Bは、Y社団法人に本件建物の一部を転貸し、Yは、保証金を交付したが、Xは、根抵当権の物上代位に基づきBがYに対して有する転貸料債権を差し押さえ、Yに対して取立権に基づき転貸料の支払を請求したものであり、Yが保証金返還債権と賃料債権との相殺、相殺の予約に基づく相殺を主張した。この判決は、物上代位による差押えの後にされた相殺をもって抵当権者に対抗することはできないとし、Yの相殺が対抗できないとし、相殺の予約を認める証拠を欠くとし、請求を認容した。

[746] 大阪高決平成11. 5. 19 金融・商事判例1075. 24
《事案の概要》
　A株式会社は、B株式会社に債権を有し、B所有に係る建物に抵当権を設定していたところ、Aは、C株式会社に抵当権付債権を譲渡し、抵当権移転の付記登記を経由し、Cは、X株式会社に抵当権付債権を譲渡し、抵当権移転の付記登記を経由したが、Bが本件建物をY有限会社に賃貸し、YがD株式会社に本件建物を転貸借したところ、Xが物上代位権に基づきYのDに対する転貸料

債権につき差押えを申し立てた。原決定は、申立てを認容したため、Yが執行抗告を申し立てた。この決定は、抵当不動産の賃貸人と転貸人が実質的に同視することができる場合には、転貸料にも物上代位権が及ぶとし、抗告を棄却した。

[747] 東京高決平成11．7．19 金融・商事判例1074．3
《事案の概要》
　X株式会社は、A株式会社に対して貸金債権を有し、A所有の建物に抵当権を有しており、物上代位権に基づきAの本件建物の賃借人であるBに対する賃料債権を差し押さえたところ、Aにつき会社整理の申立てがされ、賃料の差押執行手続の中止命令が命じられたため、Xが中止命令の取消しを求める執行抗告を申し立てた。この決定は、会社整理手続開始前においても保全処分として担保権の実行手続の中止ができると解するのが相当であるとし、抵当権による物上代位に基づく賃料債権の差押執行手続にも保全処分の必要性が認められる等とし、抗告を棄却した。

[748] 大阪高判平成11．7．23 金融・商事判例1091．8
《事案の概要》
　前記の[740]京都地判平成11．2．15 金融・商事判例1091．10の控訴審判決であり、Yが控訴した。この判決は、根抵当権設定登記により抵当権に基づく物上代位が公示されており、その後に賃貸借契約が締結され、賃貸人と賃借人とがした将来賃料と保証金返還請求権との相殺合意は根抵当権に劣後する等とし、控訴を棄却した。

[749] 東京地判平成12．3．27 金融・商事判例1097．36
《事案の概要》
　X株式会社は、Aに対する債権を担保するため、A所有の建物に根抵当権を設定していたところ、本件建物（駐車場を含む）を使用するY株式会社に対して有するAの賃料債権、B株式会社がYに対して有する転貸料債権をそれぞれ物上代位権を行使して差し押さえたが、最初の差押さえの後、Yは、本件建物を明け渡すこととし、解約の合意をし、解約時までの賃料は敷金返還請求権と対当額で相殺する旨の合意をしたところ（駐車場の賃料については合意の対象

外であった)、XがYに対して主位的にAの賃料債権の取立権に基づき賃料の支払いを、予備的にBの転貸料債権の取立権に基づき転貸料の支払いを請求した。この判決は、Yとの賃貸借の賃貸人がBであるとし、主位的請求を棄却し、相殺合意が物上代位に優先するとし、駐車場の賃料分の支払請求を認容し、その余の請求を棄却した。

[750] 東京高判平成 12．3．28 金融法務事情 1557．78、金融・商事判例 1091．3

《事案の概要》

前記の［745］東京地判平成 11．5．10 金融法務事情 1557．78、金融・商事判例 1079．50 の控訴審判決であり、Yが控訴した。この判決は、敷金は建物明渡時に賃借人の債務と当然差引計算され、抵当権者が賃料を取り立てる前に賃貸借が終了し、明渡しが終了したときは、賃料は敷金から控除され、差押えに係る債権は消滅するから、賃料の取立請求は理由がない等とし、原判決を取り消し、請求を棄却した。

[751] 最二決平成 12．4．14 民集 54．4．1552、判時 1714．61、判タ 1035．100、金融法務事情 1585．30、金融・商事判例 1090．32・1096．49

《事案の概要》

前記の［744］東京高決平成 11．4．19 判時 1691．74、判タ 1057．262、金融・商事判例 1073．35 の許可抗告審決定であり、Yが許可抗告を申し立てた。この決定は、抵当権者は、抵当不動産の賃借人を所有者と同視することを相当とする場合を除き、賃借人が取得すべき転貸借賃料債権につき物上代位権を行使することができないとし、原決定を破棄し、本件を東京高裁に差し戻した。

〈決定〉は、

「民法 372 条によって抵当権に準用される同法 304 条 1 項に規定する「債務者」には、原則として、抵当不動産の賃借人(転貸人)は含まれないものと解すべきである。けだし、所有者は被担保債権の履行について抵当不動産をもって物的責任を負担するものであるのに対し、抵当不動産の賃借人は、このような責任を負担するものではなく、自己に属する債権を被担保債権の弁済に供さ

れるべき立場にはないからである。同項の文言に照らしても、これを「債務者」に含めることはできない。また、転貸賃料債権を物上代位の目的とすることができるとすると、正常な取引により成立した抵当不動産の転貸借関係における賃借人（転貸人）の利益を不当に害することにもなる。もっとも、所有者の取得すべき賃料を減少させ、又は抵当権の行使を妨げるために、法人格を濫用し、又は賃貸借を仮装した上で、転貸借関係を作出したものであるなど、抵当不動産の賃借人を所有者と同視することを相当とする場合には、その賃借人が取得すべき転貸賃料債権に対して抵当権に基づく物上代位権を行使することを許すべきものである。

　以上のとおり、抵当権者は、抵当不動産の賃借人を所有者と同視することを相当とする場合を除き、右賃借人が取得すべき転貸賃料債権について物上代位権を行使することができないと解すべきであり、これと異なる原審の判断には、原決定に影響を及ぼすことが明らかな法令の違反がある。」と判示している（判例評釈として、内田貴・法協 119. 6. 199、松岡久和・民商 124. 2. 64、荒木新五・判タ 1039. 47、大西武士・判タ 1042. 89、冨田一彦・判タ 1065. 60、安永正昭・金融法務事情 1620. 29、平井一雄・金融・商事判例 1102. 55、鎌田薫・ジュリスト 1202. 59 がある）。

［752］東京地判平成 12. 5. 6 判タ 1054. 200
《事案の概要》
　Ｘ株式会社は、Ａ株式会社の所有建物に根抵当権を設定したところ、その後、ＡがＹ株式会社に建物を賃貸し、ＹがＡに対して有する債権と賃料債権とを将来に向かって相殺する旨の予約を締結していたが、Ｘが根抵当権による物上代位権に基づき賃料債権を差し押さえ、Ｙに対して賃料の支払を請求した。この判決は、物上代位権の行使が相殺予約に優先するとし、請求を認容した。

［753］東京地判平成 12. 5. 10 判タ 1054. 202、金融法務事情 1596. 88、金融・商事判例 1113. 23
《事案の概要》
　銀行業を営むＸ株式会社は、Ａ株式会社の所有建物に根抵当権を設定したところ、その後、ＡがＹ株式会社に建物を賃貸し、建物に差押えを受けたときは、

敷金返還請求権と賃料債権を相殺する旨の予約を締結したが、Xが根抵当権による物上代位権に基づき賃料債権を差し押さえ、Yに対して賃料の支払を請求した。この判決は、物上代位権の行使が相殺予約に優先するとし、請求を認容した。

[754] 福岡高判平成 12．7．18 金融法務事情 1604．32
《事案の概要》
　A株式会社は、B宗教法人の所有建物に抵当権を設定したところ、X株式会社は、Aから債権譲渡を受け、抵当権の移転を受けてその旨の登記を経由したが、その前、Yは、Bとの間で、本件建物につき敷金 1000 万円、保証金 3000 万円を交付して賃貸借契約を締結していたところ、Xが抵当権による物上代位権に基づき本件建物の賃料を差し押さえ（その後、Yは本件建物を明け渡した）、Yに対して取立権に基づき、賃料の支払いを請求した。第一審判決が請求を一部認容したため、Yが控訴し、Xが附帯控訴した。この判決は、物上代位が保証金返還請求権との相殺に優先するとし、控訴を棄却し、附帯控訴に基づき拡張に係る請求を認容した。

[755] 東京高決平成 12．9．7 金融法務事情 1594．99
《事案の概要》
　A、B夫婦は、土地、建物を所有していたところ、Aが銀行業を営むB株式会社から融資を受けるに際し、X株式会社との間で保証委託契約を締結し、本件建物に求償債権を被担保債権とする抵当権を設定し、その旨の登記を経由したが、その後、Aが融資の返済を怠ったため、Xが代位弁済をしたところ、その頃、Cが本件建物を買い受け、Yに転貸自由の約定で賃貸し、YがDらに転貸したことから、XがYの転貸料債権を抵当権による物上代位権に基づき差し押さえたため、Xが差押命令に対して執行抗告を申し立てた。この決定は、賃貸借契約を仮装する等した事情の下では、転貸料債権に対する物上代位権の行使が許されるとし、抗告を棄却した。

[756] 東京高判平成 12．10．17 金融・商事判例 1113．19
《事案の概要》
　前記の [753] 東京地判平成 12．5．10 判タ 1054．202、金融法務事情

1596. 88、金融・商事判例 1113. 23 の控訴審判決であり、Yが控訴した。この判決は、差押えの時点では敷金返還請求権は条件未成就であるから、民法511条により、Yの相殺はXに対抗することができないとし、控訴を棄却した。

[757] 最一判平成 14. 3. 28 民集 56. 3. 689、判時 1783. 42、金融法務事情 1646. 35、判タ 1089. 127、金融・商事判例 1144. 3

《事案の概要》

前記の [750] 東京高判平成 12. 3. 28 金融法務事情 1557. 78、金融・商事判例 1091. 3 の上告審判決であり、Xが上告受理を申し立てた。この判決は、敷金からの控除による未払賃料等の消滅は敷金契約から当然に発生する効果であって、相殺のように意思表示によるものではない等とし、敷金が授受された賃貸借契約に係る賃料債権につき抵当権者が物上代位権を行使してこれを差し押さえた場合において、当該賃貸借契約が終了し、目的物が明け渡されたときは、賃料債権は敷金の充当によりその限度で消滅するとし、上告を棄却した。

〈判決〉は、

「本件は、抵当不動産について敷金契約の付随する賃貸借契約が締結されたところ、抵当権者が物上代位権を行使して賃料債権を差し押さえ、取立権に基づきその支払等を求めた事案であり、賃貸借契約が終了し、目的物が明け渡された場合における敷金の賃料への充当は、上記物上代位権の行使によって妨げられるか否かが争点となっている。

賃貸借契約における敷金契約は、授受された敷金をもって、賃料債権、賃貸借終了後の目的物の明渡しまでに生ずる賃料相当の損害金債権、その他賃貸借契約により賃貸人が賃借人に対して取得することとなるべき一切の債権を担保することを目的とする賃貸借契約に付随する契約であり、敷金を交付した者の有する敷金返還請求権は、目的物の返還時において、上記の被担保債権を控除し、なお残額があることを条件として、残額につき発生することになる（最高裁昭和46年（オ）第357号同48年2月2日第二小法廷判決・民集27巻1号80頁参照）。これを賃料債権等の面からみれば、目的物の返還時に残存する賃料債権等は敷金が存在する限度において敷金の充当により当然に消滅する

ことになる。このような敷金の充当による未払賃料等の消滅は、敷金契約から発生する効果であって、相殺のように当事者の意思表示を必要とするものではないから、民法511条によって上記当然消滅の効果が妨げられないことは明らかである。

　また、抵当権者は、物上代位権を行使して賃料債権を差し押さえる前は、原則として抵当不動産の用益関係に介入できないのであるから、抵当不動産の所有者等は、賃貸借契約に付随する契約として敷金契約を締結するか否かを自由に決定することができる。したがって、敷金契約が締結された場合は、賃料債権は敷金の充当を予定した債権になり、このことを抵当権者に主張することができるというべきである。

　以上によれば、敷金が授受された賃貸借契約に係る賃料債権につき抵当権者が物上代位権を行使してこれを差し押さえた場合においても、当該賃貸借契約が終了し、目的物が明け渡されたときは、賃料債権は、敷金の充当によりその限度で消滅するというべきであり、これと同旨の見解に基づき、上告人の請求を棄却した原審の判断は、正当として是認することができ、原判決に所論の違法はない。」と判示している（判例評釈として、生熊長幸・民商130．3．142、中山知己・判評528．16、荒木新五・判タ1099．81、吉岡伸一・金融法務事情1669．40、安永正昭・金融法務事情1684．37、道垣内宏人・ジュリスト1246．65がある）。

[758] 東京高決平成21．7．8 判タ1315．279
《事案の概要》
　Y株式会社は、A株式会社から区分所有建物を賃借し、他に賃貸していたところ、区分所有建物に根抵当権を設定していたX株式会社が物上代位権の行使として、Yの転借人に対する転貸料債権の差押えを申し立てた。原決定が差押えの申立てを認容したため、Yが執行抗告を申し立てた。この決定は、賃貸借契約が仮装である等とし、抗告を棄却した。

No, 22

短期賃貸借と抵当権妨害

　短期賃貸借は、民法 602 条が定める要件の賃貸借のことであるが、建物の賃貸借の場合には、賃貸期間が 3 年以下のものがこれに当たる。このこと自体は何ら問題ではないが、現在は改正されている旧民法 395 条との関係で多数の裁判例が登場し、債権の管理・回収の実務、訴訟実務等で盛んに議論が繰り返されてきたところである。

　短期賃貸借については、抵当権の登記後に登記したものであっても、これは抵当権者に対抗することができるのが原則であり、例外的に、その賃貸借が抵当権者に損害を及ぼすときは、裁判所は抵当権者の請求によりその解除を命ずることができるとの短期賃貸借の保護の制度が設けられていたのである（旧民法 395 条）。旧民法 395 条の規定の解釈、運用については比較的古くから判例、裁判例が公表されてきたが、バブル経済の崩壊後、抵当権妨害に短期賃貸借が占有に法的な根拠を与えるものとして妨害者によって活用されたため、短期賃貸借の保護、さらに短期賃貸借の制度が批判され始め、裁判所の旧民法 395 条の解釈、執行実務に対する批判が続けられたものである。裁判所の執行実務が旧民法 395 条の解釈、適用に一時期及び腰であったことは否定できないが、旧民法 395 条を適切に解釈、運用していれば、執行妨害にさほど活用される事態が生じなかったものということができる。

　民法 395 条は、現在は、従来の規定が全面改正され、短期賃貸借を前提としない抵当建物の使用者の引渡しの猶予の制度に模様替えされている。本項で紹介するのは、改正前の民法 395 条に関する判例、裁判例であり、現在ではその適用の余地がないものであるが、平成年代の借地借家の法律問題を彩るものとして公表の年月日の順に紹介しておきたい。

[759] 最二判平成 3．3．22 民集 45．3．268、判時 1379．62、判タ 754．70、金融法務事情 1287．4、金融・商事判例 867．3

《事案の概要》

　Aは、昭和 59 年 7 月、B株式会社から融資を受け、所有する土地、建物に抵当権を設定し、X株式会社は連帯保証をし、昭和 60 年 4 月、Cに本件土地、建物を期間 3 年で賃貸し（賃借権設定仮登記を経由した）、同年 8 月、Dに同様に賃貸した後、C、Dは、同年 12 月、Y 1 に本件土地、建物を期間 3 年で転貸し（付記登記を経由した）、Y 1 は、昭和 61 年 3 月、本件土地、建物をY 2 株式会社に期間 3 年で転貸し（付記登記を経由した）、本件建物はY 2 が占有しているところ、Xは、Bに保証人として残債務を弁済し、抵当権移転の付記登記を経由し、抵当権に基づき不動産競売の申立てをし、Y 1 らに対して短期賃貸借契約を解除を請求するとともに、解除を命ずる判決の確定を条件として抵当権に基づく妨害排除として本件建物の明渡し等を請求した。第一審判決（大阪地判昭和 63．8．9 判タ 693．135）は、抵当権に基づく妨害排除請求を認め、請求を認容したため、Y 1 らが控訴した。控訴審判決（大阪高判平成元．3．29 判タ 703．164）は抵当権設定者の所有権に基づく返還請求権の代位行使を認め、控訴を棄却したため、Y 1 らが上告した。この判決は、抵当権者が短期賃借権に基づく占有を排除することはできないとし、Y 2 の上告に基づき原判決中Y 2 の敗訴部分を破棄し、第一審判決を取り消し、請求を棄却し、Y 1 の上告を却下した。

〈判決〉は、

「1. 抵当権は、設定者が占有を移さないで債権の担保に供した不動産につき、他の債権者に優先して自己の債権の弁済を受ける担保権であって、抵当不動産を占有する権原を包含するものではなく、抵当不動産の占有はその所有者にゆだねられているのである。そして、その所有者が自ら占有し又は第三者に賃貸するなどして抵当不動産を占有している場合のみならず、第三者が何ら権原なくして抵当不動産を占有している場合においても、抵当権者は、抵当不動産の占有関係について干渉し得る余地はないのであって、第三者が抵当不動産を権原により占有し又は不法に占有しているというだけでは、抵当権が侵害される

わけではない。

2. いわゆる短期賃貸借が抵当権者に損害を及ぼすものとして民法395条ただし書の規定により解除された場合も、右と同様に解すべきものであって、抵当権者は、短期賃貸借ないしこれを基礎とする転貸借に基づき抵当不動産を占有する賃借人ないし転借人（以下「賃借人等」という。）に対し、当該不動産の明渡しを求め得るものではないと解するのが相当である。けだし、民法395条ただし書による短期賃貸借の解除は、その短期賃貸借の内容（賃料の額又は前払の有無、敷金又は保証金の有無、その額等）により、これを抵当権者に対抗し得るものとすれば、抵当権者に損害を及ぼすこととなる場合に認められるのであって、短期賃貸借に基づく抵当不動産の占有それ自体が抵当不動産の担保価値を減少させ、抵当権者に損害を及ぼすものとして認められているものではなく（もし、そうだとすれば、そもそも短期賃貸借すべてが解除し得るものとなり、短期賃貸借の制度そのものを否定することとなる。）、短期賃貸借の解除の効力は、解除判決によって、以後、賃借人等の抵当不動産の占有権原を抵当権者に対する関係のみならず、設定者に対する関係においても消滅させるものであるが、同条ただし書の趣旨は、右にとどまり、更に進んで、抵当不動産の占有関係について干渉する権原を有しない抵当権者に対し、賃借人等の占有を排除し得る権原を付与するものではないからである。そのことは、抵当権者に対抗し得ない、民法602条に定められた期間を超える賃貸借（抵当権者の解除権が認められなくても、当然抵当権者に対抗し得ず、抵当権の実行により消滅する賃借権）に基づき抵当不動産を占有する賃借人等又は不法占有者に対し、抵当権者にその占有を排除し得る権原が付与されなくても、その抵当権の実行の場合の抵当不動産の買受人が、民事執行法83条（188条により準用される場合を含む。）による引渡命令又は訴えによる判決に基づき、その占有を排除することができることによって、結局抵当不動産の担保価値の保存、したがって抵当権者の保護が図られているものと観念されていることと対比しても、見やすいところである。以上、要するに、民法395条ただし書の規定は、本来抵当権者に対抗し得る短期賃貸借で抵当権者に損害を及ぼすものを解除することによって抵当権者に対抗し得ない賃貸借ないしは不法占有と同様の占有権原のないものとすることに尽きるのであって、それ以上に、抵当権者に賃借人等の占有を排除する権原を付与するものではなく（もし、抵当権者に短期賃貸借

の解除により占有排除の権原が認められるのであれば、均衡上抵当権者に本来対抗し得ない賃貸借又は不法占有の場合にも同様の権原が認められても然るべきであるが、その認め得ないことはいうまでもない。)、前記の引渡命令又は訴えによる判決に基づく占有の排除を可能ならしめるためのものにとどまるのである。

3. したがって、抵当権者は、短期賃貸借が解除された後、賃借人等が抵当不動産の占有を継続していても、抵当権に基づく妨害排除請求として、その占有の排除を求め得るものでないことはもちろん、賃借人等の占有それ自体が抵当不動産の担保価値を減少させるものでない以上、抵当権者が、これによって担保価値が減少するものとしてその被担保債権を保全するため、債務者たる所有者の所有権に基づく返還請求権を代位行使して、その明渡しを求めることも、その前提を欠くのであって、これを是認することができない。」と判示している（判例評釈として、小杉茂雄・民商 105. 4. 81、安永正昭・判評 395. 24、円谷峻・判タ 765. 70、加登屋健治・判タ 790. 38、佐久間弘道・金融法務事情 1297. 11、田中康久・金融法務事情 1298. 8、片山直也・ジュリスト 989. 97、石田喜久夫・ジュリスト 1002. 64 がある)。

[760] 東京地判平成 4. 10. 13 金融・商事判例 936. 32
《事案の概要》
　Y1 株式会社は、X 株式会社から融資を受け、所有建物に抵当権を設定したところ、Y1 が Y2 に本件建物を前払賃料 3500 万円、保証金 700 万円、自由譲渡転貸の特約で賃貸し、賃借権設定仮登記を経たため、X が Y1 らに対して賃貸借契約の解除、仮登記の抹消登記手続を請求した。この判決は、短期賃貸借が債権担保、回収を目的とし、濫用にわたるものであり、抵当権者、買受人に対抗することができないものである場合には、民法 395 条但書に基づく解除請求をすることができないとし、請求を棄却した（判例評釈として、松本恒雄・判タ 846. 74 がある)。

[761] 東京地判平成 5. 4. 28 金融・商事判例 934. 12
《事案の概要》
　X 株式会社は、平成 2 年 9 月、Y1 株式会社に 14 億円を貸し付け、Y1 の

所有する建物に根抵当権を設定していたが、Xが貸金債務の履行を遅滞したことから、Y1が不動産競売手続を申し立てたところ、その前にY1がY2株式会社に本件建物を賃貸期間を2年間として賃貸していたため、XがY1、Y2に対して賃貸借契約の解除を請求した。この判決は、差押さえ後の更新によりXに対抗することができないものであるとしたものの、解除請求することができる訴えの利益を認めるべきであるとし、請求を認容した。

[762] 東京高判平成5．9．25 金融・商事判例934．9
《事案の概要》
　前記の［761］東京地判平成5．4．28 金融・商事判例934．12 の控訴審判決であり、Y1らが控訴した。この判決は、抵当権者に対抗することができない場合には、民法395条但書の類推適用を認めることはできないとし、原判決を取り消し、請求を棄却した（判例評釈として、松本恒雄・判タ846．74がある）。

[763] 最二判平成6．3．25 判時1501．107、判タ856．195、金融法務事情1399．15、金融・商事判例952．3
《事案の概要》
　抵当権者Aが短期賃貸借の賃貸人X、賃借人Yに対して民法395条但書によって短期賃貸借の解除を請求する訴訟が提起され、解除請求を認容する判決が確定した後、XがYに対して解除判決によって賃貸借関係が終了したことを理由として目的不動産の明渡しを請求した。第一審判決（神戸地判平成元．8．9 金融・商事判例952．7）が請求を認容したため、Yが控訴した。控訴審判決（大阪高判平成2．8．9 金融・商事判例952．5）が控訴を棄却したため、Yが上告した。この判決は、解除判決が確定したときは、Yの占有権原がXとの関係でも消滅するとし、上告を棄却した。
〈判決〉は、
「民法395条ただし書の短期賃貸借の解除請求訴訟において解除判決が確定したときは、抵当権者と賃借人との関係のみならず、賃貸人（所有者・抵当権設定者）と賃借人との間においても賃貸借関係が終了すると解するのが相当である。けだし、解除判決によって、右三者間の法律関係が画一的に解決されず、

各当事者間で異なった効力を生ずるとすれば、法律関係が複雑となるからであり、それゆえに、解除請求訴訟は短期賃貸借を消滅させる形成訴訟であって、右三者間で合一にのみ確定されるべき必要的共同訴訟とされているのである。したがって、解除判決が確定したときは、賃借人の目的不動産の占有権原は賃貸人との関係においても消滅するので、賃貸人は、賃借人に対し、その明渡しを請求することができる。これと同旨の原審の判断は正当として是認することができ、原判決に所論の違法はない。」と判示している（判例評釈として、荒木新五・判タ871. 37、塩崎勤・判タ882. 58、片山直也・ジュリスト1071. 128がある）。

[764] 大阪地判平成6. 7. 15 金融・商事判例974. 19
《事案の概要》
　A株式会社は、X株式会社から融資を受け、土地を購入し、本件土地上に建物を建築したところ、建築業者が倒産する等し、さらにXから融資を受け、Xは、本件土地に抵当権を設定し、本件土地、本件建物を譲渡担保に供したが（本件土地につき所有権移転登記、本件建物につき所有権保存登記を経た）、その後、Y1株式会社がAに貸金債権を有しており、これを回収するため、Aから本件建物につき期間を3年間とする賃貸借契約を締結し、Y2を管理人として占有を開始したため、XがY1らに対して本件建物の明渡しを請求した。この判決は、民法395条による保護を否定し、請求を認容した。

[765] 東京地判平成6. 9. 16 金融法務事情1425. 46
《事案の概要》
　X株式会社は、昭和62年11月、Y1株式会社に2億円を貸し付け、Y1所有の建物、敷地利用権に抵当権を設定したが、平成4年4月、貸金の分割弁済を怠ったところ、同年6月、Y2株式会社に賃貸期間を3年間として前記の建物を賃貸したため、XがY1、Y2に対して短期賃貸借契約の解除を請求した。この判決は、短期賃貸借により抵当不動産の価額が下落し、抵当権者が被担保債権の完全な弁済を受けられなくなったとし、請求を認容した。

[766] 大阪高判平成 7. 1. 25 金融法務事情 1426. 91、金融・商事判例 974. 16
《事案の概要》
　前記の [764] 大阪地判平成 6. 7. 15 金融・商事判例 974. 19 の控訴審判決であり、Ｙ１らが控訴した。この判決は、譲渡担保権者が清算金の支払義務を負わない特別の事情があり、かつ、目的不動産の適正評価額が債務額を上回らない旨の通知なくして譲渡担保の実行ができる場合には、譲渡担保権者は、対抗し得る占有権原を有しない占有者に対して明渡しを求めることができ、譲渡担保権者との関係では民法 395 条による保護はないとし、控訴を棄却した。

[767] 東京高判平成 7. 3. 29 判時 1583. 67、金融・商事判例 981. 3
《事案の概要》
　前記の [765] 東京地判平成 6. 9. 16 金融法務事情 1425. 46 の控訴審判決であり、Ｙ１らが控訴した。この判決は、賃料債権が全額譲渡済みであること、賃料額等が通常より低額であること等から通常の短期賃貸借より抵当権者に不利であるとし、控訴を棄却した。

[768] 東京地判平成 7. 11. 28 判タ 919. 175
《事案の概要》
　Ｘ株式会社は、Ａ株式会社に融資をし、Ａ所有の土地、建物に根抵当権を設定するとともに、根抵当権の確定債権の債務不履行を条件として本件不動産につき賃貸借契約を締結し、その後、Ｂは、Ａに融資をし、その担保として本件建物につき期間を 3 年間とし、本件土地につき期間を 5 年間とする賃借権の設定を受け、Ｙ１株式会社（Ｙ２が代表取締役）に賃借権を譲渡し、Ｙ１らは、本件建物を占有し、本件土地上に工作物を設置したため、Ｘが併用賃借権に基づきＹ１らに対して本件建物の明渡し、工作物の収去を請求した。この判決は、併用賃借権が後順位の短期賃借権者、権限のない占有者を排除することはできない等とし、請求を棄却した。

[769] 最二判平成 8. 9. 13 民集 50. 8. 2374、判時 1579. 73、判タ 921. 118、金融法務事情 1468. 38

《事案の概要》

前記の [767] 東京高判平成 7. 3. 29 判時 1583. 67、金融・商事判例 981. 3 の上告審判決であり、Y1らが上告した。この判決は、抵当権者の損害は抵当権者の被担保債権の弁済として受ける配当等の額が減少するときをいう等とし、上告を棄却した。

〈判決〉は、

「三 しかしながら、民法 395 条ただし書にいう抵当権者に損害を及ぼすときとは、原則として、抵当権者からの解除請求訴訟の事実審口頭弁論終結時において、抵当不動産の競売による売却価額が同条本文の短期賃貸借の存在により下落し、これに伴い抵当権者が履行遅滞の状態にある被担保債権の弁済として受ける配当等の額が減少するときをいうのであって、右賃貸借の内容が賃料低廉、賃料前払、敷金高額等の事由により通常よりも買受人に不利益なものである場合又は抵当権者が物上代位により賃料を被担保債権の弁済に充てることができない場合に限るものではないというべきである。けだし、短期賃貸借の存在により抵当権者が被担保債権の弁済として受ける配当等の額が減少する場合には、右賃貸借の内容が通常よりも買受人に不利益であるか否かを問わず、原則としてこれを解除すべきものとするのが民法 395 条の趣旨であると考えられ、また、短期賃貸借が存在しない場合には抵当権者が物上代位により被担保債権の弁済に充てるべき賃料がもともと存在しないのであるから、抵当権者は、短期賃貸借の賃料を被担保債権の弁済に充てることができないとしても、右賃貸借が存在しない場合よりも不利益な地位に置かれるものではないからである。

4. なお、解除請求の対象である短期賃貸借の期間が抵当権の実行としての競売による差押えの効力が生じた後に満了したため、その更新を抵当権者に対抗することができなくなった場合であっても、短期賃貸借解除請求訴訟の事実審口頭弁論終結時において右賃貸借の存在により抵当不動産の競売における売却価額が下落し、これに伴い抵当権者が被担保債権の弁済として受ける配当等の額が減少するものである限りは、抵当権設定者による抵当不動産の利用を合理的な限度においてのみ許容するという民法 395 条の趣旨にかんがみ、裁判所

は、右賃貸借の解除を命じるべきである。そして、このことは、差押えの効力発生後の右賃貸借の期間満了が右訴訟の事実審口頭弁論終結の前後いずれに生じたかを問わず、当てはまるものというべきである。
5. 以上に基づき本件について検討するに、原審の適法に確定した事実関係によれば、原審口頭弁論終結時において本件短期賃貸借の存在により本件土地建物の競売における売却価額が下落し、これに伴い抵当権者である被上告人が被担保債権の弁済として受ける配当等の額が減少するということができるから、本件短期賃貸借は、抵当権者に損害を及ぼすものというべきである。また、本件短期賃貸借は、本件建物について差押えの効力が生じた後の平成7年6月11日（本件上告の提起後であり、原裁判所から当裁判所への事件送付前である。）に期間が満了したため、その更新を抵当権者である被上告人に対抗することができなくなったものであるが、右の事情は、本件解除請求を妨げる事由に当たらないものというべきである。」と判示している（判例評釈として、新井剛・法協115．9．169、山野目章夫・民商117．2．93、片山直也・判評460．35、廣田民生・判タ945．64、磯村保・金融法務事情1492．44、小林亘・金融法務事情1581．168がある）。

[770] 高松地判平成8．9．26判時1621．112、判タ951．213
《事案の概要》
　X有限会社は、Y1有限会社に金銭を貸し付け、Y1の所有土地、建物に根抵当権を設定し、その旨の登記（第3順位）をしたところ、Y1はY2に本件土地、建物を賃貸したが（仮登記を経ている）、その後、第2順位の抵当権者が本件土地、建物につき不動産競売の申立てをしたことから、XがY1、Y2に対して賃貸借契約の解除、仮登記の抹消登記手続を請求した。この判決は、短期賃貸借の解除請求は抵当権者に対抗することができることによって損害を及ぼす場合に認められるべきであり、本件ではXには対抗できない濫用的な賃借権であるとし、請求を棄却した。

[771] 高松高判平成9．5．30判時1621．110、判タ951．211
《事案の概要》
　前記の[770]高松地判平成8．9．26判時1621．112、判タ951．213の

控訴審判決であり、Xが控訴した。この判決は、抵当権者に対抗できない賃貸借であっても、抵当権者に損害を及ぼすと認められる限り、解除請求が認められるとし、原判決を取り消し、請求を認容した。

なお、短期賃貸借に関する判例ではないが、前記の［759］最二判平成3.3.22民集45.3.268、判時1379.62、判タ754.70、金融法務事情1287.4、金融・商事判例867.3を短期間のうちに変更した判例があるので、紹介しておきたい。

［772］最大判平成11.11.24民集53.8.1899、判時1695.40、判タ1019.78、金融法務事情1564.60、金融・商事判例1081.4は、抵当権者が抵当不動産の所有者の不法占有者に対する妨害排除請求権を代位行使することの可否が問題になった事案について（控訴審判決は、名古屋高判平成8.5.29金融・商事判例1061.3）、「三　抵当権は、競売手続において実現される抵当不動産の交換価値から他の債権者に優先して被担保債権の弁済を受けることを内容とする物権であり、不動産の占有を抵当権者に移すことなく設定され、抵当権者は、原則として、抵当不動産の所有者が行う抵当不動産の使用又は収益について干渉することはできない。

しかしながら、第三者が抵当不動産を不法占有することにより、競売手続の進行が害され適正な価額よりも売却価額が下落するおそれがあるなど、抵当不動産の交換価値の実現が妨げられ抵当権者の優先弁済請求権の行使が困難となるような状態があるときは、これを抵当権に対する侵害と評価することを妨げるものではない。そして、抵当不動産の所有者は、抵当権に対する侵害が生じないよう抵当不動産を適切に維持管理することが予定されているものということができる。したがって、右状態があるときは、抵当権の効力として、抵当権者は、抵当不動産の所有者に対し、その有する権利を適切に行使するなどして右状態を是正し抵当不動産を適切に維持又は保存するよう求める請求権を有するというべきである。そうすると、抵当権者は、右請求権を保全する必要があるときは、民法423条の法意に従い、所有者の不法占有者に対する妨害排除請求権を代位行使することができると解するのが相当である。

なお、第三者が抵当不動産を不法占有することにより抵当不動産の交換価値の実現が妨げられ抵当権者の優先弁済請求権の行使が困難となるような状態が

あるときは、抵当権に基づく妨害排除請求として、抵当権者が右状態の排除を求めることも許されるものというべきである。

最高裁平成元年（オ）第1209号同3年3月22日第二小法廷判決・民集45巻3号268頁は、以上と抵触する限度において、これを変更すべきである。

四　本件においては、本件根抵当権の被担保債権である本件貸金債権の弁済期が到来し、被上告人が本件不動産につき抵当権の実行を申し立てているところ、上告人らが占有すべき権原を有することなく本件建物を占有していることにより、本件不動産の競売手続の進行が害され、その交換価値の実現が妨げられているというのであるから、被上告人の優先弁済請求権の行使が困難となっていることも容易に推認することができる。

右事実関係の下においては、被上告人は、所有者である吉田に対して本件不動産の交換価値の実現を妨げ被上告人の優先弁済請求権の行使を困難とさせている状態を是正するよう求める請求権を有するから、右請求権を保全するため、吉田の上告人らに対する妨害排除請求権を代位行使し、吉田のために本件建物を管理することを目的として、上告人らに対し、直接被上告人に本件建物を明け渡すよう求めることができるものというべきである。」と判示し、抵当権者が抵当不動産の所有者の不法占有者に対する妨害排除請求権を代位行使することを認めるとともに、抵当権に基づき妨害排除請求権をも認めたものである（判例評釈として、伊藤進・判評496．7、牧賢二・判タ1036．60、滝澤孝臣・金融法務事情1569．6、山野目章夫・金融法務事情1569．46、道垣内弘人・ジュリスト1174．28、平井一雄・ジュリスト1189．100、生熊長幸・ジュリスト1179．71がある）。

[773] 東京高決平成13．6．22判タ1077．286

《事案の概要》

Aは、所有建物に抵当権を設定し、その後、B有限会社が本件建物を賃貸期間を5年間として賃借し、Bが賃借権をY株式会社に譲渡し、Aの承諾を得ていたところ、本件賃貸借契約が法定更新され、その後に本件建物につき不動産競売開始決定がされ、X株式会社が本件建物を買い受けたため、Yに対して不動産引渡命令を申し立てたものである。原決定が申立てを認容したため、Yが執行抗告を申し立てた。この決定は、差押さえの時点で本件賃貸借契約は期

間の定めのない賃貸借になっていたものであり、民法395条によって保護される賃借権であるとし、原決定を取り消し、申立てを却下した（判例評釈として、棚村明剛・判タ1125．200がある）。

No, 23

借家と倒産

　平成年代においては、多数の倒産事件が発生し、その中には、賃貸人の倒産、賃借人の倒産の事件が含まれ、倒産も、破産宣告、会社更生手続開始決定、和議等の法定倒産、任意整理、事実上の倒産の事例が含まれていた。また、平成年代には、民事再生法の制定（和議法の廃止）、新会社更生法の制定（旧会社更生法の廃止）、新破産法の制定（旧破産法の廃止）、会社法の制定、民法の改正が次々と行われ、賃貸人、賃借人の法定倒産と借家関係に関する法律の規定も随分様変わりをしてきたものである。従来から倒産と借家をめぐる裁判例は数少ないが、法律の廃止、制定、改正によって適用される法律の規定も変更されているものが少なくないから、平成年代の裁判例であっても、今後の利用に当たって参考になるかは慎重な検討が必要である。

[774] 大阪地判平成3．1．29判時1414．91、判タ777．208
《事案の概要》
　Xは、昭和61年9月、Y株式会社に建物の1階部分を敷金・保証金なし、手形の不渡り処分を受け、支払いを停止したときは無催告で解除することができる旨の特約で賃貸したところ、Yが平成元年3月に手形不渡りを出したため、Xは、賃貸借契約を解除し、Yに対して建物の明渡しを請求した。この判決は、支払停止があれば例外なく無催告解除の事由になるとすると借家法6条所定の不利な特約に該当するものの、賃貸人の賃料請求権に危険を生じさせ

るおそれがない特段の事情がある場合には解除権の発生を否定する趣旨であると解することができるとし、特約を有効とし、解除の効力を認め、請求を認容した（判例評釈として、平田健治・判評405.33、山野目章夫・金融法務事情1367.121がある）。

【実務の対応】
　この判決は、手形の不渡り処分を受け、支払を停止したときは無催告で解除することができる旨の特約のある事業用の借家において賃借人が手形不渡りを出したことから、賃貸人が特約違反により借家契約を解除した事案について、特約を限定的に解した上、特約を有効とし、特約違反の解除の効力を肯定したものであり、事例判断を提供するものである。

［775］大阪地判平成5.8.4判時1497.105、判タ834.222、金融・商事判例935.22

《事案の概要》
　Aは、平成2年2月、所有するマンションの6室をY株式会社に賃貸し、敷金540万円の交付を受け、同年6月、X信用組合のために根抵当権を設定したが、平成3年、破産宣告を受け、Bが破産管財人に選任されたところ、平成4年8月、Xが根抵当権の物上代位権に基づき本件建物のYに対する賃料債権を差し押さえたため、XがYに対して差押さえに係る賃料の支払いを請求した（Yは、前記敷金の返還請求権と賃料債権との旧破産法103条1項による相殺を主張した）。この判決は、敷金返還請求権は賃借物の明渡完了時に発生する停止条件付債権であり、条件成就前にこれを自働債権とする相殺は認められておらず、賃貸人が破産した場合も同様であるから、賃借人は未だ条件が成就しない状態のまま、旧破産法103条1項によって敷金返還請求権をもって当期の賃料債務と相殺することは許されないとし、差押え前に弁済された部分を除き、請求を認容した。

【実務の対応】
　この判決は、賃貸人が破産宣告を受け、抵当権者が借家の賃料債権に対して物上代位権を行使して差し押さえ、差押えに係る賃料の支払いを請求し、賃借人が旧破産法103条1項により敷金との相殺を主張した事案（旧破産法は、平成16年に廃止され、新破産法が制定されている）について、敷金返還請求

権は賃借物の明渡完了時に発生する停止条件付債権であり、条件成就前にこれを自働債権とする相殺は認められていないとしたこと、この理は賃貸人が破産した場合も同様であるとしたこと、旧破産法103条1項によって敷金返還請求権をもって当期の賃料債務と相殺することは許されないとしたことに特徴がある。もっとも、旧破産法103条の規定の存続、改正については新破産法の審議の際に議論され、廃止されたものであり（新破産法70条後段参照）、この判決は歴史的な意義をもつにとどまることになる。

[776] 東京地判平成5.10.18判タ865.265
《事案の概要》
　A学校法人は、昭和63年10月、ビルの一部を賃貸期間を3年間とし、賃料月額367万円、保証金2億円としてY1株式会社に賃貸し、Y1は、平成元年7月、本件建物部分の1階部分を賃料月額379万円でY2株式会社に転貸し、Y2は、1階部分でパチンコ店を営業していたところ、Aは、平成3年10月、破産宣告を受け、Xが破産管財人に選任され、Y1、Y2に対して未払いの賃料の支払いを請求した（Y1らが保証金が旧破産法103条1項の敷金に当たるとし、相殺等を主張したものである）。この判決は、相殺予約につき破産法72条4号による否認権の行使を認め、月額賃料の54.5倍の保証金は旧破産法103条1項所定の敷金に該当しないとし、相殺の主張を排斥し、請求を認容した。
【実務の対応】
　この判決は、賃貸人が破産宣告を受け、破産管財人が賃借人らに対して賃料の支払を請求したところ、賃借人らが交付した保証金との相殺を主張した事案について、この事案の保証金が旧破産法103条1項所定の敷金に該当しないとし、相殺を否定したものであり、事例判断を提供するものである。
　前記［426］東京地判平成10.4.14判時1662.115、判タ1001.267、金融・商事判例1044.31

[777] 東京地判平成11.2.9判タ1039.279
《事案の概要》
　A株式会社は、Y株式会社に建物を賃貸していたところ、銀行業を営むX株

式会社が債務名義に基づき建物の賃料債権を差し押さえ、Yに賃料の支払いを請求したが、YがAにおいて支払不能の状況に陥っており、旧破産法103条1項後段、旧会社更生法162条2項後段を類推適用し、賃料債務と敷金返還債務との相殺を主張した。この判決は、賃貸目的物の明渡前に敷金返還請求権を自働債権とする賃料債務との相殺は認められないとし、請求を認容した。
【実務の対応】
　この判決は、賃貸人が敷金の交付を受けた借家において、賃貸人の債権者が敷金返還請求権を債務名義に基づき差し押さえた事案について、旧破産法103条1項後段等の類推適用を否定したこと、貸目的物の明渡前に敷金返還請求権を自働債権とする賃料債務との相殺を否定したことにつき事例判断を提供するものである。

[778] 名古屋地判平成11．10．28判時1748．139
《事案の概要》
　A株式会社は、自動車用品の販売業を営んでいたが、土地の所有者であるY1、Y2との間で、Aが建設協力金を提供し、Y1らが店舗を建築することとして賃貸借の予約をした上、建築した店舗につき敷金及び建設協力金残金は解約による違約金に充当され、返還を要しない旨の特約で、賃貸期間を15年間、賃料月額150万円、建設協力金5000万円を180回で分割返済し、敷金を2500万円とする賃貸借契約を締結し、Aが店舗を使用していたところ、Aが破産宣告を受け、破産管財人Xが旧破産法59条により賃貸借契約を解除し、店舗を明け渡したことから、XがY1らに対して敷金の返還、建設協力金の残金の返還を請求した。この判決は、賃借人が賃貸借契約を中途解約したときは、敷金及び建設協力金残金は解約による違約金に充当され、返還を要しない旨の特約の効力を認め、違約金請求権を自働債権とし、敷金返還請求権等を受働債権とする相殺の効力を認め、請求を棄却した。
【実務の対応】
　この判決は、敷金、建設協力金の交付を受けた借家において、賃借人が破産宣告を受け、破産管財人が旧破産法59条により借家契約を解除し、建物を明け渡した後、敷金、建設協力金の返還を請求したところ、途中解約のときは違約金に充当され、返還を要しない特約を主張した事案について、この特約の効

力を肯定したこと、違約金請求権による相殺を肯定したことに特徴があり、事例判断を提供するものである。

[779] 名古屋高判平成 12．4．27 判時 1748．134
《事案の概要》
　前記の [778] 名古屋地判平成 11．10．28 判時 1748．139 の控訴審判決であり、Xが控訴した。この判決は、旧民法 621 条後段は当事者間に合理的な内容の違約金に関する特約がある場合にはその効力を否定するものではないが、違約金の額が賃貸人が被ると予想される損害額を遥かに上回る金額であるときは、その範囲を超える部分の相殺は権利の濫用に当たるとし、一部の相殺の効力を否定し、原判決を変更し、請求を一部認容した。

【実務の対応】
　この判決は、敷金、建設協力金の交付を受けた借家において、賃借人が破産宣告を受け、破産管財人が旧破産法 59 条により借家契約を解除し、建物を明け渡した後、敷金、建設協力金の返還を請求したところ、途中解約のときは違約金に充当され、返還を要しない特約を主張した事案について、旧民法 621 条後段（賃借人の破産による解約の申し入れに関する規定であるが、現在は、廃止され、別の内容の規定が設けられている）の違約金に関する規定は当事者間に合理的な内容の違約金に関する特約がある場合にはその効力を否定するものではないとしたこと、違約金の額が賃貸人が被ると予想される損害額を遥かに上回る金額であるときは、その範囲を超える部分の相殺は権利の濫用に当たるとしたこと、この事案につき一部の相殺の効力を否定したことに特徴があり、事例判断を提供するものである。

[780] 大阪地判平成 12．5．29 金融法務事情 1618．91
《事案の概要》
　A株式会社は、所有建物をY株式会社に賃貸し、Yから保証金として 2 億 2400 万円の交付を受けたが、破産宣告を受け、Xが破産管財人に選任され、Yに対して破産宣告後の未払いの賃料の支払を請求したところ、Yが保証金（敷金）返還請求権との相殺を主張した。この判決は、賃貸建物が明け渡されていない段階で敷金返還請求権との相殺をすることは許されないとし、請求を

認容した。
【実務の対応】
　この判決は、賃貸人が破産宣告を受け、破産管財人が賃借人に対して破産宣告後の賃料の支払いを請求したところ、賃借人が交付した保証金との相殺を主張した事案について、賃貸建物が明け渡されていない段階で敷金返還請求権との相殺をすることは許されないとしたものであり、事例判断として参考になるものである。

[781] 東京地判平成12.10.16判時1731.24
《事案の概要》
　A株式会社は、B株式会社から建物1棟を賃借し、個々のテナントに転貸し、Y株式会社に敷金1902万7200円の交付を受け、本件建物の一部を賃貸していたところ、平成12年5月、会社更生手続開始決定を受け、Xらが更生管財人に選任され、Yに対して未払いの賃料、共益費の支払いを請求したところ、Yが敷金の返還請求権を自働債権として賃料債権、共益費債権との相殺を主張した。この判決は、将来発生する敷金返還請求権を自働債権とし、賃料債権を受働債権とする相殺は許されないとし、請求を認容した。
【実務の対応】
　この判決は、賃貸人が会社更生手続開始決定を受け、更生管財人が賃借人に対して未払いの支払いを請求したところ、賃借人が交付した敷金との相殺を主張した事案について、将来発生する敷金返還請求権を自働債権とし、賃料債権を受働債権とする相殺は許されないとしたものであり、事例判断として参考になるものである。

[782] 東京地判平成14.12.5金融・商事判例1170.52
《事案の概要》
　X株式会社は、A株式会社が行っていた事業を独立させ、法人化された後、Aグループを離れたところ、平成11年2月、Aの100％子会社であるB株式会社（独自の従業員は皆無である）から賃貸期間を30年間とし、建物を賃借し、敷金として1億5000万円を交付したところ、平成13年12月、Bにつき会社更生手続開始決定がされ、Yが更生管財人に選任されたが、Yが更生計

画において敷金返還請求権を更生債権として取り扱うことを明らかにしたため、XがYに対して敷金返還請求権が共益債権であることの確認を請求した。この判決は、敷金契約は旧会社更生法103条1項に基づいて債務の履行を請求される余地はなく、同法208条7号が想定している状況はあるものの、賃借人としてすべき行為が完了し、更生管財人から同法103条1項に基づき債務の履行を請求される余地はないから、同法208条7号所定の共益債権には該当しないとし、請求を棄却した。

【実務の対応】
　この判決は、事業用の借家の賃貸人につき会社更生手続が開始されたため、賃借人が有する敷金返還請求権が会社更生手続上共益債権にあたるかが問題になった事案について、これを否定したものであり、事例判断を提供するものであるが、敷金の法的な性質に照らして議論を呼ぶものである。

[783] 大阪地判平成15．5．30金融法務事情1694．60
《事案の概要》
　A信用金庫は、平成12年3月、所有する支店の土地、建物をY株式会社に売却し、売買代金を貸し付けるとともに、Yが賃貸期間を20年とし、最初の10年間は解約できない旨の特約で建物をAに賃貸し（賃料月額は、貸金の毎月の弁済額を上回る額に設定された）、平成14年1月、Aは、預金保険法74条1項に基づく金融整理管財人による業務及び財産の管理を命ずる処分を受け、同年2月、X信用金庫に事業を譲渡し、Xが本件賃貸借契約を解約したため（Yは、本件貸金の分割弁済金と賃料を相殺した）、XがYに対して貸金の返済を請求した。この判決は、Xの解約の効力を否定する等し、請求を棄却した。

【実務の対応】
　この判決は、賃貸期間を20年とし、最初の10年間は解約できない旨の特約のある事業用の借家において賃借人が経営破綻し、法律に基づき事業譲渡を受けた者が借家契約の解約をした事案について、解約の効力を否定したものであり、事例判断として参考になるものである。

［784］東京地判平成20．8．18判時2024．37
《事案の概要》
　A株式会社は、B株式会社から建物を、賃貸期間を10年とする定期建物賃貸借とし、保証金2億円、賃貸借契約が終了し、賃借人が本件建物を原状回復し、賃貸人が明渡しの完了を確認した後は、1か月以内に保証金を全額無利息で返還する、賃借人に賃料等の滞納、損害の賠償その他本契約から生じたもので既に履行期の到来した債務がある場合には、保証金から随時対当額で相殺し、これらの債務の弁済に充当することができる、賃借人が自己の都合及び原因により賃貸借期間内に解約又は退去する場合には、保証金は違約金として全額返還されない、本件契約の期間内は原則として中途解約できない、賃借人のやむを得ない事由により中途解約する場合には、保証金は違約金として全額返還されない、本件契約が終了した場合には、終了後1か月以内に賃借人が付加した内装、機械、什器、備品、設備等を自己の負担で撤去し、本件建物を原状に回復して賃貸人に明け渡さなければならない等の特約（保証金を返還しない旨の特約の部分は、本件違約金条項）で賃借し、Bは、C特定目的会社に売却し、Cは、本件建物をY株式会社に本件建物を賃貸し、Aは、本件契約の賃貸人としての地位がBからYに移転すること、本件保証金返還債務をY会社が免責的に引き受けることを承諾したが、Aが破産手続開始決定を受け、弁護士Xが破産管財人に選任され、Xは、破産法53条1項に基づき本件契約を解除する旨の意思表示をし、原状回復を行わずに本件建物を明け渡し、Yに対し、預託した保証金から未払賃料、原状回復費用等を控除した残保証金の返還を請求したのに対し、Yが反訴により破産手続開始決定日以降の未払賃料及び原状回復費用が財団債権である等と主張し、未払賃料、原状回復費用等の支払いを請求した。この判決は、本件契約は10年間の定期建物賃貸借契約であり、原則として契約期間満了まで賃貸借契約を継続し、賃貸人は賃料収入を得ることを、賃借人は本件建物を使用収益することができることをそれぞれ期待していた等の事情から、本件違約金条項は無効であるとはいえないし、破産法53条1項に基づく解除にも適用される等とし、本件の原状回復費用請求権は破産法148条1項4号又は8号の適用又は類推適用により財団債権と認められ、破産手続開始決定前の未払賃料は破産債権であり、その支払いを請求する訴えは

却下すべきであるとし、Xの本訴請求を棄却し、Yの反訴請求のうち、破産手続開始決定前の未払賃料の支払いを請求する訴えを却下し、その余の反訴請求を一部認容した。

【実務の対応】

この判決は、保証金が交付され、違約金特約等のある賃貸期間を10年間とする事業用の定期建物賃貸借（定期借家）において、賃貸期間の途中で賃借人が破産手続開始決定を受け、破産管財人が破産法53条1項に基づき借家契約を解除し、建物を原状回復することなく明け渡し、保証金の返還を請求した事案について、違約金条項は特段の事情のない限り無効でないとしたこと、破産管財人が破産法53条1項に基づき契約を解除した場合にもこの特約が有効であるとしたこと、原状回復費用請求権は破産管財人が破産手続の遂行過程で破産財団の利益を考慮して行った結果生じた債権といえ、破産法148条1項4号又は8号の適用又は類推適用により財団債権であるとしたことに特徴があり、事例判断として参考になるものである。

[785] 東京地判平成21．1．16 金融法務事情1892．55

《事案の概要》

A株式会社は、平成18年5月、Y株式会社からAに解散、破産手続開始その他倒産手続の申立てがあったときは、何らの催告なしに契約を解除することができる、Aは賃料6か月分をYに支払って即時解約することができるなどの旨の特約で建物を賃借し、敷金2000万円を交付し（賃料は月額200万円）、平成19年9月、破産手続開始決定を受け、弁護士Bが破産管財人に選任され、Yが解除条項に基づき契約を解除したことから、Bが本件建物内の動産類を撤去し、鍵を返還したところ、急逝し、弁護士Xが破産管財人に選任され、Yに対して敷金2000万円の返還を請求した。この判決は、破産手続開始決定の申立てを理由とする解除条項は旧民法621条の排除の趣旨、破産法53条1項の趣旨に反するものであり、無効であるとし、即時解約条項は違約金を定めたものではないとし、未払賃料、原状回復費用を控除した残額につき請求を認容した。

【実務の対応】

この判決は、賃借人に破産手続開始その他倒産手続の申立てがあったときは、

何らの催告なしに契約を解除することができる旨の特約のある事業用の借家において、賃借人が破産手続開始決定を受け、賃貸人が借家契約を解除した事案について、前記の特約が無効であるとしたものであり、事例判断を提供するものである。

[786] 大阪地判平成 21. 1. 29 判時 2037. 74

《事案の概要》
　Y株式会社は、平成17年3月、不動産業を営むX株式会社にビルを売却するとともに、ビルの一部につき敷金2億2878万3400円、賃貸期間を同月28日から平成22年3月27日までとし、更新をしない、賃貸期間中はYは契約を解除することができない、Yが残りの期間の賃料相当損害金を支払った場合はこの限りではない、契約終了の翌日から明渡しまで賃料相当額の倍額を支払うなどの内容の特約で定期建物賃貸借契約を締結したところ、Yは、平成17年5月、民事再生手続開始の申立てをし、開始決定を受け、Yが賃料減額を求め、交渉が行われたものの、決裂し、本件契約を解除し、Xは、残期間満了までの賃料相当損害金等につき再生債権の届出をしたところ、Yが異議を述べたことから、Xが査定の申立てをしたものの、本件契約中違約金等の特約が適用されない等とし、一部の債権のみを認める査定決定をしたため、Xが査定決定に対する異議の訴えを提起した。この判決は、再生債務者が民事再生法49条1項に基づき定期建物賃貸借契約を解除した場合には、残存期間の賃料相当額を支払う旨の特約、契約終了の翌日から明渡しまで賃料相当額の倍額を支払う旨の特約が有効であるとし、請求を認容した。

【実務の対応】
　この判決は、賃貸期間中は賃借人は契約を解除することができない、賃借人が残りの期間の賃料相当損害金を支払った場合はこの限りではない、契約終了の翌日から明渡しまで賃料相当額の倍額を支払うなどの内容の特約のある事業用の定期借家において、賃借人が民事再生手続開始決定を受け、前記の特約の効力が問題になった事案について、再生債務者が民事再生法49条1項に基づき定期借家契約を解除した場合には、前記の特約が有効であるとしたものであり、事例判断として参考になるものである。

No, 24

定期借家

　現行の定期建物賃貸借制度（借地借家法38条。定期借家と呼ばれることが多い）は、平成11年の借地借家法の改正によって導入されたものであるが、それまでは、賃貸人が転勤、療養、親族の介護その他のやむを得ない事情により一定の期間自己の生活の本拠として使用することが困難であるような場合に限定して期限付の借家を認めたものであった。平成3年の借地借家法の制定に当たって、正当事由による更新の保護等の制限を受けない借家制度が議論されていたところであるが、同法38条、39条によって限定的な期限付借家制度が導入されたものである。借地借家法の施行後間もなく、一部の経済学者、評論家等から同法が不当な規制であるとか、自由な借家市場を阻害している、同法の規制が競争による良質な住宅の提供を阻害している等といった批判が行われ、一部のマスメディアにおいても借家制度の規制を撤廃すべきであるといった記事が掲載されるようになった（なお、当時、筆者は、借地借家法を担当する法務省民事局参事官であった）。これらの批判は実証的なものではない、理論的な根拠に乏しい、市場原理主義の繰言にすぎない等の問題があったが、他方、借家法制度の運用にも問題がないわけではなく、借地借家法の施行状況を見守りつつ検討が必要ではあったところである。筆者が担当を離れた後には、さらに借家制度の自由化を求める様々な声が大きくなったようであり、様々な場での議論、審議を経て、前記のとおり、平成11年の借地借家法の改正によって定期借家制度が導入されたものであり、当時は、その推進を図った経済学者等よって自由な借家市場を介して良質な借家が社会に供給されることが喧伝されていた。現在、一部で定期借家が利用されていることは確かであるが、借家市場においては相当に利用が少ないのが実情であるとともに、多数の定期借家で再契約が利用されているようであり、定期借家制度の導入によって良質

752

な借家が促進されたり、供給が増加したような形跡は見られないのが実情である。定期借家の社会的な実験としての期間は十分経過したと思われるが、その制度導入の目的は達成されていないと評価することができよう。定期借家は、借家制度の選択肢の1つとして位置づけることが可能であるし、借家制度全体についても見直すべき事項もあるわけであり、今後とも目を離すことができない分野である。

定期借家の運用については、借地借家法の改正当時と比べると、同法38条所定の解釈、運用が緩んでいるようであるが、定期借家をめぐる公刊された裁判例は、現在のところ少ない。

[787] 東京地判平成19. 11. 29判タ1275. 206

《事案の概要》

X株式会社は、平成15年6月、賃貸期間を平成16年6月15日から平成18年6月14日までとし、更新しない旨の特約でY株式会社に所有建物を賃貸し（定期建物賃貸借契約を締結したが、定期借家の説明はされたものの、説明書面が交付されなかった）、平成15年12月、土地を駐車場として賃貸したところ、平成17年12月、Yに契約の終了を通知し、XはYに対して期間満了により借家契約等が終了したと主張し、建物の明渡し等を請求した。この判決は、借地借家法38条2項所定の書面は常に賃貸借契約書と別個独立の書面を要すると解することには疑義があり、賃借人が少なくとも契約書において定期借家であり、更新がないことを具体的に認識していた場合には別個独立の書面を要しないとし、定期借家が有効であるとし、請求を認容した。

【実務の対応】

この判決は、事業者間の定期借家において賃貸人が契約書の記載以外に借地借家法38条2項所定の書面を別途交付しなかったことから、定期借家の効力が問題になった事案について、賃借人が少なくとも契約書において定期借家であり、更新がないことを具体的に認識していた場合には別個独立の書面を要しないとしたものであり、1つの見解ではあるものの、議論が必要な判断である。

第4章　借家をめぐる裁判例

［784］東京地判平成 20．8．18 判時 2024．37
《事案の概要》
　A株式会社は、B株式会社から建物を、賃貸期間を 10 年とする定期建物賃貸借とし、保証金 2 億円、賃借人が自己の都合及び原因により賃貸借期間内に解約又は退去する場合には、保証金は違約金として全額返還されない、本件契約の期間内は原則として中途解約できない、賃借人のやむを得ない事由により中途解約する場合には、保証金は違約金として全額返還されないなどの特約で賃借し、Bは、C特定目的会社に売却し、Cは、本件建物をY株式会社に本件建物を賃貸し、Aは、本件契約の賃貸人としての地位がBからYに移転すること、本件保証金返還債務をY会社が免責的に引き受けることを承諾したが、Aが破産手続開始決定を受け、弁護士Xが破産管財人に選任され、Xは、破産法 53 条 1 項に基づき本件契約を解除する旨の意思表示をし、原状回復を行わずに本件建物を明け渡し、Yに対し、預託した保証金から未払賃料、原状回復費用等を控除した残保証金の返還を請求したのに対し、Yが反訴により破産手続開始決定日以降の未払賃料及び原状回復費用が財団債権である等と主張し、未払賃料、原状回復費用等の支払いを請求した。この判決は、本件契約は 10 年間の定期建物賃貸借契約であり、原則として契約期間満了まで賃貸借契約を継続し、賃貸人は賃料収入を得ることを、賃借人は本件建物を使用収益することができることをそれぞれ期待していた等の事情から、本件違約金条項が無効ではなく、原状回復請求権は破産管財人が破産手続の遂行過程で破産財団の利益を考慮して行った結果生じた債権といえるから、破産法 148 条 1 項 4 号又は 8 号の適用又は類推適用により財団債権と認められる等とし、破産手続開始決定前の未払賃料は破産債権であり、その支払いを請求する訴えは却下すべきであるとし、Xの本訴請求を棄却し、Yの反訴請求のうち、破産手続開始決定前の未払賃料の支払いを請求する訴えを却下し、その余の反訴請求を一部認容した。

【実務の対応】
　この判決は、保証金が交付され、違約金特約等のある賃貸期間を 10 年間とする事業用の定期借家の賃借人が破産手続開始決定を受け、破産管財人が破産法 53 条 1 項に基づき借家契約を解除し、建物を原状回復することなく明け渡

し、保証金の返還を請求した事案について、定期借家であることを重視して違約金特約は無効ではないとしたこと、破産管財人が破産法53条1項に基づき契約を解除した場合にもこの特約が有効であるとしたこと等に特徴があり、事例判断として参考になるものである。

[786] 大阪地判平成21．1．29判時2037．74
《事案の概要》

　Y株式会社は、平成17年3月、不動産業を営むX株式会社にビルを売却するとともに、ビルの一部につき敷金2億2878万3400円、賃貸期間を同月28日から平成22年3月27日までとし、更新をしない、賃貸期間中はYは契約を解除することができない、Yが残りの期間の賃料相当損害金を支払った場合はこの限りではない、契約終了の翌日から明渡しまで賃料相当額の倍額を支払うなどの内容の特約で定期建物賃貸借契約を締結したところ、Yは、平成17年5月、民事再生手続開始の申立てをし、開始決定を受け、Yが賃料減額を求め、交渉が行われたものの、決裂し、本件契約を解除し、Xは、残期間満了までの賃料相当損害金等につき再生債権の届出をしたところ、Yが異議を述べたことから、Xが査定の申立てをしたものの、本件契約中違約金等の特約が適用されない等とし、一部の債権のみを認める査定決定をしたため、Xが査定決定に対する異議の訴えを提起した。この判決は、再生債務者が民事再生法49条1項に基づき定期建物賃貸借契約を解除した場合には、残存期間の賃料相当額を支払う旨の特約、契約終了の翌日から明渡しまで賃料相当額の倍額を支払う旨の特約が有効であるとし、請求を認容した。

【実務の対応】

　この判決は、事業用の定期借家契約の賃借人につき民事再生手続が開始された場合における特約の効力が問題になった事案について、定期借家であることを重視して特約を有効としたものであり、事例判断として参考になるものである。

第4章 借家をめぐる裁判例

[788] 最二判平成 22. 7. 16 判タ 1333. 111、金融・商事判例 1354. 44

《事案の概要》

X株式会社は、平成 15 年 10 月 29 日、Yとの間で賃貸期間を同年 11 月 16 日から平成 18 年 3 月 31 日までとする、更新がない特約の定期賃貸借建物契約書と題する契約書を取り交わし、平成 15 年 10 月 31 日、定期建物賃貸借契約公正証書（更新がない旨をあらかじめその旨記載した書面を交付して説明したことを相互に確認する旨の条項があり、X、Yがこれを閲覧し承認した旨の記載があった）を作成し、Yが本件建物の引渡しを受けたが、Xは、期間の満了の約 11 か月を経過した平成 19 年 2 月、期間満了により終了した旨をYに通知し、本件建物の明渡し等を請求し、Yが賃借権の確認を請求した。第一審判決がXが定期建物賃貸借であることを充分に説明したとはいえないとし、Xの請求を棄却し、Yの請求を認容したため、Xが控訴した。控訴審判決は公正証書の記載内容から説明書面が交付されたものと推認するのが相当であるとし、Xの控訴により原判決を変更し、Xの請求を認容し、Yの請求を棄却したため、Yが上告受理を申し立てた。この判決は、説明書面の交付があったことの認定は経験則、採証法則に違反するとし、原判決を破棄し、本件を東京高裁に差し戻した。

〈判決〉は、

「3　原審は、上記事実関係の下で、説明書面の交付の有無につき、本件公正証書に説明書面の交付があったことを確認する旨の条項があること、公正証書の作成に当たっては、公証人が公正証書を当事者に読み聞かせ、その内容に間違いがない旨の確認がされることからすると、本件において説明書面の交付があったと推認するのが相当であるとした上、本件賃貸借は法 38 条所定の定期建物賃貸借であり期間の満了により終了したと判断して、被上告人の請求を認容し、上告人の請求を棄却した。

4　しかしながら、原審の上記認定は是認することができない。その理由は、次のとおりである。

前記事実関係によれば、本件公正証書には、説明書面の交付があったことを確認する旨の条項があり、上告人において本件公正証書の内容を承認した旨の

記載もある。しかし、記録によれば、現実に説明書面の交付があったことをうかがわせる証拠は、本件公正証書以外、何ら提出されていないし、被上告人は、本件賃貸借の締結に先立ち説明書面の交付があったことについて、具体的な主張をせず、単に、上告人において、本件賃貸借の締結時に、本件賃貸借が定期建物賃貸借であり、契約の更新がなく、期間の満了により終了することにつき説明を受け、また、本件公正証書作成時にも、公証人から本件公正証書を読み聞かされ、本件公正証書を閲覧することによって、上記と同様の説明を受けているから、法38条2項所定の説明義務は履行されたといえる旨の主張をするにとどまる。

　これらの事情に照らすと、被上告人は、本件賃貸借の締結に先立ち説明書面の交付があったことにつき主張立証をしていないに等しく、それにもかかわらず、単に、本件公正証書に上記条項があり、上告人において本件公正証書の内容を承認していることのみから、法38条2項において賃貸借契約の締結に先立ち契約書とは別に交付するものとされている説明書面の交付があったとした原審の認定は、経験則又は採証法則に反するものといわざるを得ない。」と判示している。

【実務の対応】
　この判決は、定期借家契約の締結上の要件である書面の交付による説明が問題になった事案（借地借家法38条2項・3項参照）について、説明の意義、説明書面の交付の認定のあり方を明確にしたものであり、事例判断として参考になるものである。

時系列索引

[1]　東京地判平成元. 1. 26 判時 1329. 170　　　　　　　　　　　　*14, 48, 53, 79*
[2]　東京地判平成元. 1. 27 判タ 709. 211　　　　　　　　　　　　　　　　　　*15*
[37]　東京高判平成元. 1. 31 金融法務事情 1237. 25　　　　　　　　　　　　　　*87*
[3]　最三判平成元. 2. 7 判時 1319. 102、判タ 704. 175、金融法
　　　務事情 1232. 29、金融・商事判例 827. 3　　　　　　　　　　　　　　　　*18*
[45]　東京地判平成元. 3. 2 判時 1340. 110　　　　　　　　　　　　　　　　　　*92*
[4]　東京地判平成元. 3. 6 判時 1343. 71　　　　　　　　　　　　　　　　　　*20*
[40]　大阪高判平成元. 3. 29 判タ 703. 164　　　　　　　　　　　　　　　　　　*89*
[5]　東京高判平成元. 3. 30 判時 1306. 38　　　　　*22, 34, 35, 37, 41, 45, 54, 61, 62, 86*
[6]　大阪地判平成元. 4. 13 判時 1322. 120　　　　　　　　　　　　　　　　　 *25*
[7]　東京地判平成元. 4. 14 判タ 717. 58　　　　　　　　　　　　　　　　　*27, 53*
[8]　東京地判平成元. 5. 25 判時 1349. 87　　　　　　　　　　　　　　　*28, 45, 59*
[9]　最二判平成元. 6. 5 民集 43. 6. 355、判時 1324. 33、判タ
　　　709. 147、金融法務事情 1236. 11、金融・商事判例 831. 3　　　　　　　　*31*
[10]　福岡地判平成元. 6. 7 判タ 714. 193　　　　　　　　　　　　　　*33, 37, 41, 74*
[11]　東京地判平成元. 6. 19 判タ 713. 192　　　　　　　　　　　　　　　　　　*35*
[43]　東京地判平成元. 6. 30 判時 1343. 49　　　　　　　　　　　　　　　　　　*91*
[12]　東京地判平成元. 7. 4 判時 1356. 100　　　　　　　　　　　　　　　　*36, 41*
[13]　東京高判平成元. 7. 6 判時 1319. 104　　　　　　　　　　　　　　　　　　*38*
[14]　東京地判平成元. 7. 10 判時 1356. 106　　　　　　　　　　　　　　　　　 *39*
[42]　浦和地判平成元. 7. 17 判時 1361. 103　　　　　　　　　　　　　　　　　 *90*
[15]　千葉地判平成元. 8. 25 判時 1361. 106　　　　　　　　　　　　　　*41, 45, 59*
[16]　東京地判平成元. 8. 28 判タ 726. 178　　　　　　　　　　　　　　　　　　*43*
[17]　東京地判平成元. 8. 29 判時 1348. 96　　　　　　　　　　　　　　　*46, 53, 79*
[18]　大阪高判平成元. 8. 29 判タ 709. 208　　　　　　　　　　　　　　　　　　*49*
[39]　東京地判平成元. 8. 31 判時 1346. 109　　　　　　　　　　　　　　　　　 *88*
[19]　東京地判平成元. 9. 5 判時 1352. 90　　　　　　　　　　　　　　　　*50, 57*
[20]　東京地判平成元. 9. 14 判タ 731. 171　　　　　　　　　　　　　　　　*53, 86*
[21]　横浜地判平成元. 9. 25 判タ 1343. 71　　　　　　　　　　　　　　　　　　*55*
[22]　東京地判平成元. 9. 26 判時 1354. 120　　　　　　　　　　　　　　　　　 *57*
[23]　東京地判平成元. 9. 29 判時 1356. 106　　　　　　　　　　　　　　　　　 *60*
[24]　大阪高判平成元. 9. 29 判タ 714. 177　　　　　　　　　　　　　　　　　　*61*
[38]　東京地判平成元. 9. 29 判タ 730. 240　　　　　　　　　　　　　　　　　　*87*
[25]　横浜地判平成元. 10. 27 判タ 721. 189　　　　　　　　　　　　　　　　*63, 86*
[41]　最二判平成元. 10. 27 判時 1336. 96、判タ 717. 106、金融法

時系列索引

	務事情 1247. 24、金融・商事判例 838. 3	*89*
[26]	東京高判平成元. 10. 30 判タ 752. 179	*67*
[44]	大阪高判平成元. 11. 1 判タ 722. 255	*91*
[27]	東京高決平成元. 11. 10 判タ 752. 231	*70*
[28]	東京地判平成元. 11. 10 判時 1361. 85	*72, 75*
[29]	東京地判平成元. 11. 28 判時 1363. 101	*73*
[30]	東京地判平成元. 11. 29 金融・商事判例 852. 27	*75*
[31]	横浜地判平成元. 11. 30 判時 1354. 136	*75*
[32]	大阪地判平成元. 12. 25 判タ 748. 167	*77*
[33]	神戸地判平成元. 12. 26 判時 1358. 125	*77*
[34]	東京地判平成元. 12. 27 判時 1359. 78	*79*
[35]	東京地判平成元. 12. 27 判時 1361. 64	*82*
[36]	東京地判平成元. 12. 27 判時 1353. 87	*84*
[67]	東京地判平成 2. 1. 19 判時 1371. 119	*141*
[63]	東京地判平成 2. 1. 25 判タ 737. 166	*131*
[59]	東京地判平成 2. 1. 26 判時 1373. 71	*126, 128*
[90]	東京地判平成 2. 1. 29 判タ 736. 186	*191*
[91]	東京高決平成 2. 2. 22 金融法務事情 1257. 38	*192*
[89]	神戸地判平成 2. 2. 28 判時 1357. 105	*191*
[68]	東京地判平成 2. 3. 8 判時 1372. 110	*143*
[53]	大阪高決平成 2. 3. 23 判時 1356. 93	*116*
[84]	東京地判平成 2. 3. 26 判タ 742. 116	*181*
[62]	東京地判平成 2. 3. 29 金融・商事判例 868. 27	*130*
[65]	東京地判平成 2. 4. 24 判時 1368. 79	*135*
[49]	東京地判平成 2. 4. 25 判時 1367. 62	*104*
[50]	東京高判平成 2. 4. 26 判時 1351. 59	*108*
[92]	大分地判平成 2. 4. 27 判タ 731. 183	*192*
[69]	東京高判平成 2. 5. 14 判時 1350. 63	*144*
[79]	東京地判平成 2. 5. 17 判時 1374. 63	*171*
[87]	横浜地判平成 2. 5. 29 判時 1367. 131	*188*
[46]	東京地判平成 2. 5. 31 判時 1367. 59	*93*
[70]	最二判平成 2. 6. 22 判時 1357. 75	*146*
[47]	東京地判平成 2. 6. 27 判タ 751. 139	*95*
[72]	東京地判平成 2. 6. 29 判時 1377. 71	*152*
[48]	大阪地判平成 2. 7. 2 判時 1411. 96	*100*
[75]	東京地判平成 2. 7. 6 判時 1387. 96	*162*
[76]	名古屋地判平成 2. 7. 13 判時 1378. 92	*163*
[73]	東京高判平成 2. 7. 16 判時 1358. 101	*154*
[57]	東京地判平成 2. 7. 18 判時 1386. 125	*123*
[88]	横浜地判平成 2. 7. 19 判時 1376. 98	*189*

[66]	東京地判平成 2. 7. 30 判時 1389. 102	138
[82]	東京地判平成 2. 7. 30 判時 1385. 75	177
[60]	名古屋地判平成 2. 7. 31 判タ 748. 180	127
[77]	大阪地判平成 2. 8. 3 判タ 741. 165	164
[71]	東京地判平成 2. 9. 10 判時 1387. 91	148
[55]	大阪地判平成 2. 9. 19 判時 1375. 111	121
[52]	大阪高判平成 2. 9. 27 判タ 743. 218	114
[54]	東京地判平成 2. 9. 27 判時 1391. 150	119
[80]	東京地判平成 2. 10. 3 判タ 757. 197	173
[85]	名古屋地判平成 2. 10. 19 判時 1375. 117	183
[56]	東京高判平成 2. 10. 30 判時 1379. 83	122
[58]	名古屋地判平成 2. 10. 31 判タ 759. 233	124
[81]	東京地判平成 2. 11. 5 金融法務事情 1288. 34	175
[74]	東京地決平成 2. 11. 13 金融法務事情 1292. 30	156
[86]	東京地判平成 2. 11. 13 判時 1395. 78	185
[93]	東京高判平成 2. 11. 25 金融法務事情 1287. 31	192
[64]	東京地判平成 2. 11. 29 判時 1395. 100	133, 165
[83]	東京地判平成 2. 11. 30 判時 1395. 97	178
[94]	東京地判平成 2. 11. 30 金融法務事情 1289. 27	192
[51]	東京地判平成 2. 12. 14 判時 1397. 40	109
[78]	東京地判平成 2. 12. 17 判時 1398. 78	165
[61]	東京地判平成 2. 12. 25 判タ 761. 215	128, 139
[104]	東京地判平成 3. 1. 14 判時 1401. 77	230
[130]	東京地判平成 3. 1. 25 判タ 807. 242	253, 257
[131]	東京高判平成 3. 1. 28 判時 1375. 71	253
[105]	東京高判平成 3. 1. 29 判タ 766. 193	232
[654]	東京高判平成 3. 1. 29 判時 1376. 64	670
[774]	大阪地判平成 3. 1. 29 判時 1414. 91、判タ 777. 208	742
[345]	最二判平成 3. 2. 22 民集 45. 3. 293、判時 1397. 3、判タ 768. 52、金融法務事情 1307. 25、金融・商事判例 879. 3	436
[385]	東京地判平成 3. 2. 25 判時 1403. 39	464
[271]	大阪高判平成 3. 2. 27 判時 1400. 31	374
[116]	東京高判平成 3. 2. 28 金融法務事情 1296. 26	240
[344]	東京地判平成 3. 2. 28 判タ 765. 209	435
[148]	山口地宇部支部判平成 3. 3. 14 金融・商事判例 870. 36	267
[759]	最二判平成 3. 3. 22 民集 45. 3. 268、判時 1379. 62、判タ 754. 70、金融法務事情 1287. 4、金融・商事判例 867. 3	732, 740
[226]	東京地判平成 3. 3. 27 判時 1392. 104	340
[272]	東京地判平成 3. 3. 28 判時 1403. 74	374
[200]	東京地判平成 3. 3. 29 判時 1391. 152	317

[273]	最三判平成 3. 4. 2 民集 45. 4. 349、判時 1386. 91、判タ 758. 125、金融法務事情 1295. 66、金融・商事判例 872. 3	*375*
[346]	東京地判平成 3. 4. 24 判タ 769. 192	*437*
[201]	大阪高判平成 3. 4. 25 判タ 768. 153	*318*
[282]	東京地判平成 3. 4. 25 判時 1401. 66	*384*
[443]	東京地判平成 3. 5. 9 判時 1407. 80	*499*
[347]	東京地判平成 3. 5. 13 判時 1396. 82、判タ 768. 167	*437*
[444]	東京地判平成 3. 5. 29 判時 1406. 45	*500*
[605]	東京地判平成 3. 5. 29 判時 1408. 89、判タ 774. 187	*627*
[348]	東京地判平成 3. 5. 30 判時 1395. 81、判タ 757. 255	*438*
[132]	東京地判平成 3. 6. 20 判タ 772. 208、金融・商事判例 892. 39	*254*
[460]	東京地判平成 3. 6. 24 金融・商事判例 897. 36	*517*
[655]	東京地判平成 3. 6. 24 判時 1412. 121、判タ 772. 227	*670*
[106]	静岡地沼津支部判平成 3. 6. 27 判タ 772. 200	*232*
[349]	東京地判平成 3. 6. 27 判時 1413. 73	*438, 518*
[117]	東京地判平成 3. 6. 28 判時 1425. 89	*241*
[386]	東京地判平成 3. 7. 9 判時 1412. 118	*465*
[350]	東京高判平成 3. 7. 16 判タ 779. 272	*439*
[351]	東京地判平成 3. 7. 25 判時 1416. 98	*439, 621*
[656]	東京地判平成 3. 7. 25 判時 1422. 106、判タ 780. 232	*671*
[352]	東京地判平成 3. 7. 26 判タ 778. 220、金融・商事判例 899. 38	*440*
[445]	東京高判平成 3. 7. 30 金融法務事情 1313. 26	*501*
[107]	東京地判平成 3. 7. 31 判タ 774. 195	*233*
[387]	東京地判平成 3. 7. 31 判時 1416. 94	*465*
[133]	東京高判平成 3. 8. 26 金融・商事判例 953. 12	*255, 258*
[606]	東京地判平成 3. 8. 27 判タ 779. 280	*628, 630*
[283]	東京地判平成 3. 8. 28 判時 777. 218	*385*
[461]	東京地判平成 3. 8. 29 判時 1432. 99	*518*
[657]	大阪高判平成 3. 8. 29 判時 1410. 69	*671*
[108]	東京地判平成 3. 8. 30 判タ 783. 142	*233*
[607]	東京地判平成 3. 8. 30 判時 1426. 110	*628*
[353]	東京地判平成 3. 9. 6 判タ 783. 177	*440*
[304]	東京地判平成 3. 9. 12 判タ 783. 146	*405*
[388]	東京高判平成 3. 9. 12 判タ 785. 181	*466*
[149]	横浜地判平成 3. 9. 13 判タ 781. 158	*268*
[247]	最二判平成 3. 9. 13 判時 1405. 51、判タ 773. 93、金融法務事情 1312. 24、金融・商事判例 887. 11	*354*
[150]	最三判平成 3. 9. 17 判時 1402. 47、判タ 771. 66、金融・商事判例 882. 3	*269*
[202]	東京地判平成 3. 9. 25 判時 1427. 103、判タ 785. 174、金	

	融・商事判例 893. 39	*318*
［151］	東京地判平成 3. 9. 26 判時 1435. 93	*270*
［389］	東京地判平成 3. 9. 30 金融法務事情 1317. 24、金融・商事判例 896. 39	*466*
［595］	東京地判平成 3. 10. 11 判タ 785. 172	*622*
［658］	最一判平成 3. 10. 17 判時 1404. 74、判タ 772. 131、金融・商事判例 908. 32	*672*
［203］	東京地判平成 3. 10. 21 判時 1429. 68、判タ 801. 186	*319*
［152］	東京地判平成 3. 10. 30 金融法務事情 1322. 42	*271*
［354］	東京地判平成 3. 11. 26 判時 1443. 128	*441*
［462］	東京地判平成 3. 11. 26 判時 1428. 110	*519*
［192］	東京地判平成 3. 11. 28 判時 1430. 97	*308*
［390］	東京地判平成 3. 11. 28 判時 1438. 85	*467*
［463］	最二判平成 3. 11. 29 判時 1443. 52、判タ 805. 53、金融法務事情 1314. 27	*519*
［596］	大阪地判平成 3. 12. 10 判タ 785. 166	*622*
［218］	大阪高決平成 3. 12. 18 判タ 775. 171	*333*
［305］	千葉地判平成 3. 12. 19 判タ 785. 188、労働判例 604. 31	*405, 409*
［391］	東京地判平成 3. 12. 19 判時 1434. 87	*468*
［153］	東京地判平成 3. 12. 20 判タ 797. 228	*271*
［446］	東京地判平成 4. 1. 8 判時 1440. 107、判タ 825. 260、金融法務事情 1333. 48	*501*
［118］	東京地判平成 4. 1. 16 判時 1427. 96、判タ 794. 128、金融・商事判例 903. 30	*241*
［109］	長野地松本支部決平成 4. 1. 17 判タ 785. 163	*234*
［447］	東京地判平成 4. 1. 23 判時 1440. 109	*502*
［464］	東京地判平成 4. 1. 23 判タ 832. 127	*521*
［134］	東京地判平成 4. 1. 27 判時 1459. 140	*256*
［465］	東京高判平成 4. 1. 29 判タ 795. 178	*521*
［306］	最一判平成 4. 2. 6 判時 1443. 56、判タ 805. 52、金融・商事判例 913. 11	*406*
［466］	東京地判平成 4. 2. 6 判時 1444. 92	*523*
［295］	東京高判平成 4. 2. 12 判時 1416. 81、判タ 777. 275、金融・商事判例 899. 18	*394*
［154］	福井地判平成 4. 2. 24 判時 1455. 136	*272*
［392］	東京地判平成 4. 2. 24 判時 1451. 136	*468*
［467］	東京地判平成 4. 2. 24 判時 1444. 94	*523*
［468］	東京地判平成 4. 2. 26 判時 1444. 96	*524*
［307］	大阪地判平成 4. 3. 13 判タ 812. 224	*407, 469*
［659］	東京地判平成 4. 3. 13 判時 1454. 114	*673*

[469] 東京地判平成 4. 3. 16 判時 1461. 95、判タ 811. 223		524
[355] 東京地判平成 4. 3. 26 判時 1449. 112		441
[119] 東京地判平成 4. 3. 31 判時 1487. 67、金融・商事判例 928. 35		242, 243
[393] 東京地判平成 4. 4. 7 判時 1461. 91		469
[394] 浦和地判平成 4. 4. 8 判タ 805. 164		470
[597] 東京地判平成 4. 4. 14 判タ 871. 233		623, 625
[470] 東京地判平成 4. 4. 15 判時 1462. 128		524
[660] 東京地判平成 4. 4. 16 判時 1428. 107		674
[395] 東京地判平成 4. 4. 21 判タ 804. 143		471
[155] 大阪地判平成 4. 4. 22 判タ 809. 175		272
[227] 神戸地判平成 4. 4. 24 判時 1448. 151、判タ 808. 201		341
[274] 大阪地判平成 4. 4. 24 判時 1461. 106、金融・商事判例 908. 9		376, 377
[598] 横浜地判平成 4. 5. 8 判タ 798. 190		623
[396] 東京地判平成 4. 5. 11 判タ 831. 164		471
[397] 東京地判平成 4. 5. 25 判時 1453. 139		471
[599] 東京地判平成 4. 5. 29 判時 1446. 67		623
[608] 東京地判平成 4. 6. 4 判タ 824. 174		629
[398] 神戸地判平成 4. 6. 19 判時 1451. 141		472, 476
[609] 東京高判平成 4. 6. 22 判時 1428. 87、判タ 807. 247		630
[135] 東京高判平成 4. 6. 24 判タ 807. 239		257
[399] 東京地判平成 4. 6. 25 金融・商事判例 916. 41		472
[610] 東京地判平成 4. 6. 25 判タ 816. 239、金融・商事判例 917. 38		630
[600] 高松高判平成 4. 6. 29 判時 1446. 71、判タ 799. 191		624
[156] 東京地判平成 4. 7. 6 金融・商事判例 943. 34		273, 279
[242] 東京地判平成 4. 7. 6 判タ 825. 199		351
[95] 東京高判平成 4. 7. 14 判タ 822. 264、金融・商事判例 978. 25		224, 227
[157] 東京地判平成 4. 7. 16 判時 1459. 133		274
[158] 東京地判平成 4. 7. 20 判タ 825. 185、金融法務事情 1370. 38		274
[534] 東京地判平成 4. 7. 23 判時 1459. 137		574
[652] 東京地判平成 4. 7. 27 判時 1464. 76、金融法務事情 1354. 46		665
[400] 東京地判平成 4. 7. 29 判時 1462. 122		473
[308] 神戸地判平成 4. 8. 13 判時 1454. 131、判タ 809. 171		407
[401] 東京地判平成 4. 8. 27 判タ 823. 205		473
[471] 東京地判平成 4. 8. 31 判時 1472. 83		525
[472] 千葉地松戸支部判平成 4. 9. 4 判時 1456. 122、判タ 802. 168		525
[601] 名古屋地判平成 4. 9. 9 判タ 805. 154		625
[356] 東京地判平成 4. 9. 14 判時 1474. 101		442
[284] 東京地判平成 4. 9. 16 判時 1465. 96		385
[357] 東京地判平成 4. 9. 25 判タ 825. 258		442, 474, 502
[96] 東京地判平成 4. 9. 28 判時 1467. 72		225

[708]	大阪高決平成 4. 9. 29 判時 1502. 119	706
[709]	大阪高決平成 4. 10. 6 判時 1502. 120	706
[710]	大阪高決平成 4. 10. 6 判時 1502. 121	707
[760]	東京地判平成 4. 10. 13 金融・商事判例 936. 32	734
[661]	東京地判平成 4. 10. 13 判タ 834. 199、金融・商事判例 941. 32	674
[711]	東京地判平成 4. 10. 16 金融法務事情 1346. 47	707
[662]	東京地判平成 4. 10. 26 判時 1470. 88	675
[159]	東京地判平成 4. 10. 29 判タ 833. 228	275
[309]	京都地判平成 4. 11. 6 判時 1454. 136、判タ 807. 221	408
[633]	大阪高判平成 4. 11. 10 判タ 812. 217	650
[402]	東京地判平成 4. 12. 9 金融法務事情 1371. 86	474
[602]	東京高判平成 5. 1. 21 判タ 871. 229	625
[358]	東京地判平成 5. 1. 22 判時 1473. 77	443
[219]	東京地決平成 5. 1. 25 判時 1456. 108、判タ 814. 224	334
[403]	東京地判平成 5. 1. 26 判時 1467. 69	475
[160]	最一判平成 5. 2. 18 判時 1456. 96、判タ 816. 189、金融法務事情 1361. 124、金融・商事判例 922. 28	275
[404]	東京地判平成 5. 2. 25 判タ 854. 231	476
[275]	大阪高判平成 5. 2. 26 金融・商事判例 928. 3	377, 379
[296]	名古屋地判平成 5. 2. 26 判時 1483. 96、判タ 848. 196	395
[423]	東京地判平成 5. 3. 22 判時 1473. 73	486, 526, 535
[120]	東京地判平成 5. 3. 25 判時 1486. 87	243
[289]	東京地判平成 5. 3. 25 金融・商事判例 958. 34	391
[611]	東京地判平成 5. 3. 25 判時 1488. 113、金融・商事判例 958. 34	631
[161]	東京地判平成 5. 3. 29 判タ 871. 252	277
[290]	東京地判平成 5. 3. 29 金融・商事判例 956. 33	392
[285]	東京地判平成 5. 4. 13 判時 1492. 105	386
[162]	東京地判平成 5. 4. 20 判時 1483. 59	278
[405]	大阪高判平成 5. 4. 21 判時 1471. 93	476
[761]	東京地判平成 5. 4. 28 金融・商事判例 934. 12	734, 735
[535]	東京地判平成 5. 5. 13 判時 1475. 95、金融法務事情 1367. 139、金融・商事判例 924. 17	574, 578, 666, 667
[220]	東京高決平成 5. 5. 14 判時 1520. 94	334
[536]	東京地判平成 5. 5. 17 判時 1481. 144、判タ 840. 140	575
[663]	東京地判平成 5. 5. 19 判時 1476. 132	675
[97]	広島高判平成 5. 5. 28 判タ 857. 180	225
[473]	東京地判平成 5. 6. 3 判タ 861. 248	527
[381]	東京地判平成 5. 6. 14 判タ 862. 276	460
[664]	大阪地判平成 5. 6. 18 判時 1468. 122、判タ 844. 183	676
[320]	東京地判平成 5. 7. 8 判時 1481. 141	415

［439］	東京地八王子支部判平成 5. 7. 9 判時 1480. 86、判タ 848. 201	497
［406］	東京地判平成 5. 7. 20 判タ 862. 271	477
［163］	東京高判平成 5. 7. 22 金融・商事判例 943. 29	279
［665］	東京地判平成 5. 7. 26 判時 1488. 116、判タ 863. 232	676
［382］	東京地判平成 5. 7. 28 判タ 861. 258	460
［775］	大阪地判平成 5. 8. 4 判時 1497. 105、判タ 834. 222、金融・商事判例 935. 22	743
［193］	東京高判平成 5. 8. 23 判時 1475. 72	309
［712］	東京地判平成 5. 8. 23 金融法務事情 1369. 82	707, 709
［261］	東京地判平成 5. 8. 25 判時 1503. 114	366
［407］	東京地判平成 5. 8. 25 判時 1502. 126、判タ 865. 213	477, 503
［234］	東京地判平成 5. 8. 27 判時 1492. 101	345
［276］	東京地判平成 5. 8. 30 判時 1502. 122	378
［474］	東京地判平成 5. 8. 30 判時 1504. 97、判タ 871. 225	527
［196］	東京地判平成 5. 9. 8 判タ 840. 134	312
［713］	仙台高決平成 5. 9. 8 判時 1486. 84、判タ 855. 273	708
［136］	大阪地判平成 5. 9. 13 判時 1505. 116	257
［262］	東京地判平成 5. 9. 14 判タ 870. 208	367
［228］	東京地判平成 5. 9. 24 判時 1496. 105	341
［762］	東京高判平成 5. 9. 25 金融・商事判例 934. 9	735
［408］	東京地判平成 5. 9. 27 判時 1494. 119、判タ 865. 216	478
［475］	東京地判平成 5. 9. 27 判タ 855. 216	528
［297］	東京地判平成 5. 10. 1 判時 1497. 82	395
［714］	大阪高決平成 5. 10. 6 判時 1502. 120	708
［715］	大阪高決平成 5. 10. 6 判時 1502. 121	708
［776］	東京地判平成 5. 10. 18 判タ 865. 265	647, 744
［164］	松山地判平成 5. 10. 26 判時 1524. 113	279
［221］	東京高決平成 5. 11. 5 判タ 842. 197	335
［409］	東京地判平成 5. 11. 8 判時 1501. 115	478
［410］	東京高判平成 5. 11. 22 判タ 854. 220	479
［121］	東京高判平成 5. 11. 29 判時 1495. 96	243, 244
［194］	東京地判平成 5. 11. 29 判タ 872. 237	310
［448］	東京地判平成 5. 11. 29 判タ 854. 228	503
［165］	東京高判平成 5. 12. 15 判タ 874. 210	280, 293
［229］	東京高判平成 5. 12. 20 判タ 874. 199	342
［359］	東京高判平成 5. 12. 27 金融法務事情 1397. 44	443, 479
［612］	東京地判平成 5. 12. 27 判タ 868. 284	631, 677
［243］	東京地判平成 6. 1. 20 判タ 870. 186	352
［166］	東京地判平成 6. 1. 25 判時 1517. 78、判タ 872. 229	281
［645］	東京地判平成 6. 1. 26 判時 1518. 33	659

[476]	東京地判平成 6. 2. 7 判時 1522. 111	*528*
[666]	静岡地浜松支部判平成 6. 2. 7 判時 1502. 129、判タ 855. 232	*678*
[98]	東京地判平成 6. 2. 21 判タ 859. 244	*226*
[667]	東京地判平成 6. 2. 21 判時 1511. 83	*678*
[244]	東京高判平成 6. 2. 22 判タ 858. 210	*353*
[245]	福岡地決平成 6. 2. 22 判時 1518. 102	*353*
[99]	東京地判平成 6. 3. 9 判時 1516. 101	*226*
[411]	東京地判平成 6. 3. 16 判時 1515. 95、判タ 877. 218	*480*
[763]	最二判平成 6. 3. 25 判時 1501. 107、判タ 856. 195、金融法務事情 1399. 15、金融・商事判例 952. 3	*735*
[167]	東京高判平成 6. 3. 28 判時 1505. 65	*281*
[310]	千葉地判平成 6. 3. 28 判タ 853. 227、労働判例 668. 60	*409*
[716]	東京高判平成 6. 4. 12 判時 1507. 130	*709, 719*
[668]	浦和地判平成 6. 4. 22 判タ 874. 231	*679*
[277]	東京地判平成 6. 4. 25 判時 1529. 86	*378*
[137]	最三判平成 6. 6. 7 判時 1503. 72、判タ 857. 96、金融・商事判例 953. 3	*258*
[591]	東京地判平成 6. 6. 21 判タ 853. 224	*616*
[669]	東京地判平成 6. 6. 28 判時 1535. 101	*679*
[230]	東京地判平成 6. 7. 6 判時 1534. 65、判タ 880. 227	*342*
[764]	大阪地判平成 6. 7. 15 金融・商事判例 974. 19	*736, 737*
[168]	最二判平成 6. 7. 18 判時 1540. 38、判タ 888. 118、金融法務事情 1435. 44、金融・商事判例 984. 18	*282*
[670]	広島地福山支部判平成 6. 7. 19 判時 1547. 105	*680*
[204]	京都地判平成 6. 7. 21 判時 1536. 100、判タ 879. 219	*319*
[671]	大阪地判平成 6. 8. 19 判時 1525. 95	*681*
[477]	東京地判平成 6. 8. 22 判時 1521. 86	*529*
[138]	東京地判平成 6. 8. 25 判時 1539. 93	*259*
[246]	東京地判平成 6. 8. 29 判時 1534. 74	*354*
[235]	東京高判平成 6. 8. 30 判時 1525. 67	*345*
[765]	東京地判平成 6. 9. 16 金融法務事情 1425. 46	*736, 737*
[412]	東京地判平成 6. 10. 14 判時 1542. 84	*480*
[413]	東京地判平成 6. 10. 20 判時 1559. 61	*481*
[139]	最三判平成 6. 10. 25 民集 48. 7. 1303	*254, 259*
[414]	東京地判平成 6. 10. 28 判時 1542. 88、判タ 883. 203	*481*
[415]	大阪地判平成 6. 10. 31 判タ 897. 128	*482*
[169]	東京地判平成 6. 11. 28 判時 1544. 73、判タ 886. 183	*283*
[537]	大阪地判平成 6. 11. 28 判タ 892. 204	*576*
[478]	東京地判平成 6. 12. 2 判時 1551. 96	*529*
[380]	大阪地判平成 6. 12. 12 判タ 880. 230	*458*

時系列索引

[538]	大阪高判平成 6. 12. 13 判時 1540. 52	576
[416]	東京地判平成 6. 12. 16 判時 1554. 69	482
[539]	東京高判平成 6. 12. 26 判タ 883. 281	577
[587]	東京地判平成 7. 1. 19 判タ 889. 272	614
[613]	最一判平成 7. 1. 19 判時 1520. 84、判タ 871. 300、金融・商事判例 965. 3	632
[479]	東京地判平成 7. 1. 23 判時 1557. 113	530
[480]	東京地判平成 7. 1. 24 判タ 890. 250	530
[766]	大阪高判平成 7. 1. 25 金融法務事情 1426. 91、金融・商事判例 974. 16	737
[588]	徳島地判平成 7. 1. 27 判時 1548. 57、判タ 896. 98	615
[672]	札幌地判平成 7. 2. 23 判タ 881. 175	681
[140]	東京地判平成 7. 2. 24 判タ 902. 101	261
[540]	大阪地判平成 7. 2. 27 判時 1542. 104、判タ 894. 187	578
[717]	東京高決平成 7. 3. 17 判時 1533. 51、金融法務事情 1438. 36	709
[383]	最三判平成 7. 3. 28 判時 1526. 92、判タ 876. 135	461
[767]	東京高判平成 7. 3. 29 判時 1583. 67、金融・商事判例 981. 3	737, 738
[541]	東京高判平成 7. 4. 27 金融法務事情 1434. 43	578, 591, 667, 668
[614]	東京地判平成 7. 4. 27 金融・商事判例 1017. 25	634, 640
[236]	東京地判平成 7. 5. 2 金融・商事判例 997. 17	346
[170]	大阪地判平成 7. 5. 25 判時 1549. 63、金融・商事判例 981. 27	284
[718]	大阪高決平成 7. 5. 29 判時 1551. 82、金融法務事情 1434. 41、金融・商事判例 994. 28	710
[589]	熊本地判平成 7. 5. 31 判例地方自治 141. 81	615
[615]	東京地判平成 7. 6. 6 判タ 914. 250	634
[205]	東京地判平成 7. 6. 7 判タ 911. 132	320
[719]	大阪高決平成 7. 6. 20 判時 1551. 82、金融法務事情 1434. 41、金融・商事判例 984. 23	710
[100]	最一判平成 7. 6. 29 判時 1541. 92、判タ 887. 174、金融法務事情 1440. 38、金融・商事判例 978. 25	227
[417]	東京地判平成 7. 7. 12 判時 1577. 97	483
[101]	東京地判平成 7. 7. 26 判時 1552. 71、判タ 910. 147	228
[102]	東京地判平成 7. 7. 26 判タ 912. 184	229
[542]	東京高判平成 7. 7. 27 判タ 910. 157	579
[543]	神戸地判平成 7. 8. 8 判時 1542. 94、判タ 896. 168	579, 583
[544]	神戸簡判平成 7. 8. 9 判時 1542. 94	580
[545]	東京地判平成 7. 8. 24 判タ 904. 156	581
[171]	東京地判平成 7. 8. 25 金融法務事情 1455. 53	285, 346
[418]	東京地判平成 7. 8. 28 判時 1566. 67	483
[673]	東京地判平成 7. 9. 7 判タ 906. 254	681

［616］ 最三判平成 7. 9. 19 民集 49. 8. 2805、判時 1551. 69、判タ 896. 89、金融・商事判例 987. 3	*635*
［546］ 東京地判平成 7. 9. 20 判タ 902. 114	*581*
［141］ 東京地判平成 7. 9. 26 判タ 914. 177	*262*
［172］ 大阪地判平成 7. 10. 5 判タ 922. 232	*285*
［419］ 東京地判平成 7. 10. 11 判タ 915. 158	*484*
［360］ 東京地判平成 7. 10. 16 判タ 919. 163	*444*
［617］ 東京地判平成 7. 10. 17 判時 1571. 95、判タ 918. 245	*636*
［547］ 大阪地判平成 7. 10. 25 判時 1559. 94、判タ 896. 236、金融・商事判例 990. 37	*582*
［263］ 東京地判平成 7. 10. 27 判時 1570. 70、判タ 910. 167	*367*
［264］ 東京地判平成 7. 10. 30 判時 1573. 39	*368*
［481］ 東京地決平成 7. 10. 30 判タ 898. 242	*531*
［173］ 東京地判平成 7. 10. 31 判タ 916. 153	*286*
［548］ 東京高判平成 7. 10. 31 金融法務事情 1463. 36	*583*
［590］ 浦和地判平成 7. 11. 15 判例地方自治 147. 79	*615*
［674］ 東京地判平成 7. 11. 21 判時 1571. 88、判タ 912. 188	*682*
［768］ 東京地判平成 7. 11. 28 判タ 919. 175	*737*
［248］ 福岡高判平成 7. 12. 5 判時 1569. 68、判タ 901. 263	*355*
［720］ 大阪高判平成 7. 12. 6 金融法務事情 1451. 41	*710*
［197］ 東京地判平成 7. 12. 8 判タ 918. 142	*313*
［249］ 最二判平成 7. 12. 15 民集 49. 10. 3051、判時 1553. 86、判タ 897. 247、金融法務事情 1447. 49、金融・商事判例 988. 3	*356*
［549］ 大阪高判平成 7. 12. 20 判時 1567. 104	*583*
［675］ 東京地判平成 7. 12. 26 判時 1578. 75、判タ 928. 166	*682*
［361］ 東京地判平成 8. 1. 23 判タ 922. 224	*444*
［278］ 最二判平成 8. 1. 26 民集 50. 1. 155、判時 1556. 76、判タ 900. 289、金融・商事判例 991. 3	*379*
［420］ 大阪地判平成 8. 1. 29 判時 1582. 108	*484*
［618］ 東京地判平成 8. 1. 31 判時 1584. 124	*637*
［293］ 神戸地決平成 8. 2. 5 判時 1559. 117	*393, 656*
［362］ 東京地判平成 8. 3. 15 判時 1583. 78	*445*
［294］ 神戸地決平成 8. 3. 21 判時 1596. 100	*394*
［721］ 東京地判平成 8. 3. 22 判タ 919. 172、金融・商事判例 1009. 14	*711, 712*
［174］ 東京地判平成 8. 3. 25 判時 1592. 73	*287, 296, 347*
［482］ 東京地判平成 8. 3. 26 判時 1579. 110、判タ 923. 255	*531*
［550］ 東京地判平成 8. 3. 28 判時 1584. 139	*583*
［722］ 東京高決平成 8. 3. 28 金融法務事情 1486. 108	*711*
［646］ 大阪地判平成 8. 3. 29 判タ 919. 169、金融法務事情 1461. 50	*660*
［231］ 横浜地判平成 8. 4. 11 判時 1589. 51、判タ 940. 202	*343*

[619]	東京地判平成 8. 4. 15 判時 1583. 72	637
[421]	名古屋地判平成 8. 4. 19 判タ 957. 244	485, 527
[321]	東京地判平成 8. 4. 22 判時 1588. 108	416
[384]	東京地判平成 8. 5. 9 判時 1591. 54	463
[483]	京都地判平成 8. 5. 9 判時 1582. 118、判タ 927. 151	532
[676]	東京地判平成 8. 5. 15 判タ 939. 148	683
[620]	福岡地判平成 8. 5. 17 判タ 929. 228	638
[363]	東京地判平成 8. 5. 20 判時 1593. 82	445
[484]	東京地判平成 8. 6. 13 判時 1595. 87、判タ 933. 266	533, 544
[551]	東京地判平成 8. 6. 17 金融法務事情 1488. 60	584
[677]	静岡地判平成 8. 6. 17 判時 1620. 122、判タ 938. 150	683
[647]	最三判平成 8. 6. 18 判時 1577. 87、判タ 920. 130、金融法務事情 1466. 38、金融・商事判例 1003. 3	661
[175]	東京地判平成 8. 6. 28 判時 1600. 115	288
[176]	大阪地判平成 8. 6. 28 判タ 920. 203	288
[552]	神戸地尼崎支部判平成 8. 6. 28 判タ 929. 217	585, 588
[177]	最二判平成 8. 7. 12 民集 50. 7. 1876、判時 1579. 77、判タ 922. 212、金融法務事情 1490. 64、金融・商事判例 1006. 3	289, 293
[178]	最二判平成 8. 7. 12 判時 1579. 82、判タ 921. 122、金融法務事情 1490. 64	291
[311]	東京地判平成 8. 7. 15 判時 1596. 81	409, 446
[485]	東京地判平成 8. 7. 16 判時 1604. 119	533
[553]	大阪地判平成 8. 7. 19 判タ 942. 154	585
[142]	東京地判平成 8. 7. 29 判タ 941. 203	262
[678]	東京地判平成 8. 7. 29 判タ 937. 186	684
[250]	東京高判平成 8. 7. 31 判時 1578. 60	357
[265]	神戸地尼崎支部判平成 8. 8. 19 判時 1618. 80	368, 369
[251]	大阪決判平成 8. 8. 21 判タ 938. 252	358
[621]	東京地判平成 8. 8. 22 判時 933. 155	638
[110]	東京地判平成 8. 8. 29 判時 1606. 53、判タ 933. 262	235
[648]	神戸地判平成 8. 9. 4 判タ 936. 223	662
[769]	最二判平成 8. 9. 13 民集 50. 8. 2374、判時 1579. 73、判タ 921. 118、金融法務事情 1468. 38	738
[298]	東京地判平成 8. 9. 18 判時 1609. 120	396
[723]	東京地判平成 8. 9. 20 判時 1583. 73、判タ 944. 164、金融法務事情 1464. 29	711, 714
[603]	東京地判平成 8. 9. 26 判時 1605. 76、判タ 955. 277	625
[724]	東京高判平成 8. 9. 26 判時 1589. 54、金融・商事判例 1009. 12	712
[770]	高松地判平成 8. 9. 26 判時 1621. 112、判タ 951. 213	739
[179]	最二判平成 8. 10. 14 民集 50. 9. 2431、判時 1586. 73、判タ	

	925. 176、金融法務事情 1477. 42、金融・商事判例 1009. 3	*280, 293*
[486]	東京地判平成 8. 10. 28 判時 1595. 93、金融法務事情 1473. 39	*534*
[291]	大阪地判平成 8. 10. 28 判時 1607. 92	*392*
[725]	大阪地判平成 8. 10. 31 判タ 941. 208、金融法務事情 1486. 116、金融・商事判例 1030. 31	*712*
[639]	神戸地決平成 8. 11. 5 判時 1624. 102	*656, 658*
[726]	東京高判平成 8. 11. 6 判時 1591. 32、金融・商事判例 1011. 3	*713*
[640]	大阪地決平成 8. 11. 11 判タ 925. 258	*657*
[232]	東京高判平成 8. 11. 13 判時 1589. 50、判タ 940. 205	*343*
[554]	大阪地判平成 8. 11. 13 判タ 941. 218	*586*
[312]	東京地判平成 8. 11. 19 判時 1619. 99	*410, 534, 543*
[555]	東京高判平成 8. 11. 20 判タ 965. 175	*586*
[180]	東京高判平成 8. 11. 26 判時 1592. 71	*296*
[634]	最三判平成 8. 12. 17 民集 50. 10. 2778、判時 1589. 45、判タ 927. 266、金融法務事情 1485. 45、金融・商事判例 1013. 16	*651*
[556]	神戸地判平成 8. 12. 19 判タ 992. 133	*587, 588*
[679]	東京地判平成 8. 12. 19 判時 1616. 75	*685*
[313]	大阪高判平成 9. 1. 17 判タ 941. 199	*410*
[111]	東京地判平成 9. 1. 23 判タ 951. 220	*235*
[449]	東京地判平成 9. 1. 28 判タ 942. 146	*504*
[557]	大阪高判平成 9. 1. 29 判時 1593. 70、判タ 954. 165	*588*
[314]	東京高判平成 9. 1. 30 判時 1600. 100、判タ 960. 172	*411, 448*
[592]	東京地判平成 9. 1. 31 判タ 952. 220	*617*
[206]	東京地判平成 9. 2. 4 判時 1623. 96	*321*
[727]	東京高判平成 9. 2. 20 判時 1605. 49、判タ 986. 231、金融法務事情 1477. 45、金融・商事判例 1015. 39	*714*
[364]	東京地判平成 9. 2. 24 判タ 968. 261	*448*
[422]	最三判平成 9. 2. 25 民集 51. 2. 398、判時 1599. 69、判タ 936. 175、金融法務事情 1487. 51、金融・商事判例 1019. 3	*485, 535*
[622]	東京地判平成 9. 2. 25 判時 1626. 87	*639*
[623]	東京高判平成 9. 3. 13 判時 1603. 72、判タ 983. 250、金融・商事判例 1017. 20	*640*
[112]	福井地判平成 9. 3. 28 判タ 949. 238	*236*
[322]	大阪地判平成 9. 4. 28 判時 1619. 131	*416*
[641]	神戸地判平成 9. 5. 16 判時 1635. 130、判タ 956. 190	*657*
[315]	東京地判平成 9. 5. 27 判タ 954. 155	*411*
[266]	大阪高判平成 9. 5. 29 判時 1618. 77	*369*
[771]	高松高判平成 9. 5. 30 判時 1621. 110、判タ 951. 211	*739*
[450]	東京地判平成 9. 6. 5 判タ 967. 164	*504*
[487]	東京高判平成 9. 6. 5 判タ 940. 280	*536*

[488]	東京地判平成 9. 6. 10 判時 1637. 59、判タ 979. 230	*537, 543*
[642]	大阪高決平成 9. 6. 19 判時 1624. 107	*658*
[316]	名古屋高判平成 9. 6. 25 判時 1625. 48、判タ 981. 147	*411*
[233]	東京地判平成 9. 6. 26 判タ 980. 212	*344*
[122]	最三判平成 9. 7. 1 民集 51. 6. 2251、判時 1614. 63、判タ 950. 107、金融法務事情 1506. 63	*244*
[624]	東京地判平成 9. 7. 7 金融・商事判例 1041. 50	*640*
[181]	最一判平成 9. 7. 17 民集 51. 6. 2882	*297*
[653]	東京地判平成 9. 7. 28 判時 1646. 76	*667*
[267]	大阪高判平成 9. 8. 29 判タ 985. 200	*369*
[728]	大阪高決平成 9. 9. 16 金融・商事判例 1044. 15	*714*
[182]	東京地判平成 9. 9. 24 判タ 1011. 234	*299*
[643]	神戸地決平成 9. 9. 25 判時 1633. 121	*658*
[365]	東京地判平成 9. 9. 29 判タ 984. 269	*449*
[143]	東京高判平成 9. 9. 30 判タ 981. 134	*263*
[103]	東京地判平成 9. 10. 15 判時 1643. 159	*229*
[680]	東京地判平成 9. 10. 20 判タ 973. 184	*685*
[286]	東京地判平成 9. 10. 28 判時 1650. 96	*387*
[366]	東京地判平成 9. 10. 29 判タ 984. 265	*450*
[424]	東京地判平成 9. 10. 29 判タ 981. 281	*487*
[367]	東京地判平成 9. 11. 7 判タ 981. 278	*450*
[644]	大阪高決平成 9. 11. 7 判タ 966. 271	*658*
[593]	最一判平成 9. 11. 13 判時 1633. 81、判タ 969. 126、金融法務事情 1513. 53、金融・商事判例 1042. 12	*618*
[317]	横浜地横須賀支部判平成 9. 11. 25 判時 1677. 106、判タ 1001. 173	*413*
[183]	東京地判平成 9. 11. 28 判時 1637. 57	*300*
[558]	大阪高判平成 9. 12. 4 判タ 992. 129	*588*
[681]	東京地判平成 9. 12. 24 判タ 991. 209	*686*
[279]	東京地判平成 10. 1. 20 金融・商事判例 1048. 45	*380*
[489]	東京高判平成 10. 1. 20 判タ 989. 114	*538*
[729]	最二判平成 10. 1. 30 民集 52 巻 1 号 1 頁、判時 1628 号 3 頁、判タ 964 号 73 頁	*714*
[730]	最三判平成 10. 2. 10 判時 1628. 3、判タ 964. 73	*716*
[440]	京都地判平成 10. 2. 13 判時 1661. 115	*497, 498*
[184]	東京地判平成 10. 2. 23 判タ 1013. 174	*301*
[682]	横浜地判平成 10. 2. 25 判時 1642. 117	*686*
[207]	東京地判平成 10. 2. 26 判時 1653. 124	*322*
[490]	東京地判平成 10. 2. 26 判時 1661. 102	*538, 544*
[635]	最一判平成 10. 2. 26 民集 52. 1. 255、判時 1634. 74、判タ 969. 118、金融法務事情 1517. 42、金融・商事判例 1047. 14	*652*

[731]	東京地判平成 10. 2. 27 判タ 979. 166	*718*
[425]	東京地判平成 10. 3. 10 判タ 1009. 264	*488*
[732]	大阪高決平成 10. 3. 12 金融法務事情 1526. 56	*718*
[733]	東京地判平成 10. 3. 19 判時 1649. 132	*719*
[491]	東京地判平成 10. 3. 23 判時 1670. 37、判タ 980. 188、金融・商事判例 1050. 10	*539*
[368]	東京地判平成 10. 3. 24 金融・商事判例 1151. 15	*451, 452*
[625]	最三判平成 10. 3. 24 民集 52. 2. 399、判時 1639. 45、判タ 973. 143、金融法務事情 1519. 109、金融・商事判例 1047. 7	*641*
[734]	最一判平成 10. 3. 26 民集 52. 2. 483、判時 1638. 74、判タ 973. 134	*719, 720*
[735]	最一判平成 10. 3. 26 民集 52. 2. 513、判時 1638. 79、判タ 972. 126	*720*
[426]	東京地判平成 10. 4. 14 判時 1662. 115、判タ 1001. 267、金融・商事判例 1044. 31	*488, 744*
[736]	東京地判平成 10. 4. 15 金融法務事情 1537. 62、金融・商事判例 1055. 28	*721, 723*
[144]	東京地判平成 10. 5. 8 判タ 1008. 154	*263*
[427]	東京地判平成 10. 5. 12 判時 1664. 75	*489*
[428]	東京地判平成 10. 5. 28 判時 1663. 112	*489, 505*
[492]	東京地判平成 10. 5. 29 判タ 997. 221	*540*
[737]	東京地判平成 10. 6. 11 金融法務事情 1542. 65	*721*
[429]	東京高判平成 10. 6. 18 判タ 1020. 198	*490*
[683]	神戸地尼崎支部判平成 10. 6. 22 判時 1664. 107	*687*
[738]	東京地判平成 10. 6. 25 金融法務事情 1542. 65、金融・商事判例 1055. 54	*721*
[430]	東京地判平成 10. 6. 26 判タ 1010. 272	*491*
[604]	東京地判平成 10. 7. 15 判タ 1020. 193	*626*
[684]	札幌地判平成 10. 7. 26 判タ 1040. 247	*687*
[493]	福岡高判平成 10. 7. 30 判タ 1014. 267	*540*
[739]	東京地判平成 10. 7. 30 判時 1677. 78、金融・商事判例 1055. 20	*722*
[145]	東京地判平成 10. 8. 21 判タ 1020. 212	*265*
[237]	東京地判平成 10. 8. 26 判タ 1018. 225、金融法務事情 1547. 56	*347*
[494]	東京地判平成 10. 8. 27 判時 1655. 138、金融・商事判例 1050. 27	*541, 546*
[495]	東京地判平成 10. 8. 28 判時 1654. 23、判タ 983. 291、金融法務事情 1528. 44、金融・商事判例 1051. 3	*541, 547*
[559]	最一判平成 10. 9. 3 民集 52. 6. 1467、判時 1653. 96、判タ 985. 131、金融法務事情 1533. 97、金融・商事判例 1059. 24	*588, 607, 611*
[323]	東京高判平成 10. 9. 16 判タ 1027. 172	*417*
[280]	東京地判平成 10. 9. 24 判時 1698. 108	*381*

[560]	大阪高判平成 10. 9. 24 判時 1662. 105	590
[369]	東京高判平成 10. 9. 30 判時 1677. 71	451, 458
[431]	東京地判平成 10. 9. 30 判時 1673. 111	491
[496]	東京地判平成 10. 10. 7 判タ 1020. 208	542
[252]	東京地判平成 10. 10. 19 判タ 1010. 267	359
[497]	東京地判平成 10. 10. 30 判時 1660. 65、判タ 988. 187、金融法務事情 1532. 77、金融・商事判例 1055. 5	542, 546
[324]	東京地判平成 10. 11. 24 金融法務事情 1564. 75	418
[432]	東京地判平成 10. 11. 25 判時 1685. 58	492
[123]	東京地判平成 10. 11. 27 判時 1705. 98	245
[636]	東京高判平成 10. 11. 30 判タ 1020. 191	654
[685]	横浜地川崎支部判平成 10. 11. 30 判時 1682. 111	688
[498]	東京高判平成 10. 12. 3 金融法務事情 1537. 55	543
[637]	東京高決平成 10. 12. 10 判時 1667. 74、判タ 999. 291、金融・商事判例 1064. 25	654
[441]	大阪高判平成 10. 12. 17 判時 1678. 89	498
[195]	大阪地判平成 10. 12. 18 判タ 1001. 239	310
[198]	東京地判平成 10. 12. 18 金融・商事判例 1077. 49	313, 314
[499]	東京高判平成 10. 12. 21 判時 1678. 86	543
[500]	東京高判平成 10. 12. 25 金融・商事判例 1071. 43	544
[594]	東京地判平成 10. 12. 28 判時 1672. 84	620
[442]	東京地判平成 11. 1. 13 判時 1676. 75	498
[561]	東京地判平成 11. 1. 21 金融・商事判例 1077. 35	590, 592
[626]	最一判平成 11. 1. 21 民集 53. 1. 1、判時 1667. 71、判タ 995. 73、金融・商事判例 1072. 28	642
[370]	東京地判平成 11. 1. 22 金融法務事情 1594. 102	452
[299]	東京地判平成 11. 1. 27 判時 1686. 61、金融・商事判例 1075. 37	397
[777]	東京地判平成 11. 2. 9 判タ 1039. 279	744
[740]	京都地判平成 11. 2. 15 金融・商事判例 1091. 10	722, 725
[501]	東京高判平成 11. 2. 23 金融・商事判例 1071. 36	544
[268]	最一判平成 11. 2. 25 判時 1670. 18、判タ 998. 113、金融法務事情 1569. 105、金融・商事判例 1066. 14	369
[253]	東京地判平成 11. 3. 1 判タ 1027. 281	359
[741]	東京地判平成 11. 3. 23 判タ 1049. 252	722
[562]	最一判平成 11. 3. 25 判時 1674. 61、判タ 1001. 77、金融法務事情 1553. 43、金融・商事判例 1069. 10	591, 668
[208]	東京地判平成 11. 3. 26 判タ 1020. 216	322
[742]	東京地判平成 11. 3. 26 判時 1692. 88	723
[743]	東京高判平成 11. 3. 31 金融・商事判例 1064. 5	723
[744]	東京高決平成 11. 4. 19 判時 1691. 74、判タ 1057. 262、金	

	融・商事判例 1073. 35	724, 726
[745]	東京地判平成 11. 5. 10 金融法務事情 1557. 78、金融・商事判例 1079. 50	724, 726
[746]	大阪高決平成 11. 5. 19 金融・商事判例 1075. 24	724
[199]	東京高判平成 11. 6. 28 金融・商事判例 1077. 46	314
[238]	東京地判平成 11. 6. 29 判タ 1020. 183、金融法務事情 1573. 39	348
[371]	東京高判平成 11. 6. 29 判時 1694. 90、金融・商事判例 1151. 10	452, 454
[502]	東京地判平成 11. 6. 30 判タ 1056. 213	544
[686]	東京地判平成 11. 7. 8 判時 1715. 43	688
[747]	東京高決平成 11. 7. 19 金融・商事判例 1074. 3	725
[748]	大阪高判平成 11. 7. 23 金融・商事判例 1091. 8	725
[503]	東京地判平成 11. 7. 26 判タ 1018. 267	545, 551
[339]	東京地判平成 11. 7. 27 金融法務事情 1589. 64	429
[563]	東京高判平成 11. 8. 23 金融・商事判例 1077. 30	592
[504]	東京高判平成 11. 10. 6 金融・商事判例 1079. 26	546
[564]	津地判平成 11. 10. 22 金融・商事判例 1108. 48	593, 595
[565]	大阪地判平成 11. 10. 22 判タ 1067. 210	593, 596
[505]	東京高判平成 11. 10. 27 判時 1697. 59、判タ 1017. 278、金融・商事判例 1079. 12	546, 558
[209]	水戸地判平成 11. 10. 28 判タ 1059. 231	323, 324
[778]	名古屋地判平成 11. 10. 28 判時 1748. 139	745, 746
[300]	大阪地判平成 11. 11. 15 判タ 1045. 191	398
[772]	最大判平成 11. 11. 24 民集 53. 8. 1899、判時 1695. 40、判タ 1019. 78、金融法務事情 1564. 60、金融・商事判例 1081. 4	740
[146]	東京高判平成 11. 12. 2 判タ 1035. 250	265
[372]	浦和地判平成 11. 12. 15 判時 1721. 108	453
[566]	東京高判平成 11. 12. 21 判タ 1023. 194、金融・商事判例 1093. 26	594
[687]	札幌地判平成 11. 12. 24 判時 1725. 160	688
[506]	東京高判平成 12. 1. 25 判タ 1020. 157	547, 556
[113]	名古屋高判平成 12. 2. 2 判時 1720. 153	236
[373]	東京地判平成 12. 3. 23 判タ 1037. 226	453
[749]	東京地判平成 12. 3. 27 金融・商事判例 1097. 36	725
[750]	東京高判平成 12. 3. 28 金融法務事情 1557. 78、金融・商事判例 1091. 3	726, 729
[124]	東京地判平成 12. 4. 14 金融・商事判例 1107. 51	247
[751]	最二決平成 12. 4. 14 民集 54. 4. 1552、判時 1714. 61、判タ 1035. 100、金融法務事情 1585. 30、金融・商事判例 1090. 32・1096. 49	726
[269]	東京高判平成 12. 4. 26 判タ 1089. 176	371
[779]	名古屋高判平成 12. 4. 27 判時 1748. 134	746
[752]	東京地判平成 12. 5. 6 判タ 1054. 200	727

［753］	東京地判平成 12．5．10 判タ 1054．202、金融法務事情 1596．88、金融・商事判例 1113．23	727, 728
［125］	東京高判平成 12．5．11 金融・商事判例 1098．27	247
［780］	大阪地判平成 12．5．29 金融法務事情 1618．91	746
［567］	名古屋高判平成 12．5．30 金融・商事判例 1108．44	595
［507］	東京地判平成 12．6．23 金融法務事情 1610．99	547
［508］	東京地判平成 12．6．27 金融・商事判例 1118．37	548
［568］	東京簡判平成 12．6．27 判時 1758．70	595, 597
［210］	東京高判平成 12．7．18 金融・商事判例 1097．3	324
［754］	福岡高判平成 12．7．18 金融法務事情 1604．32	728
［270］	東京高判平成 12．7．19 判タ 1104．205	372
［569］	大阪高判平成 12．8．22 判タ 1067．209	596
［755］	東京高決平成 12．9．7 金融法務事情 1594．99	728
［433］	大阪高判平成 12．9．12 判タ 1074．214	492
［781］	東京地判平成 12．10．16 判時 1731．24	747
［756］	東京高判平成 12．10．17 金融・商事判例 1113．19	728
［570］	東京地判平成 12．10．26 金融・商事判例 1132．52	596
［222］	東京高決平成 12．10．27 判時 1733．35、判タ 1047．287	336
［509］	東京高判平成 12．11．2 金融・商事判例 1118．34	548
［292］	東京地判平成 12．11．14 判タ 1069．170	392
［374］	東京高判平成 12．12．14 判タ 1084．309	453
［571］	東京地判平成 12．12．18 判時 1758．66	597
［254］	最三判平成 12．12．19 金融法務事情 1607．39	360
［281］	最三判平成 12．12．19 判時 1737．35、判タ 1053．92、金融法務事情 1606．71、金融・商事判例 1115．3	382
［572］	東京高判平成 12．12．27 判タ 1095．176	597
［211］	東京高判平成 13．1．30 判タ 1059．227	324
［627］	東京高判平成 13．1．30 判タ 1058．180、金融・商事判例 1110．3	643, 645
［649］	東京高判平成 13．1．31 判時 1743．67、金融・商事判例 1115．14	663
［255］	静岡地判平成 13．2．6 金融・商事判例 1134．18	361, 363
［126］	東京高決平成 13．2．8 判タ 1058．272、金融法務事情 1607．41、金融・商事判例 1120．30	248
［510］	東京地判平成 13．2．26 判タ 1072．149	549
［287］	東京地判平成 13．3．6 判タ 1129．166	387
［331］	東京地判平成 13．3．6 判タ 1077．218	421, 549
［434］	東京地判平成 13．3．7 判タ 1102．184	493, 550
［511］	東京高判平成 13．3．28 判タ 1068．212	551
［223］	大阪高決平成 13．4．12 金融・商事判例 1133．8	336, 337
［638］	東京高判平成 13．4．18 判時 1754．79、判タ 1088．211	655
［340］	東京地判平成 13．4．23 金融法務事情 1630．58、金融・商事判	

	例 1140. 53	429, 430
[147]	東京地判平成 13. 5. 30 判タ 1101. 170	266
[512]	東京地判平成 13. 6. 20 判時 1774. 63	551, 552
[773]	東京高決平成 13. 6. 22 判タ 1077. 286	741
[325]	東京地判平成 13. 6. 28 判タ 1105. 157	418
[330]	東京高判平成 13. 10. 29 判時 1765. 49	421, 644
[573]	東京地判平成 13. 10. 29 金融法務事情 1645. 55	598
[574]	東京地判平成 13. 10. 31 判タ 1118. 260	598
[224]	最二判平成 13. 11. 21 民集 55. 6. 1014、判時 1768. 86、金融法務事情 1635. 42、金融・商事判例 1133. 3	337
[341]	東京高判平成 13. 11. 22 金融・商事判例 1140. 53	430
[256]	東京地判平成 13. 11. 26 判タ 1123. 165	362
[212]	横浜地判平成 13. 11. 27 金融・商事判例 1157. 36	325, 326
[375]	岐阜地判平成 13. 11. 28 判タ 1107. 242	454
[435]	東京地判平成 13. 12. 3 金融・商事判例 1156. 28	493, 599, 600
[257]	東京地判平成 13. 12. 20 金融・商事判例 1134. 13	362, 363
[513]	東京高判平成 14. 3. 5 判時 1776. 71	552, 559
[688]	東京高判平成 14. 3. 13 判時 1136. 195	689
[213]	大阪地判平成 14. 3. 19 金融・商事判例 1201. 30	325, 327
[376]	最一判平成 14. 3. 28 民集 56. 3. 662、判時 1787. 119、判タ 1094. 111、金融法務事情 1655. 41、金融・商事判例 1151. 3	454
[757]	最一判平成 14. 3. 28 民集 56. 3. 689、判時 1783. 42、金融法務事情 1646. 35、判タ 1089. 127、金融・商事判例 1144. 3	729
[575]	大阪高判平成 14. 4. 17 判タ 1104. 193	599
[514]	東京地判平成 14. 7. 16 金融法務事情 1673. 54	552
[689]	東京地判平成 14. 8. 26 判タ 1119. 181	690
[301]	横浜地判平成 14. 8. 29 判時 1816. 86	398, 399
[302]	横浜地判平成 14. 8. 29 判時 1816. 118	399
[515]	さいたま地判平成 14. 8. 30 金融・商事判例 1164. 47	553
[576]	東京高判平成 14. 9. 19 金融法務事情 1659. 47、金融・商事判例 1156. 16	600
[334]	神戸地尼崎支部判平成 14. 10. 15 判時 1853. 109	423, 424, 601, 602
[214]	東京高判平成 14. 10. 22 金融・商事判例 1157. 25	326
[303]	福岡高那覇支部判平成 14. 10. 31 判時 1819. 51	399
[577]	東京高判平成 14. 11. 7 金融・商事判例 1180. 38	601
[326]	東京地判平成 14. 11. 25 判時 1816. 82	419
[782]	東京地判平成 14. 12. 5 金融・商事判例 1170. 52	747
[628]	東京地判平成 14. 12. 27 判時 1822. 68	645
[690]	東京地判平成 15. 1. 27 判時 1129. 153	690
[215]	大阪高判平成 15. 2. 5 金融・商事判例 1201. 25	327, 331

[516]	東京高判平成 15. 2. 13 金融・商事判例 1164. 42、金融法務事情 1672. 32	553
[517]	東京地八王子支部判平成 15. 2. 20 判タ 1170. 217、金融・商事判例 1169. 51	554, 561
[518]	東京地判平成 15. 3. 31 判タ 1149. 307、金融・商事判例 1165. 27	554
[783]	大阪地判平成 15. 5. 30 金融法務事情 1694. 60	748
[216]	最一判平成 15. 6. 12 民集 57. 6. 595、判時 1826. 47、判タ 1126. 106、金融・商事判例 1173. 25	327, 332
[336]	大阪地判平成 15. 7. 18 判時 1877. 81	424, 602, 605
[691]	東京地判平成 15. 9. 26 判時 1851. 126	691
[519]	最三判平成 15. 10. 21 民集 57. 9. 1213、判時 1844. 37、判タ 1140. 68、金融・商事判例 1177. 4	556
[520]	最三判平成 15. 10. 21 判時 1844. 50、判タ 1140. 75、金融・商事判例 1177. 10	558
[521]	最一判平成 15. 10. 23 判時 1844. 54、判タ 1140. 79、金融・商事判例 1187. 21	559, 564
[335]	大阪高判平成 15. 11. 21 判時 1853. 99	424, 602
[522]	東京高判平成 16. 1. 15 金融・商事判例 1184. 31	561
[692]	横浜地判平成 16. 1. 29 判時 1870. 72	691, 693
[650]	神戸地尼崎支部判平成 16. 2. 6 金融法務事情 1731. 73、金融・商事判例 1197. 12	664
[693]	東京高判平成 16. 2. 26 金融・商事判例 1204. 40	692
[127]	松山地判平成 16. 4. 22 金融・商事判例 1246. 31	249
[523]	東京地判平成 16. 4. 23 金融法務事情 1742. 40	561
[578]	東京地判平成 16. 4. 28 金融法務事情 1721. 49	603, 605
[337]	大阪高判平成 16. 5. 27 判時 1877. 73	425, 426, 604, 608
[694]	東京地判平成 16. 6. 2 判時 1899. 128	693
[185]	東京地判平成 16. 6. 9 判タ 1203. 187	301, 303
[217]	最三判平成 16. 6. 29 判時 1868. 52、判タ 1159. 127、金融法務事情 1723. 38、金融・商事判例 1201. 19	331
[579]	東京地判平成 16. 6. 30 金融・商事判例 1201. 46	604
[651]	大阪高判平成 16. 7. 13 金融法務事情 1731. 67、金融・商事判例 1197. 6	664
[342]	東京地判平成 16. 7. 22 金融法務事情 1756. 69	432
[580]	大阪高判平成 16. 7. 30 判時 1877. 81	605
[581]	東京高判平成 16. 9. 15 金融法務事情 1731. 64	605
[128]	高松高判平成 16. 10. 12 金融・商事判例 1246. 30	249, 250
[695]	東京高判平成 16. 10. 19 判時 1882. 33	693, 694, 699
[696]	東京高判平成 16. 10. 27 判時 1882. 39	694, 697
[288]	最二判平成 16. 10. 29 金融法務事情 1752. 50	388

[524]	最二判平成 16. 11. 8 判時 1883. 52、判タ 1173. 192、金融法務事情 1747. 76、金融・商事判例 1226. 52	*562*
[582]	大阪高判平成 16. 12. 17 判時 1894. 19	*606*
[525]	東京高判平成 16. 12. 22 判タ 1170. 122	*564*
[697]	東京地判平成 16. 12. 24 判時 1906. 65	*695*
[191]	最一判平成 17. 3. 10 判時 1895. 60、金融法務事情 1746. 124	*307*
[526]	最一判平成 17. 3. 10 判時 1894. 14、金融法務事情 1746. 126、金融・商事判例 1226. 47	*564*
[629]	最一判平成 17. 3. 10 民集 59. 2. 356、判時 1893. 24、判タ 1179. 180、金融法務事情 1742. 30、金融・商事判例 1213. 27	*645*
[527]	東京地判平成 17. 3. 25 判タ 1219. 346	*566*
[186]	東京高判平成 17. 4. 27 判タ 1210. 173	*302*
[698]	札幌地判平成 17. 5. 13 判タ 1209. 180	*695*
[187]	東京高判平成 17. 6. 29 判タ 1203. 182	*303*
[583]	神戸地判平成 17. 7. 14 判時 1901. 87	*607*
[225]	東京地決平成 17. 7. 19 判時 1918. 22	*338*
[436]	和歌山地判平成 17. 9. 22 判例地方自治 282. 20	*494*
[584]	大阪地判平成 17. 10. 20 金融・商事判例 1234. 34	*607*
[699]	東京地判平成 17. 12. 14 判タ 1249. 179	*696*
[338]	最二判平成 17. 12. 16 判時 1921. 61、判タ 1200. 127	*426, 608*
[129]	最一判平成 18. 1. 19 判時 1925. 96、判タ 1205. 138、金融法務事情 1772. 43、金融・商事判例 1246. 22	*250*
[343]	東京地判平成 18. 1. 20 金融法務事情 1782. 52	*433*
[528]	東京地判平成 18. 3. 24 判タ 1262. 233、金融・商事判例 1239. 12	*567*
[437]	東京地判平成 18. 5. 15 判時 1938. 90	*494*
[700]	東京地判平成 18. 5. 30 判時 1954. 80	*697*
[630]	東京地判平成 18. 6. 9 判時 1953. 146	*647*
[327]	東京地判平成 18. 7. 7 金融・商事判例 1248. 6	*420, 421*
[258]	東京地判平成 18. 7. 18 判時 1961. 68	*363*
[529]	東京地判平成 18. 8. 31 金融・商事判例 1251. 6	*568*
[259]	東京高判平成 18. 11. 28 判時 1974. 151	*364*
[701]	最一判平成 18. 12. 21 民集 60. 10. 118、判時 1961. 53、判タ 1235. 148、金融法務事情 1802. 132	*697*
[702]	最一判平成 18. 12. 21 判時 1961. 62、判タ 1235. 148、金融法務事情 1802. 132	*699*
[114]	東京地判平成 19. 2. 16 金融・商事判例 1299. 27	*237, 238, 372, 373*
[530]	大阪地判平成 19. 6. 15 判タ 1287. 244	*568, 569*
[377]	福岡高判平成 19. 7. 24 判時 1994. 50	*456*
[787]	東京地判平成 19. 11. 29 判タ 1275. 206	*753*
[451]	京都地判平成 20. 1. 30 判時 2015. 94、金融・商事判例 1327. 45	*505, 507*

時系列索引

[328]	東京高判平成 20. 1. 31 金融・商事判例 1287. 28	*421*
[329]	東京地判平成 20. 2. 27 判時 2011. 124	*421*
[703]	大阪地判平成 20. 3. 18 判時 2015. 73	*699*
[378]	東京地判平成 20. 4. 23 判タ 1284. 229	*457*
[531]	大阪高判平成 20. 4. 30 判タ 1287. 234	*569*
[452]	京都地判平成 20. 4. 30 判時 2052. 86、判タ 1281. 316、金融・商事判例 1299. 56	*506*
[332]	札幌地判平成 20. 5. 30 金融・商事判例 1300. 38	*422, 423*
[318]	東京地判平成 20. 6. 30 判時 2020. 86	*413*
[115]	東京高判平成 20. 7. 10 金融・商事判例 1299. 16	*238, 373*
[784]	東京地判平成 20. 8. 18 判時 2024. 37	*749, 754*
[239]	岡山地判平成 20. 9. 18 金融・商事判例 1355. 35	*348, 349*
[438]	東京地判平成 20. 10. 6 判時 2031. 62	*495*
[260]	東京地判平成 20. 10. 9 判時 2019. 31	*364*
[785]	東京地判平成 21. 1. 16 金融法務事情 1892. 55	*750*
[632]	最二判平成 21. 1. 19 民集 63. 1. 97、判時 2032. 45、判タ 1289. 85、金融法務事情 1862. 33、金融・商事判例 1321. 58	*648*
[585]	神戸地尼崎支部判平成 21. 1. 21 判時 2055. 76	*611, 612*
[786]	大阪地判平成 21. 1. 29 判時 2037. 74	*751, 755*
[333]	札幌高判平成 21. 2. 27 判タ 1304. 201	*422, 423*
[453]	大津地判平成 21. 3. 27 判時 2064. 70	*506, 509*
[319]	東京地判平成 21. 4. 7 判タ 1311. 173	*414*
[379]	札幌地判平成 21. 4. 22 判タ 1317. 194	*457*
[704]	大阪簡判平成 21. 5. 22 判時 2053. 70	*700*
[586]	大阪高判平成 21. 6. 12 判時 2055. 72	*612*
[240]	広島高岡山支部判平成 21. 6. 18 金融・商事判例 1355. 31	*349*
[758]	東京高決平成 21. 7. 8 判タ 1315. 279	*730*
[454]	京都地判平成 21. 7. 23 判時 2051. 119、判タ 1316. 192、金融・商事判例 1327. 26	*507, 612*
[455]	大阪高判平成 21. 8. 27 判時 2062. 40、金融法務事情 1887. 117	*507, 510*
[705]	東京地判平成 21. 9. 15 判タ 1319. 172	*701*
[456]	京都地判平成 21. 9. 25 判タ 2066. 81	*508, 702*
[457]	京都地判平成 21. 9. 25 判タ 2066. 95、判タ 1317. 214	*508, 510*
[631]	京都地判平成 21. 9. 30 判時 2068. 134、判タ 1319. 262	*648*
[188]	名古屋高金沢支部判平成 21. 10. 28 判時 2080. 38	*303*
[458]	大阪高判平成 21. 10. 29 判時 2064. 65	*509, 510*
[706]	東京地判平成 21. 10. 29 判時 2057. 114	*702*
[189]	最二判平成 21. 11. 27 判時 2066. 45、判タ 1315. 79、金融法務事情 1895. 93	*304*
[532]	東京地判平成 22. 2. 15 判タ 1333. 174	*569*

780

[533] 広島地判平成 22. 4. 22 金融・商事判例 1346. 59		*570*
[190] 大阪地判平成 22. 4. 26 判時 2087. 106		*306*
[707] 大阪地判平成 22. 5. 28 判時 2089. 112		*703*
[788] 最二判平成 22. 7. 16 判タ 1333. 111、金融・商事判例 1354. 44		*756*
[241] 最一判平成 22. 9. 9 金融・商事判例 1355. 26		*349*
[459] 最二判平成 23. 7. 15 最高裁ホームページ		*510*

著者略歴

升田　純（ますだ　じゅん）
弁護士・中央大学法科大学院教授

　1950年島根県安来市生まれ。73年司法試験合格、国家公務員試験上級甲種合格。74年京都大学法学部卒。同年農林水産省入省。75年司法研修所入所。77年から地方裁判所・高等裁判所の判事を歴任。途中、法務省参事官などをへて、97年判事を退官。同年より弁護士および聖心女子大学教授。04年から現職。

主な著作としては

『マンション判例で見る　標準管理規約』大成出版社，2011
『警告表示・誤使用の判例と法理』民事法研究会，2011
『判例にみる損害賠償額算定の実務』民事法研究会，2010
『最新PL関係判例と実務―誤使用問題を含めて』民事法研究会，2010
『風評損害・経済的損害の法理と実務』民事法研究会，2009
『モンスタークレーマー対策の実務と法』共著，民事法研究会，2009
『現代社会におけるプライバシーの判例と法理』青林書院，2009
『実務民事訴訟法（第四版）』民事法務研究会，2008
『要約マンション判例155』学陽書房，2009
『裁判例からみた内部告発の法理と実務』青林書院，2008
『名誉毀損・信用毀損の法律相談』青林書院，2004
『大規模災害と被災建物をめぐる諸問題』法曹界，1996

他、著書・論文多数

平成時代における借地・借家の判例と実務

2011年9月15日　第1版第1刷発行
2013年6月12日　第1版第2刷発行

編　著　　升　田　　　純
発行者　　松　林　久　行
発行所　　株式会社 大成出版社
　　　　　東京都世田谷区羽根木1―7―11
　　　　　〒156-0042　電話03(3321)4131(代)
　　　　　http://www.taisei-shuppan.co.jp/

Ⓒ2011　升田　純　　　　　　　印刷　亜細亜印刷
　　落丁・乱丁はおとりかえいたします。
ISBN978-4-8028-2984-7

関連図書のご案内

不動産取引における
契約交渉と責任
契約締結上の過失責任の法理と実務

弁護士／中央大学法科大学院教授　升田　純◎著

A5判・230頁・定価3,885円（本体3,700円）・図書コード3058・送料実費

近年、不動産取引において重大な法的リスクとなっている「契約締結上の過失責任」について、法的枠組みや裁判例等を整理し、分析検討し、実務上の留意点についても言及！

新版　マンション判例で見る
標準管理規約

マンション管理規約の議定、規定の解釈・運用などを検討する際の必読の書！

弁護士／中央大学法科大学院教授　升田　純◎著

A5判・406頁・定価3,990円（本体3,800円）・図書コード2979・送料実費

平成に起こった判例を厳選し収録、最新の判例も収録！
管理会社、管理組合、マンション管理士などマンション管理関係者必携！
マンション生活でトラブルに出会った時に有効！

≪改訂版≫不動産取引における
瑕疵担保責任と説明義務
売主、賃貸人および仲介業者の責任

弁護士　渡辺　晋◎著

A5判・886頁・定価7,980円（本体7,600円）・図書コード3074・送料実費

瑕疵担保責任と説明義務を中心に、不動産取引における売主、賃貸人および仲介業者の責任について、公表された裁判例を最新のものまで分析検討し、詳細に論じた解説書！
新たに145事例（平成24年4月現在）を追加！

株式会社　大成出版社

〒156-0042　東京都世田谷区羽根木1-7-11
TEL 03-3321-4131　FAX 03-3325-1888
http://www.taisei-shuppan.co.jp/

※ホームページでもご注文いただけます。